令和7年2月改訂

プロフェッショナル
PROFESSIONAL

相続税・贈与税・財産評価の実務

税理士 梶野研二 著

清文社

はしがき

　平成27年1月から相続税の基礎控除額が引き下げられ、さらに、近年の地価や株価の上昇を背景に相続税や贈与税の申告義務のある者が増加しています。国税庁が発表した最新の統計によると相続税の課税割合は9.9パーセントに達し、相続税はもはや一部の富裕層だけの問題ではなくなってきたと考えられます。令和5年度税制改正により、相続税の課税価格に加算される暦年贈与が大幅に拡大される一方、相続時精算課税制度の見直しも行われ、また、同年秋には居住用マンションの評価方法が見直されました。また、会計検査院の令和5年度決算検査報告において取引相場のない株式の評価方法についての問題提起がされたことから、今後、取引相場のない株式の評価方法についても何らかの改正が見込まれます。

　このような相続税及び贈与税を巡る最近の状況を踏まえれば、税に関わる仕事に従事している方々や相続税の課税が見込まれる方々は、常にこれらの税に関する最新の情報を知っておく必要があります。

　本書は、度重なる税制改正により複雑化した相続税法及び租税特別措置法等の規定や国税庁通達に定められた取扱いなどについてわかりやすく説明するとともに、その根拠となる法令や通達の条項を可能な限り書き添えることとしました。また、実務の参考となるよう「誤りやすい事例」を随所に盛り込み、個別事案の判断に資するように裁判例や裁決例も数多く掲載しました。

　本書は、4部構成とし、第Ⅰ部において相続税、第Ⅱ部において贈与税について体系的な解説をしています。また、中小企業の経営者や農家の方にとっては、自社株や農地に対する相続税課税や後継者への承継は重要な関心事項ですので、第Ⅲ部において、自社株や農地などに対する納税猶予制度について第Ⅰ部及び第Ⅱ部から切り離して相続税及び贈与税を通じた解説をしています。さらに、相続税や贈与税の申告をするに当たっては、課税対象の財産の価額を評価しなければならないという他の税目にはない作業が伴いますが、本書では、第Ⅳ部において、具体的な計算例を示しながら財産評価について丁寧な説明を行っています。

　税務のプロを対象としたプロフェッショナルシリーズの中の1冊として令和5年に初版本を出版させていただきましたが、今回、よりわかりやすい説明に努めるとともに、新たな情報を織り込み改訂版として上梓させていただくこととなったものです。本書が、相続税や贈与税の正しい理解と適正な申告の一助となることを願ってやみません。

　最後に、本書の出版にあたり企画段階から細部の校正に至るまでお世話になった株式会社清文社の方々にこの場を借りて厚く御礼申し上げます。

　令和7年2月

税理士　梶野　研二

CONTENTS / 目次

第Ⅰ部　相続税

第1章　相続税の課税原因

第1節　相続 ——————————————————————— 2
- ❶ 相続の開始　2
- ❷ 相続の効果　3
- ❸ 相続人　3

第2節　遺贈等 ——————————————————————— 5
- ❶ 遺贈　5
- ❷ 死因贈与　6

第3節　相続又は遺贈以外の事由 ————————————— 6
- ❶ 特別縁故者に対する相続財産の分与　6
- ❷ 特別寄与者に対する特別寄与料の額の確定　8
- ❸ 相続税法第3条第1項等に規定するみなし財産　9
- ❹ 信託に関する権利　9
- ❺ 特定の一般社団法人等への課税　9
- ❻ 特別の法人から利益を受けた場合　10
- ❼ 相続又は遺贈により財産を取得しなかった相続時精算課税適用者　10
- ❽ 贈与税の納税猶予を適用している場合の贈与者の相続開始　10
- ❾ 贈与税の非課税措置を適用した場合において贈与者に相続が開始した場合　11

第2章　相続税の納税義務者

第1節　個人の納税義務者 ———————————————— 12
- ❶ 納税義務者の区分　12
- ❷ 国外転出時課税に係る納税猶予の適用を受けている場合の納税義務者の判定　19
- ❸ 住所の判定　20

第2節　個人以外の納税義務者 —————————————— 22
- ❶ 人格のない社団等　22

❷ 持分の定めのない法人　22
❸ 特定一般社団法人等　23

第3節　財産の所在 ──────────────────────── 23

第3章　相続税の課税財産

第1節　本来の相続財産 ──────────────────────── 27
第2節　みなし相続財産 ──────────────────────── 28
❶ 生命保険金等　28
❷ 退職手当金等　36
❸ 生命保険契約に関する権利　46
❹ 定期金に関する権利　48
❺ 保証期間付定期金に関する権利　49
❻ 契約に基づかない定期金に関する権利　51
❼ 遺言により著しく低い価額の対価で財産を譲り受けた場合　52
❽ 遺言により債務の免除等が行われた場合　52
❾ 遺言により経済的利益を受けた場合　52
❿ 信託に係る権利　52
⓫ 特別縁故者が受ける権利　53
⓬ 特別寄与料　54
⓭ 特別の法人から受ける利益　55
⓮ 贈与税の納税猶予を受けた場合の特例　56
⓯ 贈与税の非課税の特例を適用した財産　56

第3節　相続税の非課税財産 ──────────────────── 57
❶ 概要　57
❷ 皇位とともに皇嗣が受けた物　58
❸ 墓所、霊びょう及び祭具並びにこれらに準ずるもの　58
❹ 公益事業を行う者が相続等により取得した公益事業の用に供されることが確実な財産　59
❺ 心身障害者共済制度に基づく給付金の受給権　61
❻ 相続人が取得した保険金のうち一定の金額　61
❼ 相続人が取得した退職手当金等のうち一定の金額　63
❽ 国等に対して贈与した相続財産　64
❾ 特定公益信託の信託財産とするために支出した相続財産に属する金銭（措法70③）　68

⑩ 特定非営利活動法人に対してその法人が行う特定非営利活動に係る事業に関連して贈与された財産　74

第4章　相続税の課税価格

第1節　相続又は遺贈により取得した財産の価額 ─── 78
- ❶ 相続税の納税義務者と課税の範囲　78
- ❷ 遺産が未分割の場合　78
- ❸ 代償分割が行われた場合　80
- ❹ 遺留分侵害額請求が行われた場合　81
- ❺ 負担付遺贈があった場合　82
- ❻ 不確実事由がある場合　82

第2節　相続時精算課税適用者の課税価格の計算 ─── 83
- ❶ 相続又は遺贈により財産を取得した場合　83
- ❷ 相続又は遺贈により財産を取得しなかった場合　84
- ❸ 相続時精算課税に係る土地及び建物の価額の特例　84

第3節　債務控除 ─── 88
- ❶ 概要　88
- ❷ 債務控除の範囲　88
- ❸ 債務控除の対象となる債務等　90
- ❹ 特別寄与料を支払った場合　95
- ❺ 葬式費用　95

第4節　相続開始前7年以内の贈与 ─── 96
- ❶ 相続開始前7年以内の贈与の課税価格への加算　96
- ❷ 加算の対象とならない贈与　101
- ❸ 相続時精算課税適用者が特定贈与者から贈与を受けていた場合　103

第5章　相続税の課税価格の計算の特例

第1節　小規模宅地等の特例 ─── 104
- ❶ 特例の対象となる宅地等（相続開始前の要件）　104
- ❷ 特例の対象となる宅地等（取得者及び相続開始後の要件）　113
- ❸ 特例対象宅地等の選択　125
- ❹ 小規模宅地等について相続税の課税価格に算入する価額　126
- ❺ 小規模宅地等の特例の適用を受けるための手続き　126

第2節　特定計画山林についての相続税の課税価格の計算の特例 ── 129
- ❶ 概要　129
- ❷ 特例対象者　130
- ❸ 特例対象財産　130
- ❹ 選択特定計画山林についての相続税の課税価格に算入する価額　132
- ❺ 小規模宅地等の課税価格の特例との併用　132
- ❻ 特例の適用を受けるための手続き　133

第3節　特定土地等及び特定株式等に係る相続税の課税価格の計算の特例 ── 133
- ❶ 特定土地等及び特定株式等に係る相続税の課税価格の計算の特例の概要　133
- ❷ 特定非常災害の発生直後の価額　135
- ❸ 特定土地等及び特定株式等に係る相続税の課税価格の計算の特例を適用するための手続き　136

第6章　相続税額の計算

第1節　相続税の総額の計算 ── 139
- ❶ 遺産に係る基礎控除額　139
- ❷ 相続税の総額の計算　145

第2節　各相続人等の相続税額の計算 ── 149

第3節　各相続人等の納付すべき相続税額 ── 149
- ❶ 相続税額の2割加算　150
- ❷ 贈与税額控除　152
- ❸ 配偶者の税額軽減　154
- ❹ 未成年者控除　165
- ❺ 障害者控除　168
- ❻ 相次相続控除　172
- ❼ 在外財産に対する相続税額の控除　174

第7章　相続時精算課税を選択した場合の相続税

第1節　相続時精算課税適用者の相続税の課税価格の計算 ── 176
- ❶ 相続等により財産を取得した相続時精算課税適用者　176
- ❷ 相続等により財産を取得しなかった相続時精算課税適用者　176
- ❸ 相続税額の計算　178

第2節　相続時精算課税に係る土地又は建物の価額の特例 ―― 179
1. 特例制度の概要　179
2. 特例の対象となる相当の被害　180
3. この特例により減額される金額　181
4. 適用手続　182

第3節　相続税の納税に係る権利又は義務の承継等 ―― 183
1. 相続時精算課税適用者が、特定贈与者の死亡より先に死亡した場合　183
2. 贈与により財産を取得した者が相続時精算課税選択届出書の提出前に死亡した場合　184
3. 相続税の納税に係る権利又は義務の再承継　188

第8章　相続税の申告等の手続き

第1節　申告 ―― 189
1. 相続税の申告書の提出　189
2. 相続時精算課税適用者の還付申告　194
3. 修正申告及び期限後申告　195

第2節　更正の請求 ―― 198

第3節　更正及び決定 ―― 201
1. 国税通則法の規定による更正及び決定　201
2. 相続税法の規定による更正及び決定　201

第9章　相続税の納付等

第1節　相続税の納付 ―― 205
1. 相続税の納期限　205
2. 延滞税　205

第2節　相続時精算課税に係る贈与税額の還付 ―― 207

第3節　連帯納付責任 ―― 207
1. 相続人又は受遺者が2人以上ある場合の連帯納付の義務　208
2. 死亡者の相続税等の連帯納付の義務　208
3. 贈与、遺贈等による財産取得者の連帯納付の義務　208

第4節　延納 ―― 211
1. 延納制度　211
2. 延納の特例　214

- ③ 延納条件の変更　216

第5節　物納 ──────────────────────── 217
- ① 物納の要件　217
- ② 物納に充てることができる財産の種類及びその順位　218
- ③ 物納不適格財産（管理処分不適格財産）　219
- ④ 物納劣後財産　223
- ⑤ 物納財産の収納価額等　224
- ⑥ 物納の手続き　225
- ⑦ 特定物納制度　227

第10章　特別な課税が行われる場合

第1節　特別の法人から受ける利益に対する課税 ──────── 229
- ① 持分のない法人から利益を受ける者に対する課税　229
- ② 課税対象となる特別の利益　230

第2節　人格のない社団等に対する課税 ──────────── 230

第3節　持分の定めのない法人に対する課税 ─────────── 231
- ① 制度の概要　231
- ② 相続税等の不当減少の判定　231

第4節　特定一般社団法人等に対する課税 ─────────── 237
- ① 制度の概要　237
- ② 特定一般社団法人等の純資産額　238
- ③ 特定一般社団法人等に相続税が課される場合の相続税の計算　239

第5節　同族会社等の行為又は計算の否認等 ─────────── 240
- ① 同族会社等の行為又は計算の否認　240
- ② 合併等があった場合の行為又は計算の否認　240

第Ⅱ部　贈与税

第1章　贈与税の課税原因

第1節　贈与 ─────────────────────── 244

第2節　贈与により財産を取得したものとみなされる場合 ——— 245
第3節　財産の取得時期 ——— 246
- ❶ 一般的な財産の取得の時期　246
- ❷ 特殊な場合の財産取得の時期　246

第4節　贈与の認定 ——— 249
- ❶ 形式的な贈与の認定　249
- ❷ 財産の名義変更等があった場合の実務　249

第2章　贈与税の納税義務者

第1節　個人の納税義務者 ——— 255
- ❶ 納税義務者の区分　255
- ❷ 国外転出時課税に係る納税猶予の適用を受けている場合の納税義務者の判定　258
- ❸ 住所の判定　258

第2節　個人以外の納税義務者 ——— 258
- ❶ 人格のない社団等　259
- ❷ 持分の定めのない法人　259

第3節　財産の所在 ——— 259

第3章　贈与税の課税財産

第1節　本来の贈与財産 ——— 260
第2節　みなし贈与財産 ——— 260
- ❶ 生命保険金等　261
- ❷ 定期金給付契約に関する権利　263
- ❸ 低額譲受けによる経済的利益　264
- ❹ 債務免除等　267
- ❺ その他の利益の享受　269
- ❻ 信託財産　277
- ❼ 特別の法人（持分の定めのない法人）から受ける特別の利益の享受　280

第3節　贈与税の非課税財産 ——— 281
- ❶ 法人から贈与を受けた財産　281
- ❷ 扶養義務者相互間における生活費又は教育費に充てるための贈与　281
- ❸ 一定の公益事業を行う者が贈与を受けた公益事業用の財産　282
- ❹ 特定の公益信託から交付される金品　282

⑤ 地方公共団体が実施する心身障害者共済制度に基づく給付金の受給権　282
　⑥ 公職の候補者が選挙運動に関して贈与を受けた金銭等　282
　⑦ 相続開始年に被相続人から贈与を受けた財産　283
　⑧ 社交上の香典や贈答品など　283
　⑨ 特定障害者扶養信託契約に基づく信託受益権　283
　⑩ 住宅取得等資金の非課税の適用を受ける金銭　284
　⑪ 直系尊属から教育資金の一括贈与を受けた場合の贈与税の非課税措置　292
　⑫ 直系尊属から結婚・子育て資金の一括贈与を受けた場合の贈与税の非課税措置　300

第4節　贈与税の配偶者控除 ─────────────── 305
　① 概要　305
　② 居住用不動産の範囲　305
　③ 居住用部分の判定　306
　④ 婚姻期間の判定　308
　⑤ 配偶者控除の適用を受けるための手続き　308

第5節　贈与税の課税価格の計算 ─────────────── 310
　① 課税価格　310
　② 贈与税の課税価格について留意すべき事項　311
　③ 特定土地等及び特定株式等に係る贈与税の課税価格の計算の特例　312

第4章　贈与税額の計算（暦年課税）

① 贈与税の基礎控除　314
② 税率　314
③ 在外財産に対する贈与税額の控除　316

第5章　贈与税額の計算（相続時精算課税）

① 適用対象者等　318
② 相続時精算課税制度の適用手続等　319
③ 相続時精算課税制度における贈与税額の計算等　323
④ 住宅取得等資金の贈与を受けた場合の相続時精算課税選択の特例　327

第6章　贈与税の申告等の手続き

第1節　申告 ―――――――――――――――――――――― 330
- ❶ 贈与税の申告書の提出　330
- ❷ 期限後申告及び修正申告　333

第2節　更正の請求 ―――――――――――――――――――― 334

第3節　更正及び決定 ――――――――――――――――――― 335
- ❶ 国税通則法の規定による更正及び決定　335
- ❷ 相続税法の規定による更正及び決定　335
- ❸ 贈与税についての更正、決定等の期間制限の特則　336

第7章　贈与税の納付

第1節　贈与税の納付 ――――――――――――――――――― 338
第2節　贈与税の連帯納付責任 ――――――――――――――― 339
第3節　贈与税の延納 ――――――――――――――――――― 340
- ❶ 延納の要件　340
- ❷ 延納許可限度額　340
- ❸ 延納許可を受けるための手続き　342

第8章　特殊な課税が行われる場合

第1節　特別の法人から受ける利益に対する課税 ――――――― 343
第2節　人格のない社団等に対する課税 ―――――――――― 343
第3節　持分の定めのない法人に対する課税 ―――――――― 344
第4節　同族会社等の行為又は計算の否認等 ―――――――― 344
- ❶ 同族会社等の行為又は計算の否認　344
- ❷ 合併等があった場合の行為又は計算の否認　344

第Ⅲ部 納税猶予

第1章 ◆◆◆ 非上場株式等についての納税猶予制度

第1節 非上場株式等についての贈与税の納税猶予及び免除の特例（一般措置） ─── 348

- ❶ 制度の概要 348
- ❷ 非上場株式贈与税納税猶予（一般措置）の適用要件 348
- ❸ 適用手続 355
- ❹ 納税猶予分の贈与税額の計算 356
- ❺ 納税猶予期間中の継続届出書の提出義務 357
- ❻ 担保の変更の命令違反等の場合の納税猶予期限の繰上げ 358
- ❼ 納税猶予期限の確定 359
- ❽ 納税猶予税額の免除 365
- ❾ 非上場株式等の贈与者が死亡した場合の相続税の課税 369
- ❿ 相続時精算課税との調整 369
- ⓫ 適用除外規定等 370

第2節 非上場株式等についての贈与税の納税猶予及び免除の特例（特例措置） ─── 371

- ❶ 制度の概要 371
- ❷ 特例贈与税猶予制度の適用要件 372
- ❸ 納税猶予分の贈与税額の計算 374
- ❹ 相続時精算課税との併用 374
- ❺ 納税猶予期間中の継続届出書の提出義務 375
- ❻ 担保の変更の命令違反等の場合の納税猶予期限の繰上げ 375
- ❼ 納税猶予期限が確定する場合（全部確定又は一部確定） 375
- ❽ 納税猶予税額が免除となる場合 376
- ❾ 非上場株式等の特例贈与者が死亡した場合の相続税の課税の特例 381
- ❿ その他 382

第3節 非上場株式等についての相続税の納税猶予及び免除の特例（一般措置） ─── 382

- ❶ 制度の概要 382
- ❷ 非上場株式相続税納税猶予（一般措置）の適用要件 382

- ❸ 適用手続　387
- ❹ 納税猶予分の相続税額の計算　388
- ❺ 納税猶予期間中の継続届出書の提出義務　389
- ❻ 担保の変更の命令違反等の場合の納税猶予期限の繰上げ　390
- ❼ 納税猶予期限の確定　391
- ❽ 納税猶予税額の免除　396
- ❾ 非上場株式等の贈与者が死亡した場合の相続税の納税猶予及び免除の特例　399
- ❿ その他　403

第4節　非上場株式等についての相続税の納税猶予及び免除の特例（特例措置） ─── 404

- ❶ 制度の概要　404
- ❷ 特例の適用要件　405
- ❸ 納税猶予分の相続税額　406
- ❹ 特例経営承継期間の判定　407
- ❺ 納税猶予期間中の継続届出書の提出義務　407
- ❻ 担保の変更の命令違反等の場合の納税猶予期限の繰上げ　407
- ❼ 納税猶予期限が確定する場合（全部確定又は一部確定）　407
- ❽ 納税猶予税額が免除となる場合　407
- ❾ 経営環境の変化に対応した減免制度　408
- ❿ 特例贈与者が死亡した場合の相続税の納税猶予及び免除の特例　408

第2章　個人の事業用資産についての贈与税及び相続税の納税猶予及び免除の特例

第1節　個人の事業用資産についての贈与税の納税猶予及び免除 ─── 409

- ❶ 制度の概要　409
- ❷ 特例の適用要件　409
- ❸ 納税猶予分の贈与税額の計算　412
- ❹ 猶予税額の全部を納付しなければならない場合　413
- ❺ 猶予税額の一部を納付しなければならない場合　414
- ❻ 適用手続　414
- ❼ 納税猶予税額の免除等　415
- ❽ 納税猶予期間中の継続届出書の提出義務　418
- ❾ 利子税の納付　419
- ❿ その他　419

第2節　個人の事業用資産の贈与者が死亡した場合の相続税の課税の
　　　　特例 ——————————————————————— 420
第3節　個人の事業用資産についての相続税の納税猶予及び免除 —— 421
　❶　制度の概要　421
　❷　特例の適用要件　421
　❸　納税猶予分の相続税額の計算　423
　❹　猶予税額の全部を納付しなければならない場合　424
　❺　猶予税額の一部を納付しなければならない場合　425
　❻　適用手続　425
　❼　猶予税額が免除等となる場合　425
　❽　納税猶予期間中の継続届出書の提出義務　426
　❾　利子税の納付　426
　❿　贈与税の納税猶予に係る贈与者が死亡した場合の相続税の納税猶予　426
　⓫　その他　427

第3章　農地等についての納税猶予

第1節　農地等を贈与した場合の贈与税の納税猶予及び免除の特例 —— 428
　❶　制度の概要　428
　❷　特例の適用要件　428
　❸　適用手続　432
　❹　農地等の贈与による納税猶予を受ける贈与税額　432
　❺　受贈者が特例農地等の譲渡等をした場合　433
　❻　譲渡等の対価をもって代替農地等を取得した場合　435
　❼　買取りの申出等があった場合　436
　❽　自己所有農地への付替えの特例　437
　❾　農地等の贈与者が死亡した場合の相続税の課税の特例　438
　❿　受贈者が贈与者より先に死亡した場合　438
　⓫　特例付加年金を受給するために使用貸借による権利の設定があった場合の納税猶予の
　　　継続　439
　⓬　贈与税の借換特例　440
　⓭　一時的道路用地等のために地上権等が設定された場合　442
　⓮　営農困難時貸付けの特例　444
　⓯　贈与税の納税猶予を適用している場合の特定貸付けの特例　447
第2節　農地等についての相続税の納税猶予及び免除の特例 ——————— 450

- ❶ 農地等についての相続税の納税猶予及び免除の特例制度の概要　450
- ❷ 特例の適用要件　451
- ❸ 適用手続　452
- ❹ 納税猶予期間中の手続き　452
- ❺ 相続人のうち農業相続人がいる場合の相続税額の計算方法　453
- ❻ 農業相続人が特例農地等の譲渡等をした場合　454
- ❼ 譲渡等の対価をもって代替農地等を取得した場合　456
- ❽ 買取りの申出等があった場合　456
- ❾ 自己所有農地への付替えの特例　458
- ❿ 相続税の借換特例　459
- ⓫ 一時的道路用地等のために地上権等が設定された場合　461
- ⓬ 営農困難時貸付けの特例　463
- ⓭ 相続税の納税猶予を適用している場合の特定貸付けの特例　466
- ⓮ 相続税の納税猶予を適用している場合の都市農地の貸付けの特例　469

第4章　山林についての相続税の納税猶予及び免除の特例

- ❶ 制度の概要　473
- ❷ 被相続人の要件　473
- ❸ 林業経営相続人の要件　474
- ❹ 特例施業対象山林及び特例山林　474
- ❺ 分割要件　475
- ❻ 納税猶予税額　475
- ❼ 申告手続　476
- ❽ 継続届出書の提出　476
- ❾ 納税猶予期限の確定　476
- ❿ 納税猶予税額の免除　477

第5章　特定の美術品についての相続税の納税猶予及び免除の特例

- ❶ 制度の概要　478
- ❷ 被相続人の要件　479
- ❸ 寄託相続人の要件　479
- ❹ 分割要件　479
- ❺ 納税猶予税額　479

- ⑥ 申告手続　480
- ⑦ 納税猶予税額の免除　480
- ⑧ 納税猶予期限の確定　480
- ⑨ 継続届出書の提出　481

第6章　医療法人の持分に係る贈与税及び相続税の納税猶予等

第1節　医療法人の持分に係る経済的利益に対する贈与税の納税猶予及び免除（措法70の7の9） ―― 482

- ❶ 制度の概要　482
- ❷ 受贈者の要件　483
- ❸ 納税猶予税額　483
- ❹ 申告手続　483
- ❺ 納税猶予税額の免除　483
- ❻ 納税猶予期限の確定　484
- ❼ その他　485

第2節　医療法人の持分に係る経済的利益に対する贈与税の税額控除（措法70の7の10） ―― 486

- ❶ 制度の概要　486
- ❷ 受贈者の要件　486
- ❸ 放棄相当贈与税額　486
- ❹ 申告手続　487
- ❺ その他　487

第3節　個人の死亡に伴い贈与又は遺贈があったものとみなされる場合の特例（措法70の7の11） ―― 488

- ❶ 制度の概要　488
- ❷ 申告手続　488

第4節　医療法人の持分についての相続税の納税猶予及び免除（措法70の7の12） ―― 488

- ❶ 制度の概要　488
- ❷ 相続人等の要件　489
- ❸ 納税猶予税額　489
- ❹ 分割要件　489
- ❺ 申告手続　489
- ❻ 納税猶予税額の免除　490

- ❼ 納税猶予期限の確定　490
- ❽ その他　490

第5節　医療法人の持分についての相続税の税額控除（措法70の7の13） ── 490

- ❶ 制度の概要　490
- ❷ 相続人等の要件　491
- ❸ 放棄相当相続税額　491
- ❹ 申告手続　492

第6節　医療法人の持分の放棄があった場合の贈与税の課税の特例（措法70の7の14） ── 492

- ❶ 制度の概要　492
- ❷ 申告手続　492

第Ⅳ部　財産評価

第1章　評価の原則

第1節　時価 ── 494
- ❶ 相続税法における時価　494
- ❷ 評価時点　495

第2節　財産評価基本通達等による評価 ── 497
- ❶ 法定評価と通達等による評価　497
- ❷ 財産評価基本通達における通則規定　497

第2章　土地及び土地の上に存する権利の評価

第1節　土地評価の通則 ── 503
- ❶ 土地の評価上の区分　503
- ❷ 評価単位　504
- ❸ 地積　505
- ❹ 棚卸資産に該当する土地　506

第2節　宅地及び宅地の上に存する権利の評価 ── 506

- ❶ 宅地の評価方式　506
- ❷ 路線価方式による評価　507
- ❸ 倍率方式による評価　534
- ❹ 特殊な宅地の評価　536
- ❺ 借地権及び借地権の目的となっている宅地の評価　551
- ❻ 相当の地代の授受が行われている場合等における評価　554
- ❼ 定期借地権及び定期借地権の設定されている宅地の評価　565
- ❽ 貸家の敷地の用に供されている宅地等の評価　570
- ❾ 使用貸借により土地の貸借が行われている場合の評価　573
- ❿ 区分地上権が設定されている場合の評価　578
- ⓫ 区分地上権に準ずる地役権が設定されている場合の評価　579

第3節　農地及び農地の上に存する権利の評価　　　　　　　580
- ❶ 財産評価における農地の区分　580
- ❷ 純農地の評価　582
- ❸ 中間農地の評価　582
- ❹ 市街地周辺農地の評価　582
- ❺ 市街地農地の評価　582
- ❻ 生産緑地の評価　584
- ❼ 耕作権等が設定されている場合の評価　586

第4節　山林及び山林の上に存する権利の評価　　　　　　　587
- ❶ 財産評価における山林の区分　587
- ❷ 純山林の評価　588
- ❸ 中間山林の評価　588
- ❹ 市街地山林の評価　588
- ❺ 保安林の評価　589
- ❻ 特別緑地保全地区内にある山林の評価　589
- ❼ 山林に権利が設定されている場合の評価　590

第5節　原野及び原野の上に存する権利の評価　　　　　　　591
- ❶ 財産評価における原野の区分　591
- ❷ 純原野の評価　592
- ❸ 中間原野の評価　592
- ❹ 市街地原野の評価　592
- ❺ 特別緑地保全地区内にある原野の評価　592
- ❻ 原野に権利が設定されている場合の評価　593

第6節　牧場及び牧場の上に存する権利の評価　　　　　　　593
第7節　池沼及び池沼の上に存する権利の評価　　　　　　　593

第8節　鉱泉地及び鉱泉地の上に存する権利の評価 ―― 594
- ❶ 鉱泉地の評価　594
- ❷ 鉱泉地に権利が設定されている場合の評価　594

第9節　雑種地及び雑種地の上に存する権利の評価 ―― 595
- ❶ 雑種地の評価　595
- ❷ 雑種地に権利が設定されている場合の評価　598

第10節　占用権及び占用権の目的となっている土地の評価 ―― 599
- ❶ 占用権の意義　599
- ❷ 占用権の評価　600
- ❸ 占用権の目的となっている土地の評価　600
- ❹ 占用の許可に基づき所有する家屋を貸家とした場合の占用権の評価　601

第11節　売買契約中の土地 ―― 601
- ❶ 売買契約中に売主に相続が開始した場合　601
- ❷ 売買契約中に買主に相続が開始した場合　602

第12節　負担付贈与等により取得した土地等 ―― 603
- ❶ 負担付贈与等により取得した土地等の価額　603
- ❷ 負担付贈与による土地等の取得が相続税法第7条又は同法第9条に該当するかどうかの判定　603

第3章　家屋及び構築物の評価

第1節　家屋及び家屋の上に存する権利の評価 ―― 605
- ❶ 家屋の評価　605
- ❷ 建築中の家屋の評価　606
- ❸ 貸家の評価　607
- ❹ 借地権の評価　607

第2節　居住用の区分所有財産（マンション）の評価 ―― 608
- ❶ 対象となる区分所有財産　608
- ❷ 一室の区分所有権等に係る敷地利用権の価額　608
- ❸ 一室の区分所有権等に係る区分所有権（建物）の価額　609

第3節　構築物の評価 ―― 611

第4章 配偶者居住権等の評価

第1節 配偶者居住権及び配偶者居住権の目的となっている建物の価額 ─ 612
- ❶ 配偶者居住権の評価 612
- ❷ 配偶者居住権の目的となっている建物の評価 613

第2節 配偶者居住権の目的となっている建物の敷地等の評価 ─ 613
- ❶ 配偶者居住権の目的となっている建物の敷地の利用権の評価 613
- ❷ 配偶者居住権の目的となっている建物の敷地の評価 614

第3節 配偶者短期居住権 ─ 616

第5章 果樹等及び立竹木の評価

第1節 果樹等の評価 ─ 618
- ❶ 幼齢樹の評価 618
- ❷ 成熟樹の評価 618

第2節 立竹木の評価 ─ 619
- ❶ 森林の主要樹種の立木の評価 619
- ❷ 森林の主要樹種以外の立木の評価 632
- ❸ 森林の立木以外の立木の評価 632
- ❹ 保安林の評価 632
- ❺ 立竹の評価 633
- ❻ 分収育林契約がある場合の評価 633

第6章 動産の評価

第1節 一般動産の評価 ─ 634
第2節 棚卸商品等の評価 ─ 635
- ❶ 商品の評価 635
- ❷ 原材料の評価 635
- ❸ 半製品及び仕掛品の評価 635
- ❹ 製品及び生産品の評価 635

第3節 牛馬等の評価 ─ 636

第4節　書画骨とう品の評価 ―――――――――――――――――― 636
第5節　船舶の評価 ――――――――――――――――――――― 636

第7章　無体財産権の評価

第1節　特許権等の評価 ――――――――――――――――――― 638
❶ 特許権及びその実施権の評価　638
❷ 実用新案権、意匠権及びそれらの実施権　639
❸ 商標権及びその使用権　639

第2節　著作権等の評価 ――――――――――――――――――― 639
❶ 著作権の評価　639
❷ 著作隣接権の評価　640

第3節　営業権の評価 ―――――――――――――――――――― 640
❶ 平均利益金額　640
❷ 標準企業者報酬額　640
❸ 総資産価額　641

第4節　電話加入権の評価 ―――――――――――――――――― 642

第8章　株式等の評価

第1節　上場株式の評価 ――――――――――――――――――― 643
❶ 上場株式の原則的評価　643
❷ 課税時期の最終価格の例外　643
❸ 最終価格の月平均額の特例　645

第2節　気配相場のある株式の評価 ―――――――――――――― 648
❶ 登録銘柄及び店頭管理銘柄　648
❷ 公開途上にある株式　649

第3節　取引相場のない株式 ――――――――――――――――― 649
❶ 適用される評価方法の判定　649
❷ 評価方法の判定における議決権割合　655
❸ 評価会社の規模区分の判定　656
❹ 取引相場のない株式の原則的評価方法　657
❺ 類似業種比準方式　659
❻ 純資産価額方式　666
❼ 株式の割当てを受ける権利等の発生している株式の価額の修正　671

- ⑧ 配当還元方式　672
- ⑨ 特定の評価会社の株式の評価　672
- ⑩ 種類株式の評価　678

第4節　株式に関する権利の評価 ——— 680
- ① 配当期待権　680
- ② 株式の割当てを受ける権利　680
- ③ 株主となる権利　680
- ④ 株式無償交付期待権　681
- ⑤ ストックオプション　681
- ⑥ 上場新株予約権　682

第5節　持分会社の出資の評価 ——— 683
第6節　医療法人の出資の評価 ——— 683
第7節　その他の出資の評価 ——— 684
- ① 農業協同組合等の出資の評価　684
- ② 企業組合等の出資の評価　685

第9章　その他の財産の評価

第1節　公社債の評価 ——— 686
- ① 利付公社債の評価　686
- ② 割引発行の公社債の評価　687
- ③ 元利均等償還が行われる公社債の評価　688
- ④ 転換社債型新株予約権付社債の評価　688
- ⑤ 貸付信託受益証券の評価　690
- ⑥ 証券投資信託受益証券の評価　691

第2節　定期金の評価 ——— 692
- ① 定期金給付事由が発生している定期金給付契約の評価　692
- ② 定期金給付事由が発生していない定期金給付契約の評価　694

第3節　信託受益権の評価 ——— 695
- ① 元本と収益との受益者が同一人である場合　695
- ② 元本と収益との受益者が元本及び収益の一部を受ける場合　695
- ③ 元本の受益者と収益の受益者とが異なる場合　695

第4節　預貯金の評価 ——— 696
第5節　貸付金債権などの評価 ——— 697
- ① 貸付金債権等の評価　697

❷ 受取手形等の評価　698
❸ 未収果実の評価　698
❹ 訴訟中の権利の評価　699
第6節　ゴルフ会員権等の評価 ——————————————— 699
❶ 取引相場のある会員権　699
❷ 取引相場のない会員権　699
第7節　抵当証券の評価 ——————————————————— 700
第8節　不動産投資信託証券等の評価 ———————————— 700
第9節　受益証券発行信託証券等の評価 ———————————— 701
第10節　暗号資産等の評価 ————————————————— 701
❶ 暗号資産の評価　701
❷ NFTの評価　701
第11節　生命保険契約の評価 ————————————————— 702

◆ 索引　703

誤りやすい事例 目次

第Ⅰ部 相続税

第1章 相続税の課税原因
特別縁故者が分与を受けた財産の価額　7
特別縁故者が分与を受けた居住用家屋の敷地　7

第3章 相続税の課税財産
特別縁故者が分与を受けた相続財産の評価　54
相続等により取得した財産を公益法人等に贈与した場合の譲渡所得課税　67

第4章 相続税の課税価格
相続時精算課税適用者の債務控除　87
基礎控除額以下の贈与　100
債務控除の適用　100

第5章 相続税の課税価格の計算の特例
特定貸付事業が引き続き行われていない場合　120
相続開始前3年を超えて引き続き貸付事業の用に供されていた宅地等　120
特定貸付事業を行っていた「被相続人等の当該貸付事業の用に供された」の意義　120

第6章 相続税額の計算
民法における相続人の数と相続税法第15条第2項における相続人の数　142
養子に2割加算が適用される場合　151
遺産分割が完了する前に配偶者に相続が開始した場合　162
遺産の再分割が行われた場合　163
配偶者に対する相続税額の軽減規定を受ける場合の修正申告書　164

第Ⅱ部 贈与税

第3章 贈与税の課税財産
住宅取得等資金の贈与を2人から受けた場合　284
贈与の翌年3月15日までに購入したマンションの引渡しを受けられなかった場合　285
配偶者の親から住宅取得資金の贈与を受けた場合　288
贈与を受けた金銭を住宅の敷地の取得に充てた場合　290
教育資金の贈与を受けた孫に対する2割加算の適用　298
みなし贈与財産となる保険金で居住用不動産を取得した場合　309
建物の建築が遅れ、贈与の翌年3月15日までに入居できなかった場合　310

第5章 贈与税額の計算（相続時精算課税）
相続時精算課税選択届出書の提出先　322

第Ⅳ部 財産評価

第2章 土地及び土地の上に存する権利の評価

　　正面路線の判定　510

　　地区の異なる2以上の路線に接する宅地の評価　511

　　共有地の場合の地積規模の判定　521

　　基準容積率が指定容積率を下回る場合の容積率の判定　521

　　指定容積率と基準容積率　533

　　倍率方式によって評価する土地の実際の面積が台帳地積と異なる場合の取扱い　536

　　宅地への通路として利用している路地状敷地　539

　　換地処分の公告前に課税時期が到来した場合の清算金　542

　　農用地区域内等以外の地域に存する農業用施設の用に供されている土地の評価　543

　　借地権の及ぶ範囲　552

　　賃貸の用に供する目的で建築された建物の敷地の評価　572

　　三大都市圏に所在する地積規模の大きな農地の評価　584

　　特定生産緑地の指定を受けた農地の評価　586

　　賃貸アパートの贈与に係る負担付贈与通達の適用関係　604

裁判例・裁決例 目次

第Ⅰ部 相続税

第2章 相続税の納税義務者

- 裁判例 納税者の住所が日本国内にはないと判断された事例（最高裁平成23年2月18日判決） 21
- 裁判例 納税者の住所が日本国内にあると判断された事例（名古屋高裁平成25年4月3日判決） 21
- 裁判例 海外送金の方法により贈与が行われた場合の財産の所在の判定（東京高裁平成14年9月18日判決） 26

第3章 相続税の課税財産

- 裁決例 保険料の負担者は被相続人であると認定された事例（平成19年6月12日裁決） 35
- 裁判例 具体的事実関係に基づく保険金受取人の判定事例（東京地裁昭和39年12月21日判決） 36
- 裁決例 支給を受けた死亡退職金の一部を返還したとしても、死亡退職金の額には影響しないとされた事例（平成8年2月27日裁決） 38
- 裁決例 雇用主が契約した生命保険契約に基づき遺族が取得した死亡保険金が退職手当金等に当たるとの請求人の主張が排斥された事例（平成12年9月20日裁決） 39
- 裁判例 みなし相続財産となる退職手当金等の範囲（最高裁昭和47年12月26日判決） 39
- 裁決例 相続開始後3年以内に支給されなかった退職慰労金（平成31年1月24日裁決） 40
- 裁決例 業務上の死亡（平成17年9月12日裁決） 45
- 裁決例 いわゆる庭内神しである祠の敷地が相続税の非課税財産に当たるとされた事例（東京地裁平成24年6月21日判決） 58
- 裁決例 墓地として貸し付けられている土地（昭和47年3月30日裁決） 59
- 裁判例 租税特別措置法第70条第1項を適用するための所定の書類の添付義務（東京地裁平成25年2月22日判決） 66
- 裁判例 「公益を目的とする事業の用に供していない場合」の意義（大阪高裁平成13年11月1日判決） 67

第4章 相続税の課税価格

- 裁決例 相続財産の一部が未分割である場合の課税価格の計算（平成20年5月29日裁決） 79
- 裁決例 遺留分減殺請求に対して価額弁償金が支払われた場合の相続税の課税価格の計算（平成25年8月29日裁決） 82
- 裁判例 約定利率が通常の利率よりも低い金銭債務の現在価値（昭和49年9月20日最高裁判決） 90
- 裁判例 病院を経営する医師が死亡した場合の所属医師への退職金支払い債務（平成8年10月16日東京高裁判決） 91
- 裁判例 保証債務（昭和59年4月26日東京地裁判決） 92
- 裁判例 連帯保証（平成11年4月16日名古屋高裁判決） 92
- 裁判例 確実な債務（昭和55年9月18日東京高裁判決） 92

第5章 相続税の課税価格の計算の特例

- 裁判例 敷地の一部にアスファルト舗装のある青空駐車場（札幌地裁平成21年1月29日判決） 105

| 裁判例 | 仮換地への適用（最高裁平成19年1月23日判決）　106
| 裁判例 | 成年後見人の事業の用に供されていた宅地等（横浜地裁令和2年12月2日判決）　108
| 裁判例 | 事業が中断中である場合の小規模宅地特例の適用（名古屋地裁平成10年2月6日判決）　108
| 裁判例 | 代償財産への適用（東京地裁平成16年1月20日判決）　112
| 裁判例 | 遺留分減殺請求に係る価額弁償金への特例の適用（東京地裁平成27年2月9日判決）　112
| 裁判例 | 事業的規模（東京地裁平成7年6月30日判決）　121
| 裁判例 | 相続人ら全員の選択同意書の添付（東京地裁平成28年7月22日判決）　127
| 裁決例 | 特例対象宅地等の選択替え（平成5年12月13日裁決）　129

第8章　相続税の申告等の手続き

| 裁判例 | 相続税法第35条第3項の趣旨（神戸地裁平成11年3月15日判決、大阪地裁平成11年10月6日判決、平成12年3月17日（確定））　203

第9章　相続税の納付等

| 裁判例 | 相続税法第34条第1項に規定する連帯納付義務の成立（最高裁昭和55年7月1日判決）　210
| 裁判例 | 物納不適格財産に対する不適格事由解消のための補完指示の遅延（広島地裁平成21年11月21日判決）　227
| 裁判例 | 物納不適格財産を物納の対象としない趣旨（東京地裁平成22年12月22日判決）　228

第10章　特殊な課税が行われる場合

| 裁判例 | 同族会社の行為計算否認規定の適用が認められなかった事例（浦和地裁昭和56年2月25日判決）　241
| 裁判例 | 同族会社の行為計算否認規定の適用が認められた事例（大阪地裁平成12年5月12日判決）　241

第Ⅱ部　贈与税

第1章　贈与税の課税原因

| 裁判例 | 贈与契約の効力発生時期と所有権移転時期（東京地裁昭和57年10月14日判決、東京高裁昭和59年3月28日判決）　247
| 裁判例 | 公正証書による贈与契約（名古屋地裁平成10年9月11日判決、名古屋高裁平成10年12月25日判決、最高裁平成11年6月24日判決）　247
| 裁判例 | 書面によらない贈与（那覇地裁平成7年9月27日判決）　248
| 裁判例 | 農地の所有権移転時期（金沢地裁昭和39年12月18日判決、名古屋高裁金沢支部昭和41年5月11日判決）　248
| 裁判例 | 株式の贈与の時期（東京地裁昭和55年5月20日判決、東京高裁昭和56年8月27日判決、最高裁昭和60年3月11日判決）　248

第3章　贈与税の課税財産

| 裁判例 | 「保険金受取人」の意義（大阪高裁昭和39年12月21日判決）　262
| 裁判例 | 低額譲渡（東京地裁平成19年8月23日判決）　266
| 裁判例 | 著しく低い価額（東京地裁昭和44年12月25日判決）　266
| 裁判例 | 著しく低い価額の対価の判定（横浜地裁昭和57年7月28日判決、東京高裁昭和58年4月19日判決）

266

| 裁判例 | 求償権の行使の意思がないまま代位弁済を行った場合（東京地裁平成16年11月30日判決） 267
| 裁判例 | 同族会社の募集株式引受権（神戸地裁昭和55年5月2日判決、大阪高裁昭和56年8月27日判決） 272
| 裁判例 | 相続税法第9条の趣旨（東京高裁昭和52年7月27日判決） 276
| 裁判例 | 第一次遺産分割協議を補完する第二次遺産分割協議（東京高裁平成12年1月26日判決） 276
| 裁判例 | 親子間の高額売買（名古屋地裁平成2年4月27日判決） 276
| 裁決例 | 扶養義務者相互間における生活費又は教育費に充てるための贈与（令和2年4月16日裁決） 281

第Ⅳ部　財産評価

第1章　評価の原則

| 裁判例 | 贈与等により取得した財産の価額の評価（最高裁平成22年7月16日判決） 494
| 裁判例 | 財産評価の一般的基準として財産評価通達を適用する件（東京高裁平成7年12月13日判決） 495
| 裁判例 | 上場株式を相続した後に株式の取引価格が下落した場合の評価時点（大阪地裁昭和59年4月25日判決） 496
| 裁判例 | 不動産鑑定評価基準による評価の妥当性（名古屋地裁平成16年8月30日判決） 500
| 裁判例 | 租税負担の公平を著しく害する「特別な事情」がある場合（東京地裁令和元年8月27日判決） 500
| 裁判例 | 不動産鑑定評価額が通達評価額を上回る場合（最高裁第三小法廷令和4年4月19日判決） 501
| 裁判例 | 実質的な租税負担の公平に反するというべき事情（最高裁第三小法廷令和4年4月19日判決） 502

第2章　土地及び土地の上に存する権利の評価

| 裁決例 | 都市計画法34条12号区域に所在する雑種地は地積規模の大きな宅地の評価に準じて評価することはできないとされた事例（令和6年3月6日裁決） 523
| 裁決例 | 実際に利用している路線が二つある場合の無道路地の評価（平成18年5月8日裁決） 527
| 裁決例 | 無道路地に該当しない場合（平成23年12月6日裁決） 527
| 裁決例 | 特定路線価を設定して評価する趣旨（平成24年11月13日裁決） 534
| 裁決例 | 路線価が設定されていない土地で特定路線価により評価すべき場合（令和2年8月21日裁決） 534
| 裁判例 | 歩道状空地について減額評価が認められる場合（最高裁第三小法廷平成29年2月28日判決） 540
| 裁決例 | 不動産鑑定書における私道部分の事実評価の誤り（平成23年6月7日裁決） 540
| 裁決例 | 不特定多数の者の通行の用に供されている私道とは認められないとされた事例（平成28年12月7日裁決） 541
| 裁決例 | 土壌汚染の浄化・改善費用相当額として80％を控除する場合①（令和3年12月1日裁決） 547
| 裁決例 | 土壌汚染の浄化・改善費用相当額として80％を控除する場合②（令和3年12月1日裁決） 547
| 裁決例 | 埋蔵文化財包蔵地として発掘調査費用の80％を控除する場合（平成20年9月25日裁決） 548
| 裁決例 | 騒音により利用価値が著しく低下している土地とされた事例（平成2年6月2日裁決） 549

| 裁決例 | 騒音等により利用価値が著しく低下している土地とは認められないとされた事例（平成22年3月25日裁決）549
| 裁決例 | 高低差があるものの利用価値が著しく低下している土地とは認められないとされた事例（平成29年9月5日裁決）550
| 裁決例 | 忌みにより利用価値が著しく低下している土地と認められるとされた事例（平成18年5月8日裁決）550
| 裁決例 | 借地権の取引慣行の有無（平成25年4月24日裁決）552
| 裁決例 | 借地権価額控除方式による貸宅地の評価の合理性（平成18年3月15日裁決）553
| 裁判例 | 一時的空室部分に該当しないとされた事例（大阪地裁平成28年10月26日判決）572
| 裁判例 | 被相続人が生産緑地における農業の主たる従事者であったと認定され控除割合が5％とされた事例（名古屋高裁平成15年5月21日判決）585
| 裁判例 | 売買契約締結後に売主に相続が開始した場合の相続財産（最高裁昭和61年12月5日判決）602
| 裁判例 | 売買契約締結後に買主に相続が開始した場合の相続財産（東京地裁昭和61年12月5日判決）602
| 裁判例 | 「著しく低い価額」の判定基準（東京地裁平成19年8月23日判決）603

第6章　動産の評価

| 裁判例 | 評価通達における船舶の評価方法は合理性を有するとされた事例（東京地裁令和2年10月1日判決）636
| 裁決例 | 精通者意見価格等を基に船舶の評価をするのが相当とされた事例（平成24年7月24日裁決）637

第7章　無体財産権の評価

| 裁決例 | 財産評価基本通達による営業権の評価方法の合理性（平成20年10月23日裁決）641

第8章　株式等の評価

| 裁判例 | 非経常的な利益（固定資産の売却益）（東京地裁平成元年5月17日判決）664
| 裁決例 | 非経常的な利益（匿名組合契約に係る分配金）（平成20年6月26日裁決）665
| 裁判例 | 1株当たりの配当金額及び利益金額（広島地裁平成19年8月10日判決）666
| 裁判例 | 純資産価額方式における営業権の資産への計上（東京地裁昭和63年1月27日判決）670

第9章　その他の財産の評価

| 裁決例 | 定期預金の評価上、既経過利子の額の算山については、解約利率により算出した額から、源泉徴収所得税相当額を控除すべきであるとした事例（昭和55年12月12日裁決）696

凡例

【法令】

相法	相続税法
相令	相続税法施行令
相規	相続税法施行規則
措法	租税特別措置法
措令	租税特別措置法施行令
措規	租税特別措置法施行規則
通法	国税通則法
法法	法人税法
法令	法人税法施行令
地価令	地価税法施行令
所法	所得税法
所令	所得税法施行令
令和3年改正法	所得税法等の一部を改正する法律（令和3年法律第11号）
令和5年改正法	所得税法等の一部を改正する法律（令和5年法律第3号）
令和6年改正法	所得税法等の一部を改正する法律（令和6年法律第8号）
法の適用に関する通則法	法の適用に関する通則法（平成18年法律第78号）
耐用年数省令	減価償却資産の耐用年数等に関する省令
円滑化法	中小企業における経営の承継の円滑化に関する法律
円滑化政令	中小企業における経営の承継の円滑化に関する法律施行令
円滑化省令	中小企業における経営の承継の円滑化に関する法律施行規則
復興法	東日本大震災からの復興のための施策を実施するために必要な財源の確保に関する特別措置法
復興令	復興特別所得税等に関する政令
たばこ令	たばこ特別税に関する政令（平成10年政令第345号）
日米相続税条約	遺産、相続及び贈与に対する租税に関する二重課税の回避及び脱税の防止のための日本国とアメリカ合衆国との間の条約（昭和30年4月1日条約第2号）
日米相続税条約実施法	遺産、相続及び贈与に対する租税に関する二重課税の回避及び脱税の防止のための日本国とアメリカ合衆国との間の条約の実施に伴う相続税法の特例等に関する法律（昭和29年6月23日法律第194号）
日米相続税条約実施規則	遺産、相続及び贈与に対する租税に関する二重課税の回避及び脱税の防止のための日本国とアメリカ合衆国との間の条約の実施に伴う相続税法の特例等に関する法律の施行に関する省令

【通達】

相基通	昭和34年1月28日直資10「相続税法基本通達」
措通	昭和50年11月4日直資2－224「租税特別措置法（相続税法の特例関係）の取扱いについて」（法令解釈通達）
評基通	昭和39年4月25日直資56、直審（資）17「財産評価基本通達」
名義変更通達	昭和39年5月23日直審（資）22、直資68「名義変更等が行われた後にその取消し等があった場合の贈与税の取扱いについて」

名義変更通達運用通達 ………	昭和39年7月4日直審（資）34、直資103「「名義変更等が行われた後にその取消し等があった場合の贈与税の取扱いについて」通達の運用について」
昭和39年個別通達 …………	昭和39年6月9日直審（資）24、直資77「贈与税の非課税財産（公益を目的とする事業の用に供する財産に関する部分）及び持分の定めのない法人に対して財産の贈与等があった場合の取扱いについて」
使用貸借通達 ……………	昭和48年11月1日直資2－189、直所2－76、直法2－92「使用貸借に係る土地についての相続税及び贈与税の取扱いについて」
相当地代通達 ……………	昭和60年6月5日直資2－58、直評9「相当の地代を支払っている場合等の借地権等についての相続税及び贈与税の取扱いについて」
負担付贈与通達 …………	平成元年3月29日直評5、直資2－204「負担付贈与又は対価を伴う取引により取得した土地等及び家屋等に係る評価並びに相続税法第7条及び第9条の規定の適用について」
所基通 ……………………	昭和45年7月1日直審（所）30「所得税基本通達」
通基通 ……………………	昭和45年6月24日付徴管2－43ほか9課共同「国税通則法基本通達（徴収部関係）の制定について」
相続税等加算税通達 ………	平成12年7月3日課資2－264ほか「相続税、贈与税の過少申告加算税及び無申告加算税の取扱いについて」（事務運営指針）
定期借地権底地評価通達 …	平成10年8月25日課評2－8ほか「一般定期借地権の目的となっている宅地の評価に関する取扱いについて」
株式評価様式通達 …………	平成2年12月27日直評23ほか「相続税及び贈与税における取引相場のない株式等の評価明細書の様式及び記載方法等について」

（引用例）

相法1の3①一 …………	相続税法第1条の3第1項第1号
相基通3－1 ……………	相続税法基本通達第1章第1節第3条関係の3－1

本書は、令和6年12月31日現在の法令・通達等によっています。

第Ⅰ部
相続税

第1章 相続税の課税原因

　相続税の課税原因は、①相続による財産の取得及び②遺贈（死因贈与を含みます。以下同じです。）による財産の取得です。
　ただし、相続税法又は租税特別措置法の規定により、財産を相続又は遺贈により取得したものとみなして相続税が課税される場合があります。

第1節 相続

相続の開始

　相続は、自然人の死亡により開始します（民法882）が、失踪宣告を受けた者も失踪期間満了の時又は危難が去った時に死亡したものとみなされ相続が開始することとなります（民法31）。

失踪の区分	失踪期間	死亡の時期
普通失踪	不在者の生死が7年間不明であること（民法30①）	7年の失踪期間が満了した時（民法31）
危難失踪 （特別失踪）	戦争、船舶の沈没、震災その他の天災など死亡の原因となる危難に遭遇した者の生死が、その危難が去った後1年間不明であること（民法30②）	危難が去った時（民法31）

■ 認定死亡

　水難、火災、震災、航空機事故などの事変があり、死体の確認はできないものの周囲の状況からみて死亡したことが確実であると認められる場合には、その事変の取調べをした官庁又は公署が、その者の死亡を認定して死亡地の市町村長にその旨を報告しなければなりません（戸籍法89）。この手続きにより、法律上、その者について相続が開始することとなります。

2 相続の効果

相続が開始すると、相続人は、相続開始の時から被相続人（亡くなった者）の一身に専属したものを除き被相続人の財産に属した一切の権利義務を承継することとなります（民法896）。

相続人、すなわち相続によって被相続人の権利義務を承継する者については、民法第886条以下に規定されています。

なお、被相続人が日本国籍を有しない場合には、相続は被相続人の本国法によることとされており（法の適用に関する通則法36）、相続人たる資格、相続の効力等は、被相続人の本国法によって決定されることとなります。

3 相続人

相続が開始すると、相続人が被相続人の財産を承継することとなります。相続人については民法の規定によることとなりますが、相続税の課税上、「相続人」には、相続を放棄した者及び相続権を失った者を含みません（相法3①）。

ただし、相続税の基礎控除額、相続税の総額の計算、配偶者の税額軽減、未成年者控除、障害者控除、生命保険金及び退職手当金等の非課税金額の計算、相続人の数に算入される養子の数の否認規定などの適用における相続人の範囲は、上記の相続人の範囲とは異なることから注意が必要です。この点については、それぞれの該当箇所を確認してください。

◆民法の規定による相続人の範囲◆

配偶者の有無	ケース	相続人	備考
被相続人に配偶者がいる場合	① 被相続人に子がいる場合	配偶者及び子	被相続人の子が、相続の開始以前に死亡したとき、又は相続人の欠格事由に該当し、若しくは廃除によって、その相続権を失ったときは、その者の子がこれを代襲して相続人となります。ただし、相続人となる者は被相続人の直系卑属に限られます。 なお、代襲者が、相続の開始以前に死亡し、又は相続人の欠陥事由に該当し、若しくは廃除によって、その代襲相続権を失った場合には、その子が代襲して相続人となります。ただし、相続人となる者は被相続人の直系卑属に限られます。

	② 被相続人に子がなく、直系尊属がいる場合	配偶者及び直系尊属	親等の異なる直系尊属がある場合には、親等の近い者が相続人になります。
	③ 被相続人に子がなく、直系尊属もいない場合	配偶者及び兄弟姉妹	被相続人の兄弟姉妹が、相続の開始以前に死亡したとき、又は相続人の欠格事由に該当し、若しくは廃除によって、その相続権を失ったときは、その者の子がこれを代襲して相続人となります。
被相続人に配偶者がいない場合	④ 被相続人に子がいる場合	子	①のケースと同じ。
	⑤ 被相続人に子がなく、直系尊属がいる場合	直系尊属	②のケースと同じ。
	⑥ 被相続人に子がなく、直系尊属もいない場合	兄弟姉妹	③のケースと同じ。

■ 相続を放棄した者

「相続を放棄した者」とは、民法第915条から第917条までに規定する期間内（原則として、自己のために相続の開始があったことを知った時から3か月以内。ただし、この期間は、利害関係人又は検察官からの請求に基づき家庭裁判所によって伸長される場合があります。また、相続人が未成年者又は成年被後見人であるときは、この期間は、その法定代理人が未成年者又は成年被後見人のために相続の開始があったことを知った日から起算されます。）に、同法第938条《相続の放棄の方式》の規定により家庭裁判所に申述して相続の放棄をした者（同法第919条《相続の承認及び放棄の撤回及び取消し》第2項の規定により放棄の取消しをした者を除きます。）だけをいいます。

したがって、正式に放棄の手続きをとらず、事実上、相続により財産を取得しなかったにすぎない者は「相続を放棄した者」には該当しません（相基通3-1）。

■ 相続権を失った者

「相続権を失った者」とは、民法第891条《相続人の欠格事由》の各号に掲げる者並びに同法第892条《推定相続人の廃除》及び第893条《遺言による推定相続人の廃除》の規定による推定相続人の廃除の請求に基づき相続権を失った者（同法第894条《推定相続人の廃除の取消し》の規定により廃除の取消しのあった者を除きます。）をいいます（相基通3-2）。

	欠格事由・廃除の事由
欠格事由 （民法891）	故意に被相続人又は相続について先順位若しくは同順位にある者を死亡するに至らせ、又は至らせようとしたために、刑に処せられたこと

	被相続人の殺害されたことを知って、これを告発せず、又は告訴しなかったこと（ただし、その者に是非の弁別がないとき、又は殺害者が自己の配偶者若しくは直系血族であったときは除きます。）
	詐欺又は強迫によって、被相続人が相続に関する遺言をし、撤回し、取り消し、又は変更することを妨げたこと
	詐欺又は強迫によって、被相続人に相続に関する遺言をさせ、撤回させ、取り消させ、又は変更させたこと
	相続に関する被相続人の遺言書を偽造し、変造し、破棄し、又は隠匿した者
廃除事由 （民法892）	遺留分を有する推定相続人（相続が開始した場合に相続人となるべき者をいいます。）が、被相続人に対して虐待をし、若しくはこれに重大な侮辱を加えたとき
	推定相続人にその他の著しい非行があったとき

第2節 遺贈等

1 遺贈

遺贈は、遺言による財産の処分であり、包括遺贈と特定遺贈とに区分されます（民法964）。

遺贈の区分	方　法	効　果
包括遺贈	財産の全部又は一部を包括的に遺贈するもので、財産に対する一定の割合を示して行うもの。	包括受遺者は、相続人と同一の権利義務を有します（民法990）。したがって、包括遺贈が行われると相続財産は相続人との遺産共有の状態となり、遺産分割に参加することとなります。また、債務も承継することとなります。
特定遺贈	特定の物、権利又は一定額の金銭を与えるというように財産を特定して行うもの。	受遺者は、遺言によって特定された財産を取得しますが、それ以外の財産を取得することはありません。また、遺言にない債務を承継することもありません。

　遺贈を受ける者（受遺者）は、一定の欠格事由（民法965。第1節参照）があるほかは制限がなく、遺言者の意思によって決めることができます。

　遺言者は、その財産を遺贈により自由に処分できますが、遺留分に関する規定に違反するときには、遺留分権者はその受遺者に対して遺留分侵害額請求をすることができます（民法1046①）。一方、受遺者は、遺贈の放棄をすることができます（民法986①、990、915①）。

　遺言は、遺言者の死亡の時から効力を生じ（民法985①）、遺贈の放棄は、遺言者の死亡の時に遡って効力を生じます（民法986②）。

　遺贈は、遺言者の死亡による財産の移転という意味において相続と異なるところがないこと

から、相続税法は、相続による財産の取得と同様に遺贈による財産の取得に対しても相続税を課すこととしています。

なお、遺贈は、法人に対して行うこともできますが、法人は、原則として相続税の納税義務者とはなりません。

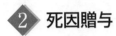 死因贈与

死因贈与（民法554）は、贈与者の死亡により効力を生じる贈与です。遺贈は単独行為であり、死因贈与は契約であるという法律的な相違はありますが、民法上、死因贈与は遺贈に関する規定に従うこととされており（民法554）、相続税法においても死因贈与は遺贈と同様に取り扱われます（相法1の3）。そこで、本書においては、「死因贈与」は「遺贈」に含め、「贈与」には「死因贈与」を含まないものとします。

第3節　相続又は遺贈以外の事由

相続税は、相続又は遺贈により取得した財産の価額に対して課されますが、相続又は遺贈により取得した財産とはいえない財産又は経済的利益であっても、その実質が相続又は遺贈により財産を取得した場合と同様であると考えられる場合に、これらの財産又は経済的利益については相続又は遺贈により取得したものとされます。

また、相続税と贈与税の一体的な課税の観点から、制度上、相続又は遺贈により取得したものとみなされる財産があります。

 特別縁故者に対する相続財産の分与

相続人の存否が不明で、家庭裁判所により選任された相続財産管理人が被相続人の債務を支払うなどして清算を行った後、家庭裁判所の相続人を捜索するための公告で定められた期間内に相続人である権利を主張する者がなかった場合に、民法第958条の2第1項は、家庭裁判所は、相当と認めるときは、被相続人と特別の縁故のあった者（特別縁故者）からの請求によって、その者に清算後残った相続財産の全部又は一部を与えることができると規定しています。この民法の規定により相続財産の全部又は一部を与えられた場合においては、その与えられた者が、その与えられた時における当該財産の時価に相当する金額を被相続人から遺贈により取得したものとみなされます（相法4①）。

特別縁故者が相続財産の分与を受けた場合の相続税の計算については、次の点に注意する必要があります。

1	相続財産の分与を受けた特別縁故者が、当該相続財産に係る被相続人の葬式費用又は当該被相続人の療養看護のための入院費用等の金額で相続開始の際にまだ支払われていなかったものを支払った場合において、これらの金額を相続財産から別に受けていないときには、分与を受けた金額からこれらの費用の金額を控除した価額をもって、当該分与された価額と取り扱われます（相基通4-3）。
2	相続財産の分与を受けた特別縁故者が当該相続に係る被相続人の相続の開始前7年以内（注）に、被相続人から贈与により財産を取得したことがある場合においては、相続税法第19条《相続開始前7年以内に贈与があった場合の相続税額》第1項の規定が適用されます（相基通4-4）。 （注）令和12年12月31日までに開始した相続税については、経過措置が設けられています。詳細については、「第4章　相続税の課税価格」の「第4節　相続開始前7年以内の贈与」を参照してください。
3	相続税の総額を計算する場合の基礎控除額は、3,000万円となります。 ただし、相続の放棄があった場合には、3,000万円に相続の放棄がなかったとした場合の相続人の数に600万円を乗じて求めた金額を加算した金額が基礎控除額となります。

誤りやすい事例　特別縁故者が分与を受けた財産の価額

　被相続人は、令和4年10月に亡くなりました。被相続人には相続人がいなかったことから、長年にわたって被相続人の療育看護に努めてきた甲は、家庭裁判所の手続きを経て、令和6年8月に被相続人が所有していた土地の分与を受けることができました。この建物及び敷地の価額は、何年分の評価額によればよいのでしょうか。

解説

　相続又は遺贈により取得した財産の価額は、相続が開始した時の時価によりますが、民法第958条の2第1項の規定により相続財産を与えられた場合には、相続税の課税価格の計算上、その財産の価額は、その与えられた時における時価に相当する金額によることとされています（相法4①）。被相続人の相続開始が令和4年であっても、家庭裁判所の財産分与の決定が令和6年中であるならば、令和6年分の評価額によることとなります。

誤りやすい事例　特別縁故者が分与を受けた居住用家屋の敷地

　甲は、被相続人の親族ではありませんが、約30年間、被相続人と内縁関係にあり、晩年は、被相続人の療育看護に努めてきました。被相続人には相続人がいなかったことから、家庭裁判所の手続きを経て被相続人と甲が居住してきた建物及びその敷地の分与を受けることができました。この建物の敷地について租税特別措置法第69条の4第1項に定める小規模宅地等についての相続税の課税価格の計算の特例を適用することができますか。

> **解 説**
>
> 　小規模宅地等についての相続税の課税価格の計算の特例は、相続又は遺贈により取得した財産について適用することができます（措法69の4①）。相続税法第4条第1項の規定により、民法第958条の2第1項の規定により相続財産の分与を受けた場合には、その財産は被相続人から遺贈により取得したものとみなされますが、租税特別措置法においては、同項の規定により相続財産の分与を受けた場合に、これを遺贈により取得したものとみなす規定は設けられていません。
>
> 　また、被相続人の居住の用に供されていた宅地について、同特例を適用するためには、その宅地が同条第3項第2号の特定居住用宅地等に該当しなければなりませんが、特定居住用宅地等に該当するためにはその取得者が、被相続人の配偶者又は一定の親族であることが要件とされています。
>
> 　以上の二つの理由から、甲は小規模宅地等についての相続税の課税価格の計算の特例を適用することができません。

❷ 特別寄与者に対する特別寄与料の額の確定

　被相続人に対して無償で療養看護その他の労務の提供をしたことにより被相続人の財産の維持又は増加について特別の寄与をした被相続人の親族（相続人、相続の放棄をした者及び民法第891条《相続人の欠格事由》の規定に該当し又は廃除によってその相続権を失った者を除きます。）、すなわち特別寄与者は、相続の開始後、相続人に対し、特別寄与者の寄与に応じた額の金銭の支払いを請求することができます（民法1050）。この金銭を「特別寄与料」といいます。特別寄与者が支払いを受けるべき特別寄与料の額が確定した場合、特別寄与者は、特別寄与料の額に相当する金額を被相続人から遺贈により取得したものとみなされます（相法4②）。

　特別寄与者が支払いを受けるべき特別寄与料の額が決定した場合の相続税の計算については、次の点に注意する必要があります。

1	支払いを受けるべき特別寄与料の額が確定した特別寄与者が、現実に、被相続人の葬式費用を負担した場合には、特別寄与料の額から特別寄与者が負担した葬式費用の金額を控除した価額をもって、特別寄与料の額として取り扱われます（相基通4－3）。
2	支払いを受けるべき特別寄与料の額が確定した特別寄与者が当該相続に係る被相続人の相続の開始前7年以内（注）に、被相続人から贈与により財産を取得したことがある場合においては、相続税法第19条《相続開始前7年以内に贈与があった場合の相続税額》第1項の規定が適用されます（相基通4－4）。 （注）令和12年12月31日までに開始した相続税については、経過措置が設けられています。詳細については、「第4章　相続税の課税価格」の「第4節　相続開始前7年以内の贈与」を参照してください。

相続税法第3条第1項等に規定するみなし財産

次の財産は、相続又は遺贈により取得したものではありませんが、相続税法第3条第1項の規定により相続又は遺贈により取得したものとみなされて、相続税の課税対象とされます。

詳細については、第3章第2節で説明します。

	みなし相続（遺贈）財産	根拠規定
1	保険金	相続税法3条1項1号
2	退職手当金	相続税法3条1項2号
3	生命保険契約に関する権利	相続税法3条1項3号
4	定期金に関する権利	相続税法3条1項4号
5	保証期間付定期金に関する権利	相続税法3条1項5号
6	契約に基づかない定期金に関する権利	相続税法3条1項6号

また、遺言により、①著しく低い価額の対価で財産を譲り受けた場合、②対価を支払わないで、又は著しく低い価額の対価で債務の免除、引受け又は第三者のためにする債務の弁済による利益を受けた場合、③その他対価を支払わないで、又は著しく低い価額の対価で利益を受けた場合には、遺贈により利益を受けたものとみなされて、その経済的利益が相続税の課税対象とされます（相法7、8、9）。

 信託に関する権利

委託者の死亡に基因して信託の効力が生じた場合において、適正な対価を負担せずにその信託の受益者等となった場合には、当該信託の受益者等となった者は、当該信託に関する権利を当該信託の委託者から遺贈により取得したものとみなされるなど、信託に関しては、遺贈により信託に関する権利を取得したものとみなして相続税が課税される旨の規定が設けられています（相法9の2、9の4）。

詳細については、第3章第2節⓾で説明します。

 特定の一般社団法人等への課税

特定の一般社団法人等について、理事であった者（理事ではなくなった日から5年を経過していない者を含みます。）が死亡した場合において、その一般社団法人等がその純資産額の一定割合を遺贈により取得したものとみなされます（相法66の2①）。

詳細については、第10章第4節で説明します。

特別の法人から利益を受けた場合

　持分の定めのない法人で、その施設の利用、余裕金の運用、解散した場合における財産の帰属等について設立者、社員、理事、監事若しくは評議員、当該法人に対し遺贈をした者又はこれらの者の親族等に対し特別の利益を与えるものに対して財産の遺贈があった場合においては、当該財産の遺贈があった時において、当該法人から特別の利益を受ける者が、当該財産の遺贈により受ける利益の価額に相当する金額を当該財産の遺贈をした者から遺贈により取得したものとみなされます（相法65①）。

　詳細については、第10章第1節で説明します。

相続又は遺贈により財産を取得しなかった相続時精算課税適用者

　特定贈与者の相続開始に伴い相続又は遺贈により財産を取得しなかった相続時精算課税適用者については、当該特定贈与者からの贈与により取得した財産で相続時精算課税の適用を受けるものを、当該特定贈与者から相続又は遺贈により取得したものとみなします（相法21の16①）。

　詳細については、第7章第1節❷で説明します。

贈与税の納税猶予を適用している場合の贈与者の相続開始

　贈与税について、次の制度により納税猶予を受けている場合において、その納税猶予に係る財産の贈与者に相続が開始したときには、これらの納税猶予適用者については当該贈与財産を相続により取得したものとみなされます。

　詳細については、第Ⅲ部で説明します。

	納税猶予制度	根拠規定
1	農地等を贈与した場合の贈与税の納税猶予	租税特別措置法70条の5第1項
2	個人の事業用資産についての贈与税の納税猶予	租税特別措置法70条の6の9第1項
3	非上場株式等についての贈与税の納税猶予	租税特別措置法70条の7の3第1項
4	非上場株式等についての贈与税の納税猶予の特例	租税特別措置法70条の7の7第1項

贈与税の非課税措置を適用した場合において贈与者に相続が開始した場合

　租税特別措置法に規定する次の非課税特例措置を適用していた場合において、その贈与者に相続が開始したときにおいて非課税特例措置に係る贈与金額の未使用額があるときには、当該未使用額は相続又は遺贈により取得したものとみなされます。

　詳細については、第Ⅱ部第3章第3節で説明します。

	納税猶予制度	根拠規定
1	直系尊属から教育資金の一括贈与を受けた場合の贈与税の非課税の特例	租税特別措置法70条の2の2第12項2号
2	直系尊属から結婚・子育て資金の一括贈与を受けた場合の贈与税の非課税の特例	租税特別措置法70条の2の3第12項2号

第2章 相続税の納税義務者

第1節 個人の納税義務者

　相続税の納税義務者は、相続又は遺贈により財産を取得した自然人である個人です。ただし、一定の場合に、自然人ではない法人等が相続税の納税義務者となります（第2節参照）。

納税義務者の区分

　相続税の納税義務者は、相続又は遺贈により財産を取得した者の住所、国籍若しくは在留資格又は被相続人の住所、国籍若しくは在留資格等により次のとおり区分され（相法1の3①、相基通1の3・1の4共－3）、その者が無制限納税義務者である場合には、相続又は遺贈により取得したすべての財産に対して相続税が課され、その者が制限納税義務者である場合には、相続又は遺贈により取得した財産のうち日本国内に存するものに対して相続税が課されます（相法2①②）。

相続財産の取得の有無	区　分		説　明
相続又は遺贈により財産を取得した者	無制限納税義務者	居住無制限納税義務者	相続又は遺贈により財産を取得した個人で、当該財産を取得した時において日本国内に住所を有する者（ただし、一時居住者である者のうち、被相続人（遺贈をした者を含みます。）が外国人被相続人又は非居住被相続人である場合を除きます。）（相法1の3①一）
		非居住無制限納税義務者	相続又は遺贈により財産を取得した個人で、当該財産を取得した時において日本国内に住所を有しない者のうち、次に掲げるもの（相法1の3①二） ①　日本国籍を有する個人であって、次に掲げる者

			イ 当該相続又は遺贈に係る相続開始前10年以内のいずれかの時において日本国内に住所を有していたことがあるもの ロ 当該相続又は遺贈に係る相続開始前10年以内のいずれの時においても日本国内に住所を有していたことがないもの（当該相続又は遺贈に係る被相続人が外国人被相続人又は非居住被相続人である場合を除きます。） ② 日本国籍を有しない個人（当該相続又は遺贈に係る被相続人が外国人被相続人又は非居住被相続人である場合を除きます。）
	制限納税義務者	居住制限納税義務者	相続又は遺贈により日本国内にある財産を取得した個人で、当該財産を取得した時において日本国内に住所を有する者のうち、被相続人（遺贈をした者を含みます。）が外国人被相続人又は非居住被相続人である場合の一時居住者（相法１の３①三）
		非居住制限納税義務者	相続又は遺贈により日本国内にある財産を取得した個人で、当該財産を取得した時において日本国内に住所を有しない者のうち、次に掲げるもの（相法１の３①四） ① 日本国籍を有する個人であって、当該相続又は遺贈に係る相続開始前10年以内のいずれの時においても日本国内に住所を有していたことがないもの（当該相続又は遺贈に係る被相続人が外国人被相続人又は非居住被相続人である場合に限ります。） ② 日本国籍を有しない個人（当該相続又は遺贈に係る被相続人が外国人被相続人又は非居住被相続人である場合に限ります。）
相続又は遺贈により財産を取得しない者	特定納税義務者		相続時精算課税に係る贈与により財産を取得した者（相法１の３①五）

（注１）一時居住者
　　　相続開始の時において在留資格を有する者で、相続開始前15年以内において日本国内に住所を有していた期間の合計が10年以下のものをいいます（相法１の３③一）。なお、在留資格とは、出入国管理及び難民認定法別表第一（在留資格）の上欄の在留資格をいいます。
（注２）外国人被相続人
　　　相続開始の時において在留資格を有し、かつ、日本国内に住所を有していた被相続人をいいます（相法１の３③二）。
（注３）非居住被相続人
　　　相続開始の時において日本国内に住所を有していなかった当該相続に係る被相続人であって、当該

相続の開始前10年以内のいずれかの時において日本国内に住所を有していたことがあるもののうちそのいずれの時においても日本国籍を有していなかったもの又は当該相続の開始前10年以内のいずれの時においても日本国内に住所を有していたことがないものをいいます（相法1の3③三）。

■ **相続税法の施行地**

一般に法律は、その国の全領土に施行されることを原則とし、法律に特別に施行地に関する規定がなければ、当然その国の全領土に効力が及ぶこととなります。相続税法の施行地域は、本州、北海道、四国、九州及び附属の島と定められていますが、当分の間、歯舞群島、色丹島、国後島及び択捉島を除くとの特別の定めが設けられています（相法附則2、相令附則2）。

本書では、相続税法の施行地を「日本国内」といいます。

◆相続税の納税義務者の区分◆

被相続人 \ 相続人受遺者		日本国内に住所あり	一時居住者（入管法別表第1の在留資格を有する者で、相続開始前15年以内において国内に住所を有していた期間の合計が10年以下の者）	日本国内に住所なし		
				日本国籍あり		日本国籍なし
				10年以内に国内に住所あり	10年以内に国内に住所なし	
日本国内に住所あり		相法（以下同じ）1の3①一イ 居住無制限納税義務者	1の3①一イ 居住無制限納税義務者	1の3①二イ(1) 非居住無制限納税義務者	1の3①二イ(2) 非居住無制限納税義務者	1の3①二ロ 非居住無制限納税義務者
	外国人被相続人（入管法別表第1の在留資格を有する者）	1の3①一イ 居住無制限納税義務者	1の3①三（一ロかっこ書き） 居住制限納税義務者	1の3①二イ(1) 非居住無制限納税義務者	1の3①四（二イ(2)かっこ書き） 非居住制限納税義務者	1の3①四（二ロかっこ書き） 非居住制限納税義務者
日本国内に住所なし	10年以内のいずれかの時に国内に住所あり	1の3①一イ 居住無制限納税義務者	1の3①一イ 居住無制限納税義務者	1の3①二イ(1) 非居住無制限納税義務者	1の3①二イ(2) 非居住無制限納税義務者	1の3①二ロ 非居住無制限納税義務者
	非居住被相続人（国内に住所を有していた期間引き続き日本国籍を有していない者）	1の3①一イ 居住無制限納税義務者	1の3①三（一ロかっこ書き） 居住制限納税義務者	1の3①二イ(1) 非居住無制限納税義務者	1の3①四（二イ(2)かっこ書き） 非居住制限納税義務者	1の3①四（二ロかっこ書き） 非居住制限納税義務者
	非居住被相続人（10年以内に国内に住所なし）	1の3①一イ 居住無制限納税義務者	1の3①三（一ロかっこ書き） 居住制限納税義務者	1の3①二イ(1) 非居住無制限納税義務者	1の3①四（二イ(2)かっこ書き） 非居住制限納税義務者	1の3①四（二ロかっこ書き） 非居住制限納税義務者

（注）入管法とは、出入国管理及び難民認定法をいいます。

◆出入国管理及び難民認定法 別表第一◆

〈一〉

在留資格	本邦において行うことができる活動
外交	日本国政府が接受する外国政府の外交使節団若しくは領事機関の構成員、条約若しくは国際慣行により外交使節と同様の特権及び免除を受ける者又はこれらの者と同一の世帯に属する家族の構成員としての活動
公用	日本国政府の承認した外国政府若しくは国際機関の公務に従事する者又はその者と同一の世帯に属する家族の構成員としての活動（この表の外交の項の下欄に掲げる活動を除く。）
教授	本邦の大学若しくはこれに準ずる機関又は高等専門学校において研究、研究の指導又は教育をする活動
芸術	収入を伴う音楽、美術、文学その他の芸術上の活動（二の表の興行の項の下欄に掲げる活動を除く。）
宗教	外国の宗教団体により本邦に派遣された宗教家の行う布教その他の宗教上の活動
報道	外国の報道機関との契約に基づいて行う取材その他の報道上の活動

〈二〉

在留資格	本邦において行うことができる活動
高度専門職	一　高度の専門的な能力を有する人材として法務省令で定める基準に適合する者が行う次のイからハまでのいずれかに該当する活動であって、わが国の学術研究又は経済の発展に寄与することが見込まれるもの 　イ　法務大臣が指定する本邦の公私の機関との契約に基づいて研究、研究の指導若しくは教育をする活動又は当該活動と併せて当該活動と関連する事業を自ら経営し若しくは当該機関以外の本邦の公私の機関との契約に基づいて研究、研究の指導若しくは教育をする活動 　ロ　法務大臣が指定する本邦の公私の機関との契約に基づいて自然科学若しくは人文科学の分野に属する知識若しくは技術を要する業務に従事する活動又は当該活動と併せて当該活動と関連する事業を自ら経営する活動 　ハ　法務大臣が指定する本邦の公私の機関において貿易その他の事業の経営を行い若しくは当該事業の管理に従事する活動又は当該活動と併せて当該活動と関連する事業を自ら経営する活動 二　前号に掲げる活動を行った者であって、その在留がわが国の利益に資するものとして法務省令で定める基準に適合するものが行う次に掲げる活動 　イ　本邦の公私の機関との契約に基づいて研究、研究の指導又は教育をする活動 　ロ　本邦の公私の機関との契約に基づいて自然科学又は人文科学の分野に属

	する知識又は技術を要する業務に従事する活動 ハ 本邦の公私の機関において貿易その他の事業の経営を行い又は当該事業の管理に従事する活動 ニ イからハまでのいずれかの活動と併せて行う一の表の教授の項から報道の項までの下欄に掲げる活動又はこの表の法律・会計業務の項、医療の項、教育の項、技術・人文知識・国際業務の項、介護の項、興行の項若しくは技能の項の下欄若しくは特定技能の項の下欄第2号に掲げる活動（イからハまでのいずれかに該当する活動を除く。）
経営・管理	本邦において貿易その他の事業の経営を行い又は当該事業の管理に従事する活動（この表の法律・会計業務の項の下欄に掲げる資格を有しなければ法律上行うことができないこととされている事業の経営又は管理に従事する活動を除く。）
法律・会計業務	外国法事務弁護士、外国公認会計士その他法律上資格を有する者が行うこととされている法律又は会計に係る業務に従事する活動
医療	医師、歯科医師その他法律上資格を有する者が行うこととされている医療に係る業務に従事する活動
研究	本邦の公私の機関との契約に基づいて研究を行う業務に従事する活動（一の表の教授の項の下欄に掲げる活動を除く。）
教育	本邦の小学校、中学校、義務教育学校、高等学校、中等教育学校、特別支援学校、専修学校又は各種学校若しくは設備及び編制に関してこれに準ずる教育機関において語学教育その他の教育をする活動
技術・人文知識・国際業務	本邦の公私の機関との契約に基づいて行う理学、工学その他の自然科学の分野若しくは法律学、経済学、社会学でその他の人文科学の分野に属する技術若しくは知識を要する業務又は外国の文化に基盤を有する思考若しくは感受性を必要とする業務に従事する活動（一の表の教授の項、芸術の項及び報道の項の下欄に掲げる活動並びにこの表の経営・管理の項から教育の項まで及び企業内転勤の項から興行の項までの下欄に掲げる活動を除く。）
企業内転勤	本邦に本店、支店その他の事業所のある公私の機関の外国にある事業所の職員が本邦にある事業所に期間を定めて転勤して当該事業所において行うこの表の技術・人文知識・国際業務の項の下欄に掲げる活動
介護	本邦の公私の機関との契約に基づいて介護福祉士の資格を有する者が介護又は介護の指導を行う業務に従事する活動
興行	演劇、演芸、演奏、スポーツ等の興行に係る活動又はその他の芸能活動（この表の経営・管理の項の下欄に掲げる活動を除く。）
技能	本邦の公私の機関との契約に基づいて行う産業上の特殊な分野に属する熟練した技能を要する業務に従事する活動
	一 法務大臣が指定する本邦の公私の機関との雇用に関する契約（第2条の

特定技能	5第1項から第4項までの規定に適合するものに限る。次号において同じ。）に基づいて行う特定産業分野（人材を確保することが困難な状況にあるため外国人により不足する人材の確保を図るべき産業上の分野として法務省令で定めるものをいう。同号において同じ。）であって法務大臣が指定するものに属する法務省令で定める相当程度の知識又は経験を必要とする技能を要する業務に従事する活動 二　法務大臣が指定する本邦の公私の機関との雇用に関する契約に基づいて行う特定産業分野であって法務大臣が指定するものに属する法務省令で定める熟練した技能を要する業務に従事する活動
技能実習	一　次のイ又はロのいずれかに該当する活動 　イ　技能実習法第8条第1項の認定（技能実習法第11条第1項の規定による変更の認定があったときは、その変更後のもの。以下同じ。）を受けた技能実習法第8条第1項に規定する技能実習計画（技能実習法第2条第2項第1号に規定する第一号企業単独型技能実習に係るものに限る。）に基づいて、講習を受け、及び技能、技術又は知識（以下「技能等」という。）に係る業務に従事する活動 　ロ　技能実習法第8条第1項の認定を受けた同項に規定する技能実習計画（技能実習法第2条第4項第1号に規定する第一号団体監理型技能実習に係るものに限る。）に基づいて、講習を受け、及び技能等に係る業務に従事する活動 二　次のイ又はロのいずれかに該当する活動 　イ　技能実習法第8条第1項の認定を受けた同項に規定する技能実習計画（技能実習法第2条第2項第2号に規定する第二号企業単独型技能実習に係るものに限る。）に基づいて技能等を要する業務に従事する活動 　ロ　技能実習法第8条第1項の認定を受けた同項に規定する技能実習計画（技能実習法第2条第4項第2号に規定する第二号団体監理型技能実習に係るものに限る。）に基づいて技能等を要する業務に従事する活動 三　次のイ又はロのいずれかに該当する活動 　イ　技能実習法第8条第1項の認定を受けた同項に規定する技能実習計画（技能実習法第2条第2項第3号に規定する第三号企業単独型技能実習に係るものに限る。）に基づいて技能等を要する業務に従事する活動 　ロ　技能実習法第8条第1項の認定を受けた同項に規定する技能実習計画（技能実習法第2条第4項第3号に規定する第三号団体監理型技能実習に係るものに限る。）に基づいて技能等を要する業務に従事する活動
備考　法務大臣は、特定技能の項の下欄の法務省令を定めようとするときは、あらかじめ、関係行政機関の長と協議するものとする。	

〈三〉

在留資格	本邦において行うことができる活動
文化活動	収入を伴わない学術上若しくは芸術上の活動又はわが国特有の文化若しくは技芸について専門的な研究を行い若しくは専門家の指導を受けてこれを修得する活動（四の表の留学の項から研修の項までの下欄に掲げる活動を除く。）
短期滞在	本邦に短期間滞在して行う観光、保養、スポーツ、親族の訪問、見学、講習又は会合への参加、業務連絡その他これらに類似する活動

〈四〉

在留資格	本邦において行うことができる活動
留学	本邦の大学、高等専門学校、高等学校（中等教育学校の後期課程を含む。）若しくは特別支援学校の高等部、中学校（義務教育学校の後期課程及び中等教育学校の前期課程を含む。）若しくは特別支援学校の中学部、小学校（義務教育学校の前期課程を含む。）若しくは特別支援学校の小学部、専修学校若しくは各種学校又は設備及び編制に関してこれらに準ずる機関において教育を受ける活動
研修	本邦の公私の機関により受け入れられて行う技能等の修得をする活動（二の表の技能実習の項の下欄第1号及びこの表の留学の項の下欄に掲げる活動を除く。）
家族滞在	一の表、二の表又は三の表の上欄の在留資格（外交、公用、特定技能（二の表の特定技能の項の下欄第1号に係るものに限る。）、技能実習及び短期滞在を除く。）をもって在留する者又はこの表の留学の在留資格をもって在留する者の扶養を受ける配偶者又は子として行う日常的な活動

〈五〉

在留資格	本邦において行うことができる活動
特定活動	法務大臣が個々の外国人について特に指定する活動

❷ 国外転出時課税に係る納税猶予の適用を受けている場合の納税義務者の判定

　国外転出時課税に係る納税猶予の適用を受けている者等が死亡した場合の相続税の納税義務者の判定は、上記にかかわらず、次のとおりとなります。

	ケース	納税義務者の判定
①	国外転出をする場合の譲渡所得等の特例の適用がある場合の納税猶予	当該個人（死亡した者）は、当該個人の死亡に係る相続の開始前10年以内のいずれかの時において日本国内

	（所法137の2①②）の規定の適用を受ける個人が死亡した場合	に住所を有していたものとみなして、納税義務者の区分の判定をします。 （相法1の3②一）
②	贈与により非居住者に資産が移転した場合の譲渡所得等の特例の適用がある場合の納税猶予（所法137の3①③）の規定の適用を受ける者からこの規定の適用に係る贈与により財産を取得した受贈者が死亡した場合	当該受贈者は、当該受贈者の死亡に係る相続の開始前10年以内のいずれかの時において日本国内に住所を有していたものとみなして、納税義務者の区分の判定をします。 ただし、当該受贈者が当該贈与前10年以内のいずれの時においても日本国内に住所を有していたことがない場合は、このみなし規定は適用されません。 （相法1の3②二）
③	相続又は遺贈により非居住者に資産が移転した場合の譲渡所得等の特例の適用がある場合の納税猶予（所法137の3②③）の規定の適用を受ける相続人又は包括受遺者が死亡（第二次相続）をした場合	当該相続人又は包括受遺者は、当該二次相続の開始前10年以内のいずれかの時において日本国内に住所を有していたものとみなして納税義務者の区分の判定をします。 ただし、当該相続人又は包括受遺者が一次相続の開始前10年以内のいずれの時においても日本国内に住所を有していたことがない場合は、このみなし規定は適用されません。 （相法1の3②三）

③ 住所の判定

　相続税法においては、納税義務者が無制限納税義務者又は制限納税義務者のいずれに該当するのかを判定するため、さらには納税地を確定するためには相続人若しくは受遺者又は被相続人若しくは遺贈者の住所を明らかにしなければなりません。

　相続税法における「住所」とは、各人の生活の本拠をいい（民法22）、その者の生活の本拠が存する場所については、客観的事実によって判定することとされており（客観主義）、本人の意思によって住所の所在を決するという考え方（意思主義）はとられていません。また、同一人について同時に日本国内に2か所以上の住所はないものとされています（相基通1の3・1の4共－5）。

　なお、日本の国籍を有している者又は出入国管理及び難民認定法別表第二に掲げる永住者については、その者が相続又は遺贈により財産を取得した時において日本国内を離れている場合であっても、その者が次に掲げる者に該当する場合（相基通1の3・1の4共－5によりその者の住所が明らかに国外にあると認められる場合を除きます。）は、その者の住所は、日本国内にあるものとして取り扱われます（相基通1の3・1の4共－6）。

　① 学術、技芸の習得のため留学している者で日本国内にいる者の扶養親族となっている者
　② 国外において勤務その他の人的役務の提供をする者で国外における当該人的役務の提供が短期間（おおむね1年以内である場合をいいます。）であると見込まれる者（その者の

配偶者その他生計を一にする親族でその者と同居している者を含みます。)

なお、その者が相続又は遺贈により財産を取得した時において日本国内を離れている場合であっても、国外出張、国外興行等により一時的に日本国内を離れているにすぎない場合には、その者の住所は日本国内にあることになります。

裁判例　納税者の住所が日本国内にはないと判断された事例

最高裁平成23年2月18日判決（確定）

事実関係等によれば、上告人は、本件贈与を受けた当時、本件会社の香港駐在役員及び本件各現地法人の役員として香港に赴任しつつ国内にも相応の日数滞在していたところ、本件贈与を受けたのは赴任の開始から約2年半後のことであり、香港に出国するに当たり住民登録につき香港への転出の届出をするなどした上、通算約3年半にわたる赴任期間である本件期間中、その約3分の2の日数を2年単位（合計4年）で賃借した本件香港居宅に滞在して過ごし、その間に現地において本件会社又は本件各現地法人の業務として関係者との面談等の業務に従事しており、これが贈与税回避の目的で仮装された実体のないものとはうかがわれないのに対して、国内においては、本件期間中の約4分の1の日数を杉並居宅に滞在して過ごし、その間に本件会社の業務に従事していたにとどまるというのであるから、本件贈与を受けた時において、本件香港居宅は生活の本拠たる実体を有していたものというべきであり、本件杉並居宅が生活の本拠たる実体を有していたということはできない。以上によれば、上告人は、本件贈与を受けた時において、法1条の2第1号所定の贈与税の課税要件である国内（同法の施行地）における住所を有していたということはできないというべきである。

裁判例　納税者の住所が日本国内にあると判断された事例

名古屋高裁平成25年4月3日判決（原判決取消し・請求棄却）（上告）

被控訴人の母Dが渡米した際には、いずれの時も被控訴人父Bが役員を務める会社所有の本件コンドミニアムで生活していたのに対し、Bは、被控訴人が出生する前から長久手の自宅建築に係る請負契約を締結しており、長久手の自宅の完成後は、B及びDは、日本にいる際には、ほぼ長久手の自宅において生活を続けており、被控訴人も長久手の自宅で同居していて、上記3名の住所や居住地を長久手の自宅とする各種の登録等をしていたこと、Bは、平成15年12月26日には、日本に本社を置く株式会社Gを設立して代表取締役に就任し、本件信託契約締結時にも同社の代表取締役であったほか、日本国内における複数の法人の取締役等の重要な地位に就いていたのに対し、米国において取得した就労ビザの就労先であるJにおいては、役職もなく、給与も受領しておらず、具体的な就労実態も明らかではないこと、Dはいわゆる専業主婦であって、米国において就労していたものではないこと、Dは、長男H及び被控訴人とともに平成16年4月11日に渡米してから、同年9月2日にB、H及び被控訴人とともに帰国するまでの間以外については、子供の出産にあわせて渡米していたものであって、単に

子供に米国籍を取得させるために渡米していたにすぎないことなどが認められるところ、これらの事実にB及びDの日本と米国における居住期間を併せ考慮すると、被控訴人が本件信託利益を取得した時におけるBの生活の本拠が長久手の自宅にあったことは明らかであり、Dについても、夫と離れて暮らすことは考えていない旨証言していることをも斟酌すると、米国での生活はいずれも一時的なものであって、居住の継続性、安定性からすれば、上記時点における生活の本拠は長久手の自宅にあったものと認めるのが相当である。そうすると、両親に監護養育されていた被控訴人についても、上記時点における生活の本拠は長久手の自宅であると認めるのが相当である。したがって、被控訴人は、本件信託行為当時において、日本に住所を有していたものと認められるから、相続税法上の制限納税義務者には当たらず、相続税法1条の4第1号の適用対象となるというべきである。

第2節 個人以外の納税義務者

　相続税の納税義務者は、原則として個人ですが、相続税法は個人以外の一定の者についても個人とみなして相続税の納税義務を定めています。
　なお、これらの者については、その主たる営業所又は主たる事務所の所在地に住所があるものとして、その者が第1節の納税義務者の区分のいずれに該当するのかを判定することとなります（相法66③④、66の2④）。

人格のない社団等

　代表者又は管理者の定めのある人格のない社団又は財団に対し財産の遺贈があった場合（当該社団又は財団を設立するために遺言により財産の提供があった場合を含みます。）には、当該社団又は財団は個人とみなして、相続税が課されます（相法66①②）。
　詳細は第10章第2節を参照してください。

持分の定めのない法人

　「持分の定めのない法人」とは、例えば、次に掲げる法人が該当します（昭和39年個別通達13）。
　①　定款、寄附行為若しくは規則（これらに準ずるものを含みます。②において「定款等」といいます。）又は法令の定めにより、当該法人の社員、構成員（当該法人へ出資している者に限るものとし、②において「社員等」といいます。）が当該法人の出資に係る残余財産の分配請求権又は払戻請求権を行使することができない法人
　②　定款等に、社員等が当該法人の出資に係る残余財産の分配請求権又は払戻請求権を行使することができる旨の定めはあるが、そのような社員等が存在しない法人
　持分の定めのない法人に対し財産の遺贈があった場合（当該持分の定めのない法人を設立す

るために遺言により財産の提供があった場合を含みます。）において、当該遺贈により当該遺贈をした者の親族その他これらの者と相続税法第64条第1項に規定する特別の関係がある者の相続税又は贈与税の負担が不当に減少する結果となると認められるときには、当該持分の定めのない法人は個人とみなして、相続税が課されます（相法66④）。

詳細は第10章第3節を参照してください。

特定一般社団法人等

一般社団法人等の理事である者（当該一般社団法人等の理事でなくなった日から5年を経過していない者を含みます。）が死亡した場合において、当該一般社団法人等が特定一般社団法人等に該当するときは、当該特定一般社団法人等は、その死亡した者（❸において「被相続人」といいます。）の相続開始の時における当該特定一般社団法人等の純資産額をその時における当該特定一般社団法人等の同族理事の数に一を加えた数で除して計算した金額に相当する金額をその被相続人から遺贈により取得したものとみなして、当該特定一般社団法人等に相続税が課されることとされています（相法66の2①）。

詳細は第10章第4節を参照してください。

■ 個人以外の納税義務者の無制限納税義務者と制限納税義務者の区分

個人以外の納税義務者についても、無制限納税義務者と制限納税義務者のいずれに該当するかにより課税の範囲が異なることとなりますので、その区分が必要になります。この区分に当たっては、これらの者の住所はその主たる営業所又は事務所の所在地にあるものとみなし、これらの者は日本国籍を有するものとみなして判定することとなります（相法66③④、66の2④、相令33⑤）。

第3節 財産の所在

制限納税義務者の課税の範囲を確定し、又は在外財産に対する相続税額の控除（相法20の2）の計算を行うために、相続又は遺贈により取得した財産が相続税法の施行地内にあるものであるかどうかの判定が必要になります。相続税法では、財産の所在について次表のとおり定めています（相法10①②③）。

なお、財産の所在の判定は、当該財産を相続、遺贈又は贈与により取得した時の現況によることとされています（相法10④）。

	財産の種類	財産の所在
1	動産、不動産、不動産の上に存する権利（2に定めるものを除きます。）	その動産又は不動産の所在
2	船舶、航空機	船籍又は航空機の登録をした機関の所在 （注）　船籍のない船舶についてはその所在となります（相基通10－1）。
3	鉱業権、租鉱権、採石権	鉱区又は採石場の所在
4	漁業権、入漁権	漁場に最も近い沿岸の属する市町村又はこれに相当する行政区画
5	金融機関に対する預金、貯金、積金、又は寄託金 （注）　銀行、無尽会社、株式会社商工組合中央金庫、農業協同組合、農業協同組合連合会、水産業協同組合、信用協同組合、信用金庫又は労働金庫に対する預金、貯金又は積金に限ります（相令1の13）。	その預金、貯金、積金又は寄託金の受入れをした営業所又は事業所の所在
6	保険金（共済金）	保険契約（共済契約を含みます。）の契約に係る保険会社等（保険業又は共済事業を行う者をいいます。）の本店又は主たる事務所（相続税法の施行地に本店又は主たる事務所がない場合において、相続税法の施行地にその保険契約に係る事務を行う営業所、事務所その他これらに準ずるものを有するときにあっては、当該営業所、事務所その他これらに準ずるもの。）の所在 （注）　相続税法第3条第1項第1号に規定する生命保険契約及び損害保険契約の所在については、上記に準じます（相基通10－2）。
7	退職手当金、功労金その他これらに準ずる給与（相続税法施行令第1条の3各号で定める給付を含みます。）	左の給与を支払った者の住所又は本店若しくは主たる事務所（相続税法の施行地に本店又は主たる事務所がない場合において、相続税法の施行地にその給与に係る事務を行う営業所、事務所その他これらに準ずるものを有するときにあっては、当該営業所、事務所その他これらに準ずるもの。）の所在
8	貸付金債権 （注）　「貸付金債権」には、いわゆる融通手形による貸付金を含み、売掛債権、いわゆる商業手形債権その他事	その債務者 （注）　債務者が2以上ある場合においては、主たる債務者の住所又は本店若しくは主たる事務所の所在となりますが、債務者が2以上ある

	業取引に関して発生した債権で短期間内（おおむね6か月以内）に返済されるべき性質のものは含まれません（相基通10－3）。	貸付金債権について主たる債務者がないときは、当該貸付金債権の債務者のうちに日本国内に住所又は本店若しくは主たる事務所を有する者があるときは、その者（その者が2以上あるときは、いずれか1の者）とし、当該貸付金債権の債務者のうちに日本国内に住所又は本店若しくは主たる事務所を有する者がないときは、当該債務者とします。 　また、主たる債務者が2以上ある場合についても上記と同様に判定します（相基通10－4）。
9	社債（特別の法律により法人の発行する債券及び外国法人の発行する債券を含みます。）若しくは株式（株式に関する権利を含みます。）、法人に対する出資（出資に関する権利を含みます。）又は外国預託証券（株主との間に締結した契約に基づき株券の預託を受けた者が外国で発行する有価証券で、その株式に係る権利を表示されるものをいいます。）（相基通10－5）	左の社債若しくは株式の発行法人、当該出資のされている法人又は外国預託証券に係る株式の発行法人の本店又は主たる事務所の所在
10	法人税法第2条第29号（定義）に規定する集団投資信託又は同条第29号の2に規定する法人課税信託に関する権利	左の信託の引受けをした営業所、事務所その他これらに準ずるものの所在
11	特許権、実用新案権、意匠権若しくはこれらの実施権で登録されているもの、商標権又は回路配置利用権、育成者権若しくはこれらの利用権で登録されているもの	その登録した機関の所在
12	著作権、出版権又は著作隣接権でこれらの権利の目的物が発行されているもの	これを発行する営業所又は事業所の所在
13	相続税法第7条の規定により贈与又は遺贈により取得したものとみなされる金銭	そのみなされる基因となった財産の種類に応じ、この表に規定する場所
14	上記13までに掲げる財産を除くほか、営業所又は事業所を有する者の当該営業所又は事業所に係る営業上又は事業上の権利 （注）「営業上の権利」には、売掛金等のほか、その営業又は事業に関する営業権、電話加入権等が含まれます	その営業所又は事業所の所在

		（相基通10−6）。
15	国債又は地方債	日本国内
16	外国又は外国の地方公共団体その他これに準ずるものの発行する公債	当該公債を発行する外国
17	特別寄与料	被相続人の住所の所在地 （注）　相続税法第10条第1項各号に掲げる財産及び同条第2項に規定する財産のいずれにも該当しないことから、同条第3項の規定によりその所在を判定することとなります（相基通10−7）
18	上記の財産以外の財産	当該財産の権利者であった被相続人の住所の所在地

裁判例　海外送金の方法により贈与が行われた場合の財産の所在の判定

東京高裁平成14年9月18日判決（棄却）（上告不受理）

　平成9年9月9日に死亡した被相続人Aに係る相続税に関し、子である相続人Bらが、アメリカ在住のBがAから送金を受けた金員を相続税法第19条の規定により相続税の課税価格に算入して申告したのは誤りであった旨の更正の請求をしたところ、更正をすべき理由がない旨の通知処分を受けたため当該処分の取消しを求めた事案において、被相続人Aの国外送金に先立ち、国外送金の原資に当たる邦貨による金額に相当する金銭につき被相続人Aと国外に居住していた相続人Bとの間で贈与の契約が成立し、その履行のために国外送金手続が執られたとみることができることから、当該贈与は贈与税の課税対象となる日本国内に存した財産の贈与であるということができ、それが相続開始前3年以内に行われた本件においては当該贈与価額が相続税の課税価格に算入されるとされた事例。

第3章 相続税の課税財産

　相続が開始すると、被相続人の一身に専属したものを除き、被相続人に属した一切の権利及び義務が相続開始の時に相続人に承継されることとなります（民法896）。

　また、遺贈があった場合には、その遺贈の目的となった財産は原則として遺言者の死亡の時から受遺者に帰属することとなります（民法985①）。

　相続税は、これらの相続又は遺贈によって取得した財産に対して課される税ですが（相法1の3）、この相続又は遺贈により承継される財産を「本来の相続（遺贈）財産」といいます。

　これに対し、相続又は遺贈により取得する財産ではありませんが、実質的に相続又は遺贈により取得したものと同様にみられる財産及び一定の政策目的で設けられた特例制度の適用を受けた財産について、相続税法及び租税特別措置法は、相続又は遺贈により取得したものとみなして相続税の課税対象財産とする規定を設けています。このように本来の相続（遺贈）財産ではないものの、相続又は遺贈により取得したものとみなして相続税の課税対象とされる財産を「みなし相続（遺贈）財産」といいます。

第1節 本来の相続財産

　相続税法では、相続又は遺贈により取得する財産（本来の相続（遺贈）財産）の意義について何ら規定していないことから、この本来の相続（遺贈）財産については、私法上の解釈によることとなります。

　一般的に財産とは「金銭に見積もることができる経済的価値のあるすべてのもの」をいうものと解され、物権、債権及び無体財産権に限らず、信託受益権、電話加入権等の他、例えば営業権のような法律の根拠を有しないものであっても経済的価値が認められているものは財産に含まれ、相続税の課税対象となります（相基通11の2－1(1)、(2)）。

　ただし、質権、抵当権又は地役権のように従たる権利は、主たる権利の価値を担保し、又は増加させるものであって、独立して相続税の課税対象となる財産を構成しません（相基通11の2－1）。

■ 一身専属権

一身専属権とは、ある特定の者だけが享有することができる権利をいい、民法第896条ただし書きは、「被相続人の一身に専属した」権利義務（一身専属権）は相続人に承継されないと定めています。したがって、一身専属権は相続税の課税対象財産とはなりません。例えば、使用貸借契約における借主の地位（民法599）、扶養請求権者の地位、生活保護給付の受給権、国民年金の受給権などがこの一身専属権に該当します。

■ 譲渡担保

譲渡担保とは、金銭消費貸借契約等の締結に際し、債権者が債務者に対して有する権利を担保するために担保物の所有権を債権者に移転するものです。相続税の課税上、譲渡担保については、原則として次のとおり取り扱われます（相基通11の2-6）。

債権者	債権の額	課税価格の計算に含めます。
	譲渡担保の目的である財産の価額	課税価格の計算に含めません。
債務者	債務の額	債務控除の対象とします。
	譲渡担保の目的である財産の価額	課税価格の計算に含めます。

第2節 みなし相続財産

相続税法は、私法上、相続又は遺贈により取得した財産ではないものの、経済的実質が相続又は遺贈により取得したものと同視することができる一定の財産について課税の公平を図る観点から相続又は遺贈により取得したものとみなして相続税の課税対象としています（⑭及び⑮は、一定の政策目的で設けられた贈与税の特例制度において、贈与者に相続が開始した際に、課税の公平の観点から、生前に贈与を受けた財産の全部又は一部を相続又は遺贈により取得したものとされるものです。）。

なお、この一定の財産の取得者が相続人（相続を放棄した者及び相続権を失った者を含みません。）であるときは相続により、その取得者が相続人以外の者であるときは遺贈により当該財産を取得したものとみなされます（相法3①本文）。

生命保険金等

被相続人の死亡により、相続人その他の者が、被相続人が保険料を負担していた生命保険契約（一定の共済契約を含みます。）又は損害保険契約（一定の共済契約を含みます。）に係る生命保険金（共済金を含みます。）又は損害保険金（偶然な事故に基因する死亡に伴い支払われるものに限ります。なお、共済金を含みます。以下、この生命保険金と損害保険金を併せて「生命保険金等」といいます。）を取得した場合には、これらの生命保険金等の受取人が取得し

た保険金のうち、被相続人が負担した保険料（共済掛金を含みます。）の金額のその契約に係る保険料で被相続人の死亡の時までに払い込まれたものの全額に対する割合に相当する部分が、被相続人から相続又は遺贈により取得したものとみなされます（相法3①一）。

すなわち、相続又は遺贈により取得したものとみなされる生命保険金等は、その保険料の全部又は一部を被相続人が負担したものをいうのであって、その保険契約の契約者が誰であるかは問いません。

また、この生命保険金等には、❷の退職手当金等及び❺の保証期間付定期金に関する権利又は❻の契約に基づかない定期金に関する権利に該当するものは含まれません（相法3①一）。

(1) みなし相続財産となる生命保険金等

みなし相続財産とされる生命保険金等とは、次に掲げる生命保険契約又は損害保険契約に基づき支払われる保険金（共済金を含みます。）です。

① 生命保険契約（相令1の2①）

①	保険業法第2条第3項に規定する生命保険会社と締結した保険契約又は同条第6項に規定する外国保険業者若しくは同条第18項に規定する少額短期保険業者と締結したこれに類する保険契約
②	旧簡易生命保険法第3条に規定する簡易生命保険契約（ただし、簡易生命保険法の一部改正する法律（平成2年法律第50号）附則第5条第15号に規定する年金保険契約及び同条第16号に規定する旧年金保険契約を除きます。）
③	農業協同組合法第10条第1項第10号の事業を行う農業協同組合又は農業協同組合連合会と締結した生命共済に係る契約
④	水産業協同組合法第11条第1項第12号若しくは第93条第1項第6号の2の事業を行う漁業協同組合若しくは水産加工業協同組合又は共済水産業協同組合連合会と締結した生命共済に係る契約 （注）　漁業協同組合若しくは水産加工業協同組合と締結した契約にあっては、これらの協同組合がその締結した生命共済に係る契約により負う共済責任を共済水産業共同組合連合会（これらの協同組合を会員とするものであって、その業務が全国の区域に及ぶものに限ります。）との契約により連帯して負担すること（当該契約によりこれらの協同組合が当該共済責任について負担する部分を有しない場合に限ります。）とされているものに限られます（相規1の2）。
⑤	消費生活協同組合法第10条第1項第4号の事業を行う消費生活協同組合連合会と締結した生命共済に係る契約
⑥	中小企業等協同組合法第9条の2第7項に規定する共済事業を行う同項に規定する特定共済組合と締結した生命共済に係る契約
⑦	独立行政法人中小企業基盤整備機構と締結した小規模企業共済法第2条第2項に規定する共済契約のうち、小規模企業共済法及び中小企業事業団法の一部を改正する法律附則第5条第1項（旧第二種共済契約に係る小規模企業共済法の規定の適用についての読替規定）の規定により読み替えられた小規模企業共済法第9条第1項各号に掲げる事由により共済金が支給されることとなるもの

⑧	地方公共団体の条例において精神又は身体に障害のある者（以下「心身障害者」といいます。）を扶養する者を加入者とし、その加入者が地方公共団体に掛金を納付し、当該地方公共団体が心身障害者の扶養のための給付金を定期に支給することを定めている共済制度（脱退一時金（加入者が当該制度から脱退する場合に支給される一時金をいいます。）の支給に係る部分を除きます。）で、次に掲げる要件を備えているもの（相令２の２、所令20②） イ　心身障害者の扶養のための給付金（その給付金の支給開始前に心身障害者が死亡した場合に加入者に対して支給される弔慰金を含みます。）のみを支給するものであること。 ロ　イの給付金の額は、心身障害者の生活のために通常必要とされる費用を満たす金額（同号の弔慰金にあっては、掛金の累積額に比して相当と認められる金額）を超えず、かつ、その額について、特定の者につき不当に差別的な取扱いをしないこと。 ハ　イの給付金（同号の弔慰金を除きます。ニにおいて同じです。）の支給は、加入者の死亡、重度の障害その他地方公共団体の長が認定した特別の事故を原因として開始されるものであること。 ニ　イの給付金の受取人は、心身障害者又は前号の事故発生後において心身障害者を扶養する者とするものであること。 ホ　イの給付金に関する経理は、他の経理と区分して行い、かつ、掛金その他の資金が銀行その他の金融機関に対する運用の委託、生命保険への加入その他これらに準ずる方法を通じて確実に運用されるものであること。
⑨	法律の規定に基づく共済に関する事業を行う法人と締結した生命共済に係る契約で、その事業及び契約の内容が上記③から⑥までに掲げるものに準ずるものとして財務大臣の指定するもの 具体的には、消費生活協同組合法第10条第１項第４号の事業を行う次に掲げる法人の締結した生命共済に係る契約（昭和56年10月１日大蔵省告示第125号） 　　神奈川県民共済生活協同組合 　　教職員共済生活協同組合 　　警察職員生活協同組合 　　埼玉県民共済生活協同組合 　　全国交通運輸産業労働者共済生活協同組合 　　電気通信産業労働者共済生活協同組合

(注) 生命保険契約には上記各欄（②を除きます。）に掲げる者と締結した保険法第２条第９号に規定する傷害疾病定額保険契約が含まれます（相基通３－４）。

②　損害保険契約（相令１の２②）

①	保険業法第２条第４項に規定する損害保険会社と締結した保険契約又は同条第６項に規定する外国保険業者若しくは同条第18項に規定する少額短期保険業者と締結したこれに類する保険契約
②	農業協同組合法第10条第１項第10号の事業を行う農業協同組合又は農業協同組合連合会と締結した傷害共済に係る契約
③	水産業協同組合法第11条第１項第12号若しくは第93条第１項第６号の２の事業を行う漁業協同組合若しくは水産加工業協同組合又は共済水産業協同組合連合会と締結した傷害共済に係る契約

	（注）漁業協同組合若しくは水産加工業協同組合と締結した契約にあっては、これらの協同組合がその締結した傷害共済に係る契約により負う共済責任を共済水産業協同組合連合会（これらの協同組合を会員とするものであって、その業務が全国の区域に及ぶものに限ります。）との契約により連帯して負担すること（当該契約によりこれらの協同組合が当該共済責任について負担する部分を有しない場合に限ります。）とされているものに限られます（相規1の2）。
④	消費生活協同組合法第10条第1項第4号の事業を行う消費生活協同組合連合会と締結した傷害共済に係る契約
⑤	中小企業等協同組合法第9条の2第7項に規定する共済事業を行う同項に規定する特定共済組合と締結した傷害共済に係る契約
⑥	条例の規定により地方公共団体が交通事故に基因する傷害に関して実施する共済制度に係る契約
⑦	法律の規定に基づく共済に関する事業を行う法人と締結した傷害共済に係る契約で、その事業及び契約の内容が②から⑤までに掲げるものに準ずるものとして財務大臣が指定するもの 具体的には、消費生活協同組合法第10条第1項第4号の事業を行う次に掲げる法人の締結した交通傷害共済に係る契約（昭和56年10月1日大蔵省告示第126号） 　尼崎市民共済生活協同組合 　大阪市民共済生活協同組合 　神奈川県民共済生活協同組合 　神戸市民生活協同組合 　全国交通運輸産業労働者共済生活協同組合 　全国たばこ販売生活協同組合 　電気通信産業労働者共済生活協同組合 　新潟市火災共済生活協同組合 　西宮市民共済生活協同組合 　姫路市民共済生活協同組合

（注）損害保険契約には上記各欄に掲げる者と締結した保険法第2条第9号に規定する傷害疾病定額保険契約が含まれます（相基通3-5）。

■ 死亡を伴わない保険事故により支払われる保険金等

　相続又は遺贈により取得したものとみなす生命保険金等は、被保険者（被共済者を含みます。）の死亡（死亡の直接の基因となった傷害を含みます。）を保険事故（共済事故を含みます。）として支給されるいわゆる死亡保険金（死亡共済金を含みます。）に限られます。したがって、被保険者の傷害（死亡の直接の基因となった傷害を除きます。）、疾病その他これらに類するもので死亡を伴わないものを保険事故として支払われる保険金（共済金を含みます。）又は給付金は、その被保険者の死亡後に支払われたものであっても、これに含まれません（相基通3-7）。

　なお、被保険者の傷害、疾病その他これらに類するもので死亡を伴わないものを保険事故として被保険者に支払われる保険金又は給付金が、当該被保険者の死亡後に支払われた場合には、当該被保険者たる被相続人の本来の相続財産になります（相基通3-7（注））。

(2) 生命保険金等の額

① 生命保険金等に含まれるもの

イ　生命保険金等には、一時金により支払いを受けるもののほか、年金の方法により支払いを受けるものも含まれます（相基通3－6）。年金の方法により支払いを受ける生命保険金等の額は、相続税法第24条の規定により計算します（相基通24－2）。

ロ　相続又は遺贈により取得したとみなされる生命保険金等には、保険契約に基づき分配を受ける剰余金（社員配当金、契約者配当金）、共済契約において割戻しを受ける割戻金及び払戻しを受ける前納保険料の額で、当該保険契約に基づき保険金とともに当該保険契約に係る保険金受取人（共済金受取人を含みます。）が取得するものが含まれます（相基通3－8）。

ハ　当該保険契約の契約者（共済契約者を含み、以下「保険契約者」といいます。）に対する貸付金若しくは保険料（共済掛金を含みます。）の振替貸付けに係る貸付金又は未払込保険料の額（以下「契約者貸付金等」といい、いずれもその利息相当額を含みます。）があるため、当該契約者貸付金等の額が保険金の額から控除して保険契約に基づく保険金が支払われる場合における相続税法第3条第1項第1号の規定の適用については、次のとおりになります（相基通3－9）。

①	被相続人が保険契約者である場合	保険金受取人は、契約者貸付金等の額を控除した金額に相当する保険金を取得したものとし、控除した契約者貸付金等の額に相当する保険金及び控除した契約者貸付金等の額に相当する債務はいずれもなかったものとします。
②	被相続人以外の者が保険契約者である場合	保険金受取人は、契約者貸付金等の額を控除した金額に相当する保険金を取得したものとし、当該控除した契約者貸付金等の額に相当する部分については、保険契約者が当該相当する部分の保険金を取得したものとします。

② 相続財産とみなされる金額の計算

相続又は遺贈により取得したものとみなされる生命保険金等の金額は、次の算式により算出した金額となります。

なお、相続人がみなし相続財産である生命保険金等を取得した場合においては、相続税法第12条第1項第5号の規定により、相続人が取得した生命保険金等のうち、一定の金額が非課税とされます（第3節「❻相続人が取得した保険金のうち一定の金額」を参照）。

$$\text{相続又は遺贈により取得したものとみなされる生命保険金等の金額} = \text{取得した生命保険金等の額} \times \frac{\text{その保険契約について被相続人が負担した保険料（共済掛金）の金額の合計額}}{\text{その保険契約について被相続人の死亡の時までに払い込まれた保険料（共済掛金）の総額}}$$

> 【設例】相続又は遺贈により取得したものとみなされる生命保険金等の額の計算
>
> - 相続人が取得した生命保険金等：1,000万円
> - 払込保険料：400万円（うち被相続人の負担した金額300万円、相続人の負担した金額100万円）
>
> この場合、相続財産とみなされる生命保険金等の額は、どのように計算しますか。
>
> 〈回答〉
>
> 相続財産とみなされる生命保険金等の額1,000万円 × $\dfrac{300万円}{400万円}$ ＝ 750万円

■ 被相続人が負担した保険料（共済掛金）

　被相続人が負担した保険料（共済掛金を含みます。以下同じです。）は、生命保険契約等に基づき被相続人が払い込んだ保険料の合計額によりますが、次に掲げる場合については、それぞれに記載のとおりとされます（相基通3－13）。

　なお、次の①及び②は、「当該契約に係る保険料で被相続人の死亡の時までに払い込まれたものの全額」の計算についても準用されます（相基通3－14）。

① 　保険料の一部について、払込みの免除があった場合

　　当該免除に係る部分の保険料は、保険契約に基づき払い込まれた保険料には含まれません。

② 　振替貸付けによる保険料の払込みがあった場合（当該振替貸付けに係る貸付金の金銭による返済がされたときを除きます。）又は未払込保険料があった場合

　　振替貸付けに係る部分の保険料又は控除された未払込保険料に係る部分の保険料は、保険契約者が払い込んだものとされます。

③ 　雇用主が保険料を負担している場合

　　雇用主がその従業員（役員を含みます。以下③において同じです。）のためにその者（その者の配偶者その他の親族を含みます。）を被保険者とする生命保険契約又はこれらの者の身体を保険の目的とする損害保険契約に係る保険料の全部又は一部を負担している場合において、保険事故の発生により、従業員その他の者が当該契約に係る保険金を取得したときの取扱いは、次に掲げる場合の区分に応じ、それぞれ次によるものとされます。

　　ただし、雇用主が当該保険金を従業員の退職手当金等として支給することとしている場合には、当該保険金は相続税法第3条第1項第2号に掲げる退職手当金等に該当するものとされます（相基通3－17）。

　イ 　従業員の死亡を保険事故としてその相続人その他の者が当該保険金を取得した場合

　　雇用主が負担した保険料は、当該従業員が負担していたものとして、当該保険料に対応する部分については、相続税法第3条第1項第1号の規定を適用します。

　ロ 　従業員以外の者の死亡を保険事故として当該従業員が当該保険金を取得した場合

雇用主が負担した保険料は、当該従業員が負担していたものとし、当該保険料に対応する部分については、相続税及び贈与税の課税関係は生じないものとされます。

ハ　従業員以外の者の死亡を保険事故として当該従業員及びその被保険者以外の者が当該保険金を取得した場合

雇用主が負担した保険料は、当該従業員が負担していたものとして、当該保険料に対応する部分については、相続税法第5条第1項の規定を適用します。

④　被相続人の被相続人が負担した保険料又は掛金は、被相続人が負担したものとみなされます（相法3②）。

ただし、被相続人の被相続人について相続の開始があった時、被相続人以外の者が保険契約者であったため、相続税法第3条第1項第3号の規定によりその保険契約者が被相続人の被相続人から生命保険契約に関する権利を相続又は遺贈により取得したものとみなされた場合には、この限りではありません（相法3②ただし書き）。

なお、相続税法第3条第2項本文の規定は、被相続人の被相続人が負担した保険料又は掛金について適用があるのであって、その先代以前の被相続人が負担した保険料又は掛金については適用されません（相基通3-48）。

【設例】相続又は遺贈により取得したものとみなされる生命保険金等の額の計算

保険契約が次のような場合において、契約者が被相続人Bであるとき、相続により取得したとみなされる生命保険金の額はいくらになりますか。また、契約者がCであるときはどうなりますか。

① 保険金受取人：C
② 被保険者：Cの父B
③ 保険金：2,000万円
④ Bの死亡までに払い込まれた保険料
　　Bの負担額：400万円
　　Bの父A（Cの祖父、すでに死亡）の負担額：600万円

〈回答〉

1．保険契約者がBである場合

BはBの父であるAの死亡の際、被保険者である自身が生存しており保険事故は発生していないので、相続税法第3条第1項第3号の規定により、Aから生命保険契約に関する権利を相続により取得したものとみなされ、相続税の課税を受けています。

この場合は、Aの負担した保険料は、被相続人Bの負担した保険料とされますから（相基通3-35）、Cが相続したものとみなされる生命保険金の額は、次のとおりとなります。

$$2,000万円 \times \frac{400万円+600万円}{400万円+600万円} = 2,000万円$$

2．保険契約者がCである場合

Cは、祖父であるAの死亡の際、まだ父Bが生存中であり保険事故が発生していなかったので、相続税法第3条第1項第3号の規定により、Aから生命保険契約に関する権利を遺贈により取得した

ものとみなされ、相続税の課税を受けています。
　したがって、父Bの死亡により、Cが相続したものとみなされる生命保険金の額は、相続税法第3条第2項ただし書きの規定により、次のとおりとなります。

$$2{,}000万円 \times \frac{400万円}{400万円＋600万円} = 800万円$$

裁決例　保険料の負担者は被相続人であると認定された事例

平成19年6月12日裁決（棄却）

　請求人は、①本件保険契約の契約者が請求人らであること、②請求人らは本件保険契約を本件相続の10年以上前から認識していたこと、③請求人らが本件保険契約に係る保険金を一時所得として所得税の申告をしていること、④被相続人が自己の所得税申告において本件保険契約に係る保険料について生命保険料控除の適用をしていないこと等から総合的に判断すると、被相続人は保険料相当額をその都度請求人らに贈与し、その金銭で請求人らが保険料を支払ったものであるから、本件保険金は相続税法第3条に規定する相続財産にならない旨主張する。しかしながら、請求人らが本件相続開始まで本件保険契約に係る保険料の額等を承知しておらず、その支払いの手続きを行ったこともなく、保険料相当額の金員について贈与税の申告を一度も行っていないこと等から判断すると、被相続人から請求人らに対して本件保険料相当額の金員の贈与があったとは認められず、本件保険料は被相続人がそのすべてを負担したものと認められることから、本件保険金は相続税法第3条の規定により相続税の課税財産となる。

(3) 保険金受取人

　保険金受取人とは、その保険契約に係る保険約款等の規定に基づいて保険事故の発生により保険金を受け取る権利を有する者、すなわち、保険契約上の保険金受取人をいいます（相基通3-11）。
　しかしながら、保険契約上の保険金受取人以外の者が実際に保険金を取得している場合において、事前に保険金受取人の変更の手続きがなされていなかったことにつきやむを得ない事情があると認められる場合など、現実に保険金を取得した者がその保険金を取得することについて相当な理由があると認められるときは、相続税法基本通達3-11にかかわらず、実際に保険金を取得した者を相続税法第3条第1項第1号に規定する保険金受取人として取り扱われます（相基通3-12）。
　例えば、①夫が独身時代に夫の母を保険金受取人とする生命保険契約を締結していた場合において、保険金受取人を妻に変更しないまま夫が死亡し、それによって保険会社から支払われ

た保険金を夫の母が取得せず、妻が実際に取得したときにおいて、その保険金は妻が受け取るべきものであったとして、妻を保険金受取人として相続税の申告があったようなとき、②被相続人が取引先に対する債務の担保として、取引先を保険金受取人とする生命保険契約を締結していた場合において、被相続人の死亡によって保険会社から支払われた保険金が取引先に対する債務に充当され、その債務の金額を超える部分の金額については被相続人の相続人が受け取ったときにおいて、保険会社から支払われた保険金は相続税法第3条第1項第1号に規定する保険金として相続人が受け取ったものとし、取引先に対する債務は相続税法第13条に規定する債務控除の対象となる債務として相続税の申告があったようなときが、これに該当します。

裁判例 具体的事実関係に基づく保険金受取人の判定事例

東京地裁昭和39年12月21日判決（控訴棄却（納税者勝訴）・確定）

　保険金受取人として他人の名義を使用することが、その名義人の全く不知の間に、しかもその者に保険金受取の権利を得させる意思もなく、単にその名義使用者の一方的都合のみによりなされたような場合には、多少の困難は伴うとしても、課税は実質の有無を調査判定してなすべきであって、実質が存しなければ行われるべきではない。本件保険契約上に定められた保険金受取人は、訴外甲の一方的意思に出でた全くの形式的、便宜的指定による名義のみのものであって、その実質は保険契約者たる甲自身を指すものであることを充分認めることができ、本件保険契約上の受取人は、その名義が被控訴人であるに反して、実質は甲であると認むべきであるから、本件贈与課税は、相続税法第5条第1項の要件の存在しないところに為されたものであり違法処分として取消を免れない。

 ## 退職手当金等

　被相続人の死亡を原因として相続人その他の者がその被相続人に支給されるべきであった退職手当金、功労金その他これらに準ずる給与（以下「退職手当金等」といいます。）で被相続人の死亡後3年以内に支給が確定したものの支給を受けた場合には、当該退職手当金等はその者が相続又は遺贈により取得したものとみなされます（相法3①二）。

(1) みなし相続財産となる退職手当金等

　みなし相続財産となる退職手当金等は、被相続人の死亡を原因として相続人その他の者がその被相続人に支給されるべきであった退職手当金、功労金その他これらに準ずる給与（その名義のいかんにかかわらず、実質上被相続人の退職手当金として支給される金品をいいます（相基通3-18）。）で、被相続人の死亡後3年以内に支給が確定したものです。退職手当金等は、その支給が現金で支給されるものに限定されず、不動産、株式などの現物で支給されるものも

該当します（相基通3-24）。

　また、年金の方法により退職手当金等の支給を受けることがありますが、その場合の支給を受ける退職手当金等の額は、相続税法第24条（定期金に関する権利の評価）の規定により計算した金額によります（相基通24-2）。

　被相続人の死亡により相続人その他の者が受ける金品が退職手当金等に該当するかどうかは、当該金品が退職給与規程その他これに準ずるものの定めに基づいて受ける場合においてはこれにより、その他の場合においては当該被相続人の地位、功労等を考慮し、当該被相続人の雇用主等が営む事業と類似する事業における当該被相続人と同様な地位にある者が受け、又は受けると認められる額等を勘案して判定します（相基通3-19）。

　なお、相続開始前に退職し、退職金が支給される前に相続が開始した場合に、相続開始時の退職金の支給が決定していたのであれば、その退職金は、みなし相続財産ではなく、未収退職金として本来の相続財産となります。

　また、被相続人が受けるべきであった賞与の額が被相続人の死亡後確定した場合の賞与、相続開始の時において支給期の到来していない俸給・給料等が相続開始後に支給された場合における俸給、給料等は、本来の相続財産に属するものであり、みなし相続財産である退職手当金等には該当しません（相基通3-32、3-33）。

（注）死亡した者に係る給与等、公的年金等及び退職手当等（所得税法第30条《退職所得》第1項に規定する退職手当等をいいます。）で、その死亡後に支給期の到来するもののうち相続税法の規定により相続税の課税価格計算の基礎に算入されるものについては、所得税は課税されないこととされています（所基通9-17）。

■ 退職手当金等に該当する生命保険契約に関する権利等

　雇用主がその従業員のために、次に掲げる保険契約又は共済契約（これらの契約のうち一定期間内に保険事故が発生しなかった場合において返還金その他これに準ずるものの支払いがないものを除きます。）を締結している場合において、当該従業員の死亡によりその相続人その他の者がこれらの契約に関する権利を取得したときは、当該契約に関する権利は、相続税法第3条第1項第2号に規定する退職手当金等に該当するものとして取り扱われます（相基通3-28）。

　なお、この場合の退職手当金等とされる金額については、それが生命保険契約に関する権利である場合には、生命保険契約に関する権利として財産評価基本通達214（生命保険契約に関する権利の評価）の定めにより評価したときの金額によります。

| ① | 従業員の配偶者その他の親族等を被保険者とする生命保険契約又は損害保険契約 |
| ② | 従業員又はその者の配偶者その他の親族等の有する財産を保険又は共済の目的とする損害保険契約又は共済契約 |

■ 退職年金の継続受取人が取得する権利

　退職年金を受けている者の死亡により、その相続人その他の者が当該年金を継続して受けることとなった場合（これに係る一時金を受けることとなった場合を含みます。）には、当該年金の受給に関する権利は、その継続受取人となった者が相続税法第3条第1項第2号の規定で

はなく、同項第6号の規定により相続又は遺贈により取得したものとみなされます（相基通3－29）。

したがって、この場合には相続税法第12条第1項第6号に定める非課税規定を適用することはできません。

■ **死亡後3年以内に支給が確定したもの**

相続（遺贈）財産とみなされる退職手当金等は、被相続人に支給されるべきであった退職手当金等で、被相続人の死亡後3年以内に支給が確定したものに限られます。この「支給が確定したもの」とは、被相続人に支給されるべきであった退職手当金等の額が被相続人の死亡後3年以内に確定したものをいい、実際に支給される時期が被相続人の死亡後3年以内であるかどうかを問いません（相法3①二、相基通3－30前段）。

なお、支給されることが被相続人の死亡後3年以内に確定していても、その額が確定していないものについては、「支給が確定したもの」には該当しません（相基通3－30後段）。

また、被相続人の生前退職による退職手当金等であっても、被相続人の死亡前にその支給されるべき額が確定しなかったもので、被相続人の死亡後3年以内にその額が確定したものについては、相続税法第3条第1項第2号に規定する退職手当金等に該当します（相基通3－31）。

（注）　被相続人の死亡後3年経過後に支給が確定した退職手当金等は、その支払いを受ける遺族の一時所得として所得税の課税対象になります（所基通34－2）。

───────────────────────────────────────

| 裁決例 | 支給を受けた死亡退職金の一部を返還したとしても、死亡退職金の額には影響しないとされた事例 |

平成8年2月27日裁決（棄却）

請求人らは、K社から支給を受けた死亡退職金1億400万円のうち4,400万円を返還したので、死亡退職金の額は6,000万円である旨主張する。

ところで、相続税法第3条（相続又は遺贈により取得したものとみなす場合）第1項第2号は、被相続人の死亡後3年以内に支給が確定した死亡退職金の支給を受けた者は、当該退職金を相続により取得したものとみなす旨規定されており、また、次の事実によれば、平成4年11月24日の臨時社員総会議事録（乙議事録、死亡退職金の額を1億400万円から6,000万円に変更）は、真正に作成されたものと認められず、他に死亡退職金の変更決議がされたことを認めるに足りる証拠も存在しないことから、請求人らが返還した4,400万円は、K社を救済するための資金供与とみるのが相当であるから、更正をすべき理由がない旨の通知処分は正当である。

(1) K社の代表社員及び請求人らは、平成4年6月9日の臨時社員総会議事録（甲議事録1億400万円の死亡退職金の支給決議）に署名押印しているが、乙議事録に署名押印した代表社員及び請求人らの筆跡及び印影は同一であること。

(2) K社の代表社員であるLは、審判所に対し、K社は、甲議事録に基づき請求人らに1億400万円の死亡退職金を支給したが、法人税の調査の結果、7,400万円の過大退職金に係る修正申告の納付税額

が約4,400万円と分かったので、会社を救済するため平成4年11月20日請求人から4,400万円の返還を受け、延滞税節約のため同日納税し、乙議事録は、平成5年1月頃M税理士に依頼して作成した旨答述していること。

裁決例 雇用主が契約した生命保険契約に基づき遺族が取得した死亡保険金が退職手当金等に当たるとの請求人の主張が排斥された事例

平成12年9月20日裁決（棄却）

　請求人らは、役員である被相続人の会社が保険料負担者で、被相続人を被保険者とする養老生命保険契約等に基づき保険金受取人である請求人らが受け取った保険金総額191,073,183円のうち109,450,000円は、本件相続開始後に、相続人である被相続人の妻が当該会社との間で取り交わした本件贈呈協定書に基づき当該会社に贈与しているのであるから、原処分庁は、請求人らの手元に残った80,550,000円に対して課税すべきであり、しかも、当該金額は当該会社の役員退職慰労金内規に準じて計算されたものであるから、退職手当金に該当する旨主張するが、(1)当該会社は被相続人の生存中に本件保険契約を締結し、保険料を負担するのみで、本件保険金については何らの権利がなく、被相続人の死亡により請求人らは当然に本件保険金を取得することができるところ、請求人らは本件保険金を取得した上、本件相続開始日後の本件贈呈協定書に基づき本件保険金の一部を当該会社に贈与したものにすぎないこと、(2)本件保険金が相続税法第3条第1項第2号に掲げる退職手当金等に該当するためには、雇用主である企業の定款、株主総会、社内規程、就業規則、労働協約等において、本件保険金が退職給付金として支給されるものである旨の意思が明らかにされているか否か等を考慮して行うのが相当であるところ、被相続人に対する役員退職慰労金の支給については、株主総会において何ら決議されておらず、しかも、当該会社の役員退職慰労金内規及び退職金規程のいずれにも本件保険金を退職手当金等として支給する旨の定めがないことからすれば、本件保険金は役員退職慰労金とは認められないというべきであり、本件保険金の全額が相続税法第3条第1項第1号に規定する生命保険金に該当するものと認められる。

裁判例 みなし相続財産となる退職手当金等の範囲

最高裁昭和47年12月26日判決（上告棄却）（確定）（原審：大阪高裁昭和40年1月26日判決（控訴棄却）（上告）、大阪地裁昭和37年2月16日判決（棄却）（控訴））

　相続税法は、相続という法律上の原因によつて財産を取得した場合でなくても、実質上、相続によつて財産を取得したのと同視すべき関係にあるときは、これを相続財産とみなして、所得税ではなく相続税を課することとしている。旧相続税法4条1項4号（「退職手当、功労金及びこれらの性質を有する給与（以下退職手当金等という。）で被相続人に支給せらるべきであったものが被相続人の死亡したためその相続人その他の者に支給された場合におけるその退職手当金等」）は、その趣旨の規定の一つであり、死亡退職の場合に限らず、生前退職の場合を含めて、退職手当金等の支給を受けるべき被

相続人が死亡した際、その支給額が客観的に未確定であるため、具体的な退職手当金等請求権として相続の対象となるべき権利が存しなかった場合であっても、もともと被相続人に支給されるべくして、たまたま同人が死亡したため相続人等に支給されることとなった退職手当金等については、原則として、本来の相続財産と同視されるべき実質関係にあるものというべきである。

ただし、実質上、相続によって財産を取得したのと同視すべき関係にあるという以上、被相続人の死亡による相続開始の際、その支給額はたとえ未確定であるにせよ、少なくとも退職金の支給されること自体は、退職手当金支給規定その他明示または黙示の契約等により、当然に予定された場合であることを要するものというべく、また、所得税としてではなく相続税としての課税を期待するものである以上、相続税として課税可能な期間内に支給額が確定する場合でなければならないのは当然である（昭和28年法律第165号による改正後の相続税法3条1項2号において、相続により取得したものとみなされる退職手当金等は、「被相続人の死亡後3年以内に支給が確定したものに限る。」とするのも、被相続人の死亡による相続開始の際、退職手当金等の支給が当然に予定され、また、その支給額がその後3年以内に確定したものにかぎり、相続財産とみなされるとの趣旨にほかならない。)。

原判決の確定するところによれば、被相続人は、昭和22年7月訴外会社を退職し、同年11月19日に死亡して相続が開始したが、当時、訴外会社は戦後不況の只中にあり、また、かねて制限会社、次いで持株会社に指定されていたため、役員に対する退職手当金等の支給を含む一定の行為を禁止・制限されていたこと等から、同人に対する退職手当金等の支給については、その額はもとより、支給すること自体もなんら確定されることなく、その死亡による相続開始後4年以上を経過した昭和27年1月の株主総会において、はじめて被相続人に対する退職金贈呈の件が決議され、その後、同年11月28日の取締役会において、同人に対する退職慰労金名義で4500万円をその相続人3名に支給することが決議されたというのであるから、被相続人の死亡による相続開始の際、同人に対して退職手当金等の支給されることが当然に予定されていたといえないことが明らかであって、本件の退職慰労金4500万円の支給は、旧相続税法4条1項4号に該当しないものといわなければならない。

裁決例　相続開始後3年以内に支給されなかった退職慰労金

平成31年1月24日裁決（棄却）

請求人らは、被相続人に対して、被相続人が取締役であった会社（本件会社）から役員退職慰労金（本件退職慰労金）が支給されることとなったが、相続税法第3条《相続又は遺贈により取得したものとみなす場合》第1項第2号は「支給を受けた場合」における「当該給与」と規定していることから、本件退職慰労金のうち実際に支給を受けていない部分の額は、みなし相続財産に該当しない旨主張する。しかしながら、同号に規定する被相続人の死亡後3年以内に支給が確定したものとは、相続税法基本通達3－30《「被相続人の死亡後3年以内に支給が確定したもの」の意義》で定めるとおり、被相続人に支給されるべきであった退職手当金等の額が被相続人の死亡後3年以内に確定したものをいい、実際に支給される時期が被相続人の死亡後3年以内であるかどうかを問わないものと解するのが相当であるところ、本件退職慰労金は本件被相続人の死亡後3年以内に本件会社の株主総会及び取締役会

の各決議によって支給すること及び支給額が確定したものであることから、その全額がみなし相続財産に該当する。

(2) 退職手当金等に含まれる給付

被相続人に支給されるべきであった退職金、功労金その他これらに準ずる給与とはいえませんが、被相続人の死亡に伴い給付を受ける次表に掲げるものは、相続税法第3条第1項第2号の退職手当金等に該当するものとして、相続税の課税対象とされます（相法3①二、相令1の3）。

①	国家公務員共済組合法第79条の4第1項又は第89条第1項の規定により支給を受ける一時金又は年金
②	地方公務員等共済組合法第93条第1項又は第103条第1項の規定により支給を受ける一時金又は年金
③	私立学校教職員共済法第25条において準用する国家公務員共済組合法第79条の4第1項又は第89条第1項の規定により支給を受ける一時金又は年金
④	確定給付企業年金法に規定する確定給付企業年金に係る規約に基づいて支給を受ける年金又は一時金（平成25年改正前の旧確定給付企業年金法の規定による一定の年金たる給付又は一時金たる給付を含みます。）
⑤	確定給付企業年金法の規定により企業年金連合会から支給を受ける一時金（平成25年改正前の旧確定給付企業年金法の規定により存続連合会から支給を受ける一時金を含みます。）
⑥	平成25年厚生年金等改正法附則第42条第3項、第43条第3項、第44条第3項、第45条第5項、第46条第3項、第47条第3項、第48条第3項、第49条第5項又は第49条の2第1項の規定により存続連合会から支給を受ける一時金
⑦	確定拠出年金法に規定する企業型年金規約又は個人型年金規約に基づいて支給を受ける一時金
⑧	法人税法附則第20条第3項に規定する適格退職年金契約その他退職給付金に関する信託又は生命保険の契約に基づいて支給を受ける年金又は一時金 （注）「その他退職給付金に関する信託又は生命保険の契約」とは、雇用主がその従業員（その従業員が死亡した場合には、その者の遺族を含みます。）を受益者又は保険金受取人として信託会社（信託業務を営む金融機関を含みます。）又は生命保険会社と締結した信託又は生命保険の契約で、当該信託会社又は生命保険会社が当該雇用主の従業員の退職について当該契約に基づき退職手当金等を支給することを約したものをいい、当該契約に係る掛金又は保険料の負担者が誰であるかは問いません（相基通3−26）。
⑨	独立行政法人勤労者退職金共済機構若しくは所得税法施行令第73条第1項に規定する特定退職金共済団体が行う退職金共済に関する制度に係る契約その他同項第1号に規定する退職金共済契約又はこれに類する契約に基づいて支給を受ける年金又は一時金 （注）「これに類する契約」とは、雇用主が退職手当金等を支給する事業を行う団体に掛金を納付し、その団体が当該雇用主の従業員の退職について退職手当金等を支給することを約した契約をいいます（相基通3−27）。

⑩	独立行政法人中小企業基盤整備機構の締結した小規模企業共済法第2条第2項に規定する共済契約に基づいて支給を受ける一時金（相続税法施行令第1条の2第1項第3号ホ（❶の(1)の①の表の⑦）に掲げるものを除きます。）
⑪	独立行政法人福祉医療機構の締結した社会福祉施設職員等退職手当共済法第2条第9頁に規定する退職手当共済契約に基づいて支給を受ける一時金

(3) 弔慰金についての取扱い

　みなし相続（遺贈）財産となる退職手当金等とは、実質上被相続人の退職手当金等として支給される金品をいい、被相続人の死亡によって相続人等が受ける金品が退職手当金等に該当するかどうかは、その金品が退職給与規程その他これに準ずるものの定めに基づいて受ける場合においてはこれにより、その他の場合においては当該被相続人の地位、功労等を考慮し、当該被相続人の雇用主等が営む事業と類似する事業における当該被相続人と同様な地位にある者が受け、又は受けると認められる額等を勘案して判定します（相基通3－19）。

　ところで、被相続人の死亡により、相続人その他の者が、弔慰金、花輪代、葬祭料等（以下「弔慰金等」といいます。）の名目で金品の支給を受けた場合、原則として、これら金品は、相続税の課税対象ではありません。しかしながら、実質上退職手当金等と認められるものが弔慰金等として支給されたり、その弔慰金等の額が社会的に弔慰金等と認められる範囲の額を超えて支給されることも想定されます。そこで相続税法基本通達は弔慰金等の名目で支給された金員が退職手当金等に該当するかどうかについて、次のとおり判断基準を定めています（相基通3－20）。

①　まず、支給を受けた弔慰金等は、実質上退職手当金等に該当するものであるかどうかを判定します。この結果、実質上退職手当金等と認められたものについては、その判断結果に従いみなし相続財産として相続税の課税対象となり、それ以外のものについては、②により退職手当金等として取り扱われる部分の判定をします。

②　イ又はロの場合に応じ、相続税の課税対象とはならない弔慰金等の金額の判定をします。弔慰金等として支給を受けた金額のうち、この相続税の課税対象とはならない弔慰金等の額を超える金額がみなし相続財産として相続税の課税対象となる退職手当金等の額となります。

　イ　被相続人の死亡が業務上の死亡である場合

　　　その弔慰金等のうち、当該被相続人の死亡当時における賞与以外の普通給与の3年分の金額を、弔慰金等に相当する金額とし、みなし相続財産である退職手当金等には該当しないものとして取り扱われます。なお、この場合において、遺族の受ける弔慰金等の合計額のうち相続税法基本通達3－23（一定の法律に基づき遺族に支給される弔慰金等で、相続税法第3条第1項第2号に規定する退職手当金等に該当しないとされているもの）に掲げるものからなる部分の金額が普通給与の3年分を超えるときにはその部分の

金額は退職手当金等には該当しないものとして取り扱われます。

ロ　被相続人の死亡が業務上の死亡でない場合

その弔慰金等のうち、当該被相続人の死亡当時における賞与以外の普通給与の半年分の額を弔慰金等に相当する金額とし、みなし相続財産である退職手当金等には該当しないものとして取り扱われます。なお、この場合において、遺族の受ける弔慰金等の合計額のうち相続税法基本通達3－23（一定の法律に基づき遺族に支給される弔慰金等で、相続税法第3条第1項第2号に規定する退職手当金等に該当しないとされているもの）に掲げるものからなる部分の金額が普通給与の半年分を超えるときにはその部分の金額は退職手当金等には該当しないものとして取り扱われます。

■ 普通給与の判定

被相続人が非常勤役員である等のため、死亡当時に賞与だけを受けており普通給与を受けていなかった場合における上記イ又はロの普通給与の判定は、その者が死亡当時の直近に受けた賞与の額又は雇用主等の営む事業と類似する事業における当該被相続人と同様な地位にある役員の受ける普通給与若しくは賞与の額等から勘案し、当該被相続人が普通給与と賞与の双方の形態で給与を受けていたとした場合において評定されるべき普通給与の額を基準とします（相基通3－21）。

■「業務」及び「業務上の死亡」

上記イ又はロにおいて、「業務」とは、当該被相続人に遂行すべきものとして割り当てられた仕事をいい、「業務上の死亡」とは、直接業務に起因する死亡又は業務と相当因果関係があると認められる死亡をいうものとして取り扱われます（相基通3－22）。

この業務上の判定基準は、相続税法独自の取扱いではなく、労働法の分野において労働者の災害補償の問題としてとらえられているものであって、相続税における取扱いもそれによることとなります。

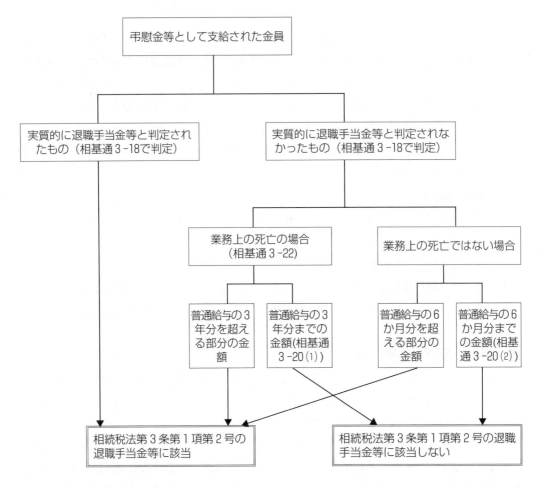

◆退職手当金等として扱われる弔慰金等◆

■ 一定の法律に基づき遺族に支給される弔慰金等で、相続税法第3条第1項第2号に規定する退職手当金等に該当しないとされているもの

次表に掲げる法律等の規定により遺族が受ける弔慰金等については、相続税法第3条第1項第2号に規定する退職手当金等には該当しません（相基通3-23）。

①	労働者災害補償保険法第12条の8第1項第4号及び第5号に掲げる遺族補償給付及び葬祭料並びに同法第21条第4号及び第5号に掲げる遺族給付及び葬祭給付
②	国家公務員災害補償法第15条及び第18条に規定する遺族補償及び葬祭補償
③	労働基準法第79条及び第80条に規定する遺族補償及び葬祭料
④	国家公務員共済組合法第63条、第64条及び第70条に規定する埋葬料及び弔慰金
⑤	地方公務員等共済組合法第65条、第66条及び第72条に規定する埋葬料及び弔慰金
⑥	私立学校教職員共済法第25条の規定において準用する国家公務員共済組合法第63条、第64条及び第70条に規定する埋葬料及び弔慰金

⑦	健康保険法第100条に規定する埋葬料
⑧	船員保険法第72条に規定する葬祭料
⑨	船員法第93条及び第94条に規定する遺族手当及び葬祭料
⑩	国会議員の歳費、旅費及び手当等に関する法律第12条及び第12条の2に規定する弔慰金及び特別弔慰金
⑪	地方公務員災害補償法第31条及び第42条に規定する遺族補償及び葬祭補償
⑫	消防組織法第24条の規定に基づく条例の定めにより支給される消防団員の公務災害補償
⑬	従業員(役員を除く。以下この⑬において同じ。)の業務上の死亡に伴い、雇用主から当該従業員の遺族に支給された退職手当金等の他に、労働協約、就業規則等に基づき支給される災害補償金、遺族見舞金、その他の弔慰金等の遺族給付金(当該従業員に支給されるべきであった退職手当金等に代えて支給される部分を除きます。)で、①から⑫までに掲げる弔慰金等に準ずるもの

【設例】退職手当金等の額

A社は、株主総会の決議に基づき、令和6年6月に死亡した代表取締役甲の遺族に対して次のとおり死亡退職金及び弔慰金を支払った。みなし相続財産となる退職手当金等はいくらになるか。なお、甲の死亡は、業務上の死亡ではない。

- 死亡退職金：5,000万円
- 弔慰金：1,000万円
- (注) 甲の死亡当時の普通給与の額：月120万円

〈回答〉
① 死亡退職金：5,000万円
② 弔慰金のうち甲の死亡直前の報酬月額6か月分を超える金額
　　1,000万円 －(120万円 × 6か月) ＝ 280万円
③ みなし相続財産となる退職手当金等の金額
　　5,000万円(①) ＋ 280万円(②) ＝ 5,280万円

裁決例　業務上の死亡

平成17年9月12日裁決（棄却）

業務上の死亡の判定を、業務遂行性及び業務起因性といった労働法の判定基準に準拠することは合理的と認められ、役員についても「業務上の死亡」かどうかは同様に判定すべきところ、労働法における自殺の取扱いでは、自殺は原則故意の死亡とされ、業務上の理由による発病がなければ業務起因性がないものとされている。これを本件についてみると、本件被相続人が業務上の理由により、発病

していたという事実は確認することができないから、本件被相続人の自殺は、業務上の死亡とは認められない。

(4) 退職手当金等の支給を受けた者

相続税法第3条第1項第2号の被相続人に支給されるべきであった退職手当金等の支給を受けた者とは、次に掲げる場合の区分に応じ、それぞれ次に掲げる者をいいます（相基通3－25）。

① 退職給与規程その他これに準ずるもの（以下①及び②において「退職給与規程等」といいます。）の定めによりその支給を受ける者が具体的に定められている場合
　　当該退職給与規程等により支給を受けることとなる者
② 退職給与規程等により支給を受ける者が具体的に定められていない場合又は当該被相続人が退職給与規程等の適用を受けない者である場合
　　イ　相続税の申告書を提出する時又は国税通則法第24条から第26条までの規定による更正若しくは決定をする時までに当該被相続人に係る退職手当金を現実に取得した者があるとき…その取得した者
　　ロ　相続人全員の協議により当該被相続人に係る退職手当金等の支給を受ける者を定めたとき…その定められた者
　　ハ　イ及びロ以外のとき…その被相続人に係る相続人の全員（この場合には、各相続人は、当該被相続人に係る退職手当金等を各人均等に取得したものとして取り扱われます。）

(5) 退職手当金等の非課税部分

なお、相続人がみなし相続財産である退職手当金等を取得した場合においては、相続税法第12条第1項第6号の規定により、その取得した退職手当金等のうち、一定の金額が非課税とされます（第3節「❼相続人が取得した退職手当金等のうち一定の金額」を参照）。

❸ 生命保険契約に関する権利

相続開始の時においてまだ保険事故が発生していない生命保険契約で、被相続人以外の者がその契約者であり、被相続人がその保険料の全部又は一部を負担している場合には、その生命保険契約に関する権利のうち、被相続人が負担した保険料の金額の、当該契約に係る保険料で当該相続開始の時までに払い込まれたものの全額に対する割合に相当する部分をその生命保険契約の契約者が相続又は遺贈により取得したものとみなされて相続税の課税対象となります（相法3①三）。この場合、その契約者が相続人であるときは相続により、相続人以外の者であるときは遺贈により取得したものとみなされます（相法3①柱書き後段）。

なお、一定期間内に保険事故が発生しなかった場合において返還金その他これに準ずるもの

の支払いがない生命保険契約、いわゆる掛捨保険については、この規定は適用されません。この「返還金その他これに準ずるもの」とは、生命保険契約の定めるところにより生命保険契約の解除（保険金の減額の場合を含みます。）又は失効によって支払いを受ける金額又は一定の事由（被保険者の自殺等）に基づき保険金の支払いをしない場合において支払いを受ける払戻金等をいいます（相基通3－39）。

■ 生命保険契約の範囲

生命保険契約に関する権利の課税における生命保険契約とは、保険業法第2条第3項に規定する生命保険会社と締結した保険契約（これに類する共済契約を含みます。）その他の政令で定める契約をいい、具体的には、前記❶の(1)の①に掲げる契約をいいます。したがって、保険料には、共済掛金が含まれます。

■ 被相続人が負担した保険料（共済掛金）等

被相続人が負担した保険料（共済掛金を含みます。以下同じです。）及び当該相続開始の時までに払い込まれた保険料は、生命保険契約に基づき払い込まれた保険料の合計額によりますが、次に掲げる場合については、それぞれに記載のとおりとされます（相基通3－13、3－14、相法3③）。

① 保険料の一部について、払込みの免除があった場合

　　当該免除に係る部分の保険料は、保険契約に基づき払い込まれた保険料には含まれません。

② 振替貸付けによる保険料の払込みがあった場合（当該振替貸付けに係る貸付金の金銭による返済がされたときを除きます。）又は未払込保険料があった場合

　　振替貸付けに係る部分の保険料又は控除された未払込保険料に係る部分の保険料は、保険契約者が払い込んだものとされます。

③ 被相続人の遺言により払い込まれた保険料は、被相続人が負担したものとみなされます。

④ 被相続人の被相続人が負担した保険料は、被相続人が負担したものとみなされます。ただし、被相続人の被相続人に係る相続開始の時において、相続税法第3条第1項第3号の規定により、被相続人以外の者が生命保険契約に関する権利を相続又は遺贈により取得したものとみなされた場合には、この限りではありません（相法3②）。

■ 生命保険契約に関する権利の取得者

生命保険契約に関する権利を相続又は遺贈により取得したものとみなされる者は、その生命保険契約の契約者（共済契約者を含みます。）です。

例えば、甲が被相続人で保険料負担者、乙がその相続人で契約者及び被保険者であり、丙が保険金受取人という生命保険契約については、甲の死亡の際に、契約者である乙がその生命保険契約に関する権利を取得したものとみなされ、乙に対して相続税が課されることとなります。

なお、この例で、契約者が乙でなく甲であるときは、その権利は本来の相続財産を構成することになり（相基通3－36(1)）、相続人（遺贈があった場合には受遺者）がその権利を取得することとなります。

■ 生命保険契約に関する権利の価額及び相続財産とみなされる部分の計算

相続又は遺贈により取得したものとみなされる生命保険契約に関する権利の価額は、財産評価基本通達214により評価した生命保険契約に関する権利の価額に、被相続人が負担した保険料の金額のその契約に係る保険料で当該相続開始の時までに払い込まれたものの全額に対する割合を乗じて計算した金額となります（相法3①三）。

相続又は遺贈により取得したものとみなされる生命保険契約に関する権利の価額
＝生命保険契約に関する権利の価額 × 被相続人が負担した保険料の金額 / 相続開始の時までに払い込まれた保険料の全額
（評基通214により評価）

定期金に関する権利

相続開始の時において、まだ定期金給付事由が発生していない定期金給付契約（生命保険契約を除きます。）で、被相続人が掛金又は保険料の全部又は一部を負担し、かつ、被相続人以外の者がその定期金給付契約の契約者であるものについては、その契約に関する権利のうち、被相続人が負担した掛金又は保険料の金額のその契約に係る掛金又は保険料で当該相続開始の時までに払い込まれたものの全額に対する割合に相当する部分が、相続又は遺贈により取得したものとみなされて相続税の課税対象となります（相法3①四）。

この場合、その契約者が相続人であるときは相続により、相続人以外の者であるときは遺贈により当該定期金に関する権利を取得したものとみなされます（相法3①柱書き後段）。

ところで、定期金に関する権利を広く解するときは、終身定期金、年金、恩給、扶助料のように、ある期間を通じて定期的に金銭その他のものの一定額の給付を受ける権利のすべてが含まれるようにも思われますが、ここで相続又は遺贈により取得したものとみなされるものは、掛金又は保険料という概念の存するもの、すなわち、当事者の一方が相手方に対し、定期金を支払うことを約し、相手方がこれに対して対価として掛金又は保険料を払い込むことを約するものに限定されています。

(注1) 定期金給付契約のうち生命保険契約に係るものは、前記❸の生命保険契約に関する権利に含まれます。
(注2) 被相続人が契約者で、かつ、掛金又は保険料の負担者であるものについては、本来の相続財産となります。

■ 被相続人が負担した掛金又は保険料等

被相続人が負担した掛金又は保険料及び当該契約に係る掛金又は保険料で当該相続開始の時までに払い込まれたものの全額」の計算については、生命保険契約に係る保険料の負担者についての取り扱いを準用することとされています（相基通3-44、3-13、3-14、相法3③）。

なお、被相続人の遺言によって払い込まれた掛金又は保険料は、被相続人が負担した掛金又は保険料とみなされます（相法3③）。

また、被相続人の被相続人が負担した掛金又は保険料は、被相続人が負担したものとみなされます。ただし、被相続人の被相続人に係る相続開始の時において、相続税法第3条第1項第4号の規定により、被相続人以外の者が定期金に関する権利を相続又は遺贈により取得したものとみなされた場合には、この限りではありません（相法3②）。

■ 定期金に関する権利の価額及び相続財産とみなされる部分の計算

　相続又は遺贈により取得したものとみなされる定期金に関する権利の価額は、相続税法第25条の規定により評価した定期金に関する権利の価額に、被相続人が負担した掛金又は保険料の金額のその契約に係る掛金又は保険料で当該相続開始の時までに払い込まれたものの全額に対する割合を乗じて計算した金額となります（相法3①四）。

相続又は遺贈により取得したものとみなされる定期金に関する権利の価額

$$= \underset{(相法25)}{定期金に関する権利の価額} \times \frac{被相続人が負担した掛金又は保険料の金額}{相続開始の時までに払い込まれた掛金又は保険料の全額}$$

保証期間付定期金に関する権利

　定期金給付契約で、定期金受取人に対してその生存中又は一定期間にわたり定期金を給付し、かつ、その者が死亡したときは、その死亡後、遺族その他の者に対して定期金又は一時金を給付するものに基づいて、定期金受取人たる被相続人の死亡後、相続人その他の者が、定期金の継続受取人又は一時金受取人となった場合に、その定期金又は一時金の受取人となった者が、その取得した定期金又は一時金を受ける権利のうち、被相続人が負担した掛金又は保険料の金額の当該契約に係る掛金又は保険料で、当該相続開始の時までに払い込まれたものの全額に対する割合に相当する部分を、相続又は遺贈により取得したものとみなされます（相法3①五）。この場合、その定期金又は一時金の受取人となった者が相続人であるときは相続により、相続人以外の者であるときは遺贈により取得したものとみなされます（相法3①柱書き後段）。

　相続税法第3条第1項第5号の規定により相続又は遺贈により取得があったとみなされるものには、保証据置年金契約、保証期間付年金保険契約又は私法上の契約でこれらに類するものなどがあります。「保証据置年金契約」とは、年金受取人が年金支払開始年齢に達した日からその死亡に至るまで年金の支払いをするほか、一定の期間内に年金受取人が死亡したときは、その残存期間中年金継続受取人に継続して年金の支払いをするものをいいます（相基通3－45）。また、「保証期間付年金保険契約」とは、保険事故が発生した場合に保険金受取人に年金の支払いをするほか、一定の期間内に保険金受取人が死亡した場合には、その残存期間中継続受取人に継続して年金の支払いをするものをいい、これに類する共済契約を含まれます（相基通3－45）。

　なお、年金受取人（被相続人）が掛金又は保険料の負担者でないときは、相続税法第6条第

3項の規定により継続受取人が掛金又は保険料の負担者からその負担した掛金又は保険料の金額の相続開始の時までに払い込まれた掛金又は保険料の全額に対する割合に相当する部分を贈与によって取得したものとみなされます。また、掛金又は保険料の負担者と継続受取人とが同一人であるときは相続税又は贈与税は課税しないものとされています（相基通3−45(2)(3)）。

■ 被相続人が負担した掛金又は保険料等

被相続人が負担した掛金又は保険料及び当該契約に係る掛金又は保険料で当該相続開始の時までに払い込まれたものの全額」の計算については、生命保険契約に係る保険料の負担者についての取り扱いを準用することとされています（相基通3−44、3−13、3−14、相法3③）。

なお、被相続人の被相続人が負担した掛金は、被相続人が負担したものとみなされます（相法3②）。

■ 保証期間付定期金に関する権利の価額及び相続財産とみなされる部分の計算

相続又は遺贈により取得したものとみなされる保証期間付定期金に関する権利の価額は、相続税法第24条の規定により評価した保証期間付定期金に関する権利の価額に、被相続人が負担した掛金又は保険料の金額のその契約に係る掛金又は保険料で当該相続開始の時までに払い込まれたものの全額に対する割合を乗じて計算した金額となります（相法3①四）。

相続又は遺贈により取得したものとみなされる保証期間付定期金に関する権利の価額

$$= 保証期間付定期金に関する権利の価額（相法24） \times \frac{被相続人が負担した掛金又は保険料の金額}{相続開始の時までに払い込まれた掛金又は保険料の全額}$$

【設例】保証期間付定期金に関する権利の価額の計算

保証期間10年とされている年金契約で、その年金給付事由が発生してから5年経過後、その年金受給権者Aが死亡したため、残存5年間にその年金額が、Aの子Bを年金受給権者として継続給付されることとなった。

相続により取得したものとみなされる部分又は贈与により取得したものとみなされる部分の金額はいくらか。
- 年金額：30万円
- 総掛金額：100万円
- Aの負担額：50万円
- Aの妻Cの負担額：40万円
- Aの父D（Aより前に死亡）の負担額：10万円

なお、相続開始時の解約返戻金の金額は100万円であり、予定利率及び一時金の額の定めはない。

〈回答〉
① BがAからの相続により取得したものとみなされる部分

$$100万円 \times \frac{50万円 + 10万円}{100万円} = 60万円$$

（注）Dの負担額は、Aが負担したものとみなされる。
② BがCからの贈与により取得したものとみなされる部分

$$\frac{100万円 \times 40万円}{100万円} = 40万円$$

6 契約に基づかない定期金に関する権利

　被相続人の死亡により相続人その他の者が、定期金（これに係る一時金を含みます。）に関する権利で契約に基づくもの以外のもの（恩給法の規定により扶助料に関する権利を除きます。）を取得した場合においては、その定期金の給付を受ける権利を取得した者は、その定期金の給付を受ける権利を、相続又は遺贈により取得したものとみなされます（相法3①六）。この場合、その定期金又は一時金の受取人となった者が相続人であるときは相続により、相続人以外の者であるときは遺贈により取得したものとみなされます（相法3①柱書き後段）。

　この相続又は遺贈による財産の取得とみなされる定期金に関する権利は、相続の効果として被相続人から承継する財産ではなく、法令その他の定めによって相続人その他の者が直接に取得する定期金に関する権利をいいます。これに該当するものとしては、適格退職年金又は各企業管理の退職年金等の年金受取人が死亡した場合に継続受取人が保証期間中について受ける年金受給権（年金のほか、打切一時金の選択をすることができる場合を含みます。）のほか、国家公務員共済組合法、地方公務員等共済組合法、船員保険法、厚生年金保険法の各規定による遺族年金等を挙げることができますが、これらの遺族年金等はそれぞれの法律で非課税規定が設けられていることからこのみなし相続（遺贈）の規定は主として前者に適用されることになります（相基通3－29、3－46）。

　なお、その価額は、定期金の種類に応じて相続税法第24条の規定に基づいて評価します。

■ 契約に基づかない定期金に関する権利と退職手当金等の区別

　退職手当金、功労金等で定期金又はこれに準ずる方法で支給されるものは、「契約に基づかない定期金に関する権利」からは除かれ、相続税法第3条第1項第2号に定める退職手当金等として相続税の課税対象とされます（相法3①六、相基通3－47）。

　一方、退職年金を受けている者の死亡により、その相続人その他の者が当該年金を継続して受けることとなった場合（これに係る一時金を受けることとなった場合を含みます。）には、当該年金の受給に関する権利は、その継続受取人となった者が、退職手当金等ではなく、相続税法第3条第1項第6号に規定する契約に基づかない定期金に関する権利を相続又は遺贈により取得したものとみなされます（相基通3－29）。

遺言により著しく低い価額の対価で財産を譲り受けた場合

　遺言により著しく低い価額の対価で財産を譲り受けた場合には、当該譲渡を受けた者が、当該対価の額と譲渡があった時における当該財産の時価との差額に相当する金額を被相続人から遺贈により取得したものとみなされます（相法7）。
　詳細については第Ⅱ部第3章第2節❸を参照してください。

 遺言により債務の免除等が行われた場合

　遺言により対価を支払わないで、又は著しく低い価額の対価で債務の免除、債務の引受け又は第三者のためにする債務の弁済による利益を受けた場合には、当該債務の免除、債務の引受け又は第三者のためにする債務の弁済に係る債務の金額に相当する金額（対価の支払いがあった場合にはその価額を控除した金額）を被相続人から遺贈により取得したものとみなされます（相法8）。
　詳細については第Ⅱ部第3章第2節❹を参照してください。

 遺言により経済的利益を受けた場合

　遺言により対価を支払わないで、又は著しく低い価額の対価で上記❼及び❽以外の利益を受けた場合には、当該利益の価額に相当する金額（対価の支払いがあった場合にはその価額を控除した金額）を被相続人から遺贈により取得したものとみなされます（相法9）。
　詳細については第Ⅱ部第3章第2節❺を参照してください。

⑩ 信託に係る権利

　次の場合には、信託に関する権利を遺贈により取得したものとみなして相続税が課されます（相法9の2〜）。詳細については、第Ⅱ部第3章第2節❻を参照してください。
　①　委託者の死亡を基因として信託の効力が生じた場合において、適正な対価を負担せずにその信託の受益者等となったときは、その信託の受益者等となる者は、その信託の効力が生じた時において、その信託に関する権利をその信託の委託者から遺贈により取得したものとみなされます（相法9の2①）。
　②　受益者等の存する信託について、受益者等であった者の死亡に基因して、適正な対価を負担せずに新たにその信託の受益者等が存するに至った場合には、その信託の受益者等となった者は、その受益者等が存するに至った時において、その信託に関する権利をその信託の受益者等であった者から遺贈により取得したものとみなされます（相法9の2②）。

③ 受益者等の存する信託について、その信託の一部の受益者等が存しなくなった場合において、受益者等であった者の死亡に基因して新たに適正な対価を負担せずにすでにその信託の受益者等である者が利益を受けることとなるときは、その信託の一部の受益者等が存しなくなった時において、その利益を受ける者は、その利益をその信託の一部の受益者であった者から遺贈により取得したものとみなされます（相法9の2③）。

④ 受益者等の存する信託が終了した場合において、受益者等の死亡に基因して適正な対価を負担せずにその信託の残余財産の給付を受けるべき又は帰属すべき者となった時において、その信託の残余財産の給付を受けるべき又は帰属すべき者となった者は、その信託の残余財産をその信託の受益者等から遺贈により取得したものとみなされます（相法9の2④）。

⑤ 受益者等が存しない信託の効力が生ずる場合において、委託者の死亡に基因してその信託の受益者等となる者がその信託の委託者の親族であるとき（その信託の受益者等となる者が明らかでない場合にあっては、その信託が終了した場合にその委託者の親族がその信託の残余財産の給付を受けることとなるとき）は、その信託の効力が生ずる時において、その信託の受託者は、その委託者からその信託に関する権利を遺贈により取得したものとみなされます（相法9の4①）。

⑥ 受益者等の存する信託について、その信託の受益者等が存しないこととなった場合において、その受益者等の死亡に基因してその受益者等の次に受益者等となる者がその信託の効力が生じた時の委託者又はその次に受益者等となる者の前の受益者等の親族であるときは、その受益者等が不存在となった場合に該当することとなった時において、その信託の受託者は、その次に受益者等となる者の前の受益者等からその信託に関する権利を遺贈により取得したものとみなされます（相法9の4②）。

11 特別縁故者が受ける利益

民法第958条の2第1項は、相続人が存在しない場合において、家庭裁判所は、相当と認めるときは、被相続人と生計を同じくしていた者、被相続人の療養看護に努めた者その他被相続人と特別の縁故があった者（以下「特別縁故者」といいます。）からの請求によって、これらの者に、清算後残存する財産の全部又は一部を与えることができると定めています。これが、特別縁故者に対する相続財産の分与制度です。

同項の規定により特別縁故者に対して相続財産の全部又は一部が与えられた場合には、その与えられた者が、その与えられた時における当該財産の時価に相当する金額を当該財産に係る被相続人から遺贈により取得したものとみなされます（相法4①）。

なお、民法958条の2第1項に規定する財産の分与は、人格のない社団若しくは財団で代表者等の定めのあるもの又は出資持分の定めのない法人に対して行われることがありますが、この場合には、相続税法第66条第1項又は第4項が適用されます（相基通4－2）。詳しくは、第

10章第2節及び第3節を参照してください。

> **誤りやすい事例** 特別縁故者が分与を受けた相続財産の評価
>
> 私の友人である甲が令和4年1月に亡くなりました。私は長らく病気がちの甲の療養看護に努めてきましたが、甲には相続人が存在しないことから、家庭裁判所に対して相続財産の分与の申立てをしていたところ、令和6年7月に甲の所有していたA土地を分与する旨の審判がありました。相続税の申告に当たり、分与を受けた土地はどのように評価すればよいでしょうか。
>
> **解説**
>
> 民法第958条の2第1項の規定により被相続人の財産の分与を受けた場合、分与を受けた者が、その分与を受けた時における分与の対象となった財産の時価に相当する金額により相続税の課税価格を計算することになります。
>
> ご質問の場合、相続が開始したのは令和4年1月ですが、分与が決定したのは令和6年の7月ですので、令和6年分の評価基準（路線価又は評価倍率）により、分与を受けた土地を評価することとなります。

■ 特別縁故者が相続財産の分与を受けるまでの流れ

民法第958条の2第1項の規定による相続財産の分与については、次のような段階を経て行われます（相基通4-1）。

① 民法第952条《相続財産の管理人の選任》の規定による相続財産の管理人の選任及び公告

② 民法第957条《相続債権者及び受遺者に対する弁済》の規定による相続債権者及び受遺者に対しその請求の申出をすべき旨の公告

③ 民法第958条の2の規定による特別縁故者の財産分与の請求

■ 相続財産の分与を受けた者が葬式費用等を負担した場合

民法第958条の2の規定により相続財産の分与を受けた者が、当該相続財産に係る被相続人の葬式費用又は当該被相続人の療養看護のための入院費用等の金額で相続開始の際にまだ支払われていなかったものを支払った場合において、これらの金額を相続財産から別に受けていないときには、分与を受けた金額からこれらの費用の金額を控除した価額をもって、当該分与された価額として取り扱われます（相基通4-3）。

⑫ 特別寄与料

民法は、被相続人に対して無償で療養看護その他の労務の提供をしたことにより被相続人の

財産の維持又は増加について特別の寄与をした被相続人の親族（相続人、相続の放棄をした者及び民法第891条の規定に該当し又は廃除によってその相続権を失った者は除かれます。）を特別寄与者と定義し、特別寄与者は、相続の開始後、相続人に対し、特別寄与者の寄与に応じた額の金銭、すなわち、特別寄与料の支払いを請求することができると定めています（民法1050①）。

特別寄与料の支払いについて、特別寄与者と相続人の間の協議に委ねられていますが、当事者間に協議が調わないとき、又は協議をすることができないときは、特別寄与者は、相続の開始及び相続人を知った時から6か月以内、又は相続開始の時から1年以内に限って、家庭裁判所に対して協議に代わる処分を請求することができることとされています（民法1050②）。

この特別寄与者が支払いを受けるべき特別寄与料の額が確定した場合には、当該特別寄与者が、当該特別寄与料の額に相当する金額を当該特別寄与者による特別の寄与を受けた被相続人から遺贈により取得したものとみなされます（相法4②）。

■ 特別寄与料を支払った相続人の課税価格の計算

特別寄与者が支払いを受けるべき特別寄与料の額が当該特別寄与者に係る課税価格に算入される場合においては、当該特別寄与料を支払うべき相続人が相続又は遺贈により取得した財産について当該相続人に係る課税価格に算入すべき価額は、当該財産の価額から当該特別寄与料の額のうちその者の負担に属する部分の金額を控除した金額とされます（相法13④）。

■ 相続財産の分与を受けた者が葬式費用等を負担した場合

民法第1050条の規定による支払いを受けるべき特別寄与料の額が確定した特別寄与者が、現実に当該被相続人の葬式費用を負担した場合には、特別寄与料の額からこれらの費用の金額を控除した価額をもって、当該特別寄与料の額として取り扱われます（相基通4-3）。

⑬ 特別の法人から受ける利益

持分の定めのない法人（持分の定めのある法人で持分を有する者がないものを含みます。）で、その施設の利用、余裕金の運用、解散した場合における財産の帰属等について設立者、社員、理事、監事若しくは評議員、当該法人に対し贈与若しくは遺贈をした者又はこれらの者の親族その他これらの者と相続税法第64条第1項に規定する特別の関係がある者に対し特別の利益を与えるものに対して財産の遺贈があった場合においては、当該財産の遺贈があった時において、当該法人から特別の利益を受ける者が、当該財産の遺贈により受ける利益の価額に相当する金額を当該財産の遺贈をした者から遺贈により取得したものとみなされます（相法65①）。

ただし、相続税法第66条第4項の規定に基づき、当該遺贈が当該遺贈をした者の親族その他これらの者と相続税法第64条第1項に規定する特別の関係がある者の相続税又は贈与税の負担が不当に減少する結果となると認められるとして、当該持分の定めのない法人に対して相続税が課される場合には上記の課税は行われません。

詳細については、第Ⅱ部第3章第2節❼を参照してください。

14 贈与税の納税猶予を受けた場合の特例

次に掲げる贈与税の納税猶予の特例制度の適用を受けていた者は、当該納税猶予に係る贈与の贈与者に相続が開始した場合には、納税猶予の対象となった財産を相続又は遺贈により取得したものとみなされます。

詳細については、第Ⅲ部を参照してください。

	納税猶予制度	納税猶予制度の根拠条文	みなし規定
①	農地等を贈与した場合の贈与税の納税猶予及び免除	措法70の4①	措法70の5①
②	個人の事業用資産についての贈与税の納税猶予及び免除	措法70の6の8①	措法70の6の9①
③	非上場株式等についての贈与税の納税猶予及び免除	措法70の7①	措法70の7の3①
④	非上場株式等についての贈与税の納税猶予及び免除の特例	措法70の7の5①	措法70の7の7①

15 贈与税の非課税の特例を適用した財産

次の贈与税の非課税の特例を適用した財産のうち、贈与者の相続開始時において一定の目的のために使用されていない金額は、贈与者から相続又は遺贈により取得したものとみなされます。

	贈与税の非課税の特例	相続により取得したものとみなされる金額	根拠条文
①	直系尊属から教育資金の一括贈与を受けた場合の贈与税の非課税	非課税拠出額から教育資金支出額を控除した残額（管理残額）。ただし、一定の場合には相続税の課税対象とはならない。	措法70の2の2⑫二、⑬
②	直系尊属から結婚・子育て資金の一括贈与を受けた場合の贈与税の非課税	非課税拠出額から結婚・子育て資金支出額を控除した残額（管理残額）。	措法70の2の3⑫二

第 3 節 相続税の非課税財産

概要

相続又は遺贈により取得した財産（相続又は遺贈により取得したものとみなされる財産を含みます。）であっても次に掲げる財産に対して相続税は課されません。

	非課税財産
①	皇室経済法第7条（皇位に伴う由緒ある物）の規定により皇位とともに皇嗣が受けた物
②	墓所、霊びよう及び祭具並びにこれらに準ずるもの
③	宗教、慈善、学術その他公益を目的とする事業を行う者で政令で定めるものが相続又は遺贈により取得した財産で当該公益を目的とする事業の用に供することが確実なもの
④	条例の規定により地方公共団体が精神又は身体に障害のある者に関して実施する共済制度で政令で定めるものに基づいて支給される給付金を受ける権利
⑤	相続人の取得した相続税法第3条第1項第1号に掲げる保険金（④に掲げるものを除きます。）のうち一定の金額
⑥	相続人の取得した相続税法第3条第1項第2号に掲げる給与（退職手当金等）のうち一定の金額
⑦	国若しくは地方公共団体又は公益社団法人若しくは公益財団法人その他の公益を目的とする事業を行う法人のうち、教育若しくは科学の振興、文化の向上、社会福祉への貢献その他公益の増進に著しく寄与するものとして政令で定めるものに贈与された財産（当該贈与により当該贈与をした者又はその親族その他これらの者と相続税法第64条第1項に規定する特別の関係がある者の相続税又は贈与税の負担が不当に減少する結果となると認められる場合を除きます。）
⑧	特定公益信託（公益信託ニ関スル法律第1条に規定する公益信託で信託の終了の時における信託財産がその信託財産に係る信託の委託者に帰属しないこと及びその信託事務の実施につき政令で定める要件を満たすものであることについて証明がされたものをいいます。）のうち、その目的が教育又は科学の振興、文化の向上、社会福祉への貢献その他公益の増進に著しく寄与するものとして政令で定めるものの信託財産とするために支出した金銭（当該支出により当該支出をした者又はその親族その他これらの者と相続税法第64条第1項に規定する特別の関係がある者の相続税又は贈与税の負担が不当に減少する結果となると認められる場合を除きます。）
⑨	特定非営利活動法人に対してその法人が行う特定非営利活動に係る事業に関連して贈与された財産（当該贈与により当該贈与をした者又はその親族その他これらの者と相続税法第64条第1項に規定する特別の関係がある者の相続税又は贈与税の負担が不当に減少する結果となると認められる場合を除きます。）

なお、財産評価基本通達の定めにより評価しないこととされている財産（不特定多数の者の

通行の用に供されている私道（評基通24）、補償金が少額な特許権（評基通144）など）や同通達により評価額が算出されない財産（純資産価額が算出されない非上場株式（評基通185）、回収が不可能又は困難な貸付金債権等（評基通205）など）については、事実上、非課税財産として取り扱われることになります。

2 皇位とともに皇嗣が受けた物

皇室経済法第7条（皇位に伴う由緒ある物）の規定により皇位とともに皇嗣が受けた物（相法12①一）は相続税の非課税財産とされています（相法12①一）。

3 墓所、霊びょう及び祭具並びにこれらに準ずるもの

墓所、霊びょう及び祭具並びにこれらに準ずるものは相続税の非課税財産とされています（相法12①二）。

「墓所、霊びょう」には、墓地、墓石及びおたまやのようなもののほか、これらのものの尊厳の維持に要する土地その他の物件をも含まれます（相基通12-1）。また、「これらに準ずるもの」とは、庭内神し、神たな、神体、神具、仏壇、位はい、仏像、仏具、古墳等で日常礼拝の用に供しているものをいいますが、商品、骨とう品又は投資の対象として所有するものはこれに含まれません（相基通12-2）。

裁判例 いわゆる庭内神しである祠の敷地が相続税の非課税財産に当たるとされた事例

東京地裁平成24年6月21日判決（認容）（確定）

庭内神しとその敷地とは別個のものであり、庭内神しの移設可能性も考慮すれば、敷地が当然に相続税法第12条第1項第2号の「これらに準ずるもの」に含まれるということはできないが、相続税の非課税規定の趣旨並びに「墓所」及び「霊びょう」の解釈等に鑑みれば、庭内神しの敷地のように庭内神し等の設備そのものとは別個のものであっても、そのことのみを理由としてこれを一律に「これらに準ずるもの」から排除するのは相当ではなく、当該設備とその敷地、附属設備との位置関係や当該設備の敷地への定着性その他それらの現況等といった外形や、当該設備及びその附属設備等の建立の経緯・目的、現在の礼拝の態様等も踏まえた上での当該設備及び附属設備等の機能の面から、当該設備と社会通念上一体の物として日常礼拝の対象とされているといってよい程度に密接不可分の関係にある相当範囲の敷地や附属設備も当該設備と一体の物として「これらに準ずるもの」に含まれるものと解すべきである。本件各庭内神しの敷地は、本件各庭内神しと社会通念上一体の物として日常礼拝の対象とされているといってよい程度に密接不可分の関係にある相当範囲の敷地ということができることからすると、本件敷地は、相続税の非課税規定にいう「これらに準ずるもの」に該当するとい

うことができる。

裁決例 墓地として貸し付けられている土地

昭和47年3月30日裁決（棄却）

　本件土地は請求人の祖先を祭祀するための墓地として使用されているものではなく、A寺の檀家の墓地として貸付けているものであるから、相続税法第12条第1項第2号に規定する非課税財産には該当しない。また、同条第1項第3号の規定は宗教等を目的とする事業を行なう者が、相続等に因り取得した財産を、宗教事業等の用に供した場合の非課税規定であり、本件の場合は宗教事業を行なう者はA寺であって、土地を相続により取得したのは請求人（A寺の責任役員）であるから、本件土地は同号に規定する非課税財産にも該当しない。

---

❹ 公益事業を行う者が相続等により取得した公益事業の用に供されることが確実な財産

(1) 非課税制度の概要

　宗教、慈善、学術その他公益を目的とする事業を行う者が相続又は遺贈により取得した財産で、当該公益を目的とする事業の用に供することが確実なものは相続税の非課税財産とされています（相法12①三）。

　「当該公益を目的とする事業の用に供することが確実なもの」とは、その財産について、相続開始の時において当該公益を目的とする事業の用に供することに関する具体的計画があり、かつ、当該公益を目的とする事業の用に供される状況にあるものをいいます（相基通12-3）。

　なお、宗教、慈善、学術その他公益を目的とする事業を行う者から当該事業の用に供されている財産を相続又は遺贈によって取得した者が、当該財産を取得すると同時に当該事業を受け継いで行う場合には、次の①又は②に該当する場合を除き、当該財産は相続税の非課税財産に該当するものとして取り扱われます（相基通12-5）。

① 相続税の申告書の提出期限までに当該事業の用に供される財産が未分割である場合
② 当該事業の規模が当該相続又は遺贈に係る被相続人が行っていた当該事業の規模より著しく縮小される場合

(2) 公益事業を行う者の範囲

　公益事業を行う者とは、専ら社会福祉法第2条に規定する社会福祉事業、更生保護事業法第2条第1項に規定する更生保護事業、児童福祉法第6条の3第9項に規定する家庭的保育事業、

同条第10項に規定する小規模保育事業又は同条第12項に規定する事業所内保育事業、学校教育法第1条に規定する学校又は就学前の子どもに関する教育、保育等の総合的な提供の推進に関する法律第2条第6項に規定する認定こども園を設置し、運営する事業その他の宗教、慈善、学術その他公益を目的とする事業で、その事業活動により文化の向上、社会福祉への貢献その他公益の増進に寄与するところが著しいと認められるものを行う者をいいます（相令2）。

ただし、その者が個人である場合には、次の①に掲げる事実、その者が相続税法第66条第1項に規定する人格のない社団又は財団（以下(2)において「社団等」といいます。）である場合には次の②及び③に掲げる事実がある場合には、その相続又は遺贈により取得した財産は非課税財産とはなりません（相令2ただし書き）。

① その者若しくはその親族その他その者と相続税法第64条第1項に規定する特別の関係（以下(2)において「特別関係」といいます。）がある者又は当該財産の相続に係る被相続人若しくは当該財産の遺贈をした者若しくはこれらの者の親族その他これらの者と特別関係がある者に対してその事業に係る施設の利用、余裕金の運用、金銭の貸付け、資産の譲渡、給与の支給その他財産の運用及び事業の運営に関し特別の利益を与えること。
② 当該社団等の役員その他の機関の構成、その選任方法その他当該社団等の事業の運営の基礎となる重要事項について、その事業の運営が特定の者又はその親族その他その特定の者と特別関係がある者の意思に従ってなされていると認められる事実があること。
③ 当該社団等の機関の地位にある者、当該財産の遺贈をした者又はこれらの者の親族その他これらの者と特別関係がある者に対して当該社団等の事業に係る施設の利用、余裕金の運用、解散した場合における財産の帰属、金銭の貸付け、資産の譲渡、給与の支給、当該社団等の機関の地位にある者への選任その他財産の運用及び事業の運営に関し特別の利益を与えること。

(3) 2年以内に公益事業の用に供していない場合

公益を目的とする事業を行う者が相続又は遺贈により取得した財産を、相続又は遺贈により当該財産を取得した日から2年を経過した日において、なお当該公益を目的とする事業の用に供していない場合には、その財産は相続税の非課税財産とはなりません（相法12②）。

また、相続又は遺贈により取得した財産をいったんは公益を目的とする事業の用に供したものの、当該財産を取得した日から2年を経過した日現在において、当該公益を目的とする事業の用に供しなくなっていた場合には、その財産は相続税の非課税財産とはされません（相基通12-6）。

これらの場合には、当該財産を取得した時の時価によって評価し、相続税の課税価格の計算の基礎に算入することとなり、その者については延滞税及び各種加算税の納付義務が生じることとなります（相基通12-7）。

心身障害者共済制度に基づく給付金の受給権

　条例の規定により地方公共団体が精神又は身体に障害のある者に関して実施する共済制度で政令で定めるものに基づいて支給される給付金を受ける権利については、相続税の非課税財産とされています（相法12①四）。

■ **非課税とされる心身障害者共済制度**
　非課税とされる給付金の受給権に係る心身障害者共済制度とは、地方公共団体の条例において精神又は身体に障害のある者（以下❺において「心身障害者」といいます。）を扶養する者を加入者とし、その加入者が地方公共団体に掛金を納付し、当該地方公共団体が心身障害者の扶養のための給付金を定期に支給することを定めている制度（脱退一時金（加入者が当該制度から脱退する場合に支給される一時金をいいます。）の支給に係る部分を除きます。）で、次に掲げる要件を備えているものです（相令2の2、所令20②）。

①	心身障害者の扶養のための給付金（その給付金の支給開始前に心身障害者が死亡した場合に加入者に対して支給される弔慰金を含みます。）のみを支給するものであること。
②	給付金の額は、心身障害者の生活のために通常必要とされる費用を満たす金額（弔慰金にあっては、掛金の累積額に比して相当と認められる金額）を超えず、かつ、その額について、特定の者につき不当に差別的な取扱いをしないこと。
③	給付金（弔慰金を除きます。）の支給は、加入者の死亡、重度の障害その他地方公共団体の長が認定した特別の事故を原因として開始されるものであること。
④	給付金（弔慰金を除きます。）の受取人は、心身障害者又は③の事故発生後において心身障害者を扶養する者とするものであること。
⑤	給付金に関する経理は、他の経理と区分して行い、かつ、掛金その他の資金が銀行その他の金融機関に対する運用の委託、生命保険への加入その他これらに準ずる方法を通じて確実に運用されるものであること。

 相続人が取得した保険金のうち一定の金額

　相続人が取得した相続税法第3条第1項第1号に掲げる保険金（保険金には共済金が含まれますが、上記❺に該当するものを除きます。）については、①又は②に掲げる場合の区分に応じ、①又は②に定める金額に相当する部分が相続税の非課税財産とされます（相法12①五）。
　なお、相続を放棄した者又は相続権を失った者が取得した保険金は、相続税の非課税財産とはなりません（相基通12-8）。

	区　分	非課税財産
①	相続税法第3条第1項第1号の被相続人のすべての相続人が取得した同号に掲げる保険金の合計額が「保険金の非課税限度額」以下である場合 （注）「保険金の非課税限度額」とは、500万円に当該被相続人の相続税法第15条第2項に規定する相続人の数を乗じて算出した金額をいいます。	当該相続人の取得した保険金の金額
②	相続税法第3条第1項第1号の被相続人のすべての相続人が取得した同号に掲げる保険金の合計額が「保険金の非課税限度額」を超える場合	当該保険金の非課税限度額にすべての相続人が取得した保険金の合計額のうちに当該相続人の取得した保険金の合計額の占める割合を乗じて算出した金額 （注）計算式で示すと次のとおりとなります。 　各相続人の非課税金額＝（500万円×n）× $\frac{B}{A}$ 　n：相続税法第15条第2項に規定する相続人の数 　A：各相続人が取得した保険金の合計額の総額 　B：各相続人が取得した保険金の合計額

【設例1】非課税財産となる保険金の額の計算－保険金の合計額が非課税限度額以下である場合

　甲の相続人は、配偶者A、長男B及び二男Cの3名である。
　それぞれが取得した保険金は次のとおりであり、いずれも相続税法第3条第1項第1項の規定により相続又は遺贈により取得したものとみなされるものである。
- A：500万円
- B：400万円
- C：300万円

〈回答〉
① 相続税法第15条第2項に規定する相続人の数：3人
② 非課税金額の合計額：500万円×3人＝1,500万円
③ 各相続人が取得した保険金の合計額の総額
　　500万円　＋　400万円　＋　300万円　＝　1,200万円
　　1,200万円　＜　1,500万円
④ 各相続人の非課税金額
　イ　Aの非課税金額：500万円
　ロ　Bの非課税金額：400万円
　ハ　Cの非課税金額：300万円

第3章 相続税の課税財産

> 【設例2】非課税財産となる保険金の額の計算－保険金の合計額が非課税限度額を超える場合
>
> 　甲の相続人は、配偶者A、長男B及び二男Cの3名である。なお、二男Cは相続を放棄している。
> 　それぞれが取得した保険金は次のとおりであり、いずれも相続税法第3条第1項第1項の規定により相続又は遺贈により取得したものとみなされるものである。
> - A：2,500万円
> - B：500万円
> - C：1,000万円
>
> 〈回答〉
> ①　相続税法第15条第2項に規定する相続人の数：3人
> ②　非課税金額の合計額：500万円×3人＝1,500万円
> ③　各相続人が取得した保険金の合計額の総額
> 　　2,500万円　＋　500万円　＝　3,000万円
> 　　※　Cは相続を放棄しているため、相続人には該当しない。
> ④　各相続人の非課税金額
> 　　イ　Aの非課税金額
> 　　　　$1,500万円 \times \dfrac{2,500万円}{2,500万円+500万円} = 1,250万円$
> 　　ロ　Bの非課税金額
> 　　　　$1,500万円 \times \dfrac{500万円}{2,500万円+500万円} = 250万円$
> 　　ハ　Cの非課税金額
> 　　　　Cは相続を放棄したため、「相続人」には該当しないことから、非課税財産となる金額はない。

相続人が取得した退職手当金等のうち一定の金額

　相続人が取得した相続税法第3条第1項第2号に掲げる給与（以下において「退職手当金等」といいます。）については、①又は②に掲げる場合の区分に応じ、①又は②に定める金額に相当する部分が相続税の非課税財産とされます（相法12①六）。

　なお、相続を放棄した者又は相続権を失った者が取得した退職手当金等は、相続税の非課税財産とはなりません（相基通12-10）。

	区　分	非課税財産
①	相続税法第3条第1項第2号の被相続人のすべての相続人が取得した同号に掲げる退職手当金等の合計額が「退職手当金等の非課税限度額」以下である場合 （注）「退職手当金等の非課税限度額」とは、500万円に当該被相続人の相続税法第15条第2項に規定する相続人の数を乗じて算出した金額をいいます。	当該相続人の取得した退職手当金等の金額

②	相続税法第3条第1項第2号の被相続人のすべての相続人が取得した同号に掲げる退職手当金等の合計額が「退職手当金等の非課税限度額」を超える場合	当該退職手当金等の非課税限度額にすべての相続人が取得した退職手当金等の合計額のうちに当該相続人の取得した退職手当金等の合計額の占める割合を乗じて算出した金額 (注) 計算式で示すと次のとおりとなります。 各相続人の非課税金額＝（500万円×n）× $\dfrac{B}{A}$ n：相続税法第15条第2項に規定する相続人の数 A：各相続人が取得した退職手当金等の合計額の総額 B：各相続人が取得した退職手当金等の合計額

国等に対して贈与した相続財産

(1) 概要

相続又は遺贈により財産を取得した者が、その相続又は遺贈により取得した財産を、その相続の開始又は特別縁故者が相続財産法人から財産分与があったこと若しくは特別寄与者が特別寄与料の額が確定したことを知った日の翌日から10か月以内（その期間内に日本国内に住所及び居所を有しないこととなるときは、その住所及び居所を有しないこととなる日まで）に、国若しくは地方公共団体又は公益社団法人若しくは公益財団法人その他の公益を目的とする事業を行う法人のうち、教育若しくは科学の振興等に寄与するところが著しいと認められる一定のもの（以下❽において「公益法人等」といいます。）に贈与した場合には、その贈与をした財産は相続税の非課税財産とされます（措法70①）。

ただし、その贈与により贈与者又はその親族その他これらの者と相続税法第64条第1項に規定する特別の関係がある者の相続税又は贈与税の負担が不当に減少する結果となると認められる場合には、その贈与された財産は非課税財産とはなりません（措法70①）。

なお、相続又は遺贈により取得した財産には、生命保険金、退職手当金等などの相続税法第3条、第7条から第9条、同法第1章第3節《信託に関する特例》の規定により相続又は遺贈により取得したものとみなされた財産（同法第9条の2第6項ただし書きに規定する信託に関する権利及び同法第9条の4第1項又は第2項に規定する信託の受託者が、これらの規定により遺贈により取得したものとみなされる信託に関する権利を除かれます。）も含まれますが、相続開始前7年以内（令和8年12月31日までに開始した相続にあっては3年以内、令和9年1月1日から令和12年12月31日までに開始した相続にあっては令和6年1月1日以降）に被相続人から贈与を受けた財産で、相続税法第19条の規定により相続税の課税価格に加算されるもの並びに相続時精算課税の適用を受ける財産で同法第21条の15第1項の規定により相続税の課税

価格に加算されるもの及び同法第21条の16第1項の規定により相続又は遺贈により取得したとみなされるものは含まれません（措通70－1－5）。

■ **相続税の申告書の提出期限後に退職手当金等の支給の確定があった場合**

相続税の申告書の提出期限後において、相続税法第3条第1項第2号の規定が適用される退職手当金等の支給の確定があった場合において、国税通則法第18条第2項に規定する期限後申告書又は同法第19条第3項に規定する修正申告書を提出する時までに当該退職手当金等が国等に対して贈与されたときには、当該退職手当金等について非課税の特例を適用することができることとされています（措通70－1－5なお書き）。

(2) 非課税の対象となる公益法人等

国等に対して相続財産を贈与した場合の非課税規定の対象となる贈与の相手方である公益法人等は次の法人です（措法70①、措令40の3）。

①	独立行政法人
②	国立大学法人及び大学共同利用機関法人
③	地方独立行政法人で地方独立行政法人法第21条第1号又は第3号から第6号までに掲げる業務（同条第3号に掲げる業務にあっては同号チに掲げる事業の経営に、同条第6号に掲げる業務にあっては地方独立行政法人法施行令第6条第1号又は第3号に掲げる施設の設置及び管理に、それぞれ限られます。）を主たる目的とするもの
④	公立大学法人
⑤	自動車安全運転センター、日本司法支援センター、日本私立学校振興・共済事業団及び日本赤十字社
⑥	公益社団法人及び公益財団法人
⑦	私立学校法第3条に規定する学校法人で学校（学校教育法第1条に規定する学校及び就学前の子どもに関する教育、保育等の総合的な提供の推進に関する法律第2条第7項に規定する幼保連携型認定こども園をいいます。）の設置若しくは学校及び専修学校（学校教育法第124条に規定する専修学校で財務省令で定めるものをいいます。（注））の設置を主たる目的とするもの又は私立学校法第64条第4項の規定により設立された法人で専修学校の設置を主たる目的とするもの （注）　財務省令で定める専修学校は、次のいずれかの課程による教育を行う専修学校です（措規23の3①）。 　　①　学校教育法第125条第1項に規定する高等課程でその修業期間（普通科、専攻科その他これらに準ずる区別された課程があり、一の課程に他の課程が継続する場合には、これらの課程の修業期間を通算した期間をいう。②において同じです。）を通ずる授業時間数が2,000時間以上であるもの 　　②　学校教育法第125条第1項に規定する専門課程でその修業期間を通ずる授業時間数が1,700時間以上であるもの
⑧	社会福祉法人
⑨	更生保護法人

(3) 非課税とする特例を適用するための手続き

相続財産を国等に贈与した場合の非課税規定の適用を受けるためには、相続税の申告書にこの非課税の特例を受ける旨を記載し、その贈与財産の明細書及び次の書類を添付しなければなりません（措法70⑤、措規23の3②）。

①	贈与先である国若しくは地方公共団体又は公益法人等の贈与を受けた旨、贈与を受けた年月日、贈与を受けた財産の明細及び当該法人の贈与を受けた財産の使用目的を記載した書類
②	贈与先が上記(2)の④又は⑧に掲げる法人である場合には、これらの法人に該当するものであることについて地方独立行政法人法第6条第3項に規定する団体又は私立学校法人法第4条に規定する所轄庁の証明した書類。

裁判例 租税特別措置法第70条第1項を適用するための所定の書類の添付義務

東京地裁平成25年2月22日判決（棄却）（控訴）

原告らは、本件相続に係る租税特別措置法70条1項に規定する申告書に本件各贈与に係る同条5項所定の書類のうち旧主務官庁の証明書及び所轄庁の証明書を添付しなかったものであり、また、同条1項の規定の適用に当たり、その関係法令において、同項に規定する申告書の提出期限を経過した後に同条5項所定の書類が追完された場合に同条1項の規定の適用を認める旨の規定は見当たらない。そうすると、本件相続に係る相続税の申告において、本件各贈与につき同項の規定を適用することはできないものというべきである（東京高判平成25年7月17日判決では控訴棄却）。

(4) 2年以内に公益事業の用に供されない場合

公益法人等に対する贈与について、次の事実に該当する場合には、公益法人等に贈与された財産は非課税財産とはなりません（措法70②）。

①	財産の贈与があった日後2年を経過する日までにその贈与先である公益法人等が上記(2)の公益法人等に該当しないこととなった場合
②	贈与により取得した財産を財産の贈与があった日後2年を経過した日において、なおその公益法人等の公益を目的とする事業の用に供していない場合

すでに非課税の規定を適用した相続税の申告がされ、又は更正若しくは決定がされた後に、①又は②に該当することとなった場合には、その相続人は修正申告書（これにより新たに納付すべき税額が生じることとなる場合は期限後申告書）をその贈与をした日から2年を経過した日の翌日から4か月以内に提出し、かつ、当該期間内にその申告に係る税額を納付しなければなりません（措法70⑥⑦）。修正申告書又は期限後申告書を提出しない場合には、それについて

更正若しくは再更正又は決定がされることとなります（措法70⑧）。

　これらの申告書を所定の期限内に提出した場合には、その申告書は期限内申告書と同じ効果が与えられ、附帯税についてはその申告書の提出期限を法定の期限として取り扱われます（措法70⑨）。

裁判例　「公益を目的とする事業の用に供していない場合」の意義

大阪高裁平成13年11月1日判決（原判決取消し、請求棄却）（確定）

　相続税法の課税原則、一定財産に対する非課税制度の趣旨・目的、租税特別措置法70条1項、2項の内容、構造等にかんがみると、同条2項にいう「公益を目的とする事業の用に供していない場合」とは、租税回避行為のほか、当該贈与の対象となった財産をその性格にしたがって当該事業の用に供するために実際に使用収益処分していない場合をいうものと解するのが正当である。

　S財団は平成6年11月16日に被控訴人らから本件寄付を受けたが、その後2年間を経過した日まで本件株式について配当を受けたことがないほか、これを使用収益処分したことがないものと認められる。したがって、租税特別措置法70条1項にいう公益を目的とする法人であるS財団は「当該贈与により取得した財産（本件株式）を同日においてなお公益を目的とする事業の用に供していない」と認められる。そうすると、同法70条2項の適用があり、同条1項の規定にかかわらず、本件株式の価額は、本件相続税の課税価格の計算の基礎に算入するべきである。

誤りやすい事例　相続等により取得した財産を公益法人等に贈与した場合の譲渡所得課税

　被相続人が昭和55年頃に取得し、駐車場として利用してきた土地を相続により取得しました。相続税の申告書の提出期限までに、この土地を被相続人がお世話になっていた社会福祉法人に贈与するつもりです。相続税の申告書に必要事項を記載するとともに社会福祉法人が発行した所定の書類を添付すれば税金の負担は生じないと考えていますが、いかがでしょうか。

解説

　譲渡所得の基因となる財産を法人に対して贈与又は時価の2分の1未満の対価の額で譲渡した場合には、その財産を時価に相当する金額で譲渡したものとみなされます。この金額がその財産の取得費と譲渡費用の合計額を超える場合には譲渡所得が生じますので、当該財産は相続税の非課税財産に該当するとしても、別途所得税が課されることとなります（所法59①）。

　なお、一定の公益法人等に対して譲渡所得の基因となる財産を贈与した場合において、

その贈与が教育又は科学の振興、文化の向上、社会福祉への貢献その他公益の増進に著しく寄与すること、当該贈与又は遺贈に係る財産が、当該贈与又は遺贈があった日から2年を経過する日までの期間内に、当該公益法人等の当該公益目的事業の用に直接供され、又は供される見込みであることその他の一定の要件を満たすものとして国税庁長官の承認を受けたときには、その贈与はなかったものとみなされます（措法40①）。

特定公益信託の信託財産とするために支出した相続財産に属する金銭（措法70③）

(1) 概要

相続又は遺贈により財産を取得した者が、その相続又は遺贈により取得した財産を、その相続の開始又は相続財産法人から財産分与があったことを知った日の翌日から10か月以内（その期間内に日本国内に住所及び居所を有しないこととなるときは、その住所及び居所を有しないこととなる日まで）に、特定公益信託のうち、その目的が教育又は科学の振興、文化の向上、社会福祉への貢献その他公益の増進に著しく寄与する特定公益信託の信託財産とするために支出した場合には、その支出をした者又はその親族その他これらの者と相続税法第64条第1項に規定する特別の関係がある者の相続税又は贈与税の負担が不当に減少する結果となると認められる場合を除き、その支出した金銭の額は、相続又は遺贈に係る相続税の課税価格の計算の基礎に算入されません（措法70③）。

なお、相続又は遺贈により取得した財産に属する金銭には、相続税法第3条第1項第1号又は第2号の規定により相続又は遺贈により取得したものとみなされた保険金又は退職手当金等として取得した金銭が含まれます（措通70－3－1）。

(2) 特定公益信託

特定公益信託とは、公益信託ニ関スル法律第1条に規定する公益信託のうち、受託者が信託会社（金融機関の信託業務の兼営等に関する法律により同法第1条第1項に規定する信託業務を営む同項に規定する金融機関を含みます。）であって、信託終了時における信託財産が委託者に帰属しないこと及びその信託事務の実施につき次の1の要件を満たすものであることについて主務大臣（2の②に掲げるものを目的とする公益信託を除き、公益信託ニ関スル法律第11条その他の法令の規定により主務官庁の権限に属する事務を行うこととされた都道府県知事その他の執行機関を含みます。）の証明がされたもののうち次の2を目的とするものをいいます（措法70③、措令40の4、措規23の4①）。

1	信託行為において次の事項が明らかにされていること	
	①	終了（信託の併合による終了を除きます。）の場合において、その信託財産が国若しくは地方公共団体に帰属し、又は当該公益信託が類似の目的のための公益信託として継続するものであること。
	②	合意による終了ができないものであること。
	③	受託者がその信託財産として受け入れる資産は、金銭に限られるものであること
	④	信託財産の運用は、次に掲げる方法に限られるものであること。 イ　預金又は貯金 ロ　国債、地方債、特別の法律により法人の発行する債券又は貸付信託法第2条第1項に規定する貸付信託の受益権の取得 ハ　所得税法第2条第1項第11号に規定する合同運用信託の信託
	⑤	信託管理人が指定されるものであること。
	⑥	受託者がその信託財産の処分を行う場合には、当該受託者は、当該公益信託の目的に関し学識経験を有する者の意見を聴かなければならないものであること。
	⑦	信託管理人及び前号に規定する学識経験を有する者に対してその信託財産から支払われる報酬の額は、その任務の遂行のために通常必要な費用の額を超えないものであること。
	⑧	受託者がその信託財産から受ける報酬の額は、当該公益信託の信託事務の処理に要する経費として通常必要な額を超えないものであること
2	その目的が次に掲げるものの1又は2以上のもので、その目的に関し相当と認められる業績が持続できることについて主務大臣の認定を受けたもので、かつ、その認定を受けた日の翌日から5年を経過していないこと（措令40の4③）	
	①	科学技術（自然科学に係るものに限られます。）に関する試験研究を行う者に対する助成金の支給
	②	人文科学の諸領域について、優れた研究を行う者に対する助成金の支給
	③	学校教育法第1条に規定する学校における教育に対する助成
	④	学生又は生徒に対する学資の支給又は貸与
	⑤	芸術の普及向上に関する業務（助成金の支給に限られます。）を行うこと。
	⑥	文化財保護法第2条第1項に規定する文化財の保存及び活用に関する業務（助成金の支給に限られます。）を行うこと
	⑦	開発途上にある海外の地域に対する経済協力（技術協力が含まれます。）に資する資金の贈与
	⑧	自然環境の保全のため野生動植物の保護繁殖に関する業務を行うことを主たる目的とする法人で当該業務に関し国又は地方公共団体の委託を受けているもの（これに準ずるものとして財務省令で定めるものが含まれます。）に対する助成金の支給

	⑨	すぐれた自然環境の保全のためその自然環境の保存及び活用に関する業務（助成金の支給に限られます。）を行うこと
	⑩	国土の緑化事業の推進（助成金の支給に限られます。）
	⑪	社会福祉を目的とする事業に対する助成
	⑫	就学前の子どもに関する教育、保育等の総合的な提供の推進に関する法律第2条第7項に規定する幼保連携型認定こども園における教育及び保育に対する助成

(3) 非課税とする特例を適用するための手続き

　特定公益信託の信託財産とするために相続財産に属する金銭を支出した場合の非課税規定（措法70③）を適用するためには、この規定の適用を受けようとする者が、相続税の申告書に、この規定の適用を受けようとする旨を記載し、かつ、支出した財産の明細書及び次の書類を添付しなければなりません（措法70⑤、措規23の4③）。

①	受託者のその受領をした金銭が特定公益信託の信託財産とするためのものである旨、当該金銭の額及び受領した年月日を証する書類
②	上記(2)の特定公益信託の表中の2の主務大臣の認定に係る書類（認定をした年月日の記載があるものに限ります。）

（注）　特定公益信託に係る主務大臣の証明及び認定の手続きは、告示（租税特別措置法施行令第40条の4第2項及び第3項（現第4項）に規定する主務大臣の証明及び認定に関する手続きを定める件（昭和63年12月30日総理府外12省合同告示第3号））で定められており、受託者である信託会社が一定の様式に公益信託に係る信託行為等を添付して申請をし、かつ、証明及び認定を受けることとされています。

(4) 2年以内に特定公益信託に該当しなくなった場合

　上記の金銭を受け入れた特定公益信託が、その受入れの日から2年を経過した日までに、この非課税の制度の対象となる特定公益信託に該当しなくなった場合には、相続財産に属する金銭を支出した相続人等は非課税の規定の適用を受けることができません（措法70④）。

　この場合には、当該金銭の支出の日から2年を経過した日の翌日から4か月以内に修正申告等を行い、かつ、その修正申告書等の提出により納付すべき税額を納付しなければなりません（措法70⑥⑦）。修正申告書又は期限後申告書を提出しない場合には、それについて更正若しくは再更正又は決定がされることとなります（措法70⑧）。

　これらの申告書を所定の期限内に提出した場合には、その申告書は期限内申告書と同じ効果が与えられ、附帯税についてはその申告書の提出期限を法定の期限として取り扱われます（措法70⑨）。

　第213回国会において、公益信託ニ関スル法律（大正11年法律第62号）（旧公益信託法）が全文改正され、その題名が「公益信託に関する法律（令和6年法律第30号）」（以下「新公益信託法」といいます。）に改められました。これに伴い特定公益信託の信託財産とするために支出した相続財産

に属する金銭の非課税規定についても令和6年度税制改正において改正がされました。この改正は、新公益信託法の施行日以後に支出をする財産について適用されることとされています（改正法附則54①）。新公益信託法の施行日は、公布の日から2年を超えない範囲内で政令で定める日とされています（新公益信託法附則1）。以下、改正後の非課税制度について説明します。

(5) 改正後の概要

相続又は遺贈により財産を取得した者が、その相続又は遺贈により取得した財産を、その相続の開始又は特別縁故者が相続財産法人から財産分与があったこと若しくは特別寄与者が特別寄与料の額が確定したことを知った日の翌日から10か月以内（その期間内に日本国内に住所及び居所を有しないこととなるときは、その住所及び居所を有しないこととなる日まで）に、公益信託に関する法律第2条第1項第1号に規定する公益信託の信託財産とするために支出した場合には、その支出によりその支出をした者又はその親族その他これらの者と相続税法第64条第1項に規定する特別の関係がある者の相続税又は贈与税の負担が不当に減少する結果となると認められる場合を除き、その支出した金銭の額は、相続又は遺贈に係る相続税の課税価格の計算の基礎に算入されません（改正後の措法70③）。

なお、相続又は遺贈により取得した財産に属する金銭には、相続税法第3条第1項第1号又は第2号の規定により相続又は遺贈により取得したものとみなされた保険金又は退職手当金等として取得した金銭が含まれます（措通70-3-1）。

(6) 公益信託

公益信託とは、公益信託法の定めるところによりする受益者の定めのない信託であって、公益事務を行うことのみを目的とするものをいいます（公益信託法2①一）。この「公益事務」とは、学術の振興、福祉の向上その他の不特定かつ多数の者の利益の増進を目的とする一定の事務をいいます（公益信託法2①二）。

公益信託は、信託法第3条第1号又は第2号に掲げる方法（信託契約を締結する方法又は信託遺言をする方法）によってしなければならないものとされています（公益信託法4①）。公益信託の信託行為においては、公益事務を行うことのみを目的とする旨のほか、公益信託の名称、信託管理人となるべき者を指定する定め、帰属権利者となるべき者を指定する定め等の事項を定めなければならないこととされており（公益信託法4②）、また、公益信託においては、受益者の定めを設けることはできません（公益信託法4③）。

■ 公益事務

公益事務とは、学術の振興、福祉の向上その他の不特定かつ多数の者の利益の増進を目的とする事務として公益信託に関する法律別表に掲げる次の事務をいいます。

①	学術及び科学技術の振興を目的とする事務
②	文化及び芸術の振興を目的とする事務

③	障害者若しくは生活困窮者又は事故、災害若しくは犯罪による被害者の支援を目的とする事務
④	高齢者の福祉の増進を目的とする事務
⑤	勤労意欲のある者に対する就労の支援を目的とする事務
⑥	公衆衛生の向上を目的とする事務
⑦	児童又は青少年の健全な育成を目的とする事務
⑧	勤労者の福祉の向上を目的とする事務
⑨	教育、スポーツ等を通じて国民の心身の健全な発達に寄与し、又は豊かな人間性を涵養することを目的とする事務
⑩	犯罪の防止又は治安の維持を目的とする事務
⑪	事故又は災害の防止を目的とする事務
⑫	人種、性別その他の事由による不当な差別又は偏見の防止及び根絶を目的とする事務
⑬	思想及び良心の自由、信教の自由又は表現の自由の尊重又は擁護を目的とする事務
⑭	男女共同参画社会の形成その他のより良い社会の形成の推進を目的とする事務
⑮	国際相互理解の促進及び開発途上にある海外の地域に対する経済協力を目的とする事務
⑯	地球環境の保全又は自然環境の保護及び整備を目的とする事務
⑰	国土の利用、整備又は保全を目的とする事務
⑱	国政の健全な運営の確保に資することを目的とする事務
⑲	地域社会の健全な発展を目的とする事務
⑳	公正かつ自由な経済活動の機会の確保及び促進並びにその活性化による国民生活の安定向上を目的とする事務
㉑	国民生活に不可欠な物資、エネルギー等の安定供給の確保を目的とする事務
㉒	一般消費者の利益の擁護又は増進を目的とする事務
㉓	上記㉒までに掲げるもののほか、公益に関する事務として政令で定めるもの

■ 公益信託の効力及び認可

　公益信託は、内閣総理大臣又はその区域を管轄する都道府県知事の認可（以下「公益信託認可」といいます。）を受けなければ、その効力を生じません（公益信託法6）。公益信託の受託者となろうとする者は、公益信託認可を申請しなければならないこととされ、この申請は、一定の事項を記載した申請書を内閣総理大臣又はその区域を管轄する都道府県知事に提出してしなければならないこととされています（公益信託法7①②）。

　内閣総理大臣又はその区域を管轄する都道府県知事は、公益信託認可の申請に係る公益信託

が一定の基準（以下「公益信託認可の基準」といいます。）に適合すると認めるときは、公益信託認可をするものとされています（公益信託法8）。

公益信託認可の基準として、主に次のような基準が設けられています（公益信託法8）。

①	公益事務を行うことのみを目的とするものであること。
②	その受託者が公益信託に係る信託事務（以下「公益信託事務」といいます。）を適正に処理するのに必要な経理的基礎及び技術的能力を有するものであること。
③	その信託管理人が受託者による公益信託事務の適正な処理のため必要な監督をするのに必要な能力を有するものであること。
④	受託者がその公益信託事務を処理するに当たり、委託者、受託者等の公益信託の関係者に対し信託財産を用いて特別の利益を与えるものでないこと。
⑤	受託者がその公益信託事務を処理するに当たり、一定の場合を除き、株式会社や特定の個人等に対し、信託財産を用いて寄附その他の特別の利益を与える行為を行わないものであること。
⑥	その処理する公益信託事務について、その収入をその実施に要する適正な費用に充てることにより、収支均衡が図られると見込まれるものであること。
⑦	その公益信託事務を処理するに当たり、使途不特定財産額が一定額を超えないと見込まれるものであること。
⑧	一定の場合を除き、その信託財産に他の団体の意思決定に関与できる株式等が属しないものであること。
⑨	次に掲げる法人等を帰属権利者とする旨を信託行為に定めているものであること。 イ　その公益信託の目的とする公益事務（ロにおいて「対象公益事務」といいます。）と類似の公益事務をその目的とする他の公益信託の受託者 ロ　対象公益事務と類似の公益目的事業をその目的とする公益法人等の一定の法人 ハ　国又は地方公共団体

（「令和6年版改正税法のすべて」（大蔵財務協会）96頁より）

(7) 非課税とする特例を適用するための手続き

公益信託の信託財産とするために相続財産の全部又は一部を支出した場合の非課税規定（措法70③）を適用するためには、この規定の適用を受けようとする者が、相続税の申告書に、この規定の適用を受けようとする旨を記載し、かつ、支出した財産の明細書等を添付しなければなりません（措法70⑤）。

(8) 2年以内に公益信託に該当しなくなった場合

相続財産を受け入れた公益信託がその受入れの日から2年を経過した日までに終了（信託の併合による終了を除きます。）をした場合又は公益信託の受託者が受け入れた相続財産を同日までに公益信託事務の用に供しない場合若しくは供しなくなった場合には、当該相続財産の価

額は、相続又は遺贈に係る相続税の課税価格の計算の基礎に算入されることとなります（改正後の措法70④）。

この場合には、当該金銭の支出の日から2年を経過した日の翌日から4か月以内に修正申告等を行い、かつ、その修正申告書等の提出により納付すべき税額を納付しなければなりません（措法70⑥⑦）。修正申告書又は期限後申告書を提出しない場合には、それについて更正若しくは再更正又は決定がされることとなります（措法70⑧）。

これらの申告書を所定の期限内に提出した場合には、その申告書は期限内申告書と同じ効果が与えられ、附帯税についてはその申告書の提出期限を法定の期限として取り扱われます（措法70⑨）。

(9) 経過措置

相続又は遺贈により財産を取得した者が当該財産に属する金銭を改正前租税特別措置法第70条第3項に規定する特定公益信託（移行認可（公益信託に関する法律附則第4条第1項に移行認可をいいます。）を受けたものを除きます。）の信託財産とするために支出した場合については、改正前租税特別措置法第70条第3項及び第4項の規定は、なお効力を有するものとされます（令和6年改正法附則54②）。

なお、効力を有するものとされる改正前租税特別措置法第70条第3項の規定の適用を受けた金銭を受け入れた特定公益信託が移行認可を受けた場合には、その移行認可の日以後は当該金銭を改正後租税特別措置法第70条第3項の規定の適用を受けた財産とみなして改正後租税特別措置法第70条第4項の規定が適用されます（令和6年改正法附則54③）。

10 特定非営利活動法人に対してその法人が行う特定非営利活動に係る事業に関連して贈与された財産

(1) 概要

相続又は遺贈により財産を取得した者が、その相続又は遺贈により取得した財産を、その相続の開始又は特別縁故者が相続財産法人から財産分与があったこと若しくは特別寄与者が特別寄与料の額が確定したことを知った日の翌日から10か月以内（その期間内に日本国内に住所及び居所を有しないこととなるときは、その住所及び居所を有しないこととなる日まで）に、認定特定非営利活動法人に対して、その認定特定非営利活動法人の行う特定非営利活動に係る事業に関連する贈与した場合には、その贈与をした財産の価額は相続税の課税価格の計算の基礎に算入されません（措法70⑩）。

ただし、その贈与により贈与者又はその親族その他これらの者と相続税法第64条第1項に規定する特別の関係がある者の相続税又は贈与税の負担が不当に減少する結果となると認められる場合には、その贈与された財産は非課税財産とはなりません（措法70⑪）。

なお、相続又は遺贈により取得した財産には、生命保険金、退職手当金等などの相続税法第3条、第7条から第9条、同法第1章第3節（信託に関する特例）の規定により相続又は遺贈により取得したものとみなされた財産（同法第9条の2第6項ただし書きに規定する信託に関する権利及び同法第9条の4第1項又は第2項に規定する信託の受託者が、これらの規定により遺贈により取得したものとみなされる信託に関する権利を除かれます。）も含まれますが、相続開始前7年以内（令和8年12月31日までに開始した相続にあっては3年以内、令和9年1月1日から令和12年12月31日までに開始した相続にあっては令和6年1月1日以降）に被相続人から贈与を受けた財産で相続税法第19条の規定により相続税の課税価格に加算されるもの並びに相続時精算課税の適用を受ける財産で同法第21条の15第1項の規定により相続税の課税価格に加算されるもの及び同法第21条の16第1項の規定により相続又は遺贈により取得したものとみなされるものは含まれません（措通70−1−5）。

■ 相続税の申告書の提出期限後に退職手当金等の支給の確定があった場合

相続税の申告書の提出期限後において、相続税法第3条第1項第2号の規定が適用される退職手当金等の支給の確定があった場合において、国税通則法第18条第2項に規定する期限後申告書又は同法第19条第3項に規定する修正申告書を提出する時までに当該退職手当金等が国等に対して贈与されたときには、当該退職手当金等について非課税の特例を適用することができることとされています（措通70−1−5なお書き）。

(2) 非課税の対象となる認定特定非営利活動法人

相続財産が特定非営利活動法人対して贈与された場合の非課税の規定の対象となる認定特定非営利活動法人は、その運営組織及び事業活動が適正であって公益の増進に資するものとして特定非営利活動促進法第44条第1項の認定を受けた特定非営利活動法人（特定非営利活動促進法2③）をいいます（措法70⑩）。

(3) 非課税とする特例を適用するための手続き

相続財産を等に認定特定非営利活動法人に贈与した場合の非課税規定の適用を受けるためには、相続税の申告書に、非課税の特例を受ける旨を記載し、その贈与財産の明細書並び認定特定非営利活動法人の贈与を受けた旨、その贈与を受けた年月日及び財産の明細並びに当該認定特定非営利活動法人の当該財産の使用目的を記載した書類を添付しなければなりません（措法70⑤⑩、措規23の5）。

(4) 2年以内に公益事業の用に供されない場合

認定特定非営利活動法人に対する贈与について、次の事実に該当する場合には、当該認定特定非営利活動法人に贈与された財産は非課税財産とはなりません（措法70②⑩）。

①	財産の贈与があった日後2年を経過する日までにその贈与先である認定特定非営利活動法人が認定特定非営利活動法人に該当しないこととなった場合
②	贈与により取得した財産を財産の贈与があった日後2年を経過した日において、なお特定非営利活動に係る事業の用に供していない場合

　すでに非課税の規定を適用した相続税の申告がされ、又は更正若しくは決定がされた後に、①又は②に該当することとなった場合には、その相続人は修正申告書（これにより新たに納付すべき税額が生じることとなる場合は期限後申告書）をその贈与をした日から2年を経過した日の翌日から4か月以内に提出し、かつ、当該期間内にその申告に係る税額を納付しなければなりません（措法70⑥⑦⑩）。修正申告書又は期限後申告書を提出しない場合には、それについて更正若しくは再更正又は決定がされることとなります（措法70⑧）。

　これらの申告書を所定の期限内に提出した場合には、その申告書は期限内申告書と同じ効果が与えられ、附帯税についてはその申告書の提出期限を法定の期限として取り扱われます（措法70⑨⑩）。

第4章 相続税の課税価格

　相続税の計算に当たっては、まず、相続又は遺贈により財産を取得した者ごとに相続税の課税価格を求めます。各人ごとの相続税の課税価格を求めた後、同一の被相続人から財産を取得したすべての者の相続税の課税価格の合計額から相続税の基礎控除額を控除した額を基に相続税の総額を計算し、この相続税の総額を相続又は遺贈により財産を取得した各相続人又は受遺者に配分することにより、各相続人及び各受遺者の相続税額を算出します（相法11）。

　各相続人又は各受遺者の相続税の課税価格は、次の順序により求めます。

手順	計算過程
1	相続又は遺贈により取得した財産（相続又は遺贈により取得したものとみなされる財産を含み、非課税財産を除きます。）を確認し、その価額を評価します。
2	相続又は遺贈により取得した財産の価額の合計額を求めます。
3	相続時精算課税の適用に係る贈与財産の価額を加算します。 （注）詳細については第2節を参照してください。
4	被相続人の債務及び被相続人の葬式費用のうちその者が負担する部分の金額を控除します。
5	被相続人の相続開始前7年以内（令和8年12月31日までに開始した相続にあっては3年以内、令和9年1月1日から令和12年12月31日までに開始した相続にあっては令和6年1月1日以降）に被相続人から贈与により取得した財産の価額を加算します。

◆相続税の課税価格の計算過程◆

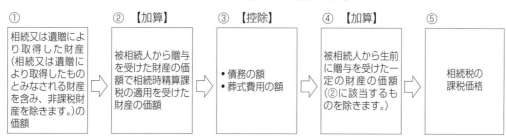

第1節 相続又は遺贈により取得した財産の価額

　相続税の課税価格を求めるためには、相続税の納税義務者の区分に応じ、各相続人（受遺者）が相続又は遺贈により取得した財産（第3章第1節）及び相続又は遺贈により取得したものとみなされる財産（第3章第2節）のすべてを確実に把握し、その価額を評価します。この場合、相続税の非課税財産（第3章第3節）の価額は相続税の課税価格の計算には含めません。

　それぞれの財産の価額は、相続税法に規定されたものを除き、相続開始の時の時価により評価します（相法22）（第Ⅳ部）。

　なお、事業用又は居住用の小規模宅地等など相続税の課税価格の計算の特例（第5章第1節）が適用される財産については、各特例を適用した後の価額を基に課税価格を計算します。

 相続税の納税義務者と課税の範囲

　相続税の納税義務者が次のいずれの区分に該当するのかにより、相続税の課税される財産の範囲が異なります。

納税義務者の区分	相続税の課税価格
無制限納税義務者 　居住無制限納税義務者 　非居住無制限納税義務者	相続又は遺贈により取得した財産（相続又は遺贈により取得したものとみなされる財産を含み、非課税財産を除きます。）の価額の合計額
制限納税義務者 　居住制限納税義務者 　非居住制限納税義務者	相続又は遺贈により取得した財産（相続又は遺贈により取得したものとみなされる財産を含み、非課税財産を除きます。）のうち日本国内に所在するものの合計額 （注）財産の所在については、第2章第3節参照。

　納税義務者の区分については、第2章第1節を参照してください。

　納税義務者がいずれの区分に該当するのかにより債務控除の範囲（相法13）、未成年者控除（相法19の3）、障害者控除（相法19の4）及び外国税額控除（相法20の2）の適用などについても差異があります。詳しくは、それぞれの項を参照してください。

 遺産が未分割の場合

　相続税の課税価格は、相続又は遺贈によって財産を取得した者ごとに、その取得した財産（相続又は遺贈により取得したものとみなされる財産を含み、非課税財産を除きます。）の価額の合計額をいいますが、相続税の申告書を提出する場合又は相続税の更正若しくは決定が行われる場合において、共同相続人又は包括受遺者によって財産の全部又は一部が分割されていないときには、その分割されていない財産については各共同相続人又は包括受遺者が民法（第904条の2を除きます。）の規定による相続分又は包括遺贈の割合に従ってその財産を取得した

ものとして各相続人又は包括受遺者の課税価格を計算します（相法55、相基通11の2－2）。

なお、分割されていない財産については、配偶者の税額軽減の規定（相法19の2①）、小規模宅地等についての課税価格の計算の特例の規定（措法69の4①）及び特定計画山林についての課税価格の計算の特例（措法69の5①）を適用することはできません。また、分割されていない財産については、農地等についての相続税の納税猶予（措法70の6⑤）、山林についての相続税の納税猶予（措法70の6の6⑧）、特定の美術品についての相続税の納税猶予（措法70の6の7⑦）、個人の事業用資産についての相続税の納税猶予（措法70の6の10⑦）、非上場株式等についての相続税の納税猶予（措法70の7の2⑦）、非上場株式等についての相続税の納税猶予の特例（措法70の7の6⑤）を適用することはできません。

■ 未分割財産について分割が行われた場合

　分割のされていない財産について、各共同相続人又は包括受遺者が民法（第904条の2を除きます。）の規定による相続分又は包括遺贈の割合に従ってその財産を取得したものとしてその課税価格の計算をした申告書を提出し、又は更正若しくは決定が行われた場合において、その後、未分割であった財産の分割が行われ、当該共同相続人又は包括受遺者が当該分割により取得した財産を基に計算した課税価格が当該相続分又は包括遺贈の割合に従って計算された課税価格と異なることとなったときには、当該分割により取得した財産を基に計算した課税価格を基礎として、各納税義務者は申告書を提出し、若しくは相続税法第32条第1項に規定する更正の請求をし、又は税務署長において更正若しくは決定をすることができます（相法55ただし書き）。

裁決例　相続財産の一部が未分割である場合の課税価格の計算

平成20年5月29日裁決（一部取消し）

　請求人は、未分割財産については、共同相続人各々に法定相続分の割合で単純に配分する方法（積上方式）により、課税価格に算入する額を計算すべきである旨主張する。ところで、相続税法第55条第1項本文によれば、相続により取得した財産の全部又は一部が共同相続人によってまだ分割されていないときは、その未分割財産については、各共同相続人が民法の規定による相続分の割合に従って財産を取得したものとして相続税の課税価格を計算することとされている。この「民法の規定による相続分」とは、民法第900条から第903条までに規定する相続分をいうこととされているから、共同相続人の中に被相続人から贈与を受けた者がいる場合には、民法の規定により、当該贈与財産額の相続財産への持戻計算を行うこととなる。また、「相続分の割合」とは、共同相続人が他の共同相続人に対してその権利を主張することができる持分的な権利の割合をいうものと解するのが相当であり、相続財産の一部が分割され、残余が未分割である場合には、各共同相続人は、他の共同相続人に対し、相続財産全体に対する自己の相続分に応じた価格相当分から、既に分割を受けた相続財産の価格を控除した価格相当分についてその権利を主張することができるものと解されている。したがって、相続税

の課税価格の計算に当たっては、被相続人から贈与を受けた財産の価額については相続財産への持戻計算を行い、また、相続財産の一部が分割され、残余が未分割である場合には、穴埋方式により計算するのが相当であると認められる。

3 代償分割が行われた場合

「代償分割」とは、共同相続人又は包括受遺者のうち1人又は数人が相続又は包括遺贈により取得した財産の現物を取得し、その現物を取得した者が他の共同相続人又は包括受遺者に対して債務（この債務を「代償債務」といいます。）を負担する分割の方法をいいます。

このような代償分割の方法により相続財産の全部又は一部の分割が行われた場合において代償債務の弁済として交付の対象とされた財産（この財産を「代償財産」といいます。）の取得者及び代償財産の交付をした者のそれぞれの相続税の課税価格の計算は、次のとおりとなります（相基通11の2-9）。

代償財産の交付を受けた者	相続又は遺贈により取得した現物の財産の価額と交付を受けた代償財産の価額との合計額
代償財産の交付をした者	相続又は遺贈により取得した現物の財産の価額から交付をした代償財産の価額を控除した金額

上記の表中の「代償財産の価額」は、代償分割の対象となった財産を現物で取得した者が他の共同相続人又は包括受遺者に対して負担した債務（代償債務）の額の相続開始の時における金額となります（相基通11の2-10本文）。

ただし、次のいずれかに掲げる場合に該当するときは、当該代償財産の価額はそれぞれ次によります（相基通11の2-10ただし書き）。

①	共同相続人及び包括受遺者の全員の協議に基づいて代償財産の額を②に掲げる算式に準じて又は合理的と認められる方法によって計算して申告があった場合	当該申告があった金額
②	①以外の場合で、代償債務の額が、代償分割の対象となった財産が特定され、かつ、当該財産の代償分割の時における通常の取引価額を基として決定されているとき	$A \times \dfrac{C}{B}$ （注）算式中の符号は、次のとおりです。 「A」＝代償債務の額 「B」＝代償債務の額の決定の基となった代償分割の対象となった財産の代償分割の時における価額 「C」＝代償分割の対象となった財産の相続開始の時における価額（財産評価基本通達の定めにより評価した価額をいいます。）

この取扱いは、相続税の課税価格の計算は、相続開始の時における財産の時価（実務上は、財産評価基本通達等に従って求められたいわゆる相続税評価額）により行うこととされているところ、相続開始後、代償分割が行われるまでの間に代償分割の対象となった財産の価額に増減が生じ得ること、あるいは、その相続税評価額と代償金の額の計算の基とした価額（通常の取引価格を基にしていることが多いと思います。）に開差があることから、実際に支払うこととなった代償金の額により相続税の課税価格の計算をすることは、当事者間の公平を欠く結果となることがあり得るため、その調整を図るために設けられたものです。

【設例】代償財産の価額の調整計算

- 代償債務の額：1億円
- 代償分割の対象となった土地の価額（相続税評価）：1億6,000万円
- 代償分割の対象となった土地の代償分割の時における価額：2億円

〈回答〉
　相続税の課税価格を計算する場合の代償財産の価額は、次のとおりです。

代償財産の価額 ＝ 1億円 × $\dfrac{1億6,000万円}{2億円}$ ＝ 8,000万円

遺留分侵害額請求が行われた場合

　遺留分侵害額請求が行われた場合において、①遺留分侵害額の請求を行った相続人については、遺留分侵害額の請求に基づき支払いを受けるべき金額を相続税の課税価格に加算し、②遺留分侵害額の請求を受けた受遺者については、遺留分侵害額の請求に基づき支払うべき金額を相続税の課税価格の計算上控除することとなります。
　なお、相続税の課税価格の計算は、相続開始の時における財産の時価（実務上は、財産評価基本通達等に従って求められたいわゆる相続税評価額）により行うこととされているところ、相続開始後、遺留分侵害額が確定するまでの間に遺贈等の対象となった財産の価額に増減が生じ得ること、あるいは、その相続税評価額と当事者が遺留分侵害額額の計算の基とした価額（通常の取引価格を基にしていることが多いと思われます。）に開差があることから、実際に支払うこととなった金額により相続税の課税価格の計算をすることは、当事者間の公平性を欠く結果となることがあり得ます。このような場合には、代償分割が行われた場合の調整計算に準じた計算を行うことが相当と考えられます。

> **裁決例** 遺留分減殺請求に対して価額弁償金が支払われた場合の相続税の課税価格の計算
>
> 平成25年8月29日裁決（一部取消し）
>
> 　遺留分減殺請求訴訟において、受贈者又は受遺者が遺留分権利者に対し事実審口頭弁論終結前に裁判所が定めた価額により民法第1041条《遺留分権利者に対する価額による弁償》の規定による遺留分の価額の弁償をなすべき旨の意思表示をした場合、相続税法基本通達11の2－10(2)を準用する際に用いる上記②の「価額弁償の時」とは、「事実審口頭弁論終結の時」と解されるところ、本件確定判決において、本件分割対象不動産の価額につき、「この価額は、請求人提出の相続開始日を価格時点とする不動産鑑定評価書等における価額であり、現時点で、同価額と異なる証拠はないことから、同証拠により価額を認定する」旨判示されていることからすると、本件確定判決において認定された「現時点」の価額は、本件訴訟の控訴審の口頭弁論終結の時を基準日とする価額であると認められ、また、その価額は、その基準日における通常の取引価額であると認められる。そうすると、本件確定判決は、価額弁償の対象となった財産の価額弁償の時における通常の取引価額を基に価額弁償金の金額を決定しているということができるから、相続税法基本通達11の2－10(2)の定めを適用することが相当である。

⑤ 負担付遺贈があった場合

　負担付遺贈により財産を取得した場合、その負担付遺贈により取得した財産の価額は、負担がないものとした場合における当該財産の価額から当該負担額（当該遺贈のあった時において確実と認められる金額に限られます。）を控除した後の価額によることとなります（相基通11の2－7）。

⑥ 不確実事由がある場合

　相続税の申告書を提出する時、又は課税価格及び相続税額を更正し、若しくは決定する時において、まだ次表に掲げる事由が未確定の場合には、その事由がないものとした場合における各相続人の相続分を基礎として課税価格を計算します（相基通11の2－4）。

①	民法第787条《認知の訴え》又は第892条から第894条まで（推定相続人の廃除等）の規定による認知、相続人の廃除又はその取消しに関する裁判の確定、同法第884条《相続回復請求権》に規定する相続の回復、同法第919条《相続の承認及び放棄の撤回及び取消し》第2項の規定による相続の放棄の取消しその他の事由による相続人の異動
②	遺留分侵害額の請求に基づく支払うべき金銭の額
③	相続若しくは遺贈又は贈与により取得した財産についての権利の帰属に関する訴え

④ 民法第910条《相続の開始後に認知された者の価額の支払請求権》の規定による請求があったことによる弁済すべき額

■ 停止条件付遺贈があった場合の課税価格の計算

　停止条件付の遺贈があった場合において条件が成就する前に相続税の申告書を提出するとき又は更正若しくは決定がされるときは、その遺贈の目的となった財産については、相続人が民法第900条《法定相続分》から第902条《遺言による相続分の指定》まで及び第903条《特別受益者の相続分》の規定による相続分によって当該財産を取得したものとしてその課税価格を計算します（相基通11の2－8）。

　ただし、その財産が分割され、その分割が上記の相続分の割合に従ってされなかった場合において当該分割結果を基礎として申告があった場合においては、その申告が認められます（相基通11の2－8ただし書き）。

■ 胎児がある場合

　相続人のうちに民法第886条《相続に関する胎児の権利能力》の規定により既に生まれたものとみなされる胎児がある場合で、相続税の申告書提出の時（更正又は決定をする時を含みます。）においてまだその胎児が生まれていないときは、その胎児がいないものとした場合における各相続人の相続分によって課税価格を計算します（相基通11の2－3）。

第2節 相続時精算課税適用者の課税価格の計算

相続又は遺贈により財産を取得した場合

　特定贈与者から相続又は遺贈により財産を取得した相続時精算課税適用者については、当該特定贈与者からの贈与により取得した財産で相続税法第21条の9第3項の規定の適用を受けるもの（同法第21条の2第1項から第3項まで、第21条の3、第21条の4及び第21条の10の規定により当該取得の日の属する年分の贈与税の課税価格計算の基礎に算入されるものに限られます。）の価額から同法第21条の11の2第1項（租税特別措置法第70条の3の2第1項の規定による読み替え後のもの）の規定による控除をした残額を相続税の課税価格に加算した価額をもって、相続税の課税価格とされます（相法21の15①）。

　（注）　令和6年分以降の贈与については、相続時精算課税適用者がその年中において特定贈与者からの贈与により取得した財産に係る贈与税の課税価格から基礎控除額110万円を控除した後の贈与税の課税価格（相続時精算課税に係る特別控除額を適用する場合には、その特別控除額を控除した後の金額）に対して、相続時精算課税に係る贈与税の税率（100分の20）を乗じて贈与税の額を算出することとされました（令和5年法律第3号による改正後の相法21の11の2、同改正後の措法70の3の2）。この改正に伴い相続時精算課税適用者が特定贈与者である被相続人から相続又は遺贈により取得したものとみなされる金額は、贈与により取得した財産の価額から基礎控除額を控除した残額とされることとなりました（同改正後の相法21の16①）。

相続税法第21条の15第1項の規定による相続税の課税価格への加算の対象となる財産は、被相続人である特定贈与者からの贈与により取得した財産（相続時精算課税選択届出書の提出に係る財産の贈与を受けた年以後の年に贈与により取得した財産に限られ、相続時精算課税選択届出書の提出に係る年の中途において特定贈与者の推定相続人となったときには、推定相続人となった時前に当該特定贈与者からの贈与により取得した財産を除かれます。）のうち、同法第21条の3、第21条の4、措置法第70条の2第1項、第70条の2の2第1項、第70条の2の3第1項及び東日本大震災の被災者等に係る国税関係法律の臨時特例に関する法律第38条の2第1項の規定の適用により贈与税の課税価格の計算の基礎に算入されないもの以外の贈与税の課税価格計算の基礎に算入されるすべてのものであり、贈与税が課されているかどうかを問いません（相基通21の15−1）。

　なお、この場合、相続税法第21条の12第1項に規定する相続時精算課税に係る贈与税の特別控除の金額に相当する金額及び所得税法等の一部を改正する法律（平成22年法律第6号）により廃止された租税特別措置法第70条の3の2第2項に規定する住宅資金特別控除額に相当する金額についても相続税法第21条の15第1項の規定により相続税の課税価格に加算されることとなります（相基通21の15−1（注））。

❷ 相続又は遺贈により財産を取得しなかった場合

　特定贈与者から相続又は遺贈により財産を取得しなかった相続時精算課税適用者については、当該特定贈与者からの贈与により取得した財産で相続税法第21条の9第3項の規定の適用を受けるものを当該特定贈与者から相続（当該相続時精算課税適用者が当該特定贈与者の相続人以外の者である場合には、遺贈）により取得したものとみなして、相続税額の計算をします（相法21の16①）。

　(注)　令和6年分以降の贈与については、相続時精算課税適用者がその年中において特定贈与者からの贈与により取得した財産に係る贈与税の課税価格から基礎控除額110万円を控除した後の贈与税の課税価格（相続時精算課税に係る特別控除額を適用する場合には、その特別控除額を控除した後の金額）に対して、相続時精算課税に係る贈与税の税率（100分の20）を乗じて贈与税の額を算出することとされました（令和5年法律第3号による改正後の相法21の11の2、同改正後の措法70の3の2）。この改正に伴い相続税の課税価格に加算される価額は、基礎控除額を控除した残額とされることとなりました（同改正後の相法21の15①）。

❸ 相続時精算課税に係る土地及び建物の価額の特例

(1) 特例の概要

　相続時精算課税適用者が特定贈与者から贈与により取得した土地又は建物が、その贈与を受けた日から特定贈与者の死亡に係る相続税の申告書の提出期限までの間に災害により相当の被

害を受けた場合、相続時精算課税適用者（相続税法第21条の17又は第21条の18の規定により相続時精算課税適用者に係る権利又は義務を承継した相続人及び包括受遺者を含みます。）が贈与税の納税地の所轄税務署長の承認を受けたときは、特定贈与者の死亡に係る相続税の課税価格に加算又は算入される金額は、その土地又は建物の贈与の時における価額からその災害により被害を受けた部分に対応するものとして計算した金額（被災価額）を控除した残額となります（措法70の3の3①）。この場合の「災害」とは、震災、風水害、冷害、雪害、干害、落雷、噴火その他の自然現象の異変による災害及び火災、鉱害、火薬類の爆発その他の人為による異常な災害並びに害虫、害獣その他の生物による異常な災害をいいます（措法70の3の3①、措令40の5の3①）。

ただし、当該土地又は建物について、災害被害者に対する租税の減免、徴収猶予等に関する法律の規定の適用を受けようとする場合又は受けた場合には、この特例を適用することはできません（措法70の3の3①）。

(2) 被災価額

被災価額とは、この特例に係る土地又は建物が災害により被害を受けた部分の価額から、保険金、損害賠償金その他これらに類するものにより補填される金額を控除した残額をいいます（措令40の5の3②二）。なお、相当の被害に該当するかどうかの判定において、被災価額は、土地にあっては贈与の時における価額が限度とされ、建物にあってはその建物の想定価額が限度とされます（措令40の5の3④）。

(3) 相当の被害

この特例を適用することができるのは、相続時精算課税適用者が特定贈与者から贈与により取得した土地又は建物に「相当の被害」を受けた場合に限られます。この「相当の被害」とは次に定める程度の被害をいいます（措令40の5の3③）。

土地	土地の贈与の時における価額のうちにその土地に係る被災価額の占める割合が10分の1以上となる被害
建物	建物の想定価額のうちにその建物に係る被災価額の占める割合が10分の1以上となる被害

(注) 建物の想定価額とは、次の算式により求めた災害が発生した日における建物の想定上の価額をいいます（措令40の5の3②一、措規23の6の2①②③）。

$$建物の贈与の時における価額 \times \frac{A-B}{C}$$

「A」＝次の建物の区分に応じそれぞれに定める年数
　　　 i　贈与の日において想定使用可能期間の年数（建物の全部が事務所用であるとした場合における減価償却資産の耐用年数等に関する省令別表1に定める耐用年数をいいます。）の全部を経過している建物　その想定使用可能期間の年数の100分の20に相当する年数
　　　ii　 i の建物以外の建物　その建物の想定使用可能期間の年数から経過年数（その建物の新築の

日から贈与の日までの期間の年数）を控除した年数と、経過済年数の100分の20に相当する年数とを合計した年数

「B」＝贈与の日から災害が発生した日までの期間の年数（①の年数が上限となります。）

(4) 特例の適用を受けるための手続き

　この特例の適用に係る承認を受けようとする相続時精算課税適用者は、次に掲げる事項を記載した申請書を、災害が発生した日から3年を経過する日（その日までに相続時精算課税適用者が死亡した場合には、同日とその相続時精算課税適用者の相続人（包括受遺者を含みます。）がその相続時精算課税適用者に相続開始があったことを知った日の翌日から6か月を経過する日とのいずれか遅い日）までに贈与税の納税地の所轄税務署長に提出しなければなりません（措法70の3の3①、措令40の5の3⑤、措規23の6の2④）。

① 相続時精算課税適用者の氏名、住所又は居所及び生年月日
② 特定贈与者の氏名及び住所又は居所
③ 災害により被害を受けた次に掲げる財産の区分に応じそれぞれ次に定める事項
　イ 土地　当該土地の贈与の時における価額並びに当該土地の所在、地番、地目及び面積
　ロ 建物　当該建物の贈与の時における価額並びに当該建物の想定価額及びその計算の根拠を明らかにする事項並びに所在、家屋番号及び床面積
④ ③の財産を贈与により取得した年分及び当該贈与に係る申告書（当該申告書に係る期限後申告書及びこれらの申告書に係る修正申告書を含む。）を提出した税務署の名称
⑤ 災害が発生した日
⑥ 災害による被害を受けた部分の価額及び保険金、損害賠償金その他これらに類するものにより補填される金額
⑦ 被災価額及びその計算の根拠を明らかにする事項
⑧ その他参考となるべき事項

　なお、申請書には、次の書類を添付します（措令40の5の3⑥、措規23の6の2⑤）。

① 土地　次に掲げる書類
　イ 土地の登記事項証明書その他の書類で相続時精算課税適用者が当該土地を贈与の日から災害が発生した日まで引き続き所有していたことを明らかにするもの
　ロ 土地が災害により被害を受けたこと及び当該災害が発生した日を明らかにする書類
　ハ 土地の原状回復に要する費用に係る見積書の写しその他の書類で当該土地に係る災害による被害を受けた部分の価額及び保険金、損害賠償金その他これらに類するものにより補填される金額を明らかにするもの
　ニ その他参考となるべき書類
② 建物　次に掲げる書類
　イ 建物の登記事項証明書その他の書類で当該建物の新築をした年月日及び相続時精算課税適用者が当該建物を贈与の日から災害が発生した日まで引き続き所有していたことを

明らかにするもの
ロ　市町村長又は特別区の区長の証明書その他の書類で建物が災害により被害を受けたこと及び当該災害が発生した日を明らかにするもの
ハ　建物の修繕に要する費用に係る見積書の写し、保険金の支払通知書の写しその他の書類で当該建物に係る災害による被害を受けた部分の価額及び保険金、損害賠償金その他これらに類するものにより補塡される金額を明らかにするもの
ニ　その他参考となるべき書類

誤りやすい事例　相続時精算課税適用者の債務控除

　父が死亡し、2,000万円の財産を相続するとともに2,500万円の負債を承継しました。なお、特定贈与者である父から相続時精算課税の適用対象となる4,000万円の財産の贈与を受けていましたので、この贈与財産の価額は、相続税法第21条の15第1項の規定により相続税の課税価格に加算しなければなりませんが、相続税の課税価格の計算は次のa案又はb案のいずれが正しいのでしょうか。

〈a案〉
① 相続により取得した財産の価額　　　　　　　　　　2,000万円
② 相続時精算課税の適用対象となった財産の価額　　　4,000万円
③ ①＋②　　　　　　　　　　　　　　　　　　　　　6,000万円
④ 負債の額　　　　　　　　　　　　　　　　　　　△2,500万円
⑤ 相続税の課税価格（③－④）　　　　　　　　　　　3,500万円

〈b案〉
① 相続により取得した財産の価額　　　　　　　　　　2,000万円
② 負債の額　　　　　　　　　　　　　　　　　　　△2,500万円
③ ①－②（マイナスと部分の金額は切捨て）　　　　　　　　0円
④ 相続時精算課税の適用対象となった財産の価額　　　4,000万円
⑤ 相続税の課税価格（③＋④）　　　　　　　　　　　4,000万円

解説

　相続税法第19条第1項に規定する相続開始前7年以内の贈与財産の価額を相続税の課税価格に加算する場合には、b案のように債務控除後の課税価格に加算することとされています。

　しかしながら、特定贈与者から相続又は遺贈により財産を取得した相続時精算課税適用者の相続税の計算における債務控除については、その者が無制限納税義務者である場合には、「相続又は遺贈により取得した財産及び被相続人が第21条の9第5項に規定する特定贈与者である場合の当該被相続人からの贈与により取得した同条第3項の規定の適用を受

ける財産について相続税の課税価格に算入すべき価額は、被相続人の債務及び被相続人に係る葬式費用でその者の負担に属する部分の金額を控除した金額によること」と定められており（相法21の15②による相法13①の読替え）、また、その者が制限納税義務者である場合についてもこれに準じた規定が定められています（相法21の15②による相法13②の読替え）。

したがって、a案によることとなります。

第3節 債務控除

 概要

相続人等が負担した債務及び葬式費用があるときは、取得した財産の価額からその負担した債務及び葬式費用の額を控除して相続税の課税価格を計算します。この債務控除は、①相続人、包括受遺者及び相続人である特定受遺者に限って認められ（相続を放棄した者及び相続権を失った者については、認められません（相基通13－1））、②その控除すべき額は、その者の負担に属する部分で、③確実と認められるものに限られます（相法13、14）。

なお、控除すべき債務等の範囲は、納税義務者が、無制限納税義務者又は制限納税義務者のいずれに該当する者であるかにより異なります。

 債務控除の範囲

(1) 無制限納税義務者の場合

無制限納税義務者（居住無制限納税義務者及び非居住無制限納税義務者）については、相続又は遺贈により取得した財産及び相続時精算課税の適用を受ける財産の価額から次の金額を控除します（相法13①）。

① 被相続人の債務で相続開始の際現に存するもの（公租公課を含みます。）のうち、その者の負担に属する部分の金額
② 被相続人に係る葬式費用の金額のうち、その者の負担に属する部分の金額

しかしながら、被相続人の生存中に仏壇を買い入れ、その代金が未払いである場合や墓地の管理料が未払いとなっている場合など、非課税財産の取得、維持、管理のために生じた債務については控除することはできません（相法13③、相基通13－6）。

また、遺産が分割されるまでの間の管理、保存などのために要した費用は相続財産から支弁することとされていますが（民法885）、このような費用は、被相続人の債務ではないことから、債務控除の対象とはなりません（相基通13－2）。

■「その者の負担に属する部分の金額」

「その者の負担に属する部分の金額」とは、相続又は遺贈によって財産を取得した者が実際に負担する金額をいいますが、これらの者の実際に負担する金額が確定していないときは、原則として、民法第900条《法定相続分》から第902条《遺言による相続分の指定》までの規定による相続分又は包括遺贈の割合に応じて負担する金額をいうものとされています（相基通13-3）。

ただし、共同相続人又は包括受遺者が当該相続分又は包括遺贈の割合に応じて負担することとした場合の金額が相続又は遺贈により取得した財産の価額を超えることとなる場合において、その超える部分の金額を他の共同相続人又は包括受遺者の相続税の課税価格の計算上控除することができます（相基通13-3ただし書き）。

(2) 制限納税義務者の場合

制限納税義務者（居住制限納税義務者及び非居住制限納税義務者）については、相続又は遺贈により取得した財産で国内（相続税法の施行地）にあるものの価額から、相続開始の際現に存する被相続人の債務で次に掲げるもののうち、その者の負担に属する部分の金額が控除されます（相法13②）。

しかしながら、非課税財産の取得、維持、管理のために生じたものについては、控除することはできません（相法13③、相基通13-6）。また、遺産が分割されるまでの間の管理、保存などのために要した費用は相続財産から支弁することとされていますが（民法885）、このような費用は、被相続人の債務ではないことから、債務控除の対象とはなりません（相基通13-2）。

①	国内にある財産に係る公租公課。具体的には、日本国内にある財産を課税客体とする公租公課をいい、例えば、固定資産税、鉱区税等が該当します（相基通13-7）。
②	国内にある財産を目的とする留置権、特別の先取特権、質権又は抵当権で担保される債務。 (注) 民法第306条に規定されている債務者の総財産を目的とする一般の先取特権は、この規定の対象に含まれないと解されます。
③	①及び②に掲げる債務を除くほか、国内にある財産の取得、維持又は管理のために生じた債務。
④	国内にある財産に関する贈与の義務。
⑤	被相続人が死亡の際国内に営業所又は事業所を有していた場合においては、①から④までに掲げる債務以外の債務で、その営業所又は事業所に係る営業上又は事業上の債務。営業所又は事業所において所得税法の規定により源泉徴収した所得税（復興特別所得税を含みます。）で相続開始の際に未納であったもの並びに当該営業所又は事業所において生じた消費税、揮発油税及び地方揮発油税、酒税等で相続開始の際に未納であったものは、これに該当するものとして取り扱われます（相基通13-8）。

なお、制限納税義務者については、葬式費用の控除は認められません。

3 債務控除の対象となる債務等

(1) 確実な債務

債務控除として控除すべき債務は、相続開始の時において確実と認められるものに限られ、不確実なものは控除の対象とはされません（相法14①）。

債務が確実であるかどうかについては、必ずしも書面の証拠があることを必要としません（相基通14－1本文）。また、債務の金額が確定していなくてもその債務の存在が確実と認められるものについては、相続開始当時の現況によって確実と認められる範囲の金額だけを控除することができます（相基通14－1なお書き）。

■ 消滅時効の完成した債務

相続開始時において、既に消滅時効の完成した債務は、相続税法第14条第1項に規定する確実と認められる債務に該当しません（相基通14－4）。

■ 保証債務

保証債務については債務控除の対象とはなりません。ただし、主たる債務者が弁済不能の状態にあるため保証債務者がその債務を履行しなければならない場合で、かつ、主たる債務者に求償して返還を受ける見込みがない場合には、主たる債務者が弁済不能の部分の金額については、その保証債務者の債務として債務控除の対象とすることができます（相基通14－3(1)）。

■ 連帯債務

連帯債務については、連帯債務者のうちで債務控除を受けようとする者の負担すべき金額が明らかとなっている場合には、その負担金額を控除し、連帯債務者のうちに弁済不能者（弁済不能の状態にある者）があるため、その弁済不能者の負担部分をも負担しなければならないと認められ、かつ、その者に求償して弁償を受ける見込みがない場合には、その負担をしなければならないと認められる部分の金額も、当該債務控除を受けようとする者の負担部分として控除することができます（相基通14－3(2)）。

裁判例 約定利率が通常の利率よりも低い金銭債務の現在価値

昭和49年9月20日最高裁判決（破棄差戻し）（昭和50年3月20日差戻後東京高裁判決（控訴棄却・確定））

相続税法22条の規定に徴すれば、相続税は、財産の無償取得によって生じた経済的価値の増加に対して課される租税であるところから、その課税価格の算定にあたっては、取得財産と債務控除の双方についてそれぞれの現に有する経済的価値を客観的に評価した金額を基礎とするのであり、ただ、控除債務については、その性質上客観的な交換価値なるものがないので、交換価値を意味する『時価』

に代えて、その『現況』により控除すべき金額を評価する旨定めているものと解される。したがって、控除債務が弁済すべき金額の確定している金銭債務の場合であっても、右金額が当然に当該債務の相続開始の時における消極的経済価値を示すものとして課税価格算出の基礎となるものではなく、あたかも金銭債務につきその権利の具体的内容によって時価を評価するのと同様に、金銭債務についてもその金利や弁済期等の現況によって控除すべき金額を個別的に評価しなければならないのであり、かくして決定された控除すべき金額は、必ずしも常に当該債務の弁済すべき金額と一致するものではない。（中略）弁済すべき金額が確定し、かつ、相続開始の当時まだ弁済期の到来しない金銭債務の評価については、その債務につき通常の利率による利息の定めがあるときは、その相続人は弁済期が到来するまでの間、通常の利率による利息額相当の経済的利益を享受する反面、これと同額の利息を債権者に支払わなければならず、彼此差し引きされることとなるから、右利息の点を度外視して、債務の元本金額をそのまま相続開始の時における控除債務の額と評価して妨げない。これに対し、約定利率が通常の利率より低い場合には、相続人において通常の利率による利息と約定利率による利息との差額に相当する経済的利益を弁済期が到来するまで毎年留保し得ることとなるから、当該債務は右留保される毎年の経済的利益の現在価値の総額だけその消極的価値を減じているものというべきであり、したがって、このような債務を評価するときは、右留保される毎年の経済的利益について通常の利率により弁済期までの中間利息を控除して得られたその現在価額（なお、右中間利息は複利によって計算するのが経済の実情に合致する。）を元本金額から差し引いた金額をもって相続開始の時における控除債務の額とするのが相当である。

裁判例　病院を経営する医師が死亡した場合の所属医師への退職金支払い債務

平成8年10月16日東京高裁判決（棄却・確定）（平成8年2月28日東京地裁判決（棄却・控訴））

① 医療法上の病院を経営している医師が死亡した場合、病院の開設許可が失効しても、使用者としての地位は相続の対象となり、病院と従業員との雇用関係は、当然には、終了しない。
② 雇用契約が終了してはいなくても、勤務条件等に重大な変更があった場合に、これを実質的な退職と同視して、支給された給与を所得税法上退職給与として取り扱うことができても、事業用の財産が相続の対象となった場合の相続税の計算上その給与を債務とみることはできない。
③ 個人経営の病院の退職金規程に、被用者である相続人の1人が事業を承継した場合に他の被用者である相続人について退職金を支給すべき事由となる旨の定めがない場合には、退職金は相続債務にならない。
④ 相続税法第13条にいう「相続開始の際」とは、相続の開始、すなわち被相続人の死亡及びこれに近接し、かつ社会通念上これから起因して生じる事態の経過を含めた時間の範囲を示すものであり、「被相続人の債務」で「現に存する」とは、その債務の性質及び発生原因に照らして、被相続人に帰すべき債務がその発生原因を充足していることであると解すべきである。
⑤ 医療法上の病院を経営する医師が死亡した場合に、従来所属医師として勤務していた子が相続人である場合には、使用者の地位を承継することにより権利義務の混同を生ずる範囲で雇用関係も消

滅する。

> **裁判例**　保証債務

昭和59年4月26日東京地裁判決（棄却・確定）
① 主たる債務者が弁済不能の状態にあるか否かは、事実上債権の回収ができない状況にあることが客観的に認められるか否かで決せられるべきである。
② 主たる債務者が弁済不能にあるため保証人がその債務を履行しなければならない場合で、かつ、主たる債務者に求償しても返済を受ける見込みがない場合に限り、保証債務も相続税法14条にいう「確実と認められる」債務に該当する。

> **裁判例**　連帯保証

平成11年4月16日名古屋高裁判決（棄却・上告）
　保証債務は、債権者と保証人の間に生じ、主たる債務者がその債務を履行しない場合に、主たる債務者に代わって、その債務を履行するという従たる債務であるから、被相続人の保証債務が相続された場合でも、その履行による損失は、法律上は主たる債務に対する求償権の行使によって補塡され得るから、保証債務は原則として「確実と認められる」債務には当たらないが、例外的に、相続開始の状況において、主たる債務者が資力を喪失するなどその債務を弁済することができない状態にあるため、保証人がその債務を履行しなければならない場合で、かつ、主たる債務者に求償しても返還を受ける見込みがない場合には「確実と認められる」債務であるとして、債務控除の対象になり、このことは、連帯保証の場合も同様である。

> **裁判例**　確実な債務

昭和55年9月18日東京高裁判決（棄却・確定）
　相続財産の価額から控除できる「確実と認められる債務」（相続税法14条1項）といい得るためには、法人の各事業年度の所得金額の計算に当たり「当該事業年度終了の日までに、当該費用に係る債務が成立し、その債務に基づいて具体的な給付をすべき原因となる事実が発生し、その金額を合理的に算定することができるものであることが必要である」と解するのが相当である。

---

(2) 公租公課

　債務控除の対象となる債務の金額は、被相続人の死亡の際弁済義務の確定しているものに限

られますが、公租公課については被相続人の相続開始の時において納税義務の確定していないものであっても、次に掲げるものは、債務控除の対象となります（相法14②、相令3、復興令13、たばこ令5）。

ただし、相続人（相続を放棄した者及び相続権を失った者を含まず、包括受遺者を含みます。）の責に帰すべき事由により納付し、又は徴収されることになった延滞税、利子税、過少申告加算税、無申告加算税及び重加算税に相当する税額（地方税法の規定による督促手数料、延滞金、過少申告加算金、不申告加算金、重加算金及び滞納処分費の額を含みます。）は債務控除の対象とはなりません（相令3ただし書き）。

①	被相続人の所得に対する所得税額及び当該所得税額に係る復興特別所得税額
②	被相続人が相続若しくは遺贈又は贈与により取得した財産に対する相続税額又は贈与税額
③	被相続人が有していた地価税法第2条第1号に規定する土地等に対する地価税の額
④	被相続人の資産に係る再評価税額
⑤	被相続人が受けた登記、登録、特許、免許、許可、認可、認定、指定若しくは技能証明に係る登録免許税、被相続人が受けた自動車検査証の交付若しくは返付若しくは軽自動車についての車輌番号の指定に係る自動車重量税につき納税の告知を受けた税額
⑥	被相続人の行った消費税法第2条第1項第8号に規定する資産の譲渡等又は当該被相続人の引き取る同項第10号に規定する外国貨物に係る消費税の額
⑦	被相続人が移出し、又は引き取る酒類、製造たばこ、揮発油、石油ガス税法に規定する課税石油ガス又は石油石炭税法に規定する原油、石油製品、ガス状炭化水素若しくは石炭に係る酒税、たばこ税、たばこ特別税、揮発油税、地方揮発油税、石油ガス税又は石油石炭税の額
⑧	被相続人により航空機に積み込まれた航空機燃料に係る航空機燃料税の額
⑨	被相続人が印紙税法第11条第1項又は第12条第1項の承認を受けて作成した課税文書に係る印紙税の額
⑩	被相続人が負担すべきであった地方税法第1条第1項第14号に規定する地方団体の徴収金（都、特別区のこれに相当する徴収金を含みます。）の額

なお、相続税の課税価格又は相続税額の申告、更正又は決定があった後に、相続税法第13条及び第14条の規定により控除されるべき公租公課（相続人の責に帰すべき事由により納付し、又は徴収されることとなった延滞税、利子税、過少申告加算税、無申告加算税及び重加算税に相当する税額を除きます。）に異動が生じたときは、当該課税価格及び相続税額について、更正処分がされることとなります（相基通14-2）。

(3) 国外転出時課税等に係る納税猶予税額

① 被相続人の納税猶予税額

被相続人が、所得税法第137条の2第1項に規定する「国外転出をする場合の譲渡所得等の特例の適用がある場合の納税猶予」並びに所得税法第137条の3第1項及び第2項に規定する

「贈与等により非居住者に資産が移転した場合の譲渡所得等の特例の適用がある場合の納税猶予」の規定の適用を受けていたときの納税猶予分の所得税額（復興特別所得税を含みます。）については、相続開始時点において債務の確定しているものであっても、債務控除の対象とはされません（相法14③本文、復興法33）。

ただし、猶予期間中に対象資産の譲渡があったことにより納税猶予期間が終了したこと等によりに相続人（包括受遺者を含みます。）が納税猶予されていた所得税を納付した場合には、債務控除を適用することができます。この場合、被相続人の死亡の日までの間の利子税についても債務控除の対象となります（相法14③ただし書き）。

なお、この場合、更正の請求の特則の手続きにより債務控除の対象とすることができます（相法32①九イ・ロ）。

② 被相続人の相続開始に伴い国外転出時課税の対象となった相続人に係る納税猶予税額

上記(2)の表の①の所得税額及び復興特別所得税には、被相続人の相続人が所得税法第137条の3第2項（贈与等により非居住者に資産が移転した場合の譲渡所得等の特例の適用がある場合の納税猶予）の規定の適用を受ける場合における相続等納税猶予分の所得税額は含まれません（相令3②、復興令13））。

ただし、当該相続人がその後納付することとなった当該相続等納税猶予分の所得税額については、債務控除の対象となります（相令3②ただし書き）。

(4) 相続時精算課税適用者の死亡により承継した相続税の納税に係る義務の債務控除

特定贈与者の死亡前に相続時精算課税適用者が死亡した場合、当該相続時精算課税適用者の納税義務等承継人が、当該相続時精算課税適用者の相続時精算課税の適用に伴う納税に係る権利義務を承継することとなります（相法21の17、21の18）。

すなわち、相続時精算課税適用者が死亡した後にその特定贈与者が死亡した場合には、納税義務等承継人が、その相続時精算課税適用者に代わって相続税の申告をすることとなりますが、その申告をするまでは、納付すべき税額が算出されるか、または還付を受けることができる税額が算出されるかは明らかではありません。そのため、相続時精算課税適用者の死亡に係る相続税額の計算においては、この「相続時精算課税の適用を受けていたことに伴う納税に係る義務」は、確実な債務とはいえないため、当該相続時精算課税適用者の死亡に係る相続税の課税価格の計算上、債務控除の対象とはなりません（相令5の4③により読み替えられる相令3二、相基通14-5）。

(注) 相続時精算課税適用者が特定贈与者より先に死亡した場合の相続時精算課税制度を受けたことに伴う納税に係る権利又は義務の承継については、第7章第2節を参照してください。

4 特別寄与料を支払った場合

　特別寄与者が支払いを受けるべき特別寄与料の額がその特別寄与者に係る課税価格に算入される場合には、その特別寄与料を支払うべき相続人の課税価格は、相続又は遺贈により取得した財産から特別寄与料の額のうちその相続人が負担すべき金額を控除した金額となります（相法13④）。なお、相続人が２名以上いる場合には、この「相続人の負担すべき金額」は、民法第900条から第902条までの規定により算定した各相続人の相続分を乗じた額とされます（民法1050⑤）。

　なお、特別寄与者が制限納税義務者に該当する場合において、支払いを受けるべき特別寄与料が日本国外にあるものとされるときは、当該特別寄与料の額は当該特別寄与者に係る相続税の課税価格に算入されないことから、相続人が支払う当該特別寄与料について、その相続人の課税価格の計算上、控除することはできません（相基通13－8の２）。

5 葬式費用

　葬式費用として控除する金額は、次に掲げる金額の範囲内のものに限られます（相法13①、相基通13－４）。

①	葬式若しくは葬送に際し、又はこれらの前において、埋葬、火葬、納骨又は遺がい若しくは遺骨の回送その他に要した費用（仮葬式と本葬式とを行うものにあっては、その両者の費用）
②	葬式に際し、施与した金品で、被相続人の職業、財産その他の事情に照らして相当程度と認められるものに要した費用
③	①又は②に掲げるもののほか、葬式の前後に生じた出費で通常葬式に伴うものと認められるもの
④	死体の捜索又は死体若しくは遺骨の運搬に要した費用

■ 葬式費用に含まれないもの

　次に掲げるような費用は、葬式費用として取り扱われません（相基通13－５）。

① 香典返れい費用
② 墓碑及び墓地の買入費並びに墓地の借入料
③ 法会に要する費用
④ 医学上又は裁判上の特別の処置に要した費用

■ 相続を放棄した者及び相続権を失った者が負担した葬式費用

　相続を放棄した者及び相続権を失った者については、債務控除の規定は適用されません（相法13①）が、その者が現実に被相続人の葬式費用を負担した場合においては、当該負担額は、その者の遺贈によって取得した財産の価額から控除しても差し支えないこととされています

（相基通13－1）。

第4節 相続開始前7年以内の贈与

 相続開始前7年以内の贈与の課税価格への加算

　相続又は遺贈により財産を取得した者が、当該相続の開始前7年以内に当該相続に係る被相続人から贈与により取得した財産（相続税法第21条の2第1項から第3項まで、第21条の3及び第21条の4の規定により、当該取得の日の属する年分の贈与税の課税価格計算の基礎に算入されるもの（❷に掲げる財産及び相続時精算課税に係る財産を除きます。）に限られます。）がある場合には、その財産の価額を相続税の課税価格に加算した額が相続税の課税価格とみなされます（相法19①、21の15②、21の16②）。

　ただし、被相続人の相続開始前7年以内に被相続人から贈与により取得した財産のうち、当該相続開始前3年以内に取得した財産以外の財産については、その財産の価額の合計額から100万円を控除します。したがって、その相続開始前3年以内に取得した財産以外の財産については、その財産の価額の合計額から100万円を控除した残額を、その相続人又は受遺者の相続税の課税価格に加算すればよいこととなります。

　この場合の贈与により取得した財産の価額とは、その財産を取得した時における時価により評価した価額をいいます（相基通19－1）。また、「当該相続の開始前7年以内」又は「当該相続開始前3年以内」とは、当該相続の開始の日から遡って7年目又は3年目の応当日から当該相続の開始の日までの間をいいます（相基通19－2）。

　なお、相続開始前7年以内にその相続に係る被相続人から贈与により財産を取得した者（当該被相続人を特定贈与者とする相続時精算課税適用者を除きます。）がその被相続人から相続又は遺贈により財産を取得しなかった場合には、その者については、被相続人から贈与により取得した財産の価額を課税価格に加える必要はありません（相基通19－3）。

　　（注）相続税の課税価格への加算の対象となった財産について課せられた贈与税がある場合には、相続税法施行令第4条の規定により計算された贈与税相当額が相続税額から控除されます（相法19①）（第6章第3節❸参照）。

■ **贈与税の制限納税義務者が贈与により取得した国外財産の価額**

　贈与税の制限納税義務者が贈与により取得した日本国外に所在する財産の価額は、贈与税の課税価格に算入されないこととされている（相法21の2②）ことから、当該財産の贈与者に相続が開始した時に当該受贈者が相続税の無制限納税義務者に該当する場合であっても、その者について、贈与税の制限納税義務者であった時に贈与により取得した日本国外に所在する財産の価額を相続税の課税価格に加算する必要はありません（相基通19－4）。

■ 相続開始前7年以内に特別縁故者等が被相続人から受けた贈与

民法第958条の2の規定により相続財産の分与を受けた者又は同法第1050条の規定による支払いを受けるべき特別寄与料の額が確定した特別寄与者が、当該相続に係る被相続人の相続の開始前7年以内に、被相続人から贈与により財産を取得したことがある場合には、相続税法第19条の規定により、当該贈与により取得した財産の価額を相続税の課税価格に加算しなければなりません（相基通4－4）。

■ 経過措置

令和5年度税制改正により、課税価格に加算される贈与財産の価額が、「被相続人の相続開始前3年以内」のものから、「被相続人の相続開始前7年以内」のものに延長されました。また、この改正に合わせて、相続税の課税価格に加算される贈与財産の価額のうち、被相続人の相続開始前3年以内に取得した財産以外の財産の価額については、その財産の価額の合計額から100万円を控除した残額が相続税の課税価格に加算される金額とされました。

ただし、この改正については、次の経過措置が設けられています（令和5年改正法附則19①②③）。

相続税法第19条第1項及びこの経過措置により、相続税の課税価格に加算される贈与の期間を、以下「加算対象期間」といいます。

① 課税価格に加算される贈与

　イ　令和6年1月1日から令和8年12月31日までの間に相続又は遺贈により財産を取得した者については、令和5年度税制改正前と同様に、被相続人の相続開始前3年以内に被相続人から贈与により取得した財産の価額が相続税の課税価格に加算されます。

　ロ　令和9年1月1日から令和12年12月31日までの間に相続又は遺贈により財産を取得した者については、令和6年1月1日から当該相続開始の日までの間の被相続人から贈与により取得した財産の価額が相続税の課税価格に加算されます。

　ハ　令和13年1月1日以後に相続又は遺贈により財産を取得した者については、当該相続の開始前7年以内に被相続人から贈与により取得した財産の価額が相続税の課税価格に加算されます。

② 課税価格に加算される贈与財産の価額（100万円の控除）

被相続人の相続開始前3年以内に取得した財産以外の財産については、その財産の価額の合計額から100万円を控除した残額が上記①により加算される贈与財産の価額となります。具体的には、次の期間に被相続人からの贈与により取得した財産について、その合計額から100万円を控除した残額を相続税の課税価格に加算することとなります。

　イ　令和8年12月31日以前に相続又は遺贈により財産を取得した者については、「相続開始前3年以内に取得した財産以外の財産」はありません。

　ロ　令和9年1月1日から令和12年12月31日までの間に相続又は遺贈により財産を取得した者については、令和6年1月1日から、相続の開始の日から遡って3年目の応当日の前日までの間に被相続人から贈与により取得した財産の価額の合計額から100万円を控除しま

ニ 令和13年1月1日以後に相続又は遺贈により財産を取得した者については、当該相続の開始の日から遡って7年目の応当日から、相続の開始の日から遡って3年目の応当日の前日までの間に被相続人から贈与により取得した財産の価額の合計額から100万円を控除します。

◆相続税法第19条第1項の規定の適用を受ける贈与（相基通19-2）◆

相続又は遺贈により財産を取得した日	加算対象贈与財産に係る期間	「相続の開始前3年以内に取得した財産以外の財産」（注1）に係る期間
令和6年1月1日から令和8年12月31日まで	相続の開始の日から遡って3年目の応当日から当該相続の開始の日までの間	
令和9年1月1日から令和12年12月31日まで	令和6年1月1日から相続の開始の日までの間	令和6年1月1日から、相続の開始の日から遡って3年目の応当日の前日までの間（注2）
令和13年1月1日以後	相続の開始の日から遡って7年目の応当日から当該相続の開始の日までの間	相続の開始の日から遡って7年目の応当日から、当該相続の開始の日から遡って3年目の応当日の前日までの間

(注1) 「相続の開始前3年以内に取得した財産以外の財産」については、当該財産の価額の合計額から100万円を控除した残額が相続又は遺贈により財産を取得した者の相続税の課税価格に加算されます。
(注2) 相続又は遺贈により財産を取得した日が令和9年1月1日である場合においては、当該相続に係る「相続の開始前3年以内に取得した財産以外の財産」に係る期間はありません。

第4章 相続税の課税価格

◆相続税法第19条第1項の適用（経過措置）◆

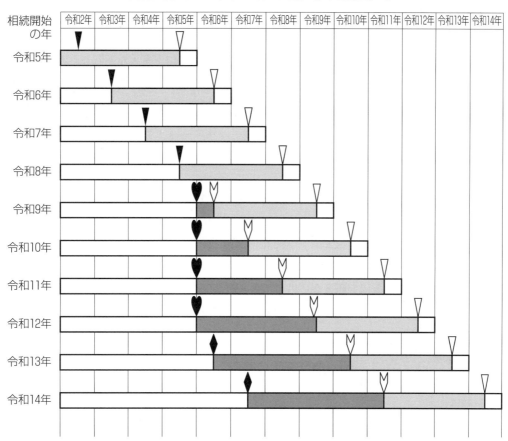

(凡例)
▽ 相続開始日
♡ 相続開始日から遡及した3年目の応答日
▼ 相続開始から遡及した3年目の応答日
♥ 令和6年1月1日
♦ 相続開始日から遡及した7年目の応答日

この日以後の贈与財産の価額が相続税の課税価格への加算対象となる。

▢ 相続税の課税価格への加算
▢ 相続税の課税価格への加算（100万円控除可）

誤りやすい事例　基礎控除額以下の贈与

令和5年2月に父から現金100万円の贈与を受けましたが、令和5年中に贈与を受けた財産の価額の合計額が、贈与税の基礎控除額である110万円を超えなかったため贈与税の申告をしませんでした。令和6年8月に父が亡くなり、相続税の申告が必要になりました。令和3年に父から贈与された現金100万円について、相続税の課税価格に加算する必要はありますか。

解説

被相続人から相続又は遺贈により財産を取得した者が、被相続人の相続開始前7年以内（令和6年に開始した相続にあっては経過措置により「3年」以内）に被相続人から贈与を受けた財産の価額は、一定の非課税財産の価額を除き、相続税の課税価格に加算しなければなりません。暦年課税贈与においては、年間に贈与を受けた財産の価額の合計額が基礎控除額である110万円を超えない場合には、贈与税の申告は必要ありませんが、相続税の課税価格の計算においては加算しなければなりません。

誤りやすい事例　債務控除の適用

私は、父の遺産のうち、定期預金1,000万円を取得するとともに、父の債務1,200万円を承継することとなりました。実は父が亡くなる2年前に3,000万円の贈与を受けていましたので、この金額を相続税の課税価格に加算しなければなりません。相続により取得した財産の価額1,000万円から控除しきれない200万円は、相続税の課税価格に加算される生前贈与の金額から控除することができますか。

解説

相続税法第19条の規定により贈与によって取得した財産の価額を相続税の課税価格に加算した場合において、その加算した財産の価額からは債務控除をすることはできません（相基通19-5）。

① 相続財産の価額：1,000万円
② 債務控除の金額：1,200万円
③ 差引金額：0円
　　①-②=△200万円　→　零となります。
④ 生前贈与加算額：3,000万円
⑤ 相続税の課税価格（③+④）：3,000万円

❷ 加算の対象とならない贈与

(1) 特定贈与財産

　加算対象期間内に被相続人から贈与により取得した財産であっても、それが特定贈与財産に該当するものであれば、その価額は相続税の課税価格に加算しません（相法19①）。

　この特定贈与財産とは、被相続人の配偶者が婚姻期間が20年以上である被相続人からその贈与により取得した相続税法第21条の6第1項に規定する居住用不動産又は金銭で、次の①又は②に掲げる場合に応じ「特定贈与財産の範囲」欄に示す部分をいいます（相法19②）。

	場　合	特定贈与財産の範囲
①	当該贈与が当該相続の開始の年の前年以前にされた場合で、当該被相続人の配偶者が贈与を受けた日の年分の贈与税につき相続税法第21条の6第1項の規定の適用を受けているとき	同項の規定により控除された金額に相当する部分（相法19②一）
②	当該贈与が当該相続の開始の年にされた場合で、当該被相続人の配偶者が当該被相続人からの贈与についてすでに相続税法第21条の6第1項の規定を受けた者でないとき	同項の規定があるものとした場合に、同項の規定により控除されることとなる金額に相当する部分として当該配偶者が選択した部分（相法19②二）

（注）　②の場合においては、被相続人の配偶者が相続税の申告書（期限後申告書及び修正申告書を含みます。）又は更正の請求書に相続税法第19条第2項に規定する居住用不動産又は金銭につきこれらの財産の価額を贈与税の課税価格に算入する旨及びその他の相続税法施行規則で定める事項を記載し、同規則で定める書類を添付して提出した場合に限って相続税の課税価格に算入しないことができることとされています（相令4②）。

　なお、相続又は遺贈により財産を取得した者が相続開始の年において当該相続に係る被相続人から受けた贈与により取得した財産の価額で相続税法第19条の規定により相続税の課税価格に加算されるものは、同法第21条の2第4項の規定により贈与税の課税価格に算入しないこととされていますが、上記②の財産は同項の規定の適用を受けませんので、その価額には贈与税が課されることになり、贈与税の申告が必要となります。

　ただし、贈与税の配偶者控除の特例の適用要件を満たしていれば、贈与税の申告において同特例を適用することができます。

(2) 住宅取得資金の贈与

　直系尊属から住宅取得等資金の贈与を受けた場合の贈与税の非課税の特例により贈与税の課税価格に算入されない贈与財産の金額は、加算対象期間内に被相続人から贈与により取得した

財産であっても、相続税の課税価格に加算しません（措法70の2③）。

(3) 直系尊属から教育資金の一括贈与

　贈与者が教育資金管理契約に基づき信託をした日又は教育資金管理契約に基づき預金若しくは貯金の預入若しくは有価証券の購入をするための金銭等の書面による贈与をした日からこれらの教育資金管理契約の終了の日までの間に当該贈与者が死亡した場合において、当該贈与者に係る受贈者が直系尊属から教育資金の一括贈与を受けた場合の贈与税の非課税措置（措法70の2の2①）の適用を受けたときは、当該受贈者が当該信託又は当該贈与により取得をした信託受益権又は金銭等の価額（同項本文の規定の適用を受けて贈与税の課税価格に算入しなかった金額に相当する部分の価額に限ります。）については、加算対象期間内に被相続人から贈与により取得したものであっても、相続税の課税価格に加算しません（措法40の4の3⑲）。

　ただし、当該贈与者に係る受贈者については、原則として、当該贈与者が死亡した日における非課税拠出額から教育資金支出額を控除して求めた残額（管理残額）を控除した残額として政令で定める金額（管理残額）を当該贈与者から相続（当該受贈者が当該贈与者の相続人以外の者である場合には、遺贈）により取得したものとみなして、相続税が課されることとなります（措法70の2の2⑫二）。詳細については、第Ⅱ部第3章第3節❶を参照してください。

(4) 直系尊属から結婚・子育て資金の一括贈与

　贈与者が結婚・子育て資金管理契約に基づき信託をした日又は結婚・子育て資金管理契約に基づき預金若しくは貯金の預入若しくは有価証券の購入をするための金銭等の書面による贈与をした日からこれらの結婚・子育て資金管理契約の終了の日までの間に当該贈与者が死亡した場合において、当該贈与者に係る受贈者が直系尊属から結婚・子育て資金の一括贈与を受けた場合の贈与税の非課税措置（措法70の2の3①）の適用を受けたときは、当該受贈者が当該信託又は当該贈与により取得をした信託受益権又は金銭等の価額（同項本文の規定の適用を受けて贈与税の課税価格に算入しなかった金額に相当する部分の価額に限ります。）については、加算対象期間内に被相続人から贈与により取得したものであっても、相続税の課税価格に加算しません（措令40の4の4㉒）。

　ただし、当該贈与者に係る受贈者については、当該贈与者が死亡した日における非課税拠出額から結婚・子育て資金支出額を控除して求めた残額（管理残額）を当該贈与者から相続（当該受贈者が当該贈与者の相続人以外の者である場合には、遺贈）により取得したものとみなして、相続税が課されることとなります（措法70の2の3⑫二）。詳細については、第Ⅱ部第3章第3節⓬を参照してください。

相続時精算課税適用者が特定贈与者から贈与を受けていた場合

　相続時精算課税適用者が特定贈与者から贈与により取得した相続時精算課税の適用を受ける財産については、特定贈与者の死亡に係る相続税額の計算上、相続税法第19条の規定は適用されず、同法第21条の15第1項又は第21条の16第1項の規定により、贈与財産の贈与時の価額が相続時精算課税適用者の相続税の課税価格に加算又は算入されることとなります（第2節参照）。

■ 相続時精算課税適用者に相続税法第19条第1項が適用される場合

　相続時精算課税適用者が、①相続時精算課税の適用を受ける年分よりも前の年分、又は②年の途中で被相続人の推定相続人となったときにおいて、推定相続人となる前に被相続人から贈与を受けた財産がある場合で、かつ、これらの贈与が加算対象期間内に行われたものであるときには、相続税法第21条の15第1項又は第21条の16第1項の規定は適用されず、同法第19条の規定によりその価額が相続税の課税価格に加算されることとなります（相基通19-11前段）。

　なお、相続時精算課税適用者が特定贈与者である被相続人から相続又は遺贈により財産を取得しなかった場合であっても、同法第21条の16第1項の規定により、相続時精算課税の適用を受ける財産は相続又は遺贈により取得したものとみなされることから、上記に該当する場合には、同法第19条第1項の規定が適用されます（相基通19-11後段）。

第5章 相続税の課税価格の計算の特例

第1節 小規模宅地等の特例

　小規模宅地等に係る相続税の課税価格の計算の特例（以下「小規模宅地等の特例」といいます。）は、相続開始の直前において被相続人若しくは被相続人と生計を一にしていた被相続人の親族の事業の用に供されていた宅地等又はこれらの者の居住の用に供されていた宅地等のうち、特定事業用宅地等、特定居住用宅地等、特定同族会社事業用宅地等又は貸付事業用宅地等（以下これらを「特例対象宅地等」といいます。）に該当し、かつ、この規定の適用を受けるものとして選択をしたもの（「選択特例対象宅地等」といいます。）については、限度面積要件を満たす限り、相続税の課税価格に算入すべき価額の計算上、その一定割合を減額する特例制度です（措法69の4、措令40の2、措規23の2）。

　この特例措置は、個人事業者等の事業の用又は居住の用に供する宅地等は、相続人等の生活基盤の維持に不可欠なものであることから、その処分に相当の制約を受けることに配慮し、昭和58年に創設されたものです。

　なお、同一の被相続人から相続又は遺贈により財産を取得した者のうちいずれかの者が租税特別措置法第69条の5《特定計画山林についての相続税の課税価格の計算の特例》第1項の適用を受けている場合には、原則として特例対象宅地等についてこの特例の適用を受けることはできません（措法69の5④）。この点については、第2節❺を参照してください。

❶ 特例の対象となる宅地等（相続開始前の要件）

　小規模宅地等の特例を適用することのできる宅地等は、建物又は構築物の敷地の用に供されていた宅地等で、被相続人の相続開始の直前において被相続人又は被相続人と生計を一にしていた被相続人の親族（以下、本節において「被相続人等」といいます。）の事業の用又は居住の用に供されていたもののうち、「❷特例の対象となる宅地等（取得者及び相続開始後の要件）」の特定事業用宅地等、特定居住用宅地等、特定同族会社事業用宅地等又は貸付事業用宅

地等のいずれかに該当するものです。

(1) 建物又は構築物の敷地の用に供されている宅地等

「建物又は構築物の敷地の用に供されている宅地等」とは、相続財産である土地又は土地の上に存する権利のうち建物又は構築物の敷地の用に供されているもの（以下、本節において「宅地等」といいます。）で、所得税法第2条第1項第16号に規定する棚卸資産及び所得税法第35条第1項に規定する雑所得の基因となる宅地等に該当しないものをいいます（措令40の2④、措規23の2③）。

なお、建物又は構築物には、①温室その他の建物で、その敷地が耕作（農地法第43条第1項の規定により耕作に該当するものとみなされる農作物の栽培を含みます。②において同じです。）の用に供されるもの、及び②暗渠その他の構築物で、その敷地が耕作の用又は耕作若しくは養畜のための採草若しくは家畜の放牧の用に供されるものは、含まれません（措規23の2①）。

裁判例 敷地の一部にアスファルト舗装のある青空駐車場

札幌地裁平成21年1月29日判決（棄却）（確定）

小規模宅地等の特例は、個人の生活基盤の保護という側面だけでなく、個人事業の承継の保護の側面や、事業が雇用の場でもあり取引先等との密接な関係を有することによる処分面での制約等をも考慮したものであるということができ、物的、人的施設に乏しく、その撤去や除去が容易にできる場合には、その敷地の転用もしやすく、処分面での制約は少ないといえるから、当該特例に規定する構築物とは、事業性を認識しうる程度に人的・物的な資本投下がなされた、ある程度堅固な施設であり、かつ、その施設上において、その施設を利用した事業が行われているようなものであることを要すると解すべきである。

しかるに、本件宅地は青空駐車場として利用され、敷地の一部にアスファルト舗装やフェンスを設置するなどの資本投下がされており、事業性が認められるものの、本件宅地に設けられたアスファルト舗装は、全敷地の約8パーセントにとどまり、金属製のパイプを組み合わせたフェンスが設置されているのみであって、このようなアスファルト舗装やフェンスを撤去、除去して本件宅地を転用することは容易であり、処分面での制約は非常に少ないということができ、また、個人の生活基盤として保護する必要性を見い出すこともできないことから、本件宅地上のアスファルト舗装やフェンスは小規模宅地等の特例にいう「構築物」に当たらないというべきであるから、本件宅地に同特例をすることはできない。

> **裁判例**　仮換地への適用

最高裁平成19年1月23日判決（一部破棄、差戻し）
　甲土地及び本件仮換地は、相続開始時において、いずれも更地であり、居住用建物の敷地として現実に使用されている状況にはなかったものといわざるを得ない。しかしながら、被相続人は、従前、甲土地を現実に居住の用に供していたのであるが、福岡市の施行する本件事業のため、甲土地を含む本件土地につき仮換地の指定がされ、本件土地及び本件仮換地の使用収益が共に禁止されたことにより、仮設住宅への転居及び甲建物の取壊しを余儀なくされ、その後、本件仮換地についての使用収益開始日が定められないため本件仮換地に建物を建築することも不可能な状況のまま、同人が死亡し、相続が開始したというのである。
　以上のとおり、相続開始の直前においては本件土地は更地となり、本件仮換地もいまだ居住の用に供されてはいなかったものであるが、それは公共事業である本件事業における仮換地指定により両土地の使用収益が共に禁止された結果、やむを得ずそのような状況に立たされたためであるから、相続開始ないし相続税申告の時点において、被相続人又は上告人らが本件仮換地を居住の用に供する予定がなかったと認めるに足りる特段の事情のない限り、甲土地は、租税特別措置法第69条の3にいう「相続の開始の直前において…居住の用に供されていた宅地」に当たると解するのが相当である。そして、本件においては、被相続人及び上告人らは、仮換地指定通知に伴って仮設住宅に転居しており、また、上告人らは、相続開始後とはいえ、本件仮換地の使用収益が可能となると、本件仮換地上に本件ビルを建築してこれに入居したものであって、上記の特段の事情は認めることができない。したがって、甲土地について本件特例が適用されるものというべきである。

(2) 被相続人等の事業の用に供されていた宅地等

　被相続人等の事業の用に供されていた宅地等（以下、本節において「事業用宅地等」といいます。）とは、次の①又は②に該当する宅地等です。なお、これらの宅地等のうちに当該被相続人等の事業の用以外の用に供されていた部分があるときは、当該被相続人等の事業の用に供されていた部分に限られます。

① ②以外の場合

　次に掲げる宅地等が被相続人等の事業の用に供されていた宅地等に該当します（措通69の4−4）。

　　イ　他に貸し付けられていた宅地等（当該貸付けが事業に該当する場合に限ります。）

　（注）「事業」には、事業と称するに至らない不動産の貸付けその他これに類する行為で相当の対価を得て継続的に行うもの（以下「準事業」といいます。）が含まれます（措令40の2①）。

　　ロ　イに掲げる宅地等以外のもので、被相続人等の事業の用に供されていた建物等で、被相続人等が所有していたもの又は被相続人の親族（被相続人と生計を一にしていたその被相続人の親族を除きます。ロにおいて「その他親族」といいます。）が所有していた

もの（被相続人等が当該建物等を当該その他親族から無償（相当の対価に至らない程度の対価の授受がある場合を含みます。以下、本節において同じです。）で借り受けていた場合における当該建物等に限ります。）の敷地の用に供されていたもの

② 相続又は遺贈により取得した宅地等が、当該相続の開始の直前において配偶者居住権に基づき使用又は収益されていた建物等の敷地の用に供されていたものである場合

　相続又は遺贈により取得した宅地等が、当該相続の開始の直前において配偶者居住権に基づき使用又は収益されていた建物等の敷地の用に供されていたものである場合には、当該宅地等のうち、次に掲げる宅地等が事業用宅地等に該当するものとされます（措通69の4－4の2）。

　イ　他に貸し付けられていた宅地等（当該貸付けが事業に該当する場合に限ります。）
　ロ　イに掲げる宅地等を除き、被相続人等の事業の用に供されていた建物等（被相続人等又はその他親族が所有していた建物等をいいます。以下ロにおいて同じです。）で、被相続人等が配偶者居住権者（当該配偶者居住権を有する者をいいます。以下、本節において同じです。）であるもの又はその他親族が配偶者居住権者であるもの（被相続人等が当該建物等を配偶者居住権者である当該その他親族から無償で借り受けていた場合における当該建物等に限ります。）の敷地の用に供されていたもの

■ 事業用建物等の建築中等に相続が開始した場合

　被相続人等の事業の用に供されている建物等の移転又は建替えのため当該建物等を取り壊し、又は譲渡し、これらの建物等に代わるべき建物等（被相続人又は被相続人の親族の所有に係るものに限ります。）の建築中に、又は当該建物等の取得後被相続人等が事業の用に供する前に被相続人について相続が開始した場合で、当該相続開始直前において当該被相続人等の当該建物等に係る事業の準備行為の状況からみて当該建物等を速やかにその事業の用に供することが確実であったと認められるときは、当該建物等の敷地の用に供されていた宅地等は、事業用宅地等に該当するものとして取り扱われます（措通69の4－5本文）。

　なお、当該被相続人と生計を一にしていたその被相続人の親族又は当該建物等若しくは当該建物等の敷地の用に供されていた宅地等を相続若しくは遺贈により取得した当該被相続人の親族が、当該建物等を相続税の申告期限までに事業の用に供しているとき（申告期限において当該建物等を事業の用に供していない場合であっても、それが当該建物等の規模等からみて建築に相当の期間を要することによるものであるときは、当該建物等の完成後速やかに事業の用に供することが確実であると認められるときを含みます。）は、当該相続開始直前において当該被相続人等が当該建物等を速やかにその事業の用に供することが確実であったものとして差し支えないこととされています（措通69の4－5なお書き）。

（注）当該建築中又は取得に係る建物等のうちに被相続人等の事業の用に供されると認められる部分以外の部分があるときは、事業用宅地等の部分は、当該建物等の敷地のうち被相続人等の事業の用に供されると認められる当該建物等の部分に対応する部分に限られます。

■ 使用人の寄宿舎等の敷地

被相続人等の営む事業に従事する使用人の寄宿舎等（被相続人等の親族のみが使用していたものは除かれます。）の敷地の用に供されていた宅地等は、被相続人等の当該事業に係る事業用宅地等に該当します（措通69の4−6）。

裁判例 成年後見人の事業の用に供されていた宅地等

横浜地裁令和2年12月2日判決（棄却）（東京高裁令和3年9月8日判決（控訴棄却））

原告は、被相続人の甥である甲が、被相続人の成年後見人となっていたという特殊性を考慮すれば、甲と被相続人は同一の生活単位に属しており、相扶けて共同生活を営んでいるといえる上、甲は甲の財産と成年後見人として被相続人の財産を全て自らのコントロール下に置いていたのであるから、日常の生活の糧を共通にしていたといえ、生計一要件を充足するものと解すべきであると主張するが、本件後見の開始から本件相続の開始までの間において、被相続人の食費、光熱費、その他日常の生活に係る費用に係る支出は、本件出納帳及び丙名義の口座で管理されており、本件出納帳により管理されていた現金は、被相続人の収入及び同人が亡夫から相続した預金が入金された被相続人名義の口座又は同口座の預金を原資とする被相続人名義の口座などからのものであるところ、被相続人名義の口座に相続人甲との間での出入金は見当たらず、本件出納帳で管理されていた現金に甲から拠出された現金があることもうかがわれず、一方、甲は、大工業を営んでいて、相応の収入があり、丙から経済的な援助を受けていたことはうかがわれず、さらに、甲と被相続人は、それぞれの自宅で生活していて、同居していたわけではなく、甲は、平成26年分の所得税の確定申告において、丙を扶養親族としていなかったものであり、これらの事実からすれば、甲と被相続人とは、居住費、食費、光熱費、その他日常の生活に係る費用の全部又は主要な部分を共通にしていた関係にはなく、日常生活の糧を共通にしていたとはいえず、「生計を一にしていた」とは認められないものというべきであるから、本件宅地は、被相続人と生計を一にしていた当該被相続人の親族の事業の用に供されている宅地には該当しない。

裁判例 事業が中断中である場合の小規模宅地特例の適用

名古屋地裁平成10年2月6日判決（一部認容）（確定）

契約対象外土地は、被相続人が死亡した時点において、すでに本件貸駐車場業が廃止され、本件建物が建築中であったのであるから、「相続開始の直前において事業の用に供されていた宅地」との法の文言に直ちに該当するということはできない。

しかし、そもそも租税特別措置法に、事業の用に供されていた宅地が含められているのは、個人事業者等の円滑な事業承継を可能とするためである。すなわち、個人事業者等の経営者が死亡した場合に、通常の取引価格を基礎とする評価額をそのまま適用することは、当該宅地が相続人等の生活基盤

維持のために欠くことのできないものであって、その処分について相当の制約を受けることが通常であることとの実情に合致しないこととなるからである。

したがって、租税特別措置法の文言では、事業の用に供されていた宅地等は、「相続の開始の直前において」存在していなければならないが、このような本件租税特別措置法の趣旨からすれば、相続の開始の直前においてはたとえ当該宅地が事業の用に供されていなくても、相続の開始の以前において事業をしていたが、相続の開始の直前においては偶々事業を中断していて、相続後も再び事業を再開することが認められる場合には、右要件に該当するものとして、その適用を認めるべきである。

(3) 被相続人等の居住の用に供されていた宅地等

被相続人等の居住の用に供されていた宅地等（以下、本節において「居住用宅地等」といいます。）とは、次の①又は②に該当する宅地等です。なお、これらの宅地等のうちに当該被相続人等の居住の用以外の用に供されていた部分があるときは、居住用宅地等は当該被相続人等の居住の用に供されていた部分に限られます。ただし、当該居住の用に供されていた部分が被相続人の居住の用に供されていた一棟の建物（建物の区分所有等に関する法律第1条の規定に該当する建物（区分所有建物である旨の登記がされている建物をいいます。以下、本節において同じです（措通69の4－7の4）。）を除きます。）に係るものである場合には、被相続人の居住の用に供されていた一棟の建物の敷地の用に供されていた宅地等のうち当該被相続人の親族の居住の用に供されていた部分も被相続人等の居住の用に供されていた部分に含まれます。

① ②以外の場合

次に掲げる宅地等が被相続人等の居住の用に供されていた宅地等に該当します（措通69の4－7）。

イ 相続の開始の直前において、被相続人等の居住の用に供されていた家屋で、被相続人が所有していたもの（被相続人と生計を一にしていたその被相続人の親族が居住の用に供していたものである場合には、当該親族が被相続人から無償で借り受けていたものに限ります。）又は被相続人の親族が所有していたもの（当該家屋を所有していた被相続人の親族が当該家屋の敷地を被相続人から無償で借り受けており、かつ、被相続人等が当該家屋を当該親族から借り受けていた場合には、無償で借り受けていたときにおける当該家屋に限ります。）の敷地の用に供されていた宅地等

ロ 居住の用に供することができない一定の事由（租税特別措置法令第40条の2第2項に定める事由をいいます。）により被相続人の居住の用に供されなくなる直前まで、被相続人の居住の用に供されていた家屋で、被相続人が所有していたもの又は被相続人の親族が所有していたもの（当該家屋を所有していた被相続人の親族が当該家屋の敷地を被相続人から無償で借り受けており、かつ、被相続人が当該家屋を当該親族から借り受けていた場合には、無償で借り受けていたときにおける当該家屋に限ります。）の敷地の

用に供されていた宅地等（被相続人の居住の用に供されなくなった後、租税特別措置法第69条の4第1項に規定する事業の用又は新たに被相続人等以外の者の居住の用に供された宅地等を除きます。）

(注) 上記①及び②の宅地等のうちに被相続人等の居住の用以外の用に供されていた部分があるときは、被相続人等の居住の用に供されていた宅地等は当該被相続人等の居住の用に供されていた部分に限られますが、当該居住の用に供されていた部分が、被相続人の居住の用に供されていた1棟の建物（建物の区分所有等に関する法律第1条の規定に該当する建物を除きます。）に係るものである場合には、当該1棟の建物の敷地の用に供されていた宅地等のうち当該被相続人の親族の居住の用に供されていた部分が含まれます（次の②のイ及びロに掲げる宅地等についても同じです。）（措通69の4－7（注））。

② 相続又は遺贈により取得した宅地等が、当該相続の開始の直前において配偶者居住権に基づき使用又は収益されていた家屋の敷地の用に供されていたものである場合

相続又は遺贈により取得した宅地等が、当該相続の開始の直前において配偶者居住権に基づき使用又は収益されていた家屋の敷地の用に供されていたものである場合には、当該宅地等のうち、次に掲げる宅地等が居住用宅地等に該当するものとされます（措通69の4－7の2）。

イ 相続の開始の直前において、被相続人等の居住の用に供されていた家屋（被相続人又は被相続人の親族が配偶者居住権者である場合のその配偶者居住権の目的となっている家屋をいいます。以下イにおいて同じです。）で、被相続人が所有していたもの（当該被相続人等が当該家屋を当該配偶者居住権者から借り受けていた場合には、無償で借り受けていたときにおける当該家屋に限ります。）又は被相続人の親族が所有していたもの（当該家屋を所有していた被相続人の親族が当該家屋の敷地を被相続人から無償で借り受けており、かつ、当該被相続人等が当該家屋を当該配偶者居住権者から借り受けていた場合には、無償で借り受けていたときにおける当該家屋に限ります。）の敷地の用に供されていた宅地等

ロ 居住の用に供することができない一定の事由（租税特別措置法令第40条の2第2項に定める事由をいいます。）により被相続人の居住の用に供されなくなる直前まで、被相続人の居住の用に供されていた家屋（被相続人又は被相続人の親族が配偶者居住権者である場合のその配偶者居住権の目的となっている家屋をいいます。以下ロにおいて同じです。）で、被相続人が所有していたもの（当該被相続人が当該家屋を当該配偶者居住権者から借り受けていた場合には、無償で借り受けていたときにおける当該家屋に限ります。）又は被相続人の親族が所有していたもの（当該家屋を所有していた被相続人の親族が当該家屋の敷地を被相続人から無償で借り受けており、かつ、当該被相続人が当該家屋を当該配偶者居住権者から借り受けていた場合には、無償で借り受けていたときにおける当該家屋に限ります。）の敷地の用に供されていた宅地等（被相続人の居住の用に供されなくなった後、租税特別措置法第69条の4第1項に規定する事業の用又は新たに被相続人等以外の者の居住の用に供された宅地等を除きます。）

■ 居住の用に供することができない一定の事由（租税特別措置法令第40条の２第２項に定める事由）

居住の用に供することができない一定の事由（租税特別措置法令第40条の２第２項に定める事由）とは、次に掲げる事由をいいます。

①	介護保険法第19条第１項に規定する要介護認定又は同条第２項に規定する要支援認定を受けていた被相続人及び相続の開始の直前において介護保険法施行規則第140条の62の４第２号に該当していた被相続人が、次に掲げる住居又は施設に入居又は入所をしていたこと。 　イ　老人福祉法第５条の２第６項に規定する認知症対応型老人共同生活援助事業が行われる住居、同法第20条の４に規定する養護老人ホーム、同法第20条の５に規定する特別養護老人ホーム、同法第20条の６に規定する軽費老人ホーム又は同法第29条第１項に規定する有料老人ホーム 　ロ　介護保険法第８条第28項に規定する介護老人保健施設又は同条第29項に規定する介護医療院 　ハ　高齢者の居住の安定確保に関する法律第５条第１項に規定するサービス付き高齢者向け住宅（イに規定する有料老人ホームを除きます。）
②	障害者の日常生活及び社会生活を総合的に支援するための法律第21条第１項に規定する障害支援区分の認定を受けていた被相続人が、同法第５条第11項に規定する障害者支援施設（同条第10項に規定する施設入所支援が行われるものに限ります。）又は同条第17項に規定する共同生活援助を行う住居に入所又は入居をしていたこと。

（注１）　被相続人が、表の①の要介護認定若しくは要支援認定又は②の障害支援区分の認定を受けていたかどうかは、当該被相続人が、当該被相続人の相続の開始の直前においてこれらの認定を受けていたかにより判定します（措通69の４－７の３）。

（注２）　居住の用に供することができない一定の事由がある場合には、相続税の申告書に次に掲げる書類を添付しなければなりません（措規23の２⑧三）。
　①　被相続人の戸籍の附票の写し（相続開始の日以後に作成されたもの）
　②　介護保険の被保険者証の写しや障害者の日常生活及び社会生活を総合的に支援するための法律第22条第８項に規定する障害福祉サービス受給者証の写しなど、被相続人が介護保険法第19条第１項に規定する要介護認定、同条第２項に規定する要支援認定を受けていたこと若しくは介護保険法施行規則第140条の62の４第２号に該当していたこと又は障害者の日常生活及び社会生活を総合的に支援するための法律第21条第１項に規定する障害支援区分の認定を受けていたことを明らかにする書類
　③　施設への入所時における契約書の写しなど、被相続人が相続開始の直前において入居又は入所していた住居又は施設の名称及び所在地並びにその住居又は施設が上記表の①又は②のいずれに該当するかを明らかにする書類

■ 居住用建物の建築中等に相続が開始した場合

被相続人等の居住の用に供されると認められる建物（被相続人又は被相続人の親族の所有に係るものに限ります。）の建築中に、又は当該建物の取得後被相続人等が居住の用に供する前に被相続人について相続が開始した場合には、当該建物の敷地の用に供されていた宅地等が居住用宅地等に当たるかどうか及び居住用宅地等の部分については、(2)の「事業用建物等の建築中等に相続が開始した場合」に準じて取り扱われます（措通69の４－８）。

なお、この取扱いは、相続の開始の直前において被相続人等が自己の居住の用に供している

建物（被相続人等の居住の用に供されると認められる建物の建築中等に限り一時的に居住の用に供していたにすぎないと認められる建物を除きます。）を所有していなかった場合に限り適用されます（措通69の4－8（注））。

裁判例　代償財産への適用

東京地裁平成16年1月20日判決（棄却）（控訴）

　原告は、本件通達によれば、代償財産の交付を受ける相続人は、被相続人から遺産を相続したものとして課税されることになるから、代償財産の対象となる財産の中に小規模宅地の特例の適用を受ける財産（本件B借地権）が含まれる場合には、代償金の交付を受けた者の課税価格を計算するに当たっても、この特例が適用され、相続した割合に応じて減額されるべきである旨主張する。

　しかし、小規模宅地の特例は、被相続人の事業の用又は居住の用に供されていた宅地のうち、いわゆる小規模宅地については、それが相続人等の生活の基盤のために不可欠のものであって、その処分について相当の制約を受けるのが通常であること等にかんがみ、相続税の課税上特別の配慮を加えることとし、小規模宅地等についての相続税の課税価格の計算の特例として法定することとしたものである。そして、租税特別措置法第69条の3によれば、この特例の適用対象者は、相続又は遺贈により小規模宅地等を取得した個人であることが明らかであり、原告のように代償財産を現金で取得した者は、文理解釈上、適用対象者に含まれると解する余地はない。さらに、現金を取得した者については、処分の制約等も考慮する必要がないから、このような者に、小規模宅地の特例を適用する理由もないというべきである。

裁判例　遺留分減殺請求に係る価額弁償金への特例の適用

東京地裁平成27年2月9日判決（棄却）（確定）

　小規模宅地特例は、被相続人等の事業の用又は居住の用に供されていた宅地等のうち、いわゆる小規模宅地については、それが相続人等の生活の基盤のために不可欠のものであって、その処分について相当の制約を受けるのが通常であること等に鑑み、相続税の課税上特別の配慮を加えることとし、小規模宅地等についての相続税の課税価格の計算の特例として法定することとしたものであると解される。

　相続税法の定めによれば、同法17条の規定により各相続人の相続税額を計算するに当たっては、各相続人が取得した財産についての相続税の課税価格を基とすべきであると解されるところ、上記のような小規模宅地特例の趣旨に照らすと、原告らが取得した価額弁償金は、金銭であって、少なくとも、「その処分について相当の制約を受ける」ものといえないことは明らかであるから、上記価額弁償金について、小規模宅地特例に定めるのと同様の減額をしたものを課税価格とすべきではない。

第5章　相続税の課税価格の計算の特例

特例の対象となる宅地等（取得者及び相続開始後の要件）

　事業用宅地等又は居住用宅地等は、被相続人の相続開始により一定の者が相続又は遺贈により取得し、その者について一定の要件を満たす場合に、その宅地等は特定事業用宅地等、特定同族会社事業用宅地等、貸付事業用宅地等又は特定居住用宅地等として、小規模宅地等の特例を適用することができます。

　相続時精算課税の対象となる贈与により取得した宅地等の価額は、相続税の課税価格に含まれることとなりますが、小規模宅地等の特例の対象とはなりません（措通69の4-1）。

　また、相続税の申告書の提出期限までに分割されていない宅地等については、小規模宅地等の特例の対象とはなりませんが、申告書の提出期限後に遺産分割が行われ、遺産分割により取得した宅地等が、次の特定事業用宅地等、特定同族会社事業用宅地等、貸付事業用宅地等又は特定居住用宅地等のいずれかに該当する場合には、特例を適用することができる場合があります（措法69の4④）。

　申告期限までに分割されていない特例対象宅地等について、この特例の適用を受けようとする場合の手続きに関しては、❺を参照してください。

(1)　特定事業用宅地等

　特定事業用宅地等とは、相続開始の直前において被相続人等の事業（不動産貸付業、駐車場業、自転車駐車場業及び準事業（事業と称するに至らない不動産の貸付けその他これに類する行為で相当の対価を得て継続的に行うものをいいます。）を除きます。）の用に供されていた宅地等（3年以内事業供用宅地等を除きます。）のうち、次の表の区分に応じ、それぞれに掲げる要件のすべてに該当する被相続人の親族が相続又は遺贈により取得したものをいいます（次の表の区分に応じ、それぞれに掲げる要件のすべてに該当する部分で、それぞれの要件に該当する被相続人の親族が相続又は遺贈により取得した持分の割合に応ずる部分に限られます。）（措法69の4③一）。

区分		特例の適用要件
被相続人の事業の用に供されていた宅地等	事業承継要件	その宅地等の上で営まれていた被相続人の事業を相続税の申告期限までに引き継ぎ、かつ、その申告期限までその事業を営んでいること
	保有継続要件	その宅地等を相続税の申告期限まで有していること
被相続人と生計を一にしていた被相続人の親族の事業の用に供されていた宅地等	事業継続要件	相続開始の直前から相続税の申告期限まで、その宅地等の上で事業を営んでいること
	保有継続要件	その宅地等を相続税の申告期限まで有していること

なお、被相続人から相続又は遺贈により財産を取得した人が、特定事業用宅地等についてこの特例の適用を受ける場合には、その人を含め、その被相続人から相続又は遺贈により財産を取得した人のすべてが、「個人の事業用資産についての相続税の納税猶予及び免除」の特例（第Ⅲ部第２章参照）の適用を受けることができません。

■ ３年以内事業供用宅地等

被相続人の相続開始前３年以内に新たに事業の用に供された宅地等（３年以内事業供用宅地）は、原則として、特定事業用宅地等には該当しません。ただし、相続開始前３年以内に新たに事業の用に供された宅地等であっても、「一定の規模以上の事業」を行っていた被相続人等の事業の用に供された宅地等については、３年以内事業供用宅地等に該当しません。この場合の「一定の規模以上の事業」とは、次の算式を満たす場合におけるその事業をいいます。

なお、「一定の資産」の相続開始の時における種類、数量、価額及びその所在場所その他の明細を記載した書類で、その事業が「一定の規模以上の事業」であることを明らかにする書類を相続税の申告書に添付する必要があります（措規23の２⑧一二）。

〈算式〉

$$\frac{\text{新たに事業の用に供されていた「一定の資産」のうち被相続人等が有していたものの相続開始時の価額の合計額}}{\text{新たに事業の用に供された宅地等の相続開始時の価額}} \geq 15\%$$

(注) 上記算式の分子の「一定の資産」とは、次に掲げる資産（その資産のうちにその事業の用以外の用に供されていた部分がある場合には、その事業の用に供されていた部分に限ります。）をいいます。
　① その宅地等の上に存する建物（その附属設備を含みます。）又は構築物
　② 所得税法第２条第１項第19号に規定する減価償却資産でその宅地等の上で行われるその事業に係る業務の用に供されていたもの（上記①に掲げるものを除きます。）

なお、所得税法等の一部を改正する法律（平成31年法律第６号）附則により、平成31年４月１日から令和４年３月31日までの間に相続又は遺贈により取得した宅地等のうち、平成31年３月31日までに事業の用に供された宅地等については、３年以内事業供用宅地等には該当しないものとする経過措置が設けられています。

第5章 相続税の課税価格の計算の特例

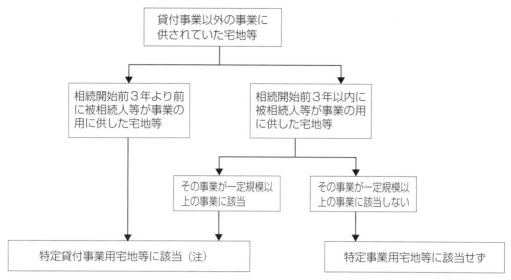

◆3年以内事業供用宅地等の判定フローチャート◆

（注）特例を適用するためには、保有継続要件及び事業（承継）継続要件を満たす必要があります。

(2) 特定同族会社事業用宅地等

特定同族会社事業用宅地等とは、被相続人又は被相続人と生計を一にしていた当該被相続人の親族の事業の用に供されていた宅地のうち、一定の法人の事業（不動産貸付業、駐車場業、自転車駐車場業及び準事業を除きます。以下(2)において同じです。）の用に供され、かつ、相続税の申告期限まで引き続き当該法人の事業の用に供されていた宅地等で、次の表に掲げるすべての要件に該当する被相続人の親族が相続又は遺贈により取得したものをいいます（一定の法人の事業の用に供されている部分で、次表に掲げるすべての要件に該当する被相続人の親族が相続又は遺贈により取得した持分の割合に応ずる部分に限られます。）（措法69の4③三）。

区分		特例の適用要件
一定の法人の事業の用に供されていた宅地等	法人役員要件	相続税の申告期限においてその法人の役員（法人税法第2条第15号に規定する役員（清算人を除きます。）をいいます。）であること（措規23の2⑤） （注）法人の役員とは次の者をいいます（法法二十五）。 ① 取締役、執行役、会計参与、監査役、理事、監事 ② 法人の使用人（職制上使用人としての地位のみを有する者に限ります。②において同じです。）以外の者でその法人の経営に従事しているもの ③ 同族会社の特定の株主（同族会社の使用人のうち、法人税法施行令第71条第1項第5号イからハまで（使用人兼務役員とされない役員）の規定中「役員」とあるのを「使用人」と読み替えた場合に同号イからハまでに掲げる要件のすべてを満たしている者で、その会社の経営に従事しているもの）

	保有継続要件	その宅地等を相続税の申告期限まで有していること（措法69の4③三）

■ 被相続人又は被相続人と生計を一にしていた当該被相続人の親族の事業の用に供されていた宅地等

　特定同族会社事業用宅地に該当するための前提となる「被相続人又は被相続人と生計を一にしていた当該被相続人の親族の事業の用に供されていた宅地等」とは次の宅地等をいいます（措通69の4－23）。

① 　一定の法人に貸し付けられていた宅地等（その貸付けが事業又は事業と称するに至らない不動産の貸付けその他これに類する行為で相当の対価を得て継続的に行うもの、すなわち準事業に該当する場合に限ります。）

② 　一定の法人の事業の用に供されていた建物等で、被相続人が所有していたもの又は被相続人と生計を一にしていたその被相続人の親族が所有していたもの（その親族が当該建物等の敷地を被相続人から無償で借り受けていた場合におけるその建物等に限ります。）で、その法人に貸し付けられていたもの（その貸付けが同項に規定する事業（準事業を含みます。）に該当する場合に限ります。）の敷地の用に供されていたもの

■ 一定の法人

　特定同族会社事業用宅地の適用における「一定の法人」とは、相続開始の直前において被相続人及び被相続人の親族等がその法人の発行済株式の総数又は出資の総額の100分の50を超えて株式又は出資を有している場合におけるその法人（相続税の申告期限において清算中の法人を除きます。）をいいます（措法69の4③三、措令40の2⑯⑱）。

(注1)　被相続人の親族等とは、被相続人の親族及びその被相続人と次の特別の関係がある者をいいます（措令40の2⑯）。
　　　① 　被相続人と婚姻の届出をしていないが事実上婚姻関係と同様の事情にある者
　　　② 　被相続人の使用人
　　　③ 　被相続人の親族及び①及び②に掲げる者以外の者で被相続人から受けた金銭その他の資産によって生計を維持しているもの
　　　④ 　①、②又は③に掲げる者と生計を一にするこれらの者の親族
　　　⑤ 　次に掲げる法人
　　　　イ 　被相続人（当該被相続人の親族及び当該被相続人に係る上記①から④に掲げる者を含みます。以下、⑤において同じです。）が法人の発行済株式総数等の10分の5を超える数又は金額の株式又は出資を有する場合における当該法人
　　　　ロ 　被相続人及びこれとイの関係がある法人が他の法人の発行済株式総数等の10分の5を超える数又は金額の株式又は出資を有する場合における当該他の法人
　　　　ハ 　被相続人及び被相続人とイ又はロの関係がある法人が他の法人の発行済株式総数等の10分の5を超える数又は金額の株式又は出資を有する場合における当該他の法人
(注2)　発行済株式の総数又は出資の総額には、法人の株主総会又は社員総会において議決権を行使できる事項の全部について制限された株式又は出資は含まれません（措令40の2⑰）。この場合の議決権を行使できる事項の全部について制限された株式又は出資とは、相続の開始の時において、会社法108条1項3号に掲げる事項の全部について制限のある株式、同法105条1項3号に掲げる議決権の全部について制限のある株主が有する株式、同法308条1項又は2項の規定により議決権を有しないものとされる

者が有する株式その他議決権のない株式及びこれに準ずる出資をいいます（措規23の２⑥⑦）。
なお、相続税の申告書には、次の書類を添付しなければなりません（措規23の２⑧四）。
① 特例の対象となる法人の定款（相続開始の時に効力を有するものに限ります。）の写し
② 特例の対象となる法人の相続開始の直前における発行済株式の総数又は出資の総額及び被相続人及び被相続人の親族その他被相続人と特別の関係がある者が有するその法人の株式の総数又は出資の総額を記載した書類（特例の対象となる法人が証明したものに限ります。）

(3) 貸付事業用宅地等

貸付事業用宅地等とは、相続開始の直前において被相続人等の事業（不動産貸付業、駐車場業、自転車駐車場業及び準事業に限ります。以下「貸付事業」といいます。）の用に供されていた宅地等（特定同族会社事業用宅地等は除かれます。また、その相続の開始前３年以内に新たに貸付事業の用に供された宅地等（以下「３年以内貸付宅地等」といいます。）も、原則として除かれます。）で、次の表の区分に応じ、それぞれに掲げる要件のすべてに該当する被相続人の親族が相続又は遺贈により取得したものをいいます（次の表の区分に応じ、それぞれに掲げる要件のすべてに該当する部分で、それぞれの要件に該当する被相続人の親族が相続又は遺贈により取得した持分の割合に応ずる部分に限られます。）（措法69の４③四、措令40の２⑦⑩⑲㉒）。

区分		特例の適用要件
被相続人の貸付事業の用に供されていた宅地等	事業承継要件	その宅地等に係る被相続人の貸付事業を相続税の申告期限までに引き継ぎ、かつ、その申告期限までその貸付事業を行っていること
	保有継続要件	その宅地等を相続税の申告期限まで有していること
被相続人と生計を一にしていた被相続人の親族の貸付事業の用に供されていた宅地等	事業継続要件	相続開始前から相続税の申告期限まで、その宅地等に係る貸付事業を行っていること
	保有継続要件	その宅地等を相続税の申告期限まで有していること

■ 貸付事業の用に供されていたかどうかの判定

宅地等が貸付事業の用に供されていた宅地等に該当するかどうかは、当該宅地等が相続開始の時において現実に貸付事業の用に供されていたかどうかで判定しますが、貸付事業の用に供されていた宅地等には、当該貸付事業に係る建物等のうちに相続開始の時において一時的に賃貸されていなかったと認められる部分がある場合における当該部分に係る宅地等の部分は、貸付事業の用に供されていた宅地等に該当します（措通69の４－24の２）。

また、被相続人等の貸付事業の用に供されている建物等の移転又は建替えのため当該建物等を取り壊し、又は譲渡し、これらの建物等に代わるべき建物等（被相続人又は被相続人の親族

の所有に係るものに限る。）の建築中に、又は当該建物等の取得後被相続人等が貸付事業の用に供する前に被相続人について相続が開始した場合で、当該相続開始直前において当該被相続人等の当該建物等に係る事業の準備行為の状況からみて当該建物等を速やかにその事業の用に供することが確実であったと認められるときは、当該建物等の敷地の用に供されていた宅地等は、事業用宅地等に該当するものとして取り扱われますが、これに該当しない場合で、新たに貸付事業の用に供する建物等を建築中であるときや、新たに建築した建物等に係る賃借人の募集その他の貸付事業の準備行為が行われているにすぎないときには、当該建物等に係る宅地等は貸付事業の用に供されていた宅地等に該当しません（措通69の4－24の2、69の4－5）。

■ 3年以内貸付宅地等

その相続の開始前3年以内に新たに貸付事業の用に供された宅地等（3年以内貸付宅地等）は、貸付事業用宅地等には該当しません。

ただし、相続開始前3年以内に新たに貸付事業の用に供された宅地等であっても、相続開始の日まで3年を超えて引き続き特定貸付事業（貸付事業のうち準事業以外のものをいいます。以下同じです。）を行っていた被相続人等のその特定貸付事業の用に供された宅地等は、3年以内貸付宅地等には該当しません。

なお、相続開始3年以内に、貸付事業の用以外の用に供されていた宅地等が貸付事業の用に供された場合又は宅地等若しくはその上にある建物等につき何らの利用がされていない場合の当該宅地等が貸付事業の用に供された場合には、「相続開始前3年以内に新たに貸付事業の用に供された宅地等」に該当することとなりますが、賃貸借契約等につき更新がされた場合は、新たに貸付事業の用に供された場合に該当しません（措通69の4－24の3）。

また、次に掲げる場合のように、貸付事業に係る建物等が一時的に賃貸されていなかったと認められるときには、当該建物等に係る宅地等は、上記の「何らの利用がされていない場合」に該当しません（措通69の4－24の3また書き）。

① 継続的に賃貸されていた建物等につき賃借人が退去をした場合において、その退去後速やかに新たな賃借人の募集が行われ、賃貸されていたとき（新たな賃借人が入居するまでの間、当該建物等を貸付事業の用以外の用に供していないときに限ります。）

② 継続的に賃貸されていた建物等につき建替えが行われた場合において、建物等の建替え後速やかに新たな賃借人の募集が行われ、賃貸されていたとき（当該建替え後の建物等を貸付事業の用以外の用に供していないときに限ります。）

③ 継続的に賃貸されていた建物等が災害により損害を受けたため、当該建物等に係る貸付事業を休業した場合において、当該貸付事業の再開のための当該建物等の修繕その他の準備が行われ、当該貸付事業が再開されていたとき（休業中に当該建物等を貸付事業の用以外の用に供していないときに限ります。）

①、②又は③に該当する場合には、当該宅地等に係る「新たに貸付事業の用に供された」時は、①の退去前、②の建替え前又は③の休業前の賃貸に係る貸付事業の用に供された時となります。

第5章 相続税の課税価格の計算の特例

■ 特定貸付事業

　相続開始の日まで3年を超えて引き続き特定貸付事業を行っていた被相続人等の当該特定貸付事業の用に供されていた宅地等は、その相続の開始前3年以内に新たに貸付事業の用に供された宅地等であっても3年以内貸付宅地等に該当しません。この特定貸付事業とは、貸付事業のうち準事業以外のものをいいますが、被相続人等の貸付事業が準事業以外の貸付事業に当たるかどうかについては、社会通念上事業と称するに至る程度の規模で当該貸付事業が行われていたかどうかにより判定することとなります（措通69の4-24の4）。この判定に当たっては、次によることに留意する必要があります（措通69の4-24の4なお書き）。

被相続人等が行う貸付事業が不動産の貸付けである場合	①　当該不動産の貸付けが不動産所得（所得税法26条1項に規定する不動産所得をいいます。）を生ずべき事業として行われているときは、当該貸付事業は特定貸付事業に該当する。
	②　当該不動産の貸付けが不動産所得を生ずべき事業以外のものとして行われているときは、当該貸付事業は準事業に該当する。
被相続人等が行う貸付事業の対象が駐車場又は自転車駐車場であって自己の責任において他人の物を保管するものである場合	①　当該貸付事業が所得税法第27条第1項に規定する事業所得を生ずべきものとして行われているときは、当該貸付事業は特定貸付事業に該当する。
	②　当該貸付事業が所得税法第35条第1項に規定する雑所得を生ずべきものとして行われているときは、当該貸付事業は準事業に該当する。

（注）　上記の判定を行う場合においては、昭和45年7月1日付直審（所）30「所得税基本通達の制定について」（法令解釈通達）26-9《建物の貸付けが事業として行われているかどうかの判定》及び27-2《有料駐車場等の所得》の取扱いが適用されます（措通69の4-24の4（注））。

◆3年以内貸付宅地等の判定フローチャート◆

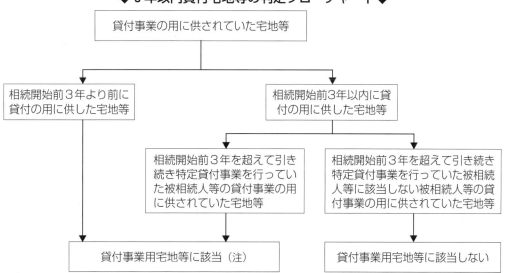

（注）特例を適用するためには、保有継続要件及び事業（承継）継続要件を満たす必要があります。

なお、貸付事業用宅地等が相続開始前3年以内に新たに被相続人等の貸付事業の用に供されたものであるときには、相続税の申告書に被相続人等が相続開始の日まで3年を超えて特定貸付事業を行っていたことを明らかにする書類を添付しなければなりません（措規23の2⑧五）。

誤りやすい事例　特定貸付事業が引き続き行われていない場合

被相続人は、相続開始前3年より前から部屋数15のアパート経営をしており、相続開始前3年以内に新たに部屋数8のアパートを取得、これらのアパート経営をしていました。しかし、相続開始の半年前に、従来から賃貸の用に供していた部屋数15のアパートを売却してしまいました。部屋数8のアパートの敷地は、貸付事業用宅地等に該当するでしょうか。

解説

相続開始前3年以内に宅地等が新たに被相続人等が行う特定貸付事業の用に供された場合において、その供された時から相続開始の日までの間に当該被相続人等が行う貸付事業が特定貸付事業に該当しないこととなったときは、当該宅地等は、相続開始の日まで3年を超えて引き続き特定貸付事業を行っていた被相続人等の貸付事業の用に供されたものに該当せず、貸付事業用宅地等の対象となる宅地等から除かれることになります（措通69の4－24の5）。

誤りやすい事例　相続開始前3年を超えて引き続き貸付事業の用に供されていた宅地等

被相続人は相続開始前3年より前から部屋数8のアパート経営をしていました。このアパートの敷地は、貸付事業用宅地等に該当するでしょうか。

解説

相続開始前3年を超えて引き続き被相続人等の貸付事業の用に供されていた宅地等については、特定貸付事業以外の貸付事業に係るものであっても、租税特別措置法第69条の4第3項第4号イ又はロに掲げる要件を満たす当該被相続人の親族が取得した場合には、貸付事業用宅地等に該当することとなります（措通69の4－24の7）。

誤りやすい事例　特定貸付事業を行っていた「被相続人等の当該貸付事業の用に供された」の意義

被相続人と生計を一にする被相続人の父が特定貸付事業を行っていました。被相続人は相続開始の1年前に部屋数8室のアパートを建築し、不動産経営を始めました。被相続人が取得したこのアパートの敷地は、貸付事業用宅地等に該当するでしょうか。

解説

特定貸付事業を行っていた「被相続人等の当該貸付事業の用に供された」とは、特定貸付事業を行っていた被相続人等が、宅地等をその自己が行っていた特定貸付事業の用に供した場合をいいますので、次に掲げる場合はこれに該当しません（措通69の4－24の6）。

① 被相続人が特定貸付事業を行っていた場合に、被相続人と生計を一にする親族が宅地等を自己の貸付事業の用に供したとき
② 被相続人と生計を一にする親族が特定貸付事業を行っていた場合に、被相続人又は当該親族以外の被相続人と生計を一にする親族が宅地等を自己の貸付事業の用に供したとき

裁判例　事業的規模

東京地裁平成7年6月30日判決（一部認容）（確定）

租税特別措置法（平成4年法律14号改正前）69条の3第1項に規定する事業は、所得税法上の事業概念と同一の意義のものと解すべきであり、営利性・有償性の有無、継続性・反復性の有無、企業遂行性の有無、精神的肉体的労力の程度、人的・物的設備等を総合して、社会通念上事業といいうるか否かによって判断すべきである。

所得税基本通達にいういわゆる5棟10室基準は事業というための十分条件を定めたに過ぎず、5棟10室程度の規模に至らない不動産の貸付けが直ちに社会通念上事業に当たらないということはできない。本件ビルの1階部分及び2階部分の貸付けは、営利性・有償性、継続性・反復性、企業遂行性、精神的肉体的労力の程度、貸付けの目的等の諸点を総合勘案すれば、社会通念上事業といいうるから、本件ビルの敷地は、事業用宅地等に該当し、小規模宅地等の特例を適用することができる。

（注）　本件課税時期においては、準事業の用に供されている宅地等については、小規模宅地等の特例を適用することはできないとされていました。現在、事業には準事業が含まれることとされていますが、平成30年税制改正において、貸付事業用宅地等の範囲について、相続開始前3年以内にあらたに貸付事業の用に供された宅地等は、相続開始前3年を超えて事業的規模で貸付事業を行っている場合を除き、特例を適用することができないこととされました。本判決は、その事業的規模の判断において、参考になる判決です。

(4) 特定居住用宅地等

特定居住用宅地等とは、相続開始の直前において被相続人等の居住の用に供されていた宅地等で、次の表の区分に応じ、それぞれに掲げる要件に該当する被相続人の親族が相続又は遺贈により取得したものをいいます（次の表の区分に応じ、それぞれに掲げる要件に該当する部分で、それぞれの要件に該当する被相続人の親族が相続又は遺贈により取得した持分の割合に応ずる部分に限ります。）（措法69の4③三）。

区分	特例の適用要件	
	取得者	取得者ごとの要件
1　被相続人の居住の用（注1）に供されていた宅地等（注2）	(1)　被相続人の配偶者	「取得者ごとの要件」はありません。
	(2)　被相続人の居住の用に供されていた一棟の建物に居住していた親族（注3）	次の①及び②のいずれの要件も満たすこと ①　相続開始の直前から相続税の申告期限まで引き続きその建物に居住していること ②　その宅地等を相続開始時から相続税の申告期限まで有していること ※　特定居住用宅地等である小規模宅地等を自己の居住の用に供していたことを明らかにする書類を相続税の申告書に添付する必要があります（特例の適用を受ける人がマイナンバー（個人番号）を有する場合には提出不要です。）（措規23の2⑧二ロ）。
	(3)　上記(1)及び(2)以外の親族	次の①から⑥の要件をすべて満たすこと ①　居住制限納税義務者又は非居住制限納税義務者（注4）のうち日本国籍を有しない者ではないこと ②　被相続人に配偶者がいないこと ③　相続開始の直前において被相続人の居住の用に供されていた家屋に居住していた被相続人の相続人（相続の放棄があった場合には、その放棄がなかったものとした場合の相続人）がいないこと ④　相続開始前3年以内に日本国内にある取得者、取得者の配偶者、取得者の三親等内の親族又は取得者と特別の関係がある一定の法人（注5）が所有する家屋（相続開始の直前において被相続人の居住の用に供されていた家屋を除きます。）に居住したことがないこと ⑤　相続開始時に、取得者が居住している家屋を相続開始前のいずれの時においても所有していたことがないこと ⑥　その宅地等を相続開始時から相続税の申告期限まで有していること ※　上記の要件を満たすことを証する書類として、次に掲げる書類を相続税の申告書に添付しなければなりません（措規23の2⑧二ハ、ニ、ホ）。 （i）　相続開始前3年以内における住所又は居所を明らかにする書類（特例の適用を受け

			る人がマイナンバー（個人番号）を有する場合には提出不要です。） (ii) 相続開始前3年以内に居住していた家屋が、自己、自己の配偶者、三親等内の親族又は特別の関係がある一定の法人の所有する家屋以外の家屋である旨を証する書類 (iii) 相続開始の時において自己の居住している家屋を相続開始前のいずれの時においても所有していたことがないことを証する書類
2	被相続人と生計を一にしていた被相続人の親族の居住の用に供されていた宅地等	(1) 被相続人の配偶者	「取得者ごとの要件」はありません。
		(2) 被相続人と生計を一にしていた親族	次の①及び②のいずれの要件も満たすこと ① 相続開始前から相続税の申告期限まで引き続きその家屋に居住していること ② その宅地等を相続税の申告期限まで有していること ※ 特定居住用宅地等である小規模宅地等を自己の居住の用に供していたことを明らかにする書類を相続税の申告書に添付する必要があります（特例の適用を受ける人がマイナンバー（個人番号）を有する場合には提出不要です。）（措規23の2⑧ニロ）。

(注1) 「被相続人の居住の用」には、被相続人の居住の用に供されていた宅地等が、養護老人ホームへの入所など被相続人が居住の用に供することができない一定の事由（❶(3)参照）により相続開始の直前において被相続人の居住の用に供されていなかった場合（被相続人の居住の用に供されなくなった後に、事業の用又は新たに被相続人等以外の人の居住の用に供された場合を除きます。）におけるその事由により居住の用に供されなくなる直前の被相続人の居住の用を含みます。

(注2) 「被相続人の居住の用に供されていた宅地等」が、被相続人の居住の用に供されていた一棟の建物（区分所有建物である旨の登記がされている建物を除きます。）の敷地の用に供されていたものである場合には、その敷地の用に供されていた宅地等のうち被相続人の親族の居住の用に供されていた部分（上記表の2に該当する部分を除きます。）を含みます。

(注3) 「被相続人の居住の用に供されていた一棟の建物に居住していた親族」とは、次の①又は②のいずれに該当するかに応じ、それぞれの部分に居住していた親族のことをいいます。
① 被相続人の居住の用に供されていた一棟の建物が、区分所有建物である旨の登記がされている建物である場合　　被相続人の居住の用に供されていた部分
② ①以外の建物である場合　　被相続人又は被相続人の親族の居住の用に供されていた部分

(注4) 「居住制限納税義務者」又は「非居住制限納税義務者」については、第2章第1節❶を参照してください。

(注5) 「特別の関係がある一定の法人」とは、次の①から④に掲げる法人をいいます。
① 取得者及び租税特別措置法施行令第40条の2第15項第1号イからへまでに掲げる者（以下、（注5）において「取得者等」といいます。）が法人の発行済株式又は出資（その法人が有する自己の株式又は出資を除きます。）の総数又は総額（②及び③において「発行済株式総数等」といいます。）の10分の5を超える数又は金額の株式又は出資を有する場合におけるその法人

② 取得者等及び①に掲げる法人が他の法人の発行済株式総数等の10分の5を超える数又は金額の株式又は出資を有する場合におけるその他の法人
③ 取得者等並びに①及び②に掲げる法人が他の法人の発行済株式総数等の10分の5を超える数又は金額の株式又は出資を有する場合におけるその他の法人
④ 取得者等が理事、監事、評議員その他これらの者に準ずるものとなっている持分の定めのない法人

(5) 国の事業の用に供されている宅地等（一定の郵便局の敷地の用に供されている宅地等）

　日本郵政公社に特定郵便局の用地として貸し付けられている宅地等については、従前、小規模宅地等の特例の対象となっていましたが、平成19年10月1日に郵政民営化関連法が施行されたことに伴い、対象から除かれることとなりました。

　しかしながら、郵便局に係る賃貸借契約の円滑な引継ぎを確保する観点から、現に日本郵政公社に賃貸している郵便局について、賃貸人である被相続人の相続開始直前において日本郵政公社へ賃貸していた当時の賃貸借契約の内容が維持されている場合に限り、従来の小規模宅地等についての課税価格の計算の特例と同様の措置を民営化施行時の賃貸人一代に限り講じる特例が創設されました。

　すなわち、個人が相続又は遺贈により取得した財産のうちに、次の①から③に掲げる要件のすべてを満たす土地又は土地の上に存する権利で一定のもの（以下「特定宅地等」といいます。）がある場合には、その特定宅地等を租税特別措置法第69条の4第3項第1号に規定する特定事業用宅地等に該当する同条第1項に規定する特例対象宅地等とみなして、同条及び租税特別措置法第69条の5の規定を適用することとされました（郵政民営化法180①）。

①	平成19年10月1日前に相続若しくは遺贈に係る被相続人又はその被相続人の相続人と日本郵政公社との間の賃貸借契約に基づき郵便局の用に供するために日本郵政公社に貸し付けられていた郵便局（注）の建物（その被相続人又はその相続人が所有していたものに限ります。以下同じです。）の敷地の用に供されていた土地又は土地に関する権利のうち、同日からその被相続人に係る相続の開始の直前までの間において効力を有する賃貸借契約の契約事項に一定の事項以外の変更がない賃貸借契約に基づき引き続き郵便局の用に供するため日本郵便株式会社に対し貸し付けられていた郵便局の建物の敷地の用に供されていたものであること。 （注）　郵政民営化法等の施行に伴う関係法律の整備等に関する法律第2条により廃止された日本郵政公社法第20条第1項に規定する郵便局をいいます。
②	相続又は遺贈により上記①の要件を満たす土地又は土地の上に存する権利（以下「宅地等」といいます。）を取得した相続人からその相続の開始の日以後5年間以上郵便局の建物を日本郵便株式会社が引き続き借り受けることにより、その敷地である宅地等を同日以後5年以上郵便局の敷地の用に供する見込みであることにつき総務大臣の証明されたものであること。 （注）　相続税の申告書には総務大臣の証明書を添付しなければなりません（郵政民営化に関する法人税及び相続税に係る課税の特例に関する省令2）。
③	上記②の宅地等について、すでにこの特例の規定の適用を受けたことがないものであること。

3 特例対象宅地等の選択

(1) 限度面積要件

適用対象となる小規模宅地等は、被相続人ベースで次に掲げる選択特例対象宅地等の区分に応じ、それぞれ次に掲げる面積（以下「限度面積要件」といいます。）までの部分に限られます（措法69の4②）。

	選択特例対象宅地等の区分	限度面積要件
①	選択特例対象宅地等のすべてが特定事業用等宅地等（特定事業用宅地等及び特定同族会社事業用宅地等をいいます。）である場合	選択特例対象宅地等の面積の合計が400㎡以下であること
②	選択特例対象宅地等のすべてが特定居住用宅地等である場合	選択特例対象宅地等の面積の合計が330㎡以下であること
③	選択特例対象宅地等のすべてが貸付事業用宅地等である場合	選択特例対象宅地等の面積の合計が200㎡以下であること
④	選択特例対象宅地等が特定事業用等宅地等又は（及び）特定居住用宅地等と貸付事業用宅地等である場合	貸付事業用宅地等換算面積（注）が200㎡以下であること

(注) 貸付事業用宅地等換算面積は、次の算式により求めた面積をいいます。

$$\text{選択特例対象宅地等である特定事業用等宅地等の面積} \times \frac{1}{2} + \text{選択特例対象宅地等である特定居住用宅地等の面積} \times \frac{20}{33} + \text{選択特例対象宅地等である貸付事業用宅地等の面積}$$

(2) 特例対象宅地等の選択の方法

相続又は遺贈により特例対象宅地等を取得した個人が2人以上いる場合には、小規模宅地等の特例の適用を受けようとする特例対象宅地等の選択については、その相続又は遺贈により特例対象宅地等を取得した個人全員の同意が必要です（措法69の4①、措令40の2⑤）。

また、相続又は遺贈により特例対象宅地等を取得した個人のほかに次に掲げる個人がいる場合には、小規模宅地等の特例の適用を受けようとする特例対象宅地等の選択については、これらの者を含めた全員の同意が必要となります。

①	特例対象山林を取得した者	特例対象山林とは、租税特別措置法第69条の5第2項第4号に規定する特定計画山林のうち同号イに掲げる土地等をいいます。
②	特例対象受贈山林を取得した者	特例対象受贈山林とは、租税特別措置法第69条の5第2項第4号に規定する特定計画山林のうち同号ロに掲げる土地等をいいます。
③	猶予対象宅地等を取得した者	猶予対象宅地等とは、租税特別措置法第70条の6の10第2項第1号に規定する特定事業用資産のうち同号イに掲げる宅地等

| ④ | 猶予対象受贈宅地等を取得した者 | 猶予対象受贈宅地等とは、租税特別措置法第70条の6の9第1項（同条第2項の規定により読み替えて適用する場合を含みます。）の規定により相続又は遺贈により取得したものとみなされた同法第70条の6の8第1項に規定する特例受贈事業用資産のうち同条第2項第1号イに掲げるもの（同条第1項の規定の適用に係る贈与により取得をした同号イに規定する宅地等（以下、この表において「受贈宅地等」といいます。）の譲渡につき同条第5項の承認があった場合における同項第3号の規定により同条第1項の規定の適用を受ける特例受贈事業用資産とみなされた資産及び受贈宅地等又は当該特例受贈事業用資産とみなされた資産の現物出資による移転につき同条第6項の承認があった場合における同項の規定により特例受贈事業用資産とみなされた株式又は持分を含みます。）をいいます。 |

（注） 相続又は遺贈により特例対象宅地等、特例対象山林、特例対象受贈山林、猶予対象宅地等及び猶予対象受贈宅地等を取得した個人が1人である場合には、他の共同相続人又は受遺者の同意は要しません（措令40の2）。

なお、特例対象宅地等、特例対象山林、特例対象受贈山林又は、猶予対象宅地等若しくは当該猶予対象受贈宅地等を取得したすべての個人による選択についての同意を証する書類は、相続税の申告書に添付しなければなりません（措規23の2⑧）。

4 小規模宅地等について相続税の課税価格に算入する価額

小規模宅地等の課税価格に算入すべき価額は、その宅地等の価額に次に掲げる区分に応じ、それぞれに掲げる割合を乗じて計算した金額となります（措法69の4①）。

区　分	課税価格に算入する割合
特定事業用宅地等である小規模宅地等	20%
特定居住用宅地等である小規模宅地等	
特定同族会社事業用宅地等である小規模宅地等	
貸付事業用宅地等である小規模宅地等	50%

5 小規模宅地等の特例の適用を受けるための手続き

(1) 申告手続

小規模宅地等の特例の適用を受けるためには、相続税の申告書にこの特例を受けようとする旨を記載するとともに次の書類を添付する必要があります（措法69の4⑦、措令40の2⑤、措規23の2⑧）。

① 小規模宅地等に係る相続税の課税価格に算入すべき価額の計算に関する明細書
② 小規模宅地等の特例の適用を受けるものとして選択をしようとする当該特例対象宅地等について明細を記載した書類
③ 小規模宅地等の特例の適用を受けるものとして選択をしようとする当該特例対象宅地等について限度面積要件を満たすものである旨を記載した書類
④ 当該特例対象宅地等、当該特例対象山林若しくは当該特例対象受贈山林又は当該猶予対象宅地等若しくは当該猶予対象受贈宅地等を取得したすべての個人の選択についての同意を証する書類

（①から④の書類については、通常は、相続税の申告書の第11・11の2表の付表1、2を使用します。）

⑤ 遺言書の写し、財産の分割の協議に関する書類（当該書類に当該相続に係るすべての共同相続人及び包括受遺者が自署し、自己の印を押しているものに限ります。）の写し（当該自己の印に係る印鑑証明書が添付されているものに限ります。）その他の財産の取得の状況を証する書類
⑥ その他本節のそれぞれの箇所で記載した書類

裁判例　相続人ら全員の選択同意書の添付

東京地裁平成28年7月22日判決（棄却）（控訴）

　小規模宅地等の特例の前提として要求されている「選択」とは、単に当該特例を受けようとする個人のみが選択をすれば足りるものではなく、すべての相続人等間で統一された選択をすることが当然に要求されているというべきであるところ、これを受けて、租税特別措置法施行令第40条の2第3項は、特例対象宅地等のうち本件特例の適用を受けるものの選択は、当該相続若しくは遺贈又は贈与により特例対象宅地等並びに特例対象山林及び特例対象受贈山林のすべてを取得した個人が1人である場合を除き、当該特例対象宅地等又は特例対象山林若しくは特例対象受贈山林を取得したすべての個人の選択同意書を相続税の申告書に添付することを定めているものと解することができる。

　A土地及びB土地は、被相続人又は被相続人と生計を一にしていた納税者の事業の用に供されていた宅地等であって、いずれも特例対象宅地等に該当するというべきであるところ、B土地は、本件相続税の申告期限の時点において未分割財産であり、被相続人の共同相続人である相続人らの共有に属していたことになるから、本件相続により、A土地相続分及びB土地相続分から成る特例対象宅地等を取得したのは、相続人ら全員ということになる。したがって、本件相続において、特例対象宅地等の選択をして本件特例の適用を受けるには、特例対象宅地等を取得したすべての相続人の選択同意書を相続税の申告書に添付してしなければならず、納税者が、その申告において、相続人ら全員の選択同意書を添付せずに、A土地相続分について本件特例の適用を受けることはできない。

(2) 申告期限までに遺産分割ができない場合

　共同相続人及び包括受遺者が2名以上いる場合には、相続税の申告書の提出期限までに、その共同相続人及び包括受遺者間で分割が行われ、取得者が確定した特例対象宅地等についてのみ小規模宅地等の特例を適用することができます（措法69の4④）。

　ただし、その分割されていない特例対象宅地等が相続税の申告書の提出期限から3年以内に分割された場合（当該相続又は遺贈により財産を取得した者が租税特別措置法第69条の5に規定する特定計画山林についての相続税の課税価格の計算の特例制度の適用を受けている場合を除きます。）には、その分割された当該特例対象宅地等については、小規模宅地等の特例を適用することができます。

　なお、相続税の申告書の提出期限から3年以内に分割がされなかった場合であっても、相続税の申告書の提出期限を経過するまでの間に当該特例対象宅地等が分割されなかったことについて、当該相続又は遺贈に関し訴えの提起がされたことその他の一定のやむを得ない事情があるときにおいて、納税地の所轄税務署長の承認を受けたときは、当該特例対象宅地等の分割ができることとなった日の翌日から4か月以内に分割された場合には、小規模宅地等の特例を適用することができます。

　なお、一定の「やむを得ない事情がある場合」、「分割ができることとなった日」については、第6章第3節❸(4)を参照してください。

　また、納税地の所轄税務署長の承認については第6章第3節❸(5)を参照してください。

(3) 更正の請求

　次のいずれかの事由が生じた場合には、その選択されたその宅地等については更正の請求によりこの特例の適用を受けることができます（措法69の4④⑤、措令40の2㉔㉕㉖、措通69の4－26）。

① 申告期限までに分割されていない特例対象宅地等について、上記(2)の場合に該当し、所定の期間内に特例対象宅地等が分割されたこと。

② 相続税の申告期限までに分割された特例対象宅地等（この特例の対象となる宅地等をいいます。）のうち、その申告期限までに特例対象山林（第2節に掲げる特定森林施業計画山林をいいます。）の全部又は一部が分割されなかったことにより、この特例の適用を受けようとする選択ができずこの特例の適用を受けていなかった場合で、その申告期限から3年以内（その期間が経過するまでの間にその特例対象山林が分割できないやむを得ない事情があり、税務署長の承認を受けた場合には、これらの財産が分割できることとなった日の翌日から4か月以内）にその特例対象山林の全部又は一部が分割されたこと。

（注1）相続税の申告期限までに特例対象宅地等又は特例対象山林が分割されておらず、申告期限から3年以内にこれらを分割し、この特例の適用を受けようとする場合には、その旨並びに分割されていない事情及び分割の見込みの詳細を明らかにした書類（申告期限後3年以内の分割見込書）を相続税の申告書に添付して提出する必要があります（措規23の2⑧七）。

（注2）相続税の申告期限後3年を経過する日までに分割できないやむを得ない事情がある場合において、そ

第5章　相続税の課税価格の計算の特例

の事情がなくなった日の翌日から4か月以内に特例対象宅地等又は特例対象山林を分割し、この特例を受けようとする者は、相続税の申告期限後3年を経過する日の翌日から2か月以内に、その事情の詳細その他財務省令で定める事項を記載した承認申請書を税務署長に提出しなければなりません（措令40の2㉔）。

（注3）相続や遺贈により財産を取得した者のうちいずれかの者がすでにこの小規模宅地等の特例又は特定計画山林の課税価格の特例の適用を受けている場合には、上記により選択された特例対象宅地等についてこの特例の適用を受けることはできません（措令40の2㉔かっこ書き）。

裁決例　特例対象宅地等の選択替え

平成5年12月13日裁決（棄却）

　国税通則法第23条第1項第1号に規定する更正の請求は、納付すべき税額が、納税申告書に記載した課税標準等の計算が国税に関する法律の規定に従っていなかったこと等により過大であるときになしうるものであるから、所得計算の特例等の規定で、納税者に一定事項の申告及び選択等を条件としてその規定の適用を受けることをゆだねている場合に、いったん自由な意思でこれらの規定に従い、かつ、適法な計算に基づいて申告書を提出し税額を確定させたものは、後日その一定事項の申告及び選択等の内容を変更することを理由に更正の請求をすることはできないと解すべきである。

　したがって、相続税の確定申告書において、租税特別措置法第69条の3の適用を受けるために、いったん宅地を適法に選択した以上、後日、他の宅地への選択替えを求めて更正の請求をすることはできない。

第2節　特定計画山林についての相続税の課税価格の計算の特例

 概要

　特定計画山林についての相続税の課税価格の計算の特例は、相続又は遺贈により森林経営計画の定められた区域内に存する森林（立木又は林地をいいます。）を取得し、又はこれらの資産を相続時精算課税の適用を受ける財産として、被相続人からの贈与により取得していた場合には、その財産のうち、被相続人の親族が取得したその財産の全部又は一部でこの特例の適用を受けるものとして選択したもので、その相続開始の時から相続税の申告期限（その者がその申告期限までに死亡した場合には、その死亡の日）まで引き続きそのすべてを有している場合については、一定の要件を満たす限り、相続税の課税価格に算入すべき価額の計算上、その一定割合を減額するものです（措法69の5、措令40の2の2、措規23の2の2）。

❷ 特例対象者

　この特例の適用対象者は、相続又は遺贈（相続時精算課税の適用対象となる被相続人からの贈与を含みます。）により次の❸で説明する森林経営計画の定められた区域内に存する森林を取得した個人で、次の①から②までに掲げる区分に応じ、それぞれに掲げる要件を満たす者（以下「特定計画山林相続人等」といいます。）です（措法69の5②三）。

　①　相続又は遺贈により特定森林経営計画対象山林を取得した個人で、次のイ及びロの要件を満たすもの。

イ	その相続又は遺贈に係る被相続人から特定森林経営計画対象山林をその相続又は遺贈により取得した者でその被相続人の親族であること。
ロ	その相続開始の時から相続税の申告期限まで引き続き選択特定計画山林である特定森林経営計画対象山林について、市町村長等の認定を受けた森林経営計画に基づき施業を行っていること。

　②　贈与により特定受贈森林経営計画対象山林を取得した個人で、次のイ及びロに掲げる要件を満たすもの。

イ	その特定受贈森林経営計画対象山林の特定贈与者である被相続人に係る相続時精算課税適用者であること。 （注）　この特例の適用を受けようとする者は、原則として相続税法第28条第1項の期間内に、この特例の適用を受ける旨その他財務省令で定める事項を記載した書類等を所轄税務署長に提出する必要があります（措法69の5⑧）。
ロ	その特定受贈森林経営計画対象山林に係る贈与の時から特定贈与者であった被相続人の死亡により開始した相続の申告期限まで引き続き選択特定計画山林である特定受贈森林経営計画対象山林について、市町村長等の認定を受けた森林経営計画に基づき施業を行っていること。

❸ 特例対象財産

　この特例の対象となる財産は、特定計画山林で、次の①から④のすべての要件を満たすものです（措法69の5①）。

　①　相続又は遺贈（相続時精算課税の適用対象となる被相続人からの贈与を含みます。）により取得した財産であること。

　②　相続税の申告期限までに特定計画山林が分割されていること。

　　ただし、申告期限までに分割されていない特定計画山林であっても、次のいずれかに該当するときには、更正の請求によりこの特例の適用を受けることができます（被相続人から相続又は遺贈により財産を取得した者が、小規模宅地等についての相続税の課税価格の計算の

特例の適用を受けている場合を除きますが、下記❺に該当する場合にはその例外となります。）（措法69の5③④⑤）。

イ　相続税の申告期限から3年以内に分割された場合
ロ　相続税の申告期限後3年を経過する日までに分割できないやむを得ない事情があり、税務署長の承認を受けた場合で、その事情がなくなった日の翌日から4か月以内に分割された場合

(注1)　相続税の申告期限までにこの特例の適用対象となる特定計画山林又は小規模宅地等の課税価格の特例についての特例対象宅地等が分割されておらず、分割後この特例の適用を受けようとする場合には、その旨並びに分割されていない事情及び分割の見込みの詳細を明らかにした書類を相続税の申告書に添付して提出します（措規23の2の2）。
　　なお、上記イ又はロにより分割された特定計画山林についてこの特例の適用を受けようとする場合には、その分割が行われた日の翌日から4か月以内に税務署長あて更正の請求書を提出しなければなりません。

(注2)　上記ロによる税務署長の承認を受けようとする者は、相続税の申告期限後3年を経過する日の翌日から2か月以内に特例の適用を受けようとする特定計画山林が分割できないことについてのやむを得ない事情の詳細を記載した承認申請書を提出しなければなりません（措令40の2の2⑧、相令4の2）。

③　相続又は遺贈により特定計画山林、特例対象宅地等、猶予対象宅地等及び猶予対象受贈宅地等を取得した個人が2人以上いる場合には、この特例の適用を受けようとする特定計画山林の選択についてその全員が同意していること（措法69の5①、措令40の2の2①）。この選択をした特定計画山林を「選択特定計画山林」といいます。

(注)　相続又は遺贈により特定計画山林及び小規模宅地等の課税価格の特例についての特例対象宅地等のすべてを取得した個人が1人である場合には、他の共同相続人又は受遺者の同意は要しません（措令40の2の2②）。

④　相続開始の時から申告期限（特定計画山林を取得した相続人等が申告期限等の前に死亡した場合には、その死亡の日）まで、選択特定計画山林のすべてを有している（その他これに準ずる場合として政令で定める一定の場合を含みます。）こと（措法69の5①、措令40の2の2③）。

■ 特定計画山林

特定計画山林とは、次に掲げる区域内に存する立木又は土地等をいいます。

①　被相続人が相続開始前に有していた立木及び土地等（土地及び土地の上に存する権利をいいます。）でその相続開始の直前に森林法第11条第5項等の規定による市町村長等の認定を受けた森林経営計画で相続税の申告期限を経過する時に現に効力を有するものが定められた区域内に存する特定森林経営計画対象山林（森林の保健機能の増進に関する特別措置法第2条第2項第2号に規定する森林保健施設の整備に係る地区内に存するものを除き、森林法施行規則第10条第1号に規定する計画的伐採対象山林に限ります。）（措法69の5②四イ、措令40の2の2⑥⑦）。

②　被相続人である特定贈与者が贈与の直前に有していた立本又は土地等でその贈与の前に森林法第11条第5項等の規定による市町村長等の認定を受けた森林経営計画で贈与税等の

申告期限を経過する時に現に効力を有するものが定められた区域内に存する特定受贈森林経営計画対象山林（森林の保健機能の増進に関する特別措置法第2条第2項第2号に規定する森林保健施設の整備に係る地区内に存するものを除き、森林法施行規則第10条第1号に規定する計画的伐採対象山林限ります。）（措法69の5②四ロ、措令40の2の2⑥⑦）。

なお、これらの特定森林経営計画対象山林又は特定受贈森林経営計画対象山林に関して、相続開始の時から相続税の申告期限までの間に、森林経営計画に定めるところに従い立木を伐採した場合において、その伐採された立木（特定森林経営計画対象山林である選択特定計画山林に限ります。）以外の選択特定計画山林のすべてを特定計画山林相続人等が相続税の申告期限において有しているときは、選択特定計画山林のすべてを有している場合に準ずる場合に該当し、この特例の特例の適用を受けることができます（措令40の2の2③）。

選択特定計画山林についての相続税の課税価格に算入する価額

特定森林経営計画対象山林又は特定受贈森林経営計画対象山林である選択特定計画山林についての相続税の課税価格に算入すべき価額は、その選択特定計画山林の価額から5％の割合を乗じて計算した金額を控除した金額となります（措法69の5①）。

（注）　相続税法第26条の規定が適用となる立木についての相続税の課税価格に算入すべき価額は、最初に立木の時価から15％を乗じて計算した金額を控除し、次に、その残額から5％を乗じて計算した金額を控除した金額（立木の時価から19.25％を乗じて計算した金額を控除した金額）となります。

小規模宅地等の課税価格の特例との併用

小規模宅地等として選択がされた宅地等に係る選択宅地等の面積の合計（第1節❸(1)（注）の貸付事業用宅地等換算面積）が200㎡未満である場合において、相続又は遺贈により財産を取得した者が租税特別措置法第69条の5第2項第1号に規定する特定森林経営計画対象山林及び同項第2号に規定する特定受贈森林経営計画対象山林を同条第1項に規定する選択特定計画山林として選択をするときは、次の算式により算出した価額に達するまでの部分について、「特定計画山林についての相続税の課税価格の計算の特例」の適用を受けることができます（措法69の5⑤）。

〈算式〉

A ×（200㎡ － B）÷ 200㎡

「A」＝特定森林経営計画対象山林及び特定受贈森林経営計画対象山林の価額
「B」＝選択した小規模宅地等の面積

特例の適用を受けるための手続き

　この特例の適用を受けるためには、相続税の申告書にこの特例の適用を受けようとする旨その他所定の事項を記載するとともに財務省令で定める書類等を添付する必要があります（措法69の5⑦、措規23の2の2③④）。

　また、次のいずれかの事由が生じた場合には、その選択されたその特定計画山林については、更正の請求によりこの特例の適用を受けることができます（措法69の5③⑥、措令40の2の2⑧～⑪）。

① 申告期限までに分割されていない特定計画山林について、前記❸の②のただし書きの場合に該当し、所定の期間内に特例対象山林が分割されたこと。

② すでに分割された特例対象山林について、相続税の申告期限までに特例対象宅地等の全部又は一部が分割されなかったことによりこの特例の適用を受けようとする選択ができずこの特例の適用を受けていなかった場合において、その申告期限から3年以内（その期間が経過するまでにその特例対象宅地等が分割されなかったことにつきやむを得ない事情があり、税務署長の承認を受けた場合には、その特例対象宅地等の分割ができることとなった日の翌日から4か月以内）にその特例対象宅地等の全部又は一部が分割されたことによりその選択ができることとなったとき。

③ 特例対象受贈山林について、相続税の申告期限までに特例対象宅地等又は特例対象山林の全部又は一郎が分割されなかったことにより、この特例の適用を受けようとする選択ができず、この適用を受けていなかった場合において、その申告期限から3年以内（その期間が経過するまでに特例対象宅地等又は特例対象山林が分割されなかったことにつき、やむを得ない事情がある場合において、税務署長の承認を受けた場合には、その特例対象宅地等又は特例対象山林の分割ができることとなった日の翌日から4か月以内）にその特例対象宅地等又は特例対象山林の全部又は一部が分割されたことによりその選択ができることとなったとき。

第3節 特定土地等及び特定株式等に係る相続税の課税価格の計算の特例

特定土地等及び特定株式等に係る相続税の課税価格の計算の特例の概要

　特定非常災害に係る特定非常災害発生日前に相続又は遺贈（当該相続に係る被相続人からの贈与により取得した財産で相続税法第21条の9第3項（第70条の2の6第1項、第70条の2の

7第1項（第70条の2の8において準用する場合を含みます。）又は第70条の3第1項において準用する場合を含みます。）の規定の適用を受けるものに係る贈与を含みます。）により財産を取得した者があり、かつ、当該相続又は遺贈に係る相続税法第27条第1項の規定により提出すべき申告書の提出期限が当該特定非常災害発生日以後である場合において、その者が当該相続若しくは遺贈により取得した財産又は贈与により取得した財産（当該特定非常災害発生日の属する年（当該特定非常災害発生日が1月1日から相続税法第28条第1項の規定により提出すべき申告書の提出期限までの間にある場合には、その前年）の1月1日から当該特定非常災害発生日の前日までの間に取得したもので、同法第19条又は第21条の9第3項の規定の適用を受けるものに限ります。）で当該特定非常災害発生日において所有していたもののうちに、特定地域内にある土地若しくは土地の上に存する権利（以下「特定土地等」といいます。）又は特定地域内に保有する資産の割合が高い法人の株式若しくは出資（金融商品取引法第2条第16項に規定する金融商品取引所に上場されている株式、同条第8項第10号ハに規定する店頭売買有価証券に該当する株式等その他これに類するものを除きます。）（以下「特定株式等」といいます。）があるときは、当該特定土地等又は当該特定株式等については、相続税の課税価格に算入すべき価額又は同法第19条若しくは第21条の15の規定により当該相続税の課税価格に加算される贈与により取得した財産の価額は、当該特定非常災害の発生直後の価額とすることができることとされています（措法69の6①、措令40の2の3②、措規23の2の3）。

■ 特定非常災害

　著しく異常かつ激甚な非常災害であって、当該非常災害の被害者の行政上の権利利益の保全等を図り、又は当該非常災害により債務超過となった法人の存立、当該非常災害により相続の承認若しくは放棄をすべきか否かの判断を的確に行うことが困難となった者の保護、当該非常災害に起因する民事に関する紛争の迅速かつ円滑な解決若しくは当該非常災害に係る応急仮設住宅の入居者の居住の安定に資するための措置を講ずることが特に必要と認められるものが発生した場合には、この非常災害を特定非常災害として政令で指定することとされています（特定非常災害の被害者の権利利益の保全等を図るための特別措置に関する法律2①）。

　特定土地等及び特定株式等に係る相続税の課税価格の計算の特例における特定非常災害とは、この特定非常災害の被害者の権利利益の保全等を図るための特別措置に関する法律第2条第1項の規定により特定非常災害として指定された非常災害をいいます。

◆（参考）平成30年以降の特定非常災害◆

	特定非常災害	発生年
1	平成30年西日本豪雨	2018年
2	令和元年台風第19号	2019年
3	令和2年7月豪雨	2020年
4	令和6年能登半島地震	2024年

■ 特定非常災害発生日

政令で特定非常災害の指定をする場合において、当該特定非常災害が発生した日を特定非常災害発生日として定められます（特定非常災害の被害者の権利利益の保全等を図るための特別措置に関する法律2①）。

特定土地等及び特定株式等に係る相続税の課税価格の計算の特例における特定非常災害発生日とは、この特定非常災害の被害者の権利利益の保全等を図るための特別措置に関する法律第2条第1項に規定する特定非常災害発生日をいいます。

■ 特定地域

特定地域とは、特定非常災害により被災者生活再建支援法第3条第1項の規定の適用を受ける地域（同項の規定の適用がない場合には、当該特定非常災害により相当な損害を受けた地域として財務大臣が指定する地域をいいます。

■ 特定地域内に保有する資産の割合が高い法人

特定地域内に保有する資産の割合が高い法人とは、相続又は遺贈により財産を取得した者が当該相続又は遺贈によりその法人の株式又は出資を取得した時において、当該法人の保有していた資産の価額（当該取得した時における時価をいいます。）の合計額のうちに占める特定地域内にあった動産（金銭及び有価証券を除きます。）、不動産、不動産の上に存する権利及び立木（以下、本節において「動産等」といいます。）の価額の合計額の割合が10分の3以上である法人をいいます（措令40の2の3①）。

2 特定非常災害の発生直後の価額

(1) 特定土地等

当該特定土地等（当該特定土地等の上にある不動産を含みます。）の状況が特定非常災害の発生直後も引き続き相続等により取得した時の現況にあったものとみなして、当該特定非常災害の発生直後における当該特定土地等の価額として評価した額に相当する金額となります（措令40の2の3③一）。

なお、「特定非常災害の発生直後の価額」については、相続税等の申告の便宜等の観点から、国税局長（沖縄国税事務所長を含みます。）が不動産鑑定士等の意見を基として特定地域内の一定の地域ごとに特定土地等の特定非常災害の発生直後の価額を算出するための率（以下「調整率」といいます。）を別途定めている場合には、特定非常災害発生日の属する年分の路線価及び倍率に「調整率」を乗じて計算した金額を基に評価することができます。

具体的には、特定土地等が路線価地域にある場合については、特定非常災害発生日の属する年分の路線価に「調整率」を乗じたものに奥行価格補正率等の画地調整率を乗じて計算した金額を基に、また、特定土地等が倍率地域にある場合については、特定非常災害発生日の属する年分の相続税評価額を計算する際に用いる固定資産税評価額に、特定非常災害発生日の属する

年分の倍率に「調整率」を乗じたものを乗じて計算した金額を基にそれぞれ評価することができます。

(2) 特定株式等

　当該特定株式等を相続等により取得した時において当該特定株式等に係る株式の発行法人又は出資のされている法人が保有していた同項に規定する特定地域内にある動産等（当該法人が特定非常災害発生日において保有していたものに限ります。）の当該特定株式等を相続等により取得した時の状況が、特定非常災害の発生直後の現況にあったものとみなして、当該相続等により取得した時における当該特定株式等の価額として評価した額に相当する金額となります（措令40の2の3③二）。

3 特定土地等及び特定株式等に係る相続税の課税価格の計算の特例を適用するための手続き

　特定土地等及び特定株式等に係る相続税の課税価格の計算の特例は、相続税の申告書（期限後申告書及び修正申告書を含みます。）又は更正の請求書にこの規定の適用を受けようとする旨の記載をした場合に限り適用することができます（措法69の6③）。

　ただし、当該記載がなかったことにつき税務署長においてやむを得ない事情があると認めるときは、この限りではありません（措法69の6③ただし書き）。

　なお、同一の被相続人から相続又は遺贈により財産を取得したすべての者のうちにこの特例を適用することができる者がいる場合には、相続税の申告書の提出期限について特例が設けられています。詳細については、第8章第1節❶(3)ハを参照してください。

【設例】特例土地等の課税価格の計算例

- 相続開始日：令和5年10月1日
- 相続により取得した財産：A土地
　　　　　　　　　　　石川県W市S町に所在する宅地：150㎡
　　　　　　　　　　　当該宅地の所在する地域は路線価地域である。
　　　　　　　　　　　正面路線価：100,000円（令和6年分の路線価）

本件土地は、令和6年能登半島地震の特定地域内にある。
国税庁から公表されている令和5年能登半島地震調整率表は次のとおりである。

調 整 率 表　　　　　　　　　　　　　　　　2頁

市区町村名 ： W市　　　　　　　　　　　　　　　　　　　　　　　　W税務署

音順	町(丁目)又は大字名	適用地域名	令和6年分路線価及び評価倍率に乗ずる調整率					
			宅地	田	畑	山林	原野	牧場 池沼
	S町	1　路線価地域	0.55	周比準	周比準	市比準	市比準	
		2　上記以外の地域	0.55	周比準	周比準	市比準	市比準	
		上記以外の地域	0.55	0.65	0.65	0.85	0.85	
	T町	全域	0.70	0.85	0.85	0.85	0.85	

〈回答〉

特例を適用した場合の、A土地の課税価格に算入される金額は、次のとおりとなる。

　　（路線価）　　　（調整率）　　　（地積）　　（課税価格に算入する金額）
（　100,000円　×　0.55　）　×　150㎡　＝　8,250,000円

■ 令和6年能登半島地震に係る特例の適用

　令和6年1月1日に発生した令和6年能登半島地震は、特定非常災害に指定され、石川県、富山県及び新潟県の全域が特定地域に指定されています。この地震に係る特例の適用要件は次のとおりとなります。

	特例評価の適用要件		評価額
	取得時期	対象となる財産	
土地等	①　令和5年2月28日から令和5年12月31日までの間に相続等（相続又は遺贈）により取得したもの	令和6年1月1日（特定非常災害発生日）において所有していた土地等のうち、特定地域（注1）内にある土地等【特定土地等】	特定非常災害の発生直後の価額（土地等の価額は、令和6年分の路線価等に「調整率」（注4）を乗じて計算します（注5）。）によることができます。
株式等	②　令和5年1月1日から令和5年12月31日までの間に贈与により取得したもの	令和6年1月1日において所有していた株式等（注2）のうち、その取得の時において、特定地域内にあった動産等（注3）の価額が保有資産の合計額の10分の3以上である法人の株式等【特定株式等】	

（注1）「特定地域」とは、特定非常災害により被災者生活再建支援法第3条第1項の規定の適用を受ける地域（同項の規定の適用がない場合には、その特定非常災害により相当な損害を受けた地域として財務大臣が指定する地域）をいい、令和6年12月31日現在で、次の地域が該当します。

都道府県名	特定地域	都道府県名	特定地域
石川県	県内全域	富山県	県内全域
新潟県	県内全域		

（注2）　金融商品取引所に上場されている株式など一定のものを除きます。
（注3）　この場合の「動産等」とは、動産（金銭及び有価証券を除きます。）、不動産、不動産の上に存する権利及び立木をいいます。

(注4) 「調整率」は、国税庁ホームページ（https://www.rosenka.nta.go.jp）でご確認ください。
(注5) この土地等の価額の計算は、令和6年分に適用される評価通達等に基づいて行うことになりますので、居住用の区分所有財産（いわゆる分譲マンション）に係る敷地利用権（土地等）の価額の計算については、区分所有補正率を乗ずるなどの新たな計算方法により行うことになります。

（国税庁ホームページより）

第6章 相続税額の計算

　相続税は、被相続人から相続又は遺贈により財産を取得したすべての者に係る相続税の総額を計算し、この相続税の総額を、相続又は贈与により財産を取得したそれぞれの者に配分することにより、それぞれの者の相続税額を算出する仕組みとされています（相法11）。

　まず、相続税の総額は、同一の被相続人から相続又は遺贈により財産を取得したすべての者に係る相続税の課税価格の合計額から、遺産に係る基礎控除額を控除した額を基として計算します。この相続税の総額は、相続税法第15条第2項に規定する相続人の数に応じた相続人が法定相続分に応じて取得したと仮定した場合におけるその各取得金額につきそれぞれ超過累進税率を適用して算出した金額の合計額です（相法16）。

　次に、それぞれの相続人又は受遺者の相続税額は、相続税の総額をそれぞれの相続人又は受遺者の課税価格に応じてあん分計算して算出します（相法17）。

　さらに、相続税額の2割加算又は贈与税額控除、配偶者に対する相続税額の軽減、未成年者控除、障害者控除、相次相続控除若しくは在外財産に対する相続税額の控除の適用がある場合には、これらを加算又は控除した金額が各相続人の納付すべき税額となります。

　なお、相続時精算課税に係る特定贈与者に相続が開始した場合の相続税額の計算等について特に留意すべき点については第7章を参照してください。

第1節 相続税の総額の計算

 遺産に係る基礎控除額

(1) 遺産に係る基礎控除額の計算

　相続税の総額を計算する場合には、同一の被相続人から相続又は遺贈により財産を取得したすべての者に係る相続税の課税価格（相続税法第19条及び第21条の15の規定の適用がある場合

には、これらの規定により相続税の課税価格とみなされた金額）の合計額から、次の算式により計算した金額を控除します。この金額を「遺産に係る基礎控除額」といいます。

遺産に係る基礎控除額＝3,000万円＋600万円×相続人の数

(注) 相続又は遺贈により財産を取得した者に係る相続税の課税価格（相続税法第19条及び第21条の15の規定の適用がある場合には、これらの規定により相続税の課税価格とみなされた金額）に1,000円未満の端数があるとき又はその全額が1,000円未満であるときは、その端数金額又はその全額を切り捨てます（通法118、相基通16－2）。

　課税価格の合計額が遺産に係る基礎控除額以下である場合には、その被相続人から相続又は遺贈により財産を取得したすべての相続人及び受遺者に対して、相続税は課されません。

　なお、課税価格の合計額が遺産に係る基礎控除額以下であるために相続税が課されない場合であっても、小規模宅地等の特例（措法69の4①⑦）、特定計画山林の特例（措法69の5①⑦）及び特定土地及び特定株式等の特例（措法69の6①③）を適用することによって、課税価格の合計額が遺産に係る基礎控除額以下となるときには、これらの特例を受ける旨を記載した相続税の申告書の提出が必要となります。また、相続時精算課税に係る贈与税の還付を受ける場合には、相続税の申告書を提出することとなります（相法33の2①）。

(2) 遺産に係る基礎控除額を計算する場合の相続人の数

　遺産に係る基礎控除額を計算する場合の「相続人の数」は、民法第5編第2章の規定による相続人の数となります（相法15②）。ただし、相続の放棄があった場合においては、その放棄がなかったものとした場合における相続人の数となります（相法15②かっこ書き）。

　また、その被相続人に養子がある場合の相続人の数に算入するその被相続人の養子の数は、次の区分に応じそれぞれ次に掲げる養子の数に限られます（相法15②③）。

　なお、制限された後の養子の数を遺産に係る基礎控除額を計算する場合の相続人の数に算入することが、相続税の負担を不当に減少させる結果となると税務署長が認めた場合には、税務署長は、相続税についての更正又は決定に際し、当該税務署長の認めるところにより、当該養子の数を当該相続人の数に算入しないで相続税の課税価格及び相続税額を計算することができることとされています（相法63）。

	被相続人の子の状況		遺産に係る基礎控除額を計算する場合に相続人の数に含めることのできる養子の人数
①	被相続人に実子がいる場合		1人
②	被相続人に実子がいない場合	養子が1人	1人
③		養子が2人以上	2人

(注) 被相続人と養子縁組により養子となった者であっても、次に掲げる養子は、実子とみなされ、相続人の数に含める養子の数の制限の対象とはなりません（相法15③、相令3の2）。
　① 民法第817条の2第1項に規定する特別養子縁組による養子となった者

② 被相続人の配偶者の実子で被相続人の養子となった者
　被相続人の配偶者の実子で当該被相続人の養子となった者とは、被相続人とその配偶者との婚姻期間（婚姻後、民法第728条第2項の規定により婚姻関係が終了するまでの期間をいいます。③において同じです。）において被相続人の養子であった者をいいます（相基通15－6前段）。

③ 被相続人との婚姻前に、被相続人の配偶者の特別養子縁組による養子となった者で婚姻後にその被相続人の養子となったもの
　「婚姻後にその被相続人の養子となったもの」とは、被相続人とその配偶者との婚姻期間中において被相続人の養子となった者をいいます（相基通15－6後段）。

④ 実子若しくは養子又はその直系卑属が相続開始以前に死亡し、又は相続権を失ったため相続人（相続の放棄があった場合には、その放棄がなかったものとした場合における相続人）となったその者の直系卑属

■ 代襲相続人であり、かつ、被相続人の養子となっている者

相続人のうちに代襲相続人であり、かつ、被相続人の養子となっている者がある場合の相続税法第15条第2項に規定する相続人の数については、その者は実子1人として計算することとなります（相基通15－4）。

■ 相続人となるべき者が胎児である場合

被相続人の相続開始時に胎児であった相続人となるべき者が、相続税の申告書を提出する日までに出生していない場合には、この胎児は遺産に係る基礎控除額の計算上、相続人の数には算入しません（相基通15－3）。

ただし、胎児を相続人の数に含めずに遺産に係る基礎控除額を計算し、相続税の申告を行った後に、その胎児が出生した場合には、その者を相続人の数に含めて遺産に係る基礎控除額を再計算し、更正の請求を行うことができます（相法32①二、相基通32－1）。

■ 同時死亡の場合

2人以上の死亡者のうち、誰が先に死亡したかが明らかでない場合は、同時に死亡したものと推定されます（民法32の2）ので、死亡者相互間では相続関係は生じませんが、代襲相続関係が発生しますので、代襲相続人の数を遺産に係る基礎控除額の計算における相続人の数に算入することとなります。

〈参考1〉

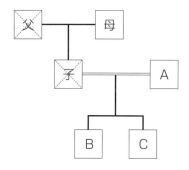

父と子が同時死亡した場合
　① 父の相続人は、母と子の代襲相続人であるB及びCの計3名
　② 子の相続人は、子の配偶者Aと子であるB及びCの計3名

〈参考2〉

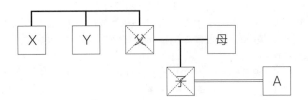

父と子が同時死亡した場合
① 父の相続人は、母と父の兄弟であるX及びYの計3名
② 子の相続人は、子の配偶者Aと子の親である母の2名

■ 相続人が不存在の場合

相続人が不存在であって受遺者が遺贈を受けた場合や特別縁故者が相続財産の分与を受けた場合などにおける遺産に係る基礎控除額は、3,000万円となります（相基通15－1）。

■ 相続人である兄弟姉妹が被相続人の親と養子縁組をした者である場合

被相続人の相続人が、被相続人の兄弟姉妹である場合において、その相続人の中に当該被相続人の親と養子縁組をしたことにより相続人となった者があるときであっても、相続税法第15条第2項に規定する「当該被相続人に養子がある場合」に該当しません（相基通15－5）。

〈参考〉

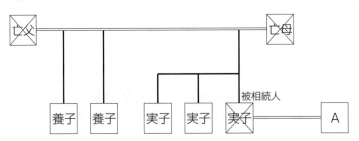

被相続人の相続人は、被相続人の配偶者Aと兄弟4名の合計5名。
※　親の養子は相続人の数の制限の対象とはならない。

誤りやすい事例　民法における相続人の数と相続税法第15条第2項における相続人の数

民法の規定による相続人の数と相続税法第15条第2項に規定する相続人の数について、どのような違いがあるのでしょうか。

解説

相続の放棄があった場合や被相続人に養子ある場合などにおいて民法の規定による相続人の数と相続税法第15条第2項に規定する相続人の数には、次の設例のとおり違いがあります（相基通15－2）。

〈設例1〉

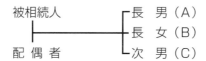

　上記の場合において、(B)、(C)及び配偶者が相続を放棄したときの民法の規定による相続人は、(A)のみですが、相続税法第15条第2項に規定する相続人の数は、相続の放棄があった場合には、その放棄がなかったものとした場合における相続人の数となりますので、(A)、(B)、(C)及び配偶者の4人となります。

〈設例2〉

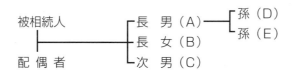

　上記の場合において、相続の開始以前に(A)が死亡したときの民法の規定による相続人の数は、配偶者、(B)、(C)並びに(A)の代襲相続人である(D)及び(E)の5人であり、相続税法第15条第2項に規定する相続人の数も同じになります。
　また、(A)が相続権を失った者である場合においても同様です。

〈設例3〉

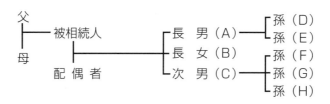

　上記の場合において、(A)、(B)及び(C)が相続の放棄をしたときにおいては、民法の規定による相続人の数は、父、母及び配偶者の3人ですが、相続税法第15条第2項に規定する相続人の数は、その放棄がなかったものとされますので(A)、(B)、(C)及び配偶者の4人となります。

〈設例4〉

　上記の場合において、(B) が民法第817条の2第1項《特別養子縁組の成立》に規定する特別養子縁組による養子となった者であるときの民法の規定による相続人は、(A)、(B)、(C)、(D) 及び配偶者の5人となりますが、相続税法第15条第2項に規定する相続人の数は、(A)、(B)、(B) を除く養子1人 ((C) 又は (D) のいずれか1人を特定することを要しないのであるから留意する。) 及び配偶者の4人となります。

〈設例5〉

　上記の場合において、相続開始以前に (A) が死亡したときの民法の規定による相続人は、(D)、(E)、(B)(C) 及び配偶者の5人ですが、相続税法第15条第2項に規定する相続人の数は、(D)、(E)、配偶者及び養子1人 ((B) 又は (C) のいずれか1人を特定することを要ません。) の4人となります。
　また、(A) が相続権を失った者である場合も同様となります。

〈設例6〉

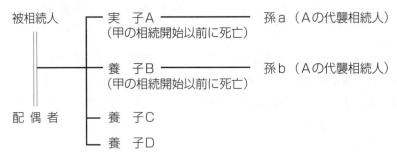

　上記の場合において、民法の規定による相続人は、a、b、C、D 及び配偶者の5人ですが、相続税法第15条第2項に規定する相続人の数は、a、b (bは被相続人の養子ではありませんので、相続税法第15条第2項による制限の対象とはなりません。)、養子1人 ((C) 又は (D) のいずれか1人を特定することを要しません。) 及び配偶者4人となります。

相続税の総額の計算

　相続税の総額は、同一の被相続人から相続又は遺贈により財産を取得したすべての者に係る相続税の課税価格に相当する金額の合計額からその遺産に係る基礎控除額を控除した金額を、当該被相続人の相続税法第15条第2項に規定する相続人の数に応じた相続人が民法第900条《法定相続分》及び第901条《代襲相続人の相続分》の規定による相続分（以下❷において「法定相続分」といいます。）に応じて取得したものとした場合におけるその各人の取得金額（相続税法第15条第2項に規定する相続人の数が、1人である場合又は相続人がない場合には、同一の被相続人から相続又は遺贈により財産を取得したすべての者に係る相続税の課税価格に相当する金額の合計額からその遺産に係る基礎控除額を控除した金額）について、それぞれ相続税法第16条に規定する相続税の累進税率（下表「相続税の税率」のとおり）を適用して算出した金額の合計額となります。

　（注）相続税の算出に当たっては、相続税の速算表によることが実践的です。

　相続税の総額を計算する場合における「各人の取得金額」は、相続税の課税価格の合計額から遺産に係る基礎控除額の控除を行った後の金額を、相続税法第15条第2項に規定する相続人の数に応じた相続人が法定相続分に応じて取得したものとして計算しますので（相基通16－1）、遺産が分割されたかどうか、また、相続又は遺贈によって財産を取得した者が誰であるかにかかわらず、相続税の総額は同じ金額が算出されます。

◆相続税の税率◆

各法定相続人の取得金額	税率
1,000万円以下の部分	100分の10
1,000万円を超え3,000万円以下の部分	100分の15
3,000万円を超え5,000万円以下の部分	100分の20
5,000万円を超え1億円以下の部分	100分の30
1億円を超え2億円以下の部分	100分の40
2億円を超え3億円以下の部分	100分の45
3億円を超え6億円以下の部分	100分の50
6億円を超える部分	100分の55

（注）　相続税法第16条の規定により相続税の総額を計算する場合における同条に規定する「その各取得部分」に1,000円未満の端数があるとき若しくはその全額が1,000円未満であるとき又は相続税の総額に100円未満の端数があるときは、その端数部分又は全額を切り捨てても差し支えないこととされています（相基通16－3）。

〈参考〉相続税の速算表

各法定相続人の取得金額	税率	控除額
1,000万円以下	10%	—
1,000万円超　3,000万円以下	15%	50万円
3,000万円超　5,000万円以下	20%	200万円
5,000万円超　1億円以下	30%	700万円
1億円超　2億円以下	40%	1,700万円
2億円超　3億円以下	45%	2,700万円
3億円超　6億円以下	50%	4,200万円
6億円超	55%	7,200万円

〈算出方法〉

　各法定相続人の取得金額の別に、その該当欄の税率を乗じて算出した金額から控除額を差し引いた額が求める税額です。

　例えば、取得金額が3,000万円の場合は、3,000万円×15%－50万円＝400万円が求める金額となります。

【設例1】被相続人に養子がない場合の相続税の総額の計算例

　次の場合において、相続税の総額はどのように計算しますか。

（注）各相続人及び受遺者の課税価格の合計額は1億1,000万円です。

〈回答〉
1．課税価格の合計額
　　1億1,000万円
2．遺産に係る基礎控除額
　　相続税法第15条第2項の相続人の数は4人（配偶者、A、B、C）になります。
　　3,000万円＋600万円×4人＝5,400万円

3．「1－2」の金額
　　1億1,000万円－5,400万円＝5,600万円
4．「3」の金額を法定相続分により取得した場合の各人の取得金額
　　乙：5,600万円×1／2＝2,800万円
　　A：5,600万円×1／2×1／2＝1,400万円
　　B：5,600万円×1／2×1／2×1／2＝700万円
　　C：5,600万円×1／2×1／2×1／2＝700万円
5．各人ごとの相続税額（相続税の速算表を使用）
　　乙：2,800万円×15％－50万円＝370万円
　　A：1,400万円×15％－50万円＝160万円
　　B：700万円×10％＝70万円
　　C：700万円×10％＝70万円
6．相続税の総額
　　370万円＋160万円＋70万円＋70万円＝670万円

【設例2】被相続人に養子が、2人以上ある場合の相続税の総額の計算例

　次の場合において、相続税の総額はどのように計算しますか。

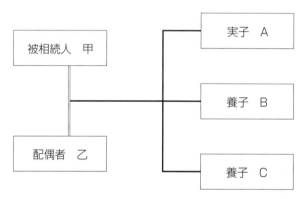

（注）　各相続人及び受遺者の課税価格の合計額は、1億5,200万円です。また、養子B及び養子Cは、特別養子縁組による養子ではありません。

〈回答〉
1．課税価格の合計額
　　1億5,200万円
2．遺産に係る基礎控除額
　　相続税法第15条第2項の相続人の数は3人（配偶者、A、養子1人）になります。
　　3,000万円＋600万円×3人＝4,800万円
3．「1－2」の金額
　　1億5,200万円－4,800万円＝1億400万円
4．「3」の金額を法定相続分により取得したとした場合の各人の取得金額
　　配偶者乙：1億400万円×1／2＝5,200万円

実子A：1億400万円×1／2×1／2＝2,600万円
　　　養子1人：1億400万円×1／2×1／2＝2,600万円
5．各人ごとの相続税額（相続税の速算表を使用）
　　　配偶者乙：5,200万円×30％－700万円＝860万円
　　　実子A　：2,600万円×15％－50万円＝340万円
　　　養子1人：2,600万円×15％－50万円＝340万円
6．相続税の総額
　　　860万円＋340万円＋340万円＝1,540万円

【設例3】代襲相続人が養子となっている場合の相続税の総額の計算例

次の場合において、相続税の総額はどのように計算しますか。

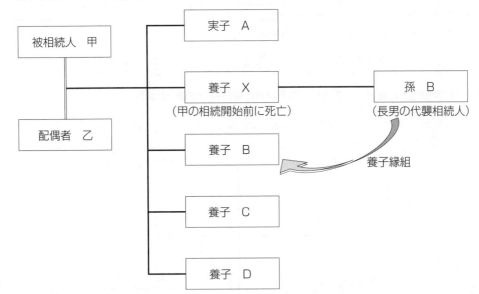

（注）　各相続人及び受遺者の課税価格の合計額は、1億9,800万円です。また、養子C及び養子Dは、特別養子縁組による養子ではありません。

〈回答〉
1．課税価格の合計額
　　　1億9,800万円
2．遺産に係る基礎控除額
　相続税法第15条第2項の相続人の数は4人（配偶者、A、B、養子C又はDのうちの1人））になります。
　　　3,000万円＋600万円×4人＝5,400万円
3．「1－2」の金額
　　　1億9,800万円－5,400万円＝1億4,400万円
4．「3」の金額を法定相続分により取得したとした場合の各人の取得金額
　　　配偶者乙：1億4,400万円×1／2＝7,200万円
　　　実子A：1億4,400万円×1／2×1／4＝1,800万円
　　　代襲相続人・養子B：1億4,400万円×1／2×1／4＋1億4,400万円×1／2×1／4
　　　　　　　　　　　　＝3,600万円

（注）Bの相続分は、代襲相続人としての相続分と養子としての相続分との双方を有することとなります（相基通15－4（注））。
　　　養子1人：1億4,400万円×1／2×1／4＝1,800万円
5．各人ごとの相続税額（相続税の速算表による）
　　配偶者乙：7,200万円×30％－700万円＝1,460万円
　　実子A：1,800万円×15％－50万円＝220万円
　　代襲相続人・養子B：3,600万円×20％－200万円＝520万円
　　養子1人：1,800万円×15％－50万円＝220万円
6．相続税の総額
　　1,460万円＋220万円＋520万円＋220万円＝2,420万円

第2節　各相続人等の相続税額の計算

　各相続人及び受遺者の相続税額は、相続税の総額に、各相続人及び受遺者の相続税の課税価格が、被相続人から相続又は遺贈により財産を取得したすべての者に係る相続税の課税価格の合計額のうちに占める割合を乗じて算出した金額（以下、この金額を「算出相続税額」といいます。）となります（相法17）。

〈各相続人等の算出相続税額〉

$$算出相続税額 = A \times \frac{B}{C}$$

（注1）算式中の符号は、次のとおりです。
　　　「A」＝相続税法第16条の規定により算出した相続税の総額
　　　「B」＝その者の相続税の課税価格
　　　「C」＝同一の被相続人から相続又は遺贈により財産を取得したすべての者に係る相続税の課税価格の合計額
（注2）上記の算式中のあん分割合（B／C）に小数点以下2位未満の端数がある場合には、当該財産の取得者全員が選択した方法により、各取得者の割合の合計値が1になるようその端数を調整して各取得者の相続税額を計算することができます。

第3節　各相続人等の納付すべき相続税額

　各相続人等の算出相続税額に、次に掲げる相続税額の加算又は控除を行い、加算又は控除後の金額が各相続人等が実際に納付すべき相続税額となります。

| 加算 | ① | 相続税額の2割加算（相法18） | その者が被相続人の子（代襲相続人を含みます。）、父母及び配偶者以外の者であるときは、第2節により算出した相続人等の相続税額に、その20％相当額を加算します。 |

控除	②	贈与税額控除（相法19）	被相続人の相続開始前7年以内（注）に被相続人から贈与を受けた財産の価額を相続税の課税価格に加算したものをもって相続税の課税価格とみなして相続税額を計算している場合において、その贈与財産につき課せられた贈与税相当額を控除します。 （注）　令和12年12月31日までに開始した相続税については、経過措置が設けられています。詳細については、「第4章　相続税の課税価格」の「第4節　相続開始前7年以内の贈与」を参照してください。
	③	配偶者に対する税額軽減（相法19の2）	その者が被相続人の配偶者であるときは、所要の計算を行って求めた配偶者に対する相続税額の軽減額相当額を控除します。
	④	未成年者控除（相法19の3）	その者が未成年者であるときは、相続税額からその者が18歳に達するまでの年数に10万円を乗じて求めた金額を控除します。なお、未成年者の相続税額から控除しきれない金額については、その未成年者の扶養親族の相続税額から控除します。
	⑤	障害者控除（相法19の4）	その者が障害者であるときは、相続税額からその者が85歳に達するまでの年数に10万円（特別障害者の場合は20万円）を乗じて求めた金額を控除します。なお、障害者の相続税額から控除しきれない金額については、その障害者の扶養親族の相続税額から控除します。
	⑥	相次相続控除（相法20）	その者の被相続人が、相続開始前10年以内に開始した相続により財産を取得し、これについて相続税が課せられているときは、一定の方法で計算した金額を控除します。
	⑦	在外財産に対する相続税額の控除（相法20の2）	その者が日本国外にある財産を取得し、その地の法令により相続税に相当する税が課せられたときは、相続税額からその課せられた税額に相当する金額を控除します。

　なお、②から⑦までの税額控除は、②から⑦の順序により控除し、先順位の税額控除をして、相続税額が零となる場合又は当該税額控除の金額が控除しきれない場合は、後順位の税額控除をすることなく、その者の納付すべき相続税額はないものとなります（相基通20の2－4）。

　また、相続時精算課税の適用を受ける財産について課せられた贈与税額は、⑦までの控除をした後の残額から控除します（第7章第1節❷参照）。

① 相続税額の2割加算

　相続又は遺贈により財産を取得した者が、①その相続又は遺贈に係る被相続人の一親等の血族、②その被相続人の直系卑属が相続開始以前に死亡し又は相続権を失ったため、代襲して相続人となった当該被相続人の直系卑属、及び③配偶者のいずれにも該当しない者である場合には、その者の相続税額は、第2節により算出した金額（算出相続税額）に、その20％に相当す

る金額を加算した金額とされます（相法18）。

なお、相続の放棄をした者又は欠格若しくは廃除の事由により相続権を失った者が、遺贈により財産を取得した場合において、その者が当該遺贈に係る被相続人の一親等の血族であるときは、その者については、算出相続税額の20％に相当する金額の加算は必要ありません（相基通18－1）。

■ 孫等が養子となっている場合の加算

相続税法第18条の規定により相続税額が加算される対象となる者には、被相続人の直系卑属で当該被相続人の養子となっている者が含まれます。ただし、当該被相続人の直系卑属が相続開始以前に死亡し又は相続権を失ったため、当該養子が代襲して相続人となっている場合は、相続税額の2割加算の対象者から除かれます（相法18②、相基通18－3）。

■ 相続時精算課税適用者に係る例外

相続開始の時において被相続人の一親等の血族（当該被相続人の直系卑属が相続開始前に死亡し、又は相続権を失ったため、代襲して相続人となった当該被相続人の直系卑属を含みます。以下同じです。）に該当しない者が相続時精算課税適用者である場合は、当該被相続人の当該一親等の血族であった期間内に当該被相続人からの贈与により取得した相続時精算課税の適用を受ける財産の価額に対応する相続税額（次式参照）については相続税額の2割加算の対象とはなりません（相法21の15②、21の16②、相令5の2、相基通18－2、18－4、18－5）。

〈算式〉

$$A \times \frac{D}{B+C}$$

「A」＝相続時精算課税適用者にかかる相続税法第17条の規定により算出した相続税額
「B」＝相続時精算課税適用者が相続又は遺贈により取得した財産の価額の合計額
「C」＝相続時精算課税適用者が被相続人からの贈与により取得した相続時精算課税の適用を受ける財産の価額の合計額
「D」＝Cのうち、被相続人と一親等の血族であった期間内に当該被相続人から贈与により取得した財産の価額の合計額

誤りやすい事例　養子に2割加算が適用される場合

被相続人である養親がなくなり、その養子が相続により財産を取得した場合に、その養子の相続税の計算上、相続税法第18条に規定する相続税額の2割加算を行う必要がありますか。

解説

養子が被相続人たる養親の財産を相続又は遺贈により取得した場合又は養親が被相続人たる養子の財産を相続又は遺贈により取得した場合においては、これらの者は被相続人の

一親等の法定血族ですから、これらの者については相続税法第18条に規定する相続税額の2割加算を行う必要はありません（相基通18－3）。

ただし、被相続人の直系卑属が当該被相続人の養子となっている場合（当該被相続人の直系卑属が相続開始以前に死亡し、又は相続権を失ったため、代襲して相続人になっている場合を除きます。）の当該直系卑属については、相続税額の加算の規定が適用されますので注意が必要です。

◆一親等の血族と2割加算の有無◆

一親等の血族			相続税法第18条の規定による加算の有無
実親・実子（自然血族）			なし
養親（法定血族）			なし
養子（法定血族）	被相続人の直系卑属が養子となっている場合	一親等の血族の死亡、廃除、相続欠格により代襲相続人となった直系卑属	なし
		上記以外の直系卑属	あり
	上記以外の養子		なし

② 贈与税額控除

相続又は遺贈により財産を取得した者が当該相続の開始前7年以内（注）に当該相続に係る被相続人から贈与により財産を取得したことがある場合においては、その者については、当該贈与により取得した財産（非課税財産及び相続税法第19条第2項に規定する特定贈与財産を除きます。）の価額を相続税の課税価格に加算したものを、相続税の課税価格とみなして相続税額を計算しますが、その算出した相続税（これに相続税額の2割加算の適用がある場合には、この加算した金額）から、その贈与財産につき課せられた贈与税の税額を控除したものをもってその納付すべき相続税額とします（相法19①かっこ書き）。

（注）令和12年12月31日までに開始した相続税については、経過措置が設けられています。詳細については、「第4章　相続税の課税価格」の「第4節　相続開始前7年以内の贈与」を参照してください。

■ 控除対象の贈与税額

贈与税額控除において控除する贈与税額は、相続税法第21条の8《在外財産に対する贈与税額の控除》の規定による控除前の贈与税額であり、また、延滞税、利子税、過少申告加算税、無申告加算税及び重加算税に相当する税額は除かれます。

また、「課せられた贈与税」には、相続開始前7年以内の贈与財産に対して課されるべき贈与税をいいます（相基通19－6前段）。したがって、相続税法第36条《贈与税についての更正、

決定等の期間制限の特則》第1項及び第2項の規定により更正又は決定をすることができなくなった贈与税は控除対象の贈与税額にはなりません（相基通19－6前段かっこ書き）が、被相続人からの相続開始前7年以内の贈与で、同条第1項又は第2項に定める期間内の贈与で、いまだ申告されておらず、更正又は決定を受けていないものについては、その申告又は更正若しくは決定処分により贈与税額が確定させるとともに、その確定した贈与税額については贈与税額控除の対象となります（相基通19－6後段）。

■ 同一年中の贈与のうちに相続税の課税価格に加算されるものと加算されないものがある場合の控除対象の贈与税額

控除する贈与税の税額に相当する金額は、その贈与のあった年分の贈与税額に、その贈与により取得した財産の価額の合計額のうち相続税法第19条第1項の規定により相続税の課税価格に加算された部分の金額が、その年分の贈与税の課税価格に算入された財産（特定贈与財産を除く。）の価額の合計額のうちに占める割合を乗じて算出した金額によります（相令4①）。

〈算式〉

$$A \times \frac{C}{B}$$

算式中の符号は、次のとおりです。
「A」＝その年分の贈与税額（相続税法第21条の13の規定により計算される贈与税額がある場合には、その贈与税額を除かれます。）
「B」＝その年分の贈与税の課税価格（相続税法第19条第1項に規定する特定贈与財産及び第21条の10《相続時精算課税に係る贈与税の課税価格》の規定により計算される課税価格がある場合には、それらの価額を控除した後の課税価格となります。）
「C」＝その年分の贈与財産の価額の合計額のうち相続税法第19条の規定により相続税の課税価格に加算された部分の金額（注）
（注）　被相続人の相続開始前3年以内に取得した財産以外の財産にあっては、当該財産の価額の合計額から100万円を控除する前の当該財産の価額となります。

■ 被相続人の配偶者が、その被相続人から相続開始の日の属する年の7年前の年に2回以上にわたって贈与税の配偶者控除の適用を受けた場合

被相続人の配偶者が、その被相続人から相続開始の日の属する年の7年前の年に2回以上にわたって贈与税の配偶者控除の適用を受けることができる居住用不動産等の贈与を受け、その年分の贈与税につき贈与税の配偶者控除の適用を受けている場合で、その贈与により取得した居住用不動産等の価額の合計額が贈与税の配偶者控除を受けることができる金額を超え、かつ、その贈与に係る居住用不動産等のうちに相続開始前7年以内の贈与に該当するものと該当しないものとがあるときにおける相続税法第19条の規定の適用に当たっては、贈与税の配偶者控除は、まず、相続税の課税価格の計算上、相続開始前7年以内の贈与に該当する居住用不動産等から適用されたものとして取り扱われます（相基通19－8）。

■ 相続時精算課税の適用を受ける財産について課せられた贈与税

相続時精算課税の適用を受けた贈与については、相続税法第19条に規定する被相続人の相続開始前7年以内の贈与加算が適用されず、また、相続時精算課税の適用に係る贈与税額は本節の贈与税額控除の対象とはなりません。相続時精算課税の適用を受ける財産について課せられた贈与税についての控除及び還付については、第7章第1節「❸相続税額の計算」を参照してください。

❸ 配偶者の税額軽減

(1) 配偶者に対する相続税額の軽減

被相続人の配偶者がその被相続人から相続又は遺贈により財産を取得した場合にその配偶者の相続税については、贈与税額控除までの規定を適用して算出した相続税額から「配偶者の税額軽減額」として計算した一定の金額を差し引いた残額をもって、その配偶者の納付すべき相続税額とし、その残額がないときは、その配偶者の納付すべき相続税額はないものとされます（相法19の2①）。この控除を「配偶者に対する相続税額の軽減」といいます。

配偶者に対する相続税額の軽減は、相続又は遺贈により財産を取得した被相続人の配偶者が無制限納税義務者又は制限納税義務者のいずれに該当する場合であっても適用することができます（相基通19の2-1）。また、配偶者に対する相続税額の軽減は、配偶者が相続を放棄した場合であってもその配偶者が遺贈により取得した財産があるときは、適用することができます（相基通19の2-3）。

なお、配偶者に対する相続税額の軽減を適用することができる配偶者は、婚姻の届出をした者に限られますので、婚姻関係と同様の事情にある者であっても婚姻の届出をしていないいわゆる内縁関係にある者（内縁の配偶者）は、この配偶者に対する相続税額の軽減の規定を適用をすることはできません（相基通19の2-2）。

(2) 配偶者の税額軽減額の計算

① ②以外の場合

配偶者に対する相続税額の軽減は、①同一世代間の財産移転であり、遠からず次の相続が生じ、その際、相続税が課税されることになるのが一般的であること、また、②長年、被相続人と共同生活を営んできた配偶者に対する社会的配慮、さらには③遺産の維持形成に対する配偶者の貢献への考慮などの観点から、一定の額までの相続税額を軽減するものです。

すなわち、被相続人の配偶者がその被相続人から相続又は遺贈により財産を取得した場合には、その配偶者について、贈与税額控除までの規定を適用して算出された相続税額から次の算式により求めた配偶者の税額軽減額を差し引いた残額をもって、その配偶者の納付すべき相続税額とし、その残額がないときは、その者の納付すべき相続税額はないものとされます（相法19の2①）。

〈配偶者の相続税額の軽減額の計算式〉

配偶者の相続税額の軽減額

$= 相続税の総額 \times \dfrac{次の①又は②のうちいずれか少ない方の金額}{その相続又は遺贈により財産を取得したすべての者に係る相続税の課税価格の合計額}$

① その相続又は遺贈により財産を取得したすべての者に係る相続税の課税価格の合計額に民法第900条の規定によるその配偶者の相続分（相続の放棄があった場合には、その放棄がなかったものとした場合における相続分）を乗じて得た金額（その被相続人の相続人（相続の放棄があった場合には、その放棄がなかったものとした場合における相続人）が配偶者のみである場合には、当該合計額）に相当する金額（その金額が１億6,000万円に満たない場合には、１億6,000万円）

② その相続又は遺贈により財産を取得した配偶者に係る相続税の課税価格に相当する金額

◆配偶者の相続税額の軽減額の計算◆

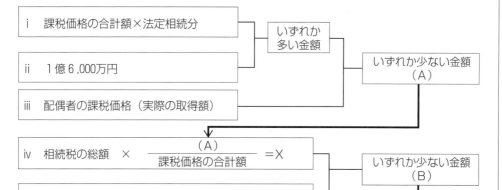

② 隠蔽仮装行為に基づいた相続税の申告書の提出があった場合又は隠蔽仮装行為に基づき相続税の申告書を提出していなかった場合

被相続人から相続や遺贈によって財産を取得した者が、隠蔽仮装行為に基づいて、相続税の申告書を提出しており、又は提出していなかった場合において、相続税の調査があったことにより更正又は決定があるべきことを予知して期限後申告又は修正申告書を提出するときは、上記①の計算式中の「相続税の総額」とあるのは、「相続税の総額でその相続に係る被相続人の配偶者が行った隠蔽仮装行為による事実に基づく金額に相当する金額をその財産を取得したすべての者に係る相続税の課税価格に含まないものとして計算したもの」とし、「課税価格の合計額」は「課税価格の合計額からその相当する金額を控除した金額」とし、「課税価格の合計額」は「課税価格の合計額から隠蔽仮装行為による事実に基づく金額に相当する金額（その

配偶者に係る相続税の課税価格に算入すべきものに限る。）を控除した金額」とし、「課税価格」は「課税価格から隠蔽仮装行為に基づく金額に相当する金額（その配偶者に係る相続税の課税価格に算入すべきものに限る。）を控除した金額」とされます（相法19の2⑤）。

　この場合の「隠蔽仮装行為」とは、相続又は遺贈により財産を取得した者が行う行為で、当該財産を取得した者に係る相続税の課税価格の計算の基礎となるべき事実の全部又は一部を隠蔽し、又は仮装することをいいます（相法19の2⑥）。

(3) 「その相続又は遺贈により財産を取得した配偶者に係る相続税の課税価格に相当する金額」

　上記(2)①の算式の②の「その相続又は遺贈により財産を取得した配偶者に係る相続税の課税価格に相当する金額」の計算の基礎に算入される財産は、配偶者が取得することが確定した財産に限られ、相続税の申告期限までに、その相続又は遺贈により取得した財産の全部又は一部が共同相続人又は包括受遺者によってまだ分割されていない場合には、その分割されていない財産は、当該②の配偶者に係る相続税の課税価格の計算と基礎とされる財産には含まれません。

　配偶者が取得することが確定した財産とは次の財産をいいます（相基通19の2－4）。

①	その相続又は遺贈に係る相続税の申告書の提出期限までにその相続又は遺贈により取得した財産のうち分割により取得した財産
②	その相続に係る被相続人の相続人がその被相続人の配偶者のみで包括受遺者がいない場合におけるその相続により取得した財産
③	その相続に係る被相続人の包括受遺者が被相続人の配偶者のみで他に相続人がいない場合におけるその包括遺贈により取得した財産
④	その相続に係る被相続人からの特定遺贈により取得した財産
⑤	相続税法第19条の規定により相続開始前7年以内（注）に当該相続に係る被相続人から贈与により取得した財産の価額が相続税の課税価格に加算された場合におけるその財産 　（注）　令和12年12月31日までに開始した相続税については、経過措置が設けられています。詳細については、「第4章　相続税の課税価格」の「第4節　相続開始前7年以内の贈与」を参照してください。
⑥	相続税法の規定によりその相続又は遺贈により取得したものとみなされる財産
⑦	その相続又は遺贈に係る相続税の申告書の提出期限から3年以内（その期間が経過するまでの間に財産が分割されなかったことについてやむを得ない事情がある場合において、税務署長の承認を受けたときは、その財産につき分割できることとなった日の翌日から4か月以内）に分割された場合におけるその分割により取得した財産 　（注）この場合の手続きについては、(5)を参照。

■ 遺産の一部が未分割の場合の「配偶者に係る相続税の課税価格に相当する金額」を計算するときの債務控除等の方法

　被相続人の配偶者が当該被相続人から相続又は遺贈により財産を取得している場合において、当該相続又は遺贈に係る相続税法第27条の規定による申告書の提出期限までに、当該相続又は遺贈により取得した財産の一部が共同相続人又は包括受遺者によってまだ分割されていないときにおける相続税法第19条の2第1項第2号ロに規定する「配偶者に係る相続税の課税価格に相当する金額」（上記(2)①の算式の②の金額）を計算するときの相続税法第13条の規定により債務として控除する金額は、まず相続税法第19条の2第2項の規定により同条第1項第2号ロの課税価格の計算の基礎とされる財産に含まれないものとされる財産の価額から控除し、これにより控除しきれない金額があるときは、その金額を当該課税価格の計算の基礎とされる財産の価額から控除します（相基通19の2－6）。

　また、当該配偶者が代償分割に基づいて他の相続人に対して負担する代償財産を給付する債務は、相続税法第19条の2の第1項2号ロの課税価格の計算の基礎とされる財産の価額から控除します（相基通19の2－6なお書き）。

(4) 相続税の申告書の提出期限までに分割されていない財産がある場合

① 通常の場合

　相続税の申告書の提出期限において、共同相続人及び包括受遺者の間で、分割がされていないことからその取得者が確定していない財産がある場合において、その分割されていない財産が相続税の申告期限から3年以内に分割され、その全部又は一部を配偶者が取得することとなったときには、その分割により配偶者が取得することとなった財産の価額は、上記(2)①の算式の②の「配偶者に係る相続税の課税価格に相当する金額」に含めることができます（相法19の2②）。

② やむを得ない事情がある場合

　相続税の申告期限から3年以内に分割されなかったことについて、次表に掲げるやむを得ない事情があり、納税地の所轄税務署長の承認を受けた場合において、それぞれの欄に掲げる日の翌日から4月以内に分割されたときも同様にその財産を配偶者の課税価格の計算の基礎とされる財産に含めることができます（相法19の2②、相令4の2①）。

	やむを得ない事情	「4か月以内」の起算日
①	その相続又は遺贈に係る相続税の申告期限の翌日から3年を経過する日において、その相続又は遺贈に関する訴えの提起がされている場合（その相続又は遺贈に関する和解又は調停の申立てがされている場合において、これらの申立ての時に訴えの提起がされたものとみなされるときを含みます。） なお、「これらの申立ての時に訴えの提起がされたものとみなされるとき」とは、次に掲げる場合をいいます（相基通19の2－	判決の確定又は訴えの取下げの日その他その訴訟の完結の日（注2、3、4）

	10)。 (1) 民事訴訟法第275条第2項《訴え提起前の和解》の規定により、和解の申立てをした者がその申立てをした時に、その訴えを提起したものとみなされる場合 (2) 家事事件手続法第286条第6項《異議の申立て等》の規定により、調停の当事者が調停の申立ての時に、その訴えを提起したものとみなされる場合 (3) 民事調停法第19条《調停不成立等の場合の訴の提起》の規定により、調停の申立者が調停の申立ての時に、その訴えの提起があったものとみなされる場合	
②	その相続又は遺贈に係る相続税の申告期限の翌日から3年を経過する日において、その相続又は遺贈に関する和解、調停又は審判の申立てがされている場合（①又は④に掲げる場合に該当することとなった場合を除きます。）	和解若しくは調停の成立、審判の確定又はこれらの申立ての取下げの日その他これらの申立てに係る事件の終了の日
③	その相続又は遺贈に係る相続税の申告期限の翌日から3年を経過する日において、その相続又は遺贈に関し民法第907条第3項若しくは第908条の規定により遺産の分割が禁止され、又は同法第915条第1項ただし書の規定により相続の承認若しくは放棄の期間が伸長されている場合（その相続又は遺贈に関する調停又は審判の申立てがされている場合において、その分割の禁止をする旨の調停が成立し、又はその分割の禁止若しくはその期間の伸長をする旨の審判若しくはこれに代わる裁判が確定したときを含みます。）	その分割の禁止がされている期間又はその伸長がされている期間が経過した日
④	①から③までに掲げる場合のほか、相続又は遺贈に係る財産がその相続又は遺贈に係る相続税の申告期限の翌日から3年を経過する日までに分割されなかったこと及びその財産の分割が遅延したことにつき税務署長においてやむを得ない事情があると認める場合 例えば、次に掲げるような事情により客観的に遺産分割ができないと認められる場合が該当します（相基通19の2－15）。 (1) 申告期限の翌日から3年を経過する日において、共同相続人又は包括受遺者の一人又は数人が行方不明又は生死不明であり、かつ、その者に係る財産管理人が選任されていない場合 (2) 申告期限の翌日から3年を経過する日において、共同相続人又は包括受遺者の一人又は数人が精神又は身体の重度の障害疾病のため加療中である場合 (3) 申告期限の翌日から3年を経過する日前において、共同相続人又は包括受遺者の一人又は数人が国外にある事務所若しくは事業所等に勤務している場合又は長期間の航海、遠洋漁	その事情の消滅の日

業等に従事している場合において、その職務の内容などに照らして、申告期限の翌日から3年を経過する日までに帰国できないとき
(4) 申告期限の翌日から3年を経過する日において、上記①から③までに掲げる事情又は(1)から(3)までに掲げる事情があった場合において、当該申告期限の翌日から3年を経過する日後にその事情が消滅し、かつ、その事情の消滅前又は消滅後新たに①から③までに掲げる事情又は(1)から(3)までに掲げる事情が生じたとき

(注1) ①及び②の相続又は遺贈に関する訴え、和解、調停又は審判とは、その相続に係る被相続人の財産又は債務、相続人の身分、遺言及び遺産分割に関する訴え、和解、調停又は審判のほか当該相続の前の相続に係るこれらの訴え、和解、調停又は審判をも含みます（相基通19の2-9）。

(注2) ①の「これらの申立ての時に訴えの提起がされたものとみなされるとき」とは、次に掲げる場合をいいます（相基通19の2-10）。

①	民事訴訟法第275条《訴え提起前の和解》第2項の規定により、和解の申立てをした者がその申立てをした時に、その訴えを提起したものとみなされる場合
②	家事事件手続法第286条《異議の申立て等》第6項の規定により、調停の当事者が調停の申立ての時に、その訴えを提起したものとみなされる場合
③	民事調停法第19条《調停不成立等の場合の訴えの提起》の規定により、調停の申立者が調停の申立ての時に、その訴えの提起があったものとみなされる場合

(注3) 「判決の確定の日」とは、次に掲げる場合の区分に応じ、それぞれに掲げる日をいいます（相基通19の2-11）。

①	敗訴の当事者が上訴をしない場合	その上訴期間を経過した日
②	全部敗訴の当事者が上訴期間経過前に上訴権を放棄した場合	その上訴権を放棄した日
③	両当事者がそれぞれ上訴権を有し、かつ、それぞれ別々に上訴権を放棄した場合	その上訴権の放棄があった日のうちいずれか遅い日
④	上告審の判決のように上訴が許されない場合	その判決の言渡しがあった日

(注4) 「訴えの取下げの日」とは、次に掲げる場合の区分に応じ、それぞれに掲げる日をいいます（相基通19の2-12）。なお、訴えの取下げの効力が生じた日、訴えの取下げの日又は上訴の取下げの日については、民事訴訟法第91条《訴訟記録の閲覧等》の規定による訴訟記録の閲覧又は裁判所の証明書により確認することができます。

①	民事訴訟法第261条《訴えの取下げ》に規定する訴えの取下げがあった場合	その訴えの取下げの効力が生じた日
②	民事訴訟法第263条《訴えの取下げの擬制》、民事調停法第20条第2項《受訴裁判所の調停》又は家事事件手続法第276条《訴えの取下げの擬制等》第1項の規定により訴えの取下げがあったものとみなされた場合	その訴えの取下げがあったものとみなされた日
③	上訴期間経過後に上訴の取下げがあった場合	その上訴の取下げがあった日

(注5) 「訴訟完結の日」とは、次に掲げる場合の区分に応じ、それぞれに掲げる日をいいます（相基通19の2－13）。

①	民事訴訟法第267条《和解調書等の効力》に規定する和解又は請求の放棄若しくは認諾があった場合	その和解又は請求の放棄若しくは認諾を調書に記載した日
②	訴訟当事者の死亡によりその訴訟を継続することができなくなった場合	その当事者の死亡の日
③	訴訟当事者の地位の混同が生じた場合	その当事者の地位の混同が生じた日

(注6) 「これらの申立てに係る事件の終了の日」とは、次に掲げる場合の区分に応じ、それぞれに掲げる日をいいます。

①	家事事件手続法第91条《抗告裁判所による裁判》第2項に規定する審判に代わる裁判があった場合	その裁判の確定の日
②	民事調停法第17条《調停に代わる決定》に規定する調停に代わる決定があった場合	その決定の確定の日
③	民事調停法第31条《商事調停事件について調停委員会が定める調停条項》に規定する調停条項を定めた場合	その調停条項を定めた日
④	事件の当事者の死亡によりその申立てに係る事件の手続きを続行することができないようになった場合	その当事者の死亡の日
⑤	事件の当事者の地位の混同が生じた場合	その当事者の地位の混同が生じた日

(5) 配偶者の税額軽減を適用するための手続き

配偶者に対する相続税額の軽減は、相続税法第27条第1項の規定による申告書（期限後申告書及び修正申告書を含みます。）又は更正の請求書に、この軽減規定の適用を受ける旨及びその軽減税額等の計算に関する明細を記載した書類及び配偶者が財産を取得したことを証する次表の書類を添付して申告書を提出した場合に限り、適用することができます（相法19の2③、相規1の6③一）。

①	遺言書の写し
②	財産の分割の協議に関する書類（当該書類に当該相続に係るすべての共同相続人及び包括受遺者が自署し、自己の印を押しているものに限ります。）の写し（当該自己の印につきこれらの者の住所地の市町村長が作成した印鑑証明書が添付されているものに限ります。） なお、共同相続人又は包括受遺者が民法第13条《保佐人の同意を要する行為等》第1項第10号に規定する制限行為能力者である場合には、その者の特別代理人又は法定代理人がその者に代理して自署し、当該代理人の住所地の市区町村長の印鑑証明を得た印を押します（相基通19の2－17）。
③	その他の財産の取得の状況を証する書類（その財産が調停又は審判により分割されているものである場合には、その調停の調書又は審判書の謄本、その財産が法の規定により相続又は遺贈により取得したものとみなされるものである場合には、その財産の支払通知書等その財

産の取得を証する書類がこれに含まれます（相基通19の2－18）。）

■ 分割されていない財産がある場合の手続き

　その相続又は遺贈により取得した財産に係る相続税について申告書（期限後申告書及び修正申告書を含みます。）又は更正の請求書を提出する際にその財産の全部又は一部が共同相続人又は包括受遺者によってまだ分割されていない場合において、相続税の申告期限から3年以内に分割される財産について配偶者に係る相続税の軽減規定の適用を受けようとするときは、その旨並びに分割がされていない事情及び分割の見込みの詳細を記載した「申告期限後3年以内の分割見込書」を添付します（相規1の6③二）。

■ 相続税の申告書の提出期限から3年を経過するまでの間に相続財産の分割ができなかった場合の税務署長の承認

　相続税の申告書の提出期限から3年が経過するまでの間に相続財産の分割がされなかったことについて、上記「⑷ 相続税の申告書の提出期限までに分割されていない財産がある場合」の「② やむを得ない事情がある場合」の表に掲げるやむを得ない事情がある場合において、税務署長の承認を受けようとするときには、「遺産が未分割であることについてやむを得ない事由がある旨の承認申請書」を当該3年を経過する日の翌日から2か月を経過する日までに提出しなければなりません（相令4の2②）。

　税務署長は、この申請書の提出があった場合において、承認又は却下の処分をするときは、その申請をした者に対し、書面によりその旨を通知することとされています（相令4の2③）。なお、この申請書の提出があった日の翌日から2か月を経過する日までにその申請につき税務署長の承認又は却下の処分がなかったときは、その日においてその承認があったものとみなされます（相令4の2④）。

■ 申告期限の翌日から3年を経過する日前4か月以内にやむを得ない事情が消滅した場合

　上記「⑷ 相続税の申告書の提出期限までに分割されていない財産がある場合」の「② やむを得ない事情がある場合」の表に掲げる事情が当該申告書の提出期限の翌日から3年を経過する日前4か月以内に消滅し、かつ、当該申告書の提出期限の翌日から3年を経過する日までに遺産の分割が行われていない場合において、それらの事情が消滅した日から4か月以内に、当該相続又は遺贈により取得した財産の全部又は一部が共同相続人又は包括受遺者によって分割されたときには、相続税法施行令第4条の2第1項第4号に掲げる「…申告期限の翌日から3年を経過する日までに分割されなかったこと及び財産の分割が遅延したことにつき税務署長においてやむを得ない事情があると認める場合」に該当するものとして取り扱われます（相基通19の2－15）。

誤りやすい事例　遺産分割が完了する前に配偶者に相続が開始した場合

被相続人の相続人は配偶者と3人の子でした。共同相続人4人で、被相続人の遺産分割協議中に、配偶者が急死してしまいました。この場合、この配偶者について、配偶者の税額軽減の規定を適用することができなくなってしまうのでしょうか。

解説

相続又は遺贈により取得した財産の全部又は一部が共同相続人又は包括受遺者によって分割される前に、当該相続（第1次相続）に係る被相続人の配偶者が死亡した場合において、第1次相続により取得した財産の全部又は一部が、第1次相続に係る配偶者以外の共同相続人又は包括受遺者及び当該配偶者の死亡による相続に係る共同相続人又は包括受遺者によって分割され、その分割により当該配偶者の取得した財産として確定させたものがあるときは、配偶者の税額軽減の規定の適用に当たっては、その財産は分割により当該配偶者が取得したものとして取り扱うことができます（相基通19の2－5）。

また、第1次相続に係る被相続人の配偶者が死亡した後、第1次相続により取得した財産の全部又は一部が家庭裁判所における調停又は審判に基づいて分割されている場合において、当該調停又は審判の中で、当該配偶者の具体的相続分（民法第900条から第904条の2《寄与分》まで（第902条の2《相続分の指定がある場合の債権者の権利の行使》を除きます。）に規定する相続分をいいます。）のみが金額又は割合によって示されているにすぎないときであっても、当該配偶者の共同相続人又は包括受遺者の全員の合意により、当該配偶者の具体的相続分に対応する財産として特定させたものがあるときも同様に、その財産は分割により当該配偶者が取得したものとして取り扱うことができます（相基通19の2－5（注））。

［例1］

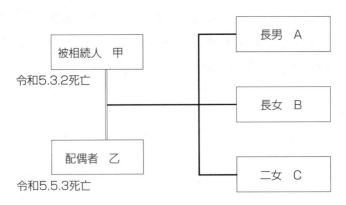

例1の場合、被相続人甲の相続に係る共同相続人は、A、B、C及び配偶者乙であり、配偶者乙の死亡に基づく相続に係る共同相続人は、A、B及びCです。

したがって、A、B及びCの3人で、第一次相続に係る遺産分割協議において、配偶者

乙の取得した財産として確定させたものがあるときは、第一次相続に係る相続税における配偶者の税額軽減の規定の適用に当たっては、その財産は分割により当該配偶者が取得したものとして取り扱うことができます。

［例２］

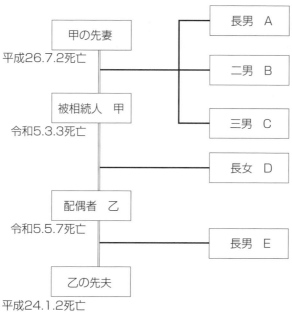

例２の場合、被相続人甲の相続に係る共同相続人は、A、B、C、D及び配偶者乙であり、配偶者乙の死亡による相続に係る共同相続人は、D及びEです。

したがって、A、B、C、D及びEの３人で、第一次相続に係る遺産分割協議において、配偶者乙の取得した財産として確定させたものがあるときは、第一次相続に係る相続税における配偶者の税額軽減の規定の適用に当たっては、その財産は分割により当該配偶者が取得したものとして取り扱うことができます。

誤りやすい事例　遺産の再分割が行われた場合

被相続人の相続人は、被相続人の配偶者乙、長男A及び長女Bの３名です。Aが乙の世話をすることを前提に、遺産である預金の大半をAが取得する遺産分割協議が成立し、相続税の申告を済ませました。ところが、Aが乙の世話をしないことから、再度、協議を行い、預貯金の半分を乙が取得することとしました。乙が、再分割協議により取得した預金について、配偶者の税額軽減の対象となる財産に含まれるでしょうか。

解説

配偶者の税額軽減の規定における「分割」とは、相続開始後において相続又は包括遺贈

により取得した財産を現実に共同相続人又は包括受遺者に分属させることをいい、その分割の方法が現物分割、代償分割若しくは換価分割のいずれであるか、またその分割の手続きが協議、調停若しくは審判による分割であるかを問いません（相基通19の2－8）。しかしながら、いったん有効に成立した当初の分割により共同相続人又は包括受遺者に分属した財産を分割のやり直しとして遺産の再配分した場合には、その再配分により取得した財産は、相続税法第19条の2第2項に規定する「分割」により取得したものとはなりませんので、配偶者乙が再分割により取得することとなった預金は、配偶者の税額軽減の対象とすることはできません。

誤りやすい事例　配偶者に対する相続税額の軽減規定を受ける場合の修正申告書

　被相続人の相続人は、配偶者乙、長男A及び長女Bの3名です。遺産分割により配偶者乙が1億円、A及びBがそれぞれ5,000万円を取得しました。相続税の申告において、配偶者の税額軽減を適用することにより乙には納付すべき相続税額は算出されませんでした。ところが、相続税の申告期限を過ぎてから、1,000万円の預金の存在が明らかになり、3名の相続人で分割協議を行った結果、この預金は配偶者が取得することとなりました。配偶者の取得財産にこの1,000万円を加えても、配偶者の税額軽減を適用すれば、納付すべき相続税額は算出されません。納付すべき税額が算出されない場合でも、配偶者の税額軽減を適用するために修正申告書を提出することはできるのでしょうか。

解説

　配偶者の対する相続税額の軽減規定を適用するためには、相続税の申告書（修正申告書及び期限後申告書を含みます。）又は更正の請求書にこの軽減規定の適用を受ける旨及びその軽減税額等の計算に関する明細を記載した書類及び配偶者が財産を取得したことを証する書類を添付して提出しなければなりません。

　しかしながら、当初申告において納付すべき相続税額のない者が、当初申告にない財産の価額を加算して、相続税の再計算を行ってもなお納付すべき相続税額算出されない場合には、修正申告書及び更正の請求書を提出することはできません。そうすると当初申告にない財産の価額に対応する相続税額について配偶者に対する相続税額の軽減規定を適用することができないこととなってしまうのではないかとの疑問が生じます。そこで、相続税法第19条の2第1項の規定による配偶者に対する相続税額の軽減の適用を受けたことにより、納付すべき相続税額の記載のない申告書を提出した者が、その後、さらに分割により財産を取得したことなどに基づき、同項の規定を適用して計算した結果、なお納付すべき相続税額が算出されない場合であっても、同項の規定による配偶者に対する相続税額の軽減の適用を受けないものとした場合における相続税額（以下「算出相続税額」といいます。）が、前に提出した申告書に係る算出相続税額を超えることとなるときは、その者は、

相続税法第19条の2第3項に規定する修正申告書の提出をすることができるものして取り扱われます（相基通19の2－19）。

未成年者控除

(1) 制度の内容

未成年者控除とは、相続又は遺贈により財産を取得した者が次の①、②及び③のいずれにも該当する者であるときは、その未成年者の納付すべき相続税額（相続税額の2割加算、贈与税額控除、配偶者の税額軽減の規定を適用した後の相続税額）等から、10万円にその者が満18歳（成年）に達するまでの年数（1年未満の端数は切上げ）を乗じて算出した金額を控除する制度です。

①	制限納税義務者に該当しない者であること
②	被相続人の民法第5編第2章の規定による相続人（相続の放棄があった場合には、その放棄がなかったものとした場合における相続人）に該当すること
③	相続開始時において18歳未満の者であること

なお、令和4年3月31日までは成年年齢が20歳であったことから、同日以前に開始した相続税に係る相続税においては、相続税の未成年者控除は「相続人が20歳未満の者である場合に、10万円に20歳に達するまでの年数（1年未満の端数は切上げ）を乗じた金額を相続税額から控除することとされていました。

(2) 控除額

未成年者控除額＝その者が18歳に達するまでの年数×10万円

（注）「その者が18歳に達するまでの年数」が1年未満であるとき又はこれに1年未満の端数があるときは、これを1年とします。

また、この控除を受けることができる金額が、その控除を受ける者について算出した相続税額（相続税額の2割加算、贈与税額控除、配偶者の税額軽減の規定を適用した後の相続税額）を超える場合は、その超える部分の金額は、未成年者控除を受ける未成年者の扶養義務者（被相続人である特定贈与者よりも先に相続が開始した相続時精算課税適用者を除きます（相基通19の3－6）。）の相続税額から控除します（相法19の3②）。

この場合に、控除を受けることができる扶養義務者が2人以上あるときは、次に掲げる区分に応じた金額とします（相令4の3）。

①	扶養義務者の全員が、協議によりその全員が控除を受けることができる金額の総額を各人ごとに配分してそれぞれの控除を受ける金額を定め、当該控除を受ける金額を記載した相続税法第27条又は相続税法第29条の規定による申告書（これらの申告書に係る期限後申告書を含みます。）を提出した場合	左欄の申告書に記載した金額
②	①に掲げる場合以外の場合	扶養義務者の全員が控除を受けることができる金額の総額を、各人が相続税法第19条の3第2項に規定する相続又は遺贈により取得した財産の価額につき相続税法第15条から第19条の2までの規定により算出した金額によりあん分して計算した金額

　以上のように、未成年者控除は、未成年者の納付する相続税額あるいはその扶養義務者の相続税額から控除されますが、この場合の相続税額は、いずれも相続税額の2割加算、贈与税額控除及び配偶者に対する相続税額の軽減後の相続税額とし、❺以下に説明する障害者控除、相次相続控除及び在外財産に対する相続税控除前の相続税額です（相法19の3①）。

■ 未成年者控除を受ける者が、既に未成年者控除を受けたことがある者である場合、又はその扶養義務者について未成年者控除を受けたことがある場合

　未成年者控除を受ける者が、既に未成年者控除を受けたことがある者である場合、又はその扶養義務者について未成年者控除を受けたことがある場合には、その者又はその扶養義務者は、既に控除を受けた金額の合計額が相続税法第19条の3第1項の規定により控除を受けることができる金額（2回以上その者又はその扶養義務者について控除を受けた場合には、最初に相続又は遺贈により財産を取得した際に同法第19条の3第1項の規定により控除を受けることができる金額）に満たなかった場合のその満たなかった金額の範囲内に限られます（相法19の3③）。

【設例】既に未成年者控除を受けたことがある場合の2回目の相続税額

1. 1回目の相続：平成28年
    未成年者の年齢　2歳
    未成年者の相続税額　150万円…①
    扶養義務者の相続税額　なし
    未成年者控除額　10万円×（20歳－2歳）＝180万円…②
    実際の控除額（①＜②）　150万円…③
2. 2回目の相続：令和6年
    未成年者の年齢　10歳
    未成年者の相続税額　200万円…④

扶養義務者の相続税額　なし
　平成31年改正法附則第23条第2項による未成年者控除限度額（改正後の法律を適用したとした場合の1回目の相続の際の限度額）
　　　10万円×（18歳－2歳）＝160万円…⑤
　　　⑤－③　160万円－150万円＝10万円…⑥
　　　未成年者控除額　10万円×（18歳－10歳）＝80万円…⑦
　　　⑥＜⑦　控除できる未成年者控除額は、10万円…⑧
　　2回目の相続において納付すべき相続税額
　　　④－⑧＝200万円－10万円＝190万円

■ 相続の放棄をした未成年者等の未成年者控除

　未成年者控除は、財産を取得した者が相続を放棄したことにより相続人に該当しなくなった場合においても、その者が制限納税義務者ではなく、18歳未満の者（令和4年3月31日以前に相続又は遺贈により財産を取得した場合には20歳未満の者）に該当し、かつ、当該被相続人の民法第5編第2章の規定による相続人（相続の放棄があった場合には、その放棄がなかったものとした場合における相続人）に該当するときは、適用があります（相基通19の3－1）。

　未成年者控除の規定は、民法の一部を改正する法律（平成30年法律第59号）による改正前の民法第753条《婚姻による成年擬制》の規定により成年に達したものとみなされた者についても適用がありました（相基通19の3－2）。

　民法第886条に規定する胎児が生きて生まれた場合におけるその者の未成年者控除額は、180万円（令和4年3月31日以前に相続又は遺贈により財産を取得した場合には200万円）となります（相基通19の3－3）。

　相続又は遺贈により財産を取得した者（制限納税義務者を除きます。）が、当該被相続人の民法第5編第2章の規定による相続人（相続の放棄があった場合には、その放棄がなかったものとした場合における相続人）に該当し、かつ、18歳未満の者（令和4年3月31日以前に相続又は遺贈により財産を取得した場合には20歳未満の者）である場合には、その者について相続税法第15条から第19条の2までの規定により算出した相続税額がない場合であっても、その未成年者控除額は、その者の扶養義務者（被相続人である特定贈与者よりも先に相続が開始した相続時精算課税適用者を除きます。）の相続税額から控除します（相基通19の3－4、19の3－6）。

■ 日米相続税条約による取扱い

　制限納税義務者については未成年者控除の規定を適用することはできませんが、被相続人が死亡の時に米国の国籍を有し、又は米国に住所を有していたときは、特例として、日米相続税条約実施のための特例法により、一定の要件のもとにその適用をすることができます（日米相続税条約4、日米相続税条約実施法2、日米相続税条約実施規則1）。

5 障害者控除

(1) 制度の内容

障害者控除とは、相続又は遺贈により財産を取得した者が次の①、②及び③のいずれにも該当する者であるときは、その障害者の納付すべき相続税額（相続税額の2割加算、贈与税額控除、配偶者の税額軽減及び未成年者控除の規定を適用した後の相続税額）から、10万円（その者が一般障害者の場合）又は20万円（その者が特別障害者の場合）にその障害者が満85歳に達するまでの年数（1年未満の端数は切上げ）を乗じて算出した金額を控除する制度です。

①	居住無制限納税義務者に該当すること
②	被相続人の民法第5編第2章の規定による相続人（相続の放棄があった場合には、その放棄がなかったものとした場合における相続人）に該当すること
③	相続開始時において一般障害者又は特別障害者であること

(2) 障害者

障害者控除が適用される一般障害者及び特別障害者とは次に掲げる者をいいます（相令4の4①②）。

イ 一般障害者（相基通19の4－1）

①	児童相談所、知的障害者更生相談所、精神保健福祉センター若しくは精神保健指定医の判定により知的障害者とされた者（重度の知的障害者とされた者を除きます。）
②	精神保健及び精神障害者福祉に関する法律の規定により精神障害者保健福祉手帳の交付を受けている者のうち障害等級が2級又は3級である者として記載されている者
③	身体障害者福祉法の規定により交付を受けた身体障害者手帳の交付を受けている者のうち障害の程度が3級から6級までである者として記載されている者
④	戦傷病者特別援護法の規定により交付を受けた戦傷病者手帳に記載されている精神上又は身体上の障害の程度が次に掲げるものに該当する者 　イ　恩給法別表第1号ノ2の第4項症から第6項症までの障害があるもの 　ロ　給法別表第1号ノ3に掲げる障害があるもの 　ハ　傷病について厚生労働大臣が療育の必要があると認定したもの 　ニ　旧恩給法施行令第31条第1項に定める程度の障害があるもの
⑤	常に就床を要し、複雑な介護を要する者のうち、精神または身体の障害の程度が、上記①又は③に掲げる者に準ずる者として、市町村長又は特別区の区長（社会福祉法に定める福祉に関する事務所が老人福祉法に掲げる業務を行っている場合には、当該福祉に関する事務所の長。以下「市町村長等」といいます。）の認定を受けている者

⑥	精神又は身体に障害のある年齢65歳以上の者で、その障害の程度が上記①第又は③に掲げる者に準ずるものとして市町村長等の認定を受けている者

ロ 特別障害者（相基通19の4－2）

①	精神上の障害により事理を弁識する能力を欠く常況にある者又は児童相談所、知的障害者更生相談所、精神保健福祉センター若しくは精神保健指定医の判定により重度の知的障害者とされた者
②	精神保健及び精神障害者福祉に関する法律の規定により精神障害者保健福祉手帳の交付を受けている者のうち障害等級が1級である者として記載されている者
③	身体障害者福祉法の規定により交付を受けた身体障害者手帳の交付を受けている者のうち障害の程度が1級又は2級である者として記載されている者
④	戦傷病者特別援護法の規定により交付を受けた戦傷病者手帳に障害の程度が恩給法に定める特別項症から第3項症までである者として記載されている者
⑤	原子爆弾被爆者に対する援護に関する法律の規定による厚生労働大臣の認定を受けている者
⑥	常に就床を要し、複雑な介護を要する者のうち、その障害の程度が上記①又は③に掲げる者に準ずるものとして市町村長等の認定を受けている者
⑦	精神又は身体に障害のある年齢65歳以上の者で、その障害の程度が上記①第又は③に掲げる者に準ずるものとして市町村長等の認定を受けている者

■ 障害者として取り扱われる者

　相続開始の時において、精神障害者保健福祉手帳の交付を受けていない者、身体障害者手帳の交付を受けていない者又は戦傷病者手帳の交付を受けていない者であっても、次に掲げる要件のいずれにも該当する者は、上記イの②、③若しくは④に掲げる一般障害者又は上記ロの②、③若しくは④に掲げる特別障害者に該当するものとして取り扱われます（相基通19の4－3）。

(1) 相続税の申告書を提出する時において、これらの手帳の交付を受けていること又はこれらの手帳の交付を申請中であること。

(2) 交付を受けているこれらの手帳、精神障害者保健福祉手帳の交付を受けるための精神保健及び精神障害者福祉に関する法律施行規則第23条第2項第1号《精神障害者保健福祉手帳》に規定する医師の診断書若しくは同項第2号に規定する精神障害を支給事由とする給付を現に受けていることを証する書類又は身体障害者手帳若しくは戦傷病者手帳の交付を受けるための身体障害者福祉法第15条第1項若しくは戦傷病者特別援護法施行規則第1条第4号に規定する医師の診断書により、相続開始の時の現況において、明らかにこれらの手帳に記載される程度の障害があると認められる者であること。

(3) 控除額

障害者の区分	障害者控除額
一般障害者	その者が85歳に達するまでの年数×10万円
特別障害者	その者が85歳に達するまでの年数×20万円

(注)　「その者が85歳に達するまでの年数」が１年未満であるとき又はこれに１年未満の端数があるときは、これを１年とすします。

　この控除を受けることができる金額が、その控除を受ける者について算出した相続税額（相続税額の２割加算、贈与税額控除、配偶者の税額軽減及び未成年者控除の規定を適用した後の相続税額）を超える場合は、その超える部分の金額は、その障害者控除を受ける者の扶養義務者（被相続人である特定贈与者よりも先に相続が開始した相続時精算課税適用者を除きます（相基通19の４－６）。）の相続税額から控除します（相法19の３②）。

　この場合に、控除を受けることができる扶養義務者が２人以上あるときは、次に掲げる区分に応じた金額とします（相令４の３）。

①	扶養義務者の全員が、協議によりその全員が控除を受けることができる金額の総額を各人ごとに配分してそれぞれの控除を受ける金額を定め、当該控除を受ける金額を記載した相続税法第27条又は相続税法第29条の規定による申告書（これらの申告書に係る期限後申告書を含みます。）を提出した場合	左欄の申告書に記載した金額
②	①に掲げる場合以外の場合	扶養義務者の全員が控除を受けることができる金額の総額を、各人がその相続又は遺贈により取得した財産の価額につき相続税法第15条から第19条の２までの規定により算出した金額によりあん分して計算した金額

　以上のように、障害者控除は、障害者の納付する相続税額あるいはその扶養義務者の相続税額から控除されますが、この場合の相続税額は、いずれも相続税額の２割加算、贈与税額控除、配偶者に対する相続税額の軽減及び未成年者控除後の相続税額とし、❻以下に説明する相次相続控除及び在外財産に対する相続税控除前の相続税額です（相法19の４①）。

■ 障害者控除を受ける者が、既に障害者控除を受けたことがある者である場合、又はその扶養義務者について障害者控除を受けたことがある場合

　障害者控除を受ける者が、既に障害者控除を受けたことがある者である場合、又はその扶養義務者について障害者控除を受けたことがある場合には、その者又はその扶養義務者は、既に

控除を受けた金額の合計額が相続税法第19条の4第1項の規定により控除を受けることができる金額（2回以上その者又はその扶養義務者について控除を受けた場合には、最初に相続又は遺贈により財産を取得した際に同法第19条の4第1項の規定により控除を受けることができる金額）に満たなかった場合のそのみ満たなかった金額の範囲内に限られます（相法19の4③、19の3③）。

この場合、相続又は遺贈（当該相続に係る被相続人からの贈与により取得した財産で相続時精算課税の適用を受けるものに係る贈与を含みます。）により財産を取得した特別障害者が、その相続の開始前に開始した相続の時に一般障害者として障害者控除を受けていた場合において、今回控除を受けることができる金額は次の算式により求めた金額となります（相基通19の4－4）。

〈算式〉
　　｛20万円×（85－Y）＋10万円×（Y－X）｝－A
（注）　算式中の符号は、次のとおりである。
　　「X」＝初めて障害者控除の規定の適用を受ける一般障害者の当該相続（以下この（注）において「前の相続」といいます。）開始時の年齢
　　「Y」＝前の相続に係る相続税額の計算上障害者控除の規定の適用を受けた者の今回の相続開始時の年齢
　　「A」＝前の相続に係る相続税額の計算上控除を受けた障害者控除額

■ 相続の放棄をした者

障害者控除は、財産を取得した者が相続を放棄したことにより相続人に該当しなくなった場合においても、その者が居住無制限納税義務者で85歳未満の者に該当し、かつ、当該被相続人の民法第5編第2章の規定による相続人（相続の放棄があった場合には、その放棄がなかったものとした場合における相続人）に該当するときは、適用することができます（相基通19の3－1）。

■ 日米相続税条約による取扱い

障害者控除の制度は、わが国の障害者福祉の側面的支援措置であることから、相続開始の時において日本国内に住所を有しない者（非居住無制限納税義務者及び制限納税義務者）はこの適用の対象とされていません。

ただし、日米相続税条約により、被相続人がアメリカ合衆国の国籍を有していた場合又は同国に住所を有していた場合については、特例として、日米相続税条約実施法により、一定の要件のもとにその適用をすることができます（日米相続税条約4、日米相続税条約実施法2、日米相続税条約実施規則2）。

6 相次相続控除

(1) 制度の内容

　相続（被相続人からの相続人に対する遺贈を含みます。）により財産を取得した場合において、その相続（以下「第2次相続」といいます。）に係る被相続人が、第2次相続の開始前10年以内に開始した相続（以下「第1次相続」といいます。）により財産を取得したことがあるときは、その被相続人から相続により財産を取得した者については、その者の納付すべき相続税額（相続税額の2割加算、贈与税額控除、配偶者の税額軽減、未成年者控除及び障害者控除の規定を適用した後の相続税額）から、その被相続人が第1次相続により取得した財産（第1次相続に係る被相続人からの贈与により取得した財産で相続時精算課税の適用を受けるものを含みます。）につき課された相続税額（延滞税、利子税、過少申告加算税、無申告加算税及び重加算税に相当する相続税額を除きます。）に相当する金額に、一定の割合を順次乗じて算出した金額を控除した後の金額をもって、納付すべき相続税額とされます（相法20）。
　この控除が相次相続控除です。

(2) 控除額

　相次相続控除額は、被相続人が第1次相続により取得した財産（第1次相続に係る被相続人からの贈与により取得した財産で相続時精算課税の適用を受けるものを含みます。）につき課された相続税額（A）に、次の①、②及び③の割合を順次乗じて求めた金額になります。
① 第2次相続に係る被相続人から相続又は遺贈により財産を取得したすべての者がこれらの事由により取得した財産（その相続に係る被相続人からの贈与により取得した財産で、相続時精算課税の適用を受けるものを含みます。）の価額（相続税の課税価格に算入される部分に限ります。）の合計額（C）の、その被相続人が第1次相続により取得した財産（第1次相続に係る被相続人からの贈与により取得した財産で、相続時精算課税の適用を受けるものを含みます。）の価額（相続税の課税価格計算の基礎に算入された部分に限ります。）（B）からその財産に係る相続税額（A）を控除した金額に対する割合（この割合を乗ずることにより第2次相続財産が第1次相続財産に比して減少している場合には、その減少した分に対する税額は控除されないことになります。また、この割合が100分の100を超える場合には、100分の100として計算することとされており、第2次相続財産が第1次相続財産に比して増加している場合においても、第一次相続において課された相続税額を超えて控除されることはありません。）
② 第2次相続に係る被相続人から相続により取得した財産（その相続に係る被相続人からの贈与により取得した財産で、相続時精算課税の適用を受けるものを含みます。）の価額（相続税の課税価格に算入される部分に限ります。）（D）の、第2次相続に係る被相続人

から相続又は遺贈により財産を取得したすべての者が、これらの事由により取得した財産（その相続に係る被相続人からの贈与により取得した財産で、相続時精算課税の適用を受けるものを含みます。）の価額（相続税の課税価格に算入される金額に限ります。）の合計額（C）に対する割合

(注) 上記①及び②の「相続税の課税価格に算入される部分」及び「相続税の課税価格計算の基礎に算入された部分」は、債務控除後の金額となります（相基通20－2）。

③ 第１次相続開始の時から第２次相続開始の時までの期間に相当する年数を10年から控除した年数（その年数が１年未満である場合又はこれに１年未満の端数がある場合には、これを１年として計算する。）の10年に対する割合

〈相次相続控除額の計算式（相基通20－3）〉

$$A \times \frac{C}{B-A} \times \frac{D}{C} \times \frac{10-E}{10}$$

(注) 算式中の符号は次のとおりである。
「A」＝第２次相続に係る被相続人が第１次相続により取得した財産につき課された相続税額（相続時精算課税の適用を受ける財産につき課せられた贈与税があるときは、当該課せられた贈与税の税額（相続税法第21条の8の規定による控除前の税額とし、延滞税、利子税、過少申告加算税、無申告加算税及び重加算税に相当する税額を除きます。）を控除した後の金額）
「B」＝第２次相続に係る被相続人が第１次相続により取得した財産の価額（債務控除をした後の金額）
「C」＝第２次相続により相続人及び受遺者の全員が取得した財産の価額（債務控除をした後の金額）
「D」＝第２次相続により当該控除対象者が取得した財産の価額（債務控除をした後の金額）
「E」＝第１次相続開始の時から第２次相続開始の時までの期間に相当する年数（１年未満の端数は切捨て）

【設例】相次相続控除額の計算例

各相続人が取得した財産の価額等は、次のとおりであり、すべて債務控除後の額です。相次相続控除の金額は、どのように計算しますか。

① 第２次相続に係る被相続人が第１次相続により取得した財産の価額：２億円…B
② 第２次相続に係る被相続人が第１次相続により取得した財産につき課せられた相続税額：4,000万円…A
③ 第２次相続により相続人及び受遺者の全員が取得した財産の価額：４億円…C
④ 第２次相続により相次相続控除の対象となる相続人が取得した財産の価額：8,000万円…D
⑤ 第１次相続開始の時から第２次相続開始の時までの期間に相当する年数：６年２か月…E

〈回答〉
相次相続控除額は、320万円となります。
• 計算式

$$4,000万円 \times \frac{4億円}{2億円-4,000万円} \times \frac{8,000万円}{4億円} \times \frac{10-6}{10} = 320万円$$

(注1) $\dfrac{4 \text{億円}}{2 \text{億円}-4{,}000 \text{万円}}$ の割合が $\dfrac{100}{100}$ を超えるので、その割合を $\dfrac{100}{100}$ として計算します。

(注2) 「10−E」の期間に1年未満の端数があるときは、その端数を1年として計算することとなっているので、Eの6年2か月のうち1年に満たない端数の2か月は切り捨て、6年になります。

■ 相続を放棄した者及び相続権を失った者

相続を放棄した者及び相続権を失った者については、たとえその者について遺贈により取得した財産がある場合でも、相次相続控除の規定は適用されません(相基通20−1)。

■ 被相続人の被相続人に課された相続税

相続税法第20条の規定は、第2次相続に係る被相続人がその相続の開始前10年以内に開始した相続によって取得した財産につき課せられた相続税額について適用があるのであって、第2次相続に係る被相続人の被相続人が納付した相続税額については適用がありません(相基通20−4)。

在外財産に対する相続税額の控除

(1) 制度の内容

相続又は遺贈(相続又は遺贈により財産を取得した者が相続開始の年において被相続人から受けた贈与を含みます。)により国外にある財産を取得した場合において、その国外にある財産に対して外国の法令によってわが国の相続税に相当する税が課せられたときは、その課せられた相続税に相当する金額は、国際的二重課税の防止のために、その者の納付する相続税額から控除します(相法20の2)。

(2) 控除額

次の①又は②の金額のうち、いずれか小さい方の金額を控除します(相法20の2、相令5の4②、相基通20の2−2)。

① 国外にある財産について、その財産が所在する国の法令によって課された相続税に相当する税の金額

② 次の算式により求めた金額

相続税法の規定により算出した相続税額(相続税額の2割加算、贈与税額控除、配偶者の税額軽減、未成年者控除、障害者控除及び相次相続控除の各規定を適用した後の相続税額)

×相続税法の施行地外にある財産の価額(当該財産に係る債務控除後の価額)

÷相続税の課税価格に算入された財産(被相続人を特定贈与者とする相続時精算課税の

適用を受ける財産を含みます。）の価額（債務控除後の価額）

■ 外国税額の邦貨換算

外国の法令により課税された相続税に相当する税額の邦貨への換算は、外国の法令により課せられた相続税に相当する税額を、その地の法令により納付すべき日における対顧客直物電信売相場（TTS）により邦貨に換算した金額によります（相基通20の2−1本文）。

ただし、送金が著しく遅延して行われる場合を除き、国内から送金する日の電信売相場（TTS）によることもできます（相基通20の2−1ただし書）。

第7章 相続時精算課税を選択した場合の相続税

　相続時精算課税適用者は、特定贈与者の相続開始時に、相続時精算課税制度を選択した年分以後の年に特定贈与者から贈与を受け相続時精算課税を適用した財産の贈与時における価額と、相続又は遺贈により取得した財産の価額の合計額を相続税の課税価格として算出した相続税額から、相続時精算課税制度における贈与税相当額を控除して、納付すべき相続税額を求めます。
　第7章では、相続時精算課税に係る特定贈与者に相続が開始した場合の相続税額の計算等について、特に留意すべき点について説明します。

第1節　相続時精算課税適用者の相続税の課税価格の計算

　相続時精算課税に係る特定贈与者に相続が開始した場合における相続時精算課税適用者の相続税の課税価格の計算については、第4章第2節で説明したとおりですが、その概要は次のとおりです。

相続等により財産を取得した相続時精算課税適用者

　被相続人から相続又は遺贈により財産を取得した相続時精算課税適用者は、その被相続人からの贈与財産で、相続時精算課税制度の適用を受けたものについて、その財産の贈与の時における価額から相続時精算課税に係る基礎控除額を控除した残額を相続税の課税価格に加算します（相法21の15①）。

相続等により財産を取得しなかった相続時精算課税適用者

　被相続人から相続又は遺贈により財産を取得しなかった相続時精算課税適用者は、その被相続人からの贈与財産で、相続時精算課税制度の適用を受けたものについては、その被相続人か

第7章 相続時精算課税を選択した場合の相続税

ら相続（その相続時精算課税適用者が特定贈与者である被相続人の相続人以外の者である場合には遺贈）により取得したものとみなされます（相法21の16①）。その場合、相続税の課税価格に算入される財産の価額は、その贈与の時における価額から相続時精算課税に係る基礎控除額を控除した残額となります（相法21の16③）。

【設例１】加算される金額（同一年中の相続時精算課税に係る贈与が被相続人からの贈与のみの場合）

１．令和６年６月に、特定贈与者である父から、現金3,000万円の贈与を受け、翌年、相続時精算課税を適用して次のとおり贈与税の申告を行った。なお、令和６年中に他の者から相続時精算課税を適用する贈与は受けていない。

〈贈与税の計算〉

（贈与財産の価額）		（相続時精算課税に係る基礎控除額）		（相続時精算課税に係る特別控除額）		（基礎控除後の課税価格）
30,000,000円	－	1,100,000円	－	25,000,000円	＝	3,900,000円

（基礎控除後の課税価格）		（税率）		（贈与税額）
3,900,000円	×	20％	＝	780,000円

２．令和７年８月に父が亡くなった。

〈回答〉

相続税の課税価格に加算又は算入される金額は次のとおりとなります。

（贈与財産の贈与の時の価額）		（相続時精算課税に係る基礎控除額）		（相続税の課税価格に加算又は算入される金額）
30,000,000円	－	1,100,000円	＝	28,900,000円

（注）相続時精算課税に係る特別控除額は、控除しません。

【設例２】加算される金額（同一年中に２名から相続時精算課税に係る贈与を受けている場合）

１．令和６年６月に、特定贈与者である父から、現金600万円の贈与を受けた。
２．令和６年９月に、特定贈与者である母から、現金500万円の贈与を受けた。
３．令和７年３日、上記１及び２の贈与について、相続時精算課税を適用する贈与税の申告を行った。なお、いずれについても相続時精算課税に係る特別控除は適用していない。

① 父からの贈与

（贈与財産の価額）		（相続時精算課税に係る基礎控除額）		（税率）		（贈与税額）
(6,000,000円	－	600,000円)	×	20％	＝	1,080,000円

※ 基礎控除額の計算

$$1,100,000円 \times \frac{6,000,000円}{6,000,000円 + 5,000,000円}$$

② 母からの贈与

（贈与財産の価額）		（相続時精算課税に係る基礎控除額）		（税率）		（贈与税額）
(5,000,000円	－	500,000円)	×	20％	＝	900,000円

※ 基礎控除額の計算

$$1,100,000円 \times \frac{5,000,000円}{6,000,000円 + 5,000,000円}$$

4．令和7年10月、父が亡くなった。

〈回答〉
相続税の課税価格に加算又は算入される金額は次のとおりとなります。

（贈与財産の贈与の時の価額）		（相続時精算課税に係る基礎控除額）		（相続税の課税価格に加算又は算入される金額）
6,000,000円	−	600,000円	=	5,400,000円

■ 相続時精算課税適用者の債務控除

上記❶及び❷の相続時精算課税適用者は、相続税の課税価格の計算上、債務控除の規定を適用することができます（相法13、21の15②、21の16①、相令5の4①）。

■ 相続開始前7年以内の贈与加算

相続時精算課税制度の適用を受ける財産については、二重課税を避けるため相続開始前7年以内（注）に被相続人から受けた贈与財産の課税価格への加算の規定（相法19）は適用されないこととされています（相法19、21の15②、21の16①、相令5の4①）。

　（注）　令和12年12月31日までに開始した相続税については、経過措置が設けられています。詳細については、「第4章　相続税の課税価格」の「第4節　相続開始前7年以内の贈与」を参照してください。

3 相続税額の計算

(1) 相続税額の加算及び各種控除の規定の適用

加算又は控除項目	内　　容
相続税額の2割加算 （相法18）	相続時精算課税適用者は、被相続人の直系卑属である推定相続人又は孫であることから、孫以外の相続時精算課税適用者は原則として2割加算の対象とはなりませんが、例外として、養子縁組の解消等により、特定贈与者の生前に推定相続人ではなくなり、相続開始時において一親等の血族ではなくなっている場合において、養子縁組解消後に贈与又は遺贈により取得した財産については、2割加算の対象となります。
贈与税額控除 （相法19）	相続開始前7年以内（注1）の贈与加算の規定の適用を受ける財産がある場合（相続開始の年中の贈与を除きます。）、当該財産に係る贈与税額については、相続開始前7年以内の贈与加算に係る贈与税額を控除することができます（相法19①、相令4①）。 （注1）　令和12年12月31日までに開始した相続については、経過措置が設けられています。 （注2）　相続時精算課税制度の対象となった贈与に係る贈与税については、「(2)贈与税の税額に相当する金額の控除及び還付」参照。
未成年者控除 （相法19の3②）	未成年者である相続人の扶養親族である相続人については適用することができます。

障害者控除 （相法19の4）	適用することができます。 ただし、相続開始時に日本国内に住所を有しない者については適用することはできません（相法19の4①、21の16②）。
相次相続控除 （相法20）	適用することができます。 この場合、第二次相続に係る被相続人から相続により取得した財産の価額には、当該被相続人から贈与により取得した財産で相続時精算課税制度の適用を受けたものの価額の合計額を含むこととされています（相法21の15①②、21の16①）。
外国税額控除 （相法20の2）	適用することができます。

(2) 贈与税の税額に相当する金額の控除及び還付

① 贈与税の税額に相当する金額の控除

　相続時精算課税の適用を受ける財産について課せられた贈与税があるときは、相続税額から当該贈与税の税額に相当する金額（相続税法第21条の8《在外財産に対する贈与税額の控除》の規定の適用がある場合には、同条の規定の適用前の金額）を控除します（相法21の15③、21の16④）。なお、この場合の相続税額は、相続税法第15条《遺産に係る基礎控除》から第20条の2《在外財産に対する相続税額の控除》まで（第19条の2を除きます。）の規定を適用して算出された相続税額です（相令5の3、相基通21の15－4）。

② 贈与税の税額に相当する金額の還付

　相続税額から、相続時精算課税の適用を受ける財産について課せられた贈与税額を控除してもなお控除しきれない金額がある場合においては、その控除しきれない金額（相続税法第21条の8《在外財産に対する贈与税額の控除》）の適用を受ける財産にかかる贈与税について同条の規定の適用を受けた場合にあっては、当該控除しきれない金額から同条の定めによる控除額を控除した残額）に相当する税額の還付を受けるための相続税の申告書を提出することができます（相法27③、33の2①、相規15、16）。

　この相続税の申告書は、特定贈与者に相続の開始があった日の翌日から起算して5年を経過する日まで提出することができます（通法74①、相基通27－8）。

第2節 相続時精算課税に係る土地又は建物の価額の特例

特例制度の概要

　相続時精算課税に係る土地又は建物の価額の特例は、相続時精算課税適用者が特定贈与者か

らの贈与により取得した土地又は建物が、当該贈与を受けた日から当該特定贈与者の死亡に係る相続税の申告書の提出期限までの間に災害によって相当の被害を受けた場合において、当該相続時精算課税適用者が、贈与税の納税地の所轄税務署長の承認を受けたときは、当該相続税の課税価格への加算又は算入の基礎となる当該土地又は建物の価額は、当該贈与の時における価額から当該価額のうち当該災害によって被害を受けた部分に対応する一定の金額を控除した残額とする制度です（措法70の3の3①）。

なお、相続時精算課税適用者が、当該土地又は建物について、災害減免法第4条又は第6条第2項の規定の適用を受けようとする場合又は受けた場合には、この特例を適用することはできません（措法70の3の3③）。

◆特例の計算イメージ◆

［例］　特定贈与者から贈与により取得した建物が被災した場合

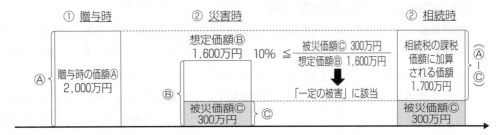

（国税庁資料から抜粋）

■ 特例の対象となる災害

この特例制度の対象となる災害とは、震災、風水害、冷害、雪害、干害、落雷、噴火その他の自然現象の異変による災害及び火災、鉱害、火薬類の爆発その他の人為による異常な災害並びに害虫、害獣その他の生物による異常な災害をいいます（措法70の3の3①、措令40の5の3①）。

2 特例の対象となる相当の被害

この特例の適用対象となる「相当の被害」とは、相続時精算課税適用者が特定贈与者からの贈与により取得した財産の種類別に(1)又は(2)に定める程度の被害をいいます（措令40の5の3③）。

(1) 土地

その土地の贈与の時における価額のうちに当該土地に係る被災価額の占める割合が10分の1以上となる被害をいいます。この場合の被災価額とは、その土地が災害により被害を受けた部分の価額から保険金、損害賠償金その他これらに類するものにより補塡される金額を控除した残額をいいます。

(2) 建物

その建物の想定価額のうちに当該建物に係る被災価額の占める割合が10分の1以上となる被害をいいます。この場合の被災価額とは、その建物が災害により被害を受けた部分の価額から保険金、損害賠償金その他これらに類するものにより補塡される金額を控除した残額をいいます。

■ 建物の想定価額

災害により被害を受けた建物の特定贈与者からの贈与の時における価額に①に掲げる年数を②に掲げる年数で除して得た数を乗じて計算した金額をいいます。

① 当該災害が発生した日において当該建物の使用可能期間のうちいまだ経過していない一定の期間の年数（措令40の5の3②一イ）

この場合の一定の年数とは、ⓐの年数からⓑの年数を控除した年数をいいます（措規23の6の2①）。

ⓐ 次に掲げる建物の区分にそれぞれに定める年数

（ⅰ）贈与の日において想定使用可能期間の年数（建物の全部が事務所用であるものとした場合における当該建物に係る耐用年数省令別表第一に定める耐用年数をいいます。）の全部を経過している建物

当該想定使用可能期間の年数の100分の20に相当する年数

（ⅱ）上記（ⅰ）に掲げる建物以外の建物

当該建物の新築の日から贈与の日までの期間の年数を当該建物の想定使用可能期間の年数から控除した年数に、当該新築の日から贈与の日までの期間の年数の100分の20に相当する年数を加算した年数

ⓑ 贈与の日から災害が発生した日までの期間の年数（当該年数が上記ⓐに掲げる年数を超える場合には、上記①に掲げる年数）

（注）上記ⓐの（ⅰ）及び（ⅱ）並びにⓑの年数が1年未満である場合又はこれらの年数に1年未満の端数がある場合には、これらの年数又は端数を切り捨てます（措規23の6の2②）。

② 当該贈与の時において当該建物の使用可能期間のうちいまだ経過していない一定の期間の年数（措令40の5の3②一ロ）

❸ この特例により減額される金額

特定贈与者を被相続人とする相続税の課税価格に加算又は算入する土地建物の価額は、税務署長の承認を受けた災害に係る土地又は建物ごとの贈与時の価額からそれぞれごとの被災価額の合計額（当該土地又は建物の贈与の時における価額が上限となります。）を控除した残額となります（措令40の5の3⑩）。

第Ⅰ部　相続税

④ 適用手続

　税務署長の承認を受けようとする相続時精算課税適用者は、災害による被害を受けた部分の価額その他一定の事項を記載した承認申請書を、当該災害が発生した日から3年を経過する日（同日までに当該相続時精算課税適用者が死亡した場合には、同日と当該相続時精算課税適用者の相続人（包括受遺者を含みます。）が当該相続時精算課税適用者の死亡による相続の開始があったことを知った日の翌日から6か月を経過する日とのいずれか遅い日）までに災害による被害を受けた部分の価額を明らかにする書類その他次に掲げる一定の書類を添付して、当該相続時精算課税適用者の贈与税の納税地の所轄税務署長に提出しなければなりません（措令40の5の3⑤⑥）。

■ 承認申請書の添付書類 （措規23の6の2⑤）

土地	1	土地の登記事項証明書その他の書類で相続時精算課税適用者が当該土地を贈与の日から災害が発生した日まで引き続き所有していたことを明らかにするもの
	2	土地が災害により被害を受けたこと及び当該災害が発生した日を明らかにする書類
	3	土地の原状回復に要する費用に係る見積書の写しその他の書類で当該土地に係る前項第六号に掲げる事項を明らかにするもの
	4	その他参考となるべき書類
建物	1	建物の登記事項証明書その他の書類で当該建物の新築をした年月日及び相続時精算課税適用者が当該建物を贈与の日から災害が発生した日まで引き続き所有していたことを明らかにするもの
	2	市町村長又は特別区の区長の証明書その他の書類で建物が災害により被害を受けたこと及び当該災害が発生した日を明らかにするもの
	3	建物の修繕に要する費用に係る見積書の写し、保険金の支払通知書の写しその他の書類で、当該建物に係る災害による被害を受けた部分の価額及び保険金、損害賠償金その他これらに類するものにより補填される金額を明らかにするもの
	4	その他参考となるべき書類

■ 被災価額に異動を生ずべき事由が生じた場合の手続き

　承認を受けた相続時精算課税適用者は、保険金の支払いを受けたことその他の被災価額に異動を生ずべき事由が生じた場合には、遅滞なく、当該事由その他一定の事項を記載した届出書に、保険金の支払通知書の写しなど当該事項を明らかにする一定の書類を添付して、相続時精算課税適用者の贈与税の納税地の所轄税務署長に提出しなければなりません（措令40の5の3⑨、措規23の6の2⑦⑧）。

第7章 相続時精算課税を選択した場合の相続税

第 3 節　相続税の納税に係る権利又は義務の承継等

相続時精算課税適用者が、特定贈与者の死亡より先に死亡した場合

　相続時精算課税適用者が、特定贈与者より先に死亡した場合には、その相続時精算課税適用者の相続人（包括受遺者を含みます。）は、その相続時精算課税適用者が有していた相続時精算課税制度の適用を受けていたことに伴う納税に係る権利又は義務（以下「納税に係る権利・義務」といいます。）を承継します（相法21の17①）。

　相続時精算課税適用者の相続人（包括受遺者を含みます。）が、相続時精算課税贈与に関する規定の適用を受けていたことに伴う納税に係る権利・義務を承継することとなった結果、特定贈与者が死亡した場合には、相続時精算課税適用者の相続人（包括受遺者を含みます。）は、上記第１節❶又は❷により、相続時精算課税に係る財産の価額を相続により取得したものとみなして、相続時精算課税適用者の相続税の申告をすることとなります。

■ 特定贈与者が相続時精算課税適用者の相続人となる場合

　相続時精算課税適用者の相続人に卑属がいないことから、尊属である特定贈与者がその相続人になる場合があります。この場合、上記によれば特定贈与者は自分が死亡した場合の相続税の納税義務を負うことになりますが、これを履行することはできません。そこで、相続時精算課税適用者の相続人のうちに特定贈与者がいる場合には、その特定贈与者は、当該納税に係る権利・義務を承継しないこととされています（相法21の17③）。

　また、相続時精算課税適用者の相続人が特定贈与者のみである場合には、相続時精算課税の適用に伴う権利・義務は当該特定贈与者及び当該相続時精算課税適用者の民法第889条《直系尊属及び兄弟姉妹の相続権》の規定による後順位の相続人となる他の者には承継されません（相基通21の17－３）。

　したがって、この場合には、当該特定贈与者の死亡に係る当該相続時精算課税適用者の相続税の申告は必要がないこととなります。

■ 承継割合

　相続時精算課税適用者の相続人が複数いる場合には、各相続人（相続人のうちに特定贈与者がいる場合には、その特定贈与者を除きます。）が承継する当該納税に係る権利・義務は、実際にどのような遺産分割をしたかにかかわらず、民法第900条から902条までに規定する相続分（相続人のうちに特定贈与者がいる場合には、その特定贈与者がいないものとして相続分を計算します。）により按分した金額となります。

　ただし、相読人のうちに相続によって得た財産の価額がその按分した金額を超える者がある

ときは、その相続人はその超える価額を限度として、他の相続人の承継税額を納付する責めを負います（相法21の17③、相令5の5、通法5②③）。

なお、相続時精算課税適用者の相続人が限定承認をしたときは、相続により取得した財産（相続時精算課税適用者からの遺贈又は贈与により取得した財産を含みます。）の限度においてのみ当該納税に係る権利・義務を承継することとなります（相法21の17②）。

贈与により財産を取得した者が相続時精算課税選択届出書の提出前に死亡した場合

贈与により財産を取得した者が相続時精算課税に関する規定の適用を受けることができる場合に、その者が相続時精算課税選択届出書の提出期限前に当該届出書を提出しないで死亡したときは、相続税法第21条の18第1項の規定により、当該被相続人の相続人（包括受遺者を含み、その贈与をした者を除きます。）は、その相続の開始があったことを知った日の翌日から10か月以内（相続人が納税管理人の届出をしないでこの期間内に日本国内に住所及び居所を有しないこととなるときは、住所及び居所を有しないこととなる日まで）に、相続時精算課税選択届出書をその死亡した者の納税地の所轄税務署長に共同して提出することができます（相法21の18①）。この規定により相続時精算課税選択届出書を提出した相続人（包括受遺者を含みます。）は、その死亡した者が有することとなる相続時精算課税贈与に関する規定の適用を受けていたことに伴う納税に係る権利・義務を承継することとなります（相法21の18②）。

上記により相続時精算課税選択届出書を提出した相続人（包括受遺者を含みます。）が、相続時精算課税贈与に関する規定の適用を受けていたことに伴う納税に係る権利・義務を承継することとなった結果、特定贈与者が死亡した場合には、相続時精算課税選択届出書を提出した当該相続人（包括受遺者を含みます。）は、上記第1節❶又は❷により、相続時精算課税に係る財産の価額を相続により取得したものとみなして、相続時精算課税選択届出書の提出に係る被相続人の相続税の申告をすることとなります。

■ 相続人が特定贈与者のみである場合

贈与により財産を取得した者の相続人が当該贈与をした者のみである場合には、相続時精算課税選択届出書を提出することはできません（相基通21の18－1）。

■ 相続人が2人以上いる場合

相続税法第21条の18第1項の規定による相続時精算課税選択届出書を提出しようとする相続人（贈与者を除きます）が2人以上いる場合の当該相続時精算課税選択届出書の提出は、一の相続時精算課税選択届出書に当該相続人全員が連署し、共同で行わなければならず、当該相続人のうち1人でも欠けた場合には、相続時精算課税の適用を受けることはできません（相基通21の18－2）。

◆納税に係る権利・義務の承継（代襲相続の場合）◆

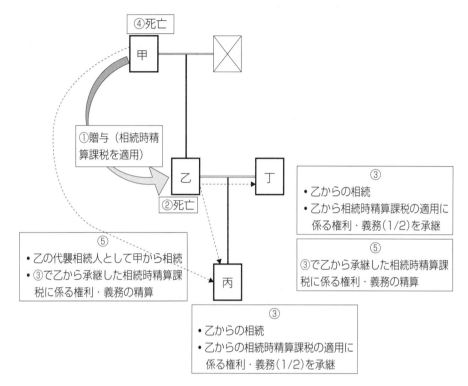

◆納税に係る権利・義務の承継（特定贈与者が相続人の場合）◆

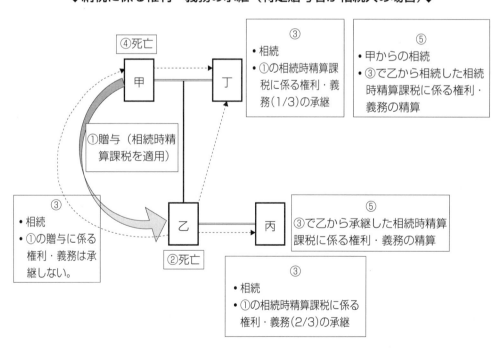

第Ⅰ部 相続税

【設例1】特定贈与者が相続時精算課税適用者の相続人ではない場合の計算例

　特定贈与者Aの死亡前に相続時精算課税適用者Bが死亡しました。Bの相続人はBの配偶者Cと長男D及び二男Eの3名でした。Bの各相続人がBから承継する相続時精算課税の適用に係る権利・義務の割合はいくらになりますか。また、特定贈与者Aの死亡に係る相続税の基礎控除額はいくらになるでしょうか。

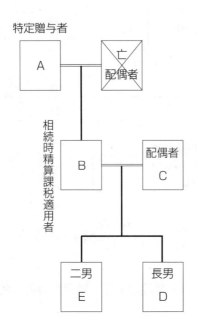

〈回答〉
1．承継する権利・義務の割合
　　　Bの配偶者C：1／2
　　　Bの長男D：1／4
　　　Bの二男E：1／4
2．特定贈与者（被相続人）Aの死亡に伴う相続税の計算をする場合の基礎控除額
　被相続人Aの代襲相続人であるD及びEが法定相続人となります。
　したがって、基礎控除額は、4,200万円（3,000万円＋600万円×2人）となります。

第7章 相続時精算課税を選択した場合の相続税

【設例2】特定贈与者が相続時精算課税適用者の相続人の場合の計算例

　特定贈与者Aの死亡前に相続時精算課税適用者Bが死亡しました。Bの相続人はBの配偶者CとBの特定贈与者である父A及び母Dでした。Bの各相続人がBから承継する相続時精算課税の適用に係る権利・義務の割合はいくらになりますか。また、特定贈与者Aの死亡に係る相続税の基礎控除額はいくらになるでしょうか。

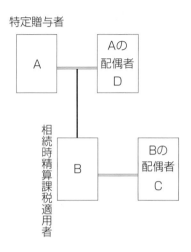

〈回答〉
1．承継する権利・義務の割合
　　Bの配偶者C：2／3
　　Bの母D：1／3
2．特定贈与者（被相続人）Aの死亡に伴う相続税の計算をする場合の基礎控除額
　法定相続人は、被相続人Aの配偶者Dのみとなります。
　したがって、基礎控除額は、3,600万円（3,000万円＋600万円×1人）となります。
　Bの配偶者Cは、Bが相続時精算課税を適用していたことに伴う納税に関する権利・義務を承継しますが、特定贈与者甲の相続人（又は代襲相続人）になるわけではありません。

3 相続税の納税に係る権利又は義務の再承継

　相続時精算課税適用者の相続人が特定贈与者より先に死亡した場合には、当該相続人の相続人（相続人のうちに特定贈与者がいる場合には、その特定贈与者を除きます。）は、その相続時精算課税適用者が有していた相続時精算課税制度の適用を受けていたことに伴う相続税の納税に係る権利又は義務を再承継します（相法21の17④）。

　なお、その再承継した相続人が当該特定贈与者より先に死亡した場合には、当該相続時精算課税制度の適用を受けていたことに伴う相続税の納税に係る権利又は義務は当該再承継した相続人の相続人には承継されず、消滅することとなります（相基通21の17-1）。

◆相続時精算課税に係る権利義務の承継のイメージ図◆

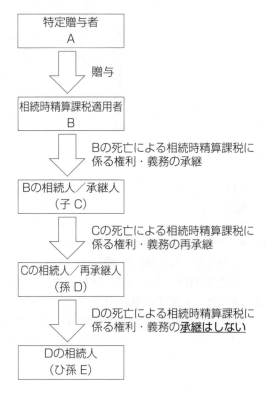

（注）　上図におけるかっこ書きの続柄は、Bとの続柄ですが、この図は代表的なケースを例示したものであり、これと異なる続柄の場合もあり得ることにご注意ください（例えばCについては配偶者や母である場合が考えられます）。

■　相続税法第21条の18第1項の規定により相続時精算課税選択届出書の提出をすることができる者（贈与により財産を取得した者の相続人（包括受遺者を含みます。）をいいます。）が、この届出書を提出しないで死亡した場合には、その相続人（包括受遺者を含みます。）が同届出書を提出することができ、その場合には、その者が、相続時精算課税の適用を受けることに伴う納税に係る権利・義務を承継します（相法21の18③）。

第8章 相続税の申告等の手続き

　相続税は、申告納税制度がとられています。すなわち、相続税は、納税義務のある者が自ら課税価格及び税額を計算した上で、期限内に申告をし、その税額を納付するものとされています。なお、申告期限を経過した場合であっても、国税通則法の定めるところにより期限後申告書を提出することができます。

　また、国税通則法は、申告額を訂正するために納税義務者が行う手続きとして修正申告と更正の請求を設けており、一方、税務当局による職権による是正措置として、更正及び決定の手続きを定めています。

　さらに相続税法は、相続税固有の事由が生じた場合の期限後申告、修正申告、更正の請求、更正及び決定についての規定を設けています。

第1節 申告

相続税の申告書の提出

(1) 相続税の申告書の提出義務

　相続税の申告書を提出する義務のある者は、その被相続人から相続又は遺贈（その相続に係る被相続人からの贈与により取得した財産で相続時精算課税の適用を受けるものに係る贈与を含みます。）により財産を取得したすべての者及びその被相続人に係るすべての相続時精算課税適用者に係る相続税の課税価格の合計額が遺産に係る基礎控除額を超え、かつ、その者に係る相続税の課税価格について相続税法第15条《遺産に係る基礎控除》から第19条《相続開始前3年以内に贈与があった場合の相続税額》まで、第19条の3《未成年者控除》から第20条の2《在外財産に対する相続税額の控除》まで及び第21条の14《相続時精算課税に係る相続税額》から第21条の18までの各規定を適用して相続税額を計算したときに、納付すべき相続税額が算

出される者です（相法27①）。

　上記の課税価格は、当該相続の開始前7年以内（注）にその被相続人から贈与により取得した財産につき、相続税法第21条の2《贈与税の課税価格》第1項から第3項まで、第21条の3《贈与税の非課税財産》及び第21条の4《特定障害者に対する贈与税の非課税》の規定により贈与税の課税価格の基礎に算入されるものを加算したところにより、相続時精算課税制度の適用者については、相続税法第21条の14から第21条の18までの規定により相続税の課税価格とされる金額によります。

（注）令和12年12月31日までに開始した相続税については、経過措置が設けられています。詳細については、「第4章　相続税の課税価格」の「第4節　相続開始前7年以内の贈与」を参照してください。

　また、納付すべき相続税額が算出される者とは、その者の課税価格について算出した税額について、相続税法第18条の規定により20％の加算を行う必要がある場合には、当該加算を行い、同法第19条及び第19条の3から第20条の2までの規定による贈与税額控除、未成年者控除、障害者控除、相次相続控除、在外財産に対する相続税額の控除及び同法第21条の15第3項若しくは第21条の16第4項の規定による相続時精算課税適用者に係る贈与税額控除を行っても、なお納付すべき相続税額がある者をいいます。

(2)　申告書の提出期限

　相続税の申告書の提出期限は、その相続の開始があったことを知った日の翌日から10か月以内です（相法27①）。この10か月以内の計算は、国税通則法第10条《期間の計算及び期間の特例》の規定によります。

■「相続の開始があったことを知った日」

　相続税の申告書の提出期限の判断において重要な「相続の開始があったことを知った日」とは、自己のために相続の開始があったことを知った日と解されます。次に掲げるケースにおいては、それぞれに示す日が、「相続の開始があったことを知った日」として取り扱われることとなります（相基通27-4）。

	ケース	相続の開始があったことを知った日
①	民法第30条及び第31条の規定により、失踪の宣告を受け死亡したものとみなされた者の相続人又は受遺者	左欄の者がその失踪の宣告に関する審判の確定のあったことを知った日
②	相続開始後において、当該相続に係る相続人となるべき者について民法第30条の規定による失踪の宣告があり、その死亡したものとみなされた日が当該相続開始前であることにより相続人となった者	左欄の者が当該失踪宣告に関する審判の確定のあったことを知った日
③	民法第32条第1項の規定による失踪宣告の取消しがあったことにより相続開始後において	左欄の者が当該失踪の宣告の取消しに関する審判の確定のあったことを知った日

	相続人となった者	
④	民法第787条の規定による認知に関する裁判又は同法第894条第2項の規定による相続人の廃除の取消しに関する裁判の確定により、相続開始後において相続人となった者	左欄の者が当該裁判の確定を知った日
⑤	民法第892条又は同法第893条の規定による相続人の廃除に関する裁判の確定により、相続開始後において相続人となった者	左欄の者が当該裁判の確定を知った日
⑥	民法第886条の規定により、相続についてすでに生まれたものとみなされる胎児	法定代理人がその胎児の生まれたことを知った日
⑦	相続開始の事実を知ることのできる弁識能力のない幼児等	法定代理人がその相続の開始のあったことを知った日（相続開始の時に法定代理人がないときは、後見人の選任された日）
⑧	遺贈（被相続人からの相続人に対する遺贈を除く。）によって財産を取得した者	自己のために当該遺贈のあったことを知った日
⑨	停止条件付の遺贈（被相続人からの相続人に対する遺贈を除く。）によって財産を取得した者	当該条件が成就した日

　なお、当該相続に係る被相続人を特定贈与者とする相続時精算課税適用者に係る「相続の開始があったことを知った日」とは、上記に掲げる日にかかわらず、当該特定贈与者が死亡したこと又は当該特定贈与者について民法第30条の規定による失踪宣告に関する審判の確定のあったことを知った日となります（相基通27－4なお書き）。

■ 納税管理人を定めずに国内に住所又は居所を有しないこととなった場合

　相続税の申告書を提出すべき者が、その相続の開始があったことを知った日の翌日から10か月以内に納税管理人の届出をしないで国内に住所及び居所を有しないこととなる場合には、その住所及び居所を有しないこととなる日までに相続税の申告書を提出しなければなりません（相法27①）。

■ 特別縁故者に対する相続財産の分与があった場合

　民法第958条の3《特別縁故者に対する相続財産の分与》第1項の規定により相続財産の全部又は一部を与えられたために新たに相続税の申告書の提出を要することとなった者については、相続財産の全部又は一部を与えられたことを知った日の翌日から10か月以内（その者が当該期間内に納税管理人の届出をしないで国内に住所及び居所を有しないこととなるときは、当該住所及び居所を有しないこととなる日まで）に相続税の申告書を提出しなければなりません（相法29①）。

■ 特別寄与者が特別寄与料の支払いを受けた場合

　特別寄与者が特別寄与料の支払いを受けたことにより新たに相続税の申告書の提出を要する

こととなった場合には、特別寄与料の支払いがあったことを知った日の翌日から10か月以内（その者が当該期間内に納税管理人の届出をしないで国内に住所及び居所を有しないこととなるときは、当該住所及び居所を有しないこととなる日まで）に相続税の申告書を提出しなければなりません（相法29①）。

■ 相続税の申告義務の承継

相続税の申告書を提出する義務のある者が、その申告書の提出期限前に申告書を提出しないで死亡した場合には、その者の相続人（包括受遺者を含みます。）は、その相続（相続税の申告書を提出する義務のある者を被相続人とする相続）の開始があったことを知った日の翌日から10か月以内（その者が納税管理人の届出をしないで当該期間内に国に住所及び居所を有しないこととなるときは、住所及び居所を有しないこととなる日まで）に、その死亡した者が提出しなければならなかった申告書を、その死亡した者の納税地の所轄税務署長に提出しなければなりません（相法27②、29②）。

なお、この申告義務を承継する相続人又は包括受遺者は、民法の規定による相続人又は包括受遺者をいいます。

■ 申告書の提出を要しない者

相続税の申告書の提出期限前にその相続税について決定処分を受けた者については、あらためて申告書を提出する必要はありません（相法27⑥）。

(3) 申告期限の延長

イ 国税通則法の規定

国税通則法には、次のような規定が設けられており、相続税の申告についても適用されます（通法11）。

① 国税庁長官、国税不服審判所長、国税局長、税務署長又は税関長は、災害その他やむを得ない理由により、国税に関する法律に基づく申告、申請、請求、届出その他書類の提出、納付又は徴収に関する期限までにこれらの行為をすることができないと認めるときは、その理由のやんだ日から2か月以内に限り、当該期限を延長することができることとされています（通令3①）。

また、国税庁長官は、災害その他やむを得ない理由により、上記の期限までに上記の行為をすべき者であって当該期限までに当該行為のうち特定の税目に係る国税に関する法律又は情報通信技術を活用した行政の推進等に関する法律第6条《電子情報処理組織による申請等》第1項の規定により電子情報処理組織を使用して行う申告その他の特定の税目に係る特定の行為をすることができないと認める者（以下「対象者」といいます。）が多数に上ると認める場合には、対象者の範囲及び期日を指定して当該期限を延長します（通令3②）。

② 国税庁長官、国税不服審判所長、国税局長、税務署長又は税関長は、災害その他やむを得ない理由により、国税に関する法律に基づく申告、申請、請求、届出その他書類の提出、

納付又は徴収に関する期限までにこれらの行為をすることができないと認める場合には、上記①の適用がある場合を除き、当該行為をすべき者からの申請により、期日を指定して当該期限を延長します（通令3③）。この場合の申請は、災害その他やむを得ない理由がやんだ後相当の期間内に、その理由を記載した書面で行わなければなりません（通令3④）。

□ 相続税固有の取扱い

① 次の場合には、その相続人又は受遺者以外の者（当初から相続人又は受遺者であった者）に係る相続税の申告書の提出期限が次の各事由が生じた日後1か月以内に到来するときは、これらの事実は、上記イの②に該当するものとして、当該相続人又は受遺者以外の者に係る相続税の申告書の提出期限を、これらの者からの申請に基づき、当該事由が生じたことを知った日から2か月の範囲内で延長をすることができるとされています（相基通27－5、通基通「第11条関係」1⑶）。

　イ　民法第787条《認知の訴え》又は第892条から第894条までの規定による認知、相続人の廃除又はその取消しに関する裁判の確定、同法第885条に規定する相続の回復、同法第919条第2項の規定による相続の放棄の取消しその他の事由により相続人に異動を生じたこと。

　ロ　遺留分侵害額の請求に基づき支払うべき金銭の額が確定したこと。

　ハ　遺贈に係る遺言書が発見され、又は遺贈の放棄があったこと。

　ニ　相続若しくは遺贈又は贈与により取得した財産についての権利の帰属に関する訴えについての判決があったこと。

　ホ　民法第910条の規定により、相続の開始後に認知された者による価額の支払請求があったことにより弁済すべき額が確定したこと。

　ヘ　相続開始後において当該相続に係る相続人となるべき者について民法第30条の規定による失踪の宣告があり、その死亡したものとみなされた日が当該相続開始前であることにより相続人となったこと

　ト　民法第886条の規定により、相続についてすでに生まれたものとみなされる胎児が生まれたこと

② 相続税の申告書の提出期限前1か月以内に相続税法第3条第1項第2号に規定する退職手当金等の支給額が確定した場合には、上記①に準じて取り扱われています（相基通27－5後段）。

③ 相続開始の時に相続人となるべき胎児があり、かつ、相続税の申告書の提出期限までに生まれない場合には、当該胎児がないものとして相続税の申告書を提出することになります（相基通15－3）が、当該胎児が生まれたものとして課税価格及び相続税額を計算した場合において、相続又は遺贈により財産を取得したすべての者が相続税の申告書を提出する義務がなくなるときは、これらの事実は、上記イに該当するものとして、当該胎児以外の相続人その他の者に係る相続税の申告書の提出期限は、これらの者の申請に基づき、当該胎児の生まれた日後2か月の範囲内で延長することができます（相基通27－6）。

ハ　特定非常災害の被災者等に対する申告期限の特例

　同一の被相続人から相続又は遺贈により財産を取得したすべての者のうちに租税特別措置法第69条の6《特定土地等及び特定株式等に係る相続税の課税価格の計算の特例》第1項の規定の適用を受けることができる者がいる場合には、当該相続若しくは遺贈により財産を取得した者又はその者の相続人（包括受遺者を含みます。）の相続税法第27条第1項又は第2項の規定により提出すべき申告書の提出期限が特定日の前日以前であるときは、当該申告書の提出期限は、特定日とされます。

　この場合の特定日とは、次の①又は②のいずれか遅い日をいいます。
① 　特定非常災害に係る国税通則法第11条の規定により延長された申告に関する期限
② 　特定非常災害発生日の翌日から10月を経過する日
（注）　特定土地等及び特定株式等に係る相続税の課税価格の計算の特例については、第5章第3節を参照してください。

(4)　申告書の提出先等

　被相続人の死亡の時における住所が国内にある場合には、その被相続人から相続又は遺贈によって財産を取得した者及びその相続に係る被相続人から相続時精算課税の適用を受ける財産を贈与により取得した者が提出しなければならない相続税の申告書の提出先は、その被相続人の死亡の時における住所地の所轄税務署長です（相法附則③）。

　なお、被相続人の死亡の時における住所が国内にない場合で、相続税法第1条の3第1項第2号若しくは第4号に該当する者及び同法第1条の3第1項第1号、第3号若しくは第5号に該当する者で国内に住所及び居所を有しないこととなるものは、納税地を定めて、その納税地の所轄税務署長に申告をしなければなりません。その申告がないときは、国税庁長官が納税地を指定し、これをその者に通知します（相法附則③、相法62②）。

(5)　申告書の共同提出

　同一の被相続人から相続又は遺贈により財産を取得した者（その相続に係る被相続人から相続時精算課税の適用を受ける財産を贈与により取得した者を含みます。）又はその者の相続人で、申告書を提出すべきものが2人以上ある場合において、その申告書の提出先の税務署長が同一であるときは、これらの者は、共同して申告書を提出することができますが、この場合には、一の申告書に連署して申告します（相法27⑤、相令7）。

相続時精算課税適用者の還付申告

　相続時精算課税の適用を受ける財産について課せられた贈与税額（外国税額控除（相法21の8）の規定による控除前の税額）を相続税額から控除してもなお控除しきれない金額がある場合には、その控除しきれない金額（外国税額控除（相法21の8）の適用を受ける財産に係る贈与

税について外国税額控除の適用を受けた場合にあっては、当該金額から外国税額控除額を控除した残額）に相当する税額の還付を受けるための相続税の申告書を提出することができます（相法27③、33の2①、相規15、16）。

なお、この申告書は、特定贈与者の相続開始の日の翌日から起算して5年を経過する日まで提出することができます（通法74①、相基通27－8）。

修正申告及び期限後申告

(1) 期限後申告書

次の①及び②に掲げる場合に期限後申告書を提出することができます。

なお、期限後申告書は、相続税の課税価格及び相続税額の決定通知書が納税義務者に到達するまではいつでも提出することができることから、その決定通知書の発送後、納税義務者に到達する前に期限後申告書の提出があった場合は、その決定は取り消され、その申告書に係る課税価格及び相続税額の是認又は更正がされることとなります（相基通30－4）。

① 期限内申告書を提出すべきであった者は、期限内申告書の提出期限後においても、税務署長の課税価格及び相続税額又は贈与税額の決定の通知があるまでは、相続税の申告書を提出することができます（通法18①）。

② 相続税の申告書の提出期限後において、遺産の分割、相続人の異動、遺留分侵害額請求、遺贈に係る遺言書の発見又は遺贈の放棄など次に掲げる相続税に固有の事由が生じたため新たに相続税の申告書を提出すべき要件に該当することとなった者は、相続税の申告書を期限後に提出することができます（相法30①）。

上記②により期限後申告書を提出することができる者は次に掲げる事由により相続税の申告書の提出期限後において新たに納付すべき相続税額があることとなった者となります（相基通30－1）。

イ 相続税法第55条の規定により分割されていない財産について民法（民法第904条の2を除きます。）の規定による相続分又は包括遺贈の割合に従って課税価格が計算されていた場合において、その後当該財産の分割が行われ、共同相続人又は包括受遺者が当該分割により取得した財産に係る課税価格が当該相続分又は包括遺贈の割合に従って計算された課税価格と異なることとなったこと。

ロ 民法第892条及び第893条の規定による相続人の廃除に関する裁判の確定、同法第884条に規定する相続の回復並びに同法第919条第2項の規定による相続の放棄の取消しがあったこと。

ハ 遺留分侵害額の請求に基づき支払うべき金銭の額が確定したこと。

ニ 遺贈（被相続人からの相続人に対する遺贈に限ります。）に係る遺言書が発見され又は遺贈の放棄があったこと。

ホ　相続若しくは遺贈又は贈与により取得した財産についての権利の帰属に関する訴えについて判決があったこと。

ヘ　民法第910条《相続の開始後に認知された者の価額の支払請求権》の規定による請求があったことにより弁済すべき額が確定したこと。

ト　条件付の遺贈について、条件が成就したこと。

(注)　相続税の申告書の提出期限後において、相続税法第3条第1項第2号に規定する退職手当金等の支給額の確定により新たに納付すべき相続税額があることとなった者が提出した申告書については、同法第30条の規定による期限後申告書に該当するものとして取り扱われます（相法51②一ロ、相続税等加算税通達第1の1の(3)）。

(2) 修正申告書

相続税の申告書を提出した後において、これらの申告書に記載された課税価格、相続税額に不足額があることを確認した場合には、更正処分があるまでは、前に提出した申告書の修正すべき事項その他所定の事項を記載した修正申告書を、納税地の所轄税務署長に対して提出することができます（通法19①）。

(注)　修正申告書は、先に提出した申告書に係る課税価格、相続税額に不足額がある場合に限って提出することができるものですから、先に提出した申告書に係る相続税額が過大であった場合に、過大であった税額を減額するには、相続税法第32条又は国税通則法第23条の規定による更正の請求の手続きによることとなります。

なお、一般の場合の修正申告書は、国税通則法に定めるところによることとなりますが、相続税法には、次の規定が設けられています。

	修正申告書を提出することができる場合	提出義務の有無
①	申告又は決定によりすでに確定した相続税額が次の1から6の事由が生じたことにより不足を生じた場合 1．相続税法第55条の規定により分割されていない財産（未分割遺産）について民法（第904条の2を除きます。）の規定による相続分又は包括遺贈の割合に従って課税価格が計算されていた場合において、その後当該財産の分割が行われ、共同相続人又は包括受遺者が当該分割により取得した財産に係る課税価格が当該民法の相続分又は包括遺贈の割合に従って計算された課税価格と異なることとなったこと。 2．民法第787条又は第892条から第894条までの規定による認知、相続人の廃除又はその取消しに関する裁判の確定、同法第884条に規定する相続の回復、同法第919条第2項の規定による相続の放棄の取消しその他の事由により相続人に異動を生じたこと。 3．遺留分侵害額の請求に基づき支払うべき金銭の額が確定したこと。 4．遺贈に係る遺言書が発見され、又は遺贈の放棄があった	相続税の修正申告書を提出することができます（相法31①）。

	こと。 5．相続税法第42条第30項の規定により条件を付して物納の許可がされた場合において、当該条件に係る物納に充てた財産の性質その他の事情に関し次に掲げるものが生じたこと。 　(1)　物納に充てた財産が土地である場合において、当該土地の土壌が土壌汚染対策法第2条第1項に規定する特定有害物質その他これに類する有害物質により汚染されていることが判明したこと。 　(2)　物納に充てた財産が土地である場合において、当該土地の地下に廃棄物の処理及び清掃に関する法律第2条第1項に規定する廃棄物その他の物で除去しなければ当該土地の通常の使用ができないものがあることが判明したこと。 6．上記1ないし5に規定する事由に準ずる次の事由が生じたこと。 　(1)　相続若しくは遺贈又は贈与により取得した財産についての権利の帰属に関する訴えについての判決があったこと（相令8②一）。 　(2)　民法第910条（相続の開始後に認知された者の価額の支払請求権）の規定による請求があったことにより弁済すべき額が確定したこと（相令8②二）。 　(3)　条件付の遺贈（停止条件付遺贈、解除条件付遺贈）又は期限付の遺贈（始期付遺贈、終期付遺贈）について、条件が成就し、又は期限が到来したこと（相令8②三）。	
②	相続税法第4条《遺贈により取得したものとみなす場合》第1項又は第2項に規定する事由が生じたため、すでに確定した相続税額に不足を生じた場合	当該事由が生じたことを知った日の翌日から10か月以内に相続税の修正申告書を納税地の所轄税務署長に提出しなければなりません（相法31②）。 （注）　この義務的修正申告に対する国税通則法の適用に関しては、その提出期限内に提出された修正申告書については、国税通則法第20条《修正申告の効力》の規定を適用する場合を除き、期限内申告書とみなされます（相法50②）。
③	租税特別措置法第70条第1項又は第10項の規定により、相続財産を公益を目的とする法人のうち一定のもの又は特定非営利活動法人に対して贈与したことにより、当該財産が相続税の非課税とされていた場合において、贈与があった日から2	左欄の2年を経過した日の翌日から4か月以内に修正申告書を提出しなければなりません（措法70⑥⑩）。

	年を経過した日までに、当該贈与を受けた法人が一定の法人に該当しないこととなったとき、又は贈与された財産が公益を目的とする事業の用に供されていないとき（措法70②⑩）	この提出期限内に提出された修正申告書は期限内申告書とみなされます（措法70⑨、69の3④）。
④	租税特別措置法第70条第3項の規定により、相続財産を一定の特定公益信託に支出したことにより、当該財産が相続税の非課税とされていた場合において、当該特定公益信託の受入れがあった日から2年を経過した日までに、当該特定公益信託が一定の特定公益信託に該当しないこととなったとき（措法70④）	左欄の2年を経過した日の翌日から4か月以内に修正申告書を提出しなければなりません（措法70⑥）。 この提出期限内に提出された修正申告書は期限内申告書とみなされます（措法70⑨、69の3④）。

第2節　更正の請求

　相続税について、申告書に記載した課税価格又は税額（更正又は決定があった場合には更正後又は決定後の課税価格又は税額）に誤りがあったことにより納付すべき税額が過大であるときの救済手続として、国税通則法の規定により、①法定申告期限から5年以内に、また、②後発的事由等が生じたことによる更正の請求の場合には、後発的事由が生じた日の翌日から2か月以内に更正の請求をすることができることとされていますが（通法23①②）、相続税においては、相続税特有の事由により納付すべき税額が過大となる場合があることから、相続税法において特別の規定（特則規定）が定められています。

　すなわち、相続税について申告書を提出した者又は決定を受けた者は、次の表に掲げる事由のいずれかに該当することによって、その申告又は決定に係る課税価格及び相続税額（その申告書を提出した後又はその決定を受けた後に修正申告書の提出又は更正があった場合には、その修正申告又は更正に係る課税価格及び相続税額）が過大となった場合は、当該事由が生じたことを知った日の翌日から4か月以内に限って、納税地の所轄税務署長に対して、その課税価格及び相続税額について更正の請求をすることができます（相法32①、措法69の4⑤、69の5⑤）。

	相続税に固有の更正の請求事由	根拠規定
①	相続税の申告書の提出期限までに遺産分割が行われなかったため、その分割されていない財産について民法（第904条の2を除きます。）の規定による相続分又は包括遺贈の割合に従って課税価格が計算されていた場合において、その後その財産の分割が行われ、共同相続人又は包括受遺者が当該分割により取得した財産に係る課税価格が当該相続分又は包括遺贈の割合に従って計算された課税価格と異なることとなったこと。	相法32①一
②	民法第787条又は第892条から第894条までの規定による認知、相続人の廃除又はその取消しに関する裁判の確定、民法第884条に規定する相続の回復、	相法32①二、相基通32-1

	同法第919条第2項の規定による相続の放棄の取消し、同法第886条に規定する胎児の出生、相続人に対する失踪の宣告又はその取消し等により相続人に異動が生じたこと。	
③	遺留分侵害額の請求に基づき支払うべき金額の額が確定したこと。	相法32①三
④	遺贈に係る遺言書が発見され、又は遺贈の放棄があったこと。	相法32①四
⑤	相続税法第42条第30項の規定により条件を付して物納の許可がされた場合において当該条件に係る物納に充てた財産の性質その他の事情に関しイ又はロが生じたこと。 イ　物納に充てた財産が土地である場合において、当該土地の土壌が土壌汚染対策法第2条第1項に規定する特定有害物質その他これに類する有害物質により汚染されていることが判明したこと。 ロ　物納に充てた財産が土地である場合において、当該土地の地下に廃棄物の処理及び清掃に関する法律第2条第1項に規定する廃棄物その他の物で除去しなければ当該土地の通常の使用ができないものがあることが判明したこと。	相法32①五、相令8①
⑥	相続若しくは遺贈又は贈与により取得した財産についての権利の帰属に関する訴えについての判決が確定したこと。	相法32①六、相令8②一、相基通32－4、19の2－11
⑦	民法第778条の4《相続の開始後に新たに子と推定された者の価額の支払請求権》又は民法第910条《相続の開始後に認知された者の価額の支払請求権》の規定による請求があったことにより弁済すべき額が確定したこと。	相法32①六、相令8②二
⑧	条件付の遺贈について、条件が成就したこと。	相法32①六、相令8②三
⑨	相続税法第4条第1項又は第2項に規定する事由が生じたこと。	相法32①七
⑩	相続税法第19条の2第2項ただし書きの規定に該当したことにより、同項に定める分割が行われた時以後において同条第1項の規定を適用して計算した相続税額がその時前において同項の規定を適用して計算した相続税額と異なることとなったこと（上記①に該当する場合を除きます）。	相法32①八
⑪	国外転出をする場合の譲渡所得等の特例についての納税猶予を受けているときにおいて、次の事由が生じたこと。 イ　所得税法第137条の2第13項の規定により国外転出をした者に係る納税猶予分の所得税額に係る納付の義務を承継したその者の相続人がその納税猶予分の所得税額に相当する所得税を納付することとなったこと。 ロ　所得税法第137条の3第15項の規定により適用贈与者等に係る納税猶予分の所得税額に係る納付の義務を承継したその適用贈与者等の相続人が納税猶予分の所得税額に相当する所得税を納付することとなったこと。 ハ　所得税法第137条の3第2項の規定の適用を受ける相続人が相続等納税猶予分の所得税額に相当する所得税を納付することとなったこと。	相法32①九イ、ロ、相令8③

⑫	租税特別措置法第69条の4第4項ただし書き、同法第69条の5第3項ただし書き又は同条第6項の規定に該当したことにより、各規定に定める分割が行われた時以後においてその時前において計算した相続税額と異なることとなったこと。	措法69の4④、69の5③⑥、措令40の2の2⑩

■ 更正の請求の特則規定に基づく更正が行われた場合の他の者への更正又は決定

相続税法第32条第1号から第6号までに掲げる事由による更正の請求に基づき更正をした場合には、当該請求をした者の被相続人から相続又は遺贈により財産を取得した他の者(当該被相続人から相続時精算課税の適用を受ける財産を贈与により取得した者を含む。)については、同法第35条第3項の規定に基づき、更正又は決定を行うこととなります(相基通35−1)。

■ 相続税法第19条の2第2項ただし書きの規定に該当したことによる更正の請求の期限

相続税法第19条の2第2項ただし書きの規定に該当したことにより、同項の分割が行われた時以後においてその分割により取得した財産に係る課税価格又は同条第1項の規定を適用して計算した相続税額が当該分割の行われた時前において確定していた課税価格又は相続税額と異なることとなったときは、同法第32条第1項の規定による更正の請求のほか国税通則法第23条の規定による更正の請求もできるので、その更正の請求の期限は、当該分割が行われた日から4か月を経過する日と相続税法第27条第1項に規定する申告書の提出期限から5年を経過する日とのいずれか遅い日となります(相基通32−2)。

■ 死後認知があった場合の更正の請求

被相続人の死亡後に民法第787条の規定による認知に関する裁判が確定し、その後に同法第910条の規定による請求に基づき弁済すべき額が確定した場合の更正の請求は、当該認知の裁判が確定したことを知った日の翌日から4か月以内に相続税法第32条第1項第2号に規定する事由に基づく更正の請求を行い、その後、当該弁済すべき額が確定したことを知った日の翌日から4か月以内に相続税法施行令第8条第2項第2号に規定する事由に基づく更正の請求を行うこととなりますが、民法第787条の規定による認知に関する裁判が確定したことを知った日の翌日から4か月以内に更正の請求が行われず、同法第910条の規定による請求に基づき弁済すべき額が確定したことを知った日の翌日から4か月以内に、相続税法第32条第1項第2号及び相続税法施行令第8条第2項第2号に規定する事由を併せて更正の請求があった場合には、いずれの事由についても更正の請求の期限内に請求があったものとして取り扱われます(相基通32−3)。

第 3 節　更正及び決定

1　国税通則法の規定による更正及び決定

(1)　申告に係る課税価格又は相続税額若しくは贈与税額が、税務署長が調査したところと異なる場合には、税務署長は、その調査したところに基づいて更正をします（通法24）。
(2)　納税申告書を提出しなければならない義務があると認められる者が当該申告書を提出しなかった場合には、税務署長は、その調査によって課税価格及び相続税額を決定します（通法25）。

2　相続税法の規定による更正及び決定

(1)　税務署長は、民法第958条の2《特別縁故者に対する相続財産の分与》第1項の規定により相続財産の分与があったこと、又は特別寄与者が支払いを受けるべき特別寄与料の額が確定したことにより修正申告書を提出しなければならない者が、その修正申告書を提出しなかった場合には、その課税価格又は相続税額を更正します（相法35①）。
　　なお、この場合の更正の期間制限については、国税通則法第70条の規定中「法定申告期限」とあるのは、「相続税法第31条第2項に規定する修正申告書の提出期限」とされます。つまり、この義務的修正申告に係る申告書の提出期限から5年（偽りその他不正の行為がある場合は7年）を経過した日以後においては、更正をすることができないこととなります。
(2)　税務署長は、次に掲げる場合には、申告書の提出期限前においても、課税価格又は相続税額の決定又は更正をすることができることとされています（相法35②）。
　①　相続税法第27条第1項又は第2項に規定する事由に該当する場合において、同条第1項に規定する者の被相続人が死亡した日の翌日から10か月を経過したとき。
　②　相続税法第29条《相続財産法人に係る財産を与えられた者に係る相続税の申告書》第1項若しくは同条第2項において準用する同法第27条第2項又は同法第31条《修正申告の特則》第2項に規定する場合において、同法第4条《遺贈により取得したものとみなす場合》に規定する事由の生じた日の翌日から10か月を経過したとき。
　　すなわち、特別縁故者が民法の規定により相続財産の全部又は一部を与えられたことにより、又は特別寄与者が支払いを受ける特別寄与料の額が決定したことにより、すでに確定した相続税額に不足を生じた場合において、その者が相続財産の全部又は一部を与えられることを知った日又は特別寄与料の額が決定したことを知った日（その者が死亡した場合には、その者の相続人又は包括受遺者がその者を被相続人とする相続の開始があったことを知った日）の翌日から10か月を経過したときには、税務署長は、申告書の提出期限前であっても決定又は更正をすることができることとされています。

(3) 税務署長は、相続税法第32条第1項第1号から第6号までの規定による更正の請求に基づき、更正をした場合において、その請求をした者の被相続人から相続又は遺贈により財産を取得した他の者（当該被相続人から相続時精算課税の適用を受ける財産を贈与により取得した者を含みます。）について次に掲げる事由があるときは、その事由に基づいて、その者に係る課税価格又は相続税額について更正又は決定をします。ただし、その請求があった日から1年を経過した日と国税通則法第70条《国税の更正、決定等の期間制限》の規定により更正又は決定をすることができないこととなる日とのいずれか遅い日以後においては、税務署長は、更正又は決定をすることはできません（相法35③）。

① 当該他の者が申告書を提出し、又は相続税について決定を受けた者である場合において、その申告又は決定に係る課税価格又は相続税額がその請求に基づく更正の基因となった事実を基礎として計算した場合におけるその者に係る課税価格又は相続税額と異なることとなること。

② 当該他の者が上記①に規定する者以外の者である場合において、その者につき上記①の請求に基づく更正の基因となった事実を基礎としてその課税価格及び相続税額を計算することにより、その者が新たに相続税を納付すべきこととなること。

なお、これら相続税法第32条第1項第1号から第6号までの規定による更正の請求に基づき、更正をしたことに伴い、その請求をした者の被相続人から相続又は遺贈により財産を取得した他の者に係る課税価格又は相続税額を更正し又は決定した場合においては、それらの事由に係る税額の増加部分については、国税通則法第65条第4項に規定する正当な理由があるものとされ、過少申告加算税は賦課されず（相続税等加算税通達第1の1の(3)）、相続税法第33条の規定による納期限の翌日からこれらの更正通知書又は決定通知書を発した日又は当該事由の生じた日の翌日から起算して4か月を経過する日とのいずれか早い日までの期間は、延滞税の計算の基礎となる期間に算入されません（相法51②二ハ）。

(4) 税務署長は、次に掲げる事由により次の①若しくは③の申告書を提出した者若しくは②の決定若しくは④若しくは⑤の更正を受けた者又はこれらの者の被相続人から相続若しくは遺贈により財産を取得した他の者（当該被相続人から相続税法第21条の9第3項の規定の適用を受ける財産を贈与により取得した者を含みます。）の相続税の課税価格又は相続税額が過大又は過少となった場合（相続税法第35条第3項の規定の適用がある場合を除きます。）には、これらの者に係る相続税の課税価格又は相続税額の更正又は決定をします（相法35④）。

ただし、次に掲げる事由が生じた日から1年を経過した日と国税通則法第70条の規定により更正又は決定をすることができないこととなる日とのいずれか遅い日以後においては、この更正又は決定をすることはできません（相法35④）。

① 所得税法第151条の5《遺産分割等があった場合の期限後申告等の特例》第1項から第3項まで（これらの規定を同法第166条《申告、納付及び還付》において準用する場合を含みます。）の規定による申告書の提出があったこと。

②	所得税法第151条の5第4項の規定による決定があったこと。
③	所得税法第151条の6《遺産分割等があった場合の修正申告の特例》第1項（同法第166条において準用する場合を含みます。）の規定による修正申告書の提出があったこと。
④	所得税法第151条の6第2項の規定による更正があったこと。
⑤	所得税法第153条の5《遺産分割等があった場合の更正の請求の特例》（同法第167条《更正の請求の特例》において準用する場合を含みます。）の規定による更正の請求に基づく更正があったこと。

裁判例 相続税法第35条第3項の趣旨

神戸地裁平成11年3月15日判決（棄却）（控訴）、大阪地裁平成11年10月6日判決（棄却）（上告）、平成12年3月17日（棄却）（確定）

　課税の再調整の制度は共同相続人間の課税の公平を図るものであるから、家庭裁判所の審判において遺産分割時を基準とした実勢価格に基づいて法定相続分に従って遺産分割が行われた本件では右制度が適用される余地はない旨の納税者の主張が、本件更正は相続税法35条3項1号、32条1号及び55条ただし書きの要件を満たすものであり、課税の再調整は、同法55条本文が長期間にわたって遺産分割が行われないことにより相続税の納税義務を免れる不都合を防止するため未分割の遺産について民法の規定による相続分等の割合に従って財産を取得したものとして課税価格を計算すべき旨を規定したのを受けて、分割後に、遺産分割の結果、真実取得した相続財産に対する課税を行うための法的措置を講じる趣旨の制度であるから、これと前提を異にする右主張は失当であるとして排斥された事例。

■ 共同相続人等に対する更正、決定等の期間制限の特則

　令和5年4月1日以後に相続税の申告書の提出期限が到来する相続税については、次のとおり更正、決定又は加算税の賦課決定（以下「更正決定等」といいます。）についての期限制限の特則規定が設けられています。すなわち、共同相続人等（同一の被相続人から相続又は遺贈により財産を取得した者をいい、その被相続人を特定贈与者とする相続時精算課税適用者を含みます。）のうちの一部の者から、相続税の更正決定等をすることができないこととなる日前6か月以内に相続税の更正の請求がされた場合において、その更正の請求に係る更正に伴いその更正の請求をした者以外の共同相続人等に係る相続税の課税価格又は相続税額に異動を生じるとき（共同相続人等の一部の者からされた更正の請求が、その更正の請求をした者以外の共同相続人等について国税通則法第70条第1項《国税の更正、決定等の期間制限》の規定により更正決定等をすることができないこととなる日前6か月以内にされた場合に限られます。）には、次の①又は②の処分については、国税通則法第70条第1項の規定にかかわらず、その請求

があった日から6か月を経過する日まで行うことができます（相法36前段）。

①	その更正の請求をした者以外の共同相続人等に係る課税価格又は税額に異動を生じる相続税に係る更正又は決定
②	①の更正若しくは決定又は①の相続税に係る期限後申告書若しくは修正申告書の提出に伴い相続税に係る加算税について行う賦課決定

　この場合において、上記①の更正又は決定、上記②の賦課決定及び上記②の期限後申告書又は修正申告書の提出により納付すべき相続税の徴収権は、これらの更正決定等又は提出があった日から5年間行使しないことにより消滅します（相法36後段）。

第9章 相続税の納付等

第1節 相続税の納付

1 相続税の納期限

相続税の申告、更正又は決定により、納付すべきことが確定した税額は、次に掲げる納期限までに、金銭で国に納付しなければなりません（相法33、通法35②）。

	区　　　分	納　　期　　限
①	期限内申告書に係る税額	期限内申告書の提出期限 （法定納期限：原則として、相続の開始があったことを知った日の翌日から10か月目の日）
②	期限後申告書又は修正申告書に係る税額	その申告書を提出した日
③	更正又は決定に係る税額	更正通知書又は決定通知書が発せられた日の翌日から起算して1か月を経過する日

2 延滞税

(1) 原則

法定納期限（相続の開始があったことを知った日の翌日から10か月目の日）までに相続税が納付されなかった場合には、法定納期限の翌日から納付の日までの間の延滞税を本税に併せて納付する必要があります。

なお、延滞税の割合は次のとおりです。

①	納期限の翌日から2月を経過する日まで	年「7.3％」と「延滞税特例基準割合＋1％」のいずれか低い割合
②	納期限の翌日から2月を経過した日以後	「14.6％」と「延滞税特例基準割合＋7.3％」のいずれか低い割合

(注1) 延滞税特例基準割合
　　　平均貸付割合（各年の前々年の9月から前年の8月までの各月における銀行の新規の短期貸出約定平均金利の合計を12で除して得た割合として各年の前年の11月30日までに財務大臣が告示する割合をいいます。）に、年1％の割合を加算した割合
(注2) 令和3年1日以降の延滞税の割合
　　　令和3年1日以降の延滞税の具体的な割合は次のとおりとなります。

期　　間	上記表の①	上記表の②
令和3年1月1日から令和3年12月31日まで	2.5％	8.8％
令和4年1月1日から令和4年12月31日まで	2.4％	8.7％
令和5年1月1日から令和5年12月31日まで	2.4％	8.7％
令和6年1月1日から令和6年12月31日まで	2.4％	8.7％

(2) 延滞税の特則

　次表に掲げる相続税額については、各欄に定める期間は、国税通則法第60条《延滞税》第2項の規定による延滞税の計算の基礎となる期間に算入しないこととされています（相法51②）。

	特則の対象となる相続税額	延滞税の計算の基礎となる期間に算入しない期間
①	相続又は遺贈により財産を取得した者が、次に掲げる事由による期限後申告書又は修正申告書を提出したことにより納付すべき相続税額 イ　期限内申告書の提出期限後に、その被相続人から相続又は遺贈（当該被相続人からの贈与により取得した財産で相続税法第21条の9第3項の規定の適用を受けるものに係る贈与を含みます。）により財産を取得した他の者が当該被相続人から贈与により取得した財産で相続税額の計算の基礎とされていなかったものがあることを知ったこと。 ロ　期限内申告書の提出期限後に支給が確定した退職手当金等の支給を受けたこと。 ハ　相続税法第32条第1項第1号から第6号までに規定する事由が生じたこと。	相続税法第33条の規定による納期限の翌日からこれらの申告書の提出があった日までの期間
②	相続又は遺贈により財産を取得した者について、次に掲げる事由により更正又は決定があつた場合における当該更正又は決定により納付すべき相続税額 イ　その被相続人から相続又は遺贈（当該被相続人からの贈与により取得した財産で相続税法第21条の9第3	相続税法第33条の規定による納期限の翌日から当該更正又は決定に係る更正通知書又は決定通知書を発した日（ハに掲げる事由による更正又は決定の場合にあっては、

	項の規定の適用を受けるものに係る贈与を含みます。）により財産を取得した他の者が当該被相続人から贈与により取得した財産で相続税額の計算の基礎とされていないものがあったこと。 □　期限内申告書の提出期限後に支給が確定した退職手当金等の支給を受けたこと。 ハ　相続税法第32条第1項第1号から第6号までに規定する事由が生じたこと。	これらの通知書を発した日と当該事由の生じた日の翌日から起算して4か月を経過する日とのいずれか早い日）までの期間
③	相続税法第39条第22項の規定の適用を受けた同条第1項の延納の許可の申請をした者が当該申請を取り下げた場合におけるその取り下げられた申請に係る相続税額	相続税法第39条第22項第1号の規定により読み替えて適用する同条第8項ただし書きに規定する災害等延長期間又は同条第22項第2号に規定する政令で定める期間
④	相続税法第42条第28項の規定の適用を受けた同条第1項の物納の許可の申請をした者が当該申請を取り下げた場合におけるその取り下げられた申請に係る相続税額	相続税法第42条第28項第1号の規定により読み替えて適用する同条第6項ただし書きに規定する災害等延長期間又は同条第28項第2号に規定する政令で定める期間

第2節　相続時精算課税に係る贈与税額の還付

　相続時精算課税の適用を受ける財産について課された贈与税額を相続税額から控除してもなお控除しきれなかった金額（以下「控除しきれなかった金額」といいます。）があり、相続税法第27条第3項の申告書（以下「還付申告書」といいます。）が提出された場合には、当該還付申告書に記載されたその控除しきれなかった金額（贈与税額に係る外国税額控除の金額がある場合は、当該金額を控除した残額をいいます。）に相当する税額が還付されます（相法33の2①④）。

　また、相続時精算課税の適用を受ける財産に係る相続税について、①決定があった場合でその決定により控除しきれなかった金額があるときは、その金額に相当する税額、②更正があった場合でその更正により控除しきれなかった金額が増加したときは、その増加した部分の金額に相当する税額が、それぞれ還付されます（相法33の2⑤⑥）。

　なお、これらにより還付される還付金には、年7.3％（ただし、還付加算金特例基準割合（措法95）の適用があります。）の割合で還付加算金が付されます（通法58①）。

第3節　連帯納付責任

　相続税の納付については、原則として、相続又は遺贈により財産を取得した者が、それぞれ納税義務を負っています。しかし、納付の義務をこれらの者にのみ限定してしまうことは、国

の租税債権確保の上から適当でない事例を生ずることも予想されます。そのため、相続税については、一定の場合に共同相続人相互間等で連帯納付の責に任ずべきこととされています。

相続人又は受遺者が2人以上ある場合の連帯納付の義務

同一の被相続人から相続又は遺贈（相続時精算課税の適用を受ける財産に係る贈与を含みます。）により財産を取得したすべての者は、その相続又は遺贈により取得した財産に係る相続税について、当該相続又は遺贈により受けた利益の価額に相当する金額を限度として、互いに連帯納付義務があります（相法34①）。

なお、相続税法第34条第1項の規定による連帯納付の責めに基づいて相続税の納付があった場合には、その納付が、相続若しくは遺贈（相続時精算課税の適用を受ける財産に係る贈与を含みます。）により財産を取得した者がその取得した財産を費消するなどにより資力を喪失して相続税又は贈与税を納付することが困難であることによりなされたときは、当該財産を取得した者に対する贈与税の課税は行われません（相基通34-3）。

2 死亡者の相続税等の連帯納付の義務

同一の被相続人から相続又は遺贈（相続時精算課税の適用を受ける財産に係る贈与を含みます。）により財産を取得したすべての者は、当該被相続人に係る相続税について、その相続又は遺贈により受けた利益の価額に相当する金額を限度として、互いに連帯納付義務があります（相法34②）。

■ 相続又は遺贈により受けた利益の価額

上記❶及び❷の「相続又は遺贈により受けた利益の価額」とは、相続又は遺贈により取得した財産の価額（相続税法第12条第1項各号及び第21条の3第1項各号に掲げる課税価格計算の基礎に算入されない財産の価額を含みます。）から相続税法第13条の規定よる債務控除の額並びに相続又は遺贈により取得した財産に係る相続税額及び登録免許税額を控除した後の金額をいいます（相基通34-1）。

贈与、遺贈等による財産取得者の連帯納付の義務

相続税の課税価格計算の基礎となった財産について贈与、遺贈若しくは寄附行為による移転があった場合には、その贈与若しくは遺贈によって財産を取得した者又はその寄附行為によって設立された法人は、その贈与、遺贈若しくは寄附行為をした者のその財産を課税価格計算の基礎に算入した相続税額に、その財産の価額がその相続税の課税価格に算入された財産の価額のうちに占める割合を乗じて算出した金額に相当する相続税について、その受けた利益の価額に相当する金額を限度として、連帯納付の義務があります（相法34③）。

なお、上記の「相続税又は贈与税の課税価格計算の基礎となった財産」には、その相続税の課税価格の計算の基礎となった財産により取得した財産を含むものとされています（相基通34－2）。

■ 連帯納付義務者に連帯納付義務の履行を求める場合の手続き

相続税の連帯納付義務者に対して、連帯納付義務の履行を求める場合には、次の手続きを行うこととされています（相法34⑤～⑦）。

①	税務署長は、納税義務者の相続税につき当該納税義務者に対し国税通則法第37条の規定による督促をした場合において当該相続税が当該督促に係る督促状を発した日から1か月を経過する日までに完納されないときは、同条の規定にかかわらず、当該相続税に係る連帯納付義務者に対し、当該相続税が完納されていない旨その他の財務省令で定める事項を通知する（相法34⑤）。
②	税務署長は、①の規定による通知をした場合において相続税を連帯納付義務者から徴収しようとするときは、当該連帯納付義務者に対し、納付すべき金額、納付場所その他必要な事項を記載した納付通知書による通知をする（相法34⑥）。
③	税務署長は、②の規定による通知を発した日の翌日から2か月を経過する日までに当該通知に係る相続税が完納されない場合には、当該通知を受けた連帯納付義務者に対し、国税通則法第37条の規定による督促をする（相法34⑦）。

なお、税務署長は、上記規定にかかわらず、連帯納付義務者に国税通則法第38条第1項各号（繰上請求）のいずれかに該当する事実があり、かつ、相続税の徴収に支障があると認められる場合には、連帯納付義務者に対し、同法第37条の規定による督促をしなければなりません（相法34⑧）。

■ 連帯納付義務を負わない場合

次の場合には、連帯納付義務が解除されます（相法34①ただし書き）。

① 申告期限から5年を経過した場合

納税義務者の納付すべき相続税額に係る相続税について、申告期限から5年を経過する日までに税務署長がその相続税に係る連帯納付義務者に連帯納付義務の履行を求める納付通知書を発していない場合には、その納付すべき相続税額に係る相続税についての連帯納付義務を負いません（相法34①一）。

② 延納の許可を受けた場合

納税義務者が相続税法第38条第1項の規定による延納の許可（物納申請の全部又は一部の却下に係る延納の許可及び物納の撤回に係る延納の許可を含みます。）を受けた場合には、その延納の許可を受けた相続税額に係る相続税の連帯納付義務を負いません（相法34①二）。

③ 納税猶予の適用を受けた場合

納税義務者が相続税について、次に掲げる租税特別措置法に定められた納税猶予の特例措置を受けた場合には、その納税が猶予された相続税額に係る相続税の連帯納付義務を負いません（相法34①三、相令10の2）。

イ　租税特別措置法第70条の6《農地等についての相続税の納税猶予及び免除等》第1項本文の規定

ロ　租税特別措置法第70条の6の6《山林についての相続税の納税猶予及び免除》第1項の規定

ハ　租税特別措置法第70条の6の7《特定の美術品についての相続税の納税猶予及び免除》第1項の規定

ニ　租税特別措置法第70条の6の10《個人の事業用資産についての相続税の納税猶予及び免除》第1項の規定

ホ　租税特別措置法第70条の7の2《非上場株式等についての相続税の納税猶予及び免除》第1項の規定

ヘ　租税特別措置法第70条の7の4《非上場株式等の贈与者が死亡した場合の相続税の納税猶予及び免除》第1項の規定

ト　租税特別措置法第70条の7の6《非上場株式等についての相続税の納税猶予及び免除の特例》第1項の規定

チ　租税特別措置法第70条の7の8《非上場株式等の特例贈与者が死亡した場合の相続税の納税猶予及び免除の特例》第1項の規定

リ　租税特別措置法第70条の7の12《医療法人の持分についての相続税の納税猶予及び免除》第1項の規定

裁判例　相続税法第34条第1項に規定する連帯納付義務の成立

最高裁昭和55年7月1日判決（上告棄却）（確定）

　相続税法34条1項は、相続人又は受遺者（以下「相続人等」という。）が二人以上ある場合に、各相続人等に対し、自らが負担すべき固有の相続税の納税義務のほかに、他の相続人等の固有の相続税の納税義務について、当該相続又は遺贈に因り受けた利益の価額に相当する金額を限度として、連帯納付義務を負担させている。この連帯納付義務は、同法が相続税徴収の確保を図るため、相互に各相続人等に課した特別の責任であつて、その義務履行の前提条件をなす連帯納付義務の確定は、各相続人等の固有の相続税の納税義務の確定という事実に照応して、法律上当然に生ずるものであるから、連帯納付義務につき格別の確定手続を要するものではないと解するのが相当である。それ故、相続人等の固有の相続税の納税義務が確定すれば、国税の徴収にあたる所轄庁は、連帯納付義務者に対して徴収手続を行うことが許されるものといわなければならない。

第 4 節 延納

延納制度

　租税は、金銭をもって一時に納付するのが原則ですが、相続税及び贈与税が財産課税であることから、一定の要件を備えた場合には延納が認められます。

(1) 相続税の延納

① 延納の要件

　税務署長は、次の要件のすべてを満たす場合に、相続税の年賦による延納の許可をすることができます（相法38、相令12、13、14）。

　延納が許可される場合、その年割額は、延納税額を延納期間に相当する年数で除して計算した金額（課税相続財産の価額のうちに不動産等の価額の占める割合が10分の5以上である場合には、延納税額を不動産等の価額に対応する部分の税額（不動産等に係る延納相続税額）とその他の部分の税額（動産等に係る延納相続税額）とに区分し、これらの税額をそれぞれの延納期間に相当する年数で除して計算した金額）とされます（相法38②）。

①	納付すべき相続税額が10万円を超えること （注）相続税額が10万円を超えるかどうかは、期限内申告書、期限後申告書若しくはこれらの申告書に係る修正申告書により申告された相続税額又は更正若しくは決定により納付すべき相続税額のそれぞれについて各別に判定します（相基通38－1）。
②	金銭で納付することを困難とする事由があること
③	納付を困難とする金額として政令で定める額の範囲内であること （注）「納付を困難とする金額」は、納税義務者の有する現金、預貯金の額及び換価の容易な財産の価額から、生活に通常必要とされる1か月分の費用の3倍の額及び事業の継続のために当面必要な運転資金の額を控除した残額の範囲内の金額によります（相令12、相基通38－2）。具体的には、下記(2)参照。
④	納税義務者が納期限までに申請すること
⑤	必要な担保の提供があること ただし、延納税額が100万円以下で、かつ、その延納期間が3年以下であるときは担保提供は必要ありません（相法38④）。

② 許可することができる延納期間

	区　分	延納期間
①	原則	5年
②	「課税相続財産の価額」のうちに「不動産等の価額」の占める割合が10分の5以上であるとき	不動産等の価額に対応する部分の相続税額については15年以内、その他

※1 「課税相続財産の価額」とは、相続又は遺贈により取得した財産で当該相続税額の計算の基礎となったものの価額の合計額をいいます（相法38①）。なお、なお、相続税法第19条の規定により相続税の課税価格に加算される贈与財産で同法第21条の2第4項の規定の適用があるもの及び相続開始の年において、特定贈与者である被相続人からの贈与により取得した相続時精算課税の適用を受ける財産のうちに不動産等がある場合、その財産は、「相続又は遺贈により取得した財産」に含まれます（相基通38-3）。

※2 「不動産等の価額」とは、不動産、立木のほか、不動産の上に存する権利、事業用の減価償却資産並びに株式及び出資（その者又はその親族その他その者と相続税法第64条第1項に規定する特別の関係がある者が法人の発行済株式又は出資の総数又は総額の10分の5を超える数又は金額の株式又は出資を有する場合におけるその法人の株式又は出資に限ります。）の価額の合計額をいいます（相法38①、相令13）。

の部分の相続税額については10年以内とすることができます（相法38、相令12、13、14）。

（注1）延納税額が50万円（②の場合には、150万円）未満であるときは、延納税額を10万円で除して得た数（その数に1未満の端数があるときは、これを1とします。）に相当する年数を超えることはできません（相法38①）。

（注2）相続税法第38条第1項又は第3項の規定による延納期間は、相続税法第33条又は国税通則法第35条第2項に規定する納期限の翌日から暦に従って計算します（相基通38-6）。

■ 相続税の延納の対象とならないもの

次の相続税は延納の対象とはなりません（相基通38-5）。

① 連帯納付の責めに任ずる者のその責めに任ずべき金額
② 期限後申告又は修正申告若しくは更正又は決定により納付すべき相続税額に併せて納付すべき延滞税又は加算税。

(2) 延納許可限度額の算出

納付を困難とする金額、すなわち延納許可限度額は次の算式により算出した金額となります（相基通38-2）。なお、延納許可限度額の計算は、納期限又は納付すべき日における当該財産の時価（又は債権額）相当額により行います。

$$A - \{(B + C + D) - ([E \times 3] + F)\}$$

「A」＝相続税法第33条又は国税通則法第35条第2項の規定により納付すべき相続税額

「B」＝納税義務者がAに係る納期限又は納付すべき日において有する現金の額。なお、ここにいう現金とは、強制通用力を有する日本円を単位とする通貨のほか、「証券ヲ以テスル歳入納付ニ関スル法律」により国税の納付に充てることのできる証券を含むものとされています。

「C」＝納税義務者がAに係る納期限又は納付すべき日において有する預貯金の額。なお、ここにいう預貯金とは、相続税法第10条第1項第4号に規定する金融機関等に対する預金、貯金、積金、寄託金又は貯蓄金をいいます。

「D」＝納税義務者がAに係る納期限又は納付すべき日において有する換価の容易な財産の価額。なお、ここにいう換価の容易な財産とは、次のような財産をいいます。
- 評価が容易であり、かつ、市場性のある財産で速やかに売却等の処分をすることができるもの
- 納期限又は納付すべき日において確実に取り立てることができると認められる債権
- 積立金・保険等の金融資産で容易に契約が解除でき、かつ、解約等による負担が少ないもの

「E」＝生活のため通常必要とされる1月分の費用。

なお、生活のため通常必要とされる1月分の費用とは、次の①の額から②の額を控除した額とする。

① 国税徴収法第76条第1項第1号から第4号までの規定に基づき算出される金額相当額（前年の収入金額、所得税、地方税及び社会保険料の額に1／12を乗じた額に基づき計算します。なお、申請者が給与所得者でない場合は、その事業等に係る収入金額等を給与等とみなして計算します。）に治療費、養育費、教育費並びに申請者及び申請者と生計を一にする配偶者その他の親族の資力・職業・社会的地位等の個別事情を勘案して社会通念上適当と認められる範囲の金額を加味した額

② 申請者と生計を一にしている収入のある配偶者及び申請者（配偶者を含みます。）の扶養控除の対象とならない親族に係る生活費の額並びに申請者（配偶者を含みます。）の扶養控除の対象となる親族に係る生活費の額のうち配偶者が負担する額

（注） ①の額に申請者及び申請者と生計を一にする配偶者その他の親族の1月分収入額の合計額に占める申請者の1月分収入額の割合を乗じた額を用いて差し支えないこととされています。

「F」＝事業の継続のために当面必要な運転資金の額。

なお、事業の継続のために当面必要な運転資金の額とは、事業の内容に応じた事業資金の循環期間の中で事業経費の支払いや手形等の決済のための資金繰りが最も窮屈になる日のために留保を必要とする資金の額をいい、Aに係る納期限又は納付すべき日の翌日から資金繰りの最も窮屈になると見込まれる日までの期間の総支出見込金額から総収入見込金額を差引いた額（前年同時期の事業の実績を踏まえて推計した額によります。）とされます。

（注） 前年の申告所得税の確定申告等に係る収支内訳書等から求めた1年間の事業に係る経費の中から、臨時的な支出項目及び減価償却費を除いた額を基礎とし、最近の事業の実績に変動がある場合には、その実績を踏まえて算出した額を加味した額に1／12（商品の回転期間が長期にわたること等の場合は事業の実態に応じた月数／12月）を乗じた額を用いて差し支え

ないものとされています。

(3) 延納許可を受けるための手続き

　延納の許可を申請しようとする者は、その延納を求めようとする相続税の納期限までに、又は納付すべき日に金銭で納付することを困難とする金額及びその困難とする理由、延納を求めようとする税額及び期間、分納税額及びその納期限その他の財務省令で定める事項を記載した申請書に担保の提供に関する書類（担保提供関係書類）を添付し、当該納期限までに、又は納付すべき日に、これを納税地の所轄税務署長に提出しなければなりません（相法39①）。

　税務署長は、当該申請書の提出があった場合においては、当該申請者及び当該申請に係る事項について延納の要件に該当するか否かの調査を行い、その調査に基づき、当該申請書の提出期限の翌日から起算して3か月以内に当該申請に係る税額の全部又は一部について当該申請に係る条件若しくはこれを変更した条件により延納の許可をし、又は当該申請の却下をします（相法39②）。ただし、税務署長が延納の許可をする場合において、当該申請者の提供しようとする担保が適当でないと認めるときは、その変更を求めることができることとされています（相法39②ただし書）。税務署長は、前項の規定により許可をし、又は却下をした場合においては、当該許可に係る延納税額及び延納の条件又は当該却下をした旨及びその理由を記載した書面により、これを当該申請者に通知します（相法39③）。

■ 延納の許可を受ける場合に提供することができる担保の種類

　延納の許可を受ける場合に提供することができる担保は、次に掲げるものです（通法50）。

①	国債及び地方債
②	社債（特別の法律により設立された法人が発行する債券を含みます。）その他の有価証券で、税務署長等が確実と認めるもの
③	土地
④	建物、立木及び登記される船舶並びに登録を受けた飛行機、回転翼航空機及び自動車並びに登記を受けた建設機械で、保険に付したもの
⑤	鉄道財団、工場財団、鉱業財団、軌道財団、運河財団、漁業財団、港湾運送事業財団、道路交通事業財団及び観光施設財団
⑥	税務署長等が確実と認める保証人の保証
⑦	金銭

2 延納の特例

(1) 計画伐採に係る相続税の延納等の特例

　相続税額の延納の許可に当たり、「課税相続財産の価額」のうちに租税特別措置法第69条の

5第2項第1号に規定する森林経営計画が定められている区域内に存する一定の立木（同号に規定する森林保健施設の整備に係る地区内に存する立木を除きます。以下「森林計画立木」といいます。）の価額の占める割合が10分の2以上であるときは、次の特例が認められています（措法70の8の2）。

① 延納期間の特例

「課税相続財産の価額」のうちに「森林計画立木の価額」の占める割合が10分の2以上であり、かつ、「課税相続財産」の価額のうちに「不動産等の価額」の占める割合が10分の5以上であるときにおいて、当該延納の許可をする相続税額のうち「立木の価額」に対応する部分の税額（森林計画立木部分の税額）に係る延納期間については、納税義務者の申請により20年又は40年（森林法第5条第2項第4号の3に規定する公益的機能別施業森林区域のうち森林法施行規則第39号第2項第1号ロに規定する複層林施業森林又は同項第2号に規定する長伐期施業森林の区域内（以下「特定森林計画の区域内」といいます。）に存する立木に係る森林計画立木部分の税額（以下「特定森林計画立木部分の税額」といいます。）に限ります。）以内（延納税額が200万円（延納税額が特定森林計画立木部分の税額である場合には、400万円）未満であるときは、延納税額を10万円で除して得た数（その数に1未満の端数があるときは、これを1とします。）に相当する年数以内）とすることができます（措法70の8の2①）。

② 分納税額の特例

「課税相続財産の価額」のうちに「立木の価額」の占める割合が10分の2以上である場合には、当該延納の許可をする相続税額のうち森林計画立木部分の税額については、納税義務者の申請により当該立木の森林経営計画に基づく伐採の時期及び材積を基礎として納付すべき分納税額を定めることができます（措法70の8の2②）。

(2) 不動産等に係る相続税の延納等の特例

相続税額の延納の許可に当たり、「課税相続財産の価額」のうちに「不動産等の価額」の占める割合が4分の3以上であるときは、延納を許可する相続税額のうち当該不動産等の価額に対応する部分の税額に係る延納期間については、納税義務者の申請により、20年以内（延納税額が200万円未満であるときは、当該延納税額を10万円で除して得た数（その数に1未満の端数があるときは、これを1とします。）に相当する年数以内）とすることができます（措法70の10①）。

この特例の対象となる不動産等の範囲は、次のものをいいます。これは、不動産等の価額が50％以上の場合の延納における不動産等の範囲と同じです（上記❶(1)の②の②参照）（措法70の10①、措令40の11①）。

① 不動産
② 不動産の上に存する権利
③ 減価償却資産で被相続人の事業の用に供されていたもの
④ 立木

⑤ 株式及び出資（相続又は遺贈により財産を取得した者及びその者と相続税法第64条第1項に規定する特別の関係がある者が法人の発行済株式又は出資（その法人が有する自己の株式又は出資を除きます。）の総数又は総額の10分の5を超える数又は金額の株式又は出資を有する場合における当該法人（その発行する株式が金融商品取引所において上場されている法人、店頭売買有価証券登録原簿に登録されている法人、金融商品取引所に類するものであって外国に所在するものに上場されている法人及び店頭売買有価証券登録原簿に類するものであって外国に備えられているものに登録されている法人は除きます。）の株式又は出資に限ります。）

なお、特例の対象となる不動産等の価額に対応する税額は、次の算式によって求めた税額となります（措令40の11②）。

$$納付すべき相続税額 \times \frac{不動産等の価額}{課税相続財産の価額}$$

(注1) 上記の計算は、当該延納を許可する時までに納付すべき税額の確定した相続税額の計算の基礎となった財産の価額を基準として計算します（措令40の11③）。
(注2) 算式の「納付すべき相続税額」は、その者が租税特別措置法第70条の6第1項、第70条の6の6第1項、第70条の6の7第1項、第70条の6の10第1項、第70条の7の2第1項、第70条の7の4第1項、第70条の7の6第1項、第70条の7の8第1項又は第70条の7の12第1項の規定の適用を受ける者である場合には、同法第70条の6第1項、第70条の6の6第2項第5号、第70条の6の7第2項第6号、第70条の6の10第2項第3号、第70条の7の2第2項第5号、第70条の7の4第2項第4号、第70条の7の6第2項第8号、第70条の7の8第2項第4号又は第70条の7の12第2項に規定する納税猶予分の相続税額を控除した金額となります（措令40の11②）。
(注3) その者が、計画伐採による相続税の延納等の特例（措法70の8の2）の適用を受ける者である場合には、上述の算式中の「不動産等の価額」から「森林計画立木の価額」を控除します。

❸ 延納条件の変更

延納許可を受けた後に、相続財産の譲渡が計画どおり進まないことなどの理由により、一時的に資金繰りが悪化し、許可された延納期間、分納期限等の延納の条件では納付が困難となったなどの場合には、原則として、分納期限が到来していない延納税額について、延納条件の変更の申請をすることができます（相法39㉚）。延納条件変更申請書が提出された場合は、税務署長は、その申請から1か月以内に許可又は却下を行います（相法39②㉛）。また、税務署長は職権により延納の条件の変更を行うことができます（相法39㉜）。

変更することができる延納の条件は次のとおりです（相基通39-14）。

(1) 分納期限の延長

分納期限を延長する変更は、次回の分納期限の前日までを限度とします。

(2) 分納期限の再延長

やむを得ない事情がある場合には、(1)により延長された分納期限について、次回の分納期限の前日まで再延長することができる場合があります。

(3) 延納期間の延長

延納期間は、相続財産中に占める不動産等の割合に応じて定められていますが、この法律上の延納可能期間の全期間を利用していない場合には、法律上延納できる期間まで延長することができます。

例えば、相続財産のうちに占める不動産等の割合が80％以上の場合の延納可能期間は20年ですが、当初の延納申請に基づき許可された延納期間が15年であった多場合に、延納期間を15年から20年に延長する変更申請をすることができます。

第 5 節 物納

租税は、金銭で納付することが原則ですが、相続税の課税価格計算の基礎に算入された財産には、不動産、株式・出資その他換価することが困難なものが多く、現金や預貯金等が少ない場合は、金銭で納付することは困難であると考えられます。

このため、相続税法には、延納の方法によったとしても、なお延納期間内に完納することができる見通しの立たない場合に、金銭納付に代えて税務署長の許可を得てその課税価格計算の基礎となった財産を納付することを認める物納の制度が設けられています。

 物納の要件

①	延納によっても金銭で納付することが困難な金額の範囲内であること ※　その者の納付すべき相続税額から現金で即納することができる金額と延納によって納付することができる金額の合計額を控除した金額が物納の許可限度額となります（相令17）。 　　ただし、物納に充てる財産（以下「物納財産」といいます。）の性質、形伏その他の特徴により、金銭による納付を困難とする額を超える価額の物納財産の収納をすることについて、税務署長においてやむを得ない事情があると認めるときは、上記の金額を超えて物納（このような物納を「超過物納」といいます。）の許可をすることができます（相法41①）。
②	物納申請財産が定められた種類の財産で申請順位によっていること
③	管理処分不適格財産ではないこと
④	「物納申請書」及び「物納手続関係書類」を期限までに提出すること

物納に充てることができる財産の種類及びその順位

　物納に充てることのできる財産は、納税義務者の課税価格の計算の基礎となった財産（当該相続に係る被相続人から贈与により取得した財産でその価額が相続税法第19条の規定により、当該相続に係る相続税の課税価格に加算されたものも含まれます（相基通41－5）が、相続時精算課税の適用を受ける財産は含まれません。）又は当該財産により取得した財産で、国内にあるもののうち、(1)に掲げるものです（相法41②、措法70の12①）。
　ただし、❸に掲げる管理処分不適格財産を物納に充てることはできません。

(1) 物納に充てることができる財産の種類

①	国債、地方債、不動産、船舶並びに株式、社債及び証券投資信託等の受益証券のうち金融商品取引所に上場されているもの
②	社債（特別の法律により法人の発行する債券を含み、短期社債等を除きます。）及び株式（特別の法律により法人の発行する出資証券を含み、会社法に規定する特例有限会社の持分を除きます。）並びに証券投資信託又は貸付信託の受益証券（①に該当するものを除きます。）
③	動産

（注）　上記の②又は③に掲げる財産を物納に充てることができるのは、税務署長において、特別の事情があると認める場合（例えば、相続税の課税価格の計算の基礎となった財産のうちに不動産がある場合であっても、その不動産を物納すれば居住し又は営業を継続して通常の生活を維持するのに支障を生ずるようなときをいいます（相基通41－13）。）を除き、②の財産については①に掲げる財産、また、③の財産については①及び②に掲げる財産で、納税義務者が物納申請の際、現に有するもののうちに適当な価額のものがない場合に限られます（相法41④、相令19）。
　　ただし、物納に充てようとする財産が、租税特別措置法第70条の12第1項に規定する「特定登録美術品」（美術品の美術館における公開の促進に関する法律に規定する登録美術品のうち、その相続開始時においてすでに同法による登録を受けているものをいいます（措法70の12①））であるときは、上記の順位にかかわらず物納申請をすることができます（措法70の12①②）。
　　なお、❹の物納劣後財産については、他に適当な価額の財産がある場合には物納に充てることができません（相法41④⑤、相基通41－15）。

(2) 「当該財産により取得した財産」

　物納の対象となる「当該財産により取得した財産」とは、原則として納税義務者の課税価格計算の基礎となった財産を処分して取得した財産そのものをいいますが、次に掲げる財産も、これに該当するものとされています（相基通41－7）。
　①　課税価格計算の基礎となった株式又は出資証券の発行法人が合併した場合において、当該合併によって取得した株式又は出資証券
　②　課税価格計算の基礎となった株式又は出資証券がある場合において、当該株式の消却、資本の減少又は出資の減少によって取得した株式又は出資証券

③ 課税価格計算の基礎となった株式又は出資証券の発行法人が増資を行った場合において、その増資によって取得した株式又は出資証券（収納時に旧株式（旧出資証券）がある場合においては当該旧株式（旧出資証券）を物納税額に充てても、なお不足税額があるときに限られます）。

■ 超過物納が認められる「適当な価額のものがない場合」

超過物納が認められる「適当な価額のものがない場合」とは、相続税法第41条第4項及び第5項に規定する物納財産の順位により物納に充てることができる財産を納付するときに、その財産の収納価額がその納付すべき相続税額を超える場合をいいます。

ただし、当該財産の収納価額が相続税法施行令第17条で定める額を超える場合で次に掲げるものであるときは、「適当な価額のものがない場合」に該当しません（相基通41-14）。

① 相続税法第41条第1項後段の規定（物納財産の性質、形状その他の特徴により、金銭による納付を困難とする額を超える価額の物納財産の収納をすることについて、税務署長においてやむを得ない事情があると認めるときに関する規定）が適用される場合
② 当該財産が土地の場合で、相続税法施行令第17条で定める額に相当する価額になるように分割しても分割後に物納に充てようとする土地又は分割後納税者に残される土地について、いずれもその地域における宅地としての一般的な広さが確保されるなど、通常の用途に供することができると認められるもの

■ 共有不動産の物納

相続又は遺贈により取得した財産が不動産の共有持分である場合において、当該財産を取得した納税義務者が当該持分に応じて分割した後の不動産を物納に充てようとするときには、当該不動産は「課税価格計算の基礎となった財産」に該当し、当該不動産による物納を許可しても差し支えないこととされています。

なお、被相続人と不動産を共有していた者が当該被相続人の持分を相続又は遺贈により取得した場合において、当該持分に応じて特定した不動産を物納に充てようとするときについても、これと同様に取り扱うこととして差し支えないこととされています（相基通41-9）。

3 物納不適格財産（管理処分不適格財産）

次に掲げる財産は、管理又は処分をするのに不適格なものとされ、物納に充てることができません（相法41②、相令18、相規21）。

| ① | 不動産 | A 担保権が設定されていることその他これに準ずる事情がある不動産として次に定めるもの
1．抵当権の目的となっている不動産
2．譲渡により担保の目的となっている不動産
3．差押えがされている不動産
4．買戻しの特約が付されている不動産 |

5．上記1から4に掲げる不動産以外の不動産で、その処分が制限されているもの

B　権利の帰属について争いがある不動産として次に定めるもの
　　1．所有権の存否又は帰属について争いがある不動産
　　2．地上権、永小作権、賃借権その他の所有権以外の使用及び収益を目的とする権利の存否又は帰属について争いがある不動産

C　境界が明らかでない土地として次に定めるもの
　　1．境界標の設置（隣地の所有者との間の合意に基づくものに限ります。）がされていないことにより他の土地との境界を認識することができない土地（境界標の設置がされていない場合であっても当該土地の取引において通常行われる他の土地との境界の確認方法により境界を認識できるものを除きます。）
　　2．土地使用収益権（地上権、永小作権、賃借権その他の土地の使用及び収益を目的とする権利をいいます。）が設定されている土地の範囲が明らかでない土地

D　隣接する不動産の所有者その他の者との争訟によらなければ通常の使用ができないと見込まれる不動産として次に定めるもの
　　1．隣地の上に存する建物、工作物又は樹木その他これらに類するもの（以下「建物等」といいます。）が、土地の境界を越える場合又は境界上に存する場合における当該土地（当該建物のひさし、当該工作物又は当該樹木の枝その他これらに類するもの（以下「ひさし等」といいます。）の境界を越える度合が軽微な場合又は境界上にある場合で、当該建物等の所有者が改築等を行うに際して当該ひさし等を撤去し、又は移動することを約するときにおける当該土地を除きます。）
　　2．建物等がその敷地である土地の隣地との境界を越える場合又は境界上に存する場合における当該土地（借地借家法第2条第1号（定義）に規定する借地権を含み、当該隣地の所有者（当該隣地を使用する権利を有する者がいる場合には、その者）が当該土地の収納後においても建物等の撤去及び隣地の使用料その他の負担を求めないことを約する場合における当該土地並びに借地権が設定されている当該土地を除きます。）
　　3．土地使用収益権の設定契約（以下「土地使用収益契約」といいます。）の内容が当該土地使用収益権を設定している者にとって著しく不利な場合における当該土地使用収益権の目的となっている土地
　　4．建物の使用又は収益をする契約（以下「建物使用収益契約」といいます。）の内容が当該使用又は収益をする権利を設定している者にとつて著しく不利な場合における当該使用又は収益をする権利の目的となっている建物
　　5．賃貸料の滞納がある不動産その他収納後の円滑な土地使用収益契約又は建物使用収益契約の履行に著しい支障を及ぼす事情が存すると見込まれる不動産
　　6．その敷地を通常支払うべき地代により国が借り受けられる見込みがない場合における当該敷地の上に存する建物

E　他の土地に囲まれて公道に通じない土地で民法第210条の規定による通行権の内容が明確でないもの

F　借地権の目的となっている土地で、当該借地権を有する者が不明であることそ

の他これに類する事情があるもの

G　他の不動産（他の不動産の上に存する権利を含みます。）と社会通念上一体として利用されている不動産若しくは利用されるべき不動産又は２以上の者の共有に属する不動産として次に定めるもの
　１．２以上の者の共有に属する不動産で次に掲げる不動産以外のもの
　　(1)　当該不動産のすべての共有者が当該不動産について物納の許可の申請をする場合における当該不動産
　　(2)　私道の用に供されている土地（一体となってその効用を有する他の土地とともに物納の許可の申請をする場合におけるその土地に限ります。）
　２．がけ地、面積が著しく狭い土地又は形状が著しく不整形である土地でこれらの土地のみでは使用することが困難であるもの
　３．私道の用に供されている土地（一体となってその効用を有する他の土地とともに物納の許可の申請をする場合におけるその土地を除きます。）
　４．敷地とともに物納の許可の申請がされる建物以外の建物（当該建物の敷地に借地権が設定されているものを除きます。）
　５．他の不動産と一体となってその効用を有する不動産（これらの不動産のすべてが一の土地使用収益権の目的となっている場合で収納後の円滑な土地使用収益契約の履行が可能なものを除きます。）

H　耐用年数（所得税法の規定に基づいて定められている耐用年数をいいます。）を経過している建物（通常の使用ができるものを除きます。）

I　敷金の返還に係る債務その他の債務を国が負担することとなる不動産として次に定めるもの
　１．敷金その他の財産の返還に係る債務を国が負うこととなる不動産
　２．相続税法施行令第19条第３号イからニまでに掲げる事業（以下「土地区画整理事業等」といいます。）が施行されている場合において、収納の時までに発生した当該不動産に係る土地区画整理法第40条（経費の賦課徴収）の規定による賦課金その他これに類する債務を国が負うこととなる不動産
　３．土地区画整理事業等の清算金の授受の義務を国が負うこととなる不動産

J　その管理又は処分を行うために要する費用の類がその収納価額と比較して過大となると見込まれる不動産として次に定めるもの
　１．土壌汚染対策法第２条第１項に規定する特定有害物質その他これに類する有害物質により汚染されている不動産
　２．廃棄物の処理及び清掃に関する法律第２条第１項に規定する廃棄物その他の物で除去しなければ通常の使用ができないものが地下にある不動産
　３．農地法第４条第１項又は第５条第１項の規定による許可を受けずに転用されている土地
　４．土留その他の施設の設置、護岸の建設その他の現状を維持するための工事が必要となる不動産

K　公の秩序又は善良の風俗を害するおそれのある目的に使用されている不動産その他社会通念上適切でないと認められる目的に使用されている不動産として次に

		定めるもの 1．風俗営業等の規制及び業務の適正化等に関する法律第2条第1項に規定する風俗営業、同条第5項に規定する性風俗関連特殊営業又は同条第11項に規定する特定遊興飲食店営業の用に供されている不動産 2．暴力団員による不当な行為の防止等に関する法律第2条第2号に規定する暴力団の事務所その他これに類するものの用に供されている不動産
		L　引渡しに際して通常必要とされる行為がされていない不動産として財務省令で定めるもの（Aに掲げるものを除きます。） 1．その上の建物がすでに滅失している場合において、当該建物の滅失の登記がされていない土地 2．その上に廃棄物その他の物がある不動産 3．生産緑地法第2条第3号に規定する生産緑地で、同法第7条から第9条までの規定が適用されるもの（当該生産緑地において、農林漁業を営む権利を有する者が当該農林漁業を営んでいる土地を除きます。）
		M　地上権、永小作権、賃借権その他の使用及び収益を目的とする権利が設定されている不動産で、次に掲げる者がその権利を有しているもの 1．暴力団員による不当な行為の防止等に関する法律第2条第6号に規定する暴力団員又は暴力団員でなくなった日から5年を経過しない者（以下「暴力団員等」といいます。） 2．暴力団員等によりその事業活動を支配されている者 3．法人で暴力団員等を役員等（取締役、執行役、会計参与、監査役、理事及び監事並びにこれら以外の者で当該法人の経営に従事している者並びに支配人をいいます。）とするもの
②	株式	A　譲渡に関して金融商品取引法その他の法令の規定により一定の手続きが定められている株式で、当該手続がとられていないものとして次に定めるもの 1．物納に充てる財産（以下「物納財産」という。）である株式を一般競争入札により売却することとした場合（金融商品取引法第4条第1項の届出及び同法第15条第2項の目論見書（同法第2条第10項に規定する目論見書をいいます。）の交付が必要とされる場合に限ります。）において、当該届出に係る書類及び当該目論見書の提出がされる見込みがないもの 2．物納財産である株式を一般競争入札により売却することとした場合（金融商品取引法第4条第6項の通知書の提出及び目論見書の交付が必要とされる場合に限ります。）において、当該通知書及び目論見書の提出がされる見込みがないもの
		B　譲渡制限株式
		C　質権その他の担保権の目的となっている株式
		D　権利の帰属について争いがある株式
		E　2以上の者の共有に属する株式（共有者の全員が当該株式について物納の許可を申請する場合を除きます。）

		ト　暴力団員等によりその事業活動を支配されている株式会社又は暴力団員等を役員（取締役、会計参与、監査役及び執行役をいいます。）とする株式会社が発行した株式
③	その他の財産	当該財産の性質が①及び②に定める財産に準ずるものとして税務署長が認めるもの

④ 物納劣後財産

　次に掲げる財産は、他の財産に対して物納の順位が後れるもの（以下「物納劣後財産」といいます。）とされます（相法41④、相令19）。すなわち、物納劣後財産は、税務署長が特別の事情があると認める場合のほか物納劣後財産に該当しないもののうちに適当な価額のものがない場合に限って物納に充てることができます。

不動産	イ　地上権、永小作権若しくは耕作を目的とする賃借権、地役権又は入会権が設定されている土地
	ロ　法令の規定に違反して建築された建物及びその敷地
	ハ　次の(イ)から(ニ)までに掲げる事業が施行され、その施行に係る土地につき当該(イ)から(ニ)までに規定する法律の定めるところにより仮換地（仮に使用又は収益をすることができる権利の目的となるべき土地又はその部分を含みます。）又は一時利用地の指定がされていない土地（当該指定後において使用又は収益をすることができない当該仮換地又は一時利用地に係る土地を含みます。） 　(イ)　土地区画整理法による土地区画整理事業 　(ロ)　新都市基盤整備法による土地整理 　(ハ)　大都市地域における住宅及び住宅地の供給の促進に関する特別措置法による住宅街区整備事業 　(ニ)　土地改良法による土地改良事業
	ニ　現に納税義務者の居住の用又は事業の用に供されている建物及びその敷地（当該納税義務者が当該建物及びその敷地について物納の許可を申請する場合を除きます。）
	ホ　劇場、工場、浴場その他の維持又は管理に特殊技能を要する建物及びこれらの敷地
	ヘ　建築基準法第43条第１項に規定する道路に２メートル以上接していない土地
	ト　都市計画法第29条第１項又は第２項の規定による都道府県知事の許可を受けなければならない同法第４条第12項に規定する開発行為をする場合において、当該開発行為が同法第33条第１項第２号に掲げる基準（都市計画法施行令第25条第２号に掲げる技術的細則に係るものに限ります。）に適合しないときにおける当該開発行為に係る土地
	チ　都市計画法第７条第２項に規定する市街化区域以外の区域にある土地（宅地として造成することができるものを除きます。）
	リ　農業振興地域の整備に関する法律第８条第１項の農業振興地域整備計画において同

	条第２項第１号の農用地区域として定められた区域内の土地
	ヌ　森林法第25条又は第25条の２の規定により保安林として指定された区域内の土地
	ル　法令の規定により建物の建築をすることができない土地（建物の建築をすることができる面積が著しく狭くなる土地を含みます。）
	ヲ　過去に生じた事件又は事故その他の事情により、正常な取引が行われないおそれがある不動産及びこれに隣接する不動産
株式	事業の休止（一時的な休止を除きます。）をしている法人に係る株式

5　物納財産の収納価額等

　物納財産の収納価額は、原則として、課税価格計算の基礎となったその財産の価額ですが、収納の時までにその財産の状況に著しい変化が生じた場合は、税務署長は、収納の時の現況によってその財産の収納価額を定めることができることとされています（相法43①）。

　したがって、物納の許可を通知した後であっても、当該許可に係る物納財産の引渡し、所有権移転の登記その他法令により第三者に対抗することのできる要件を充足するまでの間において、納税義務者の責に帰すべき事由により、当該財産の状況に著しい変化を生じたときは、物納の時の現況によってその財産の収納価額を定めることができることとなります（相基通43－2）。

　なお、「収納の時の現況によってその財産の収納価額を定める」とは、その状況に著しい変化を生じた財産が、収納の時の状態で相続、遺贈又は贈与によって取得した時にあったものとして、その取得の時の価額によってその収納価額を定めるという趣旨です（相基通43－1）。また、その財産の状況に著しい変化を生じたかどうかの判定は、原則として、許可の時における物納財産の現況によることとされています（相基通43－1なお書き）。

■ 収納の時までに財産の状況に著しい変化を生じたとき

　収納の時までに物納財産の状況に著しい変化を生じたときとは、例えば、次に掲げるような場合をいいます（相基通43－3）。

① 土地の地目変換があった場合（地目変換があったかどうかは、土地台帳面の地目のいかんにはかかわりません。）
② 荒地となった場合
③ 竹木の植付け又は伐採をした場合
④ 所有権以外の物権又は借地権の設定、変更又は消滅があった場合
⑤ 家屋の損壊（単なる日時の経過によるものは含まれません。）又は増築があった場合
⑥ 自家用家屋が貸家となった場合
⑦ 引き続き居住の用に供する土地又は家屋を物納する場合
⑧ 震災、風水害、落雷、火災その他天災によりその法人の財産が甚大な被害を受けたこと

その他の事由により、当該法人の株式又は出資証券の価額が評価額より著しく低下したような場合（証券取引所に上場されている株式の価額が証券市場の推移による経済界の一般的事由に基づき低落したような場合には、ここでいう「その他の事由」に該当しないものとして取り扱われます。）

⑨　相続開始の時において清算中の法人又は相続開始後解散した法人が、その財産の一部を株主又は出資者に分配した場合（この場合において、その法人の株式又は出資証券については、課税価格計算の基礎となった評価額からその分配した金額を控除した金額を収納価額として物納に充てることができます。）

⑩　上記①から⑨までに掲げる場合のほか、その財産の使用、収益又は処分について制限が付けられた場合

なお、課税価格の更正により物納に充てた財産の価額に異動を生じたときは、その異動後の価額により物納許可額が修正されることとなります（相基通43－5）。

■ 過誤納の場合の取扱い

物納の許可を受けて相続税を納付した場合に、その相続税について過誤納額があったときは、その物納に充てた財産は、納税義務者からの申請により、これを当該過誤納額の還付に充てることができます。

ただし、当該財産が換価されていた場合、公用若しくは公共の用に供されており若しくは供されることが確実であると見込まれるとき、又は当該過誤納額が当該財産の収納価額の50％相当額に満たないときは、還付には充てられません（相法43③）。

物納の手続き

(1) 物納申請

物納の許可を申請しようとする者は、相続税の納期限又は納付すべき日（提出期限）までに、物納申請書及び物納手続関係書類を納税地を所轄する税務署に提出しなければなりません（相法42①）。物納申請書が提出期限に遅れて提出された場合、その物納申請は却下されます。

〈物納申請書の提出期限〉

①　期限内申告に係る税額を物納申請する場合：申告期限
②　期限後申告又は修正申告に係る税額を物納申請する場合：申告書の提出の日
③　更正又は決定に係る税額を物納申請する場合：更正又は決定の通知が発せられた日の翌日から起算して1か月を経過する日

(2) 物納の許可

税務署長が、物納申請の内容が法律の定める要件を満たし、物納申請財産が物納に充てることのできる財産として適当であると判断した場合には、物納を許可します。

なお、税務署長は、物納の許可をしようとする場合に、物納財産の性質その他の事情に照らし必要があると認めるときは、必要な限度で物納許可に条件を付すことができることとされており、条件を付す場合にはその条件を書面により申請者に通知することとされています（相法42㉚）。

　物納の許可を受けた税額に相当する相続税は、物納財産の引渡し、所有権の移転の登記その他法令により物納財産の所有権が国に移転したことを第三者に対抗することができる要件を充足した時において納付があったものとされます（相法43②）。

　物納を許可した財産について、収納がされたときには、税務署長から納税者に対して「物納財産収納済証書」が交付されます。

(3)　物納申請の全部又は一部の却下に係る延納

　税務署長は、物納の申請があった場合において、延納により金銭で納付することを困難とする事由がないと判断し、物納の申請の却下をした場合、又は納付を困難とする金額が当該申請に係る金額より少ないと認めたことから当該申請に係る相続税額の一部について当該申請の却下をした場合は、これらの却下に係る相続税額につき、これらの却下の日の翌日から起算して20日以内にされた物納申請者からの申請により、当該相続税額のうち金銭で一時に納付することを困難とする金額を限度として、延納の許可をすることができることとされています（相法44①、相令25の2）。

(4)　物納の再申請制度

　税務署長は、物納の申請があった場合において、物納の許可の申請に係る物納財産が管理処分不適格財産又は物納劣後財産に該当することから当該申請の却下をした場合は当該却下の日の翌日から起算して20日以内にされた当該申請者からの申請（当該物納財産以外の物納財産に係る申請に限ります。）により、納付を困難とする金額を限度として、物納の許可をすることができることとされています（相法45①、相令25の3）。

(5)　物納の撤回

　税務署長は、物納の許可をした不動産のうちに貸借権その他の不動産を使用する権利の目的となっている不動産がある場合において、当該物納の許可を受けた者が、その後物納に係る相続税を金銭で一時に納付し、又は延納の許可を受けて納付する場合は、当該不動産については、その収納後においても、当該物納の許可を受けた日の翌日から起算して1年以内にされたその者からの申請により、その物納の撤回の承認をすることができることとされています（相法46①）。ただし、当該不動産が換価されていた場合、又は公用若しくは公共の用に供されており若しくは供されることが確実であると見込まれる場合は、物納の撤回は認められません（相法46①ただし書き）。

　税務署長は、物納の許可を受けた者が物納の撤回の承認を受けようとする場合において、そ

の者からの申請により、当該撤回に係る相続税額につき、当該相続税額のうち金銭で一時に納付することを困難とする金額を限度として、延納の許可をすることができることとされています（相法47①、相令25の5）。

(6) 物納の許可の取消し

税務署長は、相続税法第42条第30項の規定により条件（物納財産について一定の事項の履行を求めるものに限ります。）を付して物納の許可をした場合において、その一定の事項の履行を求める場合は、その条件に従って期限を定めて、その一定の事項の履行を求める書面により、これを物納申請者に通知します（相法48①）。

なお、税務署長は、期限までに一定の事項の履行がない場合には、相続税法第42条第30項の規定による通知をした日の翌日から起算して5年を経過する日までに上記の通知をしたときに限り、物納の許可を取り消すことができることとされています（相法48②）。

特定物納制度

税務署長は、延納の許可を受けた者について、延納許可税額からその分納期限が到来している分納税額を控除した残額（「特定物納対象税額」といいます。）を変更された条件による延納によっても金銭で納付することを困難とする事由が生じた場合においては、その者の相続税の申告期限から10年を経過する日までに限り、その者の申請により、特定物納対象税額のうちその納付を困難とする金額として一定の額（一般の物納に係る延納によっても納付を困難とする金額に準じた額となります。）を限度として、物納の許可をすることができることとされています（相法48の2①、相令25の7①）。

◆特定物納の要件◆

①	延納条件の変更を行っても、延納を継続することが困難な金額の範囲内であること
②	物納申請財産が定められた種類の財産で申請順位によっていること
③	申請書及び物納手続関係書類を申告期限から10年以内に提出すること
④	物納申請財産が物納に充てることができる財産であること

裁判例 物納不適格財産に対する不適格事由解消のための補完指示の遅延

広島地裁平成21年11月21日判決（棄却）（控訴・控訴棄却（確定））

本件物納申請がされた当時、本件土地は、旧相続税法基本通達にいう「境界線が明確でない土地で、隣地地主から境界線に異議のない旨の了解が得られない土地」にして、かつ「借地、借家契約の円滑な継続が困難な不動産」であり、したがって管理処分不適格財産であったと認められる。また、本件

物納申請がされた直後の段階で、被告国の担当職員から原告に対し、これらの本件物納申請が許可されるためには、被告国において本件土地についてこれらの不適格事由がないか確認した上で、存在が確認された不適格事由について原告において解消する必要がある旨の説明がされたと認められる。原告は、不適格事由の解消過程において、手続遅滞等、被告国の担当職員の職務上の法的義務違反があったと主張するが、原告が主張する被告国の担当職員による手続遅滞のうち、原告から提出された書面についての調査、検討及びその後のC財務局における調査、検討に要する期間、並びに、現地調査に立ち会う多数当事者の日程調査の必要を勘案すると、不当な手続遅滞とは解されず、その他被告国の職員による手続遅滞の事実は認められず被告国の担当職員には、職務上通常尽くすべき注意義務を尽くさないで漫然と行為を行ったと認められる事情は認められない。

裁判例 物納不適格財産を物納の対象としない趣旨

東京地裁平成22年12月22日判決（棄却）（確定）

　相続税の物納が認められるためには、物納財産が管理又は処分をするのに適していなければならない（相続税法42条2項ただし書）ところ、これは、物納制度の目的が、納付される財産の金銭的価値に注目し、国が物納された財産の管理又は処分を通じて、金銭による納付があった場合と同等の経済的利益を将来確実に確保し得ることにあることから、金銭による納付があった場合と同等の経済的利益を将来確実に確保し得ると認め難い財産を物納対象財産とすることは相当でないことに基づくものであると解される。

　本件却下処分当時、本件各土地については、B及びCの持分を各2分の1とする所有権移転登記がされていた上、原告とCとの間で、本件各土地の所有権の帰属に関する別件訴訟が係属中であったのであり、また、別件訴訟が現在も係属していることなどに照らせば、本件却下処分当時、原告とCとの間の上記紛争が解決して、本件各土地が管理又は処分をするのに適したものとなる時期を確実に見込むこともできなかったものと認められるところ、このような状況にある本件各土地について、これを処分することなどにより、金銭による納付があった場合と同等の経済的利益を国において将来現実に確保することは困難であったということができる。よって、本件各土地は、本件却下処分当時、管理又は処分をするのに不適当な財産であったというべきである。

第10章 特殊な課税が行われる場合

第1節　特別の法人から受ける利益に対する課税

持分のない法人から利益を受ける者に対する課税

　持分の定めのない法人（持分の定めのある法人で持分を有する者がないものを含みます。）で、その施設の利用、余裕金の運用、解散した場合における財産の帰属等について設立者、社員、理事、監事若しくは評議員、その法人に対し贈与若しくは遺贈をした者又はこれらの者の親族その他これらの者と特別の関係がある一定の者（注）に対し特別の利益を与えるものに対して財産の遺贈があった場合には、その財産の遺贈があった時において、その法人から特別の利益を受ける者が、その財産（相続税法第12条第1項第3号又は第21条の3第1項第3号に掲げる財産を除きます。）の遺贈により受ける利益の価額に相当する金額をその財産の遺贈をした者から遺贈により取得したものとみなして相続税が課されます（相法65①）。

　ただし、第3節に該当する場合（相続税法第66条第4項の規定により持分の定めのない法人に対して、相続税が課される場合）には、重ねて、本節の規定が適用されることはありません。

（注）特別の関係がある一定の者
　　　上記の「特別の関係がある一定の者」とは次に掲げる者をいいます（相法65①、64①、相令31①）。

①	遺贈者又は遺贈者の親族と婚姻の届出をしていないが事実上婚姻関係と同様の事情にある者及びその者の親族でその者と生計を一にしているもの
②	遺贈者又は遺贈者の親族の使用人及び使用人以外の者で当該個人から受ける金銭その他の財産によって生計を維持しているもの並びにこれらの者の親族でこれらの者と生計を一にしているもの

　また、持分の定めのない法人の設立があった場合において、その法人から特別の利益を受ける者がその法人の設立により受ける利益についても同様です（相法65③）。

　なお、持分の定めのない法人が、相続税法第12条第1項第3号に掲げる財産を取得した場合

において、その財産を取得した日から2年を経過した日においてなお、その財産を当該公益を目的とする事業の用に供していない場合においては、当該財産の価額は、相続税の課税価格に算入されます（相法65②、12②）。

■ 持分の定めのない法人

持分の定めのない法人とは、例えば、次に掲げる法人をいいます（昭和39年個別通達13）。

① 定款、寄附行為若しくは規則（これらに準ずるものを含みます。②において「定款等」といいます。）又は法令の定めにより、当該法人の社員、構成員（当該法人へ出資している者に限ります。②において「社員等」といいます。）が当該法人の出資に係る残余財産の分配請求権又は払戻請求権を行使することができない法人

② 定款等に、社員等が当該法人の出資に係る残余財産の分配請求権又は払戻請求権を行使することができる旨の定めはあるが、そのような社員等が存在しない法人

❷ 課税対象となる特別の利益

上記❶の特別の利益とは、施設の利用、余裕金の運用、解散した場合における財産の帰属、金銭の貸付け、資産の譲渡、給与の支給、役員等（理事、監事、評議員その他これらの者に準ずるものをいいます。）の選任その他財産の運用及び事業の運営に関してその持分の定めのない法人から受ける特別の利益をいいます（相令32）。

また、上記❶の「法人から特別の利益を受ける者」は、その持分の定めのない法人に対する遺贈をした者から、当該財産の贈与又は遺贈に関して当該法人から特別の利益を受けたと認められる者をいいます（相令32）。

第2節 人格のない社団等に対する課税

代表者又は管理者の定めのある人格のない社団又は財団（以下「人格のない社団等」といいます。）に対し財産の遺贈があった場合、又は人格のない社団等を設立するために財産の提供があった場合には、この人格のない社団等を個人とみなして、この人格のない社団等に対して相続税が課されます（相法66①前段、②）。

なお、上記により人格のない社団等に対する相続税が課税される場合、その人格のない社団等の住所は、その主たる営業所又は事務所の所在地にあるものとみなされます（相法66③）。

(注) 上記により人格のない社団等に課される相続税の額の計算に当たっては、この人格のない社団等に課されるべき法人税、事業税、地方法人税、道府県民税、市町村民税、特別法人事業税のうちの一定額に相当する額が控除されます（相法66⑤、相令33①②）。

第 3 節 持分の定めのない法人に対する課税

1 制度の概要

　持分の定めのない法人（第1節の「持分の定めのない法人」をいいます。）に対し財産の遺贈があった場合、又は持分の定めのない法人を設立するために財産の提供があった場合において、この遺贈又は財産の提供により当該遺贈又は財産の提供をした者の親族その他これらの者と一定の特別の関係がある者の相続税又は贈与税の負担が不当に減少する結果となると認められるときには、この持分の定めのない法人を個人とみなして、この持分の定めのない法人に対して相続税が課されます（相法66④①②）。この場合、その持分の定めない法人の住所は、その主たる営業所又は事務所の所在地にあるものとみなされます（相法66④③）。

　（注）　この節の規定により持分の定めのない法人に課される相続税の額の計算に当たっては、この持分の定めのない法人に課されるべき法人税、事業税、地方法人税、道府県民税、市町村民税、特別法人事業税のうちの一定額に相当する額を控除します（相法66⑤、相令33①②）。

2 相続税等の不当減少の判定

(1)　遺贈により財産を取得した持分の定めのない法人が、次に掲げる要件のすべてを満たすとき（公益社団法人、公益財団法人、法人税法第2条第9号の2に規定する非営利型法人、相続税法施行令第34条第4項第3号及び第4号に掲げる法人を除く一般社団法人又は一般財団法人（(2)において「一般社団法人等」といいます。）にあっては、(2)に掲げる要件のすべてを満たすときに限ります。）は、相続税又は贈与税の負担が不当に減少する結果となると認められないものとされますが（相令33③）、実務上、次に掲げる要件を満たさない場合には、相続税等の負担が不当に減少する結果となるものとして取り扱われます（昭和39年個別通達14(1)）。

　　ただし、その法人の社員、役員等（相続税法施行令第32条に規定する役員等をいいます。）及びその法人の職員のうちに、その財産を遺贈した者若しくは当該法人の設立に当たり財産を提供した者又はこれらの者と親族その他①のイからニに掲げる特殊の関係がある者が含まれておらず、かつ、これらの者がその法人の財産の運用及び事業の運営に関して私的に支配している事実がなく、将来も私的に支配する可能性がないと認められる場合には、①の要件を満たさないときであっても、②から④までの要件を満たしているときは、「相続税又は贈与税の負担が不当に減少する結果となると認められるとき」に該当しないものとして取り扱われます（昭和39年個別通達14(1)ただし書）。

①　その運営組織が適正であるとともに、その寄附行為、定款又は規則において、その役員等のうち親族関係を有する者及びこれらと次に掲げる特殊の関係がある者（②において「親族等」といいます。）の数がそれぞれの役員等の数のうちに占める割合は、いずれも3

分の1以下とする旨の定めがあること。
- イ 当該親族関係を有する役員等と婚姻の届出をしていないが事実上婚姻関係と同様の事情にある者
- ロ 当該親族関係を有する役員等の使用人及び使用人以外の者で当該役員等から受ける金銭その他の財産によって生計を維持しているもの
- ハ イ又はロに掲げる者の親族でこれらの者と生計を一にしているもの
- ニ 当該親族関係を有する役員等及びイからハまでに掲げる者のほか、次に掲げる法人の法人税法第2条第15号に規定する役員（以下「会社役員」といいます。）又は使用人である者
  - (イ) 当該親族関係を有する役員等が会社役員となっている他の法人
  - (ロ) 当該親族関係を有する役員等及びイからハまでに掲げる者並びにこれらの者と法人税法第2条第10号に規定する政令で定める特殊の関係のある法人を判定の基礎にした場合に同号に規定する同族会社に該当する他の法人

② 当該法人に財産の贈与若しくは遺贈をした者、当該法人の設立者、社員若しくは役員等又はこれらの者の親族等（以下「贈与者等」といいます。）に対し、施設の利用、余裕金の運用、解散した場合における財産の帰属、金銭の貸付け、資産の譲渡、給与の支給、役員等の選任その他財産の運用及び事業の運営に関して特別の利益を与えないこと。

③ その寄附行為、定款又は規則において、当該法人が解散した場合にその残余財産が国若しくは地方公共団体又は公益社団法人若しくは公益財団法人その他の公益を目的とする事業を行う法人（持分の定めのないものに限る。）に帰属する旨の定めがあること。

④ 当該法人につき法令に違反する事実、その帳簿書類に取引の全部又は一部を隠蔽し、又は仮装して記録又は記載をしている事実その他公益に反する事実がないこと。

(2) 贈与又は遺贈により財産を取得した一般社団法人等が、次に掲げる要件のいずれかを満たさないときは、相続税又は贈与税の負担が不当に減少する結果となると認められるものとされます（相令33④）。

　また、次に掲げる要件のすべてを満たす場合であっても、上記(1)に掲げる要件を満たしていない場合には、相続税又は贈与税の負担が不当に減少する結果となると認められるものとして取り扱われます（昭和39年個別通達14(2)）。

① 当該遺贈の時におけるその定款において上記(1)①の定め及び③の定めがあること。

② 当該遺贈前3年以内に当該一般社団法人等に係る贈与者等に対し、施設の利用、余裕金の運用、解散した場合における財産の帰属、金銭の貸付け、資産の譲渡、給与の支給、役員等の選任その他財産の運用及び事業の運営に関する特別の利益（以下「特別利益」といいます。）を与えたことがなく、かつ、当該贈与又は遺贈の時におけるその定款において当該贈与者等に対し特別利益を与える旨の定めがないこと。

③ 当該遺贈前3年以内に国税又は地方税について重加算税又は重加算金を課されたことがないこと。

(3) 相続税等の不当減少の判定の時期
① 相続税法第66条第4項の規定を適用すべきかどうかの判定は、相続税法施行令第33条第4項の規定に該当するかどうかの判定を除き、遺贈等の時を基準としてその後に生じた事実関係をも勘案して行います。ただし、遺贈等により財産を取得した法人が、財産を取得した時には同条第3項各号に掲げる要件を満たしていない場合においても、当該財産に係る相続税等の申告書の提出期限又は更正若しくは決定の時までに、当該法人の組織、定款、寄附行為又は規則を変更すること等により同項各号に掲げる要件を満たすこととなったときは、当該遺贈等については相続税法第66条第4項の規定を適用しないこととして取り扱われます（昭和39年個別通達17）。
② 一般社団法人等について相続税法施行令第33条第4項の規定の適用の判定を行う場合には、次によることとなります（昭和39年個別通達17の2）。
　イ 同項第1号又は第2号の要件は、一般社団法人等への贈与等の時における当該一般社団法人等の定款の定めに基づき判定しますので、その遺贈等の後にこれらの要件を満たすものに定款の定めを変更したとしても、同項の規定により、当該遺贈等については相続税法第66条第4項の規定が適用されます。
　ロ 遺贈等を受けた一般社団法人等が相続税法施行令第33条第3項第2号に規定する遺贈者等に対し同条第4項第2号に規定する特別利益を与えたかどうかの判定は昭和39年個別通達16の(2)に、当該一般社団法人等の定款において当該贈与者等に対し特別利益を与える旨の定めがないかどうかの判定は昭和39年個別通達16の(1)に、それぞれ準じて行います。

■ 社会一般の寄附金程度の贈与等についての不適用

上記❷に掲げる要件を満たしていないと認められる法人に対して財産の遺贈等があった場合においても、その財産の多寡等からみて、それが社会一般においてされている寄附と同程度のものであると認められるときは、相続税法第66条第4項の規定を適用しないものとして取り扱われます（昭和39年個別通達18）。

■ その運営組織が適正であるかどうかの判定

「その運営組織が適正である」かどうかの判定は、財産の遺贈等を受けた法人について、次に掲げる事実が認められるかどうかにより行われます（昭和39年個別通達15）。
(1) 法人の態様に応じ、定款、寄附行為又は規則（これらに準ずるものを含みます。）において、昭和39年個別通達15(1)に掲げる事項が定められていること。
(2) 遺贈等を受けた法人の事業の運営及び役員等の選任等が、法令及び定款、寄附行為又は規則に基づき適正に行われていること。
　（注） 他の一の法人（当該他の一の法人と法人税法施行令第4条《同族関係者の範囲》第2項に定める特殊の関係がある法人を含みます。）又は団体の役員及び職員の数が当該法人のそれぞれの役員等のうちに占める割合が3分の1を超えている場合には、当該法人の役員等の選任は、適正に行われていないものとして取り扱われます。

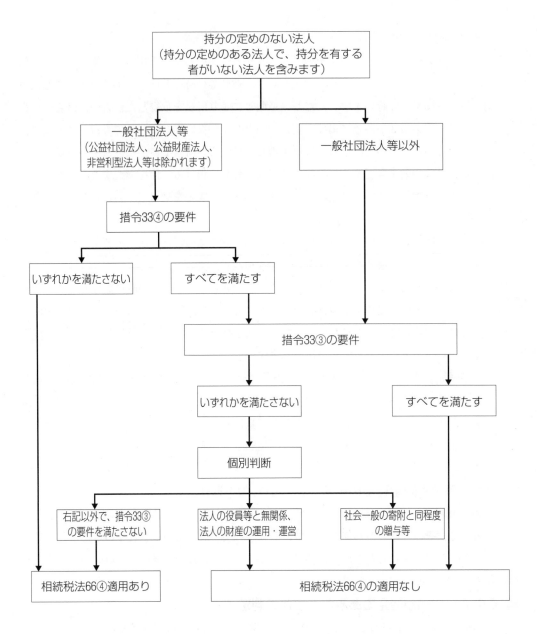

(3) 遺贈等を受けた法人が行う事業が、原則として、その事業の内容に応じ、その事業を行う地域又は分野において社会的存在として認識される程度の規模を有していること。この場合において、例えば、次の①から⑩までに掲げる事業がその法人の主たる目的として営まれているときは、当該事業は、社会的存在として認識される程度の規模を有しているものとして取り扱われます。

① 学校教育法第1条に規定する学校を設置運営する事業
② 社会福祉法第2条第2項各号及び第3項各号に規定する事業
③ 更生保護事業法第2条第1項に規定する更生保護事業

④ 宗教の普及その他教化育成に寄与することとなる事業

⑤ 博物館法第2条《定義》第1項に規定する博物館を設置運営する事業

(注) 上記の博物館は、博物館法第10条《登録》の規定による博物館としての登録を受けたものに限られます。

⑥ 図書館法第2条《定義》第1項に規定する図書館を設置運営する事業

⑦ 30人以上の学生等に対して学資の支給若しくは貸与をし、又はこれらの者の修学を援助するため寄宿舎を設置運営する事業（学資の支給若しくは貸与の対象となる者又は寄宿舎の貸与の対象となる者が都道府県の範囲よりも狭い一定の地域内に住所を有する学生等若しくは当該一定の地域内に所在する学校の学生等に限定されているものを除きます。）

⑧ 科学技術その他の学術に関する研究を行うための施設（以下「研究施設」といいます。）を設置運営する事業又は当該学術に関する研究を行う者（以下「研究者」といいます。）に対して助成金を支給する事業（助成金の支給の対象となる者が都道府県の範囲よりも狭い一定の地域内に住所を有する研究者又は当該一定の地域内に所在する研究施設の研究者に限定されているものを除きます。）

⑨ 学校教育法第124条（専修学校）に規定する専修学校又は同法第134条第1項（各種学校）に規定する各種学校を設置運営する事業で、次に掲げる要件を満たすもの
　イ 同時に授業を受ける生徒定数は、原則として80人以上であること。
　ロ 法人税法施行規則第7条《学校において行う技芸の教授のうち収益事業に該当しないものの範囲》第1号及び第2号に定める要件

⑩ 医療法第1条の2第2項に規定する医療提供施設を設置運営する事業を営む法人で、その事業が次のイ及びロの要件又はハの要件を満たすもの
　イ 医療法施行規則第30条の35の3《社会医療法人の認定要件》第1項第1号ニ及び第2号に定める要件
　ロ その開設する医療提供施設のうち1以上のものが、その所在地の都道府県が定める医療法第30条の4第1項に規定する医療計画において同条第2項第2号に規定する医療連携体制に係る医療提供施設として記載及び公示されていること。
　ハ その法人が租税特別措置法施行令第39条の25第1項第1号（法人税率の特例の適用を受ける医療法人の要件等）に規定する厚生労働大臣が財務大臣と協議して定める基準を満たすもの

■ 特別の利益を与えること

「特別の利益を与えること」とは、具体的には、例えば、次の(1)又は(2)に該当すると認められる場合がこれに該当するものとして取り扱われます（昭和39年個別通達16）。

(1) 遺贈等を受けた法人の定款、寄附行為若しくは規則又は遺言贈与契約書等において、次に掲げる者に対して、当該法人の財産を無償で利用させ、又は与えるなどの特別の利益を与える旨の記載がある場合
　① 贈与等をした者

② 当該法人の設立者、社員若しくは役員等
③ 遺贈等をした者、当該法人の設立者、社員若しくは役員等（以下この項において「遺贈等をした者等」といいます。）の親族
④ 遺贈等をした者等と次に掲げる特殊の関係がある者（次の(2)において「特殊の関係がある者」といいます。）
　イ　遺贈等をした者等とまだ婚姻の届出をしていないが事実上婚姻関係と同様の事情にある者
　ロ　遺贈等をした者等の使用人及び使用人以外の者で贈与等をした者等から受ける金銭その他の財産によって生計を維持しているもの
　ハ　上記イ又はロに掲げる者の親族でこれらの者と生計を一にしているもの
　ニ　遺贈等をした者等が会社役員となっている他の会社
　ホ　遺贈等をした者等、その親族、上記イからハまでに掲げる者並びにこれらの者と法人税法第2条第10号に規定する政令で定める特殊の関係のある法人を判定の基礎とした場合に同号に規定する同族会社に該当する他の法人
　ヘ　上記ニ又はホに掲げる法人の会社役員又は使用人

(2) 遺贈等を受けた法人が、贈与等をした者等又はその親族その他特殊の関係がある者に対して、次に掲げるいずれかの行為をし、又は行為をすると認められる場合
① 当該法人の所有する財産をこれらの者に居住、担保その他の私事に利用させること。
② 当該法人の余裕金をこれらの者の行う事業に運用していること。
③ 当該法人の他の従業員に比し有利な条件で、これらの者に金銭の貸付けをすること。
④ 当該法人の所有する財産をこれらの者に無償又は著しく低い価額の対価で譲渡すること。
⑤ これらの者から金銭その他の財産を過大な利息又は賃貸料で借り受けること。
⑥ これらの者からその所有する財産を過大な対価で譲り受けること、又はこれらの者から当該法人の事業目的の用に供するとは認められない財産を取得すること。
⑦ これらの者に対して、当該法人の役員等の地位にあることのみに基づき給与等を支払い、又は当該法人の他の従業員に比し過大な給与等を支払うこと。
⑧ これらの者の債務に関して、保証、弁済、免除又は引受け（当該法人の設立のための財産の提供に伴う債務の引受けを除きます。）をすること。
⑨ 契約金額が少額なものを除き、入札等公正な方法によらないで、これらの者が行う物品の販売、工事請負、役務提供、物品の賃貸その他の事業に係る契約の相手方となること。
⑩ 事業の遂行により供与する利益を主として、又は不公正な方法で、これらの者に与えること。

第4節 特定一般社団法人等に対する課税

制度の概要

　一般社団法人等の理事である者（当該一般社団法人等の理事でなくなった日から5年を経過していない者を含みます。）が死亡した場合において、その一般社団法人等が特定一般社団法人等に該当するときは、当該特定一般社団法人等はその死亡した者（以下、本節において「被相続人」といいます。）の相続開始の時における当該特定一般社団法人等の純資産額をその時における当該特定一般社団法人等の同族理事の数に1を加えた数で除して計算した金額に相当する金額を被相続人から遺贈により取得したものとみなし、その特定一般社団法人等を個人とみなして、その特定一般社団法人等に相続税を課すこととされています（相法66の2①）。
　この場合、当該特定一般社団法人等の住所は、その法人の主たる事務所の所在地にあるものとされます（相法66の2④）。

■ 一般社団法人等

　本節において、「一般社団法人等」とは、一般社団法人又は一般財団法人をいいます。ただし、被相続人の相続開始の時において次に掲げる法人に該当するものは除かれます。

① 公益社団法人又は公益財団法人
② 法人税法第2条第9号の2に規定する非営利型法人
③ 資産の流動化に関する法律第2条第3項に規定する特定目的会社又は専ら資産流動化（一連の行為として、有価証券の発行又は資金の借入れにより得られる金銭をもって資産を取得し、当該資産の管理及び処分により得られる金銭をもって、当該有価証券又は資金の借入れに係る債務の履行を行う行為をいいます。④において同じです。）を行うことを目的とする会社（外国会社を含みます。）であって、次に掲げる要件を満たすものを、一般社団法人及び一般財団法人に関する法律第2条第4号に規定する子法人として保有することを専ら目的とする一般社団法人又は一般財団法人であって、特定目的会社又は上記の会社の発行済株式又は出資（剰余金の配当若しくは利益の配当又は残余財産の分配について優先的内容を有するものを除きます。）の全部を保有し、かつ、当該発行済株式又は出資以外の資産を保有していないもの
　イ　資産流動化に係る業務及びその附帯業務を現に行っていること
　ロ　資産流動化に係る業務として取得した資産以外の資産（当該資産流動化に係る業務及びその附帯業務を行うために必要と認められる資産並びにこれらの業務に係る業務上の余裕金を除きます。）を保有していないこと
　ハ　当該有価証券の発行に際して金融商品取引法第2条第3項（定義）に規定する取得勧誘を行っていること
④ 専ら資産流動化を行うことを目的とする一般社団法人又は一般財団法人であって、上記

③ イからハに掲げる要件を満たすもの

■ 特定一般社団法人等

　特定一般社団法人等とは、一般社団法人等であって次に掲げる要件のいずれかを満たすものをいいます（相法66の2②三）。

① 被相続人の相続開始の直前における当該被相続人に係る同族理事の数の理事の総数のうちに占める割合が2分の1を超えること
② 被相続人の相続の開始前5年以内において当該被相続人に係る同族理事の数の理事の総数のうちに占める割合が2分の1を超える期間の合計が3年以上であること

　なお、上記①及び②の「同族理事」とは、一般社団法人等の理事のうち、被相続人又は被相続人と次で定める特殊の関係のある者をいいます（相令34③）。

イ　被相続人の配偶者
ロ　被相続人の三親等内の親族
ハ　被相続人と婚姻の届出をしていないが事実上婚姻関係と同様の事情にある者
ニ　被相続人の使用人及び使用人以外の者で当該被相続人から受ける金銭その他の財産によって生計を維持しているもの
ホ　ハ及びニに掲げる者と生計を一にしているこれらの者の配偶者又は三親等内の親族
ヘ　イからホに掲げる者のほか、次に掲げる法人の会社役員又は使用人である者
　(イ)　被相続人が会社役員となっている他の法人
　(ロ)　被相続人及び前各号に掲げる者並びにこれらの者と法人税法第2条《定義》第10号に規定する政令で定める特殊の関係のある法人を判定の基礎にした場合に同号に規定する同族会社に該当する他の法人

2　特定一般社団法人等の純資産額

　特定一般社団法人等に対する課税の基となる当該特定一般社団法人等の純資産額は、次のとおりその特定一般社団法人等が有する財産の価額の合計額からその有する債務の価額の合計額を控除して求めます。

| 特定一般社団法人等の純資産額 | = | 被相続人の相続開始の時において特定一般社団法人等が有する財産（信託の受託者として有するもの及び当該被相続人から遺贈により取得したものを除く。）の価額の合計額
（注）各財産の価額は、被相続人の相続開始の時における時価（地上権（相続税法第23条に規定する地上権をいう。）、永小作権又は定期金給付契約に関する権利にあっては、同条から第25条の規定に準じて評価した金額）による。 | − | 次に掲げる金額の合計額
① 特定一般社団法人等が有する債務であって被相続人の相続開始の際現に存するもの（確実と認められるものに限るものとし、信託の受託者として有するものを除く。）の金額
② 特定一般社団法人等に課される国税又は地方税であって被相続人の相続の開始以前に納税義務が成立したもの（当該相続の開始以前に納付すべき税額が確定したもの及び当該被相続人の死亡につき課される相続税を除く。）の額
③ 被相続人の死亡により支給する退職手当金等
④ 被相続人の相続開始の時における一般社団法人及び一般財団法人に関する法律第131条に規定する基金の額
（注）債務の金額は、相続開始の時の現況による。 |

❸ 特定一般社団法人等に相続税が課される場合の相続税の計算

(1) 一般社団法人等が特定一般社団法人等に該当する場合には、被相続人の相続開始により、次の金額を被相続人から遺贈により取得したものとみなして、相続税が課されます。

$$\text{みなし遺贈財産の額} = \frac{\text{特定一般社団法人等の純資産額}}{\text{同族理事の人数} + 1}$$

（注）上記算式の「同族理事の人数」は、一般社団法人等の被相続人に係る相続開始直後における相続税法第66条の2第2項第2号に規定する同族理事の数によります。この場合、被相続人と同時に死亡した者があるときにおいて、その死亡した者が次の①又は②に掲げる者に該当するときは、その死亡した者の数は、同族理事の数に加算します（相基通66の2−2（注））。
① その死亡の直前において当該特定一般社団法人等の同族理事である者
② 当該特定一般社団法人等の同族理事でなくなった日から5年を経過していない者であって当該被相続人と相続税法施行令第34条第3項に規定する特殊の関係のあるもの

(2) 特定一般社団法人が、被相続人から相続開始前7年以内（注）に贈与により取得した財産がある場合であっても、相続税の課税価格に加算する必要はありません（相法66の2⑤）。
（注）令和12年12月31日までに開始した相続税については、経過措置が設けられています。

(3) 相続税法第66条の2第1項の規定により個人とみなされた特定一般社団法人等が、同項の規定により被相続人から遺贈により取得したとみなされた財産については、相続税法第66条第4項の規定は適用されません（措令34⑨）。

また、相続税法第66条の2第1項の規定により個人とみなされた特定一般社団法人等が本

来の遺贈により取得した財産について、相続税法第66条第4項の規定が適用されない場合には、当該遺贈により取得した財産の価額については、当該特定一般社団法人等の相続税の課税価格には算入しません（措令34⑪）。

(4) 過去にその特定一般社団法人等に対して、相続税法第66条第4項の規定により贈与税又は相続税が課された場合には、相続税法第66条の2第1項の規定により当該特定一般社団法人等に課される相続税額の計算上、これらの贈与税又は相続税の税額を控除します（相法66の2③）。なお、控除される贈与税については、相続税法第66条第1項の被相続人からの贈与に係るものに限られません。

第5節 同族会社等の行為又は計算の否認等

同族会社等の行為又は計算の否認

同族会社等の行為又は計算で、これを容認した場合においてはその株主若しくは社員又はその親族その他これらの者と政令で定める特別の関係がある者の相続税又は贈与税の負担を不当に減少させる結果となると認められるものがあるときは、税務署長は、相続税又は贈与税についての更正又は決定に際し、その行為又は計算にかかわらず、その認めるところにより、課税価格を計算することができることとされています（相法64①）。

同族会社等の行為又は計算の否認の対象となる「同族会社等」とは、法人税法第2条《定義》第10号に規定する同族会社又は所得税法第157条第1項第2号に掲げる法人をいいます。

なお、同族会社等の行為又は計算につき法人税法第132条《同族会社等の行為又は計算の否認》第1項若しくは所得税法第157条《同族会社等の行為又は計算の否認等》第1項又は地価税法第32条《同族会社等の行為又は計算の否認等》第1項の規定の適用があった場合における当該同族会社等の株主若しくは社員又はその親族その他これらの者と特別の関係がある者の相続税又は贈与税についても、その行為又は計算にかかわらず、税務署長の認めるところにより、課税価格を計算することができることとされています（相法64②）。

この規定により、法人税、所得税及び地価税の課税と相続税及び贈与税の課税の調整が可能となります。

合併等があった場合の行為又は計算の否認

合併、分割、現物出資若しくは法人税法第2条第12号の5の2に規定する現物分配若しくは同条第12号の16に規定する株式交換等若しくは株式移転（以下、本節において「合併等」といいます。）をした法人又は合併等により資産及び負債の移転を受けた法人（当該合併等により交付された株式又は出資を発行した法人を含みます。）の行為又は計算で、これを容認した場

合においては当該合併等をした法人若しくは当該合併等により資産及び負債の移転を受けた法人の株主若しくは社員又はこれらの者と政令で定める特別の関係がある者の相続税又は贈与税の負担を不当に減少させる結果となると認められるものがあるときは、税務署長は、相続税又は贈与税についての更正又は決定に際し、その行為又は計算にかかわらず、その認めるところにより、課税価格を計算することができることとされています（相法64②）。

裁判例　同族会社の行為計算否認規定の適用が認められなかった事例

浦和地裁昭和56年2月25日判決（一部認容）（控訴）

　相続税法第64条第1項にいう「同族会社の行為」とは、その文理上、自己あるいは第三者に対する関係において法律的効果を伴うところのその同族会社が行なう行為を指すものと解するのが当然であり、同族会社以外の者が行なう単独行為は、その第三者が同族会社との間に行なう契約や合同行為とは異つて、同族会社の法律行為が介在する余地のないものである以上、「同族会社の行為」とは相容れない概念であるといわざるをえないから、被相続人が同族会社であるＡ社に対して有する貸金等の債権合計2248万7008円を免除した行為は同条第1項の否認の対象には当たらない。

裁判例　同族会社の行為計算否認規定の適用が認められた事例

大阪地裁平成12年5月12日判決（棄却）（控訴）

　法人税法上の同族会社に該当するＡ有限会社を平成3年6月14日に設立し、同日、被相続人である出資者の父親（当時83歳で同年6月20日死亡）所有の宅地等に地代年額3684万円、存続期間60年の地上権を設定する契約を締結し、同地上に自走式2階建の駐車場を建設し、同年9月1日から駐車場経営を開始したケースにおいて、駐車場経営という利用目的に照らすと、本件宅地等の使用権原を賃借権ではなく、極めて強固な利用権である地上権が設定されたことは極めて不自然であることや、本件地上権の内容も、営業収益と比較して余りにも高額に設定された地代の支払のためにＡ社が大幅な営業損失を生じている点及び被相続人の年齢を考えると、経済合理性をまったく無視したものであるといわざるを得ないことに徴するならば、本件地上権設定契約は、通常の経済人であれば到底採らないであろうと考えられるような不自然、不合理な取引であるということができ、また、本件地上権の存在を前提とした場合、本件宅地等は、自用地の価額からその90パーセント相当額を控除したものとして評価されることになるため、原告らの相続税の負担を大幅に減少させる結果となることが明らかであるから、税務署長が相続税法64条1項によって地上権設定の行為を否認し、通常の賃借権の設定があったものとしてその土地の相続税の課税価格を認定したことが相当である。

第Ⅱ部 贈与税

第1章 贈与税の課税原因

　贈与税は、贈与により財産を取得した者に課税されます。
　ただし、相続税法又は租税特別措置法の規定により、財産を贈与により取得したものとみなされて贈与税が課税される場合があります。

第1節 贈与

　贈与税の課税原因である贈与とは、当事者の一方が自己の財産を無償で相手方に与える意思を表示し、相手方が受諾をすることによって、その効力を生ずる契約をいいます（民法549）。
　贈与は、財産権の無償移転という点で相続や遺贈に類似しますが、相続や遺贈が被相続人（遺言者）の死亡という事実の発生によってその効力が生ずるのに対し、贈与は、当事者間の契約によりその効力が生ずる点に違いがあります。そのため、贈与税の課税においては、贈与契約の効力の発生時期がいつになるのかが重要となります。
　贈与は書面によることを要しませんが、書面によらない贈与は、すでに履行した部分を除き、各当事者は、いつでもその契約を撤回することができることとされています（民法550）。また、夫婦間の契約は、第三者の権利を害さない限り、婚姻中であればいつでも夫婦の一方から取り消すことができる点にも留意する必要があります（民法754）。
　民法は、特殊な贈与の形態として、定期贈与、負担付贈与、死因贈与（民法554）を定めています。定期贈与とは、毎月又は毎年一定の金銭又は物を贈与（給付）するというように、定期的に債務を履行する贈与であって、当事者の一方が死亡したときにその効力を失うこととされています（民法552）。負担付贈与とは、受贈者に一定の負担（例えば、不動産を贈与する代わりに、その不動産購入時のローンを負担させるなど）を負わせる贈与契約です（民法553）。贈与税の課税においては、負担付贈与により財産を取得した場合については、特別の取扱いが適用されることがありますので、注意を要する必要があります（負担付贈与通達など）。
　なお、死因贈与（贈与者の死亡により効力を生じる贈与をいいます（民法554）。）による財産の取得については、相続税の課税原因とされており、贈与税の課税原因からは除かれています

（相法1の3①一、五）。

第2節 贈与により財産を取得したものとみなされる場合

　贈与契約以外の原因によって財産を取得し、又は経済的利益を受けた場合であっても、一定の場合には贈与により財産を取得し、又は経済的利益を贈与により得たものとみなして贈与税の課税対象とされます。また、一定の場合に一定の財産の価額を贈与税の課税価格に含めるとする規定が設けられています。その詳細については、第3章を参照してください。

◆贈与により財産を取得したものとみなされる場合等◆

	課税原因	内　　容
①	生命保険金等	生命保険契約の保険事故又は損害保険契約の保険事故で一定のものが発生し、保険金を取得した場合において、保険金受取人以外の者が保険料を負担していたとき（相法5①）
②	定期金	定期金給付契約の定期金給付事由が発生した場合において、定期金受取人以外の者が掛金を負担していたとき（相法6①）
③	低額譲受けによる利益	著しく低い価額の対価で財産の譲渡を受けたとき（相法7）
④	債務免除等による利益	対価を支払わないで、又は著しく低い価額の対価で、債務の免除、引受け又は第三者のためにする債務の弁済による利益を受けたとき（相法8）
⑤	その他の経済的利益	対価を支払わないで、又は著しく低い価額の対価で、利益を受けたとき（上記に該当するものを除きます。）（相法9）
⑥	信託受益権等	信託の効力が生じた場合において、適正な対価を負担せずに当該信託の受益者等となったときなど（相法9の2～9の5）
⑦	特別の法人から受ける特別の利益	持分の定めのない法人に財産の贈与があり、一定の者がその財産の贈与によりその法人から利益を受ける場合（その受ける利益の価額に相当する金額をその贈与者から贈与により取得したものとみなされます（相法15①）。）
⑧	直系尊属からの教育資金等の贈与があった場合	一定の事由により教育資金管理契約が終了した場合において、当該教育資金管理契約に係る非課税拠出額から教育資金支出額を控除した残額があるとき（措法70の2の2⑰）
⑨	直系尊属からの結婚・子育て資金の贈与があった場合の特例	一定の事由により結婚・子育て資金管理契約が終了した場合において、当該結婚・子育て資金管理契約に係る非課税拠出額から結婚・子育て資金支出額を控除した残額があるとき（措法70の2の3⑭）

（注）⑧及び⑨については、各残額を各契約の終了の日の属する年分の贈与税の課税価格に算入します。

第3節 財産の取得時期

　贈与による財産取得の時期は、納税義務成立の時期（通法15②五）、居住無制限納税義務者、非居住無制限納税義務者又は制限納税義務者であるかの判別（相法1の4）、財産の評価時点（相法22）、贈与税の課税価格の計算（相法21の2）、相続税の課税価格に加算される生前贈与の判定（相法19①）、申告書の提出期限（相法28）等の判定の基準となります。

 一般的な財産の取得の時期

(1) 書面による贈与

　書面による財産の贈与については、贈与契約の効力の発生した時に、当該財産を取得したものとして取り扱われます（相基通1の3・1の4共－8(2)）。

(2) 書面によらない贈与

　書面によらない財産の贈与（口頭による贈与）については、贈与の履行があった時に贈与があったものとして取り扱われます（相基通1の3・1の4共－8(2)）。

　書面によらない贈与による財産の取得時期をその贈与の履行の時としているのは、書面によらない贈与（口頭による贈与）は履行が終わるまではいつでも撤回することができ、履行前の受贈者の地位は極めて不安定なものであるため、その贈与が確定的になる履行の時によるものとして取り扱われることとされたものです。

■ 登記又は登録の目的となる財産の贈与

　所有権等の移転の登記又は登録の目的となる財産について上記(1)又は(2)により贈与の時期を判定する場合において、その贈与の時期が明確でないときは、特に反証のない限りその登記又は登録があった時に贈与があったものとして取り扱われます（相基通1の3・1の4共－11）。

　ただし、鉱業権の贈与については、鉱業原簿に登録した日に贈与があったものとして取り扱うこととされています（相基通1の3・1の4共－11ただし書き）。

 特殊な場合の財産取得の時期

(1) 停止条件付の贈与

　停止条件付の贈与の財産取得の時期は、その停止条件が成就した時になります（相基通1の3・1の4共－9(2)）。

(2) 農地等の贈与

　農地法第3条第1項若しくは第5条第1項本文の規定による許可を受けなければならない農地若しくは採草放牧地（以下「農地等」といいます。）の贈与又は同項第7号の規定による届出をしてする農地等の贈与に係る取得の時期は、当該許可があった日又は当該届出の効力が生じた日後に贈与があったと認められる場合を除き、当該許可があった日又は当該届出の効力が生じた日によるものとなります（相基通1の3・1の4共－10）。

裁判例　贈与契約の効力発生時期と所有権移転時期

東京地裁昭和57年10月14日判決（棄却）（控訴）、東京高裁昭和59年3月28日判決（控訴棄却）（確定）

　贈与税の納税義務の成立時期である財産取得の時とは、不動産の贈与についていえば、原則として、所有権移転の時をいうと解される。相続税法基本通達6条1項（相基通1の3・1の4共－8）が「財産取得の時期は、……贈与の場合にあっては、書面によるものについてはその契約の効力の発生した時」によるものと定めているところ、この通達も、贈与契約の効力発生と同時に所有権等の移転の効果が原則として発生するとの見解に立ち、契約の効力の発生した時をもって財産取得の時期とすると定めたものであって、結局は、所有権等の移転の効力が発生した時をもって贈与による財産取得の時期として取り扱う趣旨と解される。

　したがって、不動産の贈与契約が締結されても、将来において目的物の所有権を移転することを特に定めた契約や、目的物の特定を欠く契約の場合には、契約の効力発生の時に所有権の移転があったものとはいうことができないから、かかる場合には現実の所有権移転又は目的物の特定があった時に財産の取得があったものというべきである。

裁判例　公正証書による贈与契約

名古屋地裁平成10年9月11日判決（棄却）（控訴）、名古屋高裁平成10年12月25日判決（控訴棄却）（上告）、最高裁平成11年6月24日判決（上告棄却）（確定）

　本件公正証書は、本件不動産をXに贈与しても、Xの贈与税の負担がかからないようにするためにのみ作成されたのであって、甲に本件公正証書の記載どおりに本件不動産を贈与する意思はなかったものと認められる。他方、Xは、本件公正証書は、将来、本件不動産をXに贈与することを明らかにした文書にすぎないという程度の認識しか有しておらず、本件公正証書作成時に本件不動産の贈与を受けたという認識は有していなかったものと認められる。よって、本件公正証書によって、甲からXに対する書面による贈与がなされたものとは認められない。

そして、書面によらない贈与の場合にはその履行の時に贈与による財産取得があったとみるべきであり、不動産が贈与された場合には、不動産の引渡し又は所有権移転登記がなされたときにその履行があったと解され、登記手続がなされた時点でXは、本件不動産を贈与に基づき取得したとみるべきである。

裁判例　書面によらない贈与

那覇地裁平成7年9月27日判決（請求認容）（確定）

　書面によらない贈与は、その履行が終わるまでは各当事者においていつでもこれを取り消すことができ（民法550条）、受贈者の地位は履行の終わるまでは不確定なものといわざるを得ず、贈与税の納税義務の成立時期を意思表示の合致の時（同法549条）とすると、いつ贈与契約が取り消されるかも知れず、いまだ確実な担税力を備えているとはいえない法律関係について課税が強制される結果になるという不合理があり、また、外形的に贈与の事実が把握し難いため、贈与税が有する相続税の補完的機能（相続税の回避を封じる）という性格が没却されかねないという不都合が生ずることになる。これらの点を考慮すれば、贈与税における財産の取得時期を、書面によらない贈与についてはその履行の時とし、贈与の時期が明確でないときは、特に反証のない限りその登記又は登録があった時に贈与があったものとして取り扱うとする基本通達1の3・1の4共-8(2)（財産取得の時期の原則）及び1の3・1の4共-11（財産取得の時期の特例）の規定は、十分合理性があるというべきである。

裁判例　農地の所有権移転時期

金沢地裁昭和39年12月18日判決（棄却）（控訴）、名古屋高裁金沢支部昭和41年5月11日判決（控訴棄却）（確定）

　原告は、農地については県知事の許可を得たのみで所有権移転登記がなされていないから課税の対象にならないと主張するが、名義のいかんを問わず収益を享受する者に対して課税するのが租税法における実質主義の原則であるから（所得税法12条参照）、県知事による原告への所有権移転登記の許可を受けている以上、実質的には原告に所有権が移転し、原告が収益を享受している者であるとみるのが相当である。

裁判例　株式の贈与の時期

東京地裁昭和55年5月20日判決（棄却）（控訴）、東京高裁昭和56年8月27日判決（控訴棄却）（上告）、最高裁昭和60年3月11日判決（上告棄却）（確定）

　書面によらない贈与の場合には、相続税法第19条の規定により相続財産に加算すべき贈与に当た

か否かは、履行終了の時が3年以内か否かによって決すべきものであり、特段の事情の主張立証のない本件においては、贈与に係る株式の名義書換日に贈与の履行が終了したと認めるのが相当である。

第 4 節 贈与の認定

1 形式的な贈与の認定

　贈与税の課税原因である贈与による財産の取得があったかのかどうかについては、事実関係を確認し、実態に即した判断をする必要があります。しかしながら、贈与による財産の移転は、夫婦間、親子間等の親族間など特別の関係のある者の間で行われることが多く、その事実認定も困難な場合が多いといえます。

　そこで、一般的には、財産は名義人がその真実の所有者であり、つまり、外観と実質が一致するのが通常であることを踏まえ、不動産、株式等の名義の変更があった場合において対価の授受が行われていないとき又は他の者の名義で新たに不動産、株式等を取得した場合には、これらの行為は原則として贈与として取り扱われることとされています（相基通9－9）。

2 財産の名義変更等があった場合の実務

　財産の名義変更又は他人名義による財産の取得が行われた場合においても、それが贈与の意思に基づくものでなく、他のやむを得ない理由に基づいて行われ、又はこれらの行為が当事者の錯誤に基づいて行われたなどのときに、形式的に上記の取扱いにより贈与税を課税することは適当ではありません。

　そこで、昭和39年5月23日付直審（資）22、直資68「名義変更等が行われた後にその取消し等があった場合の贈与税の取扱いについて」通達により、財産の名義変更又は他人名義による財産の取得があった場合においてこれらの行為が贈与の意思に基づかず又は錯誤により行われたかどうかの判断についての取扱い並びに贈与契約の取消し等があった場合の取扱いが定められています。

(1) 他人名義により不動産、船舶等を取得した場合で贈与としない場合

　他人名義により、不動産、船舶又は自動車の取得、建築又は建造の登記又は登録をしたため、贈与があったとされるときにおいても、その名義人となった者について次の①及び②の事実が認められるときは、これらの財産に係る最初の贈与税の申告若しくは決定又は更正（これらの財産の価額がその計算の基礎に算入されている課税価格又は税額の更正を除きます。）の日前

にこれらの財産の名義を取得又は建築若しくは建造した者（以下「取得者等」といいます。）の名義としたときに限り、これらの財産については、贈与がなかったものとして取り扱われます（名義変更通達1）。

① これらの財産の名義人となった者（その者が未成年者である場合には、その法定代理人を含みます。）がその名義人となっている事実を知らなかったこと（その知らないことが名義人となった者が外国旅行中であったこと又はその登記済証若しくは登録済証を保有していないこと等当時の情況等から確認できる場合に限ります。）

② 名義人となった者がこれらの財産を使用収益していないこと

なお、贈与税の申告若しくは決定又は更正の日前に、取得者等が死亡したためその相続人の名義としたときにおいても、上記の取扱いの適用があるものとして取り扱われます。この場合において、当該財産の価額は、当該相続人の相続税の課税価格計算の基礎に算入することとなります（名義変更通達運用通達1）。

(2) 他人名義により有価証券を取得した場合で贈与としない場合

他人名義による有価証券の取得の株主名簿への登載等をしたため贈与があったとされるときにおいても、名義人となった者について、次の①及び②の事実が認められるときは、当該有価証券に係る最初の贈与税の申告若しくは決定又は更正（当該有価証券の価額がその計算の基礎に算入されている課税価格又は税額の更正を除きます。）の日前に当該有価証券の名義をその取得者の名義としたときに限り、当該有価証券については、贈与がなかったものとして取り扱われます（名義変更通達2）。

① 上記(1)の①の事実

② 名義人となった者がその有価証券を管理運用し、又はその収益を享受していないこと

なお、贈与税の申告若しくは決定又は更正の日前に、取得者が死亡したためその相続人の名義としたときにおいても、上記の取扱いの適用があるものとして取り扱われます。この場合において、当該財産の価額は、当該相続人の相続税の課税価格計算の基礎に算入することとなります（名義変更通達運用通達1）。

(3) 他人名義により取得した財産の処分代金等を取得者の名義とした場合の取扱い

上記(1)の①及び②又は(2)の①及び②の場合に該当する場合において、他人名義により取得、建築又は建造の登記、登録又は登載等をした不動産、船舶、自動車又は有価証券がこれらの財産に係る最初の贈与税の申告若しくは決定又は更正（これらの財産の価額がその計算の基礎に算入されている課税価格又は税額の更正を除きます。）の日前に災害等により滅失し、又は処分されたこと等のため、これらの財産の名義を取得者等の名義とすることができないときは、当該取得者等がその保険金、損害賠償金又は処分に係る譲渡代金等（以下「保険金等」といいます。）を取得し、かつ、その取得していることが当該保険金等により取得した財産をその者

の名義としたこと等により確認できる場合に限り、これらの財産については、(1)又は(2)に該当するものとして取り扱われます（名義変更通達3）。

(4) 他人の名義による財産の取得等に関する取扱いを熟知している者の不適用

上記(1)から(3)までの取扱いは、上記(1)又は(2)に定める取得者等がこれらの取扱いを利用して贈与税のほ脱を図ろうとしていると認められる場合には適用がないものとし、原則として当該取得者等がすでに上記(1)又は(2)の取扱いの適用を受けている場合又は受けていると認められる場合には、適用されません（名義変更通達4）。

(5) 過誤等により取得財産を他人名義とした場合等の取扱い

上記(1)又は(2)に該当しない場合においても、他人名義により不動産、船舶、自動車又は有価証券の取得、建築又は建造の登記、登録又は登載等をしたことが過誤に基づき、又は軽率にされたものであり、かつ、それが取得者等の年齢その他により確認できるときは、これらの財産に係る最初の贈与税の申告若しくは決定又は更正（これらの財産の価額がその計算の基礎に算入されている課税価格又は税額の更正を除きます。）の日前にこれらの財産の名義を取得者等の名義とした場合に限り、これらの財産については、贈与がなかったものとして取り扱われます（名義変更通達5）。

自己の有していた不動産、船舶、自動車又は有価証券の名義を他の者の名義に名義変更の登記、登録又は登載をした場合において、それが過誤に基づき、又は軽率に行われた場合においても同様に取り扱われます（名義変更通達5）。

なお、(3)の取扱いは、これらの場合について準用されます（名義変更通達5）。

(6) 法令等により取得者等の名義とすることができないため他人名義とした場合等の取扱い

他人名義により不動産、船舶、自動車又は有価証券の取得、建築又は建造の登記、登録又は登載が行われたことが法令に基づく所有の制限その他のこれに準ずる真にやむを得ない理由に基づいて行われたものである場合においては、その名義人になった者との合意により名義を借用したものであり、かつ、その事実が確認できる場合に限り、これらの財産については、贈与がなかったものとして取り扱うことができるとされています（名義変更通達6）。

「その他のこれに準ずる真にやむを得ない理由に基づいて行われたもの」とは、例えば次に掲げるものが該当するものとして取り扱われています（名義変更通達運用通達2）。

(1) 当該名義変更等に係る不動産、船舶、自動車又は有価証券の従前の名義人等について、債権者の内容証明等による督促又は支払命令等があった後にその者の有する財産の全部又は大部分の名義を他人名義としている事実があることなどにより、これらの財産の名義変更等が、強制執行その他の強制換価手続を免れるため行われたと認められ、かつ、その行為をするこ

とにつき真にやむを得ない事情（例えば、これらの財産を失うときは、通常の生活に重大な支障を来す等の事情）がある場合（配偶者、三親等内の血族及び三親等内の姻族の名義とした場合を除く。）

(2) 住宅の建築に関する資金の貸付けを行う金融機関等から、借入れ資格のある者の名義によって資金を借り入れ、その貸付けの条件に従い借入名義人の名義で居住の用に供する土地又は家屋を取得した場合において、その事実が、次のイからホまでに掲げる事実等によって確認できるとき

　イ　取得者が、土地又は家屋の購入又は建築に要する頭金等の資金を調達し、かつ、金融機関等からの借入金を返済していること。
　ロ　取得者は、他に居住の用に供することのできる家屋を所有していないこと。
　ハ　土地又は家屋の取得直前において、取得者が金融機関等の住宅の建築に関する資金の貸付けを行う者に対して融資の申込みをし、かつ、抽選等に外れたことによって融資を受けられなかった事実があること、又はその申込みができなかったことにつき特別の事情があること。
　ニ　取得した土地又は家屋に借入名義人が居住せず、取得者が居住していること。
　ホ　取得した土地又は家屋に附属する上下水道、ガス等の設備を取得者が設置していること。

　自己の有していた不動産、船舶、自動車又は有価証券について、法令に基づく所有の制限その他これに準ずる真にやむを得ない理由が生じたため、他の名義人となる者との合意によりその名義を借用し、その者の名義に名義変更の登記、登録又は登載等をした場合において、その事実が確認できるときにおいても同様に取り扱われます（名義変更通達6）。

(7) 取得者等の名義とすることが更正決定後に行われた場合の取扱い

上記(1)から(3)まで及び(5)に該当する事実がある場合においては、これらに定める最初の贈与税の申告若しくは決定又は更正（これらの財産の価額がその計算の基礎に算入されている課税価格又は税額の更正を除きます。）の日前にその名義を取得者等又は従前の名義人の名義としなかったため、これらの取扱いの適用がないものとして贈与税の更正又は決定があった後においても、次のすべてに該当しているときは、これらの取扱いの適用があるものとして、課税価格又は税額を更正することができるものとされています（名義変更通達7）。

① 当該更正又は決定について異議の申立てがあること
② 当該財産の名義を取得者等又は従前の名義人の名義としなかったことが、税務署からこれらの取扱いの適用について説明を受けていない等のため、その取扱いを知らなかったことに基づくものであること
③ 上記①の異議の申立て後速やかに当該財産の名義を取得者若しくは従前の名義人の名義とし、又は当該財産の保険金等により取得した財産をこれらの者の名義としたこと

(8) 法定取消権等に基づいて贈与の取消しがあった場合の取扱い

　贈与契約が法定取消権又は法定解除権に基づいて取り消され、又は解除されその旨の申出があった場合においては、その取り消され、又は解除されたことが当該贈与に係る財産の名義を贈与者の名義に変更したことその他により確認された場合に限り、その贈与はなかったものとして取り扱われます（名義変更通達8）。

　なお、贈与契約が法定取消権等に基づいて取り消され、又は解除されたことが、当該贈与に係る財産の名義を贈与者の名義に変更したことその他により確認される場合とは、取消権又は解除権の種類に従い、おおむね、次に掲げる事実が認められる場合をいうものとして取り扱われます（名義変更通達運用通達3）。

(1)　民法第96条（詐欺又は強迫による取消権）の規定に基づくものについては、詐欺又は強迫をした者について公訴の提起がされたこと、又はその者の性状、社会上の風評等から詐欺又は強迫の事実が認められること。

(2)　民法第754条（夫婦間の契約取消権）の規定に基づくものについては、その取消権を行使した者及びその配偶者の経済力その他の状況からみて取消権の行使が贈与税の回避のみを目的として行われたと認められないこと。

(3)　未成年者の行為の取消権、履行遅滞による解除権その他の法定取消権又は法定解除権に基づくものについては、その行為、行為者、事実関係の状況等からみて取消権又は解除権の行使が相当と認められること。

(9) 贈与契約の取消し等があったときの更正の請求

　贈与税の申告又は決定若しくは更正の日後に当該贈与税に係る贈与契約が上記(8)に該当して取り消され又は解除されたときは、国税通則法第23条第2項の規定による更正の請求ができます（名義変更通達9）。

(10) 贈与契約の取消し等によりその贈与財産が相続人等に帰属した場合の取扱い

　贈与契約が上記(8)に該当して取り消され、又は解除された場合において、贈与者について相続が開始しているため、その相続人の名義としたときにおいても、上記(8)に該当するものとして当該贈与はなかったものとして取り扱われます。

　この場合においては、当該相続人が当該財産を相続により取得したものとし、当該財産の価額をこれらの者に係る相続税の課税価格計算の基礎に算入します（名義変更通達10）。

(11) 合意解除により贈与の取消しがあった場合の取扱い

　上記(8)に該当して贈与契約が取り消され、又は解除された場合を除き、贈与契約の取消し、又は解除があった場合においても、当該贈与契約に係る財産について贈与税の課税が行われま

す（名義変更通達11）。

　ただし、当事者の合意による取消し又は解除が次に掲げる事由のいずれにも該当しているときは、税務署長において当該贈与契約に係る財産の価額を贈与税の課税価格に算入することが著しく負担の公平を害する結果となると認める場合に限り、当該贈与はなかったものとして取り扱うことができるものとされています（名義変更通達運用通達4）。

(1) 贈与契約の取消し又は解除が当該贈与のあった日の属する年分の贈与税の申告書の提出期限までに行われたものであり、かつ、その取消し又は解除されたことが当該贈与に係る財産の名義を変更したこと等により確認できること。

(2) 贈与契約に係る財産が、受贈者によって処分され、若しくは担保物件その他の財産権の目的とされ、又は受贈者の租税その他の債務に関して差押えその他の処分の目的とされていないこと。

(3) 当該贈与契約に係る財産について贈与者又は受贈者が譲渡所得又は非課税貯蓄等に関する所得税その他の租税の申告又は届出をしていないこと。

(4) 当該贈与契約に係る財産の受贈者が当該財産の果実を収受していないこと、又は収受している場合には、その果実を贈与者に引き渡していること。

⑿　贈与契約の取消し等による財産の名義変更の取扱い

　贈与契約の取消し、又は解除により当該贈与に係る財産の名義を贈与者の名義に名義変更した場合の当該名義変更については、上記(8)から⑾までにより当該贈与がなかったものとされるかどうかにかかわらず、贈与とは取り扱われません（名義変更通達12）。

第2章 贈与税の納税義務者

第1節 個人の納税義務者

　贈与税の納税義務者は、贈与により財産を取得した個人です。ただし、一定の場合に法人等が贈与税の納税義務者となります（第2節参照）。

 納税義務者の区分

　贈与税の納税義務者は、贈与により財産を取得した者の住所、国籍若しくは在留資格又は贈与者の住所、国籍若しくは在留資格等により次のとおり区分されます（相法1の4①、相基通1の3・1の4共－3）。

　なお、居住無制限納税義務者、非居住無制限納税義務者、居住制限納税義務者及び非居住制限納税義務者のいずれに該当するかは、贈与によって財産を取得した時ごとに判定します（相基通21の2－1）。

贈与税の納税義務者	区分		説明
相続又は遺贈により財産を取得した者	無制限納税義務者	居住無制限納税義務者	贈与により財産を取得した個人で、当該財産を取得した時において日本国内に住所を有する者（ただし、①一時居住者でない個人及び②一時居住者である個人のうち贈与者が外国人贈与者又は非居住贈与者でない場合に限ります。）（相法1の4①一）
		非居住無制限納税義務者	贈与により財産を取得した個人で、当該財産を取得した時において日本国内に住所を有しない者のうち、次に掲げるもの（相法1の4①二） ①　日本国籍を有する個人であって、次に掲げる者 　イ　当該贈与前10年以内のいずれかの時におい

			て日本国内に住所を有していたことがあるもの ロ　当該贈与前10年以内のいずれの時においても日本国内に住所を有していたことがないもの（当該贈与に係る贈与者が外国人贈与者又は非居住贈与者である場合を除きます。） ②　日本国籍を有しない個人（当該贈与に係る贈与者が外国人贈与者又は非居住贈与者である場合を除きます。）
	制限納税義務者	居住制限納税義務者	贈与により日本国内にある財産を取得した個人で、当該財産を取得した時において日本国内に住所を有する者のうち、贈与者が外国人贈与者又は非居住贈与者である場合の一時居住者（相法1の4①三）
		非居住制限納税義務者	贈与により日本国内にある財産を取得した個人で、当該財産を取得した時において日本国内に住所を有しない者のうち、次に掲げるもの（相法1の4①四） ①　日本国籍を有する個人であって、当該贈与前10年以内のいずれの時においても日本国内に住所を有していたことがないもの（当該贈与に係る贈与者が外国人贈与者又は非居住贈与者である場合に限ります。） ②　日本国籍を有しない個人（当該贈与に係る贈与者が外国人贈与者人又は非居住贈与者である場合に限ります。）

■　一時居住者

　贈与の時において、出入国管理及び難民認定法別表第一の上欄の在留資格を有する者で、贈与前15年以内において日本国内に住所を有していた期間の合計が10年以下のものをいいます（相法1の3③一）。

　なお、在留資格については、第Ⅰ部第2章第1節を参照してください。

■　外国人贈与者

　贈与の時において在留資格を有し、かつ、日本国内に住所を有していた贈与者をいいます（相法1の4③二）。

■　非居住贈与者

　贈与の時において日本国内に住所を有していなかった贈与者であって、当該贈与の時前10年以内のいずれかの時において日本国内に住所を有していたことがあるもののうち、そのいずれの時においても日本国籍を有していなかったもの又は当該贈与前10年以内のいずれの時においても日本国内に住所を有していたことがないものをいいます（相法1の4③三）。

◆贈与税の納税義務者の区分◆

贈与者 \ 受贈者		日本国内に住所あり	日本国内に住所なし			
			一時居住者(入管法別表第1の在留資格を有する者で、贈与前15年以内において国内に住所を有していた期間の合計が10年以下の者)	日本国籍あり		日本国籍なし
				10年以内に国内に住所あり	10年以内に国内に住所なし	
日本国内に住所あり		相法（以下同じ）1の4①一イ 居住無制限納税義務者	1の4①一ロ 居住無制限納税義務者	1の4①二イ(1) 非居住無制限納税義務者	1の4①二イ(2) 非居住無制限納税義務者	1の4①二ロ 非居住無制限納税義務者
	外国人贈与者（入管法別表第1の在留資格を有する者）	1の4①一イ 居住無制限納税義務者	1の4①三（一ロかっこ書き）居住制限納税義務者	1の4①二イ(1) 非居住無制限納税義務者	1の4①四（二イ(2)かっこ書き）非居住制限納税義務者	1の4①四（二ロかっこ書き）非居住制限納税義務者
日本国内に住所なし	10年以内のいずれかの時に国内に住所あり	1の4①一イ 居住無制限納税義務者	1の4①一イ 居住無制限納税義務者	1の4①二イ(1) 非居住無制限納税義務者	1の4①二イ(2) 非居住無制限納税義務者	1の4①二ロ 非居住無制限納税義務者
	非居住贈与者（国内に住所を有していたいずれの時においても日本国籍を有していなかった者）	1の4①一イ 居住無制限納税義務者	1の4①三（一ロかっこ書き）居住制限納税義務者	1の4①二イ(1) 非居住無制限納税義務者	1の4①四（二イ(2)かっこ書き）非居住制限納税義務者	1の4①四（二ロかっこ書き）非居住制限納税義務者
	非居住贈与者（10年以内に国内に住所なし）	1の4①一イ 居住無制限納税義務者	1の4①三（一ロかっこ書き）居住制限納税義務者	1の4①二イ(1) 非居住無制限納税義務者	1の4①四（二イ(2)かっこ書き）非居住制限納税義務者	1の4①四（二ロかっこ書き）非居住制限納税義務者

国外転出時課税に係る納税猶予の適用を受けている場合の納税義務者の判定

　国外転出時課税に係る納税猶予の適用を受けている者等が贈与をした場合の贈与税の納税義務者の判定は次のとおりとなります。

	ケース	納税義務者の判定
①	国外転出をする場合の譲渡所得等の特例（所法137の2①）の規定の適用を受ける個人が財産の贈与をした場合	当該贈与者は、当該贈与前10年以内のいずれかの時において日本国内に住所を有していたものとみなして、贈与を受けた者の納税義務者の区分の判定をします。 （相法1の4②一）
②	贈与により非居住者に資産が移転した場合の譲渡所得等の特例（所法137の3①③）の規定の適用を受ける者（一次贈与に係る受贈者）が財産の贈与（二次贈与）をした場合	当該一次贈与に係る受贈者は、当該二次贈与前10年以内のいずれかの時において日本国内に住所を有していたものとみなして、納税義務者の区分の判定をします。 ただし、当該一次贈与に係る受贈者が一次贈与前10年以内のいずれの時においても日本国内に住所を有していたことがない場合は、このみなし規定は適用されません。 （相法1の4②二）
③	相続又は遺贈により非居住者に資産が移転した場合の譲渡所得等の特例（所法137の3②③）の規定の適用を受ける相続人が、財産の贈与をした場合	当該相続人は、贈与前10年以内のいずれかの時において日本国内に住所を有していたものとみなして納税義務者の区分の判定をします。 ただし、当該相続人が相続の開始前10年以内のいずれの時においても日本国内に住所を有していたことがない場合は、このみなし規定は適用されません。 （相法1の4②三）

 住所の判定

　第Ⅰ部第2章第1節「❸住所の判定」を参照してください。

第2節　個人以外の納税義務者

　贈与税の納税義務者は、原則として個人ですが、相続税法は個人以外の一定の者についても個人とみなして贈与税の納税義務を定めています。
　なお、個人以外の納税義務者については、その主たる営業所又は主たる事務所の所在地に住所があるものとし、これらの者は日本国籍を有するものとみなして、その者が第1節の納税義務者の区分のいずれに該当するのかを判定することとなります（相法66③④、相令33）。

人格のない社団等

　代表者又は管理者の定めのある人格のない社団又は財団に対し財産の贈与があった場合（当該社団又は財団を設立するために遺言により財産の提供があった場合を含みます。）には、当該社団又は財団は個人とみなされて、贈与税が課されることとされています（相法66①②）。

　詳細は第8章第2節を参照してください。

 持分の定めのない法人

　持分の定めのない法人に対し財産の贈与があった場合（当該持分の定めのない法人を設立するために財産の提供があった場合を含みます。）において、当該贈与により当該贈与をした者の親族その他これらの者と相続税法第64条第1項に規定する特別の関係がある者の相続税又は贈与税の負担が不当に減少する結果となると認められるときには、当該持分の定めのない法人は個人とみなされて、贈与税が課されることとされています（相法66④）。

　詳細は第8章第3節を参照してください。

第3節　財産の所在

　制限納税義務者の課税の範囲を確定し、又は在外財産に対する贈与税額の控除の計算を行うために、贈与により取得した財産が日本国内にあるのかどうかの定めが相続税法に規定されています（相法10①②③）。具体的な定めについては、第Ⅰ部第2章第3節を参照してください。

　なお、財産の所在の判定は、贈与により当該財産を取得した時の現況によることとされています（相法10④）。

第3章 贈与税の課税財産

第1節 本来の贈与財産

　贈与税は、贈与により財産を取得した者に対して課税されます。相続税法では、贈与により取得した「財産」(本来の贈与財産)の意義について特に規定はしていません。

　一般的に財産とは「金銭に見積もることができる経済的価値のあるすべてのもの」をいうものと解され、物権、債権及び無体財産権に限らず、信託受益権、電話加入権等のほか、例えば営業権のような法律の根拠を有しないものであっても経済的価値が認められているものは財産に含まれ、贈与税の課税対象となります(相基通11の2-1⑴、⑵参照)。

　なお、「贈与」の意義については第1章第1節を参照してください。

第2節 みなし贈与財産

　相続税法では、贈与によって取得した本来の贈与財産ではありませんが、実質的に贈与により取得した財産と同様の経済的な実質を有する次に掲げるものを、贈与により取得したものとみなして贈与税の課税財産に含めています。

　本来の贈与財産に対して、このような財産を「みなし贈与財産」といいます。

① 生命保険金等
② 定期金
③ 低額譲受による利益
④ 債務免除等による利益
⑤ その他の利益の享受
⑥ 信託受益権等
⑦ 特別の法人から受ける利益

1 生命保険金等

　生命保険契約の保険事故又は損害保険契約の保険事故が発生した場合において、これらの契約に係る保険料の全部又は一部が保険金受取人以外の者によって負担されたものであるときは、これらの保険事故が発生した時において、保険金受取人が、その取得した保険金のうち、その保険金受取人以外の者が負担した保険料の金額がその契約に係る保険料でこれらの保険事故が発生した時までに払い込まれたものの全額に対する割合に相当する部分を、その保険料を負担した者から贈与により取得したものとみなされて、保険金受取人に贈与税が課されます（相法5①）。

　ただし、死亡保険金について第3条第1項第1号又は第2号の規定により第5条第1項に規定する保険金受取人が第3条第1項第1号に掲げる保険金又は同項第2号に掲げる給与を相続又は遺贈により取得したものとみなされる場合においては、当該保険金又は給与に相当する部分についてはみなし贈与の規定は適用されません（相法5④）。

　なお、生命保険契約又は損害保険契約について返還金その他これに準ずるものの取得があった場合にも、その取得者が、保険料の負担者から、その負担者が負担した保険料の金額に相当する部分を贈与により取得したものとみなされます（相法5②）。ここでいう「返還金その他これに準ずるもの」とは、生命保険契約の定めにより保険契約の解除（保険金の減額を含みます。）又は失効によって支払いを受ける金額又は一定の事由（例えば、被保険者の自殺等）に基づいて保険金の支払いをしない場合において支払いを受ける払戻金等をいいます（相基通5－6）。

　（注）保険契約には一定の共済契約が含まれます（第Ⅰ部第3章第2節❶(1)及び(2)を参照）。

■ その保険料を負担した者の被相続人が負担した保険料

　その保険料を負担した者の被相続人が負担した保険料は、その者が負担した保険料とみなされます（相法5③）。ただし、相続税法第3条第1項第3号の規定によって、保険金受取人又は返還金その他これに準ずるものの取得者が、その被相続人から生命保険契約に関する権利を、相続又は遺贈により取得したものとみなされた場合においては、この限りではありません（相法5③ただし書）。

■ 生命保険契約の保険事故

　「生命保険契約の保険事故」とは、その被保険者の一定期間の生存又は死亡等その契約の目的とされた保険事故をいいますが、贈与により取得したものとみなされる保険金に係る保険事故からは、傷害、疾病その他これらに類する保険事故で死亡を伴わないものは除かれます。すなわち、被保険者が生存している状態で、保険金受取人が、傷害、疾病その他これらに類する保険事故によって生命保険金の給付を受けたものについては、たとえその保険料の負担者が保険金受取人以外の第三者であっても、この保険事故には該当しません（相法5①）。

　（注）生命保険契約に基づく給付金で身体の傷害に基因して支払いを受けるものについては、所得税は非課

税とされています（所法9①十七、同令30）。

■ 損害保険契約の保険事故

「損害保険契約の保険事故」とは、その被保険者の偶然な一定の事故等をその契約の目的とされた保険事故をいいますが、贈与財産とみなされるものは、このうち偶然な事故に基因する保険事故で死亡を伴うものに限られます。すなわち、損害保険契約の保険事故であって、生命保険金の場合と同様の実体を伴う場合については、生命保険金における死亡保険金との均衡を考慮して、その保険金受取人以外の第三者が保険料の負担者である場合には、その負担者から贈与によって取得したものとみなすこととしたものです。

しかし、損害保険契約に基づく死亡保険のうちには、損害賠償責任保険の保険金のように契約者の損害賠償責任に基づく損害賠償金に充てられることが明らかなものがあり、このような性質のものについてまで贈与税を課税することは適当ではありません。そこで、相続税法は、次に掲げるものを贈与により取得したものとみなす保険金から除いています（相法5①かっこ書き、相令1の4）。

① 自動車損害賠償保障法第5条に規定する自動車損害賠償責任保険の契約に基づく保険金
② 自動車損害賠償保障法第5条に規定する自動車損害賠償責任共済の契約に基づく共済金
③ 原子力損害の賠償に関する法律第8条に規定する原子力損害賠償責任保険契約に基づく保険金
④ その他（上記①から③以外）の損害賠償責任に関する保険又は共済に係る契約に基づく保険金又は共済金

(注) 次に掲げる保険又は共済の契約（これらに類する契約を含みます。）に基づき支払われるいわゆる死亡保険金のうち契約者の損害賠償責任に基づく損害賠償金に充てられることが明らかである部分については、上記④の「損害賠償責任に関する保険又は共済に係る契約に基づく保険金」に該当するものとして取り扱っても差し支えないものとされています（相基通5－4）。
1．自動車保険搭乗者傷害危険担保特約
2．分割払自動車保険搭乗者傷害危険担保特約
3．月掛自動車保険搭乗者傷害危険担保特約
4．自動車運転者損害賠償責任保険搭乗者傷害危険担保特約
5．航空保険搭乗者傷害危険担保特約
6．観覧入場者傷害保険
7．自動車共済搭乗者傷害危険担保特約

裁判例　「保険金受取人」の意義

大阪高裁昭和39年12月21日判決（国側の控訴棄却）（確定）

相続税法5条1項にいう保険金受取人は、保険契約によつて決定された契約上（但し名義人という趣旨ではない）の受取人であること、右受取人が保険事故発生により取得する保険者に対する保険金債権が、右法条の所定要件を具えるときは、同法の課税対象になるものであることは、控訴人等主張

のとおりであり、また本件保険契約上、保険金受取人の名義が被控訴人となつていたことについては、被控訴人自ら認めるところであるが、保険契約上殊に保険証券等の文書上に受取人として記載された者即ち名義人が、控訴人主張のように、常に右法条の受取人に該当するものと解することはできない。そして国の課税処分は、税負担者の生活関係の真相を調査してなさるべきであつて、単なる外形、表面的事実のみで、全く実質を伴わない財貨の移動現象等を捉えて軽々に課税すべきでないことは実質課税の建前上理の当然であり、前記のような他人名義の使用が、その名義人との間の通謀虚偽表示（これも一種の実質関係に属する）に基く場合は別として、（実在の名義人が名義貸与を承諾した場合において、保険者が名義人と真実の保険金受取人とが別人であることを知らずして契約したときは民法第94条第2項により保険者その他の善意の第三者に対し、保険金受取人が名義人とは別人であることを主張しえない）他人名義の使用が、その名義人の全く不知の間に、しかも対外関係だけにおいてもその者に保険金受取の権利を得させる意思もなく、単にその名義使用者の一方的都合のみによりなされた場合の如きは、多少の困難は伴うとしても、課税は右の実質の有無を調査判定してなすべく、実質が存しなければ行わるべからざるものである。

 定期金給付契約に関する権利

　定期金給付契約（生命保険契約を除きます。）の定期金給付事由が発生した場合において、その契約の掛金又は保険料の全部又は一部がこれらの定期金受取人以外の者によって負担されたものであるときは、その定期金給付事由が発生した時において、定期金受取人が、その取得した定期金給付契約に関する権利のうち、その定期金受取人以外の者が負担した掛金又は保険料の金額がその契約に係る掛金又は保険料でその定期金給付事由が発生した時までに払い込まれたものの全額に対する割合に相当する部分を、その掛金又は保険料を負担した者から贈与により取得したものとみなされます（相法6①）。定期金給付契約について、返還金その他これに準ずるものの取得があった場合にも、同様に贈与により取得したものとみなされます（相法6②）。

　以上の場合において、掛金又は保険料を負担した者の被相続人が負担した掛金又は保険料は、その者が負担した掛金又は保険料とみなされます（相法6④）。

　なお、定期金給付契約の定期金の給付事由が発生した場合においても、その定期金受取人が取得した定期金給付契約に関する権利のうち、その者が相続税法第3条第1項第4号の規定により相続又は遺贈によって取得したとみなされた部分及び自ら負担した掛金又は保険料の金額のその給付事由の発生した時までに払い込まれた掛金又は保険料の金額に対する割合に相当する部分については、贈与税の課税関係は生じません（相基通6－3）。

　また、定期金給付契約で定期金受取人の生存中又は一定期間にわたり定期金を給付し、かつ、一定期間内にその者が死亡したときは、その死亡後遺族その他の者に対して定期金又は一時金を給付する契約に基づいて、定期金受取人たる被相続人の相続人その他の者が定期金継続受取

人又は一時金受取人となった場合において、その定期金給付契約に係る掛金又は保険料の全部又は一部が定期金継続受取人又は一時金受取人及び被相続人以外の第三者によって負担されたものであるときは、相続開始の時において、これらの受取人がその取得した定期金給付契約に関する権利のうち、当該第三者が負担した掛金又は保険料の金額の当該契約に係る掛金又は保険料で、その相続開始の時までに払い込まれたものの全額に対する割合に相当する部分を当該第三者から贈与によって取得したものとみなされます（相法6③）。

③ 低額譲受けによる経済的利益

　財産の譲渡がなされる場合において、それが有償、すなわち、その譲渡に対する反対給付がその対価としての意義を有する限り、民法上の「贈与」ではありませんので、本来、贈与税の課税問題は生じないこととなります。しかしながら、その著しく低い価額の対価とその財産の時価との差額については、実質的に贈与があった場合と同様に考えることができます。

　そこで、著しく低い価額の対価で財産の譲渡を受けた場合においては、その財産の譲渡があった時において、その対価とその財産の時価との差額に相当する金額を、その財産を譲渡した者からその譲渡を受けた者が贈与によって取得したものとみなされて、贈与税が課されることとなります（相法7）。

　ただし、その財産の譲渡が、その譲渡を受ける者が資力を喪失して債務を弁済することが困難である場合において、その者の扶養義務者からその債務の弁済に充てるためになされたものであるときは、その債務を弁済することが困難である部分に相当する金額については、贈与税の課税対象から除かれています（相法7ただし書き）。

(1) 著しく低い価額

　「著しく低い価額の対価」であるかどうかは、個々の取引について取引の事情や、取引当事者間の関係等を総合勘案し、実質的に贈与を受けたと認められる金額であるかどうかにより判定します。

　もっとも、公開の市場で第三者から売買により財産を取得したような場合は、その取得価額が、たとえその財産と同種の財産に通常付されるべき価額に比べて著しく低いと認められる場合であっても、課税上弊害があると認められる場合を除き、著しく低い価額による財産の譲受には該当しないものとされています（相基通7-2）。

　なお、その価額の対価が著しく低い価額であるかどうかは、譲渡があった財産が2以上ある場合には、譲渡があった個々の財産ごとに判定するのではなく、財産の譲渡があった時ごと（譲渡契約ごと）に譲渡があった財産を一括して判定することとなります（相基通7-1）。

■ 負担付贈与又は対価を伴う取引により取得した土地等及び家屋等に係る評価並びに相続税法第7条等の規定の適用について

　① 贈与税の課税実務においては、土地や家屋などの財産の価額は、財産評価基本通達の定

めに従って評価しますが、土地及び土地の上に存する権利並びに家屋及びその附属設備又は構築物のうち、負担付贈与又は個人間の対価を伴う取引により取得したものの価額は、当該取得時における通常の取引価額に相当する金額によって評価することとされています（負担付贈与通達1）。

ただし、贈与者又は譲渡者が取得又は新築した当該土地等又は当該家屋等に係る取得価額が当該課税時期における通常の取引価額に相当すると認められる場合には、当該取得価額に相当する金額によって評価することができます。この場合の「取得価額」とは、当該財産の取得に要した金額並びに改良費及び設備費の額の合計額をいい、家屋等については、当該合計金額から、財産評価基本通達130《償却費の額等の計算》の定めによって計算した当該取得の時から課税時期までの期間の償却費の額の合計額又は減価の額を控除した金額をいいます（負担付贈与通達1ただし書き、（注））。

② 対価を伴う取引による土地等又は家屋等の取得が相続税法第7条に規定する「著しく低い価額の対価で財産の譲渡を受けた場合」又は相続税法第9条に規定する「著しく低い価額の対価で利益を受けた場合」に当たるかどうかは、個々の取引について取引の事情、取引当事者間の関係等を総合勘案し、実質的に贈与を受けたと認められる金額があるかどうかにより判定することとなります（負担付贈与通達2）。

なお、その取引における対価の額が当該取引に係る土地等又は家屋等の取得価額を下回る場合には、当該土地等又は家屋等の価額が下落したことなど合理的な理由があると認められるときを除き、原則として、「著しく低い価額の対価で財産の譲渡を受けた場合」又は「著しく低い価額の対価で利益を受けた場合」に当たるものとされます（負担付贈与通達2（注））。

(2) 資力の喪失

「資力を喪失して債務を弁済することが困難である場合」とは、その者の債務（公租公課を含みます（相基通7－3）。）の金額が積極的財産の価額を超える場合のように、社会通念上債務の支払いが不能と認められる場合をいい、破産手続開始の原因となる程度に至っていることまでは求められません（相基通7－4）。

また、その「債務を弁済することが困難である部分の金額」は、債務超過の部分の金額から、債務者の信用による債務の借換え、労務の提供等の手段により近い将来においてその債務の弁済に充てることができる金額を控除した金額をいいます。しかし、特に支障がないと認められる場合においては、債務超過の部分の金額を「債務を弁済することが困難である部分の金額」として取り扱うことができます（相基通7－5）。

なお、ここで「扶養義務者」とは、配偶者並びに民法第877条の規定による直系血族及び兄弟姉妹並びに家庭裁判所の審判を受けて扶養義務者となった三親等内の親族をいいますが、これらの者の他、三親等内の親族で生計を一にする者については、家庭裁判所の審判がない場合であってもこれに該当するものとして取り扱われています（相基通1の2－1）。

裁判例　低額譲渡

東京地裁平成19年8月23日判決（棄却）（確定）

　相続税評価額と同水準の価額かそれ以上の価額を対価として土地の譲渡が行われた場合は、原則として「著しく低い価額」の対価による譲渡ということはできず、例外として、何らかの事情により当該土地の相続税評価額が時価の80パーセントよりも低くなっており、それが明らかであると認められる場合に限って、「著しく低い価額」の対価による譲渡になりうると解すべきであるが、その例外の場合でも、さらに、当該対価と時価との差額が著しいか否かを個別に検討する必要がある。

　負担付贈与通達2は、相続税法7条にいう「著しく低い価額」の対価による譲渡に当たるか否かについて、個々の取引についての取引の事情、取引当事者間の関係等を総合勘案して、実質的に贈与を受けたと認められる金額があるかどうかにより判定するものと定めているところ、この基準は、相続税法7条の趣旨に沿ったものとはいいがたいし、基準としても不明確であるといわざるをえないほか、「著しく低い」という語からかけ離れた解釈を許すものとなっており、その意味では妥当なものということはできないが、結局のところ、個々の事案に応じた判断を求めているのであるから、前記の問題点を含んでいるからといって直ちに違法あるいは不当とまではいえない。

裁判例　著しく低い価額

東京地裁昭和44年12月25日判決（棄却）（確定）

　相続税法第7条にいう「著しく低い価額」とは、時価の2分の1に満たない金額を指すものと解すべき旨主張するが、所詮、独自の見解に基づくものであって、採用の限りでない。

裁判例　著しく低い価額の対価の判定

横浜地裁昭和57年7月28日判決（棄却）（控訴）、東京高裁昭和58年4月19日判決（控訴棄却）（確定）

　相続税法7条は、著しく低い価額の対価で財産の譲渡を受けた場合には、法律的には贈与といえないとしても、実質的には贈与と同視することができるため、課税の公平負担の見地から、対価と時価との差額について贈与があつたものとみなして贈与税を課することとしているのであるから、右の規定の趣旨にかんがみると、同条にいう著しく低い価額の対価に該当するか否かは、当該財産の譲受けの事情、当該譲受けの対価、当該譲受けに係る財産の市場価額、当該財産の相続税評価額などを勘案して社会通念に従い判断すべきものと解するのが相当である。

4 債務免除等

対価を支払わないで、又は著しく低い価額の対価で債務の免除、引受け又は第三者のためにする債務の弁済による利益を受けた場合においては、それが債務者の消極財産を消滅させるものであり、実質的には、財産を贈与するのと異ならないといえます。

そこで、その債務の免除、引受け又は第三者のためにする債務の弁済に係る債務の金額に相当する金額（対価の支払いがあった場合には、その価額を控除した金額）を、その債務の免除、引受け又は第三者のためにする債務の弁済をした者から贈与により取得したものとみなすこととされています（相法8）。

(1) 債務の免除等

債務の免除は、債権者が債務者に対して債務を免除する意思を表示することによりその効果が生じ、これにより債務は消滅します（民法519）。債権者の一方的な意思表示であり、いわゆる債権の放棄です。

また、債務の引受けは、債権者の債務者に対する債務の同一性を失わせずに当該債務を第三者が肩代わりすることです。

第三者のためにする債務の弁済とは、債務者以外の者が債務者に代わって債務を弁済することをいいます（民法474）。ただし、この場合には、債務を弁済した者は債務者に対して求償権を有することになるので、その者が求償権を行使するときは、その部分については贈与があったものとはみなされないことになります。

■ 求償権の放棄

連帯債務者が、自己の負担に属する債務の部分を超えて弁済した場合におけるその超える部分の金額については、他の債務者に対し求償権を有することになりますが、この求償権を放棄したときは、その超える部分の金額につき相続税法第8条の規定による贈与があったものとみなされます（相基通8－3(1)）。

また、同様に保証債務者が主たる債務者の弁済すべき債務を弁済した場合において、その求償権を放棄したときは、その代わって弁済した金額については、同法第8条の規定による贈与があったものとみなされます（相基通8－3(2)）。

裁判例 求償権の行使の意思がないまま代位弁済を行った場合

東京地裁平成16年11月30日判決（棄却）（確定）

甲は、原告に対する求償権を行使する意思のないまま代位弁済を行ったことを推認することができるから、甲は原告に対して経済的利益を供与したものであって、これは相続税法第8条の贈与とみな

される。

(2) 資力の喪失

債務の免除、引受け又は第三者のためにする債務の弁済があったときであっても、債務者が資力を喪失したために、やむを得ず又はいわゆる道徳上の義務に基づいてなされるような場合にまで贈与税を課することは適当でないことから、次に掲げるような場合においては、債務者が債務を弁済することが困難である部分に相当する金額を限度として、贈与税の課税対象から除かれています（相法8ただし書き）。

① 債務者が資力を喪失して債務を弁済することが困難である場合において、その債務の全部又は一部の免除を受けたとき

② 債務者が資力を喪失して債務を弁済することが困難である場合において、その債務者の扶養義務者によってその債務の全部又は一部の引受け又は弁済がなされたとき

①の「債務の免除」には、その債務者の扶養義務者以外の者によってなされたものも含まれますが（相基通8-1）、②の場合の債務の引受け又は弁済は、扶養義務者によってなされたものに限られます。また、その債務の免除等が所得税法の規定により事業所得の総収入金額に算入される割引又は割戻しによる利益であるときは、その利益については、このみなし規定を適用しないものとされ、贈与税は課されません（相基通8-2）。

【設例】債務弁済が困難な場合における債務免除等

Aは、事業に失敗して債務超過の状態となり、その兄B及び妻C等と協議の結果、次のとおり経営の立直しをすることとした。
① 債務総額：5,000万円
② 資産総額：1,000万円
③ 債務は、すべて債権者（個人）の好意により5分の1の切捨てを受けた。
④ 兄Bは、③の切捨て後の債務のうち1,500万円の肩代わりをした。
⑤ 残りの債務については、妻Cの所有地（時価2,500万円）を500万円の低額で譲受け、これを弁済に充てることとした。

〈回答〉
① 債務超過額
　　5,000万円 － 1,000万円 ＝ 4,000万円
② 債務免除による利益
　　5,000万円 × 1／5 ＝ 1,000万円
③ 債務引受による利益
　　1,500万円
④ 低額譲受による利益
　　2,500万円 － 500万円 ＝ 2,000万円
⑤ みなし贈与として課税対象となる部分

(1,000万円 ＋ 1,500万円 ＋ 2,000万円) － 4,000万円 ＝ 500万円

⑤ その他の利益の享受

(1) 包括的なみなし贈与規定

　法律的には贈与により取得した財産でなくても、その取得した事実によって実質的に贈与により取得したのと同様の経済的効果が生ずる場合においては、租税回避を防止するため、税負担の公平の見地から、相続税法第5条から第8条並びに第9条の2から第9条の6及び第65条の各規定を設けられ、贈与を受けた場合と同様の利益を受けた者に対して贈与税が課されることとされています。

　相続税法第9条は、これらの規定に該当しない場合であっても、対価を支払わないで又は著しく低い価額の対価で利益を受けた場合においては、その利益を受けた時においてその利益を受けた者が、その利益を受けた時におけるその利益の価額に相当する金額（対価の支払いがあった場合には、その価額を控除した金額）を、その利益を受けさせた者から贈与により取得したものとみなすと定めています（相法9）。

　しかし、この場合においても、債務の免除等の場合と同様の理由により、資力を喪失して債務を弁済することが困難である場合において、その者の扶養義務者からその債務の弁済に充てるためになされたものであるときは、その受けた利益のうちその債務を弁済することが困難である部分の金額については、贈与税の課税対象から除かれています（相法9ただし書き）。

　なお、上記の「利益を受けた」とは、おおむね利益を受けた者の財産の増加又は債務の減少があった場合等をいい、労務の提供等を受けたような場合は、これに含まれません（相基通9－1）。

　なお、ここにいう利益を受けた場合には、次に掲げるような種々のケースが考えられます。

(2) みなし贈与規定が適用される場合

　相続税法第9条の規定により、贈与があったものとみなされて贈与税が課される場合としては、次のような場合があります。

① 株式又は出資の価額が増加した場合

　同族会社の株式又は出資の価額が、例えば、次に掲げる場合に該当して増加したときには、その株主又は社員がその株式又は出資の価額のうち増加した部分に相当する金額を、それぞれ次に掲げる者から贈与によって取得したものとして取り扱われます。

　この場合における贈与による財産の取得の時期は、財産の提供があった時、債務の免除があった時又は財産の譲渡があった時となります（相基通9－2）。

　① 会社に対し無償で財産の提供があった場合
　　…その財産を提供した者

② 時価より著しく低い価額で現物出資があった場合

　　…その現物出資をした者
③ 対価を受けないで会社の債務の免除、引受け又は弁済があった場合

　　…その債務の免除、引受け又は弁済をした者
④ 会社に対し時価より著しく低い価額の対価で財産の譲渡をした場合

　　…その財産の譲渡をした者

　なお、その会社が資力を喪失した場合において、同族会社の取締役、業務を執行する社員その他の者が上記①から④までに掲げる行為をしたときは、それによりその会社が受けた利益に相当する金額のうち、その会社の債務超過額に相当する部分の金額については、贈与によって取得したものとは取り扱わないこととされています（相基通9－3）。

（注1）　会社が資力を喪失した場合とは、法令に基づく会社更生、再生計画認可の決定、会社の整理等の法定手続による整理のほか、株主総会の決議、債権者集会の協議等により再建整備のために負債整理に入ったような場合をいうのであって、単に一時的に債務超過となっている場合は、「会社が資力を喪失した場合」には該当しません（相基通9－3なお書き）。

（注2）　会社に対する財産の無償提供等が行われたことにより、その会社に法人税等の課税が生じたときには、その会社の株式又は出資の価額の増加額は、その負担すべき法人税額を控除した後の金額となります。

② 同族会社の募集株式引受権

① 同族会社が新株の発行（同族会社が有する自己株式の処分を含みます。）をする場合において、当該新株に係る引受権（以下「募集株式引受権」といいます。）の全部又は一部が会社法第206条各号《募集株式の引受け》に掲げる者（当該同族会社の株主の親族その他相続税法施行令第31条に定める特別の関係がある者（以下、②において「親族等」といいます。）に限ります。）に与えられ、当該募集株式引受権に基づき新株を取得したときは、原則として、当該株主の親族等が、当該募集株式引受権を当該株主から贈与によって取得したものとして取り扱われます（相基通9－4）。

　ただし、当該募集株式引受権が給与所得又は退職所得として所得税の課税対象となる場合は除かれます（相基通9－4ただし書き）。

② 上記①において、誰からどれだけの数の募集株式引受権の贈与があったものとするのかについては、次の算式により計算することとなります。この場合において、その者の親族等が2人以上あるときは、当該親族等の1人ごとに次の算式を適用することとなります（相基通9－5）。

$$\text{その者の親族等から贈与により取得したものとする募集株式引受権数} = A \times \frac{C}{B}$$

（注）　算式中の符号は、次のとおりです。

　　　「A」＝他の株主又は従業員と同じ条件により与えられる募集株式引受権の数を超えて与えられた者のその超える部分の募集株式引受権の数

　　　「B」＝当該法人の株主又は従業員が他の株主又は従業員と同じ条件により与えられる募集株式引受権のうち、その者の取得した新株の数が、当該与えられる募集株式引受権の数に満たない数の総数

「C」＝Bの募集株式引受権の総数のうち、Aに掲げる者の親族等（親族等が2人以上あるときは、当該親族等の1人ごと）の占めているものの数

③ 同族会社である合同会社及び合資会社の増資については、上記①及び②の取扱いに準じます（相基通9－6）。

【設例】募集株式引受権の贈与があった場合の計算

X社は資本金1,000万円（発行済株式数20,000株）の同族会社です。令和6年に、資本金を2,000万円とするため新株の発行をすることとなり、その新株を次のように与えることとし、それぞれの株主は新株1株につき500円の払込みを済ませました。新株の発行前のX社の株式1株当たりの価額は24,500円です。この場合、贈与税の対象となる部分の金額はいくらになりますか。

X社の株主は、甲、乙、丙及びA社であり、甲、乙、丙、丁は互いに親族等の関係にありますが、A社はX社の得意先であって、その株主と甲、乙及び丙とは同族関係を有していません。

(単位：株)

株主	① 新株発行前の保有株式数	② 増資により取得した株式数	③ 新株発行前と同じ株式保有割合で増資が行われた場合に取得できた株式数	④ ②－③
甲	8,000	5,000	8,000	▲3,000
乙	5,000	3,500	5,000	▲1,500
丙	6,000	11,000	6,000	5,000
A社	1,000	500	1,000	▲500
計	20,000	20,000	20,000	

〈回答〉
① 1株当たりの募集株式引受権の価額

(新株発行前の1株当たりの価額)　(1株当たりの払込金額)　(新株発行割合)　(新株発行後の1株当たりの価額)
｛ 24,500円　　　　　　　＋　　　500円 ｝÷（1＋1）＝　12,500円

(新株発行後の1株当たりの価額)　(1株当たりの払込金額)　(募集株式引受権の価額)
　　12,500円　　　　　－　　　500円　　　＝　　12,000円

② 丙が贈与を受けたとみなされる金額の計算
　イ　甲から贈与を受けたとみなされる金額

　　12,000円 × 5,000株 × $\dfrac{3,000株}{3,000株＋1,500株＋500株}$ ＝ 36,000,000円

　ロ　乙から贈与を受けたとみなされる金額

　　12,000円 × 5,000株 × $\dfrac{1,500株}{3,000株＋1,500株＋500株}$ ＝ 18,000,000円

　ハ　令和6年中に、丙が甲及び乙から贈与を受けたとみなされる金額（イ＋ロ）
　　36,000,000円 ＋ 18,000,000円 ＝ 54,000,000円

> **裁判例**　同族会社の募集株式引受権
>
> 神戸地裁昭和55年5月2日判決（棄却）（控訴）、大阪高裁昭和56年8月27日判決（棄却）（確定）
>
> 　一般に、含み資産を有する会社が増資をすれば、旧株式の価額は増資額との割合に応じて稀釈され、新株式の価額が逆に増加することとなるため増資に当たり増資前の株式の割合に応じて新株の引受がなされなかったときは、右新株の全部又は一部を引受けなかった者の財産が、旧株式の価額の稀釈に伴いそれだけ減少する反面、右割合を超えて新株を引受けた者の財産は、それだけ増加するから、後者は前者からその差額分の利益を取得したことと評価しうる。したがって、右利益を無償で取得すれば、相続税法9条所定の「みなし贈与」に該当すると解すべきである。

③　同族会社の新株の発行に伴う失権株に係る新株の発行が行われなかった場合

　同族会社の新株の発行に際し、会社法第202条第1項《株主に株式の割当てを受ける権利を与える場合》の規定により株式の割当てを受ける権利（以下「株式割当権」といいます。）を与えられた者が、株式割当権の全部若しくは一部について同法第204条第4項《募集株式の割当て》に規定する申込みをしなかった場合又は当該申込みにより同法第206条第1号《募集株式の引受け》に規定する募集株式の引受人となった者が同法第208条第3項《出資の履行》に規定する出資の履行をしなかった場合において、当該申込み又は出資の履行をしなかった新株（以下「失権株」といいます。）に係る新株の発行が行われなかったことにより、結果的に新株発行割合（新株の発行前の当該同族会社の発行済株式の総数（当該同族会社の有する自己株式の数を除きます。）に対する新株の発行により出資の履行があった新株の総数の割合をいいます。）を超えた割合で新株を取得した者があるときは、その者のうち失権株主（新株の全部の取得をしなかった者及び結果的に新株発行割合に満たない割合で新株を取得した者をいいます。）の親族等については、当該失権株の発行が行われなかったことにより受けた利益の総額のうち、次の算式により計算した金額に相当する利益をその者の親族等である失権株主のそれぞれから贈与によって取得したものとして取り扱われます（相基通9－7）。

> A　その者が受けた利益の総額
>
> $\left(\begin{array}{l}\text{新株の発行後}\\\text{の1株当たり}\\\text{の価額(a)}\end{array}\right) \times \left\{\left(\begin{array}{l}\text{その者の新株の発}\\\text{行前における所有}\\\text{株式数(b)}\end{array}\right) + \left(\begin{array}{l}\text{その者が取得し}\\\text{た新株の数(c)}\end{array}\right)\right\}$
>
> $- \left\{\left(\begin{array}{l}\text{新株の発行前}\\\text{の1株当たり}\\\text{の価額(d)}\end{array}\right) \times \left(\begin{array}{l}\text{その者の新株の発}\\\text{行前における所有}\\\text{株式数(b)}\end{array}\right) + \left(\begin{array}{l}\text{新株の1株当た}\\\text{りの払込金額(e)}\end{array}\right) \times \left(\begin{array}{l}\text{その者が取得し}\\\text{た新株の数(c)}\end{array}\right)\right\}$
>
> B　親族等である失権株主のそれぞれから贈与により取得したものとする利益の金額
>
> その者が受けた利益の総額 × $\dfrac{\text{親族等である各失権株主が与えた利益の総額(g)}}{\text{各失権株主が与えた利益の総額(f)}}$

(注) 1 Aの算式中の「a」は次により計算した価額による。

$$\frac{d \times \text{新株の発行前の発行済株式の総数}(h) + e \times \text{新株の発行により出資の履行があった新株の総数}(i)}{h + i}$$

2 Bの算式中の「f」は失権株主のそれぞれについて次により計算した金額の合計額による。
（d×b＋e×c）－a×（b＋c）

3 Bの算式中の「g」は、失権株主のうち親族等である失権株主のそれぞれについて2の算式により計算した金額による。

【設例】失権株の発行が行われなかった場合の利益の額

A社は資本金1,000万円（発行済株式数2万株）の同族会社です。この度、資本金を2,000万円とするために新株の発行をすることとし、次表の②のとおり各株主にその保有する株式数に比例して株式割当を行いました。

この株式割当に対して、払込みが行われ新たに発行された株式の数は、次表の③のとおりです。

なお、A社の新株発行前の1株当たりの株式の価額は2,600円であり、新株1株当たりの払込金額は500円です。

(単位：株)

	① 新株発行前の保有株式数	② 与えられた株式割当権の数	③ 取得した新株の数	④ 失権株の数 (②－③)
甲	10,000	10,000	2,000	8,000
乙（甲の妻）	3,000	3,000	1,000	2,000
丙（甲の子）	4,000	4,000	4,000	0
丁（甲の子）	2,000	2,000	2,000	0
戊（他人）	1,000	1,000	1,000	0
合　計	20,000	20,000	10,000	10,000

〈回答〉

① 新株の発行前の1株当たりの価額　2,600円

② 新株発行後の1株当たりの価額

　イ　新株発行後の株式の価額の総額

（新株発行前の1株当たりの価額）　（新株発行前の発行済株式数）　（1株当たりの払込金額）　（払込みが履行された新株の数）
（　2,600円　×　20,000株　）＋（500円　×　10,000株）＝57,000,000円

　ロ　新株発行後の1株当たりの価額

（イの金額）　（新株発行前の発行済株式数）　（払込みが履行された新株の数）　（新株発行後の1株当たりの価額）
57,000,000円　÷　（　20,000株　＋　10,000株　）＝　1,900円

③ 失権株主が与えた利益の額

　イ　甲の場合

（新株発行前の1株当たりの価額）　（新株発行前の保有株式数）　（1株当たりの払込金額）　（払込みが履行された新株の数）
（　2,600円　×　10,000株　）＋（　500円　×　2,000株　）

$$-\ (\underset{\substack{\text{(新株発行後の}\\ \text{1株当たりの価額)}}}{1,900円} \times \underset{\substack{\text{(新株発行後の}\\ \text{保有株式数)}}}{12,000株})\ =\ \underset{\text{(与えた利益の総額)}}{4,200,000円}$$

ロ 乙の場合

$$(\underset{\substack{\text{(新株発行前の}\\ \text{1株当たりの価額)}}}{2,600円} \times \underset{\substack{\text{(新株発行前の}\\ \text{保有株式数)}}}{3,000株})\ +\ (\underset{\text{(1株当たりの払込金額)}}{500円} \times \underset{\substack{\text{(払込みが履行}\\ \text{された新株の数)}}}{1,000株})$$

$$-\ (\underset{\substack{\text{(新株発行後の}\\ \text{1株当たりの価額)}}}{1,900円} \times \underset{\substack{\text{(新株発行後の}\\ \text{保有株式数)}}}{4,000株})\ =\ \underset{\text{(与えた利益の総額)}}{700,000円}$$

④ 丙が受けた利益

イ 丙が受けた利益の総額

$$(\underset{\substack{\text{(新株発行後の}\\ \text{1株当たりの価額)}}}{1,900円} \times \underset{\substack{\text{(新株発行後の}\\ \text{保有株式数)}}}{8,000株})$$

$$-\ (\underset{\substack{\text{(新株発行前の}\\ \text{1株当たりの価額)}}}{2,600円} \times \underset{\substack{\text{(新株発行前の}\\ \text{保有株式数)}}}{4,000株}\ +\ \underset{\substack{\text{(1株当たりの}\\ \text{払込金額)}}}{500円} \times \underset{\substack{\text{(払込みが履行}\\ \text{された新株の数)}}}{4,000株})$$

$$=\ \underset{\text{(受けた利益の総額)}}{2,800,000円}$$

ロ 丙が甲から受けた利益の額

$$\underset{\text{(受けた利益の総額)}}{2,800,000円} \times \frac{4,200,000円}{4,200,000円+700,000円}\ =\ \underset{\text{(甲が与えた利益の額)}}{2,400,000円}$$

ハ 丙が乙から受けた利益の額

$$\underset{\text{(受けた利益の総額)}}{2,800,000円} \times \frac{700,000円}{4,200,000円+700,000円}\ =\ \underset{\text{(甲が与えた利益の額)}}{400,000円}$$

⑤ 丁が受けた利益

イ 丁が受けた利益の総額

$$(\underset{\substack{\text{(新株発行後の}\\ \text{1株当たりの価額)}}}{1,900円} \times \underset{\substack{\text{(新株発行後の}\\ \text{保有株式数)}}}{4,000株})$$

$$-\ (\underset{\substack{\text{(新株発行前の}\\ \text{1株当たりの価額)}}}{2,600円} \times \underset{\substack{\text{(新株発行前の}\\ \text{保有株式数)}}}{2,000株}\ +\ \underset{\substack{\text{(1株当たりの}\\ \text{払込金額)}}}{500円} \times \underset{\substack{\text{(払込みが履行}\\ \text{された新株の数)}}}{2,000株})$$

$$=\ \underset{\text{(受けた利益の総額)}}{1,400,000円}$$

ロ 丁が甲から受けた利益の額

$$\underset{\text{(受けた利益の総額)}}{1,400,000円} \times \frac{4,200,000円}{4,200,000円+700,000円}\ =\ \underset{\text{(甲が与えた利益の額)}}{1,200,000円}$$

ハ 丁が乙から受けた利益の額

$$\underset{\text{(受けた利益の総額)}}{1,400,000円} \times \frac{700,000円}{4,200,000円+700,000円}\ =\ \underset{\text{(甲が与えた利益の額)}}{200,000円}$$

④ 無利子の金銭貸与等

夫と妻、親と子、祖父母と孫等特殊の関係がある者相互間で、無償又は無利子で土地、家屋、金銭等の貸与があった場合には、相続税法第9条に規定する利益を受けた場合に該当するものとして取り扱うこととされています（相基通9-10）。すなわち、無償又は無利子で借り受けることにより支払わずに済む各年の地代、家賃、利子等に相当する金額を経済的利益の額として贈与税が課税されることとなります。

ただし、その利益を受ける金額が少額である場合又は課税上弊害がないと認められる場合には、強いてこの取扱いをしなくてもよいとされています（相基通9－10ただし書き）。

なお、夫と妻、親と子、祖父母と孫等特殊の関係がある者相互間で、無償又は無利子で土地、家屋、金銭等の貸与があった場合、それが事実上贈与であるのにもかかわらず、貸与の形式をとったものであることが少なくありません。特に、金銭の授与に当たっては、「ある時払いの催促なし」、「出世払い」というように、弁済の履行について債務者（子や孫など）の意思のみによる停止条件を付されたものについては、その金銭の授与が贈与と認定されれば、贈与税が課されることとなります。

⑤ 婚姻の取消し又は離婚により財産の取得があった場合

婚姻の取消し又は離婚による財産の分与によって取得した財産（民法第768条《財産分与》、第771条《協議上の離婚の規定の準用》及び第749条《離婚の規定の準用》参照）については、贈与により取得した財産とはなりません（相基通9－8）。

ただし、その分与に係る財産の額が、婚姻中の夫婦の協力によって得た財産の額その他一切の事情を考慮しても、なお、過当であると認められる場合におけるその過当である部分の価額、又は離婚を手段として贈与税若しくは相続税のほ脱を図ると認められる場合におけるその離婚により取得した財産の価額は、贈与によって取得した財産とされます（相基通9－8ただし書き）。

民法では、婚姻の取消し又は離婚があった場合には、その夫婦の一方は、相手方に対して財産の分与を請求することができることとなっています。この財産分与請求権には、①婚姻中の夫婦が協力して蓄積した財産の清算、②離婚後において生活に困窮する配偶者に対する扶養、③有責配偶者の相手方配偶者に対する慰謝料などの性質があるといわれています。

ところで、この財産分与請求権に基づく給付については、その給付される金額のうち、夫婦財産の清算部分がいくらなのか、扶養部分がいくらなのか、また、慰謝料部分がいくらなのかについては、通常、明確にされることはありません。仮に、その区分ができたとすれば、慰謝料部分については、本来贈与には該当しないということができますが、夫婦財産の清算部分については、相続税法第9条に規定する「利益」に該当するのではないかとの疑問も生じるところです。

しかし、これらの給付は、いずれも、離婚によって生じた財産分与請求権に基づいて給付されるものであり、贈与によって取得するものではないことから、財産分与によって取得した財産は、贈与により取得したものとして取り扱わないこととされています。ただし、財産分与の制度を利用して、贈与税又は相続税のほ脱を図ろうとする場合におけるその離婚により取得した財産やその分与財産の価額が婚姻中の夫婦の協力によって得た財産の額その他の事情を考慮してもなお過当であると認められる場合におけるその過当な部分については、相続税法第9条の規定にのっとり、贈与があったものとして取り扱われることとなります（森田哲也編『相続税法基本通達逐条解説（令和2年11月改訂版）』大蔵財務協会、174頁）。

⑥ 第三者の利益に帰する負担付贈与

負担付の贈与があった場合において、その負担額が第三者の利益に帰する場合は、その第三

者がその負担額に相当する額を、贈与によって取得したこととなります（相基通9－11前段）。

この場合において、当該負担が停止条件付のものであるときは、その条件が成就した時に、その負担額相当額を贈与によって取得したことになります（相基通9－11後段）。

⑦ 共有持分の放棄

共有に属する財産の共有者の1人がその持分を放棄（相続の放棄を除きます。）したときは、その者に係る持分は他の共有者に帰属しますが（民法255）、この場合に、その帰属権利者がその持分に応じ、贈与により取得したものとされます（相基通9－12）。

裁判例　相続税法第9条の趣旨

東京高裁昭和52年7月27日判決（控訴棄却・上告）（昭和51年2月17日東京地裁判決（棄却・控訴））

相続税法第9条の規定は、私法上の贈与契約によって財産を取得したものではないが、贈与と同じような実質を有する場合に贈与の意思がなければ贈与税を課税することができないとするならば、課税の公平を失うことになるので、この不合理を補うために、実質的に対価を支払わないで経済的利益を受けた場合においては、贈与契約の有無に拘わらず贈与により取得したものとみなし、これを課税財産として贈与税を課税することとしたものである。

裁判例　第一次遺産分割協議を補完する第二次遺産分割協議

東京高裁平成12年1月26日判決（控訴棄却・上告）（平成11年2月25日東京地裁判決（棄却・控訴））

事実関係、特に第二次分割協議書の記載内容及びその作成経過に照らせば、第二次分割協議書は第一次分割協議書を解除することなく、その効力を維持した上で、第二次分割財産のみを対象とする遺産分割協議書として作成されたものというべきであり、その前提として第一次分割協議書の解除が明示的に合意されたと認めることはできない。……以上によれば、……新たに経済的利益を無償にて移転する趣旨でされたものというべきであり、右部分に関する代償債権の額は、贈与により取得したというべきである。

裁判例　親子間の高額売買

名古屋地裁平成2年4月27日判決（棄却・確定）

請求人は、その所有する競走馬が故障馬でその価額が著しく低いものであることを認識していなが

ら、親子という関係を利用して請求人の父に極めて高額で譲渡しているから、父が第三者に転売したときの価額を超える金額は父から贈与を受けたものと認めるのが相当である。

6 信託財産

(1) 課税の概要

　信託とは、信託契約、遺言又は意思表示の書面への記載しくは電磁的記録により、特定の者（受託者）が一定の目的に従い財産の管理又は処分及びその他の目的の達成のために必要な行為を行うものです（信託法2①、3）。

　信託契約などの信託行為により信託の受益権を取得する行為は、法律上の贈与や遺贈には該当しませんが、実質的には贈与や遺贈と同様の効果をもたらすことから、相続税法においては、一定の受益権の取得を贈与又は遺贈による受益権の取得とみなす処置が講じられています。

　また、受益権が転移した場合、信託が終了し残余財産が権利者に移転した場合などについても、同様の考え方から贈与税又は相続税の課税対象とみなす措置が講じられています。

(2) 贈与により取得したとみなす信託に関する権利

(1) 信託（退職年金の支給を目的とする信託その他の信託で次の（注1）に掲げるものを除きます。以下 6 において同じです。）の効力が生じた場合において、適正な対価を負担せずにその信託の受益者等（受益者としての権利を現に有する者及び特定委託者（注2）をいいます。以下同じです。）となる者があるときは、その信託の効力が生じた時（契約の時）（信託法4①））において、その信託の受益者等となる者は、その信託に関する権利をその信託の委託者から贈与により取得したものとみなされます（相法9の2①、相令1の6）。

　なお、その信託の委託者の死亡に基因して当該信託の効力が生じた場合には、その信託の受益者等となる者は、その信託に関する権利をその信託の委託者から遺贈により取得したものとみなされます（相法9の2①かっこ書き）。

(注1) ① 確定給付企業年金法第65条第3項に規定する資産管理運用契約に係る信託
② 確定拠出年金法第8条第2項に規定する資産管理契約に係る信託
③ 法人税法附則第20条第3項に規定する適格退職年金契約に係る信託
④ 上記①から③に掲げる信託に該当しない退職給付金に関する信託で、その委託者の使用人（法人の役員を含む。）又はその遺族をその信託の受益者とするもの

(注2)「特定委託者」とは、信託の変更をする権限（信託の目的に反しないことが明らかである場合に限り信託の変更をすることができる権限を除き、他の者との合意により信託の変更をすることができる権限を含みます。）を現に有し、かつ、その信託の信託財産の給付を受けることとされている者（受益者を除きます。）をいいます（相法9の2⑤、相令1の7）。

(2) 受益者等の存する信託について、適正な対価を負担せずに新たにその信託の受益者等が存

するに至った場合（下記の(4)の規定の適用がある場合を除きます。）には、その受益者等が存するに至った時において、その信託の受益者等となる者は、その信託に関する権利をその信託の受益者等であった者から贈与により取得したものとみなされます（相法9の2②）。

なお、その信託の受益者等の死亡に基因して受益者等が存するに至った場合には、その信託の受益者等となる者は、その信託に関する権利をその信託の受益者等であった者から遺贈により取得したものとみなされます（相法9の2②かっこ書き）。

(3) 受益者等の存する信託について、その信託の一部の受益者等が存しなくなった場合において、適正な対価を負担せずにすでにその信託の受益者等である者がその信託に関する権利について新たに利益を受けることとなるときは、その信託の一部の受益者等が存しなくなった時において、その利益を受ける者は、その利益をその信託の一部の受益者等であった者から贈与により取得したものとみなされます（相法9の2③）。

なお、その信託の受益者等であった者の死亡に基因して当該利益を受けた場合には、その信託に関する権利について利益を受けることとなる者は、その利益をその信託の一部の受益者等であった者から遺贈により取得したものとみなされます（相法9の2③かっこ書き）。

(4) 受益者等の存する信託が終了した場合において、適正な対価を負担せずにその信託の残余財産の給付を受けるべき、又は帰属すべき者となった時において、その信託の残余財産の給付を受けるべき又は帰属すべき者となった者は、その信託の残余財産（その信託の終了の直前においてその者がその信託の受益者等であった場合には、その受益者等として有していたその信託に関する権利に相当するものを除きます。）をその信託の受益者等から贈与により取得したものとみなされます（相法9の2④）。

なお、その信託の受益者等の死亡に基因して当該信託が終了した場合において、その信託の残余財産の給付を受けるべき又は帰属すべき者となった者は、その信託の残余財産をその信託の受益者等から遺贈により取得したものとみなされます（相法9の2④かっこ書き）。

(注) 上記(1)から(3)までの規定により贈与により取得したものとみなされる信託に関する権利又は利益を取得した者は、その信託の信託財産に属する資産及び負債を取得し、又は承継したものとみなして、相続税法（相続税法第41条第2項《物納の要件》を除きます。）の規定を適用します。ただし、法人税法第2条第29号に規定する集団投資信託、同条29号の2に規定する法人課税信託又は同法第12条第4項第1号に規定する退職年金等信託の信託財産に属する資産及び負債については、この限りではありません（相法9の2⑥）。

(3) 受益者連続型信託

受益者連続型信託に関する権利を受益者（受益者が存しない場合にあっては、特定委託者）が適正な対価を負担せずに取得した場合において、その受益者連続型信託に関する権利（異なる受益者が性質の異なる受益者連続型信託に係る権利（その権利のいずれかに収益に関する権利が含まれるものに限ります。）をそれぞれ有している場合にあっては、収益に関する権利が含まれるものに限ります。）でその受益者連続型信託の利益を受ける期間の制限その他のその受益者連続型信託に関する権利の価値に作用する要因としての制約が付されているものについ

ては、その制約は、付されていないものとみなされます。

ただし、その受益者連続型信託に関する権利を有する者が法人（代表者又は管理者の定めのある人格のない社団又は財団を含みます。）である場合は、この限りではありません（相法９の３①、相令１の８、１の12）。

(注１) 受益者連続型信託とは、次に掲げる信託をいいます（相法９の３①、相令１の８）。
① 信託法第91条《受益者の死亡により他の者が新たに受益権を取得する旨の定めのある信託の特例》に規定する信託
② 信託法法第89条第１項《受益者指定権等》に規定する受益者指定権等を有する者の定めのある信託
③ 受益者等の死亡その他の事由により、当該受益者等の有する信託に関する権利が消滅し、他の者が新たな信託に関する権利（その信託の信託財産を含みます。）を取得する定め（受益者等の死亡その他の事由により順次他の者が信託に関する権利を取得する旨の定めを含みます。）のある信託（上記①の信託を除きます。）
④ 受益者等の死亡その他の事由により、その受益者等の有する信託に関する権利が他の者に移転する旨の定め（受益者等の死亡その他の事由により順次他の者が信託に関する権利を取得する旨の定めを含みます。）のある信託
⑤ 上記①から④までの信託以外の信託でこれらの信託に類する信託

(注２) (3)において「受益者」とは、受益者としての権利を現に有する者をいいます（相法９の３②）。

(4) 受益者等が存しない信託等の特例

(1) 受益者等が存しない信託の効力が生ずる場合において、その信託の受益者等となる者がその信託の委託者の親族として下記の（注）に掲げる者（以下「親族」といいます。）であるとき（その信託の受益者等となる者が明らかでない場合にあっては、その信託が終了した場合にその委託者の親族がその信託の残余財産の給付を受けることとなるとき）は、その信託の効力が生ずる時において、その信託の受託者は、その委託者からその信託に関する権利を贈与により取得したものとみなされます（相法９の４①、相令１の９、１の10）。

なお、委託者の死亡に基因して当該信託の効力が生ずる場合にあっては、遺贈により取得したものとみなされます（相法９の４①かっこ書）。

(注) ① ６親等内の血族
② 配偶者
③ ３親等内の姻族
④ その信託の受益者等となる者が信託の効力が生じた時において存しない場合には、その者が存するものとしたときにおいて①から③に掲げる者に該当する者
⑤ その信託の委託者が信託の効力が生じた時において存しない場合には、その者が存するものとしたときにおいて①から③に掲げる者に該当する者

(2) 受益者等の存する信託について、その信託の受益者等が存しないこととなった場合（以下「受益者等が不存在となった場合」といいます。）において、その受益者等の次に受益者等となる者がその信託の効力が生じた時の委託者又はその次に受益者等となる者の前の受益者等の親族であるとき（その次に受益者等となる者が明らかでない場合にあっては、その信託が終了した場合にその委託者又はその次に受益者等となる者の前の受益者の親族がその信託の

残余財産の給付を受けることとなるとき）は、その受益者等が不存在となった場合に該当することとなった時において、その信託の受託者は、その次に受益者等となる者の前の受益者等からその信託に関する権利を贈与により取得したものとみなされます（相法9の4②）。

　なお、次に受益者等となる者の前の受益者等の死亡に基因して当該次に受益者等となる者の前の受益者等が存しないこととなった場合には、遺贈により取得したものとみなされます（相法9の4②かっこ書き）。

(注)　上記(1)及び(2)の適用がある場合において、これらの信託の受託者が個人以外であるときは、その受託者を個人とみなして、相続税法その他相続税又は贈与税に関する法令の規定を適用することとされています（相法9の4③）。

(3)　受益者等が存しない信託について、その信託の契約が締結された時その他の時として次の①から③に掲げる時（以下「契約締結時等」といいます。）において存しない者がその信託の受益者等となる場合において、その信託の受益者等となる者がその信託の契約締結時等における委託者の親族であるときは、その存しない者がその信託の受益者等となる時において、その信託の受益者等となる者は、その信託に関する権利を個人から贈与により取得したものとみなされます（相法9の5、相令1の11）。

①　信託法第3条第1号に掲げる方法によってされる信託については、委託者となるべき者と受託者となるべき者との間の信託契約の締結の時

②　信託法第3条第2号に掲げる方法によってされる信託については、遺言者の死亡の時

③　信託法第3条第3号に掲げる方法によってされる信託のうち、

　　イ　公正証書又は公証人の認証を受けた書面若しくは電磁的記録によってされる場合は、その公正証書等の作成の時

　　ロ　公正証明書等以外の書面又は電磁的記録によってされる場合には、受益者となるべき者として指定された第三者（その第三者が2人以上ある場合にあっては、その1人）に対する確定日付のある証書によるその信託がされた旨及びその内容の通知の時

7 特別の法人（持分の定めのない法人）から受ける特別の利益の享受

　次の①に掲げる法人に対し財産の贈与又は遺贈があった場合には、次の②に掲げる者がその財産（相続税法第12条第1項第3号又は同法第21条の3第1項第3号の非課税財産を除きます。）の贈与又は遺贈によりその法人から受ける利益の価額に相当する金額を、①に掲げる法人に対し贈与又は遺贈をした者から贈与又は遺贈により取得したものとみなされ、贈与税又は相続税が課されます（相法65①）。

①　持分の定めのない法人（持分の定めのある法人で持分を有する者がいないものを含みます。）で、その施設の利用、余裕金の運用、解散した場合の財産の帰属等について、設立者、社員、理事、監事、評議員、その持分の定めのない法人に贈与をした者又はこれらの

者の親族その他相続税法施行令第31条に規定する特別の関係がある者に対し特別の利益を与えることとなっている法人
② 持分の定めのない法人の設立者、社員、理事、監事、その持分の定めのない法人に贈与をした者又はこれらの者の親族及び相続税法施行令第31条に規定する特別の関係がある者で当該財産の贈与により特別の利益を受ける者

この取扱いは、持分の定めのない法人が財産の贈与により設立された場合において、当該法人から特別の利益を受ける者がその設立により受ける利益についても準用されます（相法65③）。

第3節 贈与税の非課税財産

贈与により取得した財産（贈与により取得したものとみなされる財産を含みます。）であっても、贈与税の課税対象とならないもの（贈与税の非課税財産）があります。

1 法人から贈与を受けた財産

法人からの贈与により取得した財産に対しては、贈与税は課税されません（相法21の3①一）。ただし、法人からの贈与については、一時所得等として、所得税が課税されることとなります（所基通34－1⑸）。

2 扶養義務者相互間における生活費又は教育費に充てるための贈与

扶養義務者相互間において生活費又は教育費に充てるためにした贈与により取得した財産のうち通常必要と認められるものは、贈与税の非課税財産とされています（相法21の3①二）。扶養義務者の範囲（相基通1の2－1）については、第2節⑵を参照してください。

| 裁決例 | 扶養義務者相互間における生活費又は教育費に充てるための贈与 |

令和2年4月16日裁決（棄却）

請求人は、内縁関係にある者も相続税法第1条の2《定義》に規定する「配偶者」に含まれ、相続税法第21条の3第1項第2号に規定する「扶養義務者」に該当する旨主張する。しかしながら、「配偶者」について相続税法には定義規定は置かれていないところ、身分関係の基本法である民法は、婚姻の届出をすることによって婚姻の効力が生ずる旨規定し、そのような法律上の婚姻をしたものを「配偶者」としていることから、相続税法上の「配偶者」についても、法律上の婚姻関係にある者を意味すると解すべきである。したがって、法律上の婚姻関係がない者は、相続税法第1条の2に規定する

「配偶者」に含まれず、相続税法第21条の3第1項第2号に規定する「扶養義務者」には該当しない。

❸ 一定の公益事業を行う者が贈与を受けた公益事業用の財産

　宗教、慈善、学術その他公益を目的とする事業を行う一定の者が贈与により取得した財産で、当該公益を目的とする事業の用に供することが確実なものは、贈与税の非課税財産とされています（相法21の3①三）。

　宗教、慈善、学術その他公益を目的とする事業を行う一定の者については、第Ⅰ部第3章第3節❹(2)を参照してください（相令4の5、2）。

　なお、上記の公益事業を行う一定の者が、贈与により取得した財産で、当該公益を目的とする事業の用に供することが確実なものについて、その財産を贈与により取得した日から2年を経過した日においてなお当該公益を目的とする事業の用に供していない場合には当該財産の価額は、贈与税の課税価格に算入されることとなります（相法21の3②）。

❹ 特定の公益信託から交付される金品

　所得税法第78条《寄附金控除》第3項に規定する特定公益信託（以下❹において「特定公益信託」といいます。）で学術に関する顕著な貢献を表彰するものとして、若しくは顕著な価値がある学術に関する研究を奨励するものとして財務大臣の指定するものから交付される金品で財務大臣の指定するもの又は学生若しくは生徒に対する学資の支給を行うことを目的とする特定公益信託から交付される金品については、贈与税は課税されません（相法21の3①四）。

❺ 地方公共団体が実施する心身障害者共済制度に基づく給付金の受給権

　条例の規定により地方公共団体が精神又は身体に障害のある者に関して実施する共済制度で政令で定めるものに基づいて支給される給付金を受ける権利については、贈与税は課税されません（相法21の3①五、相令2の2）。

❻ 公職の候補者が選挙運動に関して贈与を受けた金銭等

　公職選挙法の適用を受ける選挙における公職の候補者が選挙運動に関し贈与により取得した金銭、物品その他の財産上の利益で同法第189条《選挙運動に関する収入及び支出の報告書の提出》の規定による報告がなされたものについては、贈与税は課税されません（相法21の3①

五)。

相続開始年に被相続人から贈与を受けた財産

相続又は遺贈により財産を取得した者が、その相続のあった年にその被相続人から贈与を受けた財産で、特定贈与財産に該当しないものは、贈与税の非課税財産とされ、相続税の課税対象となります（相法21の2④）。

社交上の香典や贈答品など

個人から受ける香典、花輪代、年末年始の贈答、祝物又は見舞い等のための金品で、法律上贈与に該当するものであっても、社交上の必要によるもので贈与者と受贈者との関係等に照らして社会通念上相当と認められるものについては、贈与税を課税しないことに取り扱われています（相基通21の3－9）。

特定障害者扶養信託契約に基づく信託受益権

特定障害者（相続税法第19条の4第2項に規定する特別障害者及び同項に規定する障害者（特別障害者を除きます。）のうち、精神上の障害により事理を弁識する能力を欠く常況にある者その他の精神に障害がある者として政令で定めるもの）が、信託会社及び信託業務を営む金融機関（以下「信託会社等」といいます。）の営業所等で日本国内にあるもの（以下「受託者の営業所等」といいます。）において、その特定障害者を受益者とする特定障害者扶養信託契約に基づいてその信託契約に係る財産の信託がされることにより信託受益権を有することとなる場合において、受託者の営業所等を経由してその信託がされる日までに、その信託受益権につき障害者非課税信託申告書を納税地の所轄税務署長に提出したときは、その信託受益権でその価額のうち、6,000万円（特定障害者のうち特別障害者以外の者は、3,000万円）までの金額に相当する部分の価額については、贈与税の課税価格に算入しないこととされています（相法21の4①、相令4の8、4の9、相基通21の4－1）。

■ 特定障害者扶養信託契約

特定障害者扶養信託契約とは、個人が信託会社等と締結した次に掲げる財産の信託に関する契約で、その個人以外の1人の特定障害者を信託の利益の全部についての受益者とするもののうち、当該契約に基づく信託が、その特定障害者の死亡の日に終了するものとされるなどの次の要件を備えたものをいいます（相法21の4②）。

(1) 信託財産の範囲（相令4の11）
① 金銭
② 有価証券

③ 金銭債権
④ 立本及びその立木の生立する土地（その立木とともに信託されるものに限られます。）
⑤ 継続的に相当の対価を得て他人に使用させる不動産
⑥ その特定障害者の居住の用に供する不動産（上記①から⑤までに掲げる財産のいずれかの財産とともに信託されるものに限られます。）

(2) 特定障害者扶養信託契約の要件（相令4の11）
① その信託は、その契約の締結の際における受益者たる特定障害者の死亡の日に終了することとされていること
② その信託は、原則として、取消し又は合意による終了ができず、かつ、その信託の期間及びその契約に係る受益者を変更することができない旨が定められていること
③ その信託の収益の分配を含め信託財産の交付に係る金銭の支払いは、受益者たる特定障害者の生活又は療養の需要に応ずるため、定期に、かつ、その実際の必要に応じ適切に行われることとされていること
④ 信託された財産の運用は、安定した収益の確保を目的として適正に行うこととされているものであること
⑤ その契約に基づく信託に係る信託受益権については、その譲渡に係る契約を締結し、又はこれを担保に供することができない旨の定めがあること

⑩ 住宅取得等資金の非課税の適用を受ける金銭

(1) 制度の概要

　令和6年1月1日から令和8年12月31日までの間に、父母又は祖父母などの直系尊属から、自己の居住の用に供する住宅用の家屋の「新築」、「取得」又は「増改築等」の対価に充てるための金銭（⑩において「住宅取得等資金」といいます。）を贈与により取得した場合において、一定の要件を満たすときには、住宅資金非課税限度額までの金額について贈与税が非課税とされます（⑩においてこの特例制度を「住宅取得等資金贈与の特例」といいます。）（措法70の2①）。
　この場合の「新築」には、贈与を受けた年の翌年3月15日において屋根（その骨組みを含みます。）を有し、土地に定着した建造物として認められる時以後の状態にあるものが含まれます（措規23の5の2①）。また、「増改築等」には、贈与を受けた年の翌年3月15日において増築又は改築部分の屋根（その骨組みを含みます。）を有し、既存の家屋と一体となって土地に定着した建造物として認められる時以後の状態にあるものが含まれます（措規23の5の2②）。

誤りやすい事例 住宅取得等資金の贈与を2人から受けた場合

　私は、令和6年5月に父と祖父の2人から住宅取得のための資金として1,000万円ずつ

贈与を受け、その資金で同月中に省エネ等住宅を取得し、同年中に居住を開始しました。贈与者ごとに住宅取得等資金贈与の特例の適用を受けられますか。

> **解　説**

住宅取得資金の贈与を受けた場合の非課税制度における非課税限度額は、受贈者1人について1,000万円が限度となりますので、あなたが贈与を受けた2,000万円（1,000万円＋1,000万円）のうち1,000万円までの部分について住宅取得資金の贈与を受けた場合の非課税制度の適用を受けることができます。

なお、この非課税制度の適用に当たって、誰からの贈与について、いくらの適用を受けるかは、受贈者の選択となります。

> **誤りやすい事例**　贈与の翌年3月15日までに購入したマンションの引渡しを受けられなかった場合

令和6年10月にマンションの購入契約を締結し、父から贈与を受けた住宅取得等資金300万円を頭金に充当しました。令和7年3月15日時点ではマンションの主要構造部の工事は完了し、内装工事が行われている状態でした。このマンションは4月末までに完成し、5月中に引渡しを受ける予定です。このマンションは、令和7年3月15日において屋根を有し、土地に定着した建造物として認められる時以後の状態にありましたので、令和6年に父から贈与を受けた300万円について住宅取得等資金贈与の特例を適用することができますか。

> **解　説**

住宅用家屋の「新築」の場合には、贈与を受けた年の翌年3月15日において、屋根（その骨組みを含みます。）を有し、土地に定着した建造物として認められる時以後の状態にあれば「新築」したものとされますが、「取得」の場合には同様の規定はありませんので、贈与を受けた住宅取得等のための金銭を建売住宅又は分譲マンションの取得の対価に充てている場合であっても、贈与を受けた年の翌年3月15日までにその引渡しを受けていなければ、この特例制度の適用を受けることはできません。

(2) 住宅資金非課税限度額

令和6年1月1日から令和8年12月31日までの間に住宅取得等資金の贈与を受けた場合の受贈者ごとの非課税限度額は、受贈者がこの特例制度の適用を受けようとする住宅用の家屋の種類に応じて、次表のとおりとなります（措法70の2②六）。

なお、すでに非課税制度の適用を受けて贈与税が非課税となった金額がある場合には、その金額を控除した残額が非課税限度額になります（措法70の2①かっこ書き）。

住宅用家屋の種類	非課税限度額
省エネ等住宅	1,000万円
省エネ等住宅以外の住宅	500万円

■ 省エネ等住宅

　省エネ等住宅とは、次の省エネ等基準に適合する住宅用家屋であることについて、下表（添付書類）に掲げるAからFのいずれかの証明書などを贈与税の申告書に添付することにより証明がされたものをいいます（措規23の5の2⑤、平成24年3月31日国土交通省告示第391号）。

〈省エネ等基準（措規23の5の2⑤、平成24年3月31日国土交通省告示第391号）〉

家屋の区分		省エネ等基準			添付する書類
		省エネルギー性能	耐震性能	バリアフリー性能	
①	新築した住宅用の家屋	断熱等性能等級5以上（注1）、かつ、一次エネルギー消費量等級6以上（注2）	耐震等級（構造躯体の倒壊等防止）2以上又は免震建築物	高齢者等級配慮対策等級（専用部分）3以上	下表（添付書類）のAからEのいずれかの書類
②	建築後使用されたことのない住宅用の家屋				
③	建築後使用されたことのある住宅用の家屋	断熱等性能等級4以上、又は一次エネルギー消費量等級4以上			
④	増改築等をした住宅用の家屋				下表（添付書類）のA、B又はFのいずれかの書類

（注1）　断熱等性能等級の評価基準のうち、結露の発生を防止する対策に関する基準を除きます。
（注2）　令和5年12月31日までに建築確認を受けた住宅用の家屋又は令和6年6月30日までに建築された住宅用の家屋で、断熱等性能等級4以上又は一次エネルギー消費量等級4以上のいずれかに適合する住宅用の家屋であることにつき、証明されたものについては、省エネ等住宅に該当するものとみなされます。
　　　なお、その省エネ等住宅に該当するものとみなされた住宅用の家屋が、令和5年12月31日までに建築確認を受けたもの（令和6年6月30日までに建築されたものを除きます。）の場合は、下表（添付書類）のAからEのいずれかの書類に加えて、確認済証の写し又は検査済証の写しの添付も必要になります。

◆添付書類◆

	証明書などの種類	証明対象の家屋
A	住宅性能証明書（注1）	① 新築をした住宅用の家屋 ② 建築後使用されたことのない住宅用の家屋 ③ 建築後使用されたことのある住宅用の家屋 ④ 増改築等をした住宅用の家屋
B	建設住宅性能評価書の写し（注1）	
C	住宅省エネルギー性能証明書（注2）	① 新築をした住宅用の家屋 ② 建築後使用されたことのない住宅用の家屋 ③ 建築後使用されたことのある住宅用の家屋
D	次のa及びbの両方の書類（注3） 　a．長期優良住宅建築等計画の認定通知書の写し（注4）	

	b. 住宅用家屋証明書（その写し）又は認定長期優良住宅建築証明書（注5）	
E	次のc及びdの両方の書類 c. 低炭素建築物新築等計画の認定通知書の写し d. 住宅用家屋証明書（その写し）又は認定低炭素住宅建築証明書（注5）	
F	増改築等工事証明書（注6）	④ 増改築等をした住宅用の家屋

(注1) 証明対象の家屋が建築後使用されたことのある住宅用の家屋の場合は、その取得の日前2年以内又は取得の日以後に、その証明のための家屋の調査が終了したもの又は評価されたものに限ります。
(注2) 次の家屋の区分に応じ、それぞれ次に定めるものに限ります。
　⑴　新築又は建築後使用されたことのない住宅用の家屋　その家屋の取得の日前に、その証明のための家屋の調査が終了したもの
　⑵　建築後使用されたことのある住宅用の家屋　その家屋の取得の日前2年以内又は取得の日以後6か月以内に、その証明のための家屋の調査が終了したもの
(注3) 長期優良住宅建築等計画等の（変更）認定通知書の区分が「既存」である場合は、bの書類を除きます。
(注4) 認定に基づく地位の承継があった場合には、地位の承継の承認通知書の写しも必要です。
(注5) 証明対象の家屋が建築後使用されたことのある住宅用の家屋の場合は、住宅用家屋証明書（若しくはその写し）を除きます。
(注6) 増改築等に係る工事が住宅用の家屋を省エネ等住宅の基準に適合させるためのものであることについて証明がされたものに限ります。

(3) 非課税の特例を適用することができる受贈者

1	贈与を受けた時に贈与者の直系卑属（贈与者は受贈者の直系尊属）であること（措法70の2①）。 （注）配偶者の父母（又は祖父母）は直系尊属には当たりませんが、養子縁組をしている場合は直系尊属に当たります（措通70の2－1）。
2	贈与を受けた年の1月1日において18歳以上であること（措法70の2②一）。
3	贈与を受けた年の年分の所得税に係る合計所得金額が2,000万円以下（新築等をした住宅用の家屋の床面積が40㎡以上50㎡未満である場合は、1,000万円以下）であること（措法70の2②一、措令40の4の2①）。 （注）「合計所得金額」とは、次の①と②の合計額に、退職所得金額、山林所得金額を加算した金額です（措法70の2②一、所法2①三十）。 　※　申告分離課税の所得がある場合には、それらの所得金額（長（短）期譲渡所得については特別控除前の金額）の合計額を加算した金額です。 　　① 事業所得、不動産所得、給与所得、総合課税の利子所得・配当所得・短期譲渡所得及び雑所得の合計額（損益の通算後の金額） 　　② 総合課税の長期譲渡所得と一時所得の合計額（損益の通算後の金額）の2分の1の金額 　　ただし、繰越控除（純損失、雑損失、居住用財産の買換え等の場合の譲渡損失及び特定居住用財産の譲渡損失の繰越控除など）を受けている場合は、その適用前の金額をいいます。

4	平成21年分から令和5年分までの贈与税の申告で「住宅取得等資金の贈与を受けた場合の贈与税の非課税」の適用を受けたことがないこと（以下、この期間の「住宅取得等資金の贈与を受けた場合の贈与税の非課税」の制度を「旧非課税制度」といいます。）（令和6年改正措法附則54⑥）。
5	住宅用の家屋を、自己の配偶者、親族などの一定の特別の関係がある人から取得したものではないこと、又はこれらの人との請負契約等により新築若しくは増改築等をしたものではないこと（措法70の2②五）。
6	贈与を受けた年の翌年3月15日までに、住宅取得等資金の全額を充てて住宅用家屋の新築等をすること（措法70の2①一、二、三）。
7	贈与を受けた時に、日本国内に住所を有し、かつ、日本国籍を有していること（措法70の2②一）。 （注）贈与を受けた時に上記の要件に該当しない場合であっても、一定の要件の下に、対象となる場合があります。
8	贈与を受けた年の翌年3月15日までにその家屋に居住すること又は同日後遅滞なくその家屋に居住することが確実であると見込まれること（措法70の2①一、二）。 （注）贈与を受けた年の翌年12月31日までにその家屋に居住していないときは、原則としてこの特例制度の適用を受けることはできませんので、修正申告が必要となります（措法70の2④）。

誤りやすい事例　配偶者の親から住宅取得資金の贈与を受けた場合

私は、自分の父と妻の父から500万円ずつ住宅取得資金の贈与を受け、省エネ等基準に適合する住宅を購入する予定です。いずれの者からの贈与についても、住宅取得資金資金の贈与を受けた場合の非課税規定を適用することができるでしょうか。

解説

住宅取得等資金贈与の特例を適用することができる贈与は、直系尊属からの贈与に限られます。配偶者の親は、直系尊属には該当しませんので、配偶者の親から受けた贈与については、この特例を適用することはできません。

なお、配偶者の親との間で養子縁組をしたときには、養親となった配偶者の親は、直系尊属に当たることから、この特例を適用することができます。

(4) 非課税規定の対象となる住宅用家屋の新築若しくは取得又は増改築

「住宅用の家屋の新築」には、その新築とともにするその敷地の用に供される土地等又は住宅用の家屋の新築に先行してするその敷地の用に供されることとなる土地等の取得が含まれ、「住宅用の家屋の取得又は増改築等」には、その住宅用の家屋の取得又は増改築等とともにするその敷地の用に供される土地等の取得が含まれます（措法70の2①一、二）。

また、対象となる住宅用の家屋は、日本国内にあるものに限られます（措令40の4の2②）。

① **新築又は取得の場合の要件**

① 新築又は取得をした住宅用の家屋の登記簿上の床面積（マンションなどの区分所有建物の場合はその専有部分の床面積）が40㎡以上240㎡以下で、かつ、その家屋の床面積の2分の1以上に相当する部分が受贈者の居住の用に供されるものであること（措令40の4の2②）。

② 取得をした住宅用の家屋が次のいずれかに該当するものであること。

　イ　建築後使用されたことのない住宅用の家屋（措法70の2②二）

　ロ　建築後使用されたことのある住宅用の家屋で、昭和57年1月1日以後に建築されたもの（措法70の2②三、措令40の4の2③）

　ハ　建築後使用されたことのある住宅用の家屋で、地震に対する安全性に係る基準に適合するものであることにつき、次のいずれかの書類（家屋の取得の日前2年以内に、その証明のための家屋の調査が終了したもの、評価されたもの又は保険契約が締結されたものに限ります。）により証明がされたもの（措法70の2②三、措令40の4の2③、措規23の5の2③、平成21年国土交通省告示第685号）

　　a．耐震基準適合証明書

　　b．建設住宅性能評価書の写し（耐震等級に係る評価が等級1、2又は3であるもの）

　　c．既存住宅売買瑕疵担保責任保険契約が締結されていることを証する書類

　ニ　上記ロ及びハのいずれにも該当しない建築後使用されたことのある住宅用の家屋で、その住宅用の家屋の取得の日までに同日以後その住宅用の家屋の耐震改修を行うことにつき、次に掲げる申請書等に基づいて都道府県知事などに申請をし、かつ、贈与を受けた年の翌年3月15日までにその耐震改修によりその住宅用の家屋が耐震基準に適合することとなったことにつき、次に掲げる証明書等により証明がされたもの（措法70の2⑦、措令40の4の2⑨、措規23の5の2⑥⑦⑧、平成26年国土交通省告示第430号）

	申請書等 ※　住宅用の家屋の取得の日までに行った申請に係るものに限ります。	証明書等 ※　贈与を受けた年の翌年3月15日までに耐震基準に適合することとなった住宅用の家屋に係るものに限ります。	〈参考〉 耐震改修を行うことについての申請先
A	建築物の耐震改修の計画の認定申請書	耐震基準適合証明書	都道府県知事等
B	耐震基準適合証明申請書（仮申請書）	耐震基準適合証明書	建築士、指定確認検査機関、登録住宅性能評価機関、住宅瑕疵担保責任保険法人
C	建設住宅性能評価申請書（仮申請書）	建設住宅性能証明書の写し（耐震等級に係る評価が等級1、2又は3であるもの）	登録住宅性能評価機関

| D | 既存住宅売買瑕疵担保責任保険契約の申込書 | 既存住宅売買瑕疵担保責任契約が締結されていることを証する書類 | 住宅瑕疵担保責任保険法人 |

② 増改築等の場合の要件

① 増改築等をした後の住宅用の家屋の登記簿上の床面積（マンションなどの区分所有建物の場合はその専有部分の床面積）が40㎡以上240㎡以下で、かつ、その家屋の床面積の2分の1以上に相当する部分が受贈者の居住の用に供されるものであること（措法70の2②四、措令40の4の2⑥二）。

② 増改築等の工事が、自己が所有し、かつ、居住している家屋に対して行われたもので、一定の工事に該当することについて次のいずれかの書類により証明がされたものであること（措令40の4の2⑤、措規23の5の2④）

a．確認済証の写し

b．検査済証の写し

c．増改築等工事証明書（増改築等に係る工事が、住宅用の家屋について行う給水管、排水管又は雨水の侵入を防止する部分に係る修繕又は模様替である場合には、住宅瑕疵担保責任保険法人が引受けを行ったリフォーム工事瑕疵担保責任保険契約が締結されていることを証する書類も併せて提出します。）

③ 増改築等に係る工事に要した費用の額が100万円以上であること（措法70の2②四イ、措令40の4の2⑥一）。

また、増改築等の工事に要した費用の額の2分の1以上が、自己の居住の用に供される部分の工事に要したものであること。

> **誤りやすい事例**　贈与を受けた金銭を住宅の敷地の取得に充てた場合
>
> 私は、夫と共に住宅を取得するに当たり、父から贈与を受けた金銭の全額をその敷地（土地）の取得資金に充てて、その土地の上の家屋は夫が銀行からの借入金により取得しました。この結果、土地は私と夫の共有、家屋は夫の単独所有となりましたが、私が父から贈与を受けた金銭について住宅取得等資金贈与の特例の適用を受けることはできますか。
>
> **解説**
>
> 住宅取得等資金贈与の特例は、贈与を受けた金銭を、新築等をする住宅用家屋の敷地の用に供される土地等の取得に充てる場合も対象となりますが、その贈与を受けた年の翌年3月15日までに、その取得した土地の上の住宅用の家屋を所有する（共有持分を有する場合も含みます。）こととならない場合はこの非課税制度の適用を受けることはできません。

(5) 非課税制度を適用するための手続き

　住宅取得等資金贈与の特例は、贈与税の申告書の提出期間内に贈与税の申告書及び一定の添付書類を提出した場合に限り、その適用を受けることができます（措法70の2⑭）。

(6) 申告後に非課税制度の適用が認められなくなる場合

　住宅取得等資金について上記(1)の非課税の特例制度の適用を受けた特定受贈者が、住宅取得等資金の贈与を受けた日の属する年の翌年3月15日後において、次に掲げる場合に該当するときは、同項の規定は、適用できません。この場合において、特定受贈者は、次に掲げる場合に該当することとなった日から2か月以内に、同項の規定の適用を受けた年分の贈与税についての修正申告書を提出し、かつ、当該期限内に当該修正申告書の提出により納付すべき税額を納付しなければなりません（措法70の2④）。

　なお、特定贈与者が修正申告書の提出をしないときは、修正申告書に記載すべきであった贈与税の額その他の事項につき納税地の所轄税務署長により、更正処分が行われることとなります（措法70の2⑤）。

① 特定受贈者が、新築をした住宅用家屋又は取得をした建築後使用されたことのない住宅用家屋を、住宅取得等資金を贈与により取得をした日の属する年の翌年3月15日後遅滞なくその者の居住の用に供することが確実であると見込まれることにより住宅取得等資金贈与の特例の適用を受けた場合において、これらの住宅用家屋を同年12月31日までにその者の居住の用に供していなかったとき

② 特定受贈者が、既存住宅用家屋を住宅取得等資金を贈与により取得をした日の属する年の翌年3月15日後遅滞なく当該特定受贈者の居住の用に供することが確実であると見込まれることにより住宅取得等資金贈与の特例の適用を受けた場合において、当該既存住宅用家屋を同年12月31日までに当該特定受贈者の居住の用に供していなかったとき

③ 特定受贈者が、増改築等をした住宅用の家屋を贈与により住宅取得等資金の取得をした日の属する年の翌年3月15日後遅滞なく当該特定受贈者の居住の用に供することが確実であると見込まれることにより同項の規定の適用を受けた場合において、当該住宅用の家屋を同年12月31日までに当該特定受贈者の居住の用に供していなかったとき

　なお、上記による修正申告書で上記の提出期限内に提出されたものについては、国税通則法第20条の規定が適用される場合を除き、期限内申告書とみなされます（措法70の2⑥一）。

(7) 災害等があった場合の住宅取得等資金贈与の特例の適用

① 住宅取得資金の非課税制度の再適用

　現行の住宅取得等資金贈与の特例又は旧非課税特例（平成21年から令和5年までの間における住宅取得資金等の特例をいいます。）の適用を受けた住宅用の家屋が、被災者生活再建支援法第2条第2号に規定する政令で定める自然災害により滅失（通常の修繕によっては原状回復が

困難な損壊を含みます。以下同じです。）をした場合については、次の措置が設けられています。なお、被災者生活再建支援法第2条第2号に規定する政令で定める自然災害以外の災害による滅失の場合は、次の措置の適用はありません。

① 住宅取得等資金贈与の特例の適用を受けてすでに贈与税が非課税となった金額がある場合であっても、その受贈者が新たに贈与を受けた金銭で住宅用の家屋の新築等をするときは、非課税限度額の算定に当たってはその金額を控除する必要はありません（措法70の2⑫）。

② 平成21年分から令和5年分までの贈与税の申告で住宅取得等資金贈与の特例の適用を受けた場合でも、一定の要件を満たすときには、住宅取得等資金贈与の特例の適用を受けることができます（措法70の2⑬）。

(注)　「被災者生活再建支援法第2条第2号に規定する政令で定める自然災害」とは、同法の適用を受ける暴風、豪雨、豪雪、洪水、高潮、地震、津波、噴火その他の異常な自然現象により生ずる被害をいいます。

② 取得期限及び居住期限の延長並びに居住要件の免除

住宅取得等資金贈与の特例及び住宅取得等資金の贈与を受けた場合の相続時精算課税選択の特例における住宅用家屋の取得期限及び居住期限並びに居住要件について、災害に基因するやむを得ない事情等が生じた場合には、次の措置が設けられています。

① 災害に基因するやむを得ない事情により、贈与を受けた年の翌年3月15日までに住宅用の家屋の新築等ができなかった場合には、住宅用家屋の取得期限及び居住期限がそれぞれ1年延長されます（措法70の2⑪）。

② 新築等をした住宅用の家屋が災害によって滅失をしたことにより、贈与を受けた年の翌年3月15日までに居住できなかったときであっても、上記の制度の適用を受けることができます（措法70の2⑨）。

③ 災害に基因するやむを得ない事情により、贈与を受けた年の翌年12月31日までにその住宅用の家屋に居住できなかった場合には、その居住期限が1年延長されます（措法70の2⑩）。

11 直系尊属から教育資金の一括贈与を受けた場合の贈与税の非課税措置

(1) 制度の概要

平成25年4月1日から令和8年3月31日までの間に、教育資金管理契約締結する日において30歳未満の者が、①その直系尊属と受託者との間の教育資金管理契約に基づき信託の受益権を取得した場合、②その直系尊属からの書面による贈与により取得した金銭を教育資金管理契約に基づき銀行等の営業所、事務所その他これらに準ずるもので日本国内にあるもの（以下「営業所等」といいます。）に預金若しくは貯金として預入した場合、又は③教育資金管理契約に

基づきその直系尊属からの書面による贈与により取得した金銭等で金融商品取引業者の営業所等において有価証券を購入した場合には、その信託の受益権、金銭又は金銭等（以下「信託受益権等」といいます。）の価額のうち1,500万円までの金額（すでにこの特例の適用を受けて贈与税の課税価格に算入しなかった金額がある場合には、その算入しなかった金額を控除した残額）に相当する部分の価額については、贈与税の課税価格に算入されません（措法70の２の２）。

ただし、その者の信託受益権等を取得した日の属する年の前年分の合計所得金額が1,000万円を超える場合には、適用できません（措法70の２の２①ただし書き）。

(2) 教育資金管理契約

教育資金管理契約とは、受贈者の教育に必要な教育資金を管理することを目的とする契約であって次に掲げるものをいいます（措法70の２の２②二、措令40の４の３）。

①	当該受贈者の直系尊属と受託者との間の信託に関する契約で次に掲げる事項が定められているもの 　イ　信託の主たる目的は、教育資金の管理とされていること。 　ロ　受託者がその信託財産として受け入れる資産は、金銭等に限られるものであること。 　ハ　当該受贈者を信託の利益の全部についての受益者とするものであること。 　ニ　信託財産から教育資金の支払いに充てた金銭に相当する額の払出しを受ける場合又は教育資金の支払いに充てるための金銭の交付を受ける場合には、受贈者は受託者に領収書等の提出又は提供をすること。 　ホ　教育資金管理契約に基づく信託は、取消しができず、かつ、租税特別措置法第70条の２の２第14項各号に掲げる事由（(4)参照）の区分に応じ当該各号に定める日のいずれか早い日に終了すること。 　ヘ　教育資金管理契約に基づく信託の受益者は変更することができないこと。 　ト　教育資金管理契約に基づく信託受益権については、その譲渡に係る契約を締結し、又はこれを担保に供することができないこと。
②	当該受贈者と銀行等との間の普通預金（普通貯金）、貯蓄預金（貯蓄貯金）、定期預金（定期貯金）又は通知預金（貯金）に係る契約で次に掲げる事項が定められているもの 　イ　教育資金の支払いに充てるために預金又は貯金を払い出した場合には、当該受贈者は銀行等に領収書等の提出又は提供をすること。 　ロ　教育資金管理契約に係る預金又は貯金に係る契約は、受贈者が解約の申入れをすることができず、かつ、租税特別措置法第70条の２の２第14項各号に掲げる事由（(4)参照）の区分に応じ当該各号に定める日のいずれか早い日に終了すること。 　ハ　教育資金管理契約に係る預金又は貯金については、その譲渡に係る契約を締結し、又はこれを担保に供することができないこと。
③	当該受贈者と金融商品取引業者との間の有価証券の保管の委託に係る契約で次に掲げる事項が定められているもの 　イ　教育資金の支払いに充てるために有価証券の譲渡、償還その他の事由により金銭の交付を受けた場合には、当該受贈者は金融商品取引業者に領収書等の提出又は提供をすること。

ロ 教育資金管理契約に係る有価証券の保管の委託に関する契約は、受贈者が解約の申入れをすることができず、かつ、租税特別措置法第70条の2の2第14項各号に掲げる事由（⑷参照）の区分に応じ当該各号に定める日のいずれか早い日に終了すること。
ハ 受贈者が有する有価証券の保管の委託に関する契約に係る権利については、譲渡に係る契約を締結することができないこと。
ニ 教育資金管理契約に基づいて保管される有価証券は、これを担保に供することができないこと。

(3) 教育資金

直系尊属から教育資金の一括贈与を受けた場合の贈与税の非課税措置の対象となる教育資金とは、次の①又は②に掲げる金銭をいいます（措法70の2の2②一）。

① 学校等に直接支払われる金銭

次表に掲げる学校等に直接支払われる入学金、授業料及び入園料並びに施設設備費その他の文部科学大臣が財務大臣と協議して定める金銭（措法70の2の2②一イ、措令40の4の3⑥⑦、平成25年3月30日文部科学省告示68号1）

〈学校等〉

①	学校教育法第1条に規定する学校
②	学校教育法第124条に規定する専修学校
③	学校教育法第134条第1項に規定する各種学校
④	児童福祉法第39条第1項に規定する保育所その他これに類するものとして財務省令で定めるもの
⑤	就学前の子どもに関する教育、保育等の総合的な提供の推進に関する法律第2条第6項に規定する認定こども園（学校教育法第1条に規定する幼稚園及び児童福祉法第39条第1項に規定する保育所を除きます。）
⑥	学校教育法第1条に規定する学校若しくは同法第124条に規定する専修学校に相当する外国の教育施設又はこれらに準ずる外国の教育施設として財務省令で定めるもの 具体的には、文部科学大臣が財務大臣と協議して決めた次の教育施設が該当します（措規23の5の3、平成25年3月30日文部科学省告示68号3）。 イ 外国において外国の学校教育制度において位置付けられた教育施設 ロ 所定の課程を修了した者が当該課程の修了により学校教育法施行規則第150条第1号に該当する場合における当該課程を有する教育施設及び同令第155条第1項第4号若しくは第2項第5号又は第177条第5号の規定により文部科学大臣が指定した教育施設 ハ 海外に在留する邦人の子女のための在外教育施設で、文部科学大臣が小学校、中学校又は高等学校の課程と同等の課程を有するものとして認定したもの ニ 外国人を対象に教育を行うことを目的として我が国において設置された教育施設であって、その教育活動等について、アメリカ合衆国カリフォルニア州に主たる事務所が所在する団体であるウェスタン・アソシエーション・オブ・スクールズ・アンド・カレッジズ、同国コロラド州に主たる事務所が所在する団体であるアソシエーション・オ

	ブ・クリスチャン・スクールズ・インターナショナル又はグレートブリテン及び北部アイルランド連合王国ハンプシャー市に主たる事務所が所在する団体であるカウンセル・オブ・インターナショナル・スクールズの認定を受けたもの ホ　国際連合大学本部に関する国際連合と日本国との間の協定の実施に伴う特別措置法第1条第2項に規定する1972年12月11日の国際連合総会決議に基づき設立された国際連合大学
⑦	国立研究開発法人水産研究・教育機構法に規定する国立研究開発法人水産研究・教育機構の施設、独立行政法人海技教育機構法に規定する独立行政法人海技教育機構の施設、独立行政法人航空大学校法に規定する独立行政法人航空大学校及び高度専門医療に関する研究等を行う国立研究開発法人に関する法律に規定する国立研究開発法人国立国際医療研究センターの施設
⑧	職業能力開発促進法に規定する職業能力開発総合大学校、職業能力開発大学校、職業能力開発短期大学校、職業能力開発校、職業能力開発促進センター及び障害者職業能力開発校（職業能力開発大学校、職業能力開発短期大学校、職業能力開発校及び職業能力開発促進センターにあっては、国若しくは地方公共団体又は同法に規定する職業訓練法人が設置するものに限ります。）

〈文部科学大臣が財務大臣と協議して定める金銭〉

①	入学金、授業料、入園料及び保育料並びに施設設備費
②	入学又は入園のための試験に係る検定料
③	在学証明、成績証明その他学生、生徒、児童、幼児又は乳児（以下(3)において「学生等」といいます。）の記録に係る証明に係る手数料及びこれに類する手数料
④	前各号に掲げるもののほか、学用品の購入費、修学旅行費又は学校給食費その他学校等における教育に伴って必要な費用に充てるための金銭

② **学校等以外の者に直接支払われる金銭**

　学校等以外の者に、教育に関する役務の提供の対価、施設の使用料その他の受贈者の教養、知識、技術又は技能の向上のために直接支払われる金銭として文部科学大臣が財務大臣と協議して定めるもの（措法70の2の2②一ロ、措令40の4の3⑧、平成25年3月30日文部科学省告示68号2）

〈文部科学大臣が財務大臣と協議して定める金銭〉

　次表に掲げる金銭であって、教育のために支払われるもの（国外において支払われるものを含みます。）として社会通念上相当と認められるもの（租税特別措置法第70条の2の2第2項第2号に規定する受贈者が23歳に達した日の翌日以後に支払われる①から④までに掲げる金銭（教育訓練（雇用保険法第60条の2第1項に規定する教育訓練をいいます。）を受けるために支払われる金銭を除きます。）を除きます。）とされています。

①	教育に関する役務の提供の対価
②	施設の使用料

③	スポーツ又は文化芸術に関する活動その他教養の向上のための活動に係る指導への対価として支払われる金銭
④	①に規定する役務又は前号に規定する指導において使用する物品の購入に要する金銭であって、当該役務の提供又は当該指導を行う者に直接支払われるもの
⑤	学用品の購入費、修学旅行費又は学校給食費その他学校等における教育に伴って必要な費用に充てるための金銭であって、学生等の全部又は大部分が支払うべきものと当該学校等が認めたもの
⑥	通学定期券代
⑦	租税特別措置法施行令第40条の4の3第6項第3号に掲げる外国の教育施設に就学するための渡航費（1回の就学につき1回の往復に要するものに限ります。）又は学校等（同号に掲げる外国の教育施設を除きます。）への就学に伴う転居に要する交通費であって公共交通機関に支払われるもの（1回の就学につき1回の往復に要するものに限ります。）

(4) 教育資金管理契約の終了

　教育資金管理契約は、次の「終了事由」欄のいずれかに該当することとなった場合に、「終了の日」欄に掲げる日に終了することとなります（措法70の2の2⑭）。

	終了事由	終了の日
①	受贈者が30歳に達したこと（当該受贈者が30歳に達した日において学校等に在学している場合又は教育訓練を受けている場合（当該受贈者がこれらの場合に該当することについて政令で定めるところにより取扱金融機関の営業所等に届け出た場合に限ります。）を除きます。）	当該受贈者が30歳に達した日
②	受贈者（30歳以上の者に限ります。次号において同じです。）がその年中のいずれかの日において学校等に在学した日又は教育訓練を受けた日があることを政令で定めるところにより取扱金融機関の営業所等に届け出なかったこと	その年の12月31日
③	受贈者が40歳に達したこと	当該受贈者が40歳に達した日
④	受贈者が死亡したこと	当該受贈者が死亡した日
⑤	教育資金管理契約に係る信託財産の価額が零となった場合、教育資金管理契約に係る預金若しくは貯金の額が零となった場合又は教育資金管理契約に基づき保管されている有価証券の価額が零となった場合において受贈者と取扱金融機関との間でこれらの教育資金管理契約を終了させる合意があつたこと	当該教育資金管理契約が当該合意に基づき終了する日

　上記の事由（④の事由を除きます。）に該当したことにより、教育資金口座に係る契約が終了した場合に、非課税拠出額から教育資金支出額を控除した残額があるときは、その残額が上

記の事由に応じそれぞれに定める日の属する年の受贈者の贈与税の課税価格に算入されます（④の事由に該当した場合には、贈与税の課税価格に算入されるものはありません。）（措法70の2の2⑮）。その結果、その年の贈与税の課税価格の合計額が基礎控除額を超えるなどの場合には、贈与税の申告期限までに贈与税の申告を行う必要があります。この場合、暦年課税で申告を行うときにおいて、令和5年4月1日以後に取得した信託受益権等に対応する部分は、特例税率は適用されず、一般税率が適用されます（措法70の2の2⑰二）。

(5) 贈与者死亡時の課税関係

イ 原則

　①受託者との間の教育資金管理契約に基づき受贈者を受益者とする信託をした当該受贈者の直系尊属、②受贈者に対し教育資金管理契約に基づき預金若しくは貯金の預入をするための金銭の書面による贈与をした当該受贈者の直系尊属又は③受贈者に対し教育資金管理契約に基づき有価証券の購入をするための金銭等の書面による贈与をした当該受贈者の直系尊属（以下「贈与者」といいます。）が、①教育資金管理契約に基づき信託をした日、②教育資金管理契約に基づき預金若しくは貯金をするための金銭の書面による贈与をした日又は③教育資金管理契約に基づき有価証券の購入をするための金銭等の書面による贈与をした日からこれらの教育資金管理契約の終了の日までの間に当該贈与者が死亡した場合の課税関係は次のとおりになります。

　(イ)　当該贈与者に係る受贈者については、当該贈与者が死亡した日における非課税拠出額から教育資金支出額（上記(3)の②に掲げる教育資金については、500万円を限度とします。）を控除して求めた残額として政令で定める金額（管理残額）を当該贈与者から相続（当該受贈者が当該贈与者の相続人以外の者である場合には、遺贈）により取得したものとみなして、相続税法その他相続税に関する法令の規定を適用します（措法70の2の2⑫二）。

　(ロ)　平成31年4月1日から令和3年3月31日までの間にその贈与者から信託受益権等の取得（その死亡前3年以内の取得に限ります。）をし、この非課税制度の適用を受けた場合
　　　贈与者の死亡前3年以内の信託受益権等の取得に限って、上記イと同様の課税関係となります（所得税法等の一部を改正する法律（令和3年法律第11号）附則75③）。

　(ハ)　当該贈与者から相続又は遺贈により管理残額以外の財産を取得しなかった受贈者に係る相続税法第19条の規定の適用については、同条第1項中「遺贈」とあるのは、「遺贈（租税特別措置法第70条の2の2第12項第2号（直系尊属から教育資金の一括贈与を受けた場合の贈与税の非課税）の規定により相続又は遺贈により取得したものとみなされる場合を除く。）」とされます。

ロ 例外

　贈与者の死亡の日において、受贈者が次のいずれかに該当する場合には、上記イは適用されません（措法70の2の2）。

　①　23歳未満である場合

②　学校等に在学している場合
③　教育訓練（雇用保険法第60条の2第1項に規定する教育訓練をいいます。）を受けている場合

ただし、令和5年4月1日以後に信託受益権等を取得した者について、贈与者から相続又は遺贈（当該贈与者からの贈与により取得した財産で相続税法第21条の9第3項（第70条の2の6第1項、第70条の2の7第1項（第70条の2の8において準用する場合を含みます。）又は第70条の3第1項において準用する場合を含みます。）の規定の適用を受けるものに係る贈与を含みます。）により財産を取得したすべての者に係る上記イの適用がないものとした場合における相続税の課税価格の合計額が5億円を超えるときは、この取扱いはありません（措法70の2の2⑬ただし書き）。

誤りやすい事例　教育資金の贈与を受けた孫に対する2割加算の適用

受贈者が贈与者の孫（相続人には該当しません。）である場合において、贈与により取得をした信託受益権等の価額のうち、非課税拠出額から教育資金支出額を控除した残額について遺贈により取得したものとみなされて、相続税が課されるときに、相続税額の2割加算の適用がありますか。

解説

贈与者が死亡した場合、一定の場合を除き、その死亡した日における非課税拠出額から教育資金支出額を控除した残額のうち贈与者の死亡前3年以内にその贈与者から取得した信託受益権等で、この特例の適用を受けた部分の価額に対応する金額を、その贈与者から相続又は遺贈により取得したものとみなして、相続税の課税対象となるとされていました。この場合、この管理残額に対応する相続税については、相続税の2割加算の適用はないこととされていました（令和3年改正前の措法70の2の2⑩⑪）。

令和3年度の税制改正により、贈与者が死亡した場合には、受贈者が23歳未満である場合、学校等に在学している場合及び教育訓練給付金の支給対象となる教育訓練を受講している場合を除き、贈与から死亡までの年数にかかわらず、その死亡時における残額について相続財産に加算することとされるとともに、孫等が受贈者である場合には、相続税法第18条の規定により相続税額の2割加算が適用されることとなりました（措法70の2の2⑫⑬）。なお、この改正は、令和3年4月1日以後に贈与により取得した信託受益権等に対応する部分について適用されます（令和3年改正法附則75③）。

(6) 直系尊属から教育資金の一括贈与を受けた場合の贈与税の非課税措置の適用に関する手続き

① 教育資金口座の開設等

　直系尊属から教育資金の一括贈与を受けた場合の贈与税の非課税制度の適用を受けるためには、教育資金口座の開設等を行った上で、教育資金非課税申告書をその口座の開設等を行った金融機関等の営業所等を経由して、信託や預入などをする日（通常は教育資金口座の開設等の日となります。）までに、受贈者の納税地の所轄税務署長に提出等をしなければなりません（措法70の2の2③）。

　この教育資金非課税申告書は、金融機関等の営業所等が受理した日に税務署長に提出されたものとみなされます（措法70の2の2⑤）。

② 教育資金口座からの払出し及び教育資金の支払い

　教育資金口座からの払出し及び教育資金の支払いを行った場合には、教育資金口座の開設等の時に選択した教育資金口座の払出方法に応じ、その支払いに充てた金銭に係る領収書などその支払いの事実を証する書類等を、次の①又は②の提出期限までに金融機関等の営業所等に提出等をする必要があります（措法70の2の2⑨）。

①　教育資金を支払った後にその実際に支払った金額を口座から払い出す方法を選択した場合

　…領収書等に記載等がされた支払年月日から1年を経過する日

②　①以外の方法を選択した場合

　…領収書等に記載等がされた支払年月日の属する年の翌年3月15日

（注）　上記①又は②の教育資金口座の払出方法の選択は、受贈者が教育資金口座の開設等の時に行います。

③ 契約期間中に「贈与者が死亡した場合」の手続き等

　契約期間中に贈与者が死亡した場合において、次の①又は②に掲げる場合に該当するときは、贈与者が死亡した旨の金融機関等の営業所等への届出が必要となり、一定の事由に該当する場合を除き管理残高が相続等によって取得したものとみなされます（措法70の2の2⑫二、令和3年改正措法附則75③）。

①　令和3年4月1日以後にその贈与者から信託受益権等の取得をし、この非課税制度の適用を受けたとき

②　平成31年4月1日から令和3年3月31日までの間にその贈与者から信託受益権等の取得（その死亡前3年以内の取得に限ります。）をし、この非課税制度の適用を受けたとき

⑫ 直系尊属から結婚・子育て資金の一括贈与を受けた場合の贈与税の非課税措置

(1) 制度の概要

　平成27年4月1日から令和7年3月31日までの間に、個人（結婚・子育て資金管理契約を締結する日において18歳以上50歳未満の者に限ります。）が、その直系尊属と受託者との間の結婚・子育て資金管理契約に基づき信託の受益権を取得した場合、その直系尊属からの書面による贈与により取得した金銭を結婚・子育て資金管理契約に基づき銀行等の営業所、事務所その他これらに準ずるもので日本国内にあるもの（以下「営業所等」といいます。）において預金若しくは貯金として預入した場合、又は結婚・子育て資金管理契約に基づきその直系尊属からの書面による贈与により取得した金銭等で金融商品取引業者の営業所等において有価証券を購入した場合には、その信託の受益権、金銭又は金銭等（以下「信託受益権等」といいます。）の価額のうち1,000万円までの金額（すでに本特例の適用を受けて贈与税の課税価格に算入しなかった金額がある場合には、その算入しなかった金額を控除した残額）に相当する部分の価額については、贈与税の課税価格に算入されません（措法70の2の3①）。

　ただし、その者の信託受益権等を取得した日の属する年の前年分の合計所得金額が1,000万円を超える場合には適用できません（措法70の2の3①ただし書）。

　（注）　この非課税措置の適用期限は、令和9年3月31日まで延長される見込みです（「令和7年度税制改正の大綱」（令和6年12月27日閣議決定））。

(2) 結婚・子育て資金管理契約

　結婚・子育て資金管理契約とは、結婚・子育て資金を管理することを目的とする契約であって次に掲げるものをいいます（措法70の2の3②二、措令40の4の4⑧⑨⑩）。

| ① | 受贈者の直系尊属と受託者との間の信託に関する契約で次に掲げる事項が定められているもの
　イ　信託の主たる目的は、結婚・子育て資金の管理とされていること
　ロ　受託者がその信託財産として受け入れる資産は、金銭等に限られるものであること
　ハ　当該受贈者を信託の利益の全部についての受益者とするものであること
　ニ　信託財産から結婚・子育て資金の支払いに充てた金銭に相当する額の払出しを受ける場合又は結婚・子育て資金の支払いに充てるための金銭の交付を受ける場合には、受贈者は受託者に領収書等を提出すること
　ホ　結婚・子育て資金管理契約に基づく信託は、取消しができず、かつ、租税特別措置法第70条の2の3第13項各号に掲げる事由の区分に応じ当該各号に定める日のいずれか早い日に終了すること
　ヘ　結婚・子育て資金管理契約に基づく信託の受益者は変更することができないこと
　ト　結婚・子育て資金管理契約に基づく信託受益権については、その譲渡に係る契約を締 |

②	受贈者と銀行等との間の普通預金その他の財務省令で定める預金又は貯金に係る契約で次に掲げる事項が定められているもの 　イ　結婚・子育て資金の支払いに充てるために預金又は貯金を払い出した場合には、当該受贈者は銀行等に第9項に規定する領収書等を提出すること 　ロ　結婚・子育て資金管理契約に係る預金又は貯金に係る契約は、受贈者が解約の申入れをすることができず、かつ、租税特別措置法第70条の2の3第13項各号に掲げる事由の区分に応じ当該各号に定める日のいずれか早い日に終了すること 　ハ　結婚・子育て資金管理契約に係る預金又は貯金については、その譲渡に係る契約を締結し、又はこれを担保に供することができないこと
③	受贈者と金融商品取引業者との間の有価証券の保管の委託に係る契約で次に掲げる事項が定められているもの 　イ　結婚・子育て資金の支払いに充てるために有価証券の譲渡、償還その他の事由により金銭の交付を受けた場合には、当該受贈者は金融商品取引業者に第9項に規定する領収書等を提出すること 　ロ　結婚・子育て資金管理契約に係る有価証券の保管の委託に関する契約は、受贈者が解約の申入れをすることができず、かつ、租税特別措置法第70条の2の3第13項各号に掲げる事由の区分に応じ当該各号に定める日のいずれか早い日に終了すること 　ハ　受贈者が有する有価証券の保管の委託に関する契約に係る権利については、譲渡に係る契約を締結することができないこと 　ニ　結婚・子育て資金管理契約に基づいて保管される有価証券は、これを担保に供することができないこと

(3) 結婚・子育て資金

　直系尊属から結婚・子育て資金の一括贈与を受けた場合の贈与税の非課税措置の対象となる結婚・子育て資金とは、次に掲げる金銭をいいます（措法70の2の3②一）。

イ　受贈者の結婚に際して支出する費用で次表に掲げるものに充てる金銭 （措法70の2の3②一イ、措令40の4の4⑥、平成27年内閣府告示第48号）

①	受贈者の婚姻の日の1年前の日以後に支払われる当該婚姻に係る婚礼（結婚披露を含む。）のために要する費用として内閣総理大臣が財務大臣と協議して定めるもの 　具体的には、婚礼（結婚披露を含む。）のための施設の提供、衣服の貸与、贈答品の販売その他の便益の提供及びこれらに付随する物品の給付（これらを「婚礼事業」といいます。）の対価として支払われる金銭であって、婚礼事業を行う事業者に支払われるもの。
②	受贈者又は当該受贈者の配偶者の居住の用に供する家屋の賃貸借契約（当該受贈者が締結をするものに限ります。）であって当該受贈者の婚姻の日の1年前の日から当該婚姻の日以後1年を経過する日までの期間に締結をされるものに基づき当該締結の日（当該期間内に締結をされた当該受贈者又は当該受贈者の配偶者の居住の用に供する家屋の賃貸借契約が2以上ある場合には、これらの賃貸借契約のうち、最初の賃貸借契約の締結の日）以後3年を経過する日までに支払われる家賃、敷金その他これらに類する費用として内閣総理大臣が財務大臣

	と協議して定めるもの 　　具体的には、次のものが該当します。 　　イ　家賃、敷金及び共益費その他上記の賃貸借契約（当該賃貸借契約が2以上ある場合には、主としてその居住の用に供すると認められる一の家屋の賃貸借契約）に基づき支払われる金銭であって、当該賃貸借契約の締結の日以後3年を経過する日までに支払われるもの 　　ロ　礼金、仲介手数料及び契約更新料その他借賃以外に授受される金銭であって、賃貸人又は宅地建物取引業者に支払われるもの
③	受贈者が、当該受贈者及び当該受贈者の配偶者の居住の用に供するための家屋に転居（当該受贈者の婚姻の日の1年前の日から当該婚姻の日以後1年を経過する日までの期間にする転居に限ります。）をするための費用として内閣総理大臣が財務大臣と協議して定めるもの 　　具体的には、転居のための生活の用に供する家具その他の資産の運送に要する費用であって、運送業を営む者に支払われるもの

ロ　受贈者（当該受贈者の配偶者を含みます。）の妊娠、出産又は育児に要する費用で次に掲げるものに充てる金銭（措法70の2の3②一ロ、措令40の4の4⑦、平成27年内閣府告示第48号）

①	受贈者（当該受贈者の配偶者を含みます。）の不妊治療のために要する費用又は妊娠中に要する費用として内閣総理大臣が財務大臣と協議して定めるもの 　　具体的には、次のものが該当します。 　　イ　人工授精その他不妊治療に要する費用（不妊治療に係る医薬品（処方箋に基づき調剤されたものに限ります。）に要するものを含みます。）であって、病院、診療所又は薬局に支払われるもの 　　ロ　母子保健法第13条第1項の規定による妊婦に対する健康診査に要する費用又は妊娠に起因する疾患の治療に要する費用（当該治療に係る医薬品に要するものを含みます。）であって、病院、診療所、助産所又は薬局に支払われるもの
②	受贈者の出産の日以後1年を経過する日までに支払われる当該出産に係る分べん費その他これに類する費用として内閣総理大臣が財務大臣と協議して定めるもの（①に掲げる費用を除く。） 　　具体的には、次のものが該当します。 　　イ　分べん費、入院費、検査・薬剤料及び処置・手当料その他出産のための入院から退院までの間に要する費用、出産に起因する疾患の治療に要する費用（当該治療に係る医薬品に要するものを含みます。）又は母子保健法第13条第1項の規定による産婦に対する健康診査に要する費用であって、病院、診療所、助産所、薬局又は地方公共団体に支払われるもの 　　ロ　母子の心身の健康保持又は子育て支援のための宿泊施設の提供、相談、指導及び助言その他の便益の提供（以下「産後ケア」といいます。）の対価として支払われる金銭であって、産後ケアを行う病院、診療所、助産所又は地方公共団体（当該地方公共団体から委託を受けて産後ケアを行う者を含みます。）に支払われるもの（6泊分又は7回分に相当する金額を限度とします。）
③	受贈者の学校教育法第1条に規定する小学校就学前の子の医療のために要する費用として内

	閣総理大臣が財務大臣と協議して定めるもの 　具体的には、治療、予防接種法の規定による予防接種、母子保健法第12条第1項及び第13条第1項の規定による乳幼児に対する健康診査又は医薬品の対価として支払われる金銭であって、病院、診療所、助産所又は薬局に支払われるもの
④	学校教育法第1条に規定する幼稚園、児童福祉法第39条第1項に規定する保育所その他これらに類する施設として財務省令で定めるものを設置する者に支払う子に係る保育料その他これに類する費用として内閣総理大臣が財務大臣と協議して定めるもの 　具体的には、次のものが該当します。 　イ　入園料、保育料及び施設設備費 　ロ　入園のための試験に係る検定料 　ハ　在園証明その他記録に係る証明に係る手数料及びこれに類する手数料 　ニ　行事への参加に要する費用及び食事の提供に要する費用その他育児に伴って必要な費用

(4) 教育資金管理契約の終了

　結婚・子育て資金管理契約は、次に掲げる事由の区分に応じ当該各号に定める日のいずれか早い日に終了します（措法70の2の3⑬）。

	終了事由	終了の日
①	受贈者が50歳に達したこと	当該受贈者が50歳に達した日
②	受贈者が死亡したこと	当該受贈者が死亡した日
③	結婚・子育て資金管理契約に係る信託財産の価額が零となった場合、結婚・子育て資金管理契約に係る預金若しくは貯金の額が零となった場合又は結婚・子育て資金管理契約に基づき保管されている有価証券の価額が零となった場合において受贈者と取扱金融機関との間でこれらの結婚・子育て資金管理契約を終了させる合意があったこと	当該結婚・子育て資金管理契約が当該合意に基づき終了する日

(5) 贈与者死亡時の課税関係

　贈与者（受託者との間の結婚・子育て資金管理契約に基づき受贈者を受益者とする信託をした当該受贈者の直系尊属又は受贈者に対し結婚・子育て資金管理契約に基づき預金若しくは貯金の預入若しくは有価証券の購入をするための金銭等の書面による贈与をした当該受贈者の直系尊属をいいます。）が結婚・子育て資金管理契約に基づき信託をした日、結婚・子育て資金管理契約に基づき預金若しくは貯金をするための金銭の書面による贈与をした日又は結婚・子育て資金管理契約に基づき有価証券の購入をするための金銭等の書面による贈与をした日からこれらの結婚・子育て資金管理契約の終了の日までの間に、当該贈与者が死亡した場合の課税関係は次のとおりです（措法70の2の3⑫）。

イ 当該贈与者に係る受贈者については、当該贈与者が死亡した日における非課税拠出額から結婚・子育て資金支出額（上記(3)のイに掲げる結婚・子育て資金については、300万円を限度とします。）を控除して求めた残額（管理残額）を当該贈与者から相続（当該受贈者が当該贈与者の相続人以外の者である場合には、遺贈）により取得したものとみなして、相続税法その他相続税に関する法令の規定を適用します。

ロ 当該贈与者から相続又は遺贈により管理残額以外の財産を取得しなかった受贈者に係る相続税法第19条の規定の適用については、同条第1項中「遺贈」とあるのは、「遺贈（租税特別措置法第70条の2の3第12項第2号（直系尊属から結婚・子育て資金の一括贈与を受けた場合の贈与税の非課税）の規定によりみなされる相続又は遺贈を除く。）」とします。

(6) 直系尊属から結婚・子育て資金の一括贈与を受けた場合の贈与税の非課税措置の適用に関する手続き

① 結婚・子育て資金口座の開設等

直系尊属から結婚・子育て資金の一括贈与を受けた場合の贈与税の非課税制度の適用を受けるためには、結婚・子育て資金口座の開設等を行った上で、結婚・子育て資金非課税申告書をその口座の開設等を行った金融機関等の営業所等を経由して、信託や預入などをする日（通常は結婚・子育て資金口座の開設等の日となります。）までに、受贈者の納税地の所轄税務署長に提出等をしなければなりません（措法70の2の2③）。

結婚・子育て資金非課税申告書は、金融機関等の営業所等が受理した日に税務署長に提出されたものとみなされます（措法70の2の3⑤）。

② 結婚・子育て資金口座からの払出し及び結婚・子育て資金の支払い

結婚・子育て資金口座からの払出し及び結婚・子育て資金の支払いを行った場合には、結婚・子育て資金口座の開設等の時に選択した結婚・子育て資金口座の払出方法に応じ、その支払いに充てた金銭に係る領収書などその支払いの事実を証する書類を、次の①又は②の提出期限までにその金融機関等の営業所等に提出する必要があります（措法70の2の3⑨）。

① 結婚・子育て資金を支払った後にその実際に支払った金額を口座から払い出す方法を選択した場合

…領収書等に記載された支払年月日から1年を経過する日

② ①以外の方法を選択した場合

…領収書等に記載された支払年月日の属する年の翌年3月15日

③ 契約期間中に「贈与者が死亡した場合」の手続き等

契約期間中に「贈与者が死亡した場合」には、贈与者が死亡した旨の金融機関等の営業所等への届出が必要となります（措法70の2の3⑫一）。

第 4 節 贈与税の配偶者控除

1 概要

　その年において、贈与者との婚姻期間が20年以上である配偶者から専ら居住の用に供する土地若しくは土地の上に存する権利（以下「土地等」といいます。）若しくは家屋で日本国内にあるもの（以下この節において「居住用不動産」といいます。）又は金銭を贈与により取得した者（その年の前年以前のいずれかの年において贈与により当該配偶者から取得した財産に係る贈与税につき贈与税の配偶者控除の規定の適用を受けた者を除きます。）が、その贈与を受けた日の属する年の翌年3月15日までにその居住用不動産をその者の居住の用に供し、かつ、その後も引き続き居住の用に供する見込みであるとき、また、金銭の贈与を受けた場合にあっては、その贈与を受けた日の属する年の翌年3月15日までにその金銭をもって居住用不動産を取得して、これをその者の居住の用に供し、かつ、その後も引き続き居住の用に供する見込みであるときは、その年分の贈与税については、課税価格から2,000万円（その贈与により取得した居住用不動産の価額に相当する金額と、その贈与により取得した金銭のうち居住用不動産の取得に充てられた部分の金額の合計額が2,000万円未満の場合には、当該合計額）を控除します。
　この特例制度が贈与税の配偶者控除です（相法21の6①）。

2 居住用不動産の範囲

　贈与税の配偶者控除は、配偶者から贈与により国内に存する居住用不動産（居住用不動産を取得するための金銭を含みます。）を取得し、その取得の日の属する年の翌年3月15日までに居住の用に供し、その後も引き続き居住の用に供する見込みである場合に適用されます。
　この特例の対象となる居住用不動産には、次の財産も含まれます（相基通21の6－1）。
① 受贈配偶者（居住用不動産又は居住用不動産を取得するための金銭の贈与を受けた者で贈与税の配偶者控除の適用を受けられるものをいいます。）が取得した土地等又は家屋で、例えば、その取得の日の属する年の翌年3月15日現在において、店舗兼住宅及び当該店舗兼住宅の敷地の用に供されている土地等のように、その専ら居住の用に供している部分と居住の用以外の用に供されている部分がある場合において、その居住の用に供している部分の土地等及び家屋
　なお、この場合において、その居住の用に供している部分の面積が、その土地等又は家屋の面積のそれぞれのおおむね10分の9以上であるときは、その土地等又は家屋の全部を居住用不動産に該当するものとして差し支えないこととされています。
② 受贈配偶者がその者の専ら居住の用に供する家屋の存する土地等のみを取得した場合で、

当該家屋の所有者が当該受贈配偶者の配偶者又は当該受贈配偶者と同居するその者の親族であるときにおいて、その土地等

なお、この場合における土地等には、受贈配偶者の配偶者又は当該受贈配偶者と同居するその者の親族の有する借地権の設定されている土地（いわゆる底地）も含まれます（③において同じ）。

例えば、次のものが該当します（甲斐裕也編『相続税法基本通達逐条解説（令和6年版）』大蔵財務協会、427頁）。

イ 居住用家屋（その所有者が夫若しくは妻又は受贈配偶者と同居するその者の親族である場合に限ります。ホまでにおいて同じです。）の敷地の全部の贈与を受けた場合
ロ 居住用家屋の敷地の共有持分の贈与を受けた場合
ハ 居住用家屋の敷地の一部を分筆してその贈与を受けた場合
ニ 夫の所有する居住用家屋の敷地として夫が借りていた土地（底地）を取得するために夫から資金の贈与を受け、その底地を取得した場合
ホ 受贈配偶者の親族（例えば、長男）の所有する居住用家屋（受贈配偶者がその親族（長男）と同居している場合に限ります。）の敷地として夫が借りていた土地（底地）を取得するために夫から資金の贈与を受け、その底地を取得した場合
ヘ 夫の所有する配偶者居住権の目的となっている家屋の敷地の用に供されている土地等の贈与を受けた場合

③ 受贈配偶者が店舗兼住宅の用に供する家屋の存する土地等のみを取得した場合で、当該受贈配偶者が当該家屋のうち住宅の部分に居住し、かつ、当該家屋の所有者が当該受贈配偶者の配偶者又は当該受贈配偶者と同居するその者の親族であるときにおける当該居住の用に供している部分の土地等

上記の居住用不動産の「取得」には家屋の増築も含まれます（相基通21の6-4）。

また、居住用不動産には、相続税法第21条の6第1項に規定する居住用不動産に該当するものが信託財産に含まれる信託に関する権利（信託財産に含まれる金銭により特例適用不動産を取得した場合を含み、相続税法第9条の2第6項ただし書きに規定する信託に関する権利を除きます。）が含まれます（相令4の6③）。

❸ 居住用部分の判定

受贈配偶者の居住の用に供している家屋のうちに居住の用以外の用に供されている部分のある家屋及び当該家屋の敷地の用に供されている土地等（以下「店舗兼住宅等」といいます。）に係る上記❷のその居住の用に供している部分は、次により判定することとなります（相基通21の6-3）。

① 当該家屋のうちその居住の用に供している部分は、次の算式により計算した面積に相当する部分となります。

$$\text{当該家屋のうちその居住の用に専ら供している部分の床面積(A)} + \text{当該家屋のうちその居住の用と居住の用以外の用とに併用されている部分の床面積(B)} \times \frac{A}{\text{当該家屋の床面積} - B}$$

② 当該土地等のうちその居住の用に供している部分は、次の算式により計算した面積に相当する部分となります。

$$\left(\text{当該土地等のうちその居住の用に専ら供している部分の面積} + \text{当該土地等のうちその居住の用と居住の用以外の用とに併用されている部分の面積}\right) \times \frac{\text{当該家屋の面積のうち①の算式により計算した面積}}{\text{当該家屋の床面積}}$$

■ 店舗兼住宅等の持分の贈与があった場合の住宅用部分の判定

配偶者から店舗兼住宅等の持分の贈与を受けた場合には、上記算式により求めた当該店舗兼住宅等の居住の用に供している部分の割合にその贈与を受けた持分の割合を乗じて計算した部分が居住用不動産に該当するものとなります。

ただし、その贈与を受けた持分の割合が上記算式により求めた当該店舗兼住宅等の居住の用に供している部分(当該居住の用に供している部分に受贈配偶者とその配偶者との持分の割合を合わせた割合を乗じて計算した部分をいいます。)の割合以下である場合において、贈与税の配偶者控除の特例の適用に当たっては、その贈与を受けた持分の割合に対応する当該店舗兼住宅等の部分を居住用不動産に該当するものとして申告することが認められています(相基通21の8-3)。

また、贈与を受けた持分の割合が上記算式により求めた当該店舗兼住宅等の居住の用に供している部分の割合を超える場合における居住の用に供している部分についても同様に取り扱われます。

(注) 相続の開始の年に当該相続に係る被相続人から贈与により取得した居住用不動産で特定贈与財産に該当するものについて贈与税の配偶者控除を適用する場合においても同様の取扱いが認められます(相基通19-10、21の6-3(注))。

【設例】配偶者控除の適用を受けることのできる金額

次の場合、贈与税の配偶者控除の適用を受けることのできる金額はいくらになりますか。

1.「居住用部分の割合>贈与した共有持分」の場合

Aが所有する建物は、1/2がA及びAの配偶者Bの居住の用に、残りの1/2がAが営む事業の用に供されていました。この建物の評価額は4,000万円です。Aがこの建物の共有持分2/5をBに贈与しました。Bは、引き続きこの建物に居住します。

〈回答〉
① 原則

(居住の用に供している部分の割合) (贈与を受けた持分の割合)
　　1/2　　×　　2/5　　＝　　2/10

(建物の評価額)
　40,000千円 × 2/10 ＝ 8,000千円

② 選択できる取扱い

(居住の用に供している部分の割合) 1／2 ＜ (贈与を受けた持分の割合) 2／5

したがって、2／5について配偶者控除を適用することができます。

(建物の評価額) 40,000千円 × 2／5 ＝ 16,000千円

2．「居住用部分の割合＜贈与した共有持分」の場合

Cが所有する建物は、1／2がC及びCの配偶者Dの居住の用に、残りの1／2がCが営む事業の用に供されていました。この建物の評価額は4,000万円です。Cがこの建物の共有持分3／5をDに贈与しました。Dは、引き続きこの建物に居住します。

〈回答〉

① 原則

(居住の用に供している部分の割合) 1／2 × (贈与を受けた持分の割合) 3／5 ＝ 3／10

(建物の評価額) 40,000千円 × 3／10 ＝ 12,000千円

② 選択できる取扱い

(居住の用に供している部分の割合) 1／2 ＜ (贈与を受けた持分の割合) 3／5

したがって、1／2について配偶者控除を適用することができます。

(建物の評価額) 40,000千円 × 1／2 ＝ 20,000千円

婚姻期間の判定

　贈与者が、婚姻期間が20年以上である配偶者に該当するかどうかの判定は、財産の贈与の時の現況によります（相令4の6①）。

　なお、上記の婚姻期間は、民法に規定する婚姻の届出（民法739①）があった日から起算してその居住用不動産又は金銭の贈与を受けた日までの期間（その期間中にその居住用不動産又は金銭の受贈者がこれを贈与した者の配偶者でなかった期間がある場合には、その配偶者でなかった期間を除きます。）により計算します（相令4の6②）。

　この場合、この計算した婚姻期間に1年未満の端数があるときであっても、その端数は切り上げません（相基通21の6－7）。

5 配偶者控除の適用を受けるための手続き

　贈与税の配偶者控除の規定は、贈与税の申告書（期限後申告書及び修正申告書を含みます。）

又は更正の請求書に、贈与税の配偶者控除の規定により控除を受ける金額その他その控除に関する事項及びその控除を受けようとする年の前年以前の各年分の贈与税につき贈与税の配偶者控除の適用を受けていない旨を記載した書類等所定の書類を添付した場合に限り適用することができます（相法21の6②、相規9）。

◆贈与税の配偶者控除の適用を受けるための添付書類◆

1	次の事項を記載した書類 ①　贈与税の配偶者控除の規定により控除を受ける金額その他その控除に関する事項 ②　配偶者控除を受けようとする年の前年以前の各年分の贈与税につき贈与税の配偶者控除の適用を受けていない旨
2	贈与者との婚姻期間が20年以上である旨を証する書類（戸籍の謄本又は抄本及び戸籍の附票の写し（贈与を受けた日から10日を経過した日以後に作成されたものに限ります。）
3	居住用不動産を取得したことを証する書類（居住用不動産に関する登記事項証明書など）

　なお、必要な書類の添付がない申告書又は更正の請求書の提出があった場合においても、税務署長が、その添付がなかったことについてやむを得ない事情があると認めるときは、上記の書類の提出があった場合に限り、贈与税の配偶者控除の規定を適用することができます（相法21の6③）。

誤りやすい事例　みなし贈与財産となる保険金で居住用不動産を取得した場合

　夫が契約者で、かつ、保険料の全額を負担していた生命保険契約が満期となり、妻が満期保険金2,000万円を取得しました。同じ年に、夫婦は、4,000万円で居住用マンションを購入し、そのマンションに居住を開始しました。取得したマンションは、夫と妻がそれぞれ2分の1の共有財産とし、妻は満期保険金2,000万円を購入代金に充てました。

　この場合、妻は、その保険金にかかる贈与税について、贈与税の配偶者控除の規定を適用することができるでしょうか。なお、夫婦の婚姻期間が20年以上となります。

解説

　妻が受け取った満期保険金2,000万円は、相続税法第5条の規定により贈与により取得したものとみなされますが、この保険金も、同法第21条の6第1項に規定する「贈与により」取得した「金銭」に含まれると解されますから、贈与税の配偶者控除の規定を適用することができます（国税庁HP　質疑応答事例「贈与により取得したものとみなされる保険金で配偶者が居住用不動産を取得した場合の贈与税の配偶者控除」）。

| 誤りやすい事例 | 建物の建築が遅れ、贈与の翌年3月15日までに入居できなかった場合 |

妻は、婚姻期間が20年以上である夫から土地及び金銭の贈与を受け、その金銭をもってその土地の上に居住用の家屋を建築し、贈与の日の翌年3月15日までに受贈者が当該家屋に居住する予定でした。しかし、建築資材の供給が滞ったことにより家屋の建築工事が大幅に遅れてしまい、贈与の翌年3月15日までに、居住の用に供することができません。この場合、贈与税の配偶者控除を適用することはできないのでしょうか。

解 説

やむを得ない事情により家屋の建築工事が遅れた場合においては贈与の日の翌日から翌年3月15日までに当該家屋について屋根及び周壁が完成しているなど表示登記のできる状態まで進行しており、その後速やかに当該家屋の建築が完成し、居住の用に供されることが確実であると認められるときは、贈与税の配偶者控除の適用が認められます（国税庁HP質疑応答事例「贈与税の配偶者控除の適用を受ける場合における居住用不動産の居住の用に供する時期」）。

第5節 贈与税の課税価格の計算

1 課税価格

贈与税の課税価格は、納税義務者の区分に応じ、それぞれの取得した財産の価額の合計額によって計算します（相法21の2）。この場合、贈与により取得したものとみなされる財産がある場合は、その財産の価額が課税価格の計算の基礎に算入し、贈与により取得した財産のうちに非課税財産があるときは、その価額は、課税価格計算の基礎に算入しません。

その贈与により取得した財産が、相続時精算課税適用財産に該当する場合には、いわゆる暦年課税方式による課税価格の計算とは区分して相続時精算課税分として贈与税の課税価格を計算します。

相続時精算課税分については、相続時精算課税適用財産の贈与者ごとに、その年中において贈与によって取得した財産の価額を合計して計算されたそれぞれの合計額が贈与税の課税価格とされます（相法21の10）。

上記により計算した贈与税の課税価格に1,000円未満の端数があるとき、又はその全額が1,000円未満であるときは、その端数金額又はその全額を切り捨てます（通法118①、相基通21の2-5）。

(1) 無制限納税義務者の課税価格

無制限納税義務者（居住無制限納税義務者（相法1の4①一）及び非居住無制限納税義務者

(相法１の４①二）をいいます。）については、その年中において、贈与によって取得した財産の価額の合計額をもって贈与税の課税価格とします（相法21の２①）。

(2) 制限納税義務者の課税価格

制限納税義務者（居住制限納税義務者（相法１の４①三）及び非居住制限納税義務者（相法１の４①四）をいいます。）については、その年中において、贈与により取得した財産で、日本国内にあるものの価額の合計額をもって贈与税の課税価格とします（相法21の２②）。

■ １年のうちに無制限納税義務者と制限納税義務者のいずれにも該当する場合の課税価格

贈与により財産を取得した者が、その年中における贈与による財産の取得について、居住無制限納税義務者又は非居住無制限納税義務者と制限納税義務者とに該当する者である場合においては、その者については、次に掲げる財産の価額の合計額をもって贈与税の課税価格とします（相法21の２③、相令４の４の２）。

① その者が日本国内に住所を有していた期間内に贈与により取得した財産については、次に掲げる場合の区分に応じ次に定める財産

　イ　その者が贈与により財産を取得した時に居住無制限納税義務者に該当する場合
　　　その贈与により取得した財産
　ロ　その者が贈与により財産を取得した時に居住制限納税義務者に該当する場合
　　　その贈与により取得した財産で日本国内にあるもの

② その者が日本国内に住所を有していなかった期間内に贈与により取得した財産については、次に掲げる場合の区分に応じ次に定める財産

　イ　その者が贈与により財産を取得した時に非居住無制限納税義務者に該当する場合
　　　その贈与により取得した財産
　ロ　その者が贈与により財産を取得した時に非居住制限納税義務者に該当する場合
　　　その贈与により取得した財産で日本国内にあるもの

２ 贈与税の課税価格について留意すべき事項

(1) 民法上の組合からの贈与

民法上の組合から財産の贈与を受けたときは、その贈与に係る財産は、その組合の各組合員から各組合員の出資の価額に応じて取得したものとなります（相基通21の２-２）。

(2) 相続開始の年中の贈与

相続開始の年に、被相続人から贈与を受けている場合において、その者が相続又は遺贈により財産を取得しなかった場合は、暦年課税又は相続時精算課税の別で取扱いが異なります

(相基通21の2-3)。
① 暦年課税の場合
　相続税法第21条の2第4項の規定は適用されず、当該贈与により取得した財産の価額は、贈与税の課税価格に算入されることとなります。
② 相続時精算課税の場合
　相続税法第21条の10の規定により、当該贈与により取得した財産の価額は、贈与税の課税価格に算入されますが、同法第28条第4項の規定により贈与税の申告書の提出を要しません。
（注）　相続開始の年において当該相続に係る被相続人からの贈与により財産を取得した者で当該贈与を受けた年より前の年に当該被相続人からの贈与により取得した財産について相続時精算課税選択届出書を提出していないものが、当該相続開始の年において被相続人からの贈与により取得した財産について相続時精算課税の適用を受けるためには、相続時精算課税選択届出書を提出しなければなりません（相基通21の2-3（注））。

(3)　負担付贈与に係る贈与財産の価額

　負担付贈与により取得した贈与財産の価額は、負担がないものとした場合における当該贈与財産の価額からその負担額を控除した価額によります（相基通21の2-4）。
　なお、負担付贈与により土地等又は家屋等を取得した場合における贈与税の課税価格の計算については、負担付贈与通達が適用されます（第3章第2節❸参照）。

❸　特定土地等及び特定株式等に係る贈与税の課税価格の計算の特例

　個人が特定非常災害発生日の属する年の1月1日から当該特定非常災害発生日の前日までの間に贈与により取得した財産で当該特定非常災害発生日において所有していたもののうちに、特定土地等又は特定株式等がある場合には、当該特定土地等又は当該特定株式等については、贈与税の課税価格に算入すべき価額は、当該特定非常災害発生日に係る特定非常災害の発生直後の価額とすることができることとされています（措法69の7①）。
　この特例は、贈与税の申告書（期限後申告書及び修正申告書を含みます。）又は更正の請求書にこの特例の適用を受けようとする旨の記載がある場合に限り、適用されますが、その記載がなかったことにつき税務署長においてやむを得ない事情があると認めるときは、その記載がなかった場合であっても適用することができます（措法69の7②、69の6③）。
（注）　「特定非常災害」、「特定非常災害発生日」、「特定土地等」、「特定株式等」及び「特定非常災害の発生直後の価額」については、第Ⅰ部第5章第3節を参照してください。

第4章 贈与税額の計算（暦年課税）

贈与税額の計算方法には、暦年課税方式と相続時精算課税方式の2つの方法があります。
相続時精算課税制度は、受贈者が特定の贈与者からの贈与についてその適用を選択した場合についてのみ適用することができます。2つの方式の主な相違点は次のとおりです。

	項　目	暦年贈与	相続時精算課税
①	適用対象者	特になし	60歳以上の者から18歳以上の直系卑属である推定相続人又は孫（注1）
②	選択手続	不要	各受贈者が、贈与者ごとに選択（一度適用すれば、その贈与者の相続時まで継続適用）
③	贈与財産の価額から控除する金額	基礎控除額（毎年110万円）	基礎控除額（毎年110万円） 特別控除額（贈与者ごとに複数年累積で2,500万円）
④	贈与税の税率	超過累進税率10％～55％（贈与者と受贈者との続柄、受贈者の年齢により「一般税率」又は「特例税率」）	一律20％
⑤	相続時の精算	相続開始前7年以内（注2）の被相続人からの贈与財産の価額のみ、相続税の課税価格に加算。	被相続人からの贈与財産の価額から基礎控除額を控除した残額は、相続税の課税価格に加算又は算入される。
⑥	相続税課税時における贈与税の控除	相続開始前7年以内（注2）の贈与に係る贈与税額は控除。控除しきれない贈与税額は還付されない。	相続時精算課税に係る贈与税額は控除。控除しきれない贈与税額は還付される。

(注1) 住宅取得等資金の贈与については贈与者が60歳未満の者であっても相続時精算課税を適用することができます（措法70の3）。また、推定相続人又は孫以外の者が租税特別措置法第70条の7の5第1項《非

上場株式等についての贈与税の納税猶予及び免除の特例》又は70条の６の８第１項《個人の事業用資産についての贈与税の納税猶予及び免除》の規定を適用する場合には、相続時精算課税を適用することができます（措法70の２の７、70の２の８）。
(注２) 令和６年１月１日以降の贈与にあっては７年以内。ただし、経過措置が設けられています。また、加算される金額についても一定額の控除が認められる場合があります。詳細については、第Ⅰ部第４章第４節を参照してください。

 贈与税の基礎控除

　暦年贈与制度においては、贈与税の課税価格から、基礎控除額110万円を控除して求めた金額に税率を適用します。
　　(注)　相続税法第21条の５において、贈与税の基礎控除額は60万円と定められていますが、平成13年度税制改正により設けられた租税特別措置法第70条の２の４において「平成13年１月１日以後に贈与により取得した財産に係る贈与税については、相続税法第21条の５の規定にかかわらず、課税価格から110万円を控除する。」とされています。
　贈与税の基礎控除は、申告の有無にかかわらず認められますので、課税価格が基礎控除額以下であるときは、贈与税の申告義務はありません。
　なお、贈与税の基礎控除は、納税義務者が、その年中に贈与により取得した財産の価額の合計額（贈与税の課税価格）から控除します。
　ただし、人格のない社団若しくは財団で代表者又は管理者の定めのあるもの又は持分の定めのない法人が贈与により取得した財産については、その贈与者の異なるごとに、当該贈与者の各１人のみから財産を取得したものとみなして、それぞれ基礎控除額を控除し、計算した場合の税額の合計額をもって、その納付すべき贈与税額とされます（相法66①後段）。

 税率

(1)　一般贈与財産に係る贈与税

　(2)の特例贈与財産以外の財産（以下「一般贈与財産」といいます。）に係る贈与税の額は、基礎控除後の課税価格を次ページの「贈与税の税率表」の「基礎控除後の課税価格」欄に掲げる金額に区分してそれぞれの金額に同表の「一般税率」欄に掲げる税率を乗じて計算した金額を合計した金額となります（相法21の７）。

(2)　特例贈与財産に係る贈与税

　直系尊属からの贈与により財産を取得した者（その年の１月１日において18歳以上の者に限ります。）について、その贈与に係る贈与税の額は、基礎控除後の課税価格を次ページの「贈与税の税率表」の「基礎控除後の課税価格」欄に掲げる金額に区分してそれぞれの金額に同表の「特例税率」欄に掲げる税率を乗じて計算した金額を合計した金額となります（措法70の２の

5①)。この直系尊属からの贈与により取得した財産を「特例贈与財産」といいます。

なお、その年の1月1日において18歳以上の者が、贈与により財産を取得した場合において、その年の中途において当該贈与をした者の直系卑属となったときには、直系卑属となった時よりも前に当該贈与をした者からの贈与により取得した財産は、一般贈与財産となります。

(注) 令和4年4月1日よりも前に直系尊属から財産の贈与を受けた場合には、贈与を受けた者がその年の1月1日において20歳以上である場合に、当該贈与を受けた財産は、特例贈与財産となります(平成31年法律第6号所得税法等の一部を改正する法律附則79⑥)。

◆贈与税の税率表◆

基礎控除後の課税価格	一般税率 (一般贈与財産)	特例税率 (特例贈与財産)
200万円以下の金額の部分	10%	10%
200万円を超え300万円以下の金額の部分	15%	15%
300万円を超え400万円以下の金額の部分	20%	
400万円を超え600万円以下の金額の部分	30%	20%
600万円を超え1,000万円以下の金額の部分	40%	30%
1,000万円を超え1,500万円以下の金額の部分	45%	40%
1,500万円を超え3,000万円以下の金額の部分	50%	45%
3,000万円を超え4,500万円以下の金額の部分	55%	50%
4,500万円を超える金額の部分		55%

〈参考〉贈与税の速算表(平成27年1月1日以降適用)

一般贈与財産			特例贈与財産		
基礎控除後の課税価格	一般税率	控除額	基礎控除後の課税価格	特例税率	控除額
200万円以下	10%	—	200万円以下	10%	—
300万円以下	15%	10万円	400万円以下	15%	10万円
400万円以下	20%	25万円	600万円以下	20%	30万円
600万円以下	30%	65万円	1,000万円以下	30%	90万円
1,000万円以下	40%	125万円	1,500万円以下	40%	190万円
1,500万円以下	45%	175万円	3,000万円以下	45%	265万円
3,000万円以下	50%	250万円	4,500万円以下	50%	415万円
3,000万円超	55%	400万円	4,500万円超	55%	640万円

(3) 同年中に一般贈与財産と特例贈与財産の贈与を受けた場合の贈与税の計算

同年中に一般贈与財産と特例贈与財産の贈与があった場合の贈与税の計算については、次の①及び②に掲げる金額を合計した金額となります（措法70の2の5③）。

① $A \times 特例税率 \times \dfrac{特例贈与財産の価額}{合計贈与価額}$

② $A \times 一般税率 \times \dfrac{一般贈与財産の価額}{合計贈与価額}$

(注1) Aは、基礎控除及び贈与税の配偶者控除後の課税価格です。
(注2) 合計贈与価額とは、その年中に贈与を受けた一般贈与財産の価額（贈与税の課税価格の計算の基礎に算入されるもので、贈与税の配偶者控除後のもの）と特例贈与財産の価額の合計額です。
(注3) 一般贈与財産の価額は、贈与税の配偶者控除後のものとなります。

【設例】同一年中に一般贈与財産と特例贈与財産がある場合の贈与税額の計算

- 一般贈与財産：1,000千円
- 特例贈与財産：4,000千円
- 課税対象となる贈与税の課税価格：
 （1,000千円＋4,000千円）－1,100千円＝3,900千円

〈回答〉
① 一般贈与財産に対応する税額

 $(3,900千円 \times 20\% - 250千円) \times \dfrac{1,000千円}{5,000千円} = 106千円$

② 特例贈与財産に対応する税額

 $(3,900千円 \times 15\% - 100千円) \times \dfrac{4,000千円}{5,000千円} = 388千円$

③ 贈与税額
 106千円＋388千円＝494千円

---

3 在外財産に対する贈与税額の控除

贈与により日本国外にある財産を取得した場合において、当該財産についてその地の法令により贈与税に相当する税が課されたときは、当該財産を取得した者については、相続税法第21条の7《贈与税の税率》の規定により算出した金額からその課された税額に相当する金額を控除した金額が、その者の納付すべき贈与税額となります（相法21の8本文）。

ただし、その控除すべき金額が、その者について相続税法第21条の7の規定により算出した金額に当該財産の価額が当該財産を取得した日の属する年分の贈与税の課税価格に算入された

財産の価額のうちに占める割合を乗じて算出した金額を超える場合においては、その超える部分の金額については、控除することはできません（相法21の8ただし書き）。

上記の場合において、「当該財産の価額」及び「課税価格に算入された財産の価額」とは、暦年課税においては贈与税の配偶者控除及び贈与税の基礎控除前の当該財産の価額をいいます（相基通21の8－3）。

なお、その地の法令により課された贈与税に相当する金額の邦貨換算については、その納付すべき日における対顧客直物電信売相場により邦貨に換算した金額によります（相基通21の8－1、20の2－1本文）。ただし、送金が著しく遅延して行われる場合を除き、国内から送金する日の対顧客直物電信売相場によることができます（相基通20の2－1ただし書き）。

第5章 贈与税額の計算（相続時精算課税）

　相続時精算課税制度とは、一定の要件を満たす者でこの制度の適用を選択した者が、贈与を受けた時にこの贈与に対する贈与税を負担し、その後、贈与者が死亡した際に、被相続人の生前に贈与を受けた財産の価額と相続及び遺贈により取得した財産の価額の合計額を基に相続税額を計算し、すでに支払った贈与税額を控除することにより、贈与税と相続税を通じた一体的な課税をする制度です。

 適用対象者等

(1) 相続時精算課税の適用を受けることができる受贈者（相続時精算課税適用者）

　相続時精算課税制度の対象となる受贈者は次の要件を満たす者です（相法21の9①、措法70の2の6①）。

①	贈与の年の1月1日において18歳以上の者であること 　したがって、贈与の年中において18歳に達する者は相続時精算課税を選択することはできません。 （注）　令和4年4月1日よりも前に財産の贈与を受けた場合には、贈与を受けた者がその年の1月1日において20歳以上である場合に、相続時精算課税制度の選択をすることができることとされていました（平成31年法律第6号所得税法等の一部を改正する法律附則23③）。
②	贈与をした者の直系卑属である推定相続人又は孫であること 　「贈与をした者の推定相続人」とは、その贈与をした日現在において最先順位の相続権（代襲相続権を含みます。）を有する者をいい、推定相続人であるかどうかの判定は、その贈与の時において行うこととされています（相基通21の9－1）。 （注）　推定相続人又は孫以外の者が租税特別措置法第70条の7の5第1項《非上場株式等についての贈与税の納税猶予及び免除の特例》又は70条の6の8第1項《個人の事業用資産についての贈与税の納税猶予及び免除》の規定を適用する場合には、相続時精算課税を適用することができます（措法70の2の7、70の2の8）。

(2) 相続時精算課税の適用対象となる贈与者（特定贈与者）

相続時精算課税制度の対象となる贈与者は、次の要件を満たす者です（相法21の9①）。

①	贈与の年の1月1日において60歳以上の者であること 　したがって、贈与の年中に60歳に達する者は相続時精算課税の対象となる贈与者には該当しません。 （注）　令和8年12月31日までの間に、住宅取得等資金の贈与を受けた場合には、贈与を行った年の1月1日において贈与者が60歳未満であっても、当該資金について相続時精算課税を選択することができます（措法70の3①）。 　　　詳細については、「❹住宅取得等資金の贈与を受けた場合の相続時精算課税選択の特例」を参照してください。
②	贈与を受けた者の直系尊属であること 　贈与の時において、戸籍上の親族関係が必要とされますが、実親、養親のいずれかを問いません。

(3) 適用対象となる財産等

相続時精算課税制度は、本来の贈与財産だけではなく、みなし贈与財産も対象となり、贈与財産の価額（金額）及び贈与回数についての制限はありません。

❷ 相続時精算課税制度の適用手続等

(1) 相続時精算課税選択届出書の提出

相続時精算課税制度の適用を受けようとする受贈者は、その贈与に係る贈与税の申告期間内に(5)に掲げる書類を添付した「相続時精算課税選択届出書」（この選択届出書は贈与者ごとに作成します。）を贈与税の申告書に添付して、納税地の所轄税務署長に提出しなければなりません（相法21の9②、相令5、相規11）。この相続時精算課税選択届出書を提出した受贈者を「相続時精算課税適用者」といい、当該相続時精算課税選択届出書に記載された贈与者を「特定贈与者」といいます。

相続時精算課税制度は、この制度の適用を受けようとする受贈者が、贈与者ごとに選択します。したがって、父と母から贈与を受ける場合に、いずれか一方からの贈与について相続時精算課税制度を選択し、他方からの贈与については暦年課税による贈与税の申告することができます。また、父が長男と二男に贈与をした場合、長男だけが相続時精算課税選択届出書を提出し、二男は暦年課税による贈与税の申告することができます。

相続時精算課税選択届出書を提出した場合には、当該届出書の提出に係る贈与者からの贈与により取得する財産については、相続時精算課税制度を適用した年分以降、すべてこの相続時精算課税制度の適用を受けることになります（相法21の9③）。

なお、いったん有効に提出された相続時精算課税選択届出書は撤回することができません（相法21の9⑥）。したがって、例えば、養親からの贈与について養子が相続時精算課税を選択した場合において、その後養子縁組の解消等がされたとしても相続時精算課税制度を選択した年分以後に特定贈与者から贈与により取得した財産についても相続時精算課税制度が適用されることとなります。

(2) 贈与者が贈与をした年の中途で死亡した場合の「相続時精算課税選択届出書」の提出

贈与者が贈与をした年の中途において死亡した場合において、当該贈与を受けた財産について相続時精算課税の適用を受けるためには、相続時精算課税選択届出書を、当該贈与をした者の死亡に係る相続税の納税地の所轄税務署長に提出します（相令5③）。

この場合、贈与税の申告書の提出期限前に、当該贈与をした者の死亡に係る相続税の申告書の提出期限が到来する場合には、当該相続税の申告書の提出期限までに提出しなければなりません。なお、当該贈与をした者の死亡に係る相続税の申告書を提出するときには、当該申告書に、相続時精算課税選択届出書を添付して提出します（相令5④）。

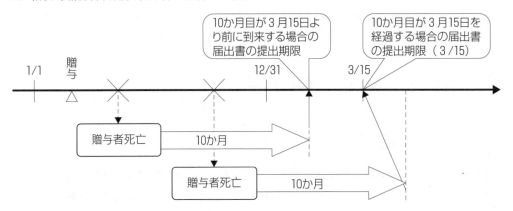

（注）相続時精算課税選択届出書に係る受贈財産については、贈与税の申告は必要ありません（相法28④）。

(3) 受贈者が「相続時精算課税選択届出書」の提出前に死亡した場合

受贈者が本制度の適用を受けることができる場合において、その受贈者が贈与税の申告期限前に相続時精算課税選択届出書を提出しないで死亡した場合は、その死亡した受贈者の相続人（包括受遺者を含み、相続人のうちに特定贈与者がいる場合には、その特定贈与者を除きます。）は、その相続の開始があったことを知った日の翌日から10か月以内に相続時精算課税選択届出書をその受贈者の贈与税の納税地の所轄税務署長に共同して提出することができます（相法21の18①）。

なお、相続時精算課税選択届出書を提出した相続人は、これにより被相続人（死亡した受贈者）が有することとなる相続時精算課税制度の適用を受けることに伴う納税に係る権利又は義務を承継することになります（相法21の18②）。

第5章　贈与税額の計算（相続時精算課税）

　また、相続人が２人以上いる場合には、相続時精算課税選択届出書の提出は、これらの者が一の当該届出書に連署して行います（相令５の６）。
　（注）　贈与者が贈与のあった年中に死亡した場合には、提出期限及び提出先が異なるので注意する必要があります。

〈参考〉相続時精算課税選択届出書の提出先等（相基通21の９－２）

区　分		提出先	提出期限
(1)　贈与者が贈与をした年の中途で死亡した場合 （注）相続時精算課税選択届出書に係る受贈財産については、贈与税の申告を要しないことに留意する。	①　受贈者に係る贈与税の申告書の提出期限（相続税法第28条第１項又は第２項に規定する期限）以前に当該贈与者の死亡に係る相続税の申告書の提出期限（同法第27条第１項又は第２項に規定する期限）が到来するとき	当該贈与者に係る相続税の納税地を所轄する税務署長 （注）　相続税の申告書を提出する必要がない場合であっても、当該届出書を当該贈与者の死亡に係る納税地の所轄税務署長に提出する。	当該贈与者に係る相続税の申告書の提出期限
	②　贈与者の死亡に係る相続税の申告書の提出期限（相続税法第27条第１項又は第２項に規定する期限）前に受贈者に係る贈与税の申告書の提出期限（同法第28条第１項又は第２項に規定する期限）が到来するとき		当該受贈者に係る贈与税の申告書の提出期限
(2)　贈与により財産を取得した者が相続時精算課税選択届出書の提出期限前に当該届出書を提出しないで死亡した場合（上記(1)に該当する場合を除く。）		当該受贈者に係る贈与税の納税地を所轄する税務署長	当該受贈者に係る贈与税の申告書の提出期限

(4)　相続時精算課税に係る基礎控除額以下の贈与を受けた場合

　相続時精算課税に係る基礎控除額を控除した後の課税価格が算出されない場合には、贈与税の申告書を提出する必要はありません（相法28①かっこ書き）。この場合、贈与により取得した財産について相続時精算課税の適用を受けようとするときには、相続税法第21条の９第２項及び相続税法施行令第５条第１項前段の規定に基づき相続時精算課税選択届出書をその提出期限までに提出する必要があります。贈与税の申告書の提出は必要ありませんから、相続時精算課税選択届出書のみを提出することになります（相基通21－９本文）。
　相続時精算課税選択届出書をその提出期限までに提出しなかった場合には、相続時精算課税の適用を受けることはできません（提出期限までに相続時精算課税選択届出書が提出されなかった場合におけるゆうじょ規定は設けられていません。）（相基通21－９なお書き、（注）１）。
　（注）　相続税法第21条の９第２項及び相続税法施行令第５条第１項前段の規定に基づき相続時精算課税選択届出書のみをその提出期限までに提出した場合には、相続時精算課税の適用を受けることができること

から、例えば、贈与により財産を取得した者が当該規定に基づいてその提出期限までに相続時精算課税選択届出書のみを提出していた場合において、当該贈与を受けた年分に係る贈与税についての期限後申告書を提出することとなった場合でも、引き続き相続時精算課税の適用を受けることができます（相基通21－9（注）2）。

(5) 相続時精算課税選択届出書の記載事項及び同届出書に添付を要する書類

相続時精算課税選択届出書の記載事項及び同届出書に添付する書類は次のとおりです。

記載事項 （相規10①）	①	相続時精算課税選択届出書を提出する者の氏名、生年月日、住所又は居所及び贈与者との続柄
	②	贈与者の氏名、生年月日及び住所又は居所
	③	相続時精算課税選択届出書を提出する者が年の中途において贈与者の推定相続人となった場合には、当該贈与をした者の推定相続人となった事由及びその年月日
	④	贈与税の申告書を提出しない場合には、その旨
	⑤	その他参考となるべき事項
添付書類（相規11①、措規23の5の6）		相続時精算課税選択届出書の提出をする者の戸籍の謄本又は抄本その他の書類でその者の氏名及び生年月日並びにその者が贈与をした者の推定相続人（孫を含みます。）に該当することを証する書類

なお、贈与により財産を取得した者が、相続時精算課税選択届出書の提出期限前に、当該届出書を提出せずに死亡した時にその相続人が提出する相続時精算課税選択届出書に添付する書類は次のとおりです。

①	相続時精算課税選択届出書を提出する者の戸籍の謄本又は抄本その他の書類で、死亡した受贈者のすべての相続人を明らかにする書類（相令5の6②、相規11②一）
②	死亡した受贈者の戸籍の謄本又は抄本その他の書類で当該被相続人の氏名、生年月日及びその死亡の年月日並びに当該受贈者が贈与者の推定相続人に該当することを証する書類（相令5の6②、相規11②二）

> **誤りやすい事例**　相続時精算課税選択届出書の提出先

子が、令和5年4月に父から3,000万円、母から2,000万円の贈与を受けました。子は、いずれの者からの贈与についても相続時精算課税制度の適用を受けるつもりでしたが、同年10月に父が死亡してしまいました。この場合の相続時精算課税選択届出書の提出先はどこになりますか。

> **解説**
> 1．父からの贈与について相続時精算課税制度を選択する場合には、贈与税の申告書の提出期限までに、父の住所地（相続税の納税地）を所轄する税務署長に相続時精算課税選択届出書を提出します。
>   ただし、贈与税の申告書の提出期限以前に父の死亡に係る相続税の申告書の提出期限が到来する場合には、当該相続税の申告書の提出期限までに、父の住所地を所轄する税務署長に相続時精算課税選択届出書を提出します。
> 2．母からの贈与について相続時精算課税制度を選択する場合には、贈与税の申告書の提出期限までに、子の住所地（贈与税の納税地）を所轄する税務署長に相続時精算課税選択届出書を提出します。

■ 年の中途において推定相続人となった場合

贈与のあった年の1月1日において18歳以上の者が、同日において60歳以上の者からの贈与により財産を取得した場合に、その年の中途においてその贈与者の養子となったことその他の事由によりその贈与者の推定相続人（その贈与者の直系卑属になる者に限ります。）になった場合には、その贈与者の推定相続人となった時以後における、その贈与者からの贈与により取得した財産については、相続時精算課税制度の適用を受けることができますが、推定相続人となる前にその贈与者からの贈与により取得した財産については、相続時精算課税制度を適用することはできません（相法21の9④）。

相続時精算課税制度における贈与税額の計算等

相続時精算課税制度における贈与税額は、特定贈与者ごとに計算した贈与税の課税価格から相続時精算課税に係る贈与税の基礎控除額及び特別控除額を控除した後の金額に、一律20％の税率を乗じて算出します。

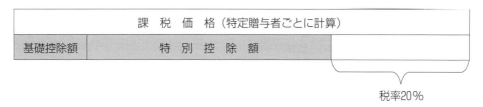

（注）　相続時精算課税に係る贈与税の基礎控除額の控除は令和6年1月1日以降の贈与に適用されます。

(1) 課税価格

相続時精算課税適用者が特定贈与者からの贈与により取得した財産については、特定贈与者ごとにその年中において贈与により取得した財産の価額の合計額をもって、課税価格とされま

す（相法21の10）。

　すなわち、特定贈与者が2人以上いる場合（例えば、父と母からの贈与について、それぞれ相続時精算課税制度を選択している場合）には、それぞれの特定贈与者ごとに課税価格を計算することとなります。

　相続時精算課税適用者が特定贈与者からの贈与により取得した財産については、相続税法第21条の5《贈与税の基礎控除》（暦年贈与課税における基礎控除）及び同法第21条の7《贈与税の税率》の規定は適用されません（相法21の11）。

(2) 基礎控除

　令和6年1月1日以後に行われた贈与については、(1)の課税価格から、相続時精算課税に係る贈与税の基礎控除額110万円を控除します（令和5年12月31日までに行われた贈与については、基礎控除額を控除をすることはできません。）（相法21の11の2①、措法70の3の2①、所得税法等の一部を改正する法律（令和5年法律第3号）附則19④）。

　（注）　相続税法の規定では、基礎控除額は「60万円」とされていますが、租税特別措置法第70条の3の2第1項において「同法（相続税法）第21条の11の2第1項の規定にかかわらず、贈与税の課税価格から110万円を控除する」と読み替えられています。

　なお、この相続時精算課税に係る基礎控除額110万円は、特定贈与者の数に関わりなく相続時精算課税適用者1人につき毎年認められるものです。このため、1人の相続時精算課税適用者が2名以上の特定贈与者から同年中に贈与を受けた場合には、各特定贈与者から贈与を受けた財産について適用される基礎控除の額は、110万円を特定贈与者ごとの贈与税の課税価格で按分して計算することとなります（相法21の11の2②、措法70の3の2③、相令5の2、措令40の5の2）。

【設例】相続時精算課税を選択している場合の贈与税額の計算

　令和6年に父から600万円、母から400万円の贈与を受け、いずれの贈与についても相続時精算課税を選択することとしています。この場合の贈与税額の計算はどうなりますか。

〈回答〉

(1) 父からの贈与

　　（課税価格）　（基礎控除額）　（特別控除額）
　　 600万円　－　66万円　－　534万円　＝　0円

　　（注）基礎控除額の計算

$$110万円 \times \frac{600万円}{600万円 + 400万円} = 66万円$$

　　※　父に相続が開始した場合には、課税価格600万円から基礎控除額66万円を控除した残額534万円が相続税の課税価格に加算又は算入されます。

(2) 母からの贈与

（課税価格）　（基礎控除額）　（特別控除額）
400万円　－　44万円　－　356万円　＝　0円

（注） 基礎控除額の計算

$$110万円 \times \frac{400万円}{600万円＋400万円} = 44万円$$

※ 母に相続が開始した場合には、課税価格400万円から基礎控除額44万円を控除した残額556万円が相続税の課税価格に加算又は算入されます。

(3) 特別控除

相続時精算課税適用者がその年中において特定贈与者からの贈与により取得した財産にかかるその年分の贈与税については、特別控除額として、特定贈与者ごとの贈与税の課税価格（令和6年1月1日以降の贈与にあっては(2)の基礎控除額を控除した後の金額）から、それぞれ次に掲げる金額のうち、いずれか低い金額を控除します（相法21の12①）。

なお、特別控除は、期限内申告書に控除を受ける特別控除の金額、すでにこの特別控除を適用し控除した金額等の記載がある場合に限り適用することができます（相法21の12②）。

①	2,500万円（すでにこの特別控除を適用し、控除した金額がある場合には、その金額の合計額を控除した残額）
②	特定贈与者ごとの贈与税の課税価格

（注1）特定贈与者からの贈与により取得した財産について、特別控除を受ける金額、すでにこの特別控除を適用し控除した金額等の記載がない期限内申告書の提出があった場合において、税務署長がその記載がなかったことについてやむを得ない事情があると認めるときは、その記載をした書類の提出があった場合に限り、特別控除を適用することができます（相法21の12③）。
（注2）この特別控除は、期限内申告書の提出がない限り、適用することはできません。これは、期限内申告書の提出がなかった場合の宥恕（ゆうじょ）規定が設けられていないためです（相基通21の12－1）。

■翌年以降に繰り越される特別控除額が過大であるときの修正申告

相続時精算課税に係る贈与税の特別控除を適用した贈与税の申告書を提出した者は、同特別控除を適用して控除した金額がある場合における当該金額の合計額を2,500万円から控除した後の翌年以降に繰り越される金額が過大であるときには、その金額について税務署長による更正があるまでは修正申告を提出することができることとされています（通法2六ハ(3)、19①二）が、この修正申告書の提出がない場合は、税務署長による更正処分が行われます（通法24）。

(4) 税率

相続時精算課税適用者がその年中において特定贈与者からの贈与により取得した財産に係るその年分の贈与税の額は、特定贈与者ごとに計算した課税価格（令和6年1月1日以降の贈与にあっては、(2)の基礎控除額を控除した後の金額）から、特定贈与者ごとに計算した特別控除額を控除した金額に、それぞれ20％の税率を乗じて計算した金額となります（相法21の13）。

【設例1】 特定贈与者から贈与を受けた場合の贈与税額①

特定贈与者である父から次の贈与を受けた場合の贈与税額はどのように計算すればよいでしょうか。なお、令和5年以前に父からの贈与により取得した財産はありません。

- 令和6年：1,200万円
- 令和7年：800万円
- 令和8年：1,000万円

〈回答〉

(1) 令和6年分

　　（課税価格）　（基礎控除額）　（特別控除額※）
　　1,200万円 － 110万円 － 1,090万円 ＝ 0円

　※　特別控除額の計算

　　　　　　　　　　　　　　（基礎控除後の課税価格）
　　（2,500万円－0円） ＞ 1,090万円

(2) 令和7年分

　　（課税価格）　（基礎控除額）　（特別控除額※）
　　800万円 － 110万円 － 690万円 ＝ 0円

　※　特別控除額の計算

　　　　　　　　（令和6年の特別控除額）（基礎控除後の課税価格）
　　（2,500万円 － 1,090万円） ＞ 690万円

(3) 令和8年分

　　（課税価格）　（基礎控除額）　（特別控除額※）
　　1,000万円 － 110万円 － 720万円 ＝ 170万円

　　　　　　　（税率）　（贈与税額）
　　170万円 × 20％ ＝ 34万円

　※　特別控除額の計算

　　　　　　　　　　　　　（令和6・7年の特別控除額）（基礎控除後の課税価格）
　　（2,500万円 － （1,090万円＋690万円）） ＜ 890万円

【設例2】 特定贈与者から贈与を受けた場合の贈与税額②

子が令和6年中に父から3,000万円、母から3,600万円の贈与を受けました。これらの財産の贈与について相続時精算課税制度を選択する場合、贈与税はどのように計算すればよいのでしょうか。

〈回答〉

1．父からの贈与に係る贈与税

　　（課税価格）　（基礎控除額※）　（特別控除額）
　　3,000万円 － 50万円 － 2,500万円 ＝ 450万円

　※　基礎控除額の計算

$$110万円 \times \frac{3,000万円}{3,000万円＋3,600万円} = 50万円$$

　　　　　　（税率）　（贈与税額）
　　450万円 × 20％ ＝ 90万円…①

2．母からの贈与に係る贈与税

　　（課税価格）　（基礎控除額）　（特別控除額）
　　3,600万円 － 60万円 － 2,500万円 ＝ 1,040万円

※ 基礎控除額の計算

$$110万円 \times \frac{3,600万円}{3,000万円 + 3,600万円} = 60万円$$

　　　　　　　　　（税率）　（贈与税額）
　　1,040万円 × 20% ＝ 208万円…②

3. 納付すべき贈与税額（①＋②）
　　90万円 ＋ 208万円 ＝ 298万円

【設例3】特定贈与者から贈与を受けた場合の贈与税額③

子が令和6年中に父から3,000万円、母から300万円の贈与を受けました。これらの贈与のうち父からの贈与について相続時精算課税制度を選択する場合、贈与税はどのように計算すればよいのでしょうか。

〈回答〉

1. 父からの贈与に係る贈与税
　　（課税価格）　（基礎控除額）　（特別控除額）
　　3,000万円 － 110万円 － 2,500万円 ＝ 390万円
　　　　　　（税率）　（贈与税額）
　　390万円 × 20% ＝ 78万円…①

2. 母からの贈与に係る贈与税
　　（課税価格）　（基礎控除額）
　　300万円 － 110万円 ＝ 190万円
　　　　　　（税率）　（贈与税額）
　　190万円 × 10% ＝ 19万円…②

3. 納付すべき贈与税額（①＋②）
　　78万円 ＋ 19万円 ＝ 97万円

住宅取得等資金の贈与を受けた場合の相続時精算課税選択の特例

(1) 制度の概要

相続時精算課税制度は、贈与の年の1月1日において60歳以上の者から受けた贈与について適用することができますが、平成15年1月1日から令和8年12月31日までの間に、父母や祖父母など直系尊属からの贈与により自己の居住の用に供する住宅用の家屋の新築又は増改築等の対価に充てるための金銭を取得した場合で、一定の要件を満たすときには、贈与者がその贈与の年の1月1日において60歳未満であっても、相続時精算課税を選択することができます（措法70の3①）。

(2) 受贈者等の要件

住宅取得等資金の贈与を受けた場合の相続時精算課税選択の特例を適用するための要件は次のとおりです。

1	贈与を受けた時に贈与者の直系卑属（子や孫など）である推定相続人であること又は贈与を受けた時に贈与者の孫であること（措法70の3③一ロ）。
2	贈与を受けた年の1月1日において18歳以上であること（措法70の3③一ハ）。
3	自己の配偶者、親族などの一定の特別の関係がある人から住宅用の家屋を取得したものではないこと、又はこれらの人との請負契約等により新築若しくは増改築等をしたものではないこと（措法70の3③五）。
4	贈与を受けた年の翌年3月15日までに、住宅取得等資金の全額を充てて住宅用家屋の新築等をすること（措法70の3①）。
5	贈与を受けた時に、日本国内に住所を有し、かつ、日本国籍を有していること（措法70の3③一イ）。 （注）贈与を受けた時に上記の要件に該当しない場合であっても、一定の要件の下に、対象となる場合があります。
6	贈与を受けた年の翌年3月15日までにその居住用家屋に居住すること又は同日後遅滞なくその家屋に居住することが確実であると見込まれること（措法70の3①）。 （注）贈与を受けた年の翌年12月31日までにその家屋に居住していないときは、原則としてこの制度の適用を受けることはできませんので、修正申告が必要となります（措法70の3④）。

(3) 住宅用の家屋の新築若しくは取得又は増改築等の要件

「住宅用の家屋の新築」には、その新築とともにするその敷地の用に供される土地等又は住宅用の家屋の新築に先行してするその敷地の用に供されることとなる土地等の取得を含み、「住宅用の家屋の取得又は増改築等」には、その住宅用の家屋の取得又は増改築等とともにするその敷地の用に供される土地等の取得を含みます（措法70の3①）。

また、対象となる住宅用の家屋は、日本国内にあるものに限られます（措令40の5①）。

① **新築又は取得の場合の要件**
　① 新築又は取得をした住宅用の家屋の登記簿上の床面積（マンションなどの区分所有建物の場合はその専有部分の床面積）が40㎡以上で、かつ、その家屋の床面積の2分の1以上に相当する部分が受贈者の居住の用に供されるものであること（措令40の5①）
　② 第3章第3節❿の(4)「① 新築又は取得の場合の要件」の②

② **増改築等の場合の要件**
　① 増改築等をした後の住宅用の家屋の登記簿上の床面積（マンションなどの区分所有建物の場合はその専有部分の床面積）が40㎡以上で、かつ、その家屋の床面積の2分の1以上に相当する部分が受贈者の居住の用に供されるものであること（措令40の5⑤）

②　第3章第3節❿の(4)「②　増改築等の場合の要件」の②

③　第3章第3節❿の(4)「②　増改築等の場合の要件」の③

(4) 住宅取得等資金の贈与を受けた場合の相続時精算課税選択の特例を適用するための手続き

　この制度は、贈与税の申告書の提出期間内に贈与税の申告書及び一定の添付書類を提出した場合に限り、その適用を受けることができます（措法70の3⑫）。

第6章 贈与税の申告等の手続き

　贈与税は、所得税や相続税と同様に申告納税制度がとられています。すなわち、贈与により財産を取得した贈与税の納税義務は、自ら課税価格及び税額を計算した上で、期限内に申告をし、その税額を納付するものとされています。申告期限を経過した場合であっても、国税通則法の定めるところにより期限後申告書を提出することができます。

　また、国税通則法は、申告額を訂正するために納税義務者が行う手続きとして修正申告と更正の請求の制度を定め、一方、税務当局による職権による是正措置として、税務署長が課税価格又は税額の更正又は決定を行う制度が設けられています。

　国税通則法の規定に加え、相続税法には、贈与税固有の事由が生じた場合の期限後申告、修正申告、更正の請求、更正又は決定についての規定が設けられています。

第1節　申告

贈与税の申告書の提出

(1) 贈与税の申告書の提出義務

　贈与により相続時精算課税の適用を受ける財産以外の財産を取得した者は、その年分の贈与税の課税価格について、贈与税の基礎控除額を控除し、贈与税の税率を適用して算出した税額から在外財産に対する贈与税額の控除をしてなお納付すべき贈与税額があるときは、贈与により財産を取得した年の翌年2月1日から3月15日までの間に、贈与税の課税価格、贈与税額その他財務省令で定める事項を記載した申告書を納税地の所轄税務署長に提出しなければなりません（相法28①、相規17①）。

　また、相続時精算課税の適用を受ける財産を取得した者は、相続時精算課税に係る基礎控除額を控除した後の贈与税の課税価格がある場合に限り、その年の翌年2月1日から3月15日ま

での間に贈与税の課税価格、贈与税額その他財務省令で定める事項を記載した申告書を納税地の所轄税務署長に提出しなければなりません（相法28①、相規17①）。

(注) 住宅取得等資金贈与の特例を適用する場合には、贈与税の申告書の提出が必要です（措法70の2⑭）。

なお、贈与税の申告義務のある者が、贈与により財産を取得した年の翌年の1月1日から3月15日までに国税通則法第117条《納税管理人》第2項の規定による納税管理人の届出をしないで日本国内に住所及び居所を有しないこととなるときは、当該住所及び居所を有しないこととなる日までに贈与税の課税価格、贈与税額その他財務省令で定める事項を記載した申告書を納税地の所轄税務署長に提出しなければなりません（相法28①かっこ書き）。

■ 贈与税の納税地

贈与税の納税地は、相続税法第1条の4第1項第1号に規定する者（居住無制限納税義務者）若しくは第3号に規定する者（居住制限納税義務者）の場合は日本国内にある住所地となりますが、日本国内に住所を有しないこととなった場合には居所地となります（相法62①）。

また、相続税法第1条の4第1項第2号に規定する者（非居住無制限納税義務者）若しくは第4号に規定する者（非居住制限納税義務者）及び同法第1条の4第1項第1号若しくは第3号に規定する者で日本国内に住所及び居所を有しないこととなる者は納税地を定めて、納税地の所轄税務署長に申告しなければならず、その申告がないときは、国税庁長官が納税地を指定し、これを通知することとなっています（相法62②）。

なお、贈与税の納税義務者が死亡した場合については、その死亡した者の死亡当時の納税地が引き続き納税地となります（相法62③）。

(2) 申告書の提出を要しない者

① 贈与税の申告書は、その申告書の提出期限前に国税通則法第25条の規定による決定の通知があった場合には、提出を要しません（相法28③）。

② 特定贈与者からの贈与により相続時精算課税の適用を受ける財産を相続時精算課税適用者が取得した場合において、当該特定贈与者が当該贈与をした年に死亡したときは、当該贈与により取得した財産については、贈与税の申告書の提出を要しません（相法28④）。

③ 相続又は遺贈により財産を取得した者が相続開始の年においてその相続に係る被相続人から受けた贈与により取得した財産の価額で相続税法第19条の規定により相続税の課税価格に加算されるものは、贈与税の課税価格に算入されませんので（相法21の2④）、これについては贈与税の申告書の提出を要しません。

(3) 申告期限の延長

災害その他やむを得ない理由により、贈与税の申告書の提出期限までに贈与税の申告ができない場合には、国税通則法の規定により提出期限を延長することができます（詳細は、第Ⅰ部第8章第1節❶「(3)申告期限の延長」イを参照してください。）。

■ **特定非常災害に係る贈与税の申告期限の延長**

　特定非常災害発生日の属する年の１月１日から12月31日までの間に贈与により財産を取得した個人で、租税特別措置法第69条の７第１項《特定土地等及び特定株式等に係る贈与税の課税価格の計算の特例》の規定の適用を受けることができる者が相続税法第28条第１項の規定により提出すべき贈与税の申告書の提出期限が特定日（特定非常災害に係る国税通則法第11条の規定により延長された申告に関する期限と特定非常災害発生日の翌日から10か月を経過する日とのいずれか遅い日をいいます。）の前日以前である場合には、当該申告書の提出期限は、特定日とされます（措法69の８③）。租税特別措置法第69条の７第１項《特定土地等及び特定株式等に係る贈与税の課税価格の計算の特例》については、第３章第５節❸を参照してください。

(4) 贈与税の申告義務の承継

　贈与税の申告書は、贈与により財産を取得した者が提出するのが原則ですが、財産を取得した者が贈与税の申告書を提出しないで死亡した場合には、その死亡した者の相続人及び包括受遺者が亡くなった受贈者の贈与税の申告書を提出しなければなりません。

　すなわち、次に掲げる場合には、その者の相続人及び包括受遺者は、その相続の開始があったことを知った日の翌日から10か月以内（その者が納税管理人の届出をしないで当該期間内に日本国内に住所及び居所を有しないこととなるときは、当該住所及び居所を有しないこととなる日まで）に亡くなった受贈者の提出すべき贈与税の申告書をその死亡した者の贈与税の納税地の所轄税務署長に提出しなければなりません（相法28②）。

① 年の中途において死亡した者が、その年の１月１日から死亡の日までに相続時精算課税に係る財産以外の財産を贈与により取得した場合において、贈与税の基礎控除額を控除し、贈与税の税率を適用して算出した税額から在外財産に対する贈与税額の控除をして、なお納付すべき贈与税額があることとなるとき

② 相続時精算課税適用者が年の中途において死亡した場合において、その年の１月１日から死亡の日まで相続時精算課税の適用を受ける財産を贈与により取得したとき（令和６年１月１日以降の贈与にあっては、相続時精算課税に係る基礎控除後の贈与後の課税価格がある場合に限ります。）

③ 贈与税の申告書を提出しなければならない者が、その申告書の提出期限前に申告書を提出しないで死亡した場合

　なお、この申告書を提出する場合の相続人及び包括受遺者が２人以上あるときは、これらの者は一つの申告書に連署して申告を行います（相令７かっこ書き）。

　また、この場合の相続人及び包括受遺者は、その被相続人に係る贈与税について、その相続又は遺贈により受けた利益の価額を限度として、互いに連帯納付責任があります（相法34②）。

第6章 贈与税の申告等の手続き

期限後申告及び修正申告

(1) 期限後申告書

　期限後申告書を提出することができるのは、次の①及び②の場合です。なお、期限後申告書は、贈与税の決定通知書が納税義務者に到達するまではいつでも提出することができることから、その決定通知書の発送後、納税義務者に到達する前に期限後申告書の提出があった場合は、その決定は取り消され、申告書に記載された贈与税額が過少であると認められた場合には、あらためて更正処分がされることとなります（相基通30－4）。

① 贈与税の期限内申告書を提出すべきであった者は、期限内申告書の提出期限後においても、税務署長による贈与税額の決定の通知があるまでは、贈与税の申告書を提出することができます（通法18①）。

② 贈与税の申告書の提出期限後において、次の事由が生じたため新たに贈与税の申告書を提出すべき要件に該当することとなった者は、贈与税の申告書を提出することができます（相法30②）。

　すなわち、贈与によって財産を取得した者で、贈与税の申告書の提出期限内に期限内申告書の提出義務がなく、その後において次に掲げる事由により相続又は遺贈による財産の取得をしないこととなったため新たに納付すべき贈与税額があることとなったものについては、相続税法第30条第2項の規定による期限後申告書を提出することができます（相基通30－2）。

イ　相続税法第55条の規定により分割されていない財産について民法（民法第904条の2を除きます。）の規定による相続分又は包括遺贈の割合に従って課税価格が計算されていた場合において、その後当該財産の分割が行われ、共同相続人又は包括受遺者が当該分割により取得した財産に係る課税価格が当該相続分又は包括遺贈の割合に従って計算された課税価格と異なることとなったこと

ロ　民法第892条及び第893条の規定による相続人の廃除に関する裁判の確定、同法第884条に規定する相続の回復並びに同法第919条第2項の規定による相続の放棄の取消しがあったこと

ハ　遺留分侵害額の請求に基づき支払うべき金銭の額が確定したこと。

ニ　遺贈（被相続人からの相続人に対する遺贈に限ります。）に係る遺言書が発見され又は遺贈の放棄があったこと

ホ　相続若しくは遺贈又は贈与により取得した財産についての権利の帰属に関する訴えについて判決があったこと

ヘ　民法第910条（相続の開始後に認知された者の価額の支払請求権）の規定による請求があったことにより弁済すべき額が確定したこと

ト　条件付の遺贈について、条件が成就したこと

(2) 修正申告書

　贈与税の申告書を提出した者（贈与税の決定を受けた者を含みます。）が、贈与税の申告書を提出した後において、その申告書に記載された贈与税額に不足額があることを確認した場合には、更正処分があるまでは、修正すべき事項その他所定の事項を記載した修正申告書を、納税地の所轄税務署長に対して提出することができます（通法19①）。

　なお、修正申告書は、先に提出した申告書に係る贈与税額に不足額がある場合に限って提出することができることとされており、過大であった税額を減額する場合については、更正の請求の手続きによることとなります。

■ 贈与税における修正申告の特則

　贈与税の期限内申告書又は期限後申告書を提出した者（贈与税について決定を受けた者を含みます。）について、上記(1)の②のイからトに掲げる事由が生じたことにより相続又は遺贈による財産の取得をしないこととなったためすでに確定した贈与税額に不足が生じた場合には、修正申告書を提出することができます（相法31④）。

第2節 更正の請求

　贈与税について、申告書に記載した課税価格又は税額（更正又は決定があった場合には更正後又は決定後の課税価格又は税額）に誤りがあったことにより納付すべき税額が過大であるときの救済手続として、国税通則法の規定により、①一般の場合には法定申告期限から6年以内に、また、②後発的事由等が生じたことによる場合には、それらの事由等が生じた日の翌日から2か月以内に更正の請求をすることができることとされています（通法23①②、相法32②）が、贈与税においては、贈与税特有の事由により納付すべき税額が過大となる場合があることから、相続税法において、特別規定が定められています。

　すなわち、贈与税について申告書を提出した者又は決定を受けた者は、次に掲げる事由のいずれかに該当することによって、その申告又は決定に係る課税価格及び贈与税額（その申告書を提出した後又はその決定を受けた後に修正申告書の提出又は更正があった場合には、その修正申告又は更正に係る課税価格及び相続税額又は贈与税額）が過大となった場合は、当該事由が生じたことを知った日の翌日から4か月以内に限って、納税地の所轄税務署長に対して、その課税価格及び贈与税額について更正の請求をすることができます（相法32①）。

	相続税に固有の更正の請求事由	根拠規定
①	第Ⅰ部第8章第2節に掲げる事由	相法32①一〜九
②	贈与税の課税価格計算の基礎に算入した財産のうちに相続税法第21条の2第4項の規定に該当するものがあったこと	相法32①十

第 3 節 更正及び決定

 国税通則法の規定による更正及び決定

(1) 税務署長は、申告に係る課税価格又は贈与税額が、その調査したところと異なるときは、その調査したところに基づいて更正します（通法24）。
(2) 税務署長は、納税申告書を提出しなければならない義務があると認められる者が当該申告書を提出しなかった場合には、その調査によって課税価格及び贈与税額を決定します（通法25）。

 相続税法の規定による更正及び決定

(1) 申告書の提出期限前の更正又は決定

税務署長は、次のいずれかに該当する場合には、贈与税の申告書の提出期限前においても、贈与税の更正又は決定をすることができます（相法35②二、三、四）。

① 年の中途において死亡した者がその年1月1日から死亡の日までに贈与により取得した財産の価額のうち贈与税の課税価格に算入される部分の合計額につき第21条の5《贈与税の基礎控除》、第21条の7《贈与税の税率》及び第21条の8《在外財産に対する贈与税額の控除》の規定を適用した場合において、贈与税額があることとなるとき　その者の死亡した日の翌日から10か月を経過したとき

② 相続時精算課税適用者が年の中途において死亡した場合において、その年1月1日から死亡の日までに第21条の9第3項《相続時精算課税の選択》の規定の適用を受ける財産を贈与により取得したとき（相続時精算課税に係る贈与税の基礎控除後の贈与税の課税価格がある場合に限ります。）　その者の死亡した日の翌日から10か月を経過したとき

③ 相続税法第28条第1項の規定により贈与税の申告書を提出すべき者が当該申告書の提出期限前に当該申告書を提出しないで死亡した場合　当該申告書の提出期限を経過したとき

(2) 後発事由が生じた場合の更正又は決定

税務署長は、相続税法第21条の2第4項の規定の適用を受けていた者が、同法第32条第1項第1号から第6号までに規定する事由が生じたことにより相続又は遺贈による財産の取得をしないこととなったため新たに贈与税の申告書を提出すべき要件に該当することとなった場合又はすでに確定した贈与税額に不足を生じた場合には、その者に係る贈与税の課税価格又は贈与税額の更正又は決定をすることができます（相法35⑤）。

ただし、これらの事由が生じた日から1年を経過した日と相続税法第37条《贈与税について

の更正、決定等の期間制限の特則》の規定により更正又は決定をすることができないこととなる日とのいずれか遅い日以後においては、この更正又は決定をすることはできません（相法35⑤ただし書き）。

3 贈与税についての更正、決定等の期間制限の特則

(1) 税務署長は、贈与税について、国税通則法第70条《国税の更正、決定等の期間制限》の規定にかかわらず、次に掲げる更正若しくは決定又は賦課決定をそれぞれに記載した期限又は日から6年を経過する日まで、することができることとされています（相法37①）。

	更正・決定又は賦課決定	期　限
①	贈与税についての更正・決定	その更正・決定に係る贈与税の第28条第1項又は第2項の規定による申告書の提出期限
②	①に掲げる更正・決定に伴い国税通則法第19条《修正申告》第1項に規定する課税標準等又は税額等に異動を生ずべき贈与税に係る更正・決定	その更正・決定に係る贈与税の第28条第1項又は第2項の規定による申告書の提出期限
③	①又は②に掲げる更正・決定若しくは期限後申告書若しくは修正申告書の提出、又はこれらの更正・決定若しくは提出に伴い異動を生ずべき贈与税に係る更正・決定若しくは期限後申告書若しくは修正申告書の提出に伴いこれらの贈与税に係る加算税についてする賦課決定	その納税義務の成立の日

(2) (1)により更正をすることができないこととなる日前6か月以内にされた国税通則法第23条第1項の規定による更正の請求に係る更正又は当該更正に伴い贈与税に係る加算税についてする賦課決定は、(1)にかかわらず、当該更正の請求があった日から6か月を経過する日まですることができます（相法37②）。

(3) (1)により賦課決定をすることができないこととなる日前3か月以内にされた申告書の提出に伴い贈与税に係る無申告加算税（国税通則法第66条第8項の規定の適用があるものに限ります。）についてする賦課決定は、(1)にかかわらず、当該申告書の提出があった日から3か月を経過する日まですることができます（相法36③）。

(4) 偽りその他不正の行為によりその全部若しくは一部の税額を免れ、若しくはその全部若しくは一部の税額の還付を受けた贈与税（その贈与税に係る加算税を含みます。）についての更正決定若しくは賦課決定は、上記(1)、(2)又は(3)にかかわらず、次に掲げる更正決定又は賦課決定の区分に応じ、それぞれに定める期限又は日から7年を経過する日まですることができます（相法36④）。

① 贈与税に係る更正決定

…その更正決定に係る贈与税の相続税法第28条第1項又は第2項の規定による申告書の提

出期限

② 贈与税に係る加算税についてする賦課決定
　　…その納税義務の成立の日

(5) 上記(1)の場合において、贈与税に係る国税通則法第72条第1項に規定する国税の徴収権の時効は、同法第73条第3項《時効の完成猶予及び更新》の規定の適用がある場合を除き、当該贈与税の第28条第1項又は第2項の規定による申告書の提出期限から1年間は、進行しません（相法36⑤）。

(6) (5)の場合においては、国税通則法第73条第3項ただし書の規定が準用されます（相法36⑥）。この場合において、同項ただし書中「二年」とあるのは、「一年」と読み替えられます。

第7章 贈与税の納付

第1節 贈与税の納付

贈与税の申告、更正又は決定により、納付すべきことが確定した税額は、次に掲げる納期限までに、金銭で国に納付しなければなりません（相法33、通法35②）。

	区　分	納　期　限
①	期限内申告書に係る税額	期限内申告書の提出期限 （法定納期限：原則として、贈与を受けた日の属する年の翌年3月15日）
②	期限後申告書又は修正申告書に係る税額	その申告書を提出した日
③	更正又は決定に係る税額	更正通知書又は決定通知書が発せられた日の翌日から起算して1月を経過する日

■ 納付が遅れた場合

納付が定められた期限に遅れた場合には、法定納期限（一般的には、贈与を受けた日の属する年の翌年3月15日）の翌日から納付の日までの間の延滞税を本税と併せて納付する必要があります。

なお、延滞税の割合は次のとおりです。

①	納期限の翌日から2月を経過する日まで	年「7.3%」と「延滞税特例基準割合※＋1%」のいずれか低い割合
②	納期限の翌日から2月を経過した日以後	「14.6%」と「延滞税特例基準割合※＋7.3%」のいずれか低い割合

※　延滞税特例基準割合
　　平均貸付割合（各年の前々年の9月から前年の8月までの各月における銀行の新規の短期貸出約定平均金利の合計を12で除して得た割合として各年の前年の11月30日までに財務大臣が告示する割合をいいます。）に、年1%の割合を加算した割合

■ 相続時精算課税に係る贈与税額の還付

　相続時精算課税の適用を受ける財産について課された贈与税額を相続税額から控除してもなお控除しきれなかった金額があり、相続税法第27条第3項に規定する還付を受けるための申告書が提出された場合には、当該還付申告書に記載されたその控除しきれなかった金額に相当する税額が還付されます（相法33の2①④）。

　詳細については、第Ⅰ部第9章第2節を参照してください。

第2節　贈与税の連帯納付責任

(1)　同一の被相続人から相続又は遺贈により財産を取得したすべての者は、当該被相続人に係る贈与税について、その相続又は遺贈により受けた利益の価額に相当する金額を限度として、互いに連帯納付責任があります（相法34②）。

(2)　贈与税の課税価格計算の基礎となった財産につき贈与、遺贈若しくは寄附行為による移転があった場合においては、当該贈与若しくは遺贈により財産を取得した者又は当該寄附行為により設立された法人は、当該贈与、遺贈若しくは寄附行為をした者の当該財産を課税価格計算の基礎に算入した年分の贈与税額に、当該財産の価額が当該贈与税の課税価格に算入された財産の価額のうちに占める割合を乗じて算出した金額に相当する贈与税について、その受けた利益の価額に相当する金額を限度として、連帯納付責任があります（相法34③）。

(3)　財産を贈与した者は、当該贈与により財産を取得した者の当該財産を取得した年分の贈与税額に、当該財産の価額が当該贈与税の課税価格に算入された財産の価額のうちに占める割合を乗じて算出した金額として、次の区分に応じそれぞれの金額に相当する贈与税について、当該財産の価額に相当する金額を限度として、連帯納付があります（相法34④、相令11）。

①　相続時精算課税制度の適用を受ける財産

　　当該贈与により財産を取得した者の当該財産を取得した年分において当該財産について相続税法第21条の11の2から第21条の13の規定により計算された贈与税額

②　①に掲げる財産以外のもの

　　当該贈与により財産を取得した者の当該財産を取得した年分の贈与税額（当該財産について相続税法第21条の11の2から第21条の13の規定により計算された贈与税額がある場合には、当該贈与税額を除きます。）に、当該財産の価額が当該年分の贈与税の課税価格（当該財産について相続税法第21条の10の規定により計算された課税価格がある場合には、当該課税価格を除きます。）に算入された財産の価額のうちに占める割合を乗じて算出した金額

■ 連帯納付義務者に連帯納付義務の履行を求める場合の手続き

　贈与税の連帯納付義務者に対して、連帯納付義務の履行を求める場合の手続きに関しては、第Ⅰ部第9章第3節を参照してください（相法34⑤～⑦）。

第3節 贈与税の延納

1 延納の要件

　税務署長は、次の要件のすべてを満たす場合に、5年以内の贈与税の年賦延納の許可をすることができることとされています（相法38③、相令12②）。

① 納付すべき相続税額が10万円を超えること

(注)「相続税額が10万円を超え」るかどうかは、期限内申告書、期限後申告書又はこれらの申告書に係る修正申告書により申告された相続税額若しくは更正又は決定により納付すべき相続税額のそれぞれについて各別に判定します（相基通38－1）。

② 納期限までに、又は納付すべき日に金銭で納付することを困難とする事由があること

③ 納付を困難とする金額の範囲内であること

(注)「納付を困難とする金額」（延納許可限度額）は、納税義務者の有する現金、預貯金の額及び換価の容易な財産の価額から、生活に通常必要とされる費用の3か月分に相当する金額及び事業の継続のために当面必要な運転資金の額を控除した残額の範囲内の金額によります（相令12①②、相基通38－2）。具体的な算出方法は❷を参照してください。

④ 納税義務者が納期限までに申請すること（相法39①㉙）

⑤ 延納税額に相当する担保の提供があること（相法38④）。ただし、延納税額が100万円以下で、かつ、その延納期間が3年以下であるときは担保提供の必要はありません（相法38④ただし書き）。

■ 贈与税の延納の対象とならないもの

　次の贈与税は延納の対象とはなりません（相基通38－5）。

① 連帯納付の責めに任ずる者のその責めに任ずべき金額

② 期限後申告又は修正申告若しくは更正又は決定により納付すべき贈与税額に併せて納付すべき延滞税又は加算税

2 延納許可限度額

　納付を困難とする金額、すなわち延納許可限度額は次の算式により算出した金額となります（相基通38－2）。なお、許可限度額の計算は、納期限又は納付すべき日における当該財産の時価（又は債権額）相当額を基に行います。

$$A-\{(B+C+D)-([E\times 3]+F)\}$$

「A」＝納付すべき贈与税額。

「B」＝納税義務者がAに係る納期限又は納付すべき日において有する現金の額。なお、ここにいう現金とは、強制通用力を有する日本円を単位とする通貨のほか、証券ヲ以

テスル歳入納付ニ関スル法律により国税の納付に充てることのできる証券を含みます。

「C」＝納税義務者がAに係る納期限又は納付すべき日において有する預貯金の額。なお、ここにいう預貯金とは、相続税法第10条第1項第4号に規定する金融機関等に対する預金、貯金、積金、寄託金又は貯蓄金をいいます。

「D」＝納税義務者がAに係る納期限又は納付すべき日において有する換価の容易な財産の価額。なお、ここにいう換価の容易な財産とは、次のような財産をいいます。

- 評価が容易であり、かつ、市場性のある財産で速やかに売却等の処分をすることができるもの
- 納期限又は納付すべき日において確実に取り立てることができると認められる債権
- 積立金・保険等の金融資産で容易に契約が解除でき、かつ、解約等による負担が少ないもの

「E」＝生活のため通常必要とされる1月分の費用。なお、生活のため通常必要とされる1月分の費用とは、次の①の額から②の額を控除した額とされています。

① 国税徴収法第76条第1項第1号から第4号までの規定に基づき算出される金額相当額（前年の収入金額、所得税、地方税及び社会保険料の額に1／12を乗じた額に基づき計算するものとします。なお、申請者が給与所得者でない場合は、その事業等に係る収入金額等を給与等とみなして計算します。）に治療費、養育費、教育費並びに申請者及び申請者と生計を一にする配偶者その他の親族の資力・職業・社会的地位等の個別事情を勘案して社会通念上適当と認められる範囲の金額を加味した額

② 申請者と生計を一にしている収入のある配偶者及び申請者（配偶者を含みます。）の扶養控除の対象とならない親族に係る生活費の額並びに申請者（配偶者を含みます。）の扶養控除の対象となる親族に係る生活費の額のうち配偶者が負担する額

（注）①の額に申請者及び申請者と生計を一にする配偶者その他の親族の1月分収入額の合計額に占める申請者の1月分収入額の割合を乗じた額を用いて差し支えありません。

「F」＝事業の継続のために当面必要な運転資金の額。なお、事業の継続のために当面必要な運転資金の額とは、事業の内容に応じた事業資金の循環期間の中で事業経費の支払いや手形等の決済のための資金繰りが最も窮屈になる日のために留保を必要とする資金の額をいい、Aに係る納期限又は納付すべき日の翌日から資金繰りの最も窮屈になると見込まれる日までの期間の総支出見込金額から総収入見込金額を差引いた額（前年同時期の事業の実績を踏まえて推計した額によります。）とします。

（注）前年の申告所得税の確定申告等に係る収支内訳書等から求めた1年間の事業に係る経費の中から、臨時的な支出項目及び減価償却費を除いた額を基礎とし、最近の事業の実績に変動

がある場合には、その実績を踏まえて算出した額を加味した額に1／12（商品の回転期間が長期にわたること等の場合は事業の実態に応じた月数／12月）を乗じた額を用いて差し支えありません。

延納許可を受けるための手続き

　延納の許可を申請しようとする者は、その延納を求めようとする贈与税の納期限までに、又は納付すべき日に金銭で納付することを困難とする金額及びその困難とする理由、延納を求めようとする税額及び期間、分納税額及びその納期限その他の財務省令で定める事項を記載した申請書に担保の提供に関する書類（担保提供関係書類）を添付し、当該納期限までに、又は納付すべき日に、これを納税地の所轄税務署長に提出しなければなりません（相法39①㉙）。

　税務署長は、当該申請書の提出があった場合においては、当該申請者及び当該申請に係る事項について延納の要件に該当するか否かの調査を行い、その調査に基づき、当該申請書の提出期限の翌日から起算して3か月以内に当該申請に係る税額の全部又は一部について当該申請に係る条件若しくはこれを変更した条件により延納の許可をし、又は当該申請の却下をします（相法39②）。ただし、税務署長が延納の許可をする場合において、当該申請者の提供しようとする担保が適当でないと認めるときは、その変更を求めることができることとされています（相法39②ただし書き）。税務署長は、上記の規定により許可をし、又は却下をした場合においては、当該許可に係る延納税額及び延納の条件又は当該却下をした旨及びその理由を記載した書面により、これを当該申請者に通知します（相法39③）。

■ 延納の許可を受ける場合に提供することができる担保の種類

　延納の許可を受ける場合に提供することができる担保の種類は、次に掲げるものです（通法50）。

① 国債及び地方債
② 社債（特別の法律により設立された法人が発行する債券を含みます。）その他の有価証券で、税務署長等が確実と認めるもの
③ 土地
④ 建物、立木及び登記される船舶並びに登録を受けた飛行機、回転翼航空機及び自動車並びに登記を受けた建設機械で、保険に附したもの
⑤ 鉄道財団、工場財団、鉱業財団、軌道財団、運河財団、漁業財団、港湾運送事業財団、道路交通事業財団及び観光施設財団
⑥ 税務署長等が確実と認める保証人の保証
⑦ 金銭

第8章 特殊な課税が行われる場合

第1節 特別の法人から受ける利益に対する課税

■ 持分のない法人から利益を受ける者に対する課税

　持分の定めのない法人及び持分の定めのある法人で持分を有する者がないもの（第3節において「持分の定めのない法人」といいます。）で、その施設の利用、余裕金の運用、解散した場合における財産の帰属等について設立者、社員、理事、監事若しくは評議員、当該法人に対し贈与をした者又は贈与者の親族その他これらの者と特別の関係がある一定の者に対し特別の利益を与えるものに対して財産の贈与があつた場合には、当該財産の贈与があった時において、当該法人から特別の利益を受ける者が、当該財産（相続税法第21条の3第1項第3号に掲げる財産を除きます。）の贈与により受ける利益の価額に相当する金額を当該財産の贈与をした者から贈与により取得したものとみなして、贈与税が課されます（相法65①）。

　詳細については、第Ⅰ部第10章第1節を参照してください。

第2節 人格のない社団等に対する課税

　代表者又は管理者の定めのある人格のない社団又は財団（以下、第2節において「人格のない社団等」といいます。）に対し財産の贈与があった場合、又は人格のない社団等を設立するために財産の提供があった場合には、この人格のない社団等を個人とみなして、この人格のない社団等に対して贈与税が課されます（相法66①前段、②）。この場合において、贈与により取得した財産について、その贈与をした者の異なるごとに、その贈与をした者の各一人のみから財産を取得したものとみなして算出した場合の贈与税額の合計額が、その人格のない社団等の納付すべき贈与税額となります（相法66①後段）。

　なお、上記により人格のない社団等に対して贈与税が課税される場合、その人格のない社団等の住所は、その主たる営業所又は事務所の所在地にあるものとみなされます（相法66③）。

（注）人格のない社団等に課される贈与税の額の計算に当たっては、この人格のない社団等に課されるべき法

人税、事業税、地方法人税、道府県民税、市町村民税、特別法人事業税のうちの一定額に相当する額を控除します（相法66⑤、相令33①②）。

第3節 持分の定めのない法人に対する課税

　持分の定めのない法人に対し財産の贈与があった場合、又は持分の定めのない法人を設立するために財産の提供があった場合において、この贈与又は財産の提供により当該贈与又は財産の提供をした者の親族その他これらの者と一定の特別の関係がある者の相続税又は贈与税の負担が不当に減少する結果となると認められるときには、この持分の定めのない法人を個人とみなして、この持分のない法人に対して相続税又は贈与税が課されます（相法66④①②）。

　この場合において、贈与により取得した財産について、その贈与をした者の異なるごとに、その贈与をした者の各一人のみから財産を取得したものとみなして算出した場合の贈与税額の合計額がその持ち分のない法人の納付すべき贈与税額となります（相法66④①）。

　なお、上記により持分の定めのない法人に対する贈与税が課税される場合、その持分の定めのない法人の住所は、その主たる営業所又は事務所の所在地にあるものとみなされます（相法66④③）。

　詳細については、第Ⅰ部第10章第3節を参照してください。

第4節 同族会社等の行為又は計算の否認等

同族会社等の行為又は計算の否認

　同族会社等の行為又は計算で、これを容認した場合にその株主若しくは社員又はその親族その他これらの者と政令で定める特別の関係がある者の贈与税の負担を不当に減少させる結果となると認められるものがあるときは、税務署長は、贈与税についての更正又は決定に際し、その行為又は計算にかかわらず、その認めるところにより、課税価格を計算することができることとされています（相法64①）。

　詳細については、第Ⅰ部第10章第5節❶を参照してください。

❷ 合併等があった場合の行為又は計算の否認

　合併、分割、現物出資若しくは法人税法第2条第12号の5の2に規定する現物分配若しくは同条第12号の16に規定する株式交換等若しくは株式移転（以下「合併等」といいます。）をした法人又は合併等により資産及び負債の移転を受けた法人（当該合併等により交付された株式又は出資を発行した法人を含みます。）の行為又は計算で、これを容認した場合においては当

該合併等をした法人若しくは当該合併等により資産及び負債の移転を受けた法人の株主若しくは社員又はこれらの者と政令で定める特別の関係がある者の贈与税の負担を不当に減少させる結果となると認められるものがあるときは、税務署長は、贈与税についての更正又は決定に際し、その行為又は計算にかかわらず、その認めるところにより、課税価格を計算することができることとされています（相法64②）。

詳細については、第Ⅰ部第10章第5節❷を参照してください。

第Ⅲ部
納税猶予

第1章 非上場株式等についての納税猶予制度

第1節 非上場株式等についての贈与税の納税猶予及び免除の特例（一般措置）

 制度の概要

　都道府県知事の認定を受けた一定の中小企業（以下「認定贈与承継会社」といいます。）の後継者で一定の個人（以下「経営承継受贈者」といいます。）が、その認定贈与承継会社の代表権（制限が加えられた代表権を除きます。）を有していた一定の個人（その認定贈与承継会社の非上場株式等についてすでにこの特例の適用に係る贈与をしているものを除きます。）からその認定贈与承継会社の非上場株式等を贈与により取得をし、その認定贈与承継会社の経営を行っていく場合には、その贈与により取得した非上場株式等のうち一定のものに係る納税猶予分の贈与税額に相当する贈与税については、贈与税の申告書の提出期限までに一定の担保を提供した場合に限り、当該贈与者の死亡の日まで納税が猶予されます（この制度を第1章において「非上場株式贈与税納税猶予（一般措置）」といいます）（措法70の7①）。

 非上場株式贈与税納税猶予（一般措置）の適用要件

(1) 贈与者の要件

　この特例の適用に係る贈与者は、認定贈与承継会社の非上場株式等を有していた個人で、次に掲げる場合の区分に応じ、それぞれに掲げる者です（措令40の8①）。ただし、すでにこの納税猶予制度の適用に係る贈与をしている者は除かれます（措法70の7①）。

① 経営承継受贈者が次の②に該当する者以外である場合

贈与の時前において、認定贈与承継会社の代表権（制限が加えられた代表権を除きます。(1)において同じです。）を有していた個人で、次に掲げる要件のすべてを満たす者（措令40の8①一）。

イ 当該贈与の直前（当該個人が当該贈与の直前に代表権を有しない場合には、当該個人が当該代表権を有していた期間内のいずれかの時及び当該贈与の直前）において、次の算式を満たすこと。

$$\frac{B}{A} > \frac{50}{100}$$

「A」＝当該認定贈与承継会社に係る総株主等議決権数（総株主（株主総会において議決することのできる事項の全部について議決権を行使することができない株主を除きます。）又は総社員の議決権の数）

「B」＝贈与者及びその特別の関係がある者（租税特別措置法施行令第40条の8第11項に定める者をいいます。）の有する当該認定贈与承継会社の非上場株式等の議決権の数の合計

ロ 当該贈与の直前（贈与者が当該贈与の直前において当該認定贈与承継会社の代表権を有しない場合には、当該贈与者が当該代表権を有していた期間内のいずれかの時及び当該贈与の直前）において、当該贈与者が有する当該認定贈与承継会社の非上場株式等に係る議決権の数が当該贈与者と特別の関係がある者（経営承継受贈者となる者を除きます。）のうちいずれの者が有する当該認定贈与承継会社の議決権の数をも下回らないこと。

③ 当該贈与の時において、贈与者が当該認定贈与承継会社の代表権を有していないこと。

■ 特別の関係がある者

第1章において特別の関係がある者とは次の者をいいます（措令40の8⑪）。

① 当該個人の親族
② 当該個人と婚姻の届出をしていないが事実上婚姻関係と同様の事情にある者
③ 当該個人の使用人
④ 当該個人から受ける金銭その他の資産によって生計を維持している者（①から③に掲げる者を除きます。）
⑤ ②から④に掲げる者と生計を一にするこれらの者の親族
⑥ 次に掲げる会社

イ 当該個人（⑤までに掲げる者を含みます。以下この⑥において同じです。）が有する会社の株式等に係る議決権の数の合計が、当該会社に係る総株主等議決権数の100分の50を超える数である場合における当該会社

ロ 当該個人及びイに掲げる会社が有する他の会社の株式等に係る議決権の数の合計が、当該他の会社に係る総株主等議決権数の100分の50を超える数である場合における当該他の会社

ハ 当該個人及びイ又はロに掲げる会社が有する他の会社の株式等に係る議決権の数の合計が、当該他の会社に係る総株主等議決権数の100分の50を超える数である場合における当該他の会社

② 経営承継受贈者が次のいずれかに該当する者である場合

認定贈与承継会社の非上場株式等を有していた個人で、贈与の時において当該認定贈与承継会社の代表権を有していないもののうち、次に掲げる者のいずれかに該当する者

イ 当該認定贈与承継会社の非上場株式等について、非上場株式等についての贈与税の納税猶予及び免除の制度（措法70の7①）、非上場株式等についての相続税の納税猶予及び免除の制度（措法70の7の2①）又は非上場株式等の贈与者が死亡した場合の相続税の納税猶予及び免除の制度（措法70の7の4①）の適用を受けている者

ロ 上記イの者からこの非上場株式等についての贈与税の納税猶予及び免除の制度の適用に係る贈与により当該認定贈与承継会社の非上場株式等の取得をしている者（上記イに掲げる者を除きます。）

ハ 租税特別措置法施行令第40条の8の2第1項第1号に定める者から非上場株式等についての相続税の納税猶予及び免除の制度（措法70の7の2①）の適用に係る相続又は遺贈により当該認定贈与承継会社の非上場株式等の取得をしている者（上記イに掲げる者を除きます。）

(2) 経営承継受贈者の要件

非上場株式贈与税納税猶予（一般措置）を適用することのできる経営承継受贈者とは、贈与者からこの特例の適用に係る贈与により認定贈与承継会社の非上場株式等の取得をした個人で、次に掲げる要件のすべてを満たす者です（その者が2人以上ある場合は当該認定贈与承継会社が定めた一の者に限ります。）（措法70の7②三）。

① 当該贈与の日において18歳以上（令和4年3月31日以前の贈与にあっては20歳以上）であること（措法70の7②三イ）。

② 当該贈与の時において、当該認定贈与承継会社の代表権（制限が加えられた代表権を除きます。）を有していること（措法70の7②三ロ）。

③ 当該贈与の時において、次の算式を満たすこと（措法70の7②三ハ、措令40の8⑪）。

$$\frac{B}{A} > \frac{50}{100}$$

「A」＝当該認定贈与承継会社に係る総株主等議決権数（総株主（株主総会において議決することのできる事項の全部について議決権を行使することができない株主を除きます。）又は総社員の議決権の数）

「B」＝当該個人及び当該個人と特別の関係がある者（租税特別措置法施行令第40条の8第11項に定める者をいいます。）の有する当該認定承継会社の非上場株式等の議決権の数の合計

第1章 非上場株式等についての納税猶予制度

④ 当該贈与の時において、当該個人が有する当該認定贈与承継会社の非上場株式等に係る議決権の数が、当該個人の同族関係者等のうちいずれの者が有する当該認定贈与承継会社の議決権の数をも下回らないこと（措法70の7②三二、措令40の8⑪）。

⑤ 当該個人が、当該贈与の時から当該贈与の日の属する年分の贈与税の申告書の提出期限（当該提出期限前に当該個人が死亡した場合には、当該死亡の日）まで引き続き贈与により取得をした当該認定贈与承継会社の対象受贈非上場株式等のすべてを有していること（措法70の7②三ホ）。

⑥ 当該個人が、当該贈与の日まで引き続き3年以上連続して当該認定贈与承継会社の役員であること（措法70の7②三ヘ、措規23の9⑨、措通70の7-13）。

この場合の役員とは、会社法第329条第1項に規定する役員をいい、具体的には、取締役、会計参与及び監査役をいいます。）。

⑦ 当該個人が、当該認定贈与承継会社の非上場株式等について、非上場株式等についての贈与税の納税猶予及び免除の特例（措法70の7の5①）、非上場株式等についての相続税の納税猶予及び免除の特例（措法70の7の6①）又は非上場株式等の特例贈与者が死亡した場合の相続税の納税猶予及び免除の特例（措法70の7の8①）の規定の適用を受けていないこと（措法70の7②三ト）。

(3) 認定贈与承継会社の要件

非上場株式贈与税納税猶予（一般措置）における認定贈与承継会社とは、中小企業における経営の承継の円滑化に関する法律（以下、第1章及び第2章において「円滑化法」といいます。）第2条に規定する中小企業者のうち、同法第12条第1項の経済産業大臣又は都道府県知事の認定[※1]（以下「円滑化法認定」といいます。）を受けた会社（租税特別措置法施行規則第23条の9第3項に規定するものを含みます。）で、贈与の時において、次に掲げる要件のすべてを満たすものをいいます（措法70の7②一・四、措令40の8⑤〜⑦）。

※1　都道府県知事の認定
　　非上場株式贈与税納税猶予（一般措置）を適用するためには、中小企業における経営の承継の円滑化に関する法律に基づき、会社の要件、後継者（受贈者）の要件、先代経営者（贈与者）の要件を満たしていることについての「都道府県知事の認定」を受けなければなりません（円滑化法12①（都道府県知事の認定）、円滑化政令2（都道府県が処理する事務）、円滑化省令7（認定の申請）。
　　なお、この都道府県知事の認定を受けるためには、贈与を受けた年の翌年の1月15日までにその申請を行う必要があります。

① その会社の常時使用従業員（当該会社の従業員であって次に掲げるいずれかの者をいいます。）の数が1人以上であること（措法70の7②一イ、措規23の9④）。

イ 厚生年金保険法第9条、船員保険法第2条第1項又は健康保険法第3条第1項に規定する被保険者（厚生年金保険法第18条第1項若しくは船員保険法第15条第1項に規定する厚生大臣の確認又は健康保険法第39条第1項に規定する保険者等の確認があった者に限ります。）。

ロ　当該会社と２か月を超える雇用契約を締結している者で75歳以上であるもの
②　その会社が資産保有型会社※２又は資産運用型会社※３のうち、贈与の時において次のいずれにも該当しないこと（措法70の７②一ロ、措令40の８⑥、措規23の９⑤）。
　イ　当該資産保有型会社等の特定資産※４から当該資産保有型会社等が有する当該資産保有型会社等の特別関係会社で次に掲げる要件のすべてを満たすものの株式等を除いた場合であっても、当該資産保有型会社等が資産保有型会社資産運用型会社に該当すること。
　　㈤　当該特別関係会社が、贈与の日まで引き続き３年以上にわたり、商品の販売その他の業務で財務省令で定めるものを行っていること。
　　㈥　贈与の時において、当該特別関係会社の常時使用従業員（経営承継受贈者及び当該経営承継受贈者と生計を一にする親族を除きます。以下「親族外従業員」といいます。）の数が５人以上であること。
　　㈧　贈与の時において、当該特別関係会社が、親族外従業員が勤務している事務所、店舗、工場その他これらに類するものを所有し、又は賃借していること。
　ロ　当該資産保有型会社等が、次に掲げる要件のすべてを満たす資産保有型会社又は資産運用型会社でないこと。
　　㈤　当該資産保有型会社等が、贈与の日まで引き続き３年以上にわたり、商品の販売その他の業務で財務省令で定めるものを行っていること。
　　㈥　贈与の時において、当該資産保有型会社等の親族外従業員の数が５人以上であること。
　　㈧　贈与の時において、当該資産保有型会社等が、親族外従業員が勤務している事務所、店舗、工場その他これらに類するものを所有し、又は賃借していること。
※２　資産保有型会社
　　「資産保有型会社」とは、贈与の日の属する事業年度の直前の事業年度の開始の日から贈与税額の全部につき納税の猶予に係る期限が確定する日までの期間のいずれかの日において次の算式を満たす会社をいいます（措法70の７②八、措令40の８⑲～㉑、措規23の９⑮）。
　　なお、平成31年４月１日以後に事業活動のために必要な資金の借入れを行ったことなど一定の事由が生じたことにより当該期間内のいずれかの日において会社に係る特定の資産の保有割合が70％以上となった場合には、その事由が生じた日から同日以後６か月を経過する日までの期間は除かれます。

$$\frac{B+C}{A+C} \geq \frac{70}{100}$$

　　「A」＝その日における当該会社の総資産の貸借対照表に計上されている帳簿価額の総額
　　「B」＝その日における当該会社の特定資産（現金、預貯金その他これらに類する資産として租税特別措置法施行規則第23条の９第14項に規定するものをいいます。以下同じです。）の貸借対照表に計上されている帳簿価額の合計額
　　「C」＝その日以前５年以内において経営承継受贈者及び当該経営承継受贈者の同族関係者等が当該会社から受けた次のⅰ及びⅱに掲げる額の合計額
　　　　ⅰ　当該会社から受けた当該会社の株式等に係る剰余金の配当又は利益の配当（贈与の時前に受けたものを除きます。）の額
　　　　ⅱ　当該会社から支給された給与（債務の免除による利益その他の経済的な利益を含み、特例対象贈与の時前に支給されたものを除きます。）の額のうち、法人税法第34条又は第36条の

規定により当該会社の各事業年度の所得の金額の計算上損金の額に算入されないこととなる金額

※3　資産運用型会社

「資産運用型会社」とは、贈与の日の属する事業年度の直前の事業年度の開始の日から猶予中贈与税額の全部につき納税の猶予に係る期限が確定する日までに終了する事業年度の末日までの期間のいずれかの事業年度において次の算式を満たす会社をいいます（措法70の7②九、措令40の8㉒）。

なお、平成31年4月1日以後に事業活動めために必要な資金を調達するために特定の資産を譲渡したことなど一定の事由が生じたことにより当該期間内に終了するいずれかの事業年度における会社の係る特定の資産の運用収入の割合が75％以上となった場合には、その事業年度の開始の日からその事業年度終了の日の翌日以後6か月を経過する日の属する事業年度終了の日までの期間は除かれます。

$$\frac{B}{A} \geq \frac{75}{100}$$

「A」＝当該いずれかの事業年度における総収入金額
「B」＝当該いずれかの事業年度における特定資産の運用収入の合計額

※4　特定資産

資産保有型会社及び資産運用型会社の判定における特定資産とは、中小企業における経営の承継の円滑化に関する法律施行規則（以下「円滑化省令」といいます。）第1条第17項第2号イからホまでに掲げるものをいい、具体的には次のものが該当します（措規23の9⑮）。

① 金融商品取引法第2条第1項に規定する有価証券及び同条第2項の規定により有価証券とみなされる権利（以下「有価証券」といいます。）であって、当該会社の特別子会社（資産の帳簿価額の総額に対する有価証券（当該特別子会社の特別子会社の株式又は持分を除きます。）及び②から⑤までに掲げる資産（①において「特別特定資産」という。）の帳簿価額の合計額の割合が100分の70以上である会社又は直前の事業年度における総収入金額に占める特別特定資産の運用収入の合計額の割合が100分の75以上である会社以外の会社に限ります。）の株式又は持分以外のもの

② 当該会社が現に自ら使用していない不動産（不動産の一部分につき現に自ら使用していない場合は、当該一部分に限ります。）

③ ゴルフ場その他の施設の利用に関する権利（当該会社の事業の用に供することを目的として有するものを除きます。）

④ 絵画、彫刻、工芸品その他の有形の文化的所産である動産、貴金属及び宝石（当該会社の事業の用に供することを目的として有するものを除きます。）

⑤ 現金、預貯金その他これらに類する資産（経営承継受贈者等に対する貸付金、未収金その他これらに類する資産を含みます。）

③ その会社の株式等及び特定特別関係会社（当該会社の特別関係会社（当該会社と特別な関係にある租税特別措置法施行令第40条の8第7項に規定する会社（会社法第2条第2号に規定する外国会社を含みます。）をいいます。）のうち当該会社と密接な関係を有する会社をいいます。）の株式等が非上場株式等に該当すること（措法70の7②一ハ、措令40の8⑦⑧）。

④ その会社及び特定特別関係会社が風俗営業会社（風俗営業等の規制及び業務の適正化等に関する法律第2条第5項に規定する性風俗関連特殊営業に該当する事業を営む会社をいいます。）に該当しないこと（措法70の7②一ニ）。

⑤ その会社の特別関係会社が会社法第2条第2号に規定する外国会社に該当する場合（当該会社又は当該会社との間に支配関係（会社が他の法人の発行済株式又は出資（当該他の法人が有する自己の株式等を除きます。）の総数又は総額の100分の50を超える数又は金額

の株式等を直接又は間接に保有する関係として租税特別措置法施行令第40条の8第9項に定める関係をいいます。）がある法人が当該特別関係会社の株式等を有する場合に限ります。）にあっては、当該会社の常時使用従業員の数が5人以上であること（措法70の7②一ホ）。

(注) 租税特別措置法施行令第40条の8第9項に定める支配関係とは、会社が他の法人の発行済株式又は出資（当該他の法人が有する自己の株式等を除きます。以下この（注）において「発行済株式等」といいます。）の総数又は総額の100分の50を超える数又は金額の株式等を保有する場合における当該会社と他の法人との間の関係（以下この（注）において「直接支配関係」という。）をいいます。
　　この場合において、当該会社及びこれらとの間に直接支配関係がある一若しくは二以上の他の法人又は当該会社との間に直接支配関係がある一若しくは二以上の他の法人がその他の法人の発行済株式等の総数又は総額の100分の50を超える数又は金額の株式等を保有するときは、当該会社は当該その他の法人の発行済株式等の総数又は総額の100分の50を超える数又は金額の株式等を保有するものとみなされます（措令40の8⑨）。

⑥　贈与の日の属する事業年度の直前の事業年度（贈与の日が当該贈与の日の属する事業年度の末日である場合には、当該贈与の日の属する事業年度及び当該事業年度の直前の事業年度）における総収入金額が、零円を超えること（措法70の7②一ヘ、措令40の8⑩一）。

⑦　その会社が発行する会社法第108条第1項第8号に掲げる事項についての定めがある種類の株式を当該円滑化法認定を受けた会社に係る経営承継受贈者以外の者が有していないこと（措法70の7②一ヘ、措令40の8⑩二）。

⑧　その会社の特別関係会社（会社法第2条第2号に規定する外国法人に該当するものを除きます。）が、円滑化法第2条に規定する中小企業者に該当すること（措法70の7②一ヘ、措令40の8⑩三）。

(4) 非上場株式等の要件

非上場株式贈与税納税猶予（一般措置）の対象となる非上場株式等とは、次に掲げる株式等をいいます（措法70の7②二、措規23の9⑥⑦）。

①　その発行会社の株式のすべての株式が次の要件を満たす場合の株式
　イ　金融商品取引法第2条第16項に規定する金融商品取引所（以下①において「金融商品取引所」といいます。）に上場されていないこと
　ロ　金融商品取引所への上場の申請がされていないこと
　ハ　金融商品取引所に類するものであって外国に所在するものに上場がされていないこと又は当該上場の申請がされていないこと。
　ニ　金融商品取引法第67条の11第1項に規定する店頭売買有価証券登録原簿（以下①において「店頭売買有価証券登録原簿」といいます。）に登録がされていないこと又は当該登録の申請がされていないこと。
　ホ　店頭売買有価証券登録原簿に類するものであって外国に備えられるものに登録がされていないこと又は当該登録の申請がされていないこと。

②　合名会社、合資会社又は合同会社の出資のうち、上記①のハ及びホの要件を満たすもの

(5) 特例の対象となる非上場株式等

経営承継受贈者が非上場株式等贈与税納税猶予（一般措置）の適用を受けることができる非上場株式等（以下、第1節において「対象受贈非上場株式等」といいます。）は、この特例の適用に係る贈与により取得した非上場株式等（議決権に制限のないものに限ります。）のうち贈与税の申告書にこの特例の適用を受けようとする旨の記載があるもので、当該贈与の時における当該認定贈与承継会社の発行済株式又は出資（議決権に制限のない株式等に限ります。）の総数又は総額の3分の2（当該贈与の直前において当該贈与に係る経営承継受贈者が有していた当該認定贈与承継会社の非上場株式等があるときは、当該総数又は総額の3分の2から当該経営承継受贈者が有していた当該認定贈与承継会社の非上場株式等の数又は金額を控除した残数又は残額）に達するまでの部分となります（措法70の7①、措令40の8②）。

ケース	贈与する株式数	対象受領非上場株式数
① A≦Bの場合	A以上の数又は金額に相当する非上場株式等	A
② A＞Bの場合	B	B

「A」＝贈与の直前における認定贈与承継会社の議決権に制限のない発行済株式又は出資の総数又は総額×2／3 － 贈与の直前において経営承継受贈者が有していた当該認定贈与承継会社の非上場株式等の数又は金額

「B」＝贈与の直前において贈与者が有していた認定贈与承継会社の非上場株式等の数又は金額

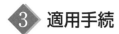 適用手続

(1) 申告

非上場株式等贈与税納税猶予（一般措置）の適用を受けるためには、贈与税の申告書を申告期限内に提出し、その申告書に、非上場株式等の全部又は一部につきこの特例の適用を受けようとする旨を記載し、非上場株式等の明細及び納税猶予分の贈与税額の計算に関する明細及び次に掲げる書類を添付しなければなりません（措法70の7①⑧、措規23の9㉔）。

①	贈与の時における認定贈与承継会社の定款の写し
②	贈与の直前及び当該贈与の時における認定贈与承継会社の株主名簿の写しその他の書類で当該認定贈与承継会社のすべての株主又は社員の氏名又は名称及び住所又は所在地並びにこれらの者が有する当該認定贈与承継会社の株式等に係る議決権の数が確認できるもの
③	贈与に係る契約書の写しその他の当該贈与の事実を明らかにする書類
④	円滑化省令第7条第14項の認定書の写し及び円滑化省令第7条第2項の申請書の写し
⑤	対象受贈非上場株式等の全部又は一部が贈与者の租税特別措置法第70条の7第15項の規定の適用に係る贈与（免除対象贈与）により取得をしたものである場合にあっては、租税特別措置法

	施行令第40条の8第5項各号に掲げる場合の区分に応じ当該各号に定める者に当該対象受贈非上場株式等の贈与をした者ごとの当該対象受贈非上場株式等の数又は金額の内訳及び当該贈与をした年月日を記載した書類
⑥	租税特別措置法第70条の7第29項に規定する現物出資等資産に該当するものがある場合にあっては、同項第1号及び第2号に掲げる額並びに当該現物出資等資産の明細並びにその現物出資又は贈与をした者の氏名又は名称その他参考となるべき事項を記載した書類
⑦	その他参考となるべき書類

(2) 担保の提供

　非上場株式等贈与税納税猶予（一般措置）の適用を受けるためには、申告期限までに納税猶予分の贈与税額に相当する担保を提供しなければなりません（措法70の7①、措令40の8③④、措規23の9①②）。

　なお、対象受贈非上場株式等の全部を担保として提供した場合には、当該納税猶予分の贈与税額に相当する担保が提供されたものとみなされます（措法70の7⑤）。

 納税猶予分の贈与税額の計算

(1) 認定贈与承継会社が1社であり、かつ、贈与者が1人の場合の納税猶予分の贈与税額の計算

　対象受贈非上場株式等の価額（当該対象受贈非上場株式等に係る認定贈与承継会社又は当該認定贈与承継会社の特別関係会社であって当該認定贈与承継会社との間に支配関係がある法人（以下「認定贈与承継会社等」といいます。）が会社法第2条第2号に規定する外国会社（当該認定贈与承継会社の特別関係会社に該当するものに限ります。）又は租税特別措置法施行令第40条の8第12項に規定する非上場会社以外の会社若しくは医療法人の株式若しくは出資を有する場合には、当該認定贈与承継会社等が当該株式等を有していなかったものとして計算した価額）を同項の経営承継受贈者に係るその年分の贈与税の課税価格とみなして、相続税法第21条の5《贈与税の基礎控除》及び21条の7《贈与税の税率》の規定（租税特別措置法70条の2の4《贈与税の基礎控除の特例》及び租税特別措置法70条の2の5《直系尊属から贈与を受けた場合の贈与税の税率の特例》の規定を含みます。）を適用して計算した金額が納税猶予分の贈与税額となります（措法70の7②五イ、措令40の8⑫⑬）。

　　（注）　租税特別措置法施行令第40条の8第12項に規定する非上場株式等以外の株式等とは、認定贈与承継会社並びに当該認定贈与承継会社の代表権を有する者及び当該代表権を有する者と同条第7項各号に掲げる特別の関係のある者が有する株式の数又は出資の金額が発行済株式又は出資の総数又は総額の100分の3以上に相当する数又は金額である場合における当該法人をいいます（措令40の8⑫一）。
　　　　　また、租税特別措置法施行令第40条の8第12項に規定する医療法人とは、認定贈与承継会社並びに当該認定贈与承継会社の代表権を有する者及び当該代表権を有する者と同条第7項各号に掲げる特別の関

係のある者が有する医療法人の議決権の数の合計が、当該医療法人の総社員の議決権の数の100分の50を超える数である場合における当該医療法人をいいます(措令40の8⑫二)。

(2) 認定贈与承継会社が2社以上ある場合又は贈与者が2人以上である場合の納税猶予分の贈与税額の計算

対象受贈非上場株式等に係る経営承継受贈者がその年中において贈与により取得をしたすべての認定贈与承継会社の対象受贈非上場株式等の価額の合計額を上記(1)のその年分の贈与税の課税価格とみなして、上記(1)により計算します(措令40の8⑭)。

この場合において、認定承継会社又は贈与者の異なるものごとの納税猶予分の贈与税額は、次の算式により計算した金額となります(措令40の8⑭)。

$$A \times \frac{B}{C}$$

「A」=当該上記(1)により計算した納税猶予分の贈与税額(端数処理前の金額)
「B」=認定贈与承継会社又は贈与者の異なるものごとの対象受贈非上場株式等の価額
「C」=対象受贈非上場株式等の価額の合計額

(3) 相続時精算課税との併用

非上場株式贈与税納税猶予(一般措置)の適用を受ける株式の贈与については、併せて相続時精算課税を適用することができます(措法70の7②五ロ)。

5 納税猶予期間中の継続届出書の提出義務

(1) 継続届出書の提出

非上場株式贈与税納税猶予(一般措置)の適用を受ける経営承継受贈者は、申告期限の翌日から猶予中贈与税額の全部につき納税の猶予に係る期限が確定する日までの間に経営贈与報告基準日が存する場合には、届出期限(第1種贈与基準日の翌日から5か月を経過する日又は第2種贈与基準日の翌日から3か月を経過する日をいいます。)までに、引き続いてこの特例の適用を受けたい旨及びこの特例の適用を受ける対象受贈非上場株式等に係る認定贈与承継会社の経営に関する事項等の租税特別措置法施行令第40条の8第36項に規定する記載事項を記載した届出書(第1節において「継続届出書」といいます。)並びに租税特別措置法施行規則第23条の9第26項及び第27項に規定する添付書類を納税地の所轄税務署長に提出しなければなりません(措法70の7⑨、措令40の8㊱、措規23の9㉕㉖㉗㉘)。

(注1) 「猶予中贈与税額」とは、納税猶予分の贈与税額から、すでに一部確定した税額を除いた額をいいます(措法70の7②七ロ、措令40の8⑰)。
(注2) 「経営贈与報告基準日」とは、第1種贈与基準日又は第2種贈与基準日をいいます(措法70の7②七)。

① 「第1種贈与基準日」とは、経営贈与承継期間（申告期限の翌日から同日以後5年を経過する日又は経営承継受贈者若しくは当該経営承継受贈者に係る贈与者の死亡の日の前日のいずれか早い日までの期間をいいます。）のいずれかの日で、申告期限の翌日から起算して1年を経過するごとの日をいいます（措法70の7②六、七イ）。
② 「第2種贈与基準日」とは、経営贈与承継期間の末日の翌日から納税猶予分の贈与税額の全部につき納税の猶予に係る期限が確定する日までの期間のいずれかの日で、当該経営贈与承継期間の末日の翌日から3年を経過するごとの日をいいます（措法70の7②七ロ）。
　上記の「経営贈与承継期間」とは、この特例の適用に係る贈与の日の属する年分の贈与税の申告書の提出期限の翌日から次に掲げる日のいずれか早い日又はこの特例の適用を受ける経営承継受贈者若しくは当該経営承継受贈者に係る贈与者の死亡の日の前日のいずれか早い日までの期間をいいます（措法70の7②六）。
　(1)　当該経営承継受贈者の最初のこの特例の適用に係る贈与の日の属する年分の贈与税の申告書の提出期限の翌日以後5年を経過する日
　(2)　当該経営承継受贈者の最初の租税特別措置法第70条の7の2《非上場株式等についての相続税の納税猶予及び免除》第1項の規定の適用に係る相続の同項に規定する相続税の申告書の提出期限の翌日以後5年を経過する日

　なお、猶予中贈与税額に相当する贈与税並びに当該贈与税に係る利子税及び延滞税の徴収を目的とする国の権利の時効については、国税通則法第73条《時効の完成猶予及び更新》第4項の規定の適用がある場合を除き、上記の継続届出書の提出があった時に中断し、当該継続届出書の届出期限の翌日から新たに進行することとされています（措法70の7⑩）。

(2)　継続届出書未提出の場合

　継続届出書が届出期限までに納税地の所轄税務署長に提出されない場合には、当該届出期限における猶予中贈与税額に相当する贈与税については、当該届出期限の翌日から2か月を経過する日（当該届出期限の翌日から当該2か月を経過する日までの間に当該贈与税に係る経営承継受贈者が死亡した場合には、当該経営承継受贈者の相続人（包括受遺者を含みます。）が当該経営承継受贈者の死亡による相続の開始があったことを知った日の翌日から6か月を経過する日）をもって納税の猶予に係る期限となります（措法70の7⑪）。

　ただし、当該継続届出書が当該届出期限までに提出されなかった場合においても、所轄税務署長が当該届出期限内にその提出がなかったことについてやむを得ない事情があると認める場合において、そのやむを得ない事情を記載した継続届出書及び租税特別措置法施行令第40条の8第36項及び第37項に規定する添付書類が当該税務署長に提出されたときは、その継続届出書は届出期限内に提出されたものとみなされます（措法70の7㉖、措令40の8㊽）。

❻ 担保の変更の命令違反等の場合の納税猶予期限の繰上げ

　税務署長は、次に掲げる場合には、猶予中贈与税額に相当する贈与税に係る納税の猶予に係る期限を繰り上げることができます（措法70の7⑫）。
　①　この特例の適用を受ける経営承継受贈者が担保の提供について国税通則法第51条《担保

の変更等》第1項の規定による命令に応じない場合
② 経営承継受贈者から提出された継続届出書に記載された事項と相違する事実が判明した場合

納税猶予期限の確定

(1) 経営贈与承継期間内の納税猶予期限の確定

① 経営贈与承継期間内の納税猶予期限の全部確定

経営贈与承継期間内に、この特例の適用を受ける経営承継受贈者又は対象受贈非上場株式等（合併により当該対象受贈非上場株式等に係る認定贈与承継会社が消滅した場合など租税特別措置法施行規則第23条の9第12項に規定する場合は、同項に規定する株式等）に係る認定贈与承継会社について、次のいずれかに掲げる場合に該当することとなった場合には、次に定める日から2か月を経過する日（次に定める日から当該2か月を経過する日までの間に当該経営承継受贈者が死亡した場合には、当該経営承継受贈者の相続人が当該経営承継受贈者の死亡による相続の開始があったことを知った日の翌日から6か月を経過する日）が納税の猶予に係る期限となります（措法70の7③、措令40の8㉓～㉕、措規23の9⑫）。

	確　定　事　由	2か月を経過する日の起算日
①	当該経営承継受贈者がその有する当該対象受贈非上場株式等に係る認定贈与承継会社の代表権を有しないこととなった場合（租税特別措置法施行規則第23条の9第17項に規定するやむを得ない理由がある場合を除きます。）（措法70の7③一）	代表権を有しないこととなった日
②	従業員数確認期間（当該対象受贈非上場株式等に係る認定贈与承継会社の非上場株式等についてこの納税猶予制度又は租税特別措置法第70条の7の2第1項の特例の適用を受けるために提出する最初の贈与税の申告書又は同項に規定する相続税の申告書の提出期限の翌日から同日以後5年を経過する日（当該経営承継受贈者又は当該経営承継受贈者に係る贈与者が同日までに死亡した場合には、その死亡の日の前日）までの期間をいいます。）内に存する各基準日（当該提出期限の翌日から1年を経過するごとの日をいいます。）における当該対象受贈非上場株式等に係る認定贈与承継会社の常時使用従業員の数の合計を従業員数確認期間の末日において従業員数確認期間内に存する基準日の数で除して計算した数が、贈与の時における常時使用従業員の数に100分の80を乗じて計算した数（その数に1未満の端数があるときにはその端数を切り捨てた数、当該贈与の時における常時使用従業員数が1人のときは1）を下回る数となった場合（措法70の7③二、措令40の8㉒）	従業員数確認期間の末日

	（注） 災害等の発生前に非上場株式等を取得し、円滑化法の認定を受けている、又は当該認定を受けようとしている会社については、災害等により受けた次に掲げる被害の態様に応じ、その認定承継会社の雇用確保要件の免除（３の場合については、災害等の発生後の売上高の回復に応じて緩和）等がされます。 　１　災害により被害を受けた資産が総資産の30％以上である場合 　２　災害により被災した事業所で雇用されていた従業員数が従業員総数の20％以上である場合 　３　一定の災害等（中小企業信用保険法第２条第５項第１号から第４号までに掲げる一定の事由をいいます。）の発生後６か月間の売上高が前年同期間の売上高の70％以下である場合	
③	次の算式を満たすこととなった場合（措法70の７③三、措令40の８⑳（同⑪）） $$\frac{B}{A} \leq \frac{50}{100}$$ 「Ａ」＝当該認定贈与承継会社に係る総株主等議決権数 「Ｂ」＝経営承継受贈者及び当該経営承継受贈者の同族関係者等の有する議決権の数（当該認定贈与承継会社に係るものに限ります。）の合計	左欄の算式を満たすこととなった日
④	当該経営承継受贈者の同族関係者等のうちいずれかの者が、当該経営承継受贈者が有する対象受贈非上場株式等に係る認定贈与承継会社の非上場株式等に係る議決権の数を超える数の当該非上場株式等に係る議決権を有することとなった場合（措法70の７③四）	その超える数の議決権を有することとなった日
⑤	当該経営承継受贈者が当該対象受贈非上場株式等の一部の譲渡等（譲渡又は贈与をいいます。以下同じです。）をした場合（措法70の７③五）	一部の譲渡等をした日
⑥	当該経営承継受贈者が当該対象受贈非上場株式等の全部の譲渡等をした場合（株式交換又は株式移転（以下「株式交換等」といいます。）により他の会社の株式交換完全子会社等となった場合を除きます。）（措法70の７③六） （注）「株式交換完全子会社等」とは、会社法第768条第１項第１号に規定する株式交換完全子会社又は同法第773条第１項第５号に規定する株式移転完全子会社をいいます。	全部の譲渡等をした日
⑦	当該認定贈与承継会社が会社分割をした場合（当該会社分割に際して吸収分割承継会社等の株式等を配当財産とする剰余金の配当があった場合に限ります。）（措法70の７③七）	会社分割の効力が生じた日

	（注）「吸収分割承継会社等」とは、会社法第757条に規定する吸収分割承継会社又は同法第763条第1項に規定する新設分割設立会社をいいます。	
⑧	当該認定贈与承継会社が組織変更をした場合（当該組織変更に際して当該認定贈与承継会社の株式等以外の財産の交付があった場合に限ります。）（措法70の7③七）	組織変更の効力が生じた日
⑨	当該対象受贈非上場株式等に係る認定贈与承継会社が解散をした場合（合併により消滅する場合を除きます。）又は会社法その他の法律の規定により解散をしたものとみなされた場合（措法70の7③八）	解散をした日又はそのみなされた解散の日
⑩	当該対象受贈非上場株式等に係る認定贈与承継会社が資産保有型会社又は資産運用型会社のうち、租税特別措置法施行令第40条の8第24項に規定するものに該当することとなった場合（措法70の7③九、措令40の8㉔）	その該当することとなった日
⑪	当該対象受贈非上場株式等に係る認定贈与承継会社の事業年度における総収入金額が零となった場合（措法70の7③十）	その事業年度終了の日
⑫	当該対象受贈非上場株式等に係る認定贈与承継会社が、会社法第447条第1項若しくは第626条第1項の規定により資本金の額の減少をした場合又は同法第448条第1項の規定により準備金の額の減少をした場合（同法309条第2項第9号イ及びロに該当する場合その他これに類する場合として租税特別措置法施行規則23条の9第19項に規定する場合を除きます。）（措法70の7③十一、措規23の9⑲）	資本金の額の減少又は準備金の額の減少がその効力を生じた日
⑬	当該経営承継受贈者がこの特例の適用を受けることをやめる旨を記載した届出書を納税地の所轄税務署長に提出した場合（措法70の7③十二）	届出書の提出があった日
⑭	当該対象受贈非上場株式等に係る認定贈与承継会社が合併により消滅した場合（適格合併をした場合を除きます。）（措法70の7③十三、措規23の9⑳） （注）「適格合併」とは、租税特別措置法施行規則第23条の9第20項の要件を満たす合併をいいます。	合併の効力が生じた日
⑮	当該対象受贈非上場株式等に係る認定贈与承継会社が株式交換等により他の会社の株式交換完全子会社等となった場合（適格交換等をした場合を除きます。）（措法70の7③十四、措規23の9㉑） （注）「適格交換等」とは、租税特別措置法施行規則第23条の9第21項の要件を満たす株式交換等をいいます。	株式交換等の効力が生じた日

⑯	当該対象受贈非上場株式等に係る認定贈与承継会社の株式等が非上場株式等に該当しないこととなった場合（措法70の7③十五）	非上場株式等に該当しないこととなった日
⑰	当該対象受贈非上場株式等に係る認定贈与承継会社又は当該認定贈与承継会社の特定特別関係会社が風俗営業会社に該当することとなった場合（措法70の7③十六）	風俗営業会社に該当することとなった日
⑱	当該対象受贈非上場株式等に係る認定贈与承継会社が発行する会社法第108条第1項第8号に掲げる事項についての定めがある種類の株式を当該認定贈与承継会社に係る経営承継受贈者以外の者が有することとなったとき（措法70の7③十七、措令40の8㉕一）	その有することとなった日
⑲	当該対象受贈非上場株式等に係る認定贈与承継会社（株式会社であるものに限ります。）が当該対象受贈非上場株式等の全部又は一部の種類を株主総会において議決権を行使することができる事項につき制限のある株式に変更した場合（措法70の7③十七、措令40の8㉕二）	その変更した日
⑳	当該対象受贈非上場株式等に係る認定贈与承継会社（持分会社であるものに限ります。）が定款の変更により当該認定贈与承継会社に係る経営承継受贈者が有する議決権の制限をした場合（措法70の7③十七、措令40の8㉕三）	定款の変更により議決権の制限をした日
㉑	当該対象受贈非上場株式等に係る贈与者が当該特例受贈非上場株式等に係る認定贈与承継会社の代表権を有することとなった場合（措法70の7③十七、措令40の8㉕四）	その代表権を有することとなった日

② 経営贈与承継期間内の納税猶予期限の一部確定

　経営贈与承継期間内に、この特例の適用を受ける経営承継受贈者又は対象受贈非上場株式等に係る認定贈与承継会社について次の①又は②に該当することとなった場合には、それぞれに掲げる金額に相当する贈与税については、それぞれに掲げる日から2か月（次に定める日から当該2月を経過する日までの間に当該経営承継受贈者が死亡した場合には、当該経営承継受贈者の相続人が当該経営承継受贈者の死亡による相続の開始があったことを知った日の翌日から6か月を経過する日）を経過する日が納税の猶予に係る期限となります（措法70の7④、措令40の8㉖㉗）。

	一部確定事由	一部確定する金額	2か月を経過する日の起算日
①	経営贈与承継期間内に、経営承継受贈者がその有する対象受贈非上場株式等に係る認定贈与承継会社の代表権を有しないこととなった場合において、	猶予中贈与税額のうち、当該贈与をした対象受贈非上場株式	贈与をした日

	確定事由	納期限の確定する贈与税額	2か月を経過する日の起算日
	当該経営承継受贈者が当該対象受贈非上場株式等の一部につきこの特例又は非上場株式贈与税納税猶予(特例)の適用に係る贈与をしたとき	等の数又は金額に対応する部分の額に相当する贈与税	
②	経営贈与承継期間内に、この特例の適用を受ける対象受贈非上場株式等に係る認定贈与承継会社が適格合併をした場合又は適格交換等をした場合において当該対象受贈非上場株式等に係る経営承継受贈者が、当該適格合併をした場合における合併又は当該適格交換等をした場合における株式交換等に際して、吸収合併存続会社等及び他の会社(当該認定贈与承継会社が株式交換等により他の会社の株式交換完全子会社等となった場合における当該他の会社をいいます。)の株式等以外の金銭その他の資産の交付を受けたとき (注)「吸収合併存続会社等」とは、会社法第749条第1項に規定する吸収合併存続会社又は同法第753条第1項に規定する新設合併設立会社をいいます。	当該対象受贈非上場株式等に係る猶予中贈与税額のうち、当該金銭その他の資産の額に対応する部分の額として租税特別措置法施行令第40条の8㉗の規定により計算した金額に相当する贈与税	合併又は株式交換等がその効力を生じた日

(2) 経営贈与承継期間後の納税猶予期限の確定

　経営贈与承継期間の末日の翌日から猶予中贈与税額に相当する贈与税の全部につき納税の猶予に係る期限が確定するまでの間において、この特例の適用を受ける経営承継受贈者又は対象受贈非上場株式等に係る認定贈与承継会社について、次の①から⑥までのいずれかに該当することとなった場合には、それぞれに定める贈与税については、それぞれに定める日から2か月を経過する日(次に定める日から当該2か月を経過する日までの間に当該経営承継受贈者が死亡した場合には、当該経営承継受贈者の相続人が当該経営承継受贈者の死亡による相続の開始があったことを知った日の翌日から6か月を経過する日)が納税の猶予に係る期限となります(措法70の7⑤、措令40の8㉘〜㉜)。

	確定事由	納期限の確定する贈与税額	2か月を経過する日の起算日
①	上記(1)①⑥又は⑨から⑬までに掲げる場合	猶予中贈与税額	上記(1)①⑥又は⑨から⑬までに定める日
②	当該経営承継受贈者が当該対象受贈非上場株式等の一部の譲渡等をした場合	猶予中贈与税額のうち、当該譲渡等をした対象受贈非上場株式等の数又は金額に対応する部分の額として租税特別措置法施行令第40条の8第28項の規定により計算した金額	譲渡等をした日

③	当該認定贈与承継会社が合併により消滅した場合	猶予中贈与税額（当該合併に際して吸収合併存続会社等の株式等の交付があった場合には、当該株式等の価額に対応する部分の額として租税特別措置法施行令第40条の8第29項の規定により計算した金額を除きます。）	合併の効力が生じた日
④	当該認定贈与承継会社が株式交換等により他の会社の株式交換完全子会社等となった場合	猶予中贈与税額（当該株式交換等に際して当該他の会社の株式等の交付があった場合には、当該株式等の価額に対応する部分の額として租税特別措置法施行令第40条の8第30項の規定により計算した金額を除きます。）	株式交換等の効力が生じた日
⑤	上記(1)①⑦に該当した場合	猶予中贈与税額のうち、当該会社分割に際して認定贈与承継会社から配当された当該吸収分割承継会社等の株式等の価額に対応する部分の額として租税特別措置法施行令第40条の8第31項の規定により計算した金額	会社分割の効力が生じた日
⑥	上記(1)①⑧に該当した場合	猶予中贈与税額のうち、当該組織変更に際して認定贈与承継会社から交付された当該認定贈与承継会社の株式等以外の財産の価額に対応する部分の額として租税特別措置法施行令第40条の8第32項の規定により計算した金額	組織変更がその効力を生じた日

（注１） 対象受贈非上場株式等の譲渡等の判定

　　　　経営承継受贈者が認定贈与承継会社の非上場株式等で対象株式等（対象受贈非上場株式等（措法70の7①）、対象非上場株式等（措法70の7の2①）及び対象相続非上場株式等（措法70の7の4①）以外のものを有する場合において、当該認定贈与承継会社の非上場株式等の譲渡等（譲渡又は贈与をいいます。）をしたとき（租税特別措置法第70条の7第15項の規定の適用に係る贈与をしたときを除きます。）は、租税特別措置法第70条の7第3項から同条第5項までの規定の適用については、当該対象株式等以外の非上場株式等から先に譲渡等をしたものとみなし、同条第15項の規定の適用に係る贈与をしたときは、同条第3項から第5項まで及び第15項の規定の適用については、当該対象株式等から先に当該贈与をしたものとみなされます（措令40の8㉒）。

（注２） 租税特別措置法第70条の7第1項の規定の適用を受ける経営承継受贈者が、その有する対象株式等の譲渡等をした場合には、先に取得したものから順次譲渡等をしたものとみなされます（措令40の8㉓）。

8 納税猶予税額の免除

(1) 経営承継受贈者の死亡等による納税猶予税額の免除

① 免除事由

　非上場株式贈与税納税猶予（一般措置）の適用を受ける経営承継受贈者又は当該経営承継受贈者に係る贈与者が次のいずれかに該当することとなった場合（その該当することとなった日前に、継続届出書の未提出による猶予期限の確定、担保の変更の命令違反等による猶予期限の繰上げ、同族会社の行為又は計算の否認による猶予期限の繰上げ並びに経営贈与承継期間内に❼の(1)の①に掲げる確定事由に該当することとなった場合を除きます。）には、猶予中贈与税額に相当する贈与税は免除されます（措法70の7⑮、措令40の8㊳㊴）。

	免除される場合	免除される贈与税額
①	贈与者の死亡の時以前にその経営承継受贈者が死亡した場合	猶予中贈与税額に相当する税額
②	贈与者が死亡した場合	猶予中相続税額に次の割合を乗じて計算した金額に相当する相続税 〈計算式〉 　当該当該贈与者が贈与をした対象受贈非上場株式等の数又は金額 ―――――――――――――――――――― 　当該贈与者の死亡の直前における対象非上場株式等の数又は金額
③	経営贈与承継期間の末日の翌日以後に、当該経営承継受贈者が対象受贈非上場株式について、非上場株式贈与税納税猶予（一般措置）又は非上場株式贈与税納税猶予（特例措置）に係る贈与をした場合	猶予中贈与税額に次の割合を乗じて計算した金額に相当する贈与税 〈計算式〉 　当該贈与をした対象非上場株式等の数又は金額 ―――――――――――――――――――― 　当該贈与の直前における対象非上場株式等の数又は金額

② 免除を受けるための手続き

　上記①の免除を受けるためには、当該経営承継受贈者又は当該経営承継受贈者の相続人は、その該当することとなった日から同日（上記①の表の③に掲げる場合に該当するときには贈与税の申告書の提出があった日）以後6か月（上記①の表の②に掲げる場合に該当することとなったときは10か月）を経過する日（以下「免除届出期限」といいます。）までに租税特別措置法施行規則第23条の9第32項に規定する事項を記載した届出書を納税地の所轄税務署長に提出しなければなりません（措法70の7⑮、措規23の9㉜）。

　この場合において、当該経営承継受贈者又は当該経営承継受贈者に係る贈与者が死亡した日

の直前の経営贈与報告基準日（当該経営承継受贈者又は当該経営承継受贈者に係る贈与者が贈与税の申告書の提出期限の翌日から起算して１年を経過する日までの間に死亡した場合には、当該贈与税の申告書の提出期限）の翌日から当該死亡した日までの間における当該経営承継受贈者又は認定贈与承継会社が上記❼(1)「② 経営贈与承継期間内の納税猶予期限の一部確定」又は「(2) 経営贈与承継期間後の納税猶予期限の確定」の表に掲げる場合に該当する事由の有無その他の租税特別措置法施行規則第23条の９第30項に規定する事項を明らかにする書類として同条第31項に規定する書類を当該届出書に添付しなければなりません（措令40の８㊲、措規23の９㉚㉛）。

　ただし、当該届出書が免除届出期限までに提出されなかった場合においても、所轄税務署長が当該期限内に当該提出がなかったことについてやむを得ない事情があると認める場合において、当該やむを得ない事情を記載した当該届出書及び租税特別措置法施行令第40条の８第37項に規定する添付書類が当該税務署長に提出されたときは、当該届出書が当該期限内に提出されたものとみなされます（措法70の７㉖、措令40の８㊽）。

(2) 法的な倒産等による納税猶予税額の免除

① 免除事由

　非上場株式贈与税納税猶予（一般措置）の適用を受ける経営承継受贈者又は対象受贈非上場株式等に係る認定贈与承継会社が次のいずれかに掲げる場合（その該当することとなった日前に、継続届出書の未提出による猶予期限の確定、担保の変更の命令違反等による猶予期限の繰上げ、同族会社の行為又は計算の否認による猶予期限の繰上げがあった場合を除きます。）に該当することとなった場合には、次に定める贈与税は免除を受けるための申請書を提出した経営承継受贈者に対する税務署長の通知により免除されます（措法70の７⑯⑰、措令40の８㊵〜㊺、措規23の９㉝㉞）。

　① 経営贈与承継期間の末日の翌日以後に、当該経営承継受贈者が当該対象受贈非上場株式等に係る認定贈与承継会社の非上場株式等の全部の譲渡等をした場合（当該経営承継受贈者の同族関係者等以外の者のうち、持分の定めのある法人（医療法人を除きます。）又は個人である１人の者で租税特別措置法施行規則第23条の９第35項の要件を満たす者に対して行う場合又は民事再生法の規定による再生計画若しくは会社更生法の規定による更生計画の認可の決定を受け、当該再生計画若しくは当該更生計画に基づき当該非上場株式等を消却するために行う場合に限り、④に掲げる場合に該当する場合を除きます。）において、次のイ及びロに掲げる金額の合計額が当該譲渡等の直前における猶予中贈与税額に満たないとき。

　　当該猶予中贈与税額からイ及びロの合計額を控除した残額に相当する贈与税
　　イ　当該譲渡等があった時における当該譲渡等をした対象受贈非上場株式等の時価に相当する金額として租税特別措置法施行規則第23条の９第36項に規定する金額（当該金額が当該譲渡等した対象受贈非上場株式等の譲渡等の対価の額より小さい金額である場合に

は、当該譲渡等の対価の額）

　ロ　当該譲渡等があった日以前5年以内において、当該経営承継受贈者及び当該経営承継受贈者と生計を一にする者が当該認定贈与承継会社から受けた剰余金の配当等の額その他当該認定贈与承継会社から受けた金額として租税特別措置法施行令第40条の8第42項（第21項各号を準用）に規定する金額の合計額

② 経営贈与承継期間の末日の翌日以後に、当該対象受贈非上場株式等に係る認定贈与承継会社について破産手続開始の決定又は特別清算開始の命令があった場合

　次のイに掲げる金額からロに掲げる金額を控除した残額に相当する贈与税

　イ　当該認定贈与承継会社の解散（会社法その他の法律の規定により解散をしたものとみなされる場合の解散を含みます。）の直前における猶予中贈与税額

　ロ　当該認定贈与承継会社の解散前5年以内において、当該経営承継受贈者及び当該経営承継受贈者と生計を一にする者が当該認定贈与承継会社から受けた剰余金の配当等の額その他当該認定贈与承継会社から受けた金額として租税特別措置法施行令第40条の8第42項（第21項各号を準用）に規定する金額の合計額

（注）災害等による被害を受けた会社が破産等した場合には、経営贈与承継期間内であっても納税猶予額が免除されます（措法70の7㉝、㉜二）。

③ 経営贈与承継期間の末日の翌日以後に、当該対象受贈非上場株式等に係る認定贈与承継会社が合併により消滅した場合（吸収合併存続会社等が当該経営承継受贈者の同族関係者等以外のものであり、かつ、当該合併に際して当該吸収合併存続会社等の株式等の交付がない場合に限ります。）において、次のイ及びロに掲げる金額の合計額が当該合併がその効力を生ずる直前における猶予中贈与税額に満たないとき。

　当該猶予中贈与税額から①及び②に掲げる金額の合計額を控除した残額に相当する贈与税

　　イ　当該合併がその効力を生ずる直前における当該対象受贈非上場株式等の時価に相当する金額として租税特別措置法施行規則第23条の9第36項に規定する金額（当該金額が合併対価の額より小さい金額である場合には、当該合併対価の額）

　　　（注）「合併対価」とは、当該吸収合併存続会社等が当該合併に際して当該消滅する認定贈与承継会社の株主又は社員に対して交付する財産をいいます。

　　ロ　当該合併がその効力を生ずる日以前5年以内において、当該経営承継受贈者及び当該経営承継受贈者と生計を一にする者が当該認定贈与承継会社から受けた剰余金の配当等の額その他当該認定贈与承継会社から受けた金額として租税特別措置法施行令第40条の8第42項（第21項各号を準用）に規定する金額の合計額

④ 経営贈与承継期間の末日の翌日以後に、当該対象受贈非上場株式等に係る認定贈与承継会社が株式交換等により他の会社の株式交換完全子会社等となった場合（当該他の会社が当該経営承継受贈者の同族関係者等以外のものであり、かつ、当該株式交換等に際して当該他の会社の株式等の交付がない場合に限ります。）において、次のイ及びロに掲げる金

額の合計額が当該株式交換等がその効力を生ずる直前における猶予中贈与税額に満たないとき。

当該猶予中贈与税額からイ及びロに掲げる金額の合計額を控除した残額に相当する贈与税

イ　当該株式交換等がその効力を生ずる直前における当該対象受贈非上場株式等の時価に相当する金額として租税特別措置法施行規則第23条の9第36項に規定する金額（当該金額が交換等対価の額より小さい金額である場合には、当該交換等対価の額）

(注)　「交換等対価」とは、当該他の会社が当該株式交換等に際して当該株式交換完全子会社等となった認定贈与承継会社の株主に対して交付する財産をいいます。

ロ　当該株式交換等がその効力を生ずる日以前5年以内において、当該経営承継受贈者及び当該経営承継受贈者と生計を一にする者が当該認定贈与承継会社から受けた剰余金の配当等の額その他当該認定贈与承継会社から受けた金額として租税特別措置法施行令第40条の8第42項（第21項各号）に規定する金額の合計額

② 適用手続

上記①の免除を受けるためには、当該経営承継受贈者は、上記①の①から④までのいずれかに掲げる場合に該当することとなった日から2か月を経過する日（その該当することとなった日から当該2か月を経過する日までの間に当該経営承継受贈者が死亡した場合には、当該経営承継受贈者の相続人が当該経営承継受贈者の死亡による相続の開始があったことを知った日の翌日から6か月を経過する日）までに当該免除を受けたい旨、免除を受けようとする贈与税に相当する金額及びその計算の明細その他の租税特別措置法施行規則第23条の9第33項に規定する事項を記載した申請書（当該免除の手続きに必要な書類として同条第34項に規定する書類を添付したものに限ります。）を納税地の所轄税務署に提出しなければなりません（措法70の7⑯、措規23の9㉝㉞）。

③ 免除通知

税務署長は、上記②の申請書の提出があった場合において、当該申請書に記載された事項について調査を行い、当該申請書に係る上記①の①から④に掲げる場合の区分に応じ①から④までに定める贈与税の免除をし、又は当該申請書に係る申請の却下をします。この場合において、税務署長は、当該申請書に係る申請期限の翌日から起算して6か月以内に、当該免除をした贈与税の額又は当該却下をした旨及びその理由を記載した書面をもって当該申請書を提出した経営承継受贈者に通知をします（措法70の7⑰）。

この通知により過誤納となった額に相当する相続税の国税通則法第56条から第58条までの規定の適用については、当該通知を発した日又は②の申請期限から6か月を経過する日のいずれか早い日に過誤納があったものとみなされます（措法70の7⑬四）。

■ 再生計画の認可決定等があった場合の納税猶予税額の再計算の特例

経営贈与承継期間の末日の翌日以後に、認定贈与承継会社について民事再生法の規定による再生計画若しくは会社更生法の規定による更生計画の認可が決定された場合等において資産評

定が行われたときは、その認可決定があった日等における対象受贈非上場株式等の価額に基づき納税猶予税額を再計算し、当該再計算後の納税猶予税額（以下「再計算猶予税額」といいます。）を猶予税額として納税猶予が継続されます（措法70の7㉑前段）。

この場合において、「再計算前における猶予税額」から「再計算猶予税額」を控除した残額は免除されます（措法70の7㉑後段）。

非上場株式等の贈与者が死亡した場合の相続税の課税

非上場株式贈与税納税猶予（一般措置）の適用を受ける経営承継受贈者に係る贈与者が死亡した場合（その死亡の日前に猶予中贈与税額に相当する贈与税の全部につき納税の猶予に係る期限が確定した場合及びその死亡の時以前に当該経営承継受贈者が死亡した場合を除きます。）には、当該贈与者の死亡による相続又は遺贈に係る相続税については、当該経営承継受贈者が当該贈与者から相続（当該経営承継受贈者が当該贈与者の相続人以外の者である場合には、遺贈）によりこの特例の適用を受ける対象受贈非上場株式等（猶予中贈与税額に対応する部分に限り、合併により当該対象受贈非上場株式等に係る認定贈与承継会社が消滅した場合その他の租税特別措置法施行規則第23条の11第1項に規定する場合には、当該対象受贈非上場株式等に相当するものとして同条に規定するものとされます。以下❿において同じです。）の取得をしたものとみなされます（措法70の7の3①前段）。

この場合において、その死亡による相続又は遺贈に係る相続税の課税価格の計算の基礎に算入すべき当該対象受贈非上場株式等の価額は、当該贈与者から贈与により取得をした対象受贈非上場株式等の当該贈与の時における価額（租税特別措置法第70条の7第2項第5号の対象受贈非上場株式等の価額をいいます。）を基礎として計算します（措法70の7の3①後段）。

相続時精算課税との調整

相続時精算課税の適用を受ける対象受贈非上場株式等について、猶予継続贈与（その対象受贈非上場株式等について受贈者が贈与税の納税猶予の適用を受ける場合における贈与をいいます。）をする場合や猶予継続贈与により取得をする場合も想定されますが、これらの場合において、その経営承継受贈者に係る贈与者（特定贈与者）が死亡したときは「相続時精算課税に係る相続税額の規定」（相法21の14から21の16まで）と「非上場株式等の贈与者が死亡した場合の相続税の課税の特例」（措法70の7の3）とが重複して適用されることとなってしまいます。そのため、次に掲げる対象受贈非上場株式等については、「相続時精算課税に係る相続税額の規定」を適用しないこととされています（措法70の7⑬九、十）。

① 経営承継受贈者が有する対象受贈非上場株式等（相続時精算課税（租税特別措置法第70条の2の6《相続時精算課税適用者の特例》第1項又は同法第70条の3《特定の贈与者から住宅取得等資金の贈与を受けた場合の相続時精算課税の特例》第1項において準用する

場合を含みます。②において同じです。）の適用を受けるものに限ります。）の全部又は一部について猶予継続贈与をした場合において、その経営承継受贈者に係る贈与者の相続が開始したときにおけるその猶予継続贈与をした対象受贈非上場株式等

② 経営承継受贈者に係る特例対象贈与が猶予継続贈与（相続時精算課税の適用を受ける対象受贈非上場株式等に係る贈与に限ります。②において「第二贈与」といいます。）であり、かつ、その対象非上場株式等が第二贈与者（その第二贈与をした者をいいます。②において同じです。）が第一贈与者（第二贈与前に第二贈与者にその対象受贈非上場株式等の贈与をした者をいいます。）からの贈与により取得をしたものである場合において、その第二贈与者が死亡したときにおけるその経営承継受贈者がその第二贈与により取得をしたその対象受贈非上場株式等

適用除外規定等

(1) 他の納税猶予制度との重複適用の排除

非上場株式贈与税納税猶予（一般措置）の規定は、贈与者から贈与により取得をした非上場株式等に係る会社の株式等について、この贈与税の納税猶予の規定の適用を受けている他の経営承継受贈者、又は租税特別措置法第70条の7の2第1項の規定の適用を受けている経営承継相続人等若しくは同法第70条の7の4第1項の規定の適用を受けている経営相続承継受贈者がある場合（この特例の適用を受けようとする者が当該経営承継相続人等若しくは当該経営相続承継受贈者又は租税特別措置法第70条の7の2第15項（第3号部分に限ります。）の規定の適用に係る贈与により当該会社の株式等の取得をした者である場合を除きます。）には適用できません（措法70の7⑦）。

(2) 現物出資等がある場合の適用除外

対象受贈非上場株式等に係る認定贈与承継会社に、この特例の適用を受けようとする経営承継受贈者及び経営承継受贈者の同族関係者等（租税特別措置法施行令第40条の8第19項に規定する者をいいます。）から現物出資又は贈与により取得をした資産（贈与前3年以内に取得をしたものに限ります。以下「現物出資等資産」といいます。）がある場合で、当該贈与があった時において次の算式を満たすときは、当該経営承継受贈者については、非上場株式等に係る贈与税の納税猶予の規定の適用を受けることはできません（措法70の7㉙）。

$$\frac{B}{A} \geqq \frac{70}{100}$$

「A」＝認定贈与承継会社の資産の価額の合計額
「B」＝現物出資等資産の価額（当該認定贈与承継会社が特例対象贈与の時において現物出資等資産を有していない場合には、当該特例対象贈与があった時に有している

ものとしたときにおける当該現物出資等資産の価額）の合計額

(3) 同族会社等の行為又は計算の否認等

　認定贈与承継会社の行為又は計算で、これを容認した場合においては経営承継受贈者又は贈与者その他これらの者と特別の関係がある者の相続税又は贈与税の負担を不当に減少させる結果となると認められるものがあるときは、税務署長は、この特例の適用に関し、その行為又は計算にかかわらず、その認めるところにより、納税の猶予に係る期限を繰り上げ、又は免除する納税の猶予に係る贈与税を定めることができることとされています（措法70の7⑭）。

第2節　非上場株式等についての贈与税の納税猶予及び免除の特例（特例措置）

制度の概要

　非上場株式等についての贈与税の納税猶予及び免除の特例（措法70の7の5）は、第1節の「非上場株式等についての贈与税の納税猶予制度」（非上場株式贈与税納税猶予（一般措置））（措法70の7）の特例措置として、平成30年度税制改正により創設されたものです（この特例制度をこの章において「非上場株式贈与税納税猶予（特例措置）」といいます。）。この非上場株式贈与税納税猶予（特例措置）制度の概要は以下のとおりです。

　特例経営承継受贈者（❷の(3)参照）が、特例認定贈与承継会社（❷の(2)参照）の非上場株式等を有していた特例贈与者（その特例認定贈与承継会社の非上場株式等についてすでにこの特例の適用に係る贈与をしている者を除きます。以下「特例贈与者」といいます。）からその特例認定贈与承継会社の非上場株式等を贈与（平成30年1月1日から令和9年12月31日までの間の最初のこの特例の適用に係る贈与及びその贈与の日から特例経営贈与承継期間の末日までの間に贈与税の申告書の提出期限が到来する贈与に限ります。）により取得した場合において、その贈与が次の①又は②の贈与であるときは、その特例対象受贈非上場株式等（❷の(4)参照）に係る納税猶予分の贈与税額に相当する贈与税については、その納税猶予分の贈与税額に相当する担保を提供した場合に限り、その特例贈与者（特例対象受贈非上場株式等が経営承継受贈者又は特例経営承継受贈者である特例贈与者の免除対象贈与（その特例対象受贈非上場株式等について受贈者がこの特例の適用を受ける場合における贈与をいいます。以下第2節において同じです。）により取得したものである場合における贈与税については、免除対象贈与をした最初の経営承継受贈者又は特例経営承継受贈者にその特例対象受贈非上場株式等贈与をした者）の死亡の日まで、その納税が猶予されます（措法70の7の5①）。

	ケース		贈与する株式
①	特例経営承継受贈者が1人である場合	A≦B	A以上の数又は金額に相当する非上場株式等の贈与
		A＞Bの場合	Bのすべての贈与
②	特例経営承継受贈者が2人又は3人である場合		次のi及びiiのいずれにも該当する贈与 i　その贈与後におけるいずれの特例経営承継受贈者の有する当該特例認定贈与承継会社の非上場株式等の数又は金額が特例認定贈与承継会社の発行済株式又は出資の総数又は総額の10分の1以上となる贈与 ii　その贈与後におけるいずれの特例経営承継受贈者の有する当該特例認定贈与承継会社の非上場株式等の数又は金額がその特例贈与者の有する当該特例認定贈与承継会社の非上場株式等の数又は金額を上回る贈与

（注）表中のA及びBは次の数又は金額です。

「A」＝次の算式で求めた株式の数又は金額

$$\left[\begin{array}{c}\text{贈与の直前における特例認定贈与}\\\text{承継会社の議決権に制限のない発}\\\text{行済株式又は出資の総数又は総額}\end{array}\right] \times \frac{2}{3} - \left[\begin{array}{c}\text{贈与の直前において特例経営承継受贈}\\\text{者が有していたその特例認定贈与承継}\\\text{会社の非上場株式等の数又は金額}\end{array}\right]$$

「B」＝贈与の直前において特例贈与者が有していた特例認定贈与承継会社の非上場株式等の数又は金額

2　特例贈与税猶予制度の適用要件

(1)　特例贈与者の要件

同一の会社の株式について、複数の者からの贈与について特例贈与税猶予制度の適用を受けることができますが、贈与の時期によって、贈与者の要件は異なります（措法70の7の5①、措令40の8の5①）。

	贈与者	贈与者の要件
①	その会社の株式について最初の贈与に係る贈与者	非上場株式贈与税納税猶予（一般措置）における贈与者と同様。
②	その会社の株式について2回目以降の贈与に係る贈与者※	特例認定贈与承継会社の非上場株式等を有していた個人で、贈与の時においてその特例認定贈与承継会社の代表権を有していない者。

※ その会社の株式についてこの特例を受けるための2回目以降の贈与とは、次に掲げる者のいずれかに該当する者が存する場合の贈与をいいます。
(1) 当該特例認定贈与承継会社の非上場株式等について、この特例、非上場株式等についての相続税の納税猶予制度の特例（措法70の7の6①）又は非上場株式等の特例贈与者が死亡した場合の相続税の納税猶予制度の特例（措法70の7の8①）の適用を受けている者
(2) 表の①の者からこの特例の適用に係る贈与によりその特例認定贈与承継会社の非上場株式等の取得をしている者でその贈与に係る贈与税の申告期限が到来していないため、まだその申告をしていない者
(3) 特例被相続人から非上場株式等についての相続税の納税猶予制度の特例（措法70の7の6①）の規定の適用に係る相続又は遺贈により当該特例認定贈与承継社の非上場株式等の取得をしている者でその相続に係る相続税の申告期限が到来していないため、まだその申告をしていない者

(2) 特例認定贈与承継会社の要件

中小企業者のうち特例円滑化法認定（円滑化法第12条第1項第1号の認定で円滑化省令第6条第1項第11号又は第13号の事由に係るものをいいます。）を受けた会社であって、非上場株式贈与税納税猶予（一般措置）と同様の要件（第1節❷(3)参照）を満たすものをいいます（措法70の7の5②一・二、措令40の8の5⑤～⑨）。

■ 特例円滑化法認定

特例円滑化法認定を受けるためには、認定経営革新等支援機関の指導及び助言を受けて特例承継計画を作成し、これについて、令和8年3月31日までに都道府県知事の確認を受ける必要があります（円滑化省令6①十一・十三、7⑥十・⑧、16、17）。

この場合の「認定経営革新等支援機関」とは、中小企業等経営強化法の規定による認定を受けた税務、金融及び企業財務に関する専門的知識や支援に係る実務経験が一定のレベル以上の個人、法人、中小企業支援機関等（税理士、公認会計士、金融機関、商工会等）であって、中小企業に対して専門性の高い支援事業を行うものをいいます。また、「特例承継計画」とは、中小企業者の経営を確実に承継するための具体的な計画であって、これには、後継者（最大3人まで）、後継者が非上場株式等を取得するまでの計画及び後継者が非上場株式等を取得してから5年間の経営計画を定める必要があります。

(3) 特例経営承継受贈者の要件

次の点を除き、非上場株式贈与税納税猶予（一般措置）における経営承継受贈者の場合と同じです（第1節❷(2)参照）。

(注) 令和7年1月1日以降に行われた贈与については、役員就任要件（第1節❷(2)⑥参照）である「贈与の日まで引き続き3年以上連続して当該認定贈与承継会社の役員であること」は「贈与の直前において当該認定贈与承継会社の役員であること」と改正される見込みです（「令和7年度税制改正の大綱」（令和6年12月27日閣議決定））。

非上場株式贈与税納税猶予（一般措置）においては、特例の適用を受けることができる経営承継受贈者は、原則として1社につき1人とされていますが、特例贈与税猶予制度における特

例経営承継受贈者は、1社につき3人までとされています。

特例経営承継受贈者の贈与時における議決権数の要件は、次のとおりです。

①	特例経営承継受贈者が1人の場合	その者の議決権の数が、その者の同族関係者（既に同一の会社についてこの特例贈与税猶予制度の特例、非上場株式等についての相続税の納税猶予制度の特例（措法70の7の6①）又は非上場株式等の特例贈与者が死亡した場合の相続税の納税猶予制度の特例（措法70の7の8①）の適用を受けている者を除きます。）のうちいずれの者が有する議決権の数をも下回らないこと。
②	特例経営承継受贈者が2人又は3人の場合	これらの者の議決権の数が、総株主等議決権数の100分の10以上であること及びこれらの者の同族関係者（既に同一の会社についてこの特例贈与税猶予制度、非上場株式等についての相続税の納税猶予制度の特例（措法70の7の6①）又は非上場株式等の特例贈与者が死亡した場合の相続税の納税猶予制度の特例（措法70の7の8①）の適用を受けている者を除きます。）のうちいずれの者が有する議決権の数をも下回らないこと

なお、同一の会社について、非上場株式贈与税納税猶予（一般措置）とこの非上場株式贈与税納税猶予（特例措置）を重複して適用することはできません（措法70の7の5②六ト）。また、特例経営承継受贈者は、都道府県知事の確認を受けた特例承継計画に定められた特例後継者でなければなりません（措法70の7の5②六チ、措規23の12の2⑪）。

(4) 特例対象受贈非上場株式等の要件

非上場株式贈与税納税猶予（特例措置）の対象となる特例対象受贈非上場株式等とは、贈与により取得した特例認定贈与承継会社の非上場株式等（議決権に制限のないものに限ります。）のうち贈与税の申告書にこの特例制度の適用を受けようとする旨の記載があるものをいいます。

なお、非上場株式贈与税納税猶予（一般措置）においては、発行済株式総数の3分の2までという適用上限がありますが、この特例制度にはこの制限はありません。

3 納税猶予分の贈与税額の計算

非上場株式贈与税納税猶予（特例措置）における納税猶予分の贈与税額の計算は、非上場株式贈与税猶予（一般措置）と同様です（措法70の7の5②八、措令40の8の5⑮）。ただし、納税猶予の対象となる株式（特例対象受贈非上場株式等）の範囲が、非上場株式贈与税納税猶予（一般措置）とは異なることに注意が必要です。

4 相続時精算課税との併用

贈与者の推定相続人である直系卑属又は孫については、相続時精算課税の適用を受ける贈与であっても納税猶予の適用を受けることができます。

なお、特例贈与者の推定相続人又は孫以外の者であっても、この特例の適用を受ける場合には、相続時精算課税の適用を受けることができることとされています。
　具体的には、贈与によりこの特例制度の適用に係る特例対象受贈非上場株式等を取得したその特例制度の適用を受ける特例経営承継受贈者が特例贈与者の推定相続人及び孫以外の者（その年の1月1日において18歳以上である者に限ります。）であり、かつ、その特例贈与者が同日において60歳以上の者である場合には、当該特例経営承継受贈者については、相続時精算課税の適用を選択することができます（措法70の2の8）。これにより納税猶予制度を活用した親族外承継が可能になります。

■ 特例経営贈与承継期間の判定

　本特例制度においては同一の会社について、複数の贈与者からの贈与が、また、複数の特例経営承継受贈者がこの特例制度の適用対象となりますが、特例経営贈与承継期間は、特例経営承継受贈者ごとに判定することとなります。

（注）「特例経営贈与承継期間」とは、この特例制度の適用に係る贈与の日の属する年分の贈与税の申告書の提出期限の翌日から次に掲げる日のいずれか早い日又はこの特例制度の適用を受ける特例経営承継受贈者若しくは当該特例経営承継受贈者に係る特例贈与者の死亡の日の前日のいずれか早い日までの期間をいいます（措法70の7の5②七）。
　① 当該特例経営承継受贈者のこの特例制度の適用に係る最初の贈与の日の属する年分の贈与税の申告書の提出期限の翌日以後5年を経過する日
　② 当該特例経営承継受贈者の最初の租税特別措置法第70条の7の6第1項に規定する相続税の申告書の提出期限の翌日以後5年を経過する日

5 納税猶予期間中の継続届出書の提出義務

　この特例制度における納税猶予期間中の継続届出書の提出義務については、非上場株式贈与税納税猶予（一般措置）と同様です（措法70の7の5⑥）。

6 担保の変更の命令違反等の場合の納税猶予期限の繰上げ

　担保の変更の命令違反等の場合の納税猶予期限の繰上げについては、非上場株式贈与税納税猶予（一般措置）を準用することとされています（措法70の7の5⑨）。

7 納税猶予期限が確定する場合（全部確定又は一部確定）

(1) 非上場株式贈与税納税猶予（一般）の準用

　納税猶予期限の確定事由については、(2)を除き、非上場株式贈与税納税猶予（一般措置）を準用することとされています（第1節(1)(2)参照）。

(2) 雇用確保要件について

　非上場株式贈与税納税猶予（一般措置）における「5年間平均で贈与時点の常時使用従業員の8割の雇用確保」との要件は、この非上場株式贈与税納税猶予（特例措置）においては確定事由とはなりません（措法70の7の5③）。ただし、特例経営贈与承継期間の5年間の平均の常時使用従業員数が贈与時の常時使用従業員数の8割を下回った場合には、その理由について、都道府県知事の確認を受けなければなりません。この際、特例経営贈与承継期間の末日の翌日から4か月を経過する日までに、その8割を下回った理由について、認定経営革新等支援機関の所見の記載があり、かつ、その理由が経営状況の悪化である場合又はその認定経営革新等支援機関が正当と認められないと判断した場合には、その認定経営革新等支援機関による経営力の向上に係る指導及び助言を受けた旨の記載のある報告書の写しを都道府県知事に提出しなければなりません（円滑化省令20①③⑭）。

　また、特例経営承継受贈者は、納税地の所轄税務署長に対し、特例経営贈与承継期間の末日に係る継続届出書に上記の報告書の写し及び都道府県知事の確認書の写しを添付して提出しなければなりません（措法70の7の5⑥、措規23の12の2⑰五）。これらの添付がない継続届出書が提出されたときには、納税猶予期限が確定することとなります（措法70の7の5⑧）。

納税猶予税額が免除となる場合

　納税猶予税額が免除となる場合については、非上場株式贈与税納税猶予（一般措置）の規定を準用することとされています（措法70の7の5⑪⑳）（第1節❻(1)(2)参照）。
　なお、非上場株式贈与税納税猶予（特例措置）においては、非上場株式贈与税納税猶予（一般措置）において講じられている免除措置に加え、次のとおり、経営環境の変化に対応した減免措置が設けられています。

(1) 時価（相続税評価額）の2分の1までの部分に対応する猶予税額の免除

　この特例制度の適用を受ける特例経営承継受贈者又は特例対象受贈非上場株式等に係る特例認定贈与承継会社が次の①から④までのいずれかに掲げる場合に該当することとなった場合（その特例認定贈与承継会社の事業の継続が困難な事由として一定の事由が生じた場合に限ります。）において、その特例経営承継受贈者は、①から④までのいずれかに該当することとなったときには、それぞれに掲げる贈与税が免除されます。贈与税の免除を受けようとするときは、その該当することとなった日から2か月を経過する日（その該当することとなった日からその2か月を経過する日までの間に特例経営承継受贈者が死亡した場合には、その特例経営承継受贈者の相続人がその特例経営承継受贈者の死亡による相続の開始があったことを知った日の翌日から6か月を経過する日。以下「申請期限」といいます。）までに、免除を受けたい

旨、免除を受けようとする贈与税に相当する金額及びその計算の明細その他の事項を記載した申請書（免除の手続に必要な書類その他の書類を添付したものに限ります。）を納税地の所轄税務署長に提出しなければなりません（措法70の7の5⑫）。

① 特例経営贈与承継期間の末日の翌日以後に、特例経営承継受贈者が特例対象受贈非上場株式等の全部又は一部の譲渡等をした場合（その特例経営承継受贈者の同族関係者以外の者に対して行う場合に限ります。）において、次のイ及びロに掲げる金額の合計額がその譲渡等の直前における猶予中贈与税額（その譲渡等をした特例対象受贈非上場株式等の数又は金額に対応する部分の額に限ります。）に満たないとき（措法70の7の5⑫一）

　その猶予中贈与税額からイ及びロに掲げる金額の合計額を控除した残額に相当する贈与税

　イ　譲渡等の対価の額（その額がその譲渡等をした時における譲渡等をした数又は金額に対応する特例対象受贈非上場株式等の相続税評価額の２分の１以下である場合には、相続税評価額の２分の１に相当する金額）をこの特例の適用に係る贈与により取得した特例対象受贈非上場株式等のその贈与の時における価額とみなして計算した納税猶予分の贈与税額

　ロ　譲渡等があった日以前５年以内において、特例経営承継受贈者及びその特例経営承継受贈者の同族関係者がその特例認定贈与承継会社から受けた剰余金の配当等の額とその特例認定贈与承継会社から受けた法人税法の規定により過大役員給与等とされる金額との合計額

② 特例経営贈与承継期間の末日の翌日以後に、特例対象受贈非上場株式等に係る特例認定贈与承継会社が合併により消滅した場合（吸収合併存続会社等（吸収合併存続会社又は新設合併設立会社をいいます。）が特例経営承継受贈者の同族関係者以外のものである場合に限ります。）において、次のイ及びロに掲げる金額の合計額がその合併がその効力を生ずる直前における猶予中贈与税額に満たないとき（措法70の7の5⑫二）

　その猶予中贈与税額からその合計額を控除した残額に相当する贈与税

　イ　合併対価（吸収合併存続会社等が合併に際して消滅する特例認定贈与承継会社の株主又は社員に対して交付する財産をいいます。）の額（その額がその合併がその効力を生ずる直前における特例対象非上場株式等の相続税評価額の２分の１以下である場合には、相続税評価額の２分の１に相当する金額）をこの特例の適用に係る贈与により取得をした特例対象受贈非上場株式等のその贈与の時における価額とみなして計算した納税猶予分の贈与税額

　ロ　合併がその効力を生ずる日以前５年以内において、特例経営承継受贈者及びその特例経営承継受贈者の同族関係者がその特例認定贈与承継会社から受けた剰余金の配当等の額とその特例認定贈与承継会社から受けた法人税法の規定により過大役員給与等とされる金額の合計額

③ 特例経営贈与承継期間の末日の翌日以後に、特例対象受贈非上場株式等に係る特例認定

贈与承継会社が株式交換又は株式移転（以下「株式交換等」といいます。）により他の会社の株式交換完全子会社又は株式移転完全子会社（以下「株式交換完全子会社等」といいます。）となった場合（当該他の会社が特例経営承継受贈者の同族関係者以外のものである場合に限ります。）において、次のイ及びロに掲げる金額の合計額がその株式交換等がその効力を生ずる直前における猶予中贈与税額に満たないとき（措法70の７の５⑫三）

その猶予中贈与税額からその合計額を控除した残額に相当する贈与税

イ　交換等対価（当該他の会社が株式交換等に際して株式交換完全子会社等となった特定認定贈与承継会社の株主に対して交付する財産をいいます。）の額（その額がその株式交換等がその効力を生ずる直前における特例対象受贈非上場株式等の相続税評価額の２分の１以下である場合には、相続税評価額の２分の１に相当する金額）をこの特例の適用に係る贈与により取得をした特例対象受贈非上場株式等のその贈与の時における価額とみなして計算した納税猶予分の贈与税額

ロ　株式交換等がその効力を生ずる日以前５年以内において、特例経営承継受贈者及びその特例経営承継受贈者の同族関係者がその特例認定贈与承継会社から受けた剰余金の配当等の額とその特例認定贈与承継会社から受けた法人税法の規定により過大役員給与等とされる金額の合計額

④　特例経営贈与承継期間の末日の翌日以後に、特例対象受贈非上場株式等に係る特例認定贈与承継会社が解散をした場合において、次のイ及びロに掲げる金額の合計額がその解散の直前における猶予中贈与税額に満たないとき（措法70の７の５⑫四）

その猶予中贈与税額からその合計額を控除した残額に相当する贈与税

イ　解散の直前における特例対象受贈非上場株式等の相続税評価額をこの特例の適用に係る贈与により取得をした特例対象受贈非上場株式等のその贈与の時における価額とみなして計算した納税猶予分の贈与税額

ロ　解散の日以前５年以内において、特例経営承継受贈者及びその特例経営承継受贈者の同族関係者がその特例認定贈与承継会社から受けた剰余金の配当等の額及びその特例認定贈与承継会社から受けた法人税法の規定により過大役員給与等とされる金額の合計額

■ 特例認定贈与承継会社の事業の継続が困難な事由

上記減免制度を適用することのできる特例認定贈与承継会社の事業の継続が困難な一定の事由とは、次のいずれか（特例認定贈与承継会社が解散をした場合にあっては、(5)を除きます。）に該当する場合をいいます（措令40の８の５㉒、措規23の12の２㉒〜㉖）。

(1) 直前事業年度（特例経営承継受贈者又は特例認定贈与承継会社が上記①から④までのいずれかに該当することとなった日の属する事業年度の前事業年度をいいます。）及びその直前の３事業年度（直前事業年度の終了の日の翌日以後６か月を経過する日後に上記①から④までのいずれかに該当することとなった場合には、２事業年度）のうち２以上の事業年度において、特例認定贈与承継会社の経常損益金額（会社計算規則第91条第１項に規定する経常損益金額をいいます。）が零円未満であること。

(2) 直前事業年度及びその直前の３事業年度（直前事業年度の終了の日の翌日以後６か月を経過する日後に上記①から④までのいずれかに該当することとなった場合には、２事業年度）のうち２以上の事業年度において、各事業年度の平均総収入金額（総収入金額（会社計算規則第88条第１項第４号に掲げる営業外収益及び同項第６号に掲げる特別利益以外のものに限ります。）を総収入金額に係る事業年度の月数で除して計算した金額をいいます。）が、各事業年度の前事業年度の平均総収入金額を下回ること。

(3) 次に掲げる事由のいずれか（直前事業年度の終了の日の翌日以後６か月を経過する日後に上記①から④までのいずれかに該当することとなった場合には、下記 i に掲げる事由）に該当すること。

　ⅰ　特例認定贈与承継会社の直前事業年度の終了の日における負債（利子（特例経営承継受贈者の同族関係者に対して支払うものを除きます。）の支払いの基因となるものに限ります。）の帳簿価額が、直前事業年度の平均総収入金額に６を乗じて計算した金額以上であること。

　ⅱ　特例認定贈与承継会社の直前事業年度の前事業年度の終了の日における負債の帳簿価額がその事業年度の平均総収入金額に６を乗じて計算した金額以上であること。

(4) 次の i 又は ii に掲げる事由のいずれかに該当すること。

　ⅰ　判定期間（直前事業年度の終了の日の１年前の日の属する月から同月以後１年を経過する月までの期間をいいます。）における業種平均株価が、前判定期間（判定期間の開始前１年間をいいます。）における業種平均株価を下回ること。

　ⅱ　前判定期間における業種平均株価が、前々判定期間（前半定期間の開始前１年間をいいます。）における業種平均株価を下回ること。

　（注）　ⅰ又はⅱの「業種平均株価」とは、判定期間、前判定期間又は前々判定期間に属する各月における、特例認承継会社の事業が該当する業種に属する事業を営む上場会社の平均株価（金融商品取引法第130条の規定により公表された上場会社の株式の毎日の最終の価格を利用して算出した価格の平均値をいい、具体的には、非上場株式等の相続税評価額の算定に用いるために国税庁において公表する業種目別株価となります。）を合計した数を12で除して計算した価格をいいます。

(5) 特例経営承継受贈者（上記①から③までのいずれかに該当することとなった時において特例認定贈与承継会社の役員又は業務を執行する社員であった者に限ります。）が心身の故障その他の事由により当該特例認定贈与承継会社の業務に従事することができなくなったこと。

(2) 譲渡等の価額が相続税評価額の２分の１を下回った場合の納税猶予

　上記(1)の①から③までに該当する場合で、かつ、次のイからハまでに該当する場合において、特例経営承継受贈者が猶予税額の免除の適用を受けようとするときは、上記(1)にかかわらず、申請期限までに上記(1)の①から③までのそれぞれイ及びロに掲げる金額の合計額に相当する担保を提供した場合で、かつ、その申請期限までにこの特例の適用を受けようとする旨、その金額の計算の明細その他の事項を記載した申請書を納税地の所轄税務署長に提出した場合に限り、再計算対象猶予税額（上記(1)の①に該当する場合には猶予中贈与税額のうちその譲渡等をした

特例対象受贈非上場株式等の数又は金額に対応する部分の額をいい、上記(1)の②又は③に該当する場合には猶予中贈与税額に相当する金額をいいます。）から当該合計額を控除した残額を免除し、その合計額（上記(1)の①に該当する場合には、その合計額に猶予中贈与税額からその再計算対象猶予税額を控除した残額を加算した金額）を猶予中贈与税額とすることができます（措法70の7の5⑬）。

  イ 上記(1)①の対価の額がその譲渡等をした時における特例対象受贈非上場株式等の相続税評価額の2分の1以下である場合

  ロ 上記(1)②の合併対価の額が合併がその効力を生ずる直前における特例対象受贈非上場株式等の相続税評価額の2分の1以下である場合

  ハ 上記(1)③の交換等対価の額が株式交換等がその効力を生ずる直前における特例対象受贈非上場株式等の相続税評価額の2分の1以下である場合

(3) 譲渡等の価額が相続税評価額の2分の1を下回った場合の猶予税額の免除

　上記(1)の①から③までに該当することとなった日から2年を経過する日において、上記(2)により猶予中贈与税額とされた金額に相当する贈与税の納税猶予に係る期限及び免除については、次の①又は②の区分に応じそれぞれに定めるところによります（措法70の7の5⑭）。

　なお、①により贈与税の免除を受けようとする特例経営承継受贈者は、再申請期限までに、免除を受けたい旨、免除を受けようとする贈与税に相当する金額及びその計算の明細その他の事項を記載した申請書（その免除の手続きに必要な書類その他の書類を添付したものに限ります。）を納税地の所轄税務署長に提出しなければなりません（措法70の7の5⑯）。

① 次に掲げる会社がその2年を経過する日においてその事業を継続している場合[※1]（措法70の7の5⑭一）

  特例再計算贈与税額[※2]（上記(2)の②又は③に該当する場合には、その合併又は株式交換等に際して交付された株式等以外の財産の価額に対応する部分の額に限ります。）に相当する贈与税については、その2年を経過する日から2か月を経過する日（その2年を経過する日から2か月を経過する日までの間に特例経営承継受贈者が死亡した場合には、その特例経営承継受贈者の相続人がその特例経営承継受贈者の死亡による相続の開始があったことを知った日の翌日から6か月を経過する日。以下「再申請期限」といいます。）をもって納税猶予に係る期限となるため、この贈与税及び納税猶予期間に対応する利子税を納付しなければなりません。上記(2)により猶予中贈与税額とされた金額と特例再計算贈与税額との差額は免除されます。

  イ 上記(2)のイの場合におけるその譲渡等をした特例対象受贈非上場株式等に係る会社

  ロ 上記(2)のロの場合におけるその合併に係る吸収合併存続会社等

  ハ 上記(2)のハの場合におけるその株式交換等に係る株式交換完全子会社等

② 上記①イからハまでの会社がその2年を経過する日において事業を継続していない場合

（措法70の7の5⑭二）

　上記(2)により猶予中贈与税額とされた金額（上記(2)の①に該当する場合にはその譲渡等をした特例対象受贈非上場株式等の数又は金額に対応する部分の額に、上記(2)の②又は③に該当する場合にはその合併又は株式交換等に際して交付された株式等以外の財産の価額に対応する部分の額に限ります。）に相当する贈与税については、再申請期限をもって納税猶予に係る期限となるため、この贈与税及び納税猶予期限に対応する利子税を納付しなければなりません。

※1　「事業を継続している場合」の意義
　　上記の「事業を継続している場合」とは、次の要件のすべてを満たす場合をいいます（措令40の8の5㉛）。
　①　商品の販売その他の業務を行っていること
　②　上記(1)の①から③までに該当することとなった時の直前における特例認定贈与承継会社の常時使用従業員のうちその総数の2分の1に相当する数（その数に1人未満の端数があるときはこれを切り捨てた数とし、その該当することとなった時の直前における常時使用従業員の数が1人のときは1人とします。）以上の者が、その該当することとなった時から上記の2年を経過する日まで引き続き上記①イからハまでに掲げる会社の常時使用従業員であること
　③　②の常時使用従業員が勤務している事務所、店舗、工場その他これらに類するものを所有し、又は賃借していること

※2　特例再計算贈与税額
　　「特例再計算贈与税額」とは、実際の譲渡等の対価の額、合併対価の額又は交換等対価の額に相当する金額を贈与により取得をした特例対象受贈非上場株式等のその贈与の時における価額とみなして計算した納税猶予分の贈与税額に、それぞれ上記(1)の①ロ、②ロ又は③ロに掲げる金額を加算した金額をいいます。

⑨ 非上場株式等の特例贈与者が死亡した場合の相続税の課税の特例

　非上場株式贈与税納税猶予（一般措置）の贈与者が死亡した場合と同様に、非上場株式贈与税納税猶予（特例措置）（措法70の7の5）の適用を受ける特例経営承継受贈者に係る特例贈与者が死亡した場合には、その特例贈与者の死亡による相続又は遺贈に係る相続税については、その特例経営承継受贈者がその特例贈与者※から相続により当該特例（措法70の7の5）の適用に係る特例対象受贈非上場株式等の取得をしたものとみなされます（措法70の7の7①）。

　この場合において、その死亡による相続又は遺贈に係る相続税の課税価格の計算の基礎に算入すべき特例対象受贈非上場株式等の価額については、その特例贈与者から当該特例（措法70の7の5）の適用に係る贈与により取得をした特例対象受贈非上場株式等のその贈与の時における価額を基礎として計算します（措法70の7の7①）。

※　特例対象受贈非上場株式等が、特例経営承継受贈者である特例贈与者又は経営承継受贈者である特例贈与者からの免除対象贈与（その非上場株式等について受贈者が贈与税の納税猶予制度の適用を受ける場合における贈与をいいます。）により取得したものである場合におけるその特例対象受贈非上場株式等に係る贈与税については、本文中の「特例贈与者」は、免除対象贈与をした最初の特例経営承継受贈者又は経営

承継受贈者にその特例対象受贈非上場株式等の贈与をした者となり、特例対象受贈非上場株式等の価額については、この贈与の時の価額となります（措法70の7の7②）。

その他

「現物出資がある場合の適用除外」（措法70の7㉙）、「同族会社等の行為又は計算の否認等」（措法70の7⑭）、「都道府県知事の通知義務」（措法70の7㉟）、「都道府県知事への通知」（措法70の7㊱）及び「再生計画の認可決定等があった場合の納税猶予税額の再計算の特例」（措法70の7㉑）については、非上場株式贈与税納税猶予（一般措置）の規定を準用します（措法70の7の5⑩⑳㉔㉖）。

第3節　非上場株式等についての相続税の納税猶予及び免除の特例（一般措置）

制度の概要

一定の要件を満たす相続人等（第3節において「経営承継相続人等」といいます。）が、一定の要件を満たす中小企業（第3節において「認定承継会社」といいます。）の代表権を有していた一定の個人（第3節において「被相続人」といいます。）から相続又は遺贈により認定承継会社の非上場株式等を取得した場合には、その非上場株式等のうち一定のもの（第3節において「対象非上場株式等」といいます。）に係る納税猶予分の相続税額に相当する相続税については、相続税の申告書の提出期限（第3節において「申告期限」といいます。）までに一定の担保を提供した場合に限り、当該経営承継相続人等の死亡の日までその納税が猶予されます（第3節において、この制度を「非上場株式相続税納税猶予（一般措置）」といいます。）（措法70の7の2①）。

なお、当該相続に係る相続税の申告書の提出期限までに、当該相続又は遺贈により取得をした非上場株式等の全部又は一部が共同相続人又は包括受遺者によって分割されていない場合における当該分割されていない非上場株式等については、この制度の適用を受けることはできません（措法70の7の2⑦）。

非上場株式相続税納税猶予（一般措置）の適用要件

(1) 被相続人の要件

非上場株式相続税納税猶予（一般措置）の適用における被相続人は、認定承継会社の非上場

株式等を有していた個人で、次のイ又は口の区分に応じ、それぞれに掲げる者です（措令40の8の2①）。

イ 経営承継相続人等が次の口に該当する者以外である場合

相続の開始前に認定承継会社の代表権（制限が加えられた代表権を除きます。(1)において同じです。）を有していた個人で、次に掲げる要件のすべてを満たす者（措令40の8の2①一）。

① 相続の直前（その個人が相続の開始の直前において認定承継会社の代表権を有しない場合にはその個人が代表権を有していた期間内のいずれかの時及び相続の開始の直前）において、次の算式を満たすこと。

$$\frac{B}{A} \geq \frac{50}{100}$$

「A」＝認定承継会社に係る総株主等議決権数（総株主（株主総会において議決することのできる事項の全部について議決権を行使することができない株主を除きます。）又は総社員の議決権の数）

「B」＝その個人及びその個人と特別の関係がある者（租税特別措置法施行令第40条の8第11項に定める者をいいます。）の有する当該認定承継会社の非上場株式等の議決権の数の合計

なお、「特別の関係がある者」については、第1節❷(1)を参照してください。

② その個人が有する認定承継会社の非上場株式等に係る議決権の数が上記イの個人と特別の関係がある者（経営承継相続人等となる者を除きます。）のうちいずれの者が有するその認定承継会社の議決権の数をも下回らないこと。

ロ 経営承継相続人等が次のいずれかに該当する者である場合

この場合の被相続人は、認定承継会社の非上場株式等を有していた者です（措令40の8の2①二）。

① 認定承継会社の非上場株式等について、非上場株式相続税納税猶予（一般措置）（措法70の7の2①）、非上場株式贈与税納税猶予（一般措置）（措法70の7①）又は非上場株式等の贈与者が死亡した場合の相続税の納税猶予及び免除の特例（措法70の7の4①）の適用を受けている者

② 租税特別措置法施行令第40条の8第1項第1号に定める者から非上場株式贈与税納税猶予（一般措置）（措法70の7①）の適用に係る贈与により当該認定承継会社の非上場株式等の取得をしている者（上記①に掲げる者を除きます。）

③ 上記①に掲げる者からこの特例の適用に係る相続又は遺贈により認定承継会社の非上場株式等の取得をしている者（上記①に掲げる者を除きます。）

(2) 経営承継相続人等の要件

非上場株式相続税納税猶予（一般措置）の適用を受けることができる経営承継相続人等は、被相続人から相続又は遺贈により認定承継会社の非上場株式等の取得をした個人で、次に掲げ

る要件のすべてを満たす者（その者が2人以上ある場合は当該認定承継会社が定めた一の者に限られます。）をいいます（措法70の7の2②三）。

① 相続の開始の日の翌日から5月を経過する日において、当該認定承継会社の代表権を有していること（措法70の7の2②三イ）。

② 相続の開始の時において、次の算式を満たすこと（措法70の7の2②三ロ、措令40の8の2⑪）。

$$\frac{B}{A} \geq \frac{50}{100}$$

「A」= 当該認定承継会社に係る総株主等議決権数（総株主（株主総会において議決することのできる事項の全部について議決権を行使することができない株主を除きます。）又は総社員の議決権の数）

「B」= 当該個人及び当該個人と特別の関係がある者（租税特別措置法施行令第40条の8第11項に定める者をいいます。）の有する当該認定承継会社の非上場株式等の議決権の数の合計

③ 相続の開始の時において、その個人が有する認定承継会社の非上場株式等に係る議決権の数が、当該個人と特別の関係がある者のうちいずれの者が有する認定承継会社の議決権の数をも下回らないこと（措法70の7の2②三ハ、措令40の8の2⑪）。

④ 当該個人が、当該相続開始の時から当該相続に係る相続税の申告書の提出期限（提出期限前にその個人が死亡した場合には、その死亡の日）まで引き続き相続又は遺贈により取得をした当該認定承継会社の対象非上場株式等の全てを有していること（措法70の7の2②三ニ）。

⑤ その個人が、認定承継会社の非上場株式等について、非上場株式等についての贈与税の納税猶予及び免除の特例（措法70の7の5①）、非上場株式等についての相続税の納税猶予及び免除の特例（措法70の7の6①）又は非上場株式等の特例贈与者が死亡した場合の相続税の納税猶予及び免除の特例（措法70の7の8①）の適用を受けていないこと（措法70の7の2②三ホ）。

⑥ 被相続人が70歳未満で死亡した場合を除き、相続の開始の直前において、その個人が当該認定承継会社の役員であったこと（措法70の7の2②三ヘ、措規23の10⑧）。

(3) 認定承継会社の要件

非上場株式相続税納税猶予（一般）における承認承継会社とは、円滑化法第2条に規定する中小企業者のうち、同法第12条第1項の経済産業大臣又は都道府県知事の認定を受けた会社（租税特別措置法施行規則第23条の10第4項に規定するものを含みます。）で、相続の開始の時において、次に掲げる要件のすべてを満たすもの（第3節において「認定承継会社」といいます。）です（措法70の7の2②一、措令40の8の2⑦⑧⑨）。

① 常時使用従業員の数が1人以上であること（措法70の7の2②一イ、措規23の10⑤）。常時使

用従業員については、第1節❷(3)①を参照してください。
② 資産保有型会社[※1]又は資産運用型会社[※2]（併せて「資産保有型会社等」といいます。）のうち、相続の開始の時において、次のいずれにも該当しないこと（措法70の7の2②一ロ、措令40の8の2⑦、措規23の10⑥）

イ 当該資産保有型会社等の特定資産[※3]から当該資産保有型会社等が有する当該資産保有型会社等の特別関係会社（(イ)から(ハ)の要件のすべてを満たすものに限ります。）の株式等を除いた場合であっても、当該資産保有型会社等が資産保有型会社又は資産運用型会社に該当すること。

　(イ) 当該特別関係会社が、相続の開始の日まで引き続き3年以上にわたり、商品の販売その他の業務で財務省令で定めるものを行っていること。

　(ロ) 相続の開始の時において、当該特別関係会社の常時使用従業員（経営承継相続人等及び当該経営承継相続人等と生計を一にする親族を除きます。以下「親族外従業員」といいます。）の数が5人以上であること。

　(ハ) 相続の開始の時において、当該特別関係会社が、親族外従業員が勤務している事務所、店舗、工場その他これらに類するものを所有し、又は賃借していること。

ロ 当該資産保有型会社等が、次に掲げる要件のすべてを満たす資産保有型会社又は資産運用型会社でないこと。

　(イ) 当該資産保有型会社等が、相続の開始の日まで引き続き3年以上にわたり、商品の販売その他の業務で財務省令で定めるものを行っていること。

　(ロ) 相続の開始の時において、当該資産保有型会社等の親族外従業員の数が5人以上であること。

　(ハ) 相続の開始の時において、当該資産保有型会社等が、親族外従業員が勤務している事務所、店舗、工場その他これらに類するものを所有し、又は賃借していること。

※1　資産保有型会社
　資産保有型会社とは、相続の開始の日の属する事業年度の直前の事業年度の開始の日から猶予中相続税額の全部につき期限が確定する日までの期間のいずれかの日において次の算式を満たす会社をいいます（措法70の7の2②八、70②八、措令40の8⑲）。
　なお、平成31年4月1日以後に事業活動のために必要な資金の借入れを行ったことなど一定の事由が生じたことにより当該期間内のいずれかの日において会社に係る特定の資産の保有割合が70％以上となった場合には、その事由が生じた日から同日以後6か月を経過する日までの期間は除かれます。

$$\frac{B+C}{A+C} \geq \frac{70}{100}$$

　「A」＝その日における当該会社の総資産の貸借対照表に計上されている帳簿価額の総額
　「B」＝その日における当該会社の特定資産の貸借対照表に計上されている帳簿価額の合計額
　「C」＝その日以前5年以内において当該経営承継相続人等及び当該経営承継相続人等の同族関係者等が当該会社から受けた次のi及びiiに掲げる額の合計額
　　i 当該会社から受けた当該会社の株式等に係る剰余金の配当又は利益の配当（相続の開始前に受けたものを除きます。）の額
　　ii 当該会社から支給された給与（債務の免除による利益その他の経済的な利益を含み、相続の開始前に支給されたものを除きます。）の額のうち、法人税法第34条又は第36条の規定に

より当該会社の各事業年度の所得の金額の計算上損金の額に算入されないこととなる金額

※2　資産運用型会社

資産運用型会社とは、相続の開始の日の属する事業年度の直前の事業年度の開始の日から猶予中相続税額の全部につき期限が確定する日までに終了する事業年度の末日までのいずれかの事業年度において次の算式を満たす会社をいいます（措法70の7の2②九、70の7②九、措令40の8㉒）。

なお、平成31年4月1日以後に事業活動のために必要な資金を調達するために特定の資産を譲渡したことなど一定の事由が生じたことにより当該期間内に終了するいずれかの事業年度におけるその会社に係る特定の資産の運用収入の割合が75％以上となった場合には、その事業年度の開始の日からその事業年度終了の日の翌日以後6か月を経過する日の属する事業年度終了の日までの期間は除かれます。

$$\frac{B}{A} \geq \frac{75}{100}$$

「A」＝当該いずれかの事業年度における総収入金額
「B」＝当該いずれかの事業年度における特定資産の運用収入の合計額

※3　特定資産

第1節❷(3)を参照してください。

③　その会社の株式等及び特定特別関係会社（当該会社の特別関係会社（当該会社と特別な関係にある租税特別措置法施行令第40条の8の2第8項に規定する会社（会社法第2条第2号に規定する外国会社を含みます。）をいいます。）のうち当該会社と密接な関係を有する会社をいいます。）の株式等が非上場株式等に該当すること（措法70の7の2②一ハ、措令40の8の2⑧⑨）。

④　その会社及び特定特別関係会社が風俗営業会社（風俗営業等の規制及び業務の適正化等に関する法律第2条第5項に規定する性風俗関連特殊営業に該当する事業を営む会社をいいます。）に該当しないこと（措法70の7の2②一ニ）。

⑤　その会社の特別関係会社が会社法第2条第2号に規定する外国会社に該当する場合（その会社又はその会社との間に支配関係（会社が他の法人の発行済株式又は出資（当該他の法人が有する自己の株式等を除きます。）の総数又は総額の100分の50を超える数又は金額の株式等を直接又は間接に保有する関係として租税特別措置法施行令第40条の8第9項に定める関係をいいます。）がある法人がその特別関係会社の株式等を有する場合に限ります。）にあっては、当該会社の常時使用従業員の数が5人以上であること（措法70の7の2②一ホ）。なお、「支配関係」については、第1節❷(3)⑤（注）を参照してください。

⑥　その会社の相続の開始の日の属する事業年度の直前の事業年度（相続の開始の日が相続の開始の日の属する事業年度の末日である場合には、相続の開始の日の属する事業年度及びその事業年度の直前の事業年度）における総収入金額が、零円を超えること（措法70の7の2②一ヘ、措令40の8の2⑩一）。

⑦　その会社が発行する会社法第108条第1項第8号に掲げる事項についての定めがある種類の株式を当該会社に係る経営承継相続人等以外の者が有していないこと（措法70の7の2②一ヘ、措令40の8の2⑩二）。

⑧　その会社の特別関係会社（会社法第2条第2号に規定する外国会社に該当するものを除きます。）が、円滑化法第2条に規定する中小企業者に該当すること（措法70の7の2②一ヘ、

措令40の8の2⑩三)。

(4) 特例の対象となる非上場株式等

経営承継相続人等が非上場株式相続税納税猶予（一般措置）の適用を受けることができる非上場株式等は、相続又は遺贈により取得した非上場株式等（議決権に制限のないものに限ります。）のうち相続税の申告書に、この特例の適用を受けようとする旨の記載があるもので、当該相続の開始の時における認定承継会社の発行済株式又は出資（議決権に制限のない株式等に限ります。）の総数又は総額の3分の2（当該相続の開始の直前においてその相続に係る経営承継相続人等が有していた当該認定承継会社の非上場株式等があるときは、当該総数又は総額の3分の2から当該経営承継相続人等が有していた当該認定承継会社の非上場株式等の数又は金額を控除した残数又は残額）に達するまでの部分となります（措法70の7の2①、措令40の8の2④)。

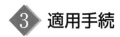

適用手続

(1) 申告

非上場株式等相続税納税猶予（一般措置）の適用を受けるためには、相続税の申告書を申告期限内に提出し、その申告書に非上場株式等の全部又は一部につきこの特例の適用を受けようとする旨を記載し、その非上場株式等の明細及び納税猶予分の相続税額の計算に関する明細及び次に掲げる書類を添付しなければなりません（措法70の7の2①⑨、措規23の10㉒)。

①	相続開始の時における認定承継会社の定款の写し
②	相続開始の直前及び当該相続開始の時における認定承継会社の株主名簿の写しその他の書類で当該認定承継会社のすべての株主又は社員の氏名又は名称及び住所又は所在地並びにこれらの者が有する当該認定承継会社の株式等に係る議決権の数が確認できるもの
③	（相続の開始があったことを知った日と相続の開始があった日が異なる場合）経営承継相続人等が相続の開始があったことを知った日を明らかにする書類
④	遺言書の写し、財産の分割の協議に関する書類（当該書類に当該相続に係る全ての共同相続人及び包括受遺者が自署し、自己の印を押しているものに限ります。）の写し（当該自己の印に係る印鑑証明書が添付されているものに限ります。）その他の財産の取得の状況を明らかにする書類
⑤	円滑化省令第7条第14項の認定書の写し及び円滑化省令第7条第3項の申請書の写し
⑥	租税特別措置法第70条の7の2第30項に規定する現物出資等資産に該当するものがある場合にあっては、同項第1号及び第2号に掲げる額並びに当該現物出資等資産の明細並びにその現物出資又は贈与をした者の氏名又は名称その他参考となるべき事項を記載した書類
⑦	その他参考となるべき書類

(2) 担保の提供

非上場株式等相続税納税猶予（一般措置）の適用を受けるためには、申告期限までに納税猶予分の相続税額に相当する担保を提供しなければなりません（措法70の7の2①、措令40の8の2⑤⑥、措規23の10②③）。

なお、対象非上場株式等の全部を担保として提供した場合には、納税猶予分の相続税額に相当する担保が提供されたものとみなされます（措法70の7の2⑥）。

 納税猶予分の相続税額の計算

(1) 認定承継会社が１社である場合の納税猶予分の相続税額の計算

①に掲げる金額から②に掲げる金額を控除した残額が納税猶予分の相続税額となります（措法70の7の2②五、措令40の8の2⑫⑬⑭⑮）。

① 対象非上場株式等に係る特定価額を当該経営承継相続人等に係る相続税の課税価格とみなして、相続税法第13条から第19条まで、第21条の15第１項及び第２項並びに第21条の16第１項又は第２項の規定を適用して計算した当該経営承継相続人等の相続税の額

(注１)「特定価額」とは、対象非上場株式等に係る認定承継会社又は当該認定承継会社の特別関係会社であって当該認定承継会社との間に支配関係がある法人（以下「認定承認会社等」といいます。）が会社法第２条第２号に規定する外国会社（当該認定承認会社の特別関係会社に該当するものに限ります。）又は租税特別措置法施行令第40条の８第12項に定める医療法人の株式等を有する場合には、当該認定承認会社等が当該株式等を有していなかったものとして計算した価額をいい、相続税法第13条の規定により控除すべき債務がある場合において、控除未済債務額（注２）があるときは、対象非上場株式等の価額からその控除未済債務額を控除した残額をいいます。

(注２)「控除未済債務額」とは、次の(1)に掲げる金額から(2)に掲げる金額を控除した金額（その金額が零を下回る場合は零。）をいいます。
　(1) 相続税法第13条の規定により控除すべき経営承継相続人等の負担に属する部分の金額
　(2) (1)の経営承継相続人等がこの特例の適用に係る相続又は遺贈により取得した財産の価額から上記①の対象非上場株式等の価額を控除した残額

② 特定価額に100分の20を乗じて計算した金額を当該経営承継相続人等に係る相続税の課税価格とみなして、相続税法第13条から第19条まで、第21条の15第１項及び第２項並びに第21条の16第１項又は第２項の規定を適用して計算した経営承継相続人等の相続税の額

(2) 認定承継会社が２社以上ある場合の納税猶予分の相続税額の計算

対象非上場株式等に係る経営承継相続人等が被相続人から相続又は遺贈により取得したすべての認定承継会社の対象非上場株式等の価額の合計額（相続税法第13条の規定により控除すべき債務がある場合には、控除すべき経営承継相続人等の負担に属する部分の金額を控除した残額）を(1)①の当該経営承継相続人等に係る相続税の課税価格とみなして、上記(1)により計算し

ます（措令40の8の2⑰）。

　この場合において、認定承継会社の異なるものごとの納税猶予分の相続税額は、次の算式により計算した金額となります（措令40の8の2⑱）。

$$A \times \frac{B}{C}$$

「A」＝当該上記(1)により計算した金額（端数処理前の金額）
「B」＝認定承継会社の異なるものごとの対象非上場株式等の価額
「C」＝すべての認定承継会社に係る対象非上場株式等の価額

(3) 農地等についての相続税の納税猶予等の特例の適用がある場合の納税猶予分の相続税額の計算

　上記(1)又は(2)により納税猶予分の相続税額を計算する場合において、被相続人から相続又は遺贈により財産の取得をした者のうちに「農地等についての相続税の納税猶予等の特例」（措法70の6①）の適用を受ける者があるときにおける当該財産の取得をしたすべての者に係る相続税の課税価格は、租税特別措置法第70条の6第2項第1号の規定により計算される相続税の課税価格（農業投資価格ベースの課税価格）とします（措令40の8の2⑲）。

（注）非上場株式相続税納税猶予（一般措置）の適用を受ける経営承継相続人等が「農地等についての相続税の納税猶予等特例（措法70の6①）」の適用を受ける者である場合における農地等に係る納税猶予分の相続税額と特例非上場株式等に係る納税猶予分の相続税額の調整計算は、租税特別措置法施行令第40条の8の2第19項の規定により行います（措令40の8の2⑳）。

 納税猶予期間中の継続届出書の提出義務

(1) 継続届出書の提出

　非上場株式贈与税納税猶予（一般措置）の適用を受ける経営承継相続人等は、申告期限の翌日から猶予中相続税額の全部につき納税の猶予に係る期限が確定する日までの間に経営報告基準日が存する場合には、届出期限（第1種基準日の翌日から5か月を経過する日及び第2種基準日の翌日から3か月を経過する日をいいます。）までに、引き続いてこの制度の適用を受けたい旨及びこの制度の適用を受ける対象非上場株式等に係る認定承継会社の経営に関する事項等を記載した租税特別措置法施行令第40条の8の2第42項の規定による記載事項を記載した届出書（第3節において「継続届出書」といいます。）並びに租税特別措置法施行規則第23条の10第23項及び第24項に規定する添付書類を納税地の所轄税務署長に提出しなければなりません（措法70の7の2⑩、措令40の8の2㊷、措規23の10㉓㉔㉕）。

（注1）「猶予中相続税額」とは、納税猶予分の相続税額から、すでに一部確定した税額を除いた額をいいます（措法70の7の2②七ロ、措令40の8の2㉒）。
（注2）「経営報告基準日」とは、第1種基準日又は第2種基準日をいいます（措法70の7の2②七）。

① 「第1種基準日」とは、経営承継期間（申告期限の翌日から同日以後5年を経過する日又は当該相続に係る経営承継相続人等の死亡の日のいずれか早い日までの期間をいいます。）のいずれかの日で、申告期限の翌日から起算して1年を経過するごとの日をいいます（措法70の7の2②七イ）。
② 「第2種基準日」とは、経営承継期間の末日の翌日から猶予中相続税額の全部につき納税の猶予に係る期限が確定する日までの期間のいずれかの日で、当該経営承継期間の末日の翌日から3年を経過するごとの日をいいます（措法70の7の2②七ロ）。

なお、猶予中相続税額に相当する相続税並びに当該相続税に係る利子税及び延滞税の徴収を目的とする国の権利の時効については、国税通則法第73条第4項の規定の適用がある場合を除き、上記の継続届出書の提出があった時から当該継続届出書の届出期限までの間は完成せず、当該継続届出書の届出期限の翌日から新たに進行します（措法70の7の2⑪）。

(2) 継続届出書未提出の場合

継続届出書が届出期限までに納税地の所轄税務署長に提出されない場合には、当該届出期限における猶予中相続税額に相当する相続税については、当該届出期限の翌日から2か月を経過する日（当該届出期限の翌日から当該2か月を経過する日までの間に当該相続税に係る経営承継相続人等が死亡した場合には、当該経営承継相続人等の相続人（包括受遺者を含みます。）が当該経営承継相続人等の死亡による相続の開始があったことを知った日の翌日から6か月を経過する日）をもって納税の猶予に係る期限となります（措法70の7の2⑥）。

ただし、当該継続届出書が届出期限までに提出されなかった場合においても、所轄税務署長が当該届出期限内にその提出がなかったことについてやむを得ない事情があると認める場合において、当該やむを得ない事情を記載した継続届出書及び租税特別措置法施行令第40の8の2第40項に規定する添付書類が税務署長に提出されたときは、継続届出書が届出期限内に提出されたものとみなされます（措法70の7の2㉗、措令40の8の2㊼）。

6 担保の変更の命令違反等の場合の納税猶予期限の繰上げ

税務署長は、次に掲げる場合には、猶予中相続税額に相当する相続税に係る納税猶予に係る期限を繰り上げることができることとされています（措法70の7の2⑬）。
① この特例の適用を受ける経営承継相続人等が担保について国税通則法第51条第1項の規定による命令に応じない場合
② 経営承継相続人等から提出された継続届出書に記載された事項と相違する事実が判明した場合

7 納税猶予期限の確定

(1) 経営承継期間内の納税猶予期限の確定

① 経営承継期間内の納税猶予期限の全部確定

　経営承継期間内に、この非上場株式贈与税納税猶予（一般措置）の適用を受ける経営承継相続人等又は対象非上場株式等（租税特別措置法施行規則第23条の10第10項に規定する場合は、同項に規定する株式等）に係る認定承継会社について次のいずれかに掲げる場合に該当することとなった場合には、次に定める日から2か月を経過する日（次に定める日から2か月を経過する日までの間に当該経営承継相続人等が死亡した場合には、当該経営承継相続人等の相続人が当該経営承継相続人等の死亡による相続の開始があったことを知った日の翌日から6か月を経過する日）が納税の猶予に係る期限となります（措法70の7の2③）。

	確定事由	2か月を経過する日の起算日
①	経営承継相続人等がその有する当該対象非上場株式等に係る認定承継会社の代表権を有しないこととなった場合（租税特別措置法施行規則第23条の10第14項に規定するやむを得ない理由がある場合を除きます。）（措法70の7の2③一）	代表権を有しないこととなった日
②	従業員数確認期間（当該対象非上場株式等に係る認定承継会社の非上場株式等について、この特例又は非上場株式贈与税納税猶予（一般措置）の特例の適用を受けるために提出する最初の相続税の申告書又は同項に規定する贈与税の申告書の提出期限の翌日から同日以後5年を経過する日（当該経営承継相続人等が同日までに死亡した場合には、その死亡の日の前日）までの期間をいう。）内に存する各基準日（当該提出期限の翌日から1年を経過するごとの日をいいます。）における当該対象非上場株式等に係る認定承継会社の常時使用従業員の数の合計を従業員数確認期間の末日において従業員数確認期間内に存する基準日の数で除して計算した数が、当該相続の開始の時における認定承継会社の常時使用従業員の数に100分の80を乗じて計算した数（その数に1未満の端数があるときにはその端数を切り捨てた数、当該相続の開始の時における常時使用従業員の数が1人のときは1）を下回る数となった場合（措法70の7の2③二、措令40の8の2㉘） （注）　災害等の発生前に非上場株式等を取得し、円滑化法の認定を受けている、又は当該認定を受けようとしている会社については、災害等により受けた次に掲げる被害の態様に応じ、その認定承継会社の雇用確保要件の免除（(3)の場合については、災害等の発生後の売上高の回復に応じて緩和）等がされます。 　(1)　災害により被害を受けた資産が総資産の30％以上である場合	従業員数確認期間の末日

	(2) 災害により被災した事業所で雇用されていた従業員数が従業員総数の20％以上である場合 (3) 一定の災害等（中小企業信用保険法第2条第5項第1号から第4号までに掲げる一定の事由をいいます。）の発生後6か月間の売上高が前年同期間の売上高の70％以下である湯合 なお、災害等の発生後に非上場株式等を取得し、円滑化法の認定を受けようとしている会社については、上記の措置に加え、事前役員就任要件が緩和されます。	
③	次の算式を満たすこととなった場合（措法70の7の2③三、措令40の8の2㉙） $$\frac{B}{A} \leq \frac{50}{100}$$ 「A」＝当該認定承継会社に係る総株主等議決権数 「B」＝経営承継相続人等及び当該経営承継相続人等と特別の関係がある者（租税特別措置法施行令第40条の8の2第11項各号に掲げる者）の有する議決権の数（当該認定承継会社に係るものに限ります。）の合計	左欄の算式を満たすこととなった日
④	当該経営承継相続人等の同族関係者等のうちいずれかの者が、当該経営承継相続等が有する当該対象非上場株式等に係る認定承継会社の非上場株式等に係る議決権の数を超える数の当該非上場株式等に係る議決権を有することとなった場合（措法70の7の2③四）	その超える数の議決権を有することとなった日
⑤	当該経営承継相続人等が当該対象非上場株式等の一部の譲渡等をした場合（措法70の7の2③五）	一部の譲渡等をした日
⑥	経営承継相続人等が対象非上場株式等の全部の譲渡等をした場合（株式交換等により他の会社の株式交換完全子会社等となった場合を除きます。）（措法70の7の2③六） (注)「株式交換完全子会社等」とは、会社法第768条第1項第1号に規定する株式交換完全子会社又は同法第773条第1項第5号に規定する株式移転完全子会社をいいます。	全部の譲渡等をした日
⑦	認定承継会社が会社分割をした場合（当該会社分割に際して吸収分割承継会社等の株式等を配当財産とする剰余金の配当があった場合に限ります。）（措法70の7の2③七） (注)「吸収分割承継会社等」とは、会社法第757条に規定する吸収分割承継会社又は同法第763条に規定する新設分割設立会社をいいます。	会社分割がその効力を生じた日
⑧	認定承継会社が組織変更をした場合（組織変更に際して当該認定承継会社の株式等以外の財産の交付があった場合に限ります。）（措法70の7の2③七）	組織変更の効力が生じた日

第1章　非上場株式等についての納税猶予制度

⑨	対象非上場株式等に係る認定承継会社が解散をした場合（合併により消滅する場合を除きます。）又は会社法その他の法律の規定により解散をしたものとみなされた場合（措法70の7の2③八）	解散をした日又はそのみなされた解散の日
⑩	対象非上場株式等に係る認定承継会社が資産保有型会社又は資産運用型会社のうち租税特別措置法施行令第40の8の2第30項に規定するものに該当することとなった場合（措法70の7の2③九、措令40の8の2㉚）	その該当することとなった日
⑪	対象非上場株式等に係る認定承継会社の事業年度における総収入金額が零となった場合（措法70の7の2③十）	その事業年度終了の日
⑫	対象非上場株式等に係る認定承継会社が、会社法第447条第1項若しくは第626条第1項の規定により資本金の額を減少した場合又は同法第448条第1項の規定により準備金の額を減少した場合（同法第309条第2項第9号イ及びロに該当する場合その他これに類する場合として租税特別措置法施行規則第23条の10第16項に規定する場合を除きます。）（措法70の7の2③十一、措規23の10⑰）	資本金の額の減少又は準備金の額の減少がその効力を生じた日
⑬	経営承継相続人等がこの特例の適用を受けることをやめる旨を記載した届出書を納税地の所轄税務署長に提出した場合（措法70の7の2③十二）	届出書の提出があった日
⑭	対象非上場株式等に係る認定承継会社が合併により消滅した場合（適格合併をした場合を除きます。）（措法70の7の2③十三） （注）「適格合併」とは、租税特別措置法施行規則第23条の10第18項の要件を満たす合併をいいます。	合併の効力が生じた日
⑮	対象非上場株式等に係る認定承継会社が株式交換等により他の会社の株式交換完全子会社等となった場合（適格交換等をした場合を除きます。）（措法70の7の2③十四） （注）「適格交換等」とは、租税特別措置法施行規則第23条の10第19項の要件を満たす株式交換等をいいます。	株式交換等の効力が生じた日
⑯	対象非上場株式等に係る認定承継会社の株式等が非上場株式等に該当しないこととなった場合（措法70の7の2③十五）	非上場株式等に該当しないこととなった日
⑰	対象非上場株式等に係る認定承継会社又は当該認定承継会社の特定特別関係会社が風俗営業会社に該当することとなった場合（措法70の7の2③十六）	風俗営業会社に該当することとなった日
⑱	対象非上場株式等に係る認定承継会社が発行する会社法第108条第1項第8号に掲げる事項についての定めがある種類の株式を当該認定承継会社に係る経営承継相続人等以外の者が有することとなったとき。（措法70の7の2③十七、措令40の8の2㉛一）	その有することとなった日
⑲	対象非上場株式等に係る認定承継会社（株式会社であるものに限ります。）が当該対象非上場株式等の全部又は一部の種類を株主総会にお	その変更した日

	いて議決権を行使することができる事項につき制限のある株式に変更した場合（措法70の7の2③十七、措令40の8の2㉛二）	
⑳	対象非上場株式等に係る認定承継会社（持分会社であるものに限ります。）が定款の変更により当該認定承継会社に係る経営承継相続人等が有する議決権の制限をした場合（措法70の7の2③十七、措令40の8の2㉛三）	定款の変更により議決権の制限をした日

②　経営承継期間内の納税猶予期限の一部確定

　経営承継期間内に、この非上場株式贈与税納税猶予（一般措置）の適用を受ける経営承継相続人等又は対象非上場株式等に係る認定承継会社について次の①又は②に該当することとなった場合には、それぞれに掲げる金額に相当する相続税については、それぞれに掲げる日から2か月（次に定める日から2か月を経過する日までの間に当該経営承継相続人等が死亡した場合には、当該経営承継相続人等の相続人が当該経営承継相続人等の死亡による相続の開始があったことを知った日の翌日から6か月を経過する日）を経過する日が納税の猶予に係る期限となります（措法70の7の2④、措令40の8の2㉜㉝）。

	一部確定事由	一部確定する金額	2か月を経過する日の起算日
①	経営承継相続人等がその有する対象非上場株式等に係る認定承継会社の代表権を有しないこととなった場合において、対象非上場株式等の一部つき、租税特別措置法第70条の7第1項又は租税特別措置法第70条の7の5第1項の規定の適用に係る贈与をしたとき	猶予中相続税額に当該贈与をした対象非上場株式等の数又は金額が当該贈与の直前における当該対象非上場株式等の数又は金額に占める割合を乗じて計算した金額（百円未満の端数は切捨て）	贈与をした日
②	認定承継会社が適格合併をした場合又は適格交換等をした場合において、経営承継相続人等が、当該適格合併又は株式の適格交換等に際して、吸収合併存続会社等及び他の会社（当該認定承継会社が株式交換等により他の会社の株式交換完全子会社等となった場合における当該他の会社）の株式等以外の金銭その他の資産の交付を受けたとき （注）「吸収合併存続会社等」とは、会社法第749条第1項に規定する吸収合併存続会社又は同法第753条第1項に規定する新設合併設立会社をいいます。	認定承継会社がした適格合併又は株式の適格交換等がその効力を生ずる直前における猶予中相続税額に、当該合併又は当該株式交換等に際して吸収合併存続会社等又は左欄の他の会社が交付しなければならない株式等以外の金銭その他の資産の額が合併前純資産額又は交換等前純資産額に占める割合を乗じて計算した金額（百円未満の端数は切捨て）	合併又は株式交換等の効力が生じた日

(2) 経営承継期間後の納税猶予期限の確定

経営承継期間の末日の翌日から猶予中相続税額に相当する相続税の全部につき納税の猶予に係る期限が確定する日までの間において、この特例の適用を受ける経営承継相続人等又は対象非上場株式等に係る認定承継会社について次の①から⑥までに該当することとなった場合には、それぞれに定める相続税については、それぞれに定める日から2か月を経過する日（次に定める日から2月を経過する日までの間に当該経営承継相続人等が死亡した場合には、当該経営承継相続人等の相続人が当該経営承継相続人等の死亡による相続の開始があったことを知った日の翌日から6か月を経過する日）が納税の猶予に係る期限となります（措法70の7の2⑤、措令40の8の2㉞〜㊳）。

	確定事由	納期限の確定する相続税額	2か月を経過する日の起算日
①	上記(1)⑥又は⑨から⑬までに掲げる場合	猶予中相続税額	上記(1)⑥又は⑨から⑬までに定める日
②	経営承継相続人等が当該対象非上場株式等の一部の譲渡等をした場合	猶予中相続税額のうち、当該譲渡等をした対象非上場株式等の数又は金額に対応する部分の額として租税特別措置法施行令第40条の8の2第34項の規定により計算した金額	譲渡等をした日
③	認定承継会社が合併により消滅した場合	猶予中相続税額（合併に際して吸収合併存続会社等の株式等の交付があった場合には、当該株式等の価額に対応する部分の額として租税特別措置法施行令第40条の8の2第35項の規定により計算した金額を除きます。）	合併の効力が生じた日
④	認定承継会社が株式交換等により他の会社の株式交換完全子会社等となった場合	猶予中相続税額（株式交換等に際して当該他の会社の株式等の交付があった場合には、当該株式等の価額に対応する部分の額として租税特別措置法施行令第40条の8の2第36項の規定により計算した金額を除きます。）	株式交換等の効力が生じた日
⑤	上記(1)①⑦に該当した場合	猶予中相続税額のうち、会社分割に際して認定承継会社から配当された吸収分割承継会社等の株式等の価額に対応する部分の額として租税特別措置法施行令第40条の8の2第37項の規定により計算した金額	会社分割の効力が生じた日
⑥	上記(1)①⑧に該当した場合	猶予中相続税額のうち、組織変更に際して認定承継会社から交付された当該認定承継会社の株式等以外の財産の価額に対応する部分の額として租税特別措置法施行令第40条の8の2第38項の規定により計算した金額	組織変更がその効力を生じた日

8 納税猶予税額の免除

(1) 経営承継相続人等の死亡等による納税猶予税額の免除

① 免除事由

非上場株式贈与税納税猶予(一般措置)の適用を受ける経営承継相続人等が次のいずれかに掲げる場合に該当することとなった場合(その該当することとなった日前に、継続届出書の未提出による猶予期限の確定、担保の変更の命令違反等による猶予期限の繰上げ、同族会社の行為又は計算の否認による猶予期限の繰上げがあった場合を除きます。)には、次に定める相続税は免除されます(措法70の7の2⑯、措令40の8の2㊹)。

	免除される場合	免除される相続税額
①	経営承継相続人等が死亡した場合	猶予中相続税額に相当する相続税
②	経営承継期間の末日の翌日以後に、当該経営承継相続人等が当該対象非上場株式等につき非上場株式贈与税納税猶予(一般措置)又は非上場株式贈与税納税猶予(特例措置)に係る贈与をした場合	猶予中相続税額に次の割合を乗じて計算した金額に相当する相続税 〈算式〉 　当該贈与をした対象非上場株式等の数又は金額 　――――――――――――――――――――――― 　当該贈与の直前における対象非上場株式等の数又は金額

② 免除を受けるための手続き

上記①の免除を受けるためには、当該経営承継相続人等又は当該経営承継相続人等の相続人は、①の表の①又は②のいずれかに掲げる場合に該当することとなった日から同日以後6か月を経過する日(以下「免除届出期限」といいます。)までに租税特別措置法施行規則第23条の10第28項に規定する事項を記載した届出書を納税地の所轄税務署長に提出しなければなりません(措法70の7の2⑯、措規23の10㉚)。

この場合において、当該経営承継相続人等が死亡した日の直前の経営報告基準日(当該経営承継相続人等が相続税の申告書の提出期限の翌日から起算して1年を経過する日までの間に死亡した場合には、当該申告書の提出期限)の翌日から当該死亡した日まで(①の表の②に掲げる場合(対象非上場株式等のすべてを贈与した場合に限ります。)に該当する場合には、当該経営承継相続人等が当該贈与をした日の直前の経営報告基準日から当該贈与の日まで)の間における当該経営承継相続人等又は対象非上場株式等に係る認定承継会社が❼(1)「② 経営承継期間内の納税猶予期限の一部確定」又は「(2) 経営承継期間後の納税猶予期限の確定」の表の左欄に掲げる場合に該当する事由の有無その他の租税特別措置法施行規則第23条の10第29項に規定する事項を明らかにする書類として同条第28項に規定する書類を当該届出書に添付しなければなりません(措令40の8の2㊸、措規23の10㉘㉙)。

ただし、当該届出書が免除届出期限までに提出されなかった場合においても、所轄税務署長が当該期限内に当該提出がなかったことについてやむを得ない事情があると認める場合において、当該やむを得ない事情を記載した届出書及び租税特別措置法施行令第40条の8の2第41項に規定する添付書類が当該税務署長に提出されたときは、当該届出書が当該期限内に提出されたものとみなされます（措法70の7の2㉗、措令40の8の2㊳）。

(2) 法的な倒産等による納税猶予税額の免除

① 免除事由

非上場株式相続税納税猶予（一般措置）の適用を受ける経営承継相続人等又は対象非上場株式等に係る認定承継会社が次のいずれかに掲げる場合に該当することとなった場合（その該当することとなった日前に、継続届出書の未提出による猶予期限の確定、担保の変更の命令違反等による猶予期限の繰上げ、同族会社の行為又は計算の否認による猶予期限の繰上げがあった場合を除きます。）には、次に定める相続税は税務署長の通知により免除されます（措法70の7の2⑰⑱、措令40の8の2㊺㊻、措規23の10㉜㉝）。

①　経営承継期間の末日の翌日以後に、経営承継相続人等が対象非上場株式等に係る認定承認会社の非上場株式等の全部の譲渡等をした場合（当該経営承継相続人等の同族関係者等以外の者のうち持分の定めのある法人（医療法人を除きます。）又は個人である1人の者で租税特別措置法施行規則第23条の10第32項の要件を満たす者に対して行う場合又は民事再生法の規定による再生計画若しくは会社更生法の規定による更生計画認可の決定を受け、当該再生計画若しくは当該更生計画に基づき当該非上場株式等を消却するために行う場合に限り、④に掲げる場合に該当する場合を除きます。）において、次のイ及びロに掲げる金額の合計額が当該譲渡等の直前における猶予中相続税額に満たないとき。

　　当該猶予中相続税額からイ及びロの合計額を控除した残額に相当する相続税

　イ　当該譲渡等があった時における当該譲渡等をした対象非上場株式等の時価に相当する金額として租税特別措置法施行規則第23条の10第34項に定める金額（当該金額が当該譲渡等をした対象非上場株式等の譲渡等の対価の額より小さい金額である場合には、当該譲渡等の対価の額）

　ロ　当該譲渡等があった日以前5年以内において、経営承継相続人等及び当該経営承継相続人等と生計を一にする者が認定承継会社から受けた剰余金の配当等の額その他認定承継会社から受けた金額として租税特別措置法施行令第40条の8の2第47項（第26項各号を準用）に定める金額の合計額

②　経営承継期間の末日の翌日以後に、当該対象非上場株式等に係る認定承継会社について破産手続開始の決定又は特別清算開始の命令があった場合

　　次のイに掲げる金額からロに掲げる金額を控除した残額に相当する相続税

　イ　当該認定承継会社の解散（会社法その他の法律の規定により解散したものとみなされる場合の解散を含みます。）の直前における猶予中相続税額

ロ　当該認定承継会社の解散前５年以内において、当該経営承継相続人等及び当該経営承継相続人等と生計を一にする者が当該認定承継会社から受けた剰余金の配当等の額その他当該認定承継会社から受けた金額として租税特別措置法施行令第40条の８の２第47項（第26項各号を準用）に定める金額の合計額

（注）災害等による被害を受けた会社が破産等した場合には、経営贈与承継期間内であっても納税猶予額は免除されます。

③　経営承継期間の末日の翌日以後に、当該対象非上場株式等に係る認定承継会社が合併により消滅した場合（吸収合併存続会社等が経営承継相続人等の同族関係者等以外のものであり、かつ、当該合併に際して吸収合昨存続会社等の株式等の交付がない場合に限ります。）において、次のイ及びロに掲げる金額の合計額が当該合併がその効力を生ずる直前における猶予中相続税額に満たないとき。

　　当該猶予中相続税額からイ及びロの合計額を控除した残額に相当する相続税

　　イ　当該合併がその効力を生ずる直前における当該対象非上場株式等の時価に相当する金額として租税特別措置法施行規則第23条の10第34項に規定する金額（当該金額が合併対価の額よりも小さい金額である場合には、当該合併対価の額）

（注）「合併対価」とは、当該吸収合併存続会社等が当該合併に際して当該消滅する認定承継会社の株主又は社員に対して交付する財産をいいます。

　　ロ　当該合併がその効力を生ずる日以前５年以内において、当該経営承継相続人等及び当該経営承継相続人等と生計を一にする者が当該認定承継会社から受けた剰余金の配当等の額その他当該認定承継会社から受けた金額として租税特別措置法施行令第40条の８の２第47項（第26項各号を準用）に規定する金額の合計額

④　経営承継期間の末日の翌日以後に、当該対象非上場株式等に係る認定承継会社が株式交換等により他の会社の株式交換完全子会社等となった場合（当該他の会社が当該経営承継相続人等の同族関係者等以外のものであり、かつ、当該株式交換等に際して当該他の会社の株式等の交付がない場合に限ります。）において次のイ及びロに掲げる金額の合計額が当該株式交換等がその効力を生ずる直前における猶予中相続税額に満たないとき。

　　当該猶予中相続税額からイ及びロの合計額を控除した残額に相当する相続税

　　イ　当該株式交換等がその効力を生ずる直前における当該対象非上場株式等の時価に相当する金額として租税特別措置法施行規則第23条の10第34項に規定する金額（当該金額が交換等対価の額より小さい金額である場合には、当該交換等対価の額）

（注）「交換等対価」とは、当該他の会社が当該株式交換等に際して当該株式交換完全子会社等となった認定承継会社の株主に対して交付する財産をいいます。

　　ロ　当該株式交換等がその効力を生ずる日以前５年以内において、当該経営承継相続人等及び当該経営承継相続人等と生計を一にする者が当該認定承継会社から受けた剰余金の配当等の額その他当該認定承継会社から受けた金額として租税特別措置法施行令第40条の８の２第47項（第26項各号を準用）に規定する金額の合計額

② 適用手続

上記①の免除を受けるためには、当該経営承継相続人等は、上記①の❶から❹までのいずれかに掲げる場合に該当することとなった日から2か月を経過する日（その該当することとなった日から当該2か月を経過する日までの間に当該経営承継相続人等が死亡した場合には、当該経営承継相続人等の相続人が当該経営承継相続人等の死亡による相続の開始があったことを知った日の翌日から6か月を経過する日。③において「申請期限」といいます。）までに当該免除を受けたい旨、免除を受けようとする相続税に相当する金額及びその計算の明細その他の租税特別措置法施行規則第23条の10第31項に規定する事項を記載した申請書（当該免除の手続きに必要な書類として同条第32項に規定する書類を添付したものに限ります。）を納税地の所轄税務署に提出しなければなりません（措法70の7の2⑰、措規23の10㉛㉜）。

③ 免除通知

税務署長は、上記②の申請書の提出があった場合において、当該申請書に記載された事項について調査を行い、当該申請書に係る上記①の❶から❹に掲げる場合の区分に応じ❶から❹までに定める相続税の免除をし、又は当該申請書に係る申請の却下をすることとなります。この場合において、税務署長は、当該申請書に係る申請期限の翌日から起算して6か月以内に、当該免除をした相続税の額又は当該却下をした旨及びその理由を記載した書面により、これを当該申請書を提出した経営承継相続人等に通知します（措法70の7の2⑱）。

この通知により過誤納となった額に相当する相続税の国税通則法第56条から第58条までの規定の適用については、当該通知を発した日又は②の申請期限から6か月を経過する日のいずれか早い日に過誤納があったものとみなされます（措法70の7の2⑭四）。

■ 再生計画の認可決定等があった場合の納税猶予税額の再計算の特例

経営承継期間の末日の翌日以後に、認定承継会社について民事再生法の規定による再生計画若しくは会社更生法の規定による更生計画の認可が決定された場合等において資産評定が行われたときは、その認可決定があった日等における対象非上場株式等の価額に基づき納税猶予税額を再計算し、当該再計算後の納税猶予税額（以下「再計算猶予税額」といいます。）を猶予税額として納税猶予が継続されます（措法70の7の2㉒前段）。

この場合において、「再計算前における猶予税額」から「再計算猶予税額」を控除した残額は免除されます（措法70の7の2㉒後段）。

非上場株式等の贈与者が死亡した場合の相続税の納税猶予及び免除の特例

(1) 特例の概要

非上場株式贈与税納税猶予（一般措置）に係る贈与者が死亡した場合には、経営承継受贈者が当該贈与者から相続又は遺贈により当該対象受贈非上場株式等を取得したものとみなされま

すが、当該対象受贈非上場株式等につき相続税の納税猶予の特例の適用を受けようとする経営相続承継受贈者[※1]が当該相続に係る相続税の申告書の提出により納付すべき相続税の額のうち、対象受贈非上場株式等で一定のもの（以下「対象相続非上場株式等[※2]」といいます。）に係る納税猶予分の相続税額に相当する相続税については、当該相続税の申告書の提出期限までに一定の担保を提供した場合に限り、当該経営相続承継受贈者の死亡の日まで、その納税が猶予されます（措法70の7の4①）。

なお、経営相続承継受贈者が、認定相続承継会社[※3]に係る株式等について、この特例の規定の適用を受けようとする場合において、当該経営相続承継受贈者以外の者が当該認定相続承継会社と同一の会社の株式等について非上場株式贈与税納税猶予（一般措置）、非上場株式相続税納税猶予（一般措置）又は租税特別措置法第70条の7の4第1項のいずれかの規定の適用を受けているときは、この特例の規定を適用することはできません（措法70の7の4⑤）。

※1 「経営相続承継受贈者」とは、経営承継受贈者であって、次に掲げる要件のすべてを満たす者をいいます（措法70の7の4②三）。
  (1) 当該相続の開始の時において、当該特例受贈非上場株式等に係る認定相続承継会社の代表権を有していること（措法70の7の4②三イ）。
  (2) 当該相続の開始の時において、次の算式を満たすこと（措法70の7の4②三ロ、措令40の8の3⑥）。

$$\frac{B}{A} \geq \frac{50}{100}$$

  「A」＝当該認定相続承継会社に係る総株主等議決権数
  「B」＝その者及びその者と特別の関係がある者（租税特別措置法施行令第40条の8の4第7項に規定する者をいいます。）の有する当該認定相続承継会社の非上場株式等の議決権の数の合計
  (3) 当該相続開始の時において、その者が有する当該認定相続承継会社の非上場株式等に係る議決権の数が、その者と上記(2)のその者と特別の関係がある者のうちいずれの者が有する当該認定相続承継会社の議決権の数をも下回らないこと（措法70の7の4②三ハ、措令40の8の4⑦）。
※2 「対象相続非上場株式等」とは、相続又は遺贈により取得したものとみなされる租税特別措置法第70条の7の3に規定する対象受贈非上場株式等（当該相続の開始の時に有していたものに限ります。）のうち相続税の申告書にこの特例の規定の適用を受けようとする旨の記載があるもので、当該相続の開始の時における当該認定相続承継会社の発行済株式又は出資（議決権に制限のない株式等に限ります。）の総数又は総額の3分の2（当該特例受贈非上場株式等の特例対象贈与の直前において経営相続承継受贈者が有していた認定相続承継会社の非上場株式等（議決権に制限のないものに限ります。以下※2において同じです。）がある場合は、当該総数又は総額の3分の2から当該経営相続承継受贈者が有していた認定相続承継会社の非上場株式等の数又は金額（当該特例対象贈与の時から当該相続の開始の直前までの間に当該特例受贈非上場株式等に係る会社の株式等の併合があったことその他の租税特別措置法施行規則第23条の12第1項で定める事由により当該特例受贈非上場株式等の数又は金額が増加又は減少している場合には、当該増加又は減少をした後の数又は金額に換算した数又は金額）を控除した残数又は残額）に達するまでの部分をいいます（措法70条の7の4①、措令40の8の4①、措規23の12①）。
※3 「認定相続承継会社」とは、認定贈与承継会社で、相続の開始の時において、次に掲げる要件のすべてを満たすものをいいます（措法70の7の4②一、措令40の8の4③～⑤）。
  (1) 当該会社の常時使用従業員の数が1人以上であること（措法70の7の4②一イ、措規23の12②）。
  (2) 当該会社か資産保有型会社又は資産運用型会社のうち租税特別措置法施行令第40条の8の4第3項に定めるものに該当しないこと（措法70の7の4②一ロ、措令40の8の4③）。
    イ 「資産保有型会社」とは、経営相続承継期間（贈与に係る贈与税の申告書の提出期限の翌日から同日以後5年を経過する日までの間に当該贈与に係る贈与者について相続が開始した場合における当

該相続の開始の日から当該5年を経過する日又は当該贈与に係る経営相続承継受贈者の死亡の日のいずれか早い日までの期間をいいます。(2)において同じです。)の開始の日から猶予中相続税額の全部につき期限が確定する日までの期間のいずれかの日において次の算式を満たす会社をいいます（措法70の7②ハ、措令40の8⑲）。

　なお、平成31年4月1日以後に事業活動のために必要な資金の借入れを行ったことなど一定の事由が生じたことにより当該期間内のいずれかの日において会社に係る特定の資産の保有割合が70％以上となった場合には、その事由が生じた日から同日以後6か月を経過する日までの期間は、除かれます。

$$\frac{B+C}{A+C} \geqq \frac{70}{100}$$

「A」＝当該いずれかの日における当該会社の資産の帳簿価額の総額
「B」＝当該いずれかの日における当該会社の特定資産の帳簿価額の合計額
「C」＝当該いずれかの日以前5年以内において当該経営承継受贈者及び当該経営承継受贈者の同族関係者等か当該会社から受けた次のⅰ及びⅱに掲げる額の合計額
　　ⅰ　当該会社から受けた当該会社の株式等に係る剰余金の配当又は利益の配当（贈与の時前に受けたものを除きます。）の額
　　ⅱ　当該会社から支給された給与（贈与の時に支給されたものを除きます。）の額のうち、法人税法第34条又は第36条の規定により当該会社の各事業年度の所得の金額の計算上損金の額に算入されないこととなる金額

ロ　「資産運用型会社」とは、相続の開始の日の属する事業年度の直前の事業年度の開始の日から猶予中相続税額の全部につき期限が確定する日までに終了する事業年度の末日までの期間のいずれかの事業年度において次の算式を満たす会社をいいます（措法70の7②九、措令40の8㉒）。

　なお、平成31年4月1日以後に事業活動のために必要な資金を調達するために特定の資産を譲渡したことなど一定の事由が生じたことにより当該期間内に終了するいずれかの事業年度における特定の資産の運用収入の割合が75％以上となった場合には、その事業年度の開始の日からその事業年度終了の日の翌日以後6か月を経過する日の属する事業年度終了の日までの期間は除かれます。

$$\frac{B}{A} \geqq \frac{75}{100}$$

「A」＝当該いずれかの事業年度における総収入金額
「B」＝当該いずれかの事業年度における特定資産の運用収入の合計額

(3)　当該会社の株式等及び当該会社と租税特別措置法施行令第40条の8の2第8項で定める特別の関係がある会社のうち当該会社と密接な関係を有する会社として租税特別措置法施行令第40条の8の2第9項で定める会社の株式等が非上場株式に該当すること
(4)　当該会社及び当該会社の特別関係会社か、風俗営業会社に該当しないこと（措法70の7の4②一ニ）。
(5)　当該会社の特別関係会社が会社法第2条第2号に規定する外国会社に該当する場合（当該会社又は当該会社との間に支配関係がある法人が当該特別関係会社の株式等を有する場合に限ります。）にあっては、当該会社の常時使用従業員の数が5人以上であること（措法70の7の4②一ホ）。
(6)　会社の円滑な事業の運営を確保するために必要とされる要件として租税特別措置法施行令第40条の8の4第6項の規定により準用する租税特別措置法施行令第40条の8の2第10項（第3号を除きます。）に規定する要件を備えていること（措法70の7の4②一ヘ、措令40の8の4⑥）。

(2)　適用手続

①　期限内申告

　非上場株式等の贈与者が死亡した場合の相続税の納税猶予及び免除の特例の適用を受けるためには、対象受贈非上場株式等の全部又は一部につきこの特例の規定の適用を受けようとする

旨を記載した相続税の申告書に次に掲げる書類を添付して申告期限内に提出しなければなりません（措法70の7の4①⑦、措規23の12⑤⑥⑦⑧）。

① この特例の適用を受けようとする当該対象受贈非上場株式等の明細及び納税猶予分の相続税額の計算に関する明細その他租税特別措置法施行規則第23条の12第5項に規定する事項を記載した書類

② この特例の適用を受けようとする当該対象受贈非上場株式等に係る贈与者の死亡の日の翌日以後最初に到来する経営相続報告基準日の翌日から5か月（当該贈与者が当該経営相続承継受贈者に係る経営贈与承継期間の末日の翌日以後に死亡した場合にあっては3か月）を経過する日が当該贈与者の死亡に係る相続税の申告書の提出期限までに到来する場合には、当該対象受贈非上場株式等に係る認定相続承継会社の経営に関する事項として租税特別措置法施行規則第23条の12第6項に規定するものを記載した書類

③ 相続の開始の時において、当該認定相続承継会社が(1)の（※3）に掲げるすべての要件を満たし、かつ、この特例の適用を受けようとする当該対象受贈非上場株式等に係る経営相続承継受贈者が(1)の（※1）に掲げるすべての要件その他租税特別措置法施行規則第23条の12第7項に規定する要件を満たしていることを証する租税特別措置法施行規則第23条の12第8項に規定する書類

② **担保の提供**

この非上場株式等の贈与者が死亡した場合の相続税の納税猶予及び免除の特例の適用を受けるためには、申告期限までに納税猶予分の相続税額に相当する担保を提供しなければなりません（措法70の7の4①、措令40の8の3②）。

なお、対象相続非上場株式等の全部を担保として提供した場合には、当該納税猶予分の相続税額に相当する担保が提供されたものとみなされます（措法70の7の4④）。

(3) 非上場株式等についての相続税の納税猶予及び免除の特例の規定の準用

前記❹～❽及び後記❿については、非上場株式等の贈与者が死亡した場合の相続税の納税猶予の特例を適用する場合に準用されます。

なお、この特例の適用を受けた場合には、継続届出書の提出期限の判定及び納税猶予期限の確定事由が全部確定事由に該当するか一部確定事由に該当するかの判定等の基礎となる基準日等（経営相続承継期間、経営相続報告基準日、第1種相続基準日及び第2種相続基準日をいいます。）は、前述の「非上場株式等についての相続税の納税猶予及び免除の特例」（措法70の7の2）の基準日等（経営承継期間、経営報告基準日、第1種基準日及び第2種基準日をいいます。）とは異なります（措法70の7の4②五・六、③、⑧）。

（注1）「経営相続承継期間」とは、非上場株式等についての非上場株式贈与税納税猶予（一般）（措法70の7①）の適用に係る贈与の日の属する年分の贈与税の提出期限の翌日から次に掲げる日のいずれか早い日までの間に当該贈与に係る贈与者について相続が開始した場合における当該相続の開始の日から

第1章 非上場株式等についての納税猶予制度

当該次に掲げる日のいずれか早い日又は当該贈与に係る経営相続承継受贈者の死亡の日の前日のいずれか早い日までの期間をいいます（措法70の7の4②五）。
イ 当該経営相続承継受贈者の最初の租税特別措置法第70条の7第1項の規定の適用に係る贈与の日の属する年分の贈与税の申告書の提出期限の翌日以後5年を経過する日
ロ 当該経営相続承継受贈者の最初の租税特別措置法第70条の7の2第1項の規定の適用に係る相続に係る相続税の申告書の提出期限の翌日以後5年を経過する日

（注2）「経営相続報告基準日」とは、第1種相続基準日又は第2種相続基準日をいいます（措法70の7の4②六）。
（注3）「第1種相続基準日」とは、経営相続承継期間のいずれかの日で、特例の適用に係る贈与についての贈与税の申告期限の翌日から起算して1年を経過することの日をいいます（措法70の7の4②六イ）。
（注4）「第2種相続基準日」とは、経営相続承継期間の末日の翌日から納税猶予分の相続税額の全部につき納税の猶予に係る期限が確定する日までの期間のいずれかの日で、当該経営相続承継期間の末日の翌日から3年を経過するごとの日をいいます（措法70の7の4②六ロ）。

⑩ その他

(1) 他の納税猶予制度との重複適用の排除

経営承継相続人等が、認定承継会社に係る株式等についてこの特例の適用を受けようとする場合において、当該経営承継相続人等以外の者が当該認定承継会社と同一の会社の株式等について非上場株式贈与税納税猶予（一般措置）（措法70の7①）、非上場株式相続税納税猶予（一般措置）（措法70の7の2①）又は非上場株式等の贈与者が死亡した場合の相続税の納税猶予及び免除（措法70の7の4①）のいずれかの規定の適用を受けているときは、この特例の適用を受けることはできません（措法70の7の2⑧）。

(2) 現物出資等がある場合の適用除外

対象非上場株式等に係る認定承継会社がこの特例の適用を受けようとする経営承継相続人等及び経営承継相続人等と特別の関係がある者（租税特別措置法施行令第40条の8の2第11項に規定する者をいいます。(3)において同じです。）から現物出資又は贈与により取得をした資産（相続の開始前3年以内に取得をしたものに限ります。(2)において「現物出資等資産」といいます。）がある場合で、当該相続の開始があった時において次の算式を満たすときは、当該経営承継相続人等については、この特例の適用を受けることはできません（措法70の7の2㉚）。

$$\frac{B}{A} \geq \frac{70}{100}$$

「A」＝当該認定承継会社の資産の価額の合計額
「B」＝現物出資等資産の価額（当該認定承継会社が当該相続開始の時において当該現物出資等資産を有していない場合には、当該相続開始の時に有しているものとしたときにおける当該現物出資等資産の価額）の合計額

(3) 同族会社等の行為又は計算の否認等

認定承継会社の行為又は計算で、これを容認した場合においては経営承継相続人等又は当該経営承継相続人等若しくは被相続人と特別の関係がある者の相続税又は贈与税の負担を不当に減少させる結果となると認められるものがあるときは、税務署長は、この特例の適用に関し、その行為又は計算にかかわらず、その認めるところにより、納税の猶予に係る期限を繰り上げ、又は免除する納税の猶予に係る相続税を定めることができることとされています（措法70の7の2⑮）。

第4節　非上場株式等についての相続税の納税猶予及び免除の特例（特例措置）

制度の概要

非上場株式等についての相続税の納税猶予及び免除の特例（措法70の7の6）は、「第3節　非上場株式等についての相続税の納税猶予及び免除の特例」（非上場株式相続税納税猶予（一般措置））（措法70の7の2）の特例措置として、平成30年度税制改正により創設されたものです（第1章において「非上場株式相続税納税猶予（特例措置）」といいます。）。この制度の概要は以下のとおりです。

特例経営承継相続人等が、特例認定承継会社の代表権を有していた一定の個人（以下「特例被相続人」といいます。）から相続又は遺贈によりその特例認定承継会社の非上場株式等の取得（平成30年1月1日から令和9年12月31日までの間の最初のこの特例の適用に係る相続又は遺贈による取得及びその取得の日から特例経営承継期間の末日までの間※に相続税の申告書の提出期限が到来する相続又は遺贈による取得に限ります。）をした場合には、その非上場株式等のうち特例対象非上場株式等に係る納税猶予分の相続税額に相当する相続税については、相続税の申告期限までに一定の担保を提供した場合に限り、その特例経営承継相続人等の死亡の日までその納税が猶予されます（措法70の7の6①）。

なお、その相続に係る相続税の申告期限までに、共同相続人又は包括受遺者によってまだ分割されていない非上場株式等は、この特例の適用を受けることができません（措法70の7の6⑤）。

※　この特例の適用を受ける前に非上場株式等についての贈与税の納税猶予制度の特例（措法70の7の5）の適用を受けている者については、平成30年1月1日から令和9年12月31日までの間の最初の贈与税の納税猶予制度の特例（措法70の7の5）の適用に係る贈与の日から特例経営承継期間の末日までの間となります（措令40の8の6④）。

2 特例の適用要件

(1) 特例認定承継会社

　中小企業者のうち特例円滑化法認定（円滑化法第12条第1項第1号の認定で円滑化省令第6条第1項第11号又は第13号の事由に係るものをいいます。）を受けた会社であって、非上場株式相続税納税猶予（一般措置）と同様の要件を満たすもの（第3節❷「(3)認定承継会社の要件」参照）をいいます（措法70の7の6②一・二、措令40の8の6⑥～⑨）。

　なお、特例円滑化法認定を受けるためには、非上場株式贈与税納税猶予（特例措置）（措法70の7の5）と同様に、認定経営革新等支援機関の指導及び助言を受けて特例承継計画を作成し、これについて、令和8年3月31日までに都道府県知事の確認を受ける必要があります（円滑化省令6①十二・十四、7⑦十・⑨、16、17）。

(2) 特例経営承継相続人等

　この非上場株式相続税税納税猶予（特例措置）における特例経営承継相続人等は、非上場株式贈与税納税猶予（特例措置）（措法70の7の5、第2節の特例）と同様に、1社につき3人までであり、相続時における議決権数の要件についてもこれと同様です（措法70の7②七・八、第2節❷「(3)特例経営承継受贈者の要件」参照）。

　なお、特例経営承継相続人等の要件は、非上場株式相続税納税猶予（一般措置）における経営承継相続人等の要件とほぼ同じですが、特例被相続人の年齢にかかわらず、その者は、相続開始の直前において特例認定承継会社の役員に就任している必要はありません（措規23の12の3⑪）。

(3) 特例被相続人

　非上場株式贈与税納税猶予（特例措置）（措法70の7の5）と同様に、同一の会社について、複数の者からの相続又は遺贈についてもこの特例の適用を受けることができますが、相続又は遺贈の時期によって、特例被相続人の要件は以下のとおり異なります（措法70の7の6①、措令40の8の6①）。

① 最初の相続又は遺贈に係る特例被相続人

　その特例認定承継会社について最初にこの特例を受ける場合の特例被相続人の要件は、非上場株式相続税納税猶予（一般措置）と同様です（第3節❷「(1)被相続人の要件」参照）。

② 2回目以降の相続又は遺贈に係る特例被相続人

　その特例認定承継会社についてこの特例を受けるための2回目以降の相続又は遺贈、すなわち、次に掲げる者のいずれかに該当する者が存する場合の特例被相続人の要件は、特例認定承継会社の非上場株式等を有していた個人とされています。

イ　その特例認定承継会社の非上場株式等について、この特例、非上場株式贈与税納税猶予（特例措置）（措法70の7の5①）、又は非上場株式等の特例贈与者が死亡した場合の相続税の納税猶予制度の特例（措法70の7の8①）の適用を受けている者

ロ　上記①の者からこの特例の適用に係る相続又は遺贈によりその特例認定承継会社の非上場株式等を取得している者でその相続に係る相続税の申告期限が到来していないため、まだその申告をしていない者

ハ　特例贈与者から非上場株式等についての非上場株式贈与税納税猶予（特例措置）（措法70の7の5①）の規定の適用に係る贈与によりその特例認定贈与承継会社の非上場株式等を取得している者でその贈与に係る贈与税の申告期限が到来していないため、まだその申告をしていない者

(4) 特例対象非上場株式等

　この非上場株式相続税納税猶予（特例措置）の対象となる特例対象非上場株式等とは、相続又は遺贈により取得した特例認定承継会社の非上場株式等（議決権の制限のないものに限ります。）のうち相続税の申告書にこの特例の適用を受けようとする旨の記載があるものをいいます。

　なお、非上場株式相続税納税猶予（一般措置）においては、発行済株式総数の3分の2までという適用上限（措法70の7の2①）がありますが、この特例には適用を受けることのできる株式の数にこのような制限はありません。

　また、特例経営承継相続人等が非上場株式贈与税納税猶予（特例措置）（措法70の7の5①）を受けていた場合において、当該特例の適用に係る特例贈与者がその相続開始の直前に保有していた特例認定承継会社の非上場株式等についてもこの特例の適用対象となります。

３　納税猶予分の相続税額

　非上場株式相続税納税猶予（一般措置）では、非上場株式等の課税価格の80％に対応する相続税額が納税猶予分の相続税額とされていますが、非上場株式相続税納税猶予（特例措置）では、特例対象非上場株式等の課税価格のすべてに対応する相続税額が納税猶予分の相続税額とされます（措法70の7の7②ハ、措令40の8の6⑮～㉒）。

　具体的には、この特例の適用に係る特例対象非上場株式等の価額（その特例対象非上場株式等に係る特例認定承継会社又はその特例認定承継会社の特別関係会社であってその特例認定承継会社との間に支配関係がある法人（以下「特例認定承継会社等」といいます。）が外国会社（その特例認定承継会社の特別関係会社に該当するものに限ります。）等の株式等（投資信託及び投資法人に関する法律に規定する投資口を含みます。）を有する場合には、その特例認定承継会社等がその株式等を有していなかったものとして計算した価額）を特例経営承継相続人等に係る相続税の課税価格とみなして、相続税法第13条から第19条までの規定を適用して計算し

たその特例経営承継相続人等の相続税の額が納税猶予分の相続税額となります。

なお、農地等についての相続税の納税猶予等の特例の適用がある場合の納税猶予分の相続税額の計算については、非上場株式相続税納税猶予（一般措置）と同様です（措令40の8の6㉑㉒）。

❹ 特例経営承継期間の判定

非上場株式贈与税納税猶予（特例措置）（措法70の7の5①）と同様に、同一の会社について、複数の被相続人からの相続又は遺贈が、また、複数の特例経営承継相続人等がこの特例の適用対象となったことに伴い、特例経営承継期間は、この特例の適用を受けるための最初の相続に係る相続税の申告書の提出期限（先に非上場株式贈与税納税猶予（特例措置）の適用を受けている場合には、その最初の贈与に係る贈与税の申告書の提出期限）から5年間とされています（措法70の7の5②六）。

❺ 納税猶予期間中の継続届出書の提出義務

この特例における納税猶予期間中の継続届出書の提出義務については、非上場株式相続税納税猶予（一般措置）と同様です（措法70の7の6⑦）。

❻ 担保の変更の命令違反等の場合の納税猶予期限の繰上げ

非上場株式相続税納税猶予（一般措置）の規定を準用します（措法70の7の6⑩）。

❼ 納税猶予期限が確定する場合（全部確定又は一部確定）

納税猶予期限の確定事由については、非上場株式相続税納税猶予（一般措置）の規定が準用されますが、雇用確保要件については準用しません（措法70の7の7③）。

なお、この場合における都道府県知事の確認を受ける手続き等は、非上場株式贈与税納税猶予（特例措置）（措法70の7の5①）と同様です。

❽ 納税猶予税額が免除となる場合

納税猶予税額が免除となる場合については、経営環境の変化に対応した減免制度を除き、非上場株式相続税納税猶予（一般措置）の規定が準用されます（措法70の7の6⑫）。

⑨ 経営環境の変化に対応した減免制度

経営環境の変化に対応した減免制度については、非上場株式贈与税納税猶予（特例措置）（措法70の7の5①）と同様です（措法70の7の6⑬〜⑳）（第2節「⑧納税猶予税額が免除となる場合」参照）。

⑩ 特例贈与者が死亡した場合の相続税の納税猶予及び免除の特例

特例経営相続承継受贈者が、非上場株式等の特例贈与者が死亡した場合の相続税の課税の特例（措法70の7の7①）により特例対象受贈非上湯株式等を特例贈与者から相続又は遺贈により取得したものとみなされた場合には、特例対象相続非上場株式等に係る納税猶予分の相続税額に相当する相続税については、相続税の申告期限までに一定の担保を提供した場合に限り、その特例経営相続承継受贈者の死亡の日までその納税が猶予されます（措法70の7の8①）。

なお、非上場株式贈与税納税猶予（特例措置）（措法70の7の5①）の適用に係る贈与が期限内にされていれば、当該特例の適用に係る特例贈与者の死亡の時期にかかわらず、非上場株式等の特例贈与者が死亡した場合の相続税の課税の特例の適用を受けることができます。

第2章 個人の事業用資産についての贈与税及び相続税の納税猶予及び免除の特例

第1節 個人の事業用資産についての贈与税の納税猶予及び免除

1 制度の概要

個人の事業用資産についての贈与税の納税猶予及び免除の特例制度は、特例事業受贈者が、平成31年1月1日から令和10年12月31日までの間に、贈与により特定事業用資産を取得し、事業を継続していく場合には、担保の提供を条件に、その特例事業受贈者が納付すべき贈与税額のうち、贈与により取得した特定事業用資産の課税価格に対応する贈与税の納税が猶予される制度です。

2 特例の適用要件

(1) 特例事業受贈者

贈与者から贈与により特定事業用資産を取得した個人で、次に掲げる要件のすべてを満たす者をいいます（措法70の6の8②二、措規23の8の8③〜⑥）。

① 贈与の日において18歳以上（令和4年3月31日までは、20歳以上）であること
② 円滑化法第2条に規定する中小企業者であって、同法第12条第1項の規定による経済産業大臣又は都道府県知事の円滑化法認定を受けていること
　（注） この認定を受けるには、事前に下記⑦の確認を受ける必要があります。
③ 贈与の日まで引き続き3年以上にわたり特定事業用資産に係る事業（当該事業に準ずるものを含みます。）に従事していたこと
　（注1） 令和7年1月1日以降に行われた贈与については、事業従事要件である「贈与の日まで引き続き

3年以上にわたり特定事業用資産に係る事業（当該事業に準ずるものを含みます。）に従事していたこと」は、「贈与の直前において特定事業用資産に係る事業（当該事業に準ずるものを含みます。）に従事していたこと」と改正される見込みです（「令和7年度税制改正の大綱」（令和6年12月27日閣議決定））。

（注2） 特例事業受贈者は、贈与者（先代事業者）の事業に従事していることが原則とされていますが、贈与者の事業に従事するために必要な知識及び技能習得の目的で学校に通っている場合や贈与者の事業と同種又は類似の事業を営む他の事業者の下で事業に従事している場合も、特定事業用資産に係る事業に準ずるものとして、特定事業用資産に係る事業に含まれることとされています（措規23の8の8⑤）。

具体的には、個人の診療所を承継するために大学病院で研修医として従事している場合や料理店を承継するために他店で板前修業をしている場合などが考えられます。

④ 贈与の時からその贈与税の申告書の提出期限まで引き続き特定事業用資産のすべてを有し、かつ、自己の事業の用に供していること

⑤ 贈与の日の属する年分の贈与税の申告書の提出期限において、所得税法の規定により特定事業用資産に係る事業について開業の届出書を提出していること及び青色申告の承認（みなし承認を含みます。）を受けていること

⑥ 贈与により取得した特定事業用資産に係る事業が、贈与の時において、資産保有型事業※1、資産運用型事業※2及び性風俗関連特殊営業※3のいずれにも該当しないこと

※1 資産保有型事業

「資産保有型事業」とは、贈与の日の属する年の前年1月1日から納税猶予期間が終了するまでのいずれかの日において、特定事業用資産に係る事業についての貸借対照表に計上されている総資産の帳簿価額の総額にその日以前5年以内にその個人の特別関係者がその個人から受けた必要経費不算入対価等の合計額を加算した金額に占める特定資産※4の帳簿価額の合計額と当該必要経費不算入対価等の額の合計額の割合が70％以上となる事業をいいます（措法70の6の8②四、措令40の7の8⑨）。

ただし、資産保有型事業に該当した場合であっても、その該当した事由か、事業活動のために必要な資金を調達するための資金の借入れ等事業活動上生じた偶発的な事由である場合には、その事由が生じた日から6か月間は資産保有型事業に該当しないものとされています（措令40の7の8⑭、措規23の8の8⑦）。

※2 資産運用型事業

「資産運用型事業」とは、贈与の日の属する年の前年1月1日から納税猶予期間が終了するまでのいずれかの年において、特定事業用資産に係る事業についての事業所得に係る総収入金額に占める特定資産※4の運用収入の合計額の割合が75％以上となる事業をいいます（措法70の7の8②五、措令40の7の8⑰）。

ただし、資産運用型事業に該当した場合であっても、その事由が、事業活動のために必要な資金を調達するために特定資産を譲渡したこと等事業活動上生じた偶発的な事由である場合には、その事由が生じた日の属する年とその翌年は資産運用型事業に該当しないものとされます（措令40の7の8⑯、措規23の8の8⑨）。

※3 性風俗関連特殊営業

「性風俗関連特殊営業」とは、風俗営業等の規制及び業務の適正化等に関する法律第2条第5項に規定する性風俗関連特殊営業をいいます（措法70の6の8②二ヘ）。

※4 特定資産

「特定資産」とは、中小企業における経営の承継の円滑化に関する法律施行規則（以下「円滑化省令」といいます。）第1条第3項第2号イからホまでに掲げる有価証券、不動産、預貯金、ゴルフ会員権、貴金属等並びに特例事業受贈者及びその関係者に対する貸付金・未収金をいいます（措規23の8の8⑧）。

⑦ 円滑化省令の定めるところにより都道府県知事の確認を受けた個人事業承継計画に定められた後継者であること（措規23の8の8⑥）

(注1) この確認を受けるためには、認定経営革新等支援機関（注2）の指導及び助言を受けて個人事業承継計画を作成し、令和8年3月31日までに都道府県知事に申請しなければなりません（円滑化省令16三、17①④）。

(注2) 認定経営革新等支援機関とは、中小企業等経営強化法の規定による認定を受けた税務、金融及び企業財務に関する専門的知識や支援に係る実務経験が一定レベル以上の個人、法人、中小企業支援機関等（税理士、公認会計士、金融機関、商工会等）であって、中小企業に対して専門性の高い支援事業を行うものをいいます。

(2) 特例の対象となる事業

この特例の対象となる事業は、小規模宅地特例（措法69の4）における特定事業用宅地等の対象となる事業（措法69の4③一）と同一であり、その事業の範囲からは、不動産貸付業、駐車場業及び自転車駐車場業（以下、第2章において「不動産貸付業等」といいます。）が除かれています（措法70の6の8②一、措令40の7の8⑤）。

(3) 贈与者

贈与の時前に特定事業用資産を有していた個人で次に掲げる者（すでにこの特例の適用に係る贈与をしている者を除きます。）をいいます（措法70の6の8①、措令40の7の8①）。

① 先代事業者であって次に掲げる要件を満たす者（措令40の7の8①一）

　イ 贈与の時において所得税の納税地の所轄税務署長に特定事業用資産に係る事業を廃止した旨の届出書を提出していること又は贈与税の申告書の提出期限までに当該届出書を提出する見込みであること

　ロ 特定事業用資産に係る事業について、贈与の日の属する年以前3年間にわたり青色申告書により確定申告書（租税特別措置法第25条の2第3項に該当するものに限ります。）を所得税の納税地の所轄税務署長に提出していること

② 上記①に掲げる者（先代事業者）と生計を一にするその親族であって、上記①に掲げる者からの贈与の後に特定事業用資産の贈与をしている者（措令40の7の8①二）

　なお、先代事業者が、個人の事業用資産についての相続税の納税猶予（措法70の6の10①）の適用に係る被相続人である場合には、当該先代事業者に係る相続の開始後に特定事業用資産の贈与をしている者も贈与者に含まれます（措令40の7の8①二）。

(4) 特定事業用資産及び特例受贈事業用資産

① 特定事業用資産

特定事業用資産とは、贈与者（当該贈与者と生計を一にする配偶者その他の親族等を含みます。）の事業（不動産貸付業等を除きます。）の用に供されていた次に掲げる資産（贈与者の贈与の日の属する年の前年分の事業所得に係る青色申告書の貸借対照表に計上されているものに

限られます。）の区分に応じそれぞれ次に定めるものをいいます（措法70の6の8②一）。
① 宅地等（土地又は土地の上に存する権利であって、建物又は構築物の敷地の用に供されているもののうち一定のものをいいます。）
　　宅地等の面積の合計のうち400㎡以下の部分
　なお、対象となる宅地等は、小規模宅地特例における特定事業用宅地等の対象となる宅地等と同一であり、耕作又は養畜のための採草等の用に供されるものなどは除かれる（措規23の8の8①）とともに、棚卸資産に該当する宅地等及び事業の用以外の用に供されている部分が除かれています（措令40の7の8⑥）。
② 建物（事業の用に供されている建物として一定のものに限られます。）
　　建物の床面積の合計のうち800㎡以下の部分
　なお、対象となる建物からは、棚卸資産に該当する建物及び事業の用以外の用に供されている部分が除かれます（措令40の7の8⑦）。
③ 減価償却資産（②の建物を除きます。）
　　地方税法第341条第4号に規定する償却資産、自動車税又は軽自動車税において営業用の標準税率が適用される自動車その他これらに準ずる減価償却資産

② 特例受贈事業用資産

　特例受贈事業用資産とは、贈与により取得した特定事業用資産のうち贈与税の申告書にこの特例の適用を受けようとする旨の記載があるものをいいます（措法70の6の8①）。

(5) 適用対象となる贈与

　この特例の対象となる贈与は次に掲げる贈与です（措法70の6の8①）。
① 平成31年1月1日から令和10年12月31日までの間にされた贈与であること
② 先代事業者と生計を一にするその者の親族からの贈与にあっては、①の期間内の贈与であって、先代事業者からの贈与又は先代事業者の相続開始後1年以内にされた贈与であること

3 納税猶予分の贈与税額の計算

(1) 贈与者が1人の場合の納税猶予分の贈与税額の計算

　特例受贈事業用資産の価額を特例事業受贈者に係るその年分の暦年課税又は相続時精算課税の贈与税の課税価格とみなして、相続税法に規定する贈与税の基礎控除及び税率（租税特別措置法に規定する特例を含みます。）を適用して計算した金額が納税猶予分の贈与税額となります（措法70の6の8②三）。

(2) 贈与者が2人以上である場合の納税猶予分の贈与税額の計算

イ 暦年課税の場合には、特例事業受贈者がその年中において贈与により取得をしたすべての特例受贈事業用資産の価額の合計額を上記(1)のその年分の贈与税の課税価格とみなして、上記(1)により計算します（措令40の7の8⑪一）。

　この場合において、贈与者の異なるものごとの納税猶予分の贈与税額は、次の算式により計算した金額となります（措令40の7の8⑫）。

$$A \times \frac{B}{C}$$

「A」＝上記(1)により計算した納税猶予分の贈与税額
「B」＝贈与者の異なるものごとの特例受贈事業用資産の価額
「C」＝上記により贈与税の課税価格とみなされた額

ロ 相続時精算課税の場合には、特例事業受贈者がその年中において贈与により取得したすべての特例受贈事業用資産の価額を特定贈与者ごとに合計した額をそれぞれ上記(1)のその年分の贈与税の課税価格とみなして、上記(1)により計算をします（措令40の7の8⑪二）。

(3) 特例受贈事業用資産とともに債務を引き受けた場合

特例事業受贈者が贈与者から特例受贈事業用資産とともに債務を引き受けた場合には、次の算式により計算した金額を特例受贈事業用資産の価額として納税猶予分の贈与税額を計算します（措令40の7の8⑧）。

〈算式〉
　　納税猶予分の贈与税額の計算の基礎となる価額 ＝ A － (B－C)

「A」＝特例受贈事業用資産の価額
「B」＝特例受贈事業用資産の贈与とともに引き受けた債務の金額
「C」＝Bの債務の金額のうち事業に関するものと認められるもの以外の債務（住宅ローン、教育ローンなど）の金額

猶予税額の全部を納付しなければならない場合

この特例の適用を受ける特例事業受贈者、特例受贈事業用資産又はその事業について次に掲げる場合に該当することとなったときは、それぞれ次に定める日から2か月を経過する日が納税の猶予に係る期限となります（措法70の6の8③）。

	確定事由	2か月の起算日
①	特例事業受贈者が事業を廃止した場合又は特例事業受贈者について破産手続開始の決定があった場合	その事業を廃止した日又はその決定があった日

②	事業が資産保有型事業、資産運用型事業又は性風俗関連特殊営業のいずれかに該当することとなった場合	その該当することとなった日
③	特例事業受贈者のその年の事業に係る事業所得の総収入金額が零となった場合	その年の12月31日
④	特例受贈事業用資産の全てが特例事業受贈者のその年の事業所得に係る青色申告書の貸借対照表に計上されなくなった場合	その年の12月31日
⑤	特例事業受贈者が青色申告の承認を取り消された場合又は青色申告書の提出をやめる旨の届出書を提出した場合	その承認が取り消された日又はその届出書の提出があった日
⑥	特例事業受贈者がこの特例の適用を受けることをやめる旨を記載した届出書を納税地の所轄税務署長に提出した場合	その届出書の提出があった日

なお、上記①から⑥までのほか、納税猶予期間中の継続届出書の提出義務に違反した場合や増担保命令に応じないなどの場合にも猶予税額の全額を納付しなければなりません（措法70の6の8⑪⑫）。

5 猶予税額の一部を納付しなければならない場合

特例受贈事業用資産の全部又は一部が特例事業受贈者の事業の用に供されなくなった場合（上記4に該当する場合を除きます。）には、納税猶予分の贈与税額のうち、事業の用に供されなくなった部分に対応する部分の額に相当する贈与税については、その事業の用に供されなくなった日から2か月を経過する日が納税の猶予に係る期限となります（措法70の6の8④）。

ただし、特例受贈事業用資産の全部又は一部の陳腐化、腐食、損耗その他これらに準ずる事由により当該特例受贈事業用資産を廃棄した場合には、猶予期限は確定しないこととされています（措法70の6の8④かっこ書き）。この場合、一定の事項を記載した届出書に廃棄の事実を確認することのできる書類を添付して、廃棄の日から2か月以内に所轄税務署長に提出する必要があります（措令40の7の8⑱）。

6 適用手続

(1) 申告

個人の事業用資産についての贈与税の納税猶予の特例の適用を受けるためには贈与税の申告書を申告期限内に提出し、その申告書に、事業の用に供される資産の全部又は一部につきこの特例の適用を受けようとする旨を記載し、その資産の明細及び納税猶予分の贈与税額の計算に関する明細等を記載した書類を添付しなければなりません（措法70の6の8①⑧、措規23の8の8⑯）。

(2) 担保の提供

個人の事業用資産についての贈与税の納税猶予の特例の適用を受けるためには、申告期限までに納税猶予分の贈与税額に相当する担保の提供をしなければなりません（措法70の6の8①）。なお、この担保の提供については、国税通則法第50条《担保の種類》から第54条《担保の提供等に関する細目》までの規定が適用されます。

納税猶予税額の免除等

(1) 特例事業受贈者の死亡等による納税猶予税額の免除

この特例の適用を受ける特例事業受贈者又はその贈与者が次のいずれかに該当することとなった場合には、次に定める贈与税が免除されます（措法70の6の8⑭、措規23の8の8）。

① 贈与者の死亡の時以前に特例事業受贈者が死亡した場合
  猶予中贈与税額に相当する贈与税

② 贈与者が死亡した場合
  猶予中贈与税額のうち、贈与者が贈与をした特例受贈事業用資産に対応する部分の金額に相当する贈与税

③ 特定申告期限※の翌日から5年を経過する日後に、特例事業受贈者が特例受贈事業用資産のすべてにつき個人の事業用資産についての贈与税の納税猶予の特例（措法70の6の8①）の適用に係る贈与をした場合
  猶予中贈与税額に相当する贈与税

  ※ 「特定申告期限」とは、特例事業受贈者についての次に掲げる日のいずれか早い日です（措法70の6の8⑥）。
    イ 最初の租税特別措置法第70条の6の8第1項に規定する贈与税の納税猶予の適用に係る贈与の日の属する年分の贈与税の申告書の提出期限
    ロ 最初の租税特別措置法第70条の6の10第1項に規定する相続税の納税猶予の適用に係る相続に係る相続税の申告書の提出期限

④ 特例事業受贈者がやむを得ない理由（精神障害者保健福祉手帳に障害等級が1級である者として記載されている者に該当することとなった場合など租税特別措置法施行規則第23条の8の8第21項に定められている理由）により事業を継続できなくなった場合
  猶予中贈与税額に相当する贈与税

(2) 法的な倒産等による猶予税額の免除

特例事業受贈者が次のいずれかに該当することとなった場合には、それぞれ次に定める贈与税が税務署長の通知により免除されます（措法70の6の8⑯、措令40の7の8）。

① 特例事業受贈者が特例受贈事業用資産のすべてを特例事業受贈者の特別関係者以外の一

定の者※1のうち1人の者に対して譲渡等をした場合又は民事再生計画※2の認可の決定に基づき再生計画等を遂行するために譲渡等をした場合

　猶予中贈与税額から次のイ及びロに掲げる金額の合計額を控除した残額に相当する贈与税

　イ　譲渡等があった時における特例受贈事業用資産の時価に相当する金額（その金額が譲渡等をした特例受贈事業用資産の譲渡等の対価の額よりも低い金額である場合には、譲渡等の対価の額）

　ロ　譲渡等があった日以前5年以内において、特例事業受贈者の特別関係者が特例事業受贈者から受けた必要経費不算入対価等※3の合計額

※1　「特別関係者以外の一定の者」とは、特例事業受贈者の親族その他特例事業受贈者と特別の関係がある者（措令40の7の8⑮）以外の者であって、①青色申告の承認を受けている個人、②持分の定めのある法人（医療法人を除きます。）又は③持分の定めのない法人（一般社団法人（公益社団法人を除きます。）及び一般財団法人（公益財団法人を除きます。）を除きます。）をいいます。

※2　この民事再生計画からは、①住宅資金特別条項を定めた再生計画（民事再生法196四）、②小規模個人再生に係る再生計画（民事再生法221①）及び③給与所得者等再生に係る計画（民事再生法239①）が除かれています（措法70の6の8⑯一）。

※3　「必要経費不算入対価等」とは、特例事業受贈者の特別関係者に対して支払われた対価等であって特例事業受贈者の事業所得の金額の計算上、所得税法第56条又は第57条の規定により、当該事業に係る必要経費に算入されるもの（青色事業専従者給与等）以外のものをいいます（措法70の6の8②四ハ、措令40の7の8⑯）。

② 特例事業受贈者について破産手続開始の決定があった場合

　破産手続開始の決定の直前における猶予中贈与税額から、破産手続開始の決定の日以前5年以内に特例事業受贈者の特別関係者が特例事業受贈者から受けた必要経費不算入対価等の合計額を控除した残額に相当する贈与税

(3) 経営環境の変化に対応した猶予税額の免除

　特例事業受贈者の特例受贈事業用資産に係る事業の継続が困難な事由として一定の事由が生じたことにより特例事業受贈者が次に掲げる場合のいずれかに該当することとなった場合には、それぞれに定める贈与税が税務署長の通知により免除されます（措法70の6の8⑰、措令40の7の8㉟、措規23の8の8㉕㉖㉗）。

① 特例事業受贈者が特例受贈事業用資産のすべてを特例事業受贈者の特別関係者以外の者に譲渡等をした場合

　猶予中贈与税額から次のイ及びロに掲げる金額の合計額を控除した残額に相当する贈与税

　イ　譲渡等の対価の額（その額が譲渡等をした時における特例受贈事業用資産の時価に相当する金額の2分の1以下である場合には、その2分の1に相当する金額）をこの特例の適用に係る贈与により取得をした特例受贈事業用資産のその贈与の時における価額とみなして計算した納税猶予分の贈与税額

ロ　譲渡等があった日以前5年以内に特例事業受贈者の特別関係者が特例事業受贈者から受けた必要経費不算入対価等の合計額

② 特例受贈事業用資産に係る事業を廃止した場合

猶予中贈与税額から次のイ及びロに掲げる金額の合計額を控除した残額に相当する贈与税

イ　事業の廃止の直前における特例受贈事業用資産の時価に相当する金額をこの特例の適用に係る贈与により取得をした特例受贈事業用資産のその贈与の時における価額とみなして計算した納税猶予分の贈与税額

ロ　事業の廃止の日以前5年以内に特例事業受贈者の特別関係者が特例事業受贈者から受けた必要経費不算入対価等の合計額

（注）「特例受贈事業用資産に係る事業の継続が困難な事由として一定の事由」とは、次に掲げる事由をいいます。

① 直前3年内の各年のうち2以上の年において、当該事業に係る事業所得の金額が零未満であること

② 直前3年内の各年のうち2以上の年において、当該事業に係る事業所得に係る総収入金額が前年の総収入金額を下回ること

③ 特例事業受贈者が心身の故障その他の事由により当該事業に従事することができなくなったこと

(4) 再生計画の認可決定等があった場合の猶予税額の再計算の特例

特例事業受贈者について民事再生計画の認可が決定された場合又は中小企業再生支援協議会の支援による再生計画が成立した場合において資産評定が行われたときは、その認可決定があった日又は債務処理計画が成立した日（以下「認可決定日」といいます。）における特例受贈事業用資産の価額に基づき納税猶予分の贈与税額を再計算し、再計算後の納税猶予分の贈与税額（以下「再計算猶予中贈与税額」といいます。）を猶予税額として納税猶予が継続し、再計算前の猶予中贈与税額から再計算猶予中贈与税額を控除した残額（認可決定日以前5年以内に特例事業受贈者の特別関係者が特例事業受贈者から受けた必要経費不算入対価等の合計額を除きます。）は税務署長の通知により免除されます。なお、当該必要経費不算入対価等の合計額については、その通知が発せられた日から2か月を経過する日をもって納税の猶予に係る期限となります（措法70の7の8⑱、措令40の7の8㉞㊱）。

(5) 免除手続等

① 免除届出に係る手続き

上記(1)の免除を受けようとする特例事業受贈者又はその相続人（包括受遺者を含みます。）は、その該当することとなった日（上記(1)③の場合には、その贈与に係る贈与税の申告書を提出した日）から6か月を経過する日までに一定の事項（猶予中贈与税額、特例受贈事業用資産の明細等）を記載した免除届出書を納税地の所轄税務署長に提出しなければなりません（措法70の7の8⑭、措令40の7の8㉙、措規23の8の8⑳）。

② 免除申請に係る手続き

　上記(2)から(4)までの免除を受けようとする特例事業受贈者は、上記(2)から(4)までのいずれかに該当することとなった日から２か月を経過する日（その該当することとなった日から２か月を経過する日までに特例事業受贈者が死亡した場合には、その相続人（包括受遺者を含みます。）が特例事業受贈者の死亡による相続の開始があったことを知った日の翌日から６か月を経過する日）までに、免除を受けたい旨、免除を受けようとする贈与税に相当する金額及びその計算の明細等を記載した申請書を納税地の所轄税務署長に提出しなければなりません（措法70の６の８⑯〜⑳、措規23の８の８㉓㉔㉖㉗㉘㉙）。

 納税猶予期間中の継続届出書の提出義務

(1) 継続届出書の提出義務

　個人の事業用資産についての贈与税の納税猶予の特例の適用を受ける特例事業受贈者は、贈与税の申告書の提出期限の翌日から猶予中贈与税額に相当する贈与税の全部につき納税の猶予に係る期限が確定する日までの間に特例贈与報告基準日（特定申告期限の翌日から３年を経過するごとの日をいいます。）が存する場合には、届出期限（特例贈与報告基準日の翌日から３か月を経過する日をいいます。）までに、引き続いてこの特例の適用を受けたい旨及び特例受贈事業用資産に係る事業に関する事項を記載した届出書（以下「継続届出書」といいます。）に必要な書類を添付して納税地の所轄税務署長に提出しなければならないこととされています（措法70の６の８⑨、措令40の７の８㉘、措規23の８の８⑮⑯）。

(2) 継続届出書の提出による時効の完成猶予・更新

　猶予中贈与税額に相当する贈与税並びにその利子税及び延滞税の徴収を目的とする国の権利の時効については、国税通則法第73条《時効の完成猶予及び更新》第４項の規定の適用がある場合を除き、継続届出書の提出があった時からその届出期限までの間は完成せず、届出期限の翌日から新たに進行することとなります（措法70の６の８⑩）。

(3) 継続届出書の不提出の場合の納税の猶予に係る期限

　継続届出書が届出期限までに納税地の所轄税務署長に提出されない場合には、届出期限における猶予中贈与税額に相当する贈与税については、届出期限の翌日から２か月を経過する日に、その納税の猶予に係る期限が到来します（措法70の６の８⑪）。

(4) 継続届出書に係る宥恕規定

　継続届出書が届出期限までに提出されなかった場合に、その提出がなかったことについてやむを得ない事情があると税務署長が認める場合には、継続届出書を届出期限までに提出できな

かった事情の詳細を記載し、必要な書類を添付して税務署長に提出したときは、継続届出書が届出期限内に提出されたものとみなされ、継続して納税猶予を受けることができます（措法70の6の8⑮、措令40の7の8㉜）。

⑨ 利子税の納付

　猶予中贈与税額が免除される前に納税の猶予に係る期限が到来したことにより、猶予中贈与税額の全部又は一部の納付を要することとなった場合には、納税が猶予されていた贈与税とともに申告期限から年3.6％※の利子税を併せて納付しなければなりません（措法70の6の8㉕）。
　※　この利子税の割合は、特例により軽減措置が講じられています（措法93⑤）。

⑩ その他

(1) 他の納税猶予適用者との重複適用の排除

　個人の事業用資産についての贈与税の納税猶予の特例の適用に係る贈与者からは、すでにこの特例の適用に係る贈与をしている者が除かれています（措法70の6の8①）。したがって、過去の年分においてこの特例の適用に係る特定事業用資産の贈与をしたことのある先代事業者から別の特定事業用資産の贈与を受けた者は、この特例の適用を受けることはできません。
　また、この特例の適用を受けようとする特定事業用資産に係る事業と同一の事業の用に供される資産について、他の者が贈与税又は相続税の納税猶予を受けている場合には、この特例の適用を受けることはできません（措法70の6の8⑦）。

(2) 増担保命令に応じない場合等

　税務署長は、特例事業受贈者が国税通則法第51条第1項の規定による増担保の提供、保証人の変更その他の担保を確保するための命令に応じない場合又は特例事業受贈者から提出された継続届出書に記載された事項と相違する事実が判明した場合には、猶予中贈与税額に相当する贈与税に係る納税の猶予期限を繰り上げることができることとされています（措法70の6の8⑫）。
　なお、税務署長が、この規定により納税の猶予期限を繰り上げる場合には、特例事業受贈者の財産について強制換価手続が開始されたときなどを除き、特例事業受贈者の弁明をあらかじめ聞かなければならず、また、その旨を特例事業受贈者に通知しなければなりません（措法70の6の8⑫、通法49②③）。

(3) 帳簿書類の備付け等

　特例事業受贈者が特例受贈事業用資産に係る事業と別の事業を営んでいる場合には、当該特

例事業受贈者は、それぞれの事業につき所得税法第148条第1項の規定による帳簿書類の備付け、記録又は保存をしなければならないこととされています（措令40の7の8㊴）。

(4) 相続時精算課税適用者の特例

　個人事業者の事業用資産についての贈与税の納税猶予の特例の適用に係る特例受贈事業用資産を取得した特例事業受贈者がその贈与者の推定相続人以外の者（その贈与者の孫を除き、その年1月1日において18歳（令和4年3月31日以前は20歳）以上である者に限られます。）であり、かつ、その贈与者がその年1月1日において60歳以上の者である場合には、その贈与により特例受贈事業用資産を取得した特例事業受贈者については、相続時精算課税の適用を受けることができることとされています（措法70の2の7）。

第2節　個人の事業用資産の贈与者が死亡した場合の相続税の課税の特例

　個人の事業用資産についての贈与税の納税猶予の特例（措法70の6の8）の適用を受ける特例事業受贈者に係る贈与者が死亡した場合（その死亡の日前に猶予中贈与税額に相当する贈与税の全部につき納税の猶予に係る期限が確定した場合並びにその死亡の時以前に特例事業受贈者が死亡した場合及び一定の障害等に該当したことにより猶予中贈与税額の全額が免除されている場合を除きます。）には、贈与者の死亡による相続又は遺贈に係る相続税については、特例事業受贈者が贈与者から相続等により特例受贈事業用資産を取得したものとみなすこととされています（措法70の6の9①前段）。

　この場合において、その死亡による相続又は遺贈に係る相続税の課税価格の計算の基礎に算入すべき特例受贈事業用資産の価額については、贈与者から贈与により取得をした特例受贈事業用資産の贈与の時（租税特別措置法第70条の6の8第18項の規定の適用があった場合には、認可決定日）における価額（贈与時に贈与者から特例受贈事業用資産の贈与とともに特例受贈事業用資産に係る債務を引き受けていた場合にあっては、特例受贈事業用資産の価額からその債務の金額を控除した価額）を基礎として計算することとされています（措法70の6の9①後段）。

　なお、相続等により取得したものとみなされた特例受贈事業用資産については、物納財産に充てることができません（措法70の6の9③）。

第2章 個人の事業用資産についての贈与税及び相続税の納税猶予及び免除の特例

第3節 個人の事業用資産についての相続税の納税猶予及び免除

1 制度の概要

　個人の事業用資産についての相続税の納税猶予及び免除の特例制度は、特例事業相続人等が、平成31年1月1日から令和10年12月31日までの間に、相続等により特定事業用資産を取得し、事業を継続していく場合には、担保の提供を条件に、その特例事業相続人等が納付すべき相続税額のうち、相続等により取得した特定事業用資産の課税価格に対応する相続税の納税が猶予される制度です。

2 特例の適用要件

(1) 特例事業相続人等

　被相続人から相続又は遺贈により特定事業用資産の取得をした個人で、次に掲げる要件のすべてを満たす者をいいます（措法70の6の10②二、措規23の8の9④）。

① 円滑化法第2条に規定する中小企業者であって、同法第12条第1項の規定による経済産業大臣又は都道府県知事の円滑化法認定を受けていること
　（注）この認定を受けるには、事前に下記⑦の確認を受ける必要があります。

② 相続開始の直前において特定事業用資産に係る事業（当該事業に準ずるものを含みます。）に従事していたこと
　なお、「事業に準ずるもの」の範囲については、個人の事業用資産についての贈与税の納税猶予の特例と同様です（措規23の8の9①）。

③ 相続の開始の時からその相続税の申告書の提出期限までの間に特定事業用資産に係る事業を引き継ぎ、相続税の申告書の提出期限まで引き続き特定事業用資産の全てを有し、かつ、自己の事業の用に供していること

④ 相続税の申告書の提出期限において、特定事業用資産に係る事業について開業の届出書を提出していること及び青色申告の承認（みなし承認を含みます。）を受けていること又は受ける見込みであること

⑤ 相続等により取得した特定事業用資産に係る事業が、相続の開始の時において、資産保有型事業、資産運用型事業及び性風俗関連特殊営業のいずれにも該当しないこと
　（注）この「資産保有型事業」、「資産運用型事業」及び「性風俗関連特殊営業」の意義は、個人の事業用資産についての贈与税の納税猶予の特例と同様です。

⑥ 被相続人から相続又は遺贈により財産を取得した者が、租税特別措置法第69条の4第3

項第1号に規定する特定事業用宅地等に係る小規模宅地特例の適用を受けていないこと
(注) 同一の被相続人から宅地等を相続等により取得した者のうちに租税特別措置法69条の4第3項第1号に規定する特定事業用宅地等に係る小規模宅地特例の適用を受けている者がいる場合には、その者が相続税の納税猶予の適用を受けようとする者であろうとそれ以外の者であろうと、その被相続人からの相続等については、個人の事業用資産についての相続税の納税猶予の適用を受けることはできません。

⑦ 円滑化省令の定めるところにより都道府県知事の確認を受けた個人事業承継計画に定められた後継者であること（措規23の8の9④）
(注) この確認を受けるための申請手続及び認定経営革新等支援機関の意義は、個人の事業用資産についての贈与税の納税猶予の特例と同様です。

(2) 特例の対象となる事業

この特例の対象となる事業は、小規模宅地特例（措法69の4）における特定事業用宅地等の対象となる事業（措法69の4③一）と同一であり、その事業の範囲からは、不動産貸付業等が除かれています（措法70の6の8②一、措令40の7の8⑤）。

(3) 被相続人

相続の開始の時前に特定事業用資産を有していた個人で次に掲げる者をいいます（措令40の7の10①）。

① 特定事業用資産に係る事業について、相続の開始の日の属する年以前3年間にわたり確定申告書を青色申告書（租税特別措置法第25条の2第3項に該当するものに限られます。）により所得税の納税地の所轄税務署長に提出している先代事業者（措令40の7の10①一）

② 上記①に掲げる者（先代事業者）と生計を一にするその親族であって、上記①に掲げる者の相続の開始の時後に開始した相続に係る被相続人である者（措令40の7の10①二）

(4) 特定事業用資産及び特例事業用資産

(1) 特定事業用資産とは、被相続人（当該被相続人と生計を一にする配偶者その他の親族等を含みます。）の事業（不動産貸付業等を除きます。）の用に供されていた次に掲げる資産（被相続人の相続開始の日の属する年の前年分の事業所得に係る青色申告書の貸借対照表に計上されているものに限られます。）の区分に応じそれぞれ次に定めるものをいいます（措法70の6の10②一）。

① 宅地等（土地又は土地の上に存する権利であって、建物又は構築物の敷地の用に供されているもののうち一定のものをいいます。）

宅地等の面積の合計のうち400㎡以下の部分（ただし、当該被相続人から相続又は遺贈により取得をした宅地等で租税特別措置法第69条の4第3項第3号に規定する特定同族会社事業用宅地等又は同項第4号に規定する貸付事業用宅地等に該当するものについて、同条第1項の規定の適用を受ける者がいる場合には、同項に規定する小規模宅地等に相当す

る面積として租税特別措置法施行令第40条の7の10第7項で定めるところにより計算した面積を400平方メートルから控除した面積以下の部分)

なお、対象となる宅地等からは、耕作又は養畜のための採草等の用に供されるものなどは除かれる(措規23の8の8①)とともに、棚卸資産に該当する宅地等及び事業の用以外の用に供されている部分が除かれています(措令40の7の10⑥)。

② 建物(事業の用に供されている建物として一定のものに限られます。)

建物の床面積の合計のうち800㎡以下の部分

なお、対象となる建物からは、棚卸資産に該当する建物及び事業の用以外の用に供されている部分が除かれます(措令40の7の10⑧)。

③ 減価償却資産(②の建物を除きます。)

地方税法第341条第4号に規定する償却資産、自動車税又は軽自動車税において営業用の標準税率が適用される自動車その他これらに準ずる減価償却資産

(2) 特例事業用資産とは、相続又は遺贈により取得した特定事業用資産のうち相続税の申告書にこの特例の適用を受けようとする旨の記載があるものをいいます(措法70の6の10①)。

(5) 適用対象となる相続又は遺贈

この特例の対象となる相続又は遺贈は次に掲げるものです(措法70の6の10①)。

① 平成31年1月1日から令和10年12月31日までの間の相続又は遺贈による取得であること

② 先代事業者と生計を一にするその者の親族からの相続又は遺贈にあっては、①の期間内の相続又は遺贈であって、先代事業者の相続開始又は先代事業者からの贈与後1年以内にされたものであること

3 納税猶予分の相続税額の計算

(1) 原則

特例事業用資産の価額(相続税法第13条の規定により控除すべき債務がある場合において、特定債務額※があるときは、特例事業用資産の価額から特定債務額を控除した残額。次の(2)②において「特定価額」といいます。)を特例事業相続人等の課税価格とみなして、相続税法第13条から第19条まで、第21条の15第1項及び第2項並びに第21条の16第1項及び第2項の規定を適用して計算した特例事業相続人等の相続税の額が納税猶予分の相続税額となります(措法70の6の10②三、措令40の7の10⑨～⑪)。

※ 「特定債務額」とは、次の算式により計算した金額をいいます(措令40の7の10⑩)。

$$特定債務額 = (A-B) + C$$

(注)(A-B)が零を下回る場合には零とします。

「A」=相続税法第13条の規定により控除すべき特例事業相続人等の負担に属する部分の金額からCの金

　　　　　　額を控除した残額
　「B」＝特例事業相続人等が相続等により取得した財産の価額から特例事業用資産の価額を控除した残額
　「C」＝相続税法第13条の規定により控除すべき特例事業相続人等の負担に属する部分の金額から特例事業用資産に係る事業に関する債務と認められるもの以外の債務の金額を控除した残額

(2) 特例事業相続人等が相続税法第19条の２から第20条の２まで、第21条の15又は第21条の16の規定の適用を受ける者である場合

　納税猶予分の相続税額を計算する場合において、特例事業相続人等の納付すべき相続税額の計算上、相続税法第19条の２から第20条の２まで、第21条の15又は第21条の16の規定により控除された金額の合計額が次の①に掲げる金額から②に掲げる金額を控除した残額を超えるときは、その超える部分の金額を控除した残額が納税猶予分の相続税額となります（措法70の６の10②三、措令40の７の10⑨〜⑪）。

①　相続税法第11条から第19条まで、第21条の15第１項及び第２項並びに第21条の16第１項及び第２項の規定を適用して計算した特例事業相続人等の相続税の額

②　特定価額を特例事業相続人等に係る相続税の課税価格とみなして、相続税法第13条から第19条まで、第21条の15第１項及び第２項並びに第21条の16第１項及び第２項の規定を適用して計算した特例事業相続人等の相続税の額

(3) 農地等についての相続税の納税猶予の適用がある場合の納税猶予分の相続税額の計算

　納税猶予分の相続税額を計算する場合において、被相続人から相続又は遺贈により財産を取得した者のうちに農地等についての相続税の納税猶予（措法70の６①）の適用を受ける者がいるときにおけるその財産の取得をしたすべての者に係る相続税の課税価格は、租税特別措置法第70条の６第２項第１号の規定により計算される課税価格、すなわち農業投資価格ベースの課税価格）とされます（措令40の７の10⑫）。

猶予税額の全部を納付しなければならない場合

　特例事業相続人等が青色申告の承認を受ける見込みでこの特例の適用を受けていた場合において、その承認の申請が却下されたときは、その却下された日から２か月を経過する日が納税の猶予に係る期限となります（措法70の６の10③七）。

　それ以外の事由は、個人の事業用資産についての贈与税の納税猶予の特例の場合と同様です（措法70の６の10③一〜六）。

猶予税額の一部を納付しなければならない場合

　特例事業用資産の全部又は一部が特例事業相続人等の事業の用に供されなくなった場合には、納税猶予分の相続税額又は猶予中相続税額※の全部又は一部を納付しなければならない点は、個人の事業用資産についての贈与税の納税猶予の特例と同様です（措法70の6の10④、措令40の7の10⑮）。

　※　「猶予中相続税額」とは、納税猶予分の相続税額から、すでに期限が一部到来し、確定した税額を除いたものをいいます。

 適用手続

　この特例の適用を受けるためには、相続税の申告書に必要な書類を添付して申告期限内に提出しなければなりません（措法70の6の10①⑨）。

　また、申告期限までに納税猶予分の相続税額に相当する担保の提供が必要となります（措法70の6の10①）。

 猶予税額が免除等となる場合

(1)　特例事業相続人等の死亡等による猶予税額の免除

　この特例の適用を受ける特例事業相続人等が次に掲げる場合のいずれかに該当することとなった場合には、猶予中相続税額が免除されます（措法70の6の10⑮）。

①　特例事業相続人等が死亡した場合

②　特定申告期限※の翌日から5年を経過する日後に、特例事業相続人等が特例事業用資産のすべてにつき個人の事業用資産についての贈与税の納税猶予（措法70の6の8①）の適用に係る贈与をした場合

　※　「特定申告期限」とは、特例事業相続人等についての次に掲げる日のいずれか早い日をいいます（措法70の6の10⑥）。
　　イ　最初の相続税の納税猶予（措法70の6の10①）の適用に係る相続に係る相続税の申告書の提出期限
　　ロ　最初の贈与税の納税猶予（措法70の6の8①）の適用に係る贈与の日の属する年分の贈与税の申告書の提出期限

③　特例事業相続人等がやむを得ない事由（精神障害者保健福祉手帳に障害等級が1級である者として記載されている者に該当することとなった場合など租税特別措置法施行規則第23条の8の8第21項に定められている理由）により事業を継続できなくなった場合

(2) その他の事由による猶予税額の免除等

　法的な倒産等による猶予税額の免除、経営環境の変化に対応した猶予税額の免除、再生計画の認可決定等があった場合の猶予税額の再計算の特例及びこれらの免除手続等については、贈与税の納税猶予と同様です（措法70の６の10⑰～㉕、措令40の７の10㉙～㉝、措規23の８の９㉒～㉗）。

８ 納税猶予期間中の継続届出書の提出義務

　個人の事業用資産についての相続税の納税猶予の特例の適用を受ける特例事業相続人等は、相続税の申告書の提出期限の翌日から猶予中相続税額に相当する相続税の全部につき納税の猶予に係る期限が確定する日までの間に特例相続報告基準日（特定申告期限の翌日から３年を経過するごとの日をいいます。）が存する場合には、届出期限（特例相続報告基準日の翌日から３か月を経過する日をいいます。）までに、引き続いてこの特例の適用を受けたい旨及び特例事業用資産に係る事業に関する事項を記載した届出書（以下「継続届出書」といいます。）に必要な書類を添付して納税地の所轄税務署長に提出しなければなりません（措法70の６の10⑩、措令40の７の10㉖、措規23の８の９⑮～⑰）。

　なお、継続届出書の提出による時効の完成猶予・更新（措法70の６の10⑪）、継続届出書の不提出の場合の納税の猶予に係る期限（措法70の６の10⑫）及び継続届出書に係る宥恕規定（措法70の６の10⑯、措令40の７の８㉘）については、贈与税の納税猶予と同様です。

９ 利子税の納付

　猶予中相続税額が免除される前に納税の猶予に係る期限が到来したことにより、猶予中相続税額の全部又は一部の納付を要することとなった場合には、納税が猶予されていた相続税とともに申告期限から年3.6％※の利子税を併せて納付しなければならないこととされています（措法70の６の10㉖）。

　※　この利子税の割合は、特例により軽減措置が講じられています（措法93⑤）。

⑩ 贈与税の納税猶予に係る贈与者が死亡した場合の相続税の納税猶予

　贈与税の納税猶予（措法70の６の８①）の対象となっていた特例受贈事業用資産は、その贈与者の死亡に伴い相続等により取得したものとみなされ（措法70の６の９①）、相続税が課税されることとなりますが、その際、一定の要件のもとに引き続き相続税の納税猶予（措法70の６の10①）を受けることができます。

⓫ その他

(1) 相続税の申告期限までの分割要件

　特例事業用資産は、相続税の申告期限までに特例事業相続人等により実際に取得されている資産に限られ、先代事業者等から相続又は遺贈により取得した資産の全部又は一部が共同相続人又は包括受遺者によって分割されていない場合には、その分割されていない資産については、この特例の適用を受けることができません（措法70の6の10⑦）。

(2) 他の納税猶予適用者との重複適用の排除

　この特例の適用を受けようとする特定事業用資産に係る事業と同一の事業の用に供される資産について、他の者が相続税又は贈与税の納税猶予を受けている場合には、この特例の適用を受けることはできません（措法70の6の10⑧）。

(3) その他

　特例事業相続人等が増担保命令等に応じない場合等及び帳簿書類の備付け等に関する事項は、個人事業者の事業用資産についての贈与税の納税猶予の特例と同様です（措法70の6の10⑬、措令40の7の10㊱）。

第3章 農地等についての納税猶予

第1節 農地等を贈与した場合の贈与税の納税猶予及び免除の特例

1 制度の概要

　農地等（農地、採草放牧地及び準農地をいいます。以下、第3章において同じです。）の贈与があった場合において、その贈与がに掲げる要件のいずれにも該当するときは、当該農地等の受贈者の贈与の日の属する年分に納付すべき贈与税のうち一定金額について、贈与者の死亡の日まで、その納税が猶予されます（措法70の4①、措令40の6、措規23の7）。

　なお、次に掲げる者が相続時精算課税に係る特定贈与者からの贈与により取得した農地等について贈与税の納税猶予の適用を受ける場合には、納税猶予の適用を受ける農地等については相続時精算課税制度の適用はできません（措法70の4③、70の3②）。

(1) 相続時精算課税適用者（住宅取得等資金の贈与を受けた場合の相続時精算課税の特例（租税特別措置法第70条の3第1項）の適用を受けた者を含みます。）

(2) 贈与税の納税猶予の適用を受ける農地等を贈与により取得した日の属する年中において、当該農地等の贈与者から贈与を受けた当該農地等以外の財産について、相続時精算課税選択届出書を提出する者（住宅取得等資金の贈与を受けた場合の相続時精算課税選択の特例（措法70の3①）の適用を受けるため相続時精算課税選択届出書を提出する者を含みます。）

2 特例の適用要件

(1) 贈与者の要件

　贈与者は、農業を営む個人で、贈与の日まで引き続き3年以上農業を営んでいた次に掲げる

場合に該当する者以外の者です（措法70の4①、措令40の6①）。なお、「農業を営む個人」とは耕作又は養畜の行為を反復、かつ、継続的に行う者をいいますので、耕作若しくは養畜による生産物を自家消費に充てている場合や会社、官庁等に勤務するなど他に職を有し若しくは他に主たる事業を有している場合であっても、その耕作又は養畜の行為を反復、かつ、継続的に行っている限り、その者は農業を営む個人に該当します（措通70の4-6）。

① 当該贈与をした日の属する年（第1節において「対象年」といいます。）の前年以前において、贈与者の農業の用に供していた農地をその者の推定相続人に対して贈与をしている場合であって、その農地が相続時精算課税の適用を受けるものである場合

② 対象年において、当該贈与以外の贈与により租税特別措置法第70条の4第1項に規定する農地及び採草放牧地並びに準農地の贈与をしている場合

③ すでに租税特別措置法第70条の4の規定の適用に係る贈与をしている場合

(2) 受贈者の要件

受贈者は、贈与者の推定相続人のうちの1人に限られ、次に掲げる要件の全てに該当する個人であることについて農業委員会（農業委員会を置かない市町村にあっては、市町村長。第3章において同じです。）が証明した者です（措法70の4①、措令40の6⑥）。この場合の推定相続人とは、贈与をした日現在において最先順位の相続権（代襲相続権を含みます。）を有する者をいいます（措通70の4-9）。

① 贈与により農地等を取得した日における年齢が18歳以上であること。

② その取得の日まで引き続き3年以上農業に従事していたこと。なお、3年以上農業に従事をしていたかどうかは、大学、高等学校等の農業に関する学科を学んだ期間及び学生、生徒又は給与所得者等として農繁期及び祝祭日等に農業に従事していた期間を含めても差し支えないこととされています（措通70の4-11）。

③ その取得した日の後、すみやかに当該農地及び採草放牧地に係る農業経営を行うこと。

④ 効率的かつ安定的な農業経営の基準として農林水産大臣が定めるものを満たす農業経営を行っていること。

(3) 特例対象農地等

特例対象農地等は、贈与者の農業の用に供している農地法第2条第1項に規定する農地（次の①及び②を除きます。）及び採草放牧地（これらの農地又は採草放牧地の上に存する地上権、永小作権、使用貸借による権利及び賃借権を含み、次の①を除きます。）並びに準農地であり、農地にあっては贈与者が贈与の日までその農業の用に供していたその全部を、採草放牧地にあっては贈与者が贈与の日までその農業の用に供していたもののうち、その面積及び従前採草放牧地の面積の合計の3分の2以上の面積となる部分を贈与することとされています（措法70の4①、措令40の6③）。贈与者が「その農業の用に供している農地又は採草放牧地」には、その者が贈与の時において現に農業の用に供していない農地又は採草放牧地は含まれませんが、災

害、疾病等のためやむを得ず一時的に農業の用に供されていない土地など一定の土地については、現に農業の用に供されなくなった事由の生ずる直前において、その者が農業の用に供していた場合に限り、その農業の用に供している農地又は採草放牧地に該当するものとされます（措通70の4－12）。また、贈与税の納税猶予の適用を受ける場合の贈与者が贈与の日までその農業の用に供していた農地の全部とともに贈与をされなければならない準農地にあっては、当該準農地のうち、その面積及び従前準農地の面積の合計の3分の2以上の面積となる部分を上記農地及び採草放牧地とともに贈与することとされています（措令40の6⑤）。
① 特定市街化区域農地等に該当するもの
② 農地法第32条第1項又は第33条第1項の規定による利用意向調査に係るもので、同法第36条第1項各号に該当するもの（ただし、正当の事由があるときを除きます。）。

なお、特例対象農地等で、期限内申告書の提出により農地等の贈与税の納税猶予の特例の適用を受けた農地等を、第1節において「特例農地等」といいます。

■ 農地

この納税猶予制度において「農地」とは、農地法第2条第1項に規定する農地（同法第43条第1項の規定により農作物の栽培を耕作に該当するものとみなして適用する同法第2条第1項に規定する農地並びにこれらの農地の上に存する地上権、永小作権、使用貸借による権利及び賃借権を含みます。）をいいます（措法70の4①、措通70の4－1）。

なお、土地の全部をコンクリートで覆い農作物栽培高度化施設を設置して栽培をしている場合、その栽培は農地法第43条第1項の規定により耕作に該当するものとみなされ、その土地は農地に該当することになりますが、農業委員会に届け出ていない場合は、農地とはみなされず、農地としての証明がされないことから、納税猶予の特例の対象となる農地には該当しません。

■ 準農地

「準農地」とは、農地及び採草放牧地以外の土地で、農業振興地域の整備に関する法律第8条第1項に規定する農業振興地域整備計画において同条第2項第1号に規定する農業上の用途区分が農地又は採草牧草地とされているものであって、開発して農地又は採草放牧地としてその者の農業の用に供することが適当であるものとして市町村長が証明したものをいいます（措令40の6④、措規23の7①）。

■ 従前採草放牧地及び従前準農地

従前採草放牧地とは次のものをいいます。
① 対象年の前年以前において、農業の用に供している採草放牧地を当該贈与者の推定相続人に贈与している場合であって、当該採草放牧地が相続時精算課税の適用を受けるものであるときの当該採草放牧地
② 対象年において、当該贈与者が当該贈与以外の贈与により採草放牧地を贈与している場合における当該採草放牧地

また、「従前準農地」とは、「従前採草放牧地」に準ずるものとされています（措令40の6⑤、措通70の4－6の3）。

なお、対象年において、当該贈与に係る贈与者が当該贈与以外の贈与により農地及び採草放牧地並びに準農地の贈与をしている場合には贈与税の納税猶予の適用を受けることができません（措令40の6①二）。したがって、上記②の贈与があった場合においては、上記の3分の2の面積基準の計算をするまでもなく、贈与税の納税猶予は適用することができないことに留意する必要があります（措令40の6②、措通70の4－6の2）。

■ 特定市街化区域農地等及び都市営農農地
① 特定市街化区域農地等
　特定市街化区域農地等とは、都市計画法第7条第1項（市街化区域及び市街化調整区域）に規定する市街化区域内に所在する農地又は採草放牧地で、平成3年1月1日において次に掲げる区域内にあるもののうち租税特別措置法第70条の4第2項第4号に規定する都市営農農地等に該当するもの以外のものをいいます（措法70の4②三、措通70の4－2）。

①	都の区域（特別区の存する区域に限ります。）
②	首都圏整備法第2条第1項に規定する首都圏、近畿圏整備法第2条第1項に規定する近畿圏又は中部圏開発整備法第2条第1項に規定する中部圏内にある地方自治法第252条の19第1項の市の区域
③	②の市以外の市でその区域の全部又は一部が首都圏整備法第2条第3項に規定する既成市街地若しくは同条第4項に規定する近郊整備地帯、近畿圏整備法第2条第3項に規定する既成都市区域若しくは同条第4項に規定する近郊整備区域又は中部圏開発整備法第2条第3項に規定する都市整備区域内にあるものの区域

② 都市営農農地等
　都市営農農地等とは、次に掲げる農地又は採草放牧地で、平成3年1月1日において上記①の①から③までの区域内に所在するものをいいます（措法70の4②四）。

①	都市計画法第8条第1項第14号に掲げる生産緑地地区内にある農地又は採草放牧地（生産緑地法第10条又は第15条第1項の規定による買取りの申出がされたもの並びに同法第10条第1項に規定する申出基準日までに同法第10条の2第1項の特定生産緑地の指定がされなかったもの、同法第10条の3第2項に規定する指定期限日までに特定生産緑地の指定の期限の延長がされなかったもの及び同法第10条の6第1項の規定による指定の解除がされたものを除きます。） （注）特定生産緑地とは、申出基準日（生産緑地に係る生産緑地地区内に関する都市計画についての告示の日から起算して30年を経過する日をいいます。）が近く到来することとなる生産緑地のうち、その周辺の地域における公園、緑地その他の公共空地の整備の状況及び土地の利用の状況を勘案して、当該申出基準日以後においてもその保全を確実に行うことが良好な都市環境の形成を図る上で特に有効であると認められるものとして、市町村長が指定したものをいいます。なお、この指定は、申出基準日までに行うものとされ、その指定の期限は、その申出基準日から起算して10年を経過する日とされています。また、申出基準日から起算して10年を経過する日が近く到来することとなる特定生産緑地についてその日以後においても指定を継続する必要があると認めるときは、その指定の期限を延長することができるとされています。この10年を経過する日又は延長後の期限が経過する日を「指定期限日」といいます。

②	都市計画法第8条第1項第1号に掲げる田園住居地域内にある農地
③	都市計画法第58条の3第2項に規定する地区計画農地保全条例による制限を受ける同条第1項に規定する区域内にある農地

❸ 適用手続

(1) 申告

　農地等についての贈与税の納税猶予を適用するためには、その贈与が行われた年分の贈与税の申告書にこの特例の適用を受ける旨を記載し、当該農地等の明細、税額計算の明細等を記載した書類を添付し、その申告書の提出期限までに所轄税務署長に提出することとされています（措法70の4㉖、措規23の7③）。

(2) 担保提供

　農地等についての贈与税の納税猶予を適用するためには、贈与税の申告書の提出期限までに、納税猶予の適用を受ける贈与税額に相当する担保を提供しなければなりません（措法70の4①、措通70の4-17）。

■ 農地等の贈与の日

　農地等の贈与のあった日は、農地法第3条第1項若しくは第5条第1項本文の規定による許可を受けなければならない農地等の贈与又は同項第3号の規定による届出をしてする農地等の贈与については、当該許可のあった日又は当該届出の効力が生じた日後に贈与があったと認められる場合を除き、当該許可があった日又は当該届出の効力が生した日となります。

　この場合において、同一の贈与により取得した農地又は採草放牧地が、受贈者の住所のある市町村の区域内にあるものとその他の区域内にあるものとに分かれているため、その所有権等の移転について都道府県知事と農業委員会の双方の許可を要する場合に該当し、これらの許可があった日が年を異にしているときは、当該農地又は採草放牧地のうち、面積の多い方の許可かあった日をもって当該農地又は採草放牧地の全部に係る贈与の日とすることができます。また、農地又は採草放牧地とともに準農地の贈与が行われており、かつ、当該農地又は採草放牧地の贈与の日と当該準農地の贈与の日とが年を異にするときは当該準農地についても、当該農地又は採草放牧地の贈与の日にその贈与があったものとして取り扱われます（措通70の4-8）。

❹ 農地等の贈与による納税猶予を受ける贈与税額

　納税猶予を受ける贈与税額は、当該農地等の贈与があった日の属する年分の納付すべき贈与税の額から、当該農地等の贈与がなかったものとして計算した場合に法定納期限までに納付す

べきものとされる当該年分の贈与税の額を控除した金額となります（措法70の4①、措令40の6⑧）。

なお、期限後申告、修正申告又は更正に係る贈与税額については、原則として納税猶予の特例を適用することはできませんが、期限内申告に係る当該特例農地等の評価又は税額計算の誤りのみに基づいてされる場合の修正申告又は更正により納付すべき贈与税額（附帯税の額を除きます。）については、この特例制度を適用することができます（措通70の4－18）。

5 受贈者が特例農地等の譲渡等をした場合

農地等の贈与税の納税猶予の特例制度の適用を受けた場合において、受贈者が、贈与者の死亡の日前に、次に掲げる場合のいずれかに該当することとなったときは、その猶予を受けていた贈与税額の全部又は一部の納税猶予の期限が確定し、それぞれに掲げる日の翌日から2か月を経過する日（(1)の⑤及び⑥の場合には、それぞれに掲げる日）までに、その猶予税額を利子税とともに納付しなければなりません（措法70の4①ただし書き、④㉚㉛㉟）。

(1) 贈与税額の全部の期限が確定する場合

	確定事由	2か月の起算日
①	特例農地等について、譲渡等（収用等に係る譲渡など一定の譲渡を除きます。）があった場合で、その面積（その譲渡等が2回以上ある場合には、その合計面積）が、特例農地等の面積の20％を超える場合	その事実が生じた日
②	特例農地等による農業経営を廃止した場合	農業経営を廃止した日
③	贈与者の推定相続人に該当しなくなった場合	推定相続人に該当しなくなった日
④	継続届出書の提出がなかった場合	継続届出書の提出期限の日
⑤	受贈者が農地等の贈与税の納税猶予の特例の適用をやめようとする場合で、納税猶予に係る贈与税額及び利子税を納付してその旨を記載した届出書を納税地の所轄税務署長に提出したとき	当該届出書の提出があった日
⑥	担保価値が減少したことなどにより、増担保又は担保の変更を命ぜられたが、その命令に応じず、納税猶予に係る期限が繰り上げられた場合	繰り上げられた期限

(2) 贈与税額の一部の期限が確定する場合

	確定事由	2か月の起算日
①	特例農地等について収用等による譲渡があった場合	その譲渡があった日
②	特例農地等について、20％以下の面積の収用等による譲渡以外の任意の譲渡等があった場合	その譲渡等があった日
③	準農地で申告期限後10年を経過する日までに、農業の用に供されていない準農地がある場合	10年を経過する日
④	特例農地等が都市営農農地等である場合において、その都市営農農地等について次に掲げる場合に該当したとき (1) 生産緑地法第10条又は第15条第1項の規定による買取りの申出があった場合 (2) 生産緑地法第10条の6第1項の規定による指定の解除があった場合	(1) 買取りの申出があった日 (2) 指定の解除があった日
⑤	特例農地等が都市計画法の規定に基づく都市計画の決定若しくは変更又は特定の事由により、特定市街化区域農地等に該当することとなった場合（その変更により田園住居地域内にある農地でなくなった場合を除きます。）	生産緑地法第20条第1項（同法第21条第2項において準用する場合を含みます。）の規定による告示があった日又は当該事由が生じた日

　上記により贈与税額の一部の期限が確定する場合における納税猶予の期限が確定する贈与税額は、次の算式によります（措法70の4④、措令40の6⑭、措通70の4－37）。

$$\text{納税猶予の適用を受けた贈与税の額（A）} \times \frac{\text{譲渡等があった特例農地等の贈与時の価額（B）}}{\text{贈与により取得したすべての特例農地等の贈与時の価額}}$$

　「A」＝納税猶予の特例の適用を受けた当初の納税猶予税額です。
　「B」＝譲渡等があった特例農地等が代替取得農地等である場合には、次の算式により計算した金額となります。

$$\text{特例農地等のうち買換えの承認に係る譲渡等があったものの贈与時の価額} \times \frac{\text{（C）のうち代替取得農地等の取得に充てられた金額}}{\text{特例農地等のうち買換えの承認に係る譲渡等の対価の額（C）}}$$

■ 特例農地等の譲渡等

　贈与税額の全部又は一部の期限が確定の事由となる特例農地等の譲渡等とは次のものをいいます。ただし、租税特別措置法施行令第40条の6第11項で定める譲渡又は設定は除かれます。

①	譲渡
②	贈与
③	転用（採草放牧地の農地への転用、準農地の採草放牧地又は農地への転用、受贈者が特例農地等を当該受贈者の耕作若しくは養畜の事業に係る事務所、作業場、倉庫その他の施設又はこれらの事業に従事する使用人（受贈者の営む農業に従事する受贈者の親族を含みません。）の宿舎の敷地にするための転用を除きます。）
④	地上権、永小作権、使用貸借による権利若しくは賃借権の設定（農地等について民法第269条の2第1項の地上権の設定があった場合において受贈者が当該農地等を耕作又は養畜の用に供しているときにおける当該設定を除きます。また、農業経営基盤強化促進法に規定する農用地利用集積等促進計画の定めに基づくもの等で一定の要件を満たすものは除かれます。）
⑤	耕作の放棄（農地について農地法第36条の規定による勧告があったことをいいます。）
⑥	権利の消滅（これらの権利に係る農地又は採草放牧地の所有権の取得に伴う消滅を除きます。）

譲渡等の対価をもって代替農地等を取得した場合

　贈与により取得した特例農地等の譲渡等があった場合においては、贈与税額の全部又は一部については、上記❺(1)又は(2)のとおりその納税猶予の期限が確定します（措法70の4①ただし書、④）が、農地等の譲渡等があった日から1年以内に当該譲渡等の対価の額の全部又は一部をもって農地又は採草放牧地等を取得する見込みであることについて、所定の事項を記載した申請書を譲渡等があった日から1月以内に所轄税務署長に提出し、その承認を受けたときは、次のとおりとなります（措法70の4⑮、措令40の6㉙〜㉛）。

① その承認に係る譲渡等は、なかったものとみなされます。

② その譲渡等があった日から1年を経過する日において、当該承認に係る譲渡等の対価の額の全部又は一部が農地又は採草放牧地の取得に充てられていない場合には、当該譲渡等に係る農地等のうちその充てられていないものに対応するものとして次の算式により計算された価額に相当する部分は、譲渡等があった日から1年を経過する日において譲渡されたものとみなされます。

$$\text{譲渡等に係る農地等の贈与時の価額} \times \frac{\text{農地又は採草放牧地の取得に充てられなかった金額}}{\text{農地等の譲渡価額}}$$

③ その譲渡等があった日から1年を経過する日までに当該承認に係る譲渡等の対価の額の全部又は一部が農地又は採草放牧地の取得に充てられた場合には、当該取得に係る農地又は採草放牧地は、納税猶予の特例の適用を受ける農地等とみなされます。

買取りの申出等があった場合

(1) 納税猶予期限の確定

　贈与税の納税猶予の特例の適用を受ける農地又は採草放牧地の全部又は一部について当該農地又は採草放牧地に係る贈与者の死亡の日（その日前に❺の(1)の①から⑥のいずれかに該当することとなった場合には、それぞれに掲げる日）前に次のいずれかに掲げる場合に該当することとなった場合には、租税特別措置法第70条の４第１項に規定する贈与税の額のうちそれぞれに規定する買取りの申出、指定の解除又は告示若しくは事由（本章において「買取りの申出等」といいます。）に係る農地又は採草放牧地の価額に対応する部分の金額として租税特別措置法施行令で定めるところにより計算した金額に相当する贈与税については、同項の規定にかかわらず、それぞれに定める日の翌日から２か月を経過する日（当該買取りの申出等があった後同日以前に当該受贈者が死亡した場合には、当該受贈者の相続人が当該受贈者の死亡による相続の開始があったことを知った日の翌日から６か月を経過する日）が同項の規定による納税の猶予に係る期限となります（措法70の４⑤）。

	事　由	２か月の起算日
①	当該農地又は採草放牧地が都市営農農地等である場合において、当該都市営農農地等について生産緑地法第10条又は第15条第１項の規定による買取りの申出があったとき又は同法第10条の６第１項の規定による指定の解除があった場合	買取りの申出があった日又は指定の解除があった日
②	当該農地又は採草放牧地が都市計画法の規定に基づく都市計画の決定若しくは変更又は租税特別措置法施行令で定める事由により、特定市街化区域農地等に該当することとなった場合	都市計画法第20条第１項（同法第21条第２項において準用する場合を含みます。）の規定による告示があった日又は当該事由が生じた日

(2) 買取りの申出等に係る譲渡の対価をもって代替農地等を取得する見込みの場合

　買取りの申出等に係る譲渡の場合において、贈与税の納税猶予の適用を受ける受贈者が、買取りの申出等があった日から１年以内に当該買取りの申出等に係る都市営農農地等若しくは特定市街化区域農地等に係る農地若しくは採草放牧地の全部若しくは一部の譲渡等をする見込みであり、かつ、その譲渡等があった日から１年以内にその譲渡等の対価の額の全部若しくは一部をもって農地若しくは採草放牧地を取得する見込みであること又は租税特別措置法第70条の４第５項に規定する告示があった日若しくは事由が生じた日から１年以内に当該告示若しくは事由に係る特定市街化区域農地等に係る農地若しくは採草放牧地の全部若しくは一部が都市営

農農地等に該当することとなる見込みであることにつき、納税地の所轄税務署長の承認を受けたときにおける納税猶予の規定の適用については、次によります（措法70の4⑰）。

① 納税猶予適用農地等（措法70の4①ただし書き、④）の規定の適用については、当該買取りの申出等があった日から1年を経過する日までに当該承認に係る特例農地等の全部又は一部の譲渡等をした場合には、当該譲渡等はなかったものとみなされます。

② 買取りの申出等に係る譲渡（措法70の4⑤）の規定の適用については、次によります。

　イ　当該承認に係る買取りの申出等は、なかったものとみなされます。

　ロ　買取りの申出等があった日から1年を経過する日までに、当該承認に係る特例農地等の全部若しくは一部の譲渡等をしなかった場合又は当該承認に係る特定市街化区域農地等に係る農地若しくは採草放牧地の全部若しくは一部が都市営農農地等に該当することとならなかった場合には、当該譲渡等をしなかった特例農地等又は都市営農農地に該当することとならなかった特定市街化区域農地等に係る農地若しくは採草放牧地については、同日において買取りの申出等があったものとみなされます。

　ハ　買取りの申出等があった日から1年を経過する日までに当該承認に係る特例農地等の全部又は一部の譲渡等をした場合において、当該譲渡等があった日から1年を経過する日において当該譲渡等の対価の額の全部又は一部が農地又は採草放牧地の取得に充てられていないときは、当該特定農地等のうちその充てられていないものに対応するものとして租税特別措置法施行令で定める部分については、同日において買取りの申出等があったものとみなされます。

③ 買取りの申出等があった日から1年を経過する日までに当該承認に係る特例農地等の全部又は一部の譲渡等をした場合において、当該譲渡等があった日から1年を経過する日までに当該特例農地等の譲渡等の対価の額の全部又は一部が農地又は採草放牧地の取得に充てられたときは、当該取得に係る農地又は採草放牧地は、租税特別措置法第70条の4第1項の規定の適用を受ける農地又は採草放牧地とみなされます。

❽ 自己所有農地への付替えの特例

　三大都市圏の特定市に所在する特例適用農地等を収用交換等により譲渡した場合に、その譲渡時に納税猶予適用者が有しているその譲渡対価の全部又は一部に相当する価額の特例適用農地等以外の土地で相続又は贈与の時以後に取得したもの（代替農地等）を、その譲渡があった日から1年以内にその譲渡した特例適用農地等に代わるものとしてその納税猶予適用者の農業の用に供する見込みであることにつき所轄税務署長の承認を受け、その土地がその期間内にその納税猶予適用者の農業の用に供する農地又は採草放牧地とされた場合には、以下のとおり取り扱われ、納税猶予を継続することができます（措法70の4⑯）。

① その承認に係る譲渡等は、なかったものとみなされます。

② その譲渡等があった日から1年を経過する日において、その承認に係る譲渡等の対価の

額の全部又は一部に相当する価額の代替農地等を、その譲渡等に係る特例適用農地等に代わるものとして納税猶予適用者の農業の用に供する農地又は採草放牧地としていない場合には、その譲渡等に係る特例適用農地等のうちその農業の用に供していないものに対応する部分は、同日において譲渡等をされたものとみなされます。

③　その譲渡等があった日から１年を経過する日までにその承認に係る譲渡等の対価の額の全部又は一部に相当する価額の代替農地等を当該譲渡等に係る農地等に代わるものとして受贈者の農業の用に供する農地又は採草放牧地とした場合には、当該代替農地等は、租税特別措置法第70条の４第１項の規定の適用を受ける農地等とみなされます。

❾ 農地等の贈与者が死亡した場合の相続税の課税の特例

(1) 相続又は遺贈により取得したものとみなされる場合

　贈与税の納税猶予の適用があった場合において、当該贈与税に係る農地等の贈与者が死亡したときは、その納税を猶予されていた贈与税は免除され（措法70の４㉞）、当該農地等の受贈者が当該農地等をその贈与者から相続（当該受贈者が相続を放棄した場合には遺贈）によって取得したものとみなされます（措法70の５①）。

　また、受贈者が農地等の譲渡等につき租税特別措置法第70条の４第15項から第17項までの規定による承認を受けた場合において、当該譲渡等の対価の額の全部又は一部をもって当該譲渡等があった日以後１年以内（１年以内に当該農地等の贈与者が死亡した場合には、その死亡の日まで）に農地又は採草放牧地を取得しているときにおける租税特別措置法第70条の５第１項の規定の適用については、その取得した農地又は採草放牧地等は、当該贈与者から相続又は遺贈により取得したものとみなされます（措法70の５②）。

(2) 農地等のみなし相続による相続税の計算

　農地等の贈与者が死亡した場合においては、当該死亡による相続又は遺贈に係る相続税の課税価格に算入すべき農地等の価額は、当該贈与者の死亡日における価額（相続開始時の時価）によります（措法70の５①）。

❿ 受贈者が贈与者より先に死亡した場合

　農地等の贈与税の納税猶予の特例の適用を受けている受贈者が、その贈与者の死亡の時以前に死亡した場合には、納税が猶予されていた贈与税は免除されます。この場合には、当該死亡した受贈者に係る贈与者若しくは当該死亡した受贈者の相続人（包括受遺者を含みます。）は、所定の届出書をその死亡後遅滞なく納税地の所轄税務署長に提出しなければなりません（措法70の４㉞、措令40の６㊿）。

特例付加年金を受給するために使用貸借による権利の設定があった場合の納税猶予の継続

(1) 制度の概要

　農地等の贈与税の納税猶予の特例の適用を受けている受贈者が独立行政法人農業者年金基金法の規定に基づく特例付加年金（農業者年金基金法の一部を改正する法律附則第8条第1項の経営移譲年金を含みます。）の給付を受けるため、後継者たる推定相続人に対し特例農地等について使用貸借による権利（使用貸借権）を設定し、2か月以内に税務署長に所定の届出を行った場合には、租税特別措置法第70条の4第1項ただし書き及び第4項の規定（納税猶予の期限の確定事由）の適用上、その設定はなかったものとみなされて、引き続き贈与税の納税猶予の適用が受けられます（措法70の4⑥）。

(2) 適用要件

　贈与税の納税猶予の継続適用が認められる使用貸借権の設定は、次の要件のすべてに該当するものです。

① 後継者の要件

　使用貸借権の設定を受ける後継者は、受贈者の推定相続人のうちの1人の者であって、次のすべての要件に該当することについて農業委員会が証明しているものです（措法70の4⑥、措令40の6⑮）。

①	使用貸借権の設定を受けた日における年齢が18歳以上であること。
②	使用貸借権の設定を受けた日まで引き続き3年以上農業に従事していたこと。
③	使用貸借権の設定を受けた日後速やかにその農業及び採草放牧地に係る農業経営を行うと認められること。

② 使用貸借権の設定の要件

　特例の対象となる使用貸借権の設定は、上記①の要件に該当する受贈者の推定相続人に対し、納税猶予の継続適用を受けようとする使用貸借権の設定の時の直前において受贈者が有する農地等で贈与税の納税猶予の適用を受けているもののすべてについて行われるものでなければなりません（措令40の6⑯）。

③ 受贈者の要件

　納税猶予の継続適用を受けるには、受贈者について次の要件に該当することが必要とされています（措令40の6⑰、措規23の7⑧）。

①	使用貸借権の設定後、受贈者が遅滞なく農業者年金法施行規則第27条の届出（農業者年金法の一部を改正する法律（平成13年法律第39号）附則第8条第2項の規定によりなお従前の例によることとされる同法による改正前の農業者年金基金法第34条第1項の請求）をしていること。
②	使用貸借権の設定をした受贈者がその設定に係る農地等につき、その設定を受けた推定相続人が営むこととなる農業に従事する見込みであること。

④ 納税猶予の継続適用を受けるための手続き

納税猶予の継続適用を受けるためには、その使用貸借権の設定及び受贈者が上記①、②及び③の要件に該当している事実その他の所要の事項を記載した届出書に所定の書類を添付して、設定の日から2か月を経過する日までに納税地の所轄税務署長に提出しなければなりません（措規23の7⑨⑩）。

(3) 推定相続人が使用賃借権の譲渡等をした場合

推定相続人が設定を受けた使用貸借権の譲渡等をした場合には、受贈者がその使用貸借権の譲渡等をしたものとみなされます（措法70の4⑦一）。

(4) 推定相続人が農業経営の廃止をした場合

(1) 推定相続人が設定を受けた使用貸借権に係る農地等に係る農業経営の廃止をした場合には、受贈者が農業経営の廃止をしたものとみなされます（措法70の4⑦二）。

(2) 推定相続人が死亡した場合には、その農業経営が廃止されることになりますので、納税猶予の期限が確定することになりますが、次の場合には納税猶予は継続されます（措令40の6⑱、措規23の7⑪～⑭）。

①	他の推定相続人等が新たに使用貸借権の設定を受けて農業経営を開始した場合
②	受贈者が自らその農地等についての農業経営を再開した場合

(5) 受贈者の推定相続人に該当しないこととなった場合

使用貸借権の設定を受けた推定相続人が養子縁組の解消等により受贈者の推定相続人に該当しないこととなった場合には、受贈者が贈与者の推定相続人に該当しなくなったものとみなされます（措法70の4⑦）。

 # 12 贈与税の借換特例

(1) 制度の概要

農地等の贈与税の納税猶予の特例の適用を受けている受贈者が、農業経営基盤強化促進法に

規定する農用地利用集積等促進計画の定めるところにより一定の要件の下に使用貸借による権利又は賃借権（以下⑫において「賃借権等」といいます。）の設定に基づき特例農地等を貸し付けた場合であっても、その特例農地等に代わるものとして、一定の要件を充たす農地等を借り受けて農業の用に供した場合には、その設定はなかったものとみなされて納税猶予の継続適用が受けられます（措法70条の4⑧）。以下、この特例を「贈与税の借換特例」といいます。

(2) 適用要件

(1) 受贈者が、特例農地等を農業経営基盤強化促進法に規定する農用地利用集積等促進計画の定めるところによる賃借権等の設定に基づき貸し付けた場合において、この貸し付けた特例農地等（以下「貸付特例適用農地等」といいます。）に代わるものとして農用地利用集積等促進計画の定めるところによる賃借権等の設定に基づき借り受けている農地又は採草放牧地（以下「借受代替農地等」といいます。）の面積が当該貸付特例適用農地等の面積の80％以上であること（措法70の4⑧）。（以下この要件を「割合要件」といいます。）

(2) 贈与税の借換特例の適用を受けようとする受贈者は、納税地の所轄税務署長に対し、貸付特例適用農地等に係る賃借権等を設定した日から2か月以内に借換特例の届出書を、当該貸付特例適用農地等に係る賃借権等の存続期間（始期・終期）が同一であるもの毎に提出しなければならないこと（措法70の4⑨、措令40の6㉒）。

(3) 借換特例適用中の納税猶予期限の確定事由

(1) 借換特例適用農地等につき、次に掲げる場合のいずれかに該当することとなった場合には、それぞれに掲げる日から2か月を経過する日に納税猶予期限が確定することとなります（措法70の4⑩）。

	確定事由	2か月の起算日
①	貸付特例適用農地等に対応する借受代替農地等の面積が減少（当該減少部分には、受贈者の農業の用に供されなくなった土地の部分を含みます。）したことにより割合要件（80％以上）を満たさなくなった場合 （注）割合要件を満たす限り、借受代替農地等の一部に係る賃借権等が消滅した場合であっても、納税猶予期限は確定しません。	割合要件を満たさなくなった日
②	貸付特例適用農地等に対応する借受代替農地等の全部又は一部に耕作の放棄があった場合	当該借受代替農地等について農地法第36条の規定による勧告があった日
③	貸付特例適用農地等を借り受けた者（農地中間管理事業の推進に関する法律第2条第4項に規定する農地中間管理機構が借り受けた者である場合には、当該農地中間管理機構から借り受けた者）が当該貸付特例適用農地等の全部又は一部につき、農地等としてその者の農業の用に供していない場合	当該受贈者がその事実が生じたことを知った日

(2) ただし、上記(1)の①又は③に該当する場合であっても、受贈者が、それぞれに掲げる日から2か月を経過する日までに、次の区分に応じそれぞれに掲げる措置を講じ、納税地の所轄税務署長に対し、一定の事項を記載した変更の借換特例の届出書を提出した場合には、引き続き納税猶予が継続されます（措法70の4⑪、措令40の6㉔）。

イ (1)の①に該当した場合

自己の農業の用に供する農地等を新たに農用地利用集積等促進計画の定めるところによる賃借権等の設定に基づき借り受けたこと（当該借受けに係る農地等の賃借権等の存続期間の満了の日が、当該農地等に係る貸付特例適用農地等に係る賃借権等の存続期間の満了の日以降であるものに限ります。）により割合要件を満たすこととなったとき又は当該貸付特例適用農地等の全部に係る賃借権等を消滅させたとき

ロ (1)の③に該当した場合

貸付特例適用農地等の全部に係る賃借権等を消滅させたとき

(4) 借換特例適用中の手続き

(1) 贈与税の借換特例の適用を引き続き受けようとする受贈者は、納税地の所轄税務署長に対し、借換特例の届出書ごとにそれを提出した日の翌日から起算して1年を経過する日までに、貸付特例適用農地等に係る賃借権等の状況その他一定の事項を記載した継続届出書を提出しなければなりません（措法70の4⑫、措令40の6㉕）。

なお、継続届出書が期限内に提出されなかった場合には、当該提出期限の翌日から2か月を経過する日に納税猶予期限が確定します。ただし、当該継続届出書が期限内に提出されなかったことについて納税地の所轄税務署長かやむを得ない事情があると認める場合において、その提出があったときにはこの限りではありません（措法70の4⑬、措令40の6㉖）。

(2) 貸付特例適用農地等につき、次に掲げるいずれかの場合に該当することとなった場合には、受贈者は納税地の所轄税務署長に対し、それぞれに掲げる賃借権等が消滅した日から2か月以内に一定の事項を記載した届出書（以下「終了届出書」といいます。）を提出しなければなりません（措法70の4⑭、措令40の6㉗）。

イ 貸付特例適用農地等に係る賃借権等の存続期間が満了したことにより当該賃借権等が消滅した場合

ロ 貸付特例適用農地等に係る賃借権等の存続期間が満了する前に当該賃借権等の解約が行われたことにより当該賃借権等が消滅した場合

⓵ 一時的道路用地等のために地上権等が設定された場合

(1) 制度の概要

農地等の贈与税の納税猶予の特例を受けている受贈者が、一定の要件の下に一時的道路用地

等のために地上権、賃借権又は使用貸借権（以下⓭において「地上権等」といいます。）の設定に基づき特例農地等の貸付けを行った場合には、当該地上権等の設定はなかったものとみなされ、引き続き納税猶予が継続されます（措法70の4⑱）。この特例を、贈与税の貸付特例といいます。

(2) 適用要件

　贈与税の貸付特例を適用するためには、受贈者が特例農地等の全部又は一部を一時的道路用地等の用に供するため地上権等の設定に基づき貸付けを行った場合において、当該貸付けに係る期限（貸付期限）が到来したのち遅滞なく当該一時的道路用地等の用に供していた特例農地等を当該受贈者の農業の用に供する見込みであることにつき納税地の所轄税務署長の承認を受けることが必要です（措法70の4⑱）。

　この特例における一時的道路用地等とは、道路法による道路に関する事業、河川法が適用される河川に関する事業、鉄道事業法による鉄道事業者がその鉄道事業で一般の需要に応ずるものの用に供する施設に関する事業その他これらの事業に準ずる事業として当該事業に係る主務大臣が認定したもののために一時的に使用する道路、水路、鉄道その他の施設の用地で代替性のないものとして主務大臣が認定したものをいいます。

(3) 贈与税の貸付特例の適用中の手続き

⑴　贈与税の貸付特例の適用を受ける受贈者は、その承認を受けた日の翌日から起算して1年を経過するごとの日までに一時的道路用地等の用に供されている特例農地等に係る地上権等の設定に関する事項その他一定の事項を記載した届出書（以下⓭において「継続貸付届出書」といいます。）等を納税地の所轄税務署長に提出しなければなりません（措法70の4⑲、措規23の7㉘）。

⑵　贈与税の貸付特例の適用を受ける受贈者は、一時的道路用地等に係る事業の施行の遅延により貸付期限が延長されることとなった場合は、引き続き贈与税の貸付特例の適用を受けようとする旨及び一定の事項を記載した届出書を、当該貸付期限の到来する日から1か月以内に納税地の所轄税務署長に提出しなければなりません（措令40の6㊵、措規23の7㉜）。

⑶　贈与税の貸付特例の適用を受ける受贈者は、一時的道路用地等の用に供されている特例農地等に係る貸付期限の到来により地上権等が消滅した場合又は当該貸付期限の到来前に地上権等の解約が行われたことにより当該地上権等が消滅した場合には、その消滅した旨、当該特例農地等を特例適用者の農業の用に供している旨その他一定の事項を記載した届出書等を当該地上権等が消滅した日から2か月以内に納税地の所轄税務署長に提出しなければなりません（措令40の6㊹、措規23の7㉙㉚㉛）。

(4) 贈与税の貸付特例の適用中の納税猶予期限の確定事由

⑴　贈与税の貸付特例の適用を受ける特例農地等に係る貸付期限（貸付期限の到来前に地上権

等の解約が行われたことにより当該地上権等が消滅した場合には、その日。）から2か月を経過する日までにその特例農地等の全部又は一部が特例適用者の農業の用に供されていない場合には、その供されていない部分についてその貸付期限から2か月を経過する日に地上権等の設定があったものとみなされて納税猶予期限が確定します（措法70の4⑱二、措令40の6㊺）。

(2) 一時的道路用地等の用に供される直前において準農地であったものについては、10年を経過する日又は貸付期限から2か月を経過する日のいずれか遅い日においてその準農地の全部又は一部が受贈者の農業の用に供されていないものがある場合には、その供されていない部分について10年を経過する日又は貸付期限から2か月を経過する日のいずれか遅い日の翌日から2か月を経過する日に納税猶予期限が確定します（措法70の4⑱三）。

(3) 贈与税の貸付特例の適用を受ける受贈者が、継続貸付届出書をその提出期限までに納税地の所轄税務署長に提出しなかった場合には、当該提出期限の翌日から2か月を経過する日に当該継続貸付届出書に係る一時的道路用地等の用に供されている特例農地等に係る地上権等の設定があったものとして納税猶予期限が確定します（措法70の4⑳）。

ただし、継続貸付届出書が提出期限までに提出されなかった場合においても、納税地の所轄税務署長が提出期限内にその提出がなかったことについてやむを得ない事情があると認める場合において、継続貸付届出書等の提出があったときはこの限りではありません（措法70の4⑳ただし書、措令40の6㊸）。

営農困難時貸付けの特例

(1) 営農困難時貸付けの特例の概要

農地等の贈与税の納税猶予の特例の適用を受ける受贈者が、障害、疾病その他の事由によりその適用を受ける特例適用農地等について、その受贈者の農業の用に供することが困難な状態となった場合において、その特例適用農地等について地上権、永小作権、使用貸借による権利又は賃借権の設定（以下⑭において「権利設定」といいます。）に基づく一定の貸付け（以下⑭において「営農困難時貸付け」といいます。）を行ったときは、その営農困難時貸付けを行った日から2か月以内に、営農困難時貸付けを行っている旨の届出書を所轄税務署長に提出したときに限り、その特例適用農地等について納税猶予の納期限の確定事由となる権利設定はなかったものと、農業経営は廃止していないものとみなして、納税猶予が継続されます（措法70の4㉒）。

(2) 営農困難時貸付けの要件

営農困難時貸付けにおける農業の用に供することが困難な状態とは、納税猶予に係る贈与税の申告期限後に受贈者に新たに次のイからニに掲げる事由が生じている状態をいいます。

ただし、納税猶予に係る贈与税の申告書の提出期限において既に当該事由が生じている者については、当該贈与税の申告書の提出期限後に、①新たに当初と異なる次のイからニまでの事由が生じた者、②身体障害者手帳に記載された身体上の障害の程度が二級から一級に変更された者（贈与税の申告書の提出期限において、ロに該当する事由が生じている者に限られます。③についても同じです。）、③身体上の障害の程度が一級又は二級である障害が新たに身体障害者手帳に記載された者も含まれます（措令40の6⑤1）。

イ　受贈者が精神保健及び精神障害者福祉に関する法律第45条第2項の規定により精神障害者保健福祉手帳に障害等級が一級である者として記載されているものの交付を受けていること。

ロ　受贈者が身体障害者福祉法第15条第4項の規定により身体障害者手帳に身体上の障害の程度が一級又は二級である者として記載されているものの交付を受けていること。

ハ　受贈者が介護保険法第19条第1項の規定により同項に規定する要介護認定において、要介護状態区分が要介護五の区分の認定を受けていること。

ニ　受贈者が申告書の提出期限後に農業に従事することを不可能にさせる故障として農林水産大臣が財務大臣と協議して定めるものを有するに至ったことにつき市町村長又は特別区の区長の認定を受けていること。

(3)　営農困難時貸付けの貸付方法

営農困難時貸付けの適用を受けようとする農地等の貸付け方法は、その農地についての地上権、永小作権、使用貸借による権利又は賃借権の設定（民法第269条の2第1項の地上権の設定は除かれます。）によるものです。

この権利設定に基づく貸付けは、農地法上の許可を受けた貸付けをいい、いわゆるやみ小作のように農地法の許可を受けることなく当事者の契約のみにより貸し付けたものは含まれません。また、営農困難時貸付けは、特定貸付け（⑮参照）ができない場合のみ適用することができるとされています。

(4)　届出書の提出

営農困難時貸付けの特例を適用するには、農地等を貸し付けた日以後2か月を経過する日までに受贈者の所轄税務署長に営農困難時貸付けを行った旨の届出書を提出しなければなりません（措法70の4㉒）。

ただし、営農困難時貸付けを行っている旨の届出書が期限内に提出されなかった場合において、所轄税務署長が期限内にその提出がなかったことについてやむを得ない事情があると認める場合には、当該届出書を期限までに提出することができなかった事情の詳細を記載し、かつ、当該届出書が提出されたときは、当該届出書は期限内に提出されたものとみなされます（措法70の4㉔）。

(5) 営農困難時貸付農地等と担保

　特例適用農地等について営農困難時貸付けをした場合には、賃借権等の設定により農地の担保価値が低下することも考えられますが、その場合であっても、受贈者は増担保を提供する必要はありません（措通70の4－87）。

(6) 営農困難時貸付農地等につき耕作の放棄又は権利消滅があった場合

　営農困難時貸付けを行っている農地等（以下❹において「営農困難時貸付農地等」といいます。）について耕作の放棄又は地上権、永小作権、使用貸借による権利若しくは賃借権の消滅（以下「権利消滅」といいます。）があった場合の当該営農困難時貸付農地等（耕作の放棄又は権利消滅があった部分に限ります。）に係る納税猶予の確定事由の取扱いについては、次のとおりとなります（措法70の4㉓㉔）。

① 権利消滅があった時において、営農困難時貸付農地等についての権利設定があったものとみなされます（措法70の4㉓一）。

② 耕作の放棄又は権利消滅があった営農困難時貸付農地等について、新たな営農困難時貸付けを行った場合又は受贈者の農業の用に供した場合には、耕作の放棄又は権利消滅があった日から2か月以内に、新たな営農困難時貸付けを行っている旨又は受贈者の農業の用に供している旨の届出書を所轄税務署長に提出したときに限り、当該営農困難時貸付農地等のうち、新たな営農困難時貸付けを行った部分又は受贈者の農業の用に供した部分については、耕作の放棄又は上記①の権利設定及び新たな営農困難時貸付けに係る権利設定はなかったものと、又は農業経営は廃止していないものとみなされます（措法70の4㉓二）。

③ 耕作の放棄又は権利消滅があった営農困難時貸付農地等について、耕作の放棄又は権利消滅があった日から2か月以内に、新たな営農困難時貸付けを行っていない場合又は受贈者の農業の用に供していない場合において、耕作の放棄又は権利消滅があった日の翌日から1年を経過する日（以下(6)において「延長期日」といいます。）までに、新たな営農困難時貸付けを行う見込みであることにつき、耕作の放棄又は権利消滅があった日から2か月以内に、所轄税務署長に承認の申請をして、当該税務署長の承認を受けたときに限り、承認に係る営農困難時貸付農地等については、耕作の放棄及び権利設定はなかったものと、又は農業経営は廃止していないものとみなされます（措法70の4㉓三）。

④ 上記③の承認を受けた受贈者が、承認に係る営農困難時貸付農地等について、新たな営農困難時貸付けを行った場合又は受贈者の農業の用に供した場合には、これらの場合に該当することとなった日から2か月以内に、新たな営農困難時貸付けを行っている旨又は受贈者の農業の用に供している旨の届出書を所轄税務署長に提出しなければなりません。この場合において、営農困難時貸付農地等のうち、新たな営農困難時貸付けを行った部分については、新たな営農困難時貸付けに係る権利設定はなかったものと、農業経営は廃止していないものとみなされます（措法70の4㉓四）。

⑤　上記③の承認に係る営農困難時貸付農地等のうち、上記④の届出書に係る部分以外の部分にあっては当該承認に係る延長期日において、延長期日前に受贈者の農業の用に供した部分のうち上記④の届出書の提出がなかった部分にあっては受贈者の農業の用に供した日において、それぞれ権利設定があったものとみなされます（措法70の4㉓五）。

⑥　上記②の届出書、上記③の承認の申請に係る書類（(6)において「承認申請書」といいます。）及び上記④の届出書がそれぞれの期限内に提出されなかった場合においても、所轄税務署長が期限内にその提出がなかったことについてやむを得ない事情があると認める場合には、当該届出書又は承認申請書を期限までに提出することができなかった事情の詳細を記載し、かつ、当該届出書又は承認申請書が提出されたときは、当該届出書又は承認申請書は期限内に提出されたものとみなされます（措法70の4㉔）。

(7) 営農困難な状態が解消した場合

　営農困難時貸付けの適用を受けている受贈者について、営農困難時貸付農地等につき耕作の放棄又は権利消滅の前に、その営農困難時貸付農地等を農業の用に供することが困難な事由が解消し、受贈者自らが農業の用に供した場合には、納税猶予期限は確定しませんが、解消された後にその特例適用農地等について耕作の放棄又は権利の消滅があった場合には、納税揃予の期限が確定することとなります（措通70の4－90）。

⓯ 贈与税の納税猶予を適用している場合の特定貸付けの特例

(1) 制度の概要

　農地等についての贈与税の納税猶予の適用を受ける受贈者のうち一定の者（以下「猶予適用者」といいます。）が、贈与者の死亡の日前に納税猶予の適用を受ける農地等のうち農地又は採草放牧地の全部又は一部について農業経営基盤強化促進法による次の①及び②に掲げる貸付け（以下⓯において「特定貸付け」といいます。）を行った場合において、その特定貸付けを行った日から2か月以内に、特定貸付けを行っている旨の届出書を納税地の所轄税務署長に提出したときは、その特定貸付けを行った農地又は採草放牧地の全部又は一部（⓯において「特定貸付農地等」といいます。）に係る地上権、永小作権、使用貸借による権利又は賃借権（以下⓯において「賃借権等」といいます。）の設定はなかったものと、農業経営は廃止していないものとみなされ、特定貸付農地等について引き続き贈与税の納税猶予が適用されることとなります（措法70の4の2①）。

①　賃借権等の設定による貸付けであって、農地中間管理事業の推進に関する法律第2条第3項に指定する農地中間管理事業のために行われるもの

> ② 賃借権等の設定による貸付けであって、農業経営基盤強化促進法第20条に規定する農用地利用集積等促進計画の定めるところにより行われるもの
> （注） この場合、「猶予適用者」は、受贈者の次に掲げる区分に応じ、それぞれ次の要件を満たすものをいいます（措法70の4の2②）。
>   1 特定貸付けを行った日において65歳以上である受贈者
>   納税猶予の適用を受けようとする贈与に係る贈与税の申告書の提出期限からその貸付けを行った日までの期間（適用期間）が10年以上であること。
>   2 1に掲げる受贈者以外の受贈者
>   適用期間が20年以上であること。

(2) 特定貸付農地等の貸付期限が到来した場合

　特定貸付農地等の貸付けに係る期限（その期限の到来前に中途解約などにより特定貸付けに係る賃借権等の消滅があった場合には、その消滅の日。以下「貸付期限」といいます。）が到来した場合において、猶予適用者は、その貸付期限から2か月以内に、その貸付期限が到来した特定貸付農地等について、新たな特定貸付けを行うか又は自らの農業の用に供し、新たな特定貸付けを行っている旨又は猶予適用者の農業の用に供している旨等の事項を記載した届出書を納税地の所轄税務署長に提出しなければならないこととされ、その提出があった場合には、貸付期限が到来した特定貸付農地等のうち新たな特定貸付けを行った部分については、新たな特定貸付けに係る賃借権等の設定はなかったものと、又は農業経営は廃止していないものとみなされ、引き続き納税猶予の適用を受けることができることとされます（措法70の4の2③）。

　なお、契約更新により貸付期間を延長する場合は、貸付期限の到来には該当しません。

(3) 貸付期限から2か月以内に新たな特定貸付けを行うことができない場合

① 税務署長の承認

　猶予適用者が、貸付期限が到来した特定貸付農地等について、新たな特定貸付けを行っていない場合又は猶予適用者の農業の用に供していない場合には、貸付期限の翌日から1年を経過する日（以下「貸付猶予期日」といいます。）までに新たな特定貸付けを行う見込みであることにつき、貸付期限から2か月以内に納税地の所轄税務署長に承認の申請を行うことができ、この税務署長の承認を受けたときは、貸付猶予期日まで納税猶予の期限は確定せず、引き続き納税猶予の適用を受けることができることとされています（措法70の4の2④）。

② 承認後の手続き

　上記①の承認を受けた猶予適用者は、承認を受けた特定貸付農地等について新たな特定貸付けを行った日から2か月以内に新たな特定貸付けを行っている旨等を記載した届出書を納税地の所轄税務署長に提出しなければならず、その提出があった場合には、承認を受けた特定貸付農地等のうち新たな特定貸付けを行った部分については、新たな特定貸付けに係る賃借権等の

設定はなかったものと、又は農業経営は廃止していないものとみなされ、引き続き納税猶予の適用を受けることができることとされています（措法70の4の2⑤）。

なお、新たな特定貸付けを行う予定で期限を延長したものの、特定貸付けの借り手が見つからない場合には、貸付猶予期日までに自らの農業の用に供し、農業の用に供した日から2か月以内にその旨の届出書を納税地の所轄税務署長に提出したときは、引き続き納税猶予の適用を受けることができることとされています（措法70の4の2⑤）。

(4) 納税猶予期限の確定

猶予適用者が次の①から④までに掲げる場合のいずれかに該当することとなった場合には、特定貸付農地等に対応する納税猶予分の贈与税額については、その特定貸付農地等に係る貸付期限（③又は④に掲げる場合に該当することとなった場合には、その特定貸付農地等に係る貸付猶予期日（上記(3)②の新たな特定貸付けを行った日又は猶予適用者の農業の用に供した日が貸付猶予期日前である場合には、その新たな特定貸付けを行った日又は猶予適用者の農業の用に供した日。））においてその特定貸付農地等（特定貸付農地等のうち、①又は③に該当する場合にあっては新たな特定貸付けを行っている部分又は猶予適用者の農業の用に供している部分以外の部分に限り、④に該当する場合にあっては④の届出書に係る部分に限ります。）について賃借権等の設定があったものとみなされ、これらの日から2か月を経過する日に納税猶予の期限が確定し、その賃借権等の設定があったものとみなされた特定貸付農地等に対応する納税猶予分の贈与税額（租税特別措置法第70条の4第1項ただし書きの規定の適用がある場合（全部確定の場合）には、納税猶予分の贈与税額の全額）を猶予期間中の利子税と併せて納付しなければなりません（措法70の4の2⑦、70の4①ただし書、④）。

① 貸付期限から2か月を経過する日において、貸付期限が到来した特定貸付農地等の全部又は一部について、新たな特定貸付けを行っていない場合又は猶予適用者の農業の用に供していない場合（②に掲げる場合を除きます。）
② 貸付期限から2か月を経過する日までに上記(2)の届出書を提出しない場合
③ 貸付猶予期日において、貸付猶予期日が到来した特定貸付農地等の全部又は一部について、新たな特定貸付けを行っていない場合又は猶予適用者の農業の用に供していない場合（④に掲げる場合を除きます。）
④ 貸付猶予期日から2か月を経過する日までに(3)②の届出書を提出しない場合

(5) 特定貸付農地等について耕作の放棄があった場合

特定貸付農地等について、借り受けた者がその特定貸付農地等の耕作をしなかったことにより耕作の放棄となった場合には、租税特別措置法第70条の4第1項第1号又は第4項の規定により、贈与税の納税猶予税額の全部又は一部については、原則として、猶予期限が確定することとなります。

しかし、この耕作の放棄は、猶予適用者が耕作をしなかったことに基因するものではないこ

とから、この耕作の放棄があった日から2か月以内に特定貸付けに係る契約を解約し、新たな特定貸付けを行うか、又は猶予適用者自らが農業を行う場合には、その旨の届出書を耕作の放棄があった日から2か月以内に納税地の所轄税務署長に提出したときに限り、耕作の放棄はなかったものとみなし、引き続き納税猶予の適用を受けることができることとされています（措法70の4の2⑧）。

第2節 農地等についての相続税の納税猶予及び免除の特例

1 農地等についての相続税の納税猶予及び免除の特例制度の概要

　農地等についての相続税の納税猶予及び免除の特例制度は、相続人（以下この節において「農業相続人」といいます。）が農地等を相続して農業を営む場合には、一定の要件の下にその取得した農地等の価額のうち農業投資価格による価額を超える部分に対応する相続税額は、農業を継続する間、その納税を猶予され、その納税猶予税額は、次の場合のいずれかに該当するときに免除される制度です（措法70の6①㊴）。

	免除事由	免除される相続税額
①	その農業相続人が死亡した場合	納税猶予税額の全額
②	その農業相続人が特例農地等（この特例の適用を受ける農地等をいいます。第2節において同じです。）の全部を農業後継者に生前に贈与をして租税特別措置法第70条の4の規定の適用を受けた場合	納税猶予税額の全額
③	その農業相続人が特例農地等の一部を農業後継者に贈与して租税特別措置法第70条の4の規定の適用を受けた場合	納税猶予分の相続税のうち、次の算式により計算した金額 　納税猶予税額×（贈与した特例農地等の取得時における農業投資価格控除後の価額÷その農業相続人のすべての特例農地等の取得時における農業投資価格控除後の価額の合計額）
④	その農業相続人が市街化区域内農地等（租税特別措置法第70条の4第2項第4号ロに掲げる農地で同条第2項第3号イからハまでに掲げる区域内に所在するもの及び生産緑地等を除きます。）に係る特例農地等について、農業を20年間継続した場合	納税猶予税額の全額

なお、①から④までのいずれかの場合に該当する前に、特例農地等を譲渡した場合、又は農業を廃止した場合等には、その納税猶予税額の全部又は一部の納税猶予は打ち切られ、当該猶予税額について、利子税とともに納付しなければなりません（措法70の6㊵）。

■ 農業投資価格

農業投資価格とは、特例農地等に該当する農地、採草放牧地又は準農地につき、それぞれ、その所在する地域において恒久的に耕作又は養畜の用に供さされるべき農地法第2条第1項に規定する農地若しくは採草放牧地又は当該農地若しくは採草放牧地に開発されるべき土地として自由な取引が行われるものとした場合におけるその取引において通常成立すると認められる価格として当該地域の所轄国税局長が土地評価審議会の意見を聴いた上で決定した価格をいいます（措法70の6⑤⑥）。

この農業投資価格は、国税庁のホームページに掲載された財産評価基準書により確認することができます。

■ 特定市街化区域農地等、都市営農農地等、準農地

特定市街化区域農地等、都市営農農地等、準農地の意義については、第1節を参照してください。

❷ 特例の適用要件

(1) 被相続人の要件

農地等の相続税の納税猶予の特例を適用するためには、被相続人が次のいずれかに該当する者であることが必要です（措法70の6①、措令40の7①）。

①	死亡の日までその有する農地及び採草放牧地につき農業を営んでいた個人
②	その生前において、租税特別措置法第70条の4第1項に規定する農地等の同項の規定の適用に係る贈与をした個人（当該個人が死亡したことにより、当該贈与に係る贈与税の免除があった場合に限られます。）

(2) 農業相続人の要件

農地等の相続税の納税猶予の特例を適用することのできる相続人は、被相続人の相続人で、次のいずれかに該当する者であることについて農業委員会（農業委員会等に関する法律第3条第1項ただし書き又は第5項の規定により農業委員会を置かない市町村にあっては、市町村長。）が証明した者に限られます（措法70の6①、措令40の7②）。

①	相続税の申告期限までに相続又は遺贈により取得した農地及び採草放牧地につき農業経営を開始し、その後も引き続き農業経営を行うと認められる者

②	租税特別措置法第70条の4の特例の適用を受けた受贈者で、特例付加年金の支給を受けるためその推定相続人の1人に対し農地等について使用貸借による権利を設定して、農業の経営を移譲し、かつ、その推定相続人が経営する当該農地等に係る農業に従事している者（贈与者の死亡の日後も引き続きその推定相続人が農業の経営を行う場合に限られます。）

(3) 特例の対象となる農地等の要件

　この特例の対象となる農地等は、被相続人の農業の用に供されていた農地法第2条第1項に規定する農地及び採草放牧地（これらの農地又は採草放牧地の上に存する地上権、永小作権、使用貸借による権利及び賃借権を含み、次の①を除きます。）並びに準農地です（措法70の6①、措令40の7③〜⑤）。ただし、特定市街化区域農地等に該当するもの及び農地法第32条第1項又は第33条第1項の規定による利用意向調査に係るもので、同法第36条第1項各号に該当するもの（ただし、正当の事由があるときを除かれます。）はこの特例の対象とはなりません。

　なお、特例の対象となる農地等は、次のいずれかに該当するものでなければなりません。

①	申告期限までに共同相続人及び包括受遺者によって分割されていない農地等ではない農地等
②	被相続人から生前に贈与により取得した農地等で、被相続人の死亡の時まで贈与税の納税猶予の特例の適用を受けていたもの
③	相続又は遺贈により財産を取得した者が相続開始の年に被相続人から生前に贈与を受けた農地等で、贈与税の納税猶予の特例の適用要件に該当するもの

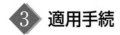 **適用手続**

(1) 申告手続

　農地等の相続税の納税猶予及び免除の特例の適用を受けようとする場合には、相続税の申告書にこの特例の適用を受ける旨を記載し、所定の書類を添付して、その申告書を期限内に提出することとされています（措法70の6①㉛、措規23の8③）。

(2) 担保提供

　農地等の相続税の納税猶予及び免除の特例の適用を受ける場合には、納税猶予の適用を受ける相続税相当額の担保を提供する必要があります（措法70の6①㉛、措規23の8③）。

　なお、担保に供する財産は、特例農地等以外のものでも差支えありません。

 **納税猶予期間中の手続き**

　農業相続人は、納税猶予の期限が確定するまでの間、相続税の申告期限から3年目ごとに、

引き続いてこの特例の適用を受けたい旨及び特例農地等に係る農業経営に関する事項を記載した届出書（以下第2節において「継続届出書」といいます。）を提出しなければなりません。この届出書が提出期限までに提出されない場合には、納税猶予の適用が打ち切られることになります。

また、納税猶予の適用を受ける農地等のうちに都市営農農地等を有する農業相続人については3年ごとに、この届出書に所在地の異なる特例農地等ごとの当該届出書の提出期限の属する年前3年間の各年における農業に係る生産及び出荷の状況並びに収入金額に関する事項を記載した届出書を提出しなければなりません（措法70の6㉜、措令40の7㊿）。

❺ 相続人のうち農業相続人がいる場合の相続税額の計算方法

相続人のうちに農業相続人がいる場合、相続税額は、次のように計算します（措法70の6②）。

(1) 相続税の総額の計算

次の①及び②の計算をします。

① 通常の相続税の総額

各人の取得したすべての財産を通常の評価額によって計算し、それを基として相続税の総額（以下❺において「通常の相続税の総額」といいます。）を計算します。

② 農業投資価格を用いた相続税の総額

農業相続人の課税価格の計算に当たっては、特例農地等の価額を農業投資価格により計算し（これにより計算した課税価格を❺において「特例課税価格」といいます。）、この農業相続人の特例課税価格及び農業相続人以外の者の課税価格の合計額（以下❺において「特例課税価格の合計額」といいます。）を基として相続税の総額（以下❺において「特例相続税の総額」といいます。）の計算をします。

(2) 農業相続人以外の者の相続税額

① 算出相続税額

農業相続人以外の者の算出相続税額は、次の算式によって計算します。

$$\text{特例相続税の総額} \times \frac{\text{各人の課税価格}}{\text{特例課税価格の合計額}}$$

② 納付する相続税額

各人の実際に納付する相続税額は、①の算出相続税額を基として、それぞれ相続税額の2割加算、配偶者の税額軽減、未成年者控除などを適用して計算します。

この場合、配偶者の税額軽減額の計算をするための相続税の総額及び課税価格の合計額は、それぞれ特例相続税の総額及び特例課税価格の合計額を用います。

(3) 農業相続人の相続税額

農業相続人の算出相続税額は、次の①の金額と②の金額との合計額となります。

① 特例課税価格により計算した算出相続税額

特例課税価格により計算した算出相続税額は、次の算式によって計算します。

$$\text{特例相続税の総額} \times \frac{\text{農業相続人の特例課税価格}}{\text{特例課税価格の合計額}}$$

② 相続税の総額の差額

通常の相続税の総額から特例相続税の総額を控除した残額

(4) 農業相続人の納付税額及び納税猶予税額

農業相続人が申告期限までに納付する相続税額と納税猶予の対象となる相続税額は、次のとおりとなります（措法70の6②④）。

① 納付税額

農業相続人が申告期限までに納付する相続税額は、特例課税価格により計算した算出相続税額（(3)の①）を基として、それぞれ相続税額の2割加算、配偶者の税額軽減、未成年者控除などを適用して計算します。

② 納税猶予税額

農業相続人の納税猶予税額は、次により計算します。

イ 相続税額の2割加算又は税額控除の適用がない場合

通常の相続税の総額から特例相続税の総額を控除した残額（(3)の②）が納税猶予税額となります。

ロ 相続税額の2割加算の適用がある場合

通常の相続税の総額から特例相続税の総額を控除した残額（(3)の②）に、その残額の2割相当額を加算した金額が納税猶予税額となります。

ハ 相続税の税額控除の適用がある場合

配偶者の税額軽減、未成年者控除などの控除額は、まず、イの期限内に納付する相続税額から控除し、控除不足額がある場合には、その控除不足額をロの金額から差し引いた残額が納税猶予税額となります。

6 農業相続人が特例農地等の譲渡等をした場合

農地等の贈与税の納税猶予の特例制度の適用を受けた場合において、納税猶予期間中に、農業相続人について、次に掲げる場合のいずれかに該当することとなったときは、その猶予を受けていた相続税額の全部又は一部の納税猶予の期限が確定し、それぞれに掲げる日の翌日から2か月を経過する日まで（(1)の④の場合には、④に掲げる日まで）に、その猶予税額を利子税

とともに納付しなければなりません（措法70の6①ただし書き、⑦⑧㉟㊱）。

(1) 相続税額の全部の期限が確定する場合

	確定事由	2か月の起算日
①	特例農地等について、譲渡等（収用等に係る譲渡など一定の譲渡を除きます。）があった場合で、その面積（その譲渡等が2回以上ある場合には、その合計面積）が、特例農地等の面積の20%を超える場合	その事実が生じた日
②	特例農地等による農業経営を廃止した場合	農業経営を廃止した日
③	継続届出書の提出がなかった場合	継続届出書の提出期限の日
④	担保価値が減少したことなどにより、増担保又は担保の変更を命ぜられたが、その命令に応じず、納税猶予に係る期限が繰り上げられた場合	繰り上げられた期限

(2) 相続税額の一部の期限が確定する場合

	確定事由	2か月の起算日
①	特例農地等について収用等による譲渡があった場合	その譲渡があった日
②	特例農地等について、20%以下の面積の収用等による譲渡以外の任意の譲渡等があった場合	その譲渡等があった日
③	特例農地等のうち採草放牧地又は準農地の一部を残して租税特別措置法第70条の4の適用のある贈与が行われた場合（贈与が行われなかった採草放牧地又は準農地に対応する部分）	その贈与があった日
④	準農地で申告期限後10年を経過する日までに、農業の用に供されていない準農地がある場合	10年を経過する日

上記により相続税額の一部の期限が確定する場合における納税猶予の期限が確定する相続税額は、次の算式によります（措法70の4⑦、措令40の6⑭、措通70の4-37）。

$$\text{納税猶予の適用を受けた相続税の額 (A)} \times \frac{\text{譲渡等をした特例農地等の取得時の農業投資価格控除後の価額 (B)}}{\text{農業相続人が取得したすべての特例農地等の取得時における農業投資価格控除後の合計額}}$$

「A」＝納税猶予の特例の適用を受けた当初の納税猶予税額です。

「B」＝譲渡等があった特例農地等が代替取得農地等である場合には、次の算式により計算した金額となります。

$$\text{特例農地等のうち買換えの承認に係る譲渡等があったものの取得時における農業投資価格控除後の価額} \times \frac{\text{(C)のうち代替取得農地等の取得に充てられた金額}}{\text{特例農地等のうち買換えの承認に係る譲渡等の対価の額 (C)}}$$

■ 特例農地等の譲渡等

相続税額の全部又は一部の期限が確定の事由となる特例農地等の譲渡等については、第１節❺を参照してください。

❼ 譲渡等の対価をもって代替農地等を取得した場合

特例農地等の譲渡があった場合においては、相続税額の全部又は一部については、上記❻(1)又は(2)のとおりその納税猶予の期限が確定します（措法70の４①ただし書、⑦）が、農地等の譲渡等があった日から１年以内に当該譲渡等の対価の額の全部又は一部をもって農地又は採草放牧地等を取得する見込みであることについて、所定の事項を記載した申請書を譲渡等があった日から１か月以内に所轄税務署長に提出し、その承認を受けたときは、次のとおりとなります（措法70の６⑲、70の４⑮、措令40の７㉙～㉜）。

① その承認に係る譲渡等は、なかったものとみなされます。
② その譲渡等があった日から１年を経過する日において、当該承認に係る譲渡等の対価の額の全部又は一部が農地又は採草放牧地の取得に充てられていない場合には、当該譲渡等に係る農地等のうちその充てられていないものに対応するものとして次の算式により計算された価額に相当する部分は、譲渡等があった日から１年を経過する日において譲渡されたものとみなされます。

$$\text{譲渡等に係る農地等の相続等による取得時の価額} \times \frac{\text{農地又は採草放牧地の取得に充てられなかった金額}}{\text{農地等の譲渡価額}}$$

③ その譲渡等があった日から１年を経過する日までに当該承認に係る譲渡等の対価の額の全部又は一部が農地又は採草放牧地の取得に充てられた場合には、当該取得に係る農地又は採草放牧地は、納税猶予の特例の適用を受ける農地等とみなされます。

❽ 買取りの申出等があった場合

(1) 納税猶予期限の確定

相続税の納税猶予の特例の適用を受ける農地又は採草放牧地の全部又は一部について当該農地又は採草放牧地に係る農業相続人の死亡の日（その日前に❻の(1)の①又は②のいずれかに該当することとなった場合には、それぞれに掲げる日）前に次のいずれかに掲げる場合に該当することとなった場合には、租税特別措置法第70条の６第１項に規定する相続税の額のうちそれぞれに規定する買取りの申出等に係る農地又は採草放牧地の農業投資価格控除後の価額に対応する部分の金額として租税特別措置法施行令で定めるところにより計算した金額に相当する相続税については、同項の規定にかかわらず、それぞれに定める日の翌日から２か月を経過す

る日(当該買取りの申出等があった後同日以前に当該農業相続人が死亡した場合には、当該農業相続人の相続人が当該農業相続人の死亡による相続の開始があったことを知った日の翌日から6か月を経過する日)が同項の規定による納税の猶予に係る期限となります(措法70の6⑧)。

	事　由	2か月の起算日
①	特例農地等が都市営農農地等である場合において、その都市営農農地等について次に掲げる場合に該当したとき (1) 生産緑地法第10条又は第15条第1項の規定による買取りの申出があった場合 (2) 生産緑地法第10条の6第1項の規定による指定の解除があった場合	(1) 買取りの申出があった日 (2) 指定の解除があった日
②	特例農地等が都市計画法の規定に基づく都市計画の決定若しくは変更又は特定の事由により、特定市街化区域農地等に該当することとなった場合(その変更により田園住居地域内にある農地等ではなくなった場合を除きます。)	都市計画法第20条第1項(同法第21条第2項において準用する場合を含みます。)の規定による告示があった日又は当該事由が生じた日

(2) 買取りの申出等に係る譲渡の対価をもって代替農地等を取得する見込みの場合

　買取りの申出等に係る譲渡の場合において、相続税の納税猶予の適用を受ける受贈者が、買取りの申出等があった日から1年以内に当該買取りの申出等に係る特定農地等の全部若しくは一部の譲渡等をする見込みであり、かつ、その譲渡等があった日から1年以内にその譲渡等の対価の額の全部若しくは一部をもって農地若しくは採草放牧地を取得する見込みであること又は告示があった日若しくは事由が生じた日から1年以内に当該告示若しくは事由に係る特定市街化区域農地等に係る農地若しくは採草放牧地の全部若しくは一部が都市営農農地等に該当することとなる見込みであることにつき、納税地の所轄税務署長の承認を受けたときにおける納税猶予の規定の適用については、次によります(措法70の6㉑、70の4⑰)。

① 納税猶予適用農地等の規定(措法70の6①ただし書き、⑦)の適用については、当該買取りの申出等があった日から1年を経過する日までに当該承認に係る特定農地等の全部又は一部の譲渡等をした場合には、当該譲渡等はなかったものとみなされます。

② 買取りの申出等に係る譲渡(措法70の6⑧)の規定の適用については、次によります。

　イ　当該承認に係る買取りの申出等は、なかったものとみなされます。

　ロ　買取りの申出等があった日から1年を経過する日までに、当該承認に係る特定農地等の全部若しくは一部の譲渡等をしなかった場合又は当該承認に係る特定市街化区域農地等に係る農地若しくは採草放牧地の全部若しくは一部が都市営農農地等に該当することとならなかった場合には、当該譲渡等をしなかった特定農地等又は都市営農農地に該当することとならなかった特定市街化区域農地等に係る農地若しくは採草放牧地について

は、同日において買取りの申出等があったものとみなされます。
ハ　買取りの申出等があった日から１年を経過する日までに当該承認に係る特定農地等の全部又は一部の譲渡等をした場合において、当該譲渡等があった日から１年を経過する日において当該譲渡等の対価の額の全部又は一郎が農地又は採草放牧地の取得に充てられていないときは、当該特定農地等のうちその充てられていないものに対応するものとして租税特別措置法施行令で定める部分については、同日において買取りの申出等があったものとみなされます。
③　買取りの申出等があった日から１年を経過する日までに当該承認に係る特定農地等の全部又は一部の譲渡等をした場合において、当該譲渡等があった日から１年を経過する日までに当該特定農地等の譲渡等の対価の額の全部又は一部が農地又は採草放牧地の取得に充てられたときは、当該取得に係る農地又は採草放牧地は、第１項の規定の適用を受ける農地又は採草放牧地とみなされます。

⑨ 自己所有農地への付替えの特例

　三大都市圏の特定市に所在する特例適用農地等を収用交換等により譲渡した場合に、その譲渡時に納税猶予適用者が有しているその譲渡対価の全部又は一部に相当する価額の特例適用農地等以外の土地で相続又は贈与の時以後に取得したもの（代替農地等）を、その譲渡があった日から１年以内にその譲渡した特例適用農地等に代わるものとしてその納税猶予適用者の農業の用に供する見込みであることにつき所轄税務署長の承認を受け、その土地がその期間内にその納税猶予適用者の農業の用に供する農地又は採草放牧地とされた場合には、次のとおり取り扱われ、納税猶予を継続することができます（措法70の６⑳）。
①　その承認に係る譲渡等は、なかったものとみなされます。
②　その譲渡等があった日から１年を経過する日において、その承認に係る譲渡等の対価の額の全部又は一部に相当する価額の代替農地等を、その譲渡等に係る特例適用農地等に代わるものとして納税猶予適用者の農業の用に供する農地又は採草放牧地としていない場合には、その譲渡等に係る特例適用農地等のうちその農業の用に供していないものに対応する部分は、同日において譲渡等をされたものとみなされます。
③　その譲渡等があった日から１年を経過する日までにその承認に係る譲渡等の対価の額の全部又は一部に相当する価額の代替特例農地等をその農業相続人の農業の用に供する農地又は採草放牧地とした場合には、当該代替特例農地等は、租税特別措置法第70条の６第１項の規定の適用を受ける農地等とみなされます。

⑩ 相続税の借換特例

(1) 制度の概要

　農地等の相続税の納税猶予の特例の適用を受けている農業相続人が、農業経営基盤強化促進法に規定する農用地利用集積等促進計画の定めるところにより一定の要件の下に使用貸借による権利又は賃借権（以下⑩において「賃借権等」といいます。）の設定に基づき特例農地等を貸し付けた場合であっても、その特例農地等に代わるものとして、一定の要件を充たす農地等を借り受けて農業の用に供した場合には、その設定はなかったものとみなして納税猶予の継続適用が受けられます（措法70の6⑩）。以下、この特例を「相続税の借換特例」といいます。

(2) 適用要件

(1)　農業相続人が、特例農地等を農業経営基盤強化促進法に規定する農用地利用集積等促進計画の定めるところによる賃借権等の設定に基づき貸し付けた場合において、この貸し付けた特例農地等（以下「貸付特例適用農地等」といいます。）に代わるものとして農用地利用集積等促進計画の定めるところによる賃借権等の設定に基づき借り受けている農地又は採草放牧地（以下「借受代替農地等」といいます。）の面積が当該貸付特例適用農地等の面積の80％以上（以下「割合要件」といいます。）であること（措法70の4⑧）。

(2)　相続税の借換特例の適用を受けようとする農業相続人は、納税地の所轄税務署長に対し、貸付特例適用農地等に係る賃借権等を設定した日から2か月以内に相続税の借換特例の届出書を、当該貸付特例適用農地等に係る賃借権等の存続期間（始期・終期）が同一であるもの毎に提出しなければならないこと（措法70の6⑪、措令40の7㉒）。

(3) 借換特例適用中の納税猶予期限の確定事由

(1)　借換特例適用農地等につき、次に掲げる場合のいずれかに該当することとなった場合には、それぞれに掲げる日から2か月を経過する日に納税猶予期限が確定することとなります（措法70の6⑫）。

	確定事由	2か月の起算日
①	貸付特例適用農地等に対応する借受代替農地等の面積が減少（当該減少部分には、農業相続人の農業の用に供されなくなった土地の部分を含みます。）したことにより割合要件（80％）を満たさなくなった場合 （注）　割合要件を満たす限り、借受代替農地等の一部に係る賃借権等が消滅した場合であっても、納税猶予期限は確定しません。	割合要件を満たさなくなった日

②	貸付特例適用農地等に対応する借受代替農地等の全部又は一部に耕作の放棄があった場合	当該借受代替農地等について農地法第36条の規定による勧告があった日
③	貸付特例適用農地等を借り受けた者（農地中間管理事業の推進に関する法律第2条第4項に規定する農地中間管理機構が借り受けた者である場合には、当該農地中間管理機構から借り受けた者）が当該貸付特例適用農地等の全部又は一部につき、農地等としてその者の農業の用に供していない場合	当該農業相続人がその事実が生じたことを知った日

(2) ただし、上記(1)の①又は③のいずれかに該当する場合であっても、農業相続人が、それぞれに掲げる日から2か月を経過する日までに、次の区分に応じそれぞれに掲げる措置を講じ、納税地の所轄税務署長に対し、一定の事項を記載した変更の借換特例の届出書を提出した場合には、引き続き納税猶予が継続されます（措法70の6⑬、措令40の7㉔）。

　イ　(1)の①に該当した場合

　　自己の農業の用に供する農地等を新たに農用地利用集積等促進計画の定めるところによる賃借権等の設定に基づき借り受けたこと（当該借受けに係る農地等の賃借権等の存続期間の満了の日が、当該農地等に係る貸付特例適用農地等に係る賃借権等の存続期間の満了の日以降であるものに限ります。）により割合要件を満たすこととなったとき又は当該貸付特例適用農地等の全部に係る賃借権等を消滅させたとき

　ロ　(1)の③に該当した場合

　　貸付特例適用農地等の全部に係る賃借権等を消滅させたとき

(4) 借換特例適用中の手続き

(1) 相続税の借換特例の適用を引き続き受けようとする農業相続人は、納税地の所轄税務署長に対し、借換特例の届出書ごとにそれを提出した日の翌日から起算して1年を経過するごとの日までに、貸付特例適用農地等に係る賃借権等の状況その他一定の事項を記載した継続届出書を提出しなければなりません（措法70の6⑭、措令40の7㉕）。

　なお、継続届出書が期限内に提出されなかった場合には、当該提出期限の翌日から2か月を経過する日に納税猶予期限が確定します。ただし、当該継続届出書が期限内に提出されなかったことについて納税地の所轄税務署長かやむを得ない事情があると認める場合において、その提出があったときにはこの限りではありません（措法70の6⑮、措令40の7㉖）。

(2) 貸付特例適用農地等につき、次に掲げるいずれかの場合に該当することとなった場合には、農業相続人は納税地の所轄税務署長に対し、それぞれに掲げる賃借権等が消滅した日から2か月以内に一定の事項を記載した届出書（以下「終了届出書」といいます。）を提出しなければなりません（措法70の6⑰、措令40の7㉗）。

　イ　貸付特例適用農地等に係る賃借権等の存続期間が満了したことにより当該賃借権等が消滅した場合

ロ 貸付特例適用農地等に係る賃借権等の存続期間が満了する前に当該賃借権等の解約が行われたことにより当該賃借権等が消滅した場合

■ 貸付特例適用農地等について新たに相続税の納税猶予の適用を受ける場合

相続税の納税猶予の対象となる被相続人の農業の用に供されていた農地等には、相続税の借換特例又は贈与税の借換特例の適用を受けている貸付特例適用農地等で、次に掲げる場合の区分に応じ、それぞれに掲げる農地等が含まれます（措法70の6⑯⑱）。

① 相続税の借換特例の適用を受けている農業相続人が死亡した場合

当該農業相続人を被相続人とする相続に係る相続税法第27条第1項の規定による相続税の申告書の提出期限（以下「相続税の申告書の提出期限」といいます。）までに、相続税の借換特例の適用を受けている貸付特例適用農地等に係る賃借権等が消滅した農地等

② 贈与税の借換特例を受けている受贈者が死亡した場合

当該受贈者を被相続人とする相続に係る相続税の申告書の提出期限までに、贈与税の借換特例の適用を受けている貸付特例適用農地等に係る賃借権等が消滅した農地等

③ 贈与税の借換特例を受けている受贈者に係る贈与者が死亡し、当該特例の適用を受けている貸付特例適用農地等が租税特別措置法第70条の5第1項の規定により相続又は遺贈により取得したものとみなされる場合

当該贈与者を被相続人とする相続に係る相続税の申告書の提出期限までに、当該受贈者に係る贈与税の借換特例の適用を受けている貸付特例適用農地等に係る賃借権等が消滅した農地等

一時的道路用地等のために地上権等が設定された場合

(1) 制度の概要

農地等の贈与税の納税猶予の特例を受けている農業相続人が、一定の要件の下に一時的道路用地等のために地上権、賃借権又は使用貸借権（以下⓫において「地上権等」といいます。）の設定に基づき特例農地等の貸付けを行った場合には、当該地上権等の設定はなかったものとみなされ、引き続き納税猶予が継続されます（措法70の6㉒）。この特例を「相続税の貸付特例」といいます。

(2) 適用要件

次に掲げるいずれかの要件を満たす農業相続人について、相続税の貸付特例の適用が認められます。

① 農業相続人が、特例農地等の全部又は一部を一時的道路用地等（道路法による道路に関する事業、河川法が適用される河川に関する事業、鉄道事業法による鉄道事業者がその鉄道事業で一般の需要に応ずるものの用に供する施設に関する事業その他これらの事業に準

ずる事業として当該事業に係る主務大臣が認定したもののために一時的に使用する道路、水路、鉄道その他の施設の用地で代替性のないものとして主務大臣が認定したものをいいます。）の用に供するため地上権等の設定に基づき貸付けを行った場合において、当該貸付けに係る期限が到来した後遅滞なく当該一時的道路用地等の用に供していた特例農地等を当該農業相続人の農業の用に供する見込みであることにつき、納税地の所轄税務署長の承認を受けること（措法70の6㉒）。

② 相続税の貸付特例の適用を受けている農業相続人が死亡した場合において、その農業相続人の相続人が、当該農業相続人から相続又は遺贈により取得した一時的道路用地等の用に供されている農地等（一時的道路用地等の用に供される直前において農業用施設用地等の用に供されていたものを除きます。）について相続税の納税猶予の適用を受けること（措法70の6㉕）。

なお、この場合において、一時的道路用地等の用に供されている農地等について、当該相続人が租税特別措置法施行令第40条の7第2項第1号に該当するものであることの農業委員会の証明及び承認申請書の提出は要しません（③び④において同じです。）。

③ 贈与税の貸付特例の適用を受けている受贈者が死亡した場合において、受贈者の相続人が、その受贈者から相続又は遺贈により取得した一時的道路用地等の用に供されている農地等の用に供されている農地等（一時的道路用地等の用に供される直前において農業用施設用地等の用に供されていたものを除きます。次の④において同じです。）について相続税の納税猶予の適用を受けること（措法70の6㉗）。

④ 贈与税の貸付特例の適用を受けている受贈者に係る贈与者が死亡した場合において、その一時的道路用地等の用に供されている農地等が租税特別措置法第70条の5第1項の規定により相続又は遺贈により取得したものとみなされた受贈者が、その一時的道路用地等の用に供されている農地等について相続税の納税猶予の適用を受けること（措法70の5①、70の6㉗）。

(3) 相続税の貸付特例の適用中の手続き

⑴ 相続税の貸付特例の適用を受ける農業相続人は、その承認を受けた日の翌日から起算して1年を経過するごとの日までに、一時的道路用地等の用に供されている特例農地等に係る地上権等の設定に関する事項その他一定の事項を記載した届出書（以下⑪において「継続貸付届出書」といいます。）等を納税地の所轄税務署長に提出しなければなりません（措法70の6㉓）。

⑵ 相続税の貸付特例の適用を受ける農業相続人は、一時的道路用地等に係る事業の施行の遅延により貸付期限が延長されることとなった場合は、引き続き相続税の貸付特例の適用を受けようとする旨及び一定の事項を記載した届出書を、当該貸付期限の到来する日から1か月以内に納税地の所轄税務署長に提出しなければなりません（措令40の7�51）。

⑶ 相続税の貸付特例の適用を受ける農業相続人は、一時的道路用地等の用に供されている特

例農地等に係る貸付期限の到来により地上権等が消滅した場合又は当該貸付期限の到来前に地上権等の解約が行われたことにより当該地上権等が消滅した場合には、その消滅した旨、当該特例農地等を特例適用者の農業の用に供している旨その他一定の事項を記載した届出書等を当該地上権等が消滅した日から2か月以内に納税地の所轄税務署長に提出しなければなりません（措令40の7㊾）。

(4) 相続税の貸付特例の適用中の納税猶予期限の確定事由

(1) 相続税の貸付特例の適用を受ける特例農地等に係る貸付期限（貸付期限の到来前に地上権等の解約が行われたことにより当該地上権が消滅した場合には、その日。）から2か月を経過する日までにその特例農地等の全部又は一部が農業相続人の農業の用に供されていない場合には、その供されていない部分についてその貸付期限から2か月を経過する日に地上権等の設定があったものとみなされて納税猶予期限が確定します（措法70の6㉒二、措令40の7㊿）。

(2) 一時的道路用地等の用に供される直前において準農地であったものについては、10年を経過する日又は貸付期限から2か月を経過する日のいずれか遅い日において、その準農地の全部又は一部が農業相続人の農業の用に供されていないものがある場合には、その供されていない部分について10年を経過する日又は貸付期限から2か月を経過する日のいずれか遅い日の翌日から2か月を経過する日に納税猶予期限が確定します（措法70の6㉒三）。

(3) 相続税の貸付特例の適用を受ける農業相続人が、継続貸付届出書をその提出期限までに納税地の所轄税務署長に提出しなかった場合には、当該提出期限の翌日から2か月を経過する日に当該継続貸付届出書に係る一時的道路用地等の用に供されている特例農地等に係る地上権等の設定があったものとして納税猶予期限が確定します（措法70の6㉔）。

ただし、継続貸付届出書か提出期限までに提出されなかった場合においても、納税地の所轄税務署長が提出期限内にその提出がなかったことについてやむを得ない事情があると認める場合において、継続貸付届出書等の提出があったときはこの限りではありません（措法70の6㉔、措令40の7㊻）。

⑫ 営農困難時貸付けの特例

(1) 営農困難時貸付けの特例の概要

農地等の相続税の納税猶予の特例の適用を受ける農業相続人が、障害、疾病その他の事由によりその適用を受ける特例適用農地等について、その農業相続人の農業の用に供することが困難な状態となった場合において、その特例適用農地等について地上権、永小作権、使用貸借による権利又は賃借権の設定（以下「権利設定」といいます。）に基づく一定の貸付け（以下「営農困難時貸付け」といいます。）を行ったときは、その営農困難時貸付けを行った日から2か月以内に、営農困難時貸付けを行っている旨の届出書を所轄税務署長に提出したときに限り、

その特例適用農地等について納税猶予の納期限の確定事由となる権利設定はなかったものと、農業経営は廃止していないものとみなして、納税猶予が継続されます（措法70の6㉘、70の4㉒）。

(2) 営農困難時貸付けの要件

営農困難時貸付けにおける農業の用に供することが困難な状態とは、納税猶予に係る相続税の申告期限後に農業相続人に新たに次のイからハに掲げる事由が生じている状態をいいます。

ただし、納税猶予に係る相続税の申告書の提出期限においてすでにこれらの事由が生じていた農業相続人については、当該相続税の申告書の提出期限後に、①新たに当初と異なる事由が生じた者、②身体障害者手帳に記載された身体上の障害の程度が二級から一級に変更された者、③身体上の障害の程度が一級又は二級である障害が新たに身体障害者手帳に記載された者も含まれます（措令40の7㉟）。

イ　農業相続人が精神保健及び精神障害者福祉に関する法律第45条第2項の規定により精神障害者保健福祉手帳に障害等級が一級である者として記載されているものの交付を受けていること。

ロ　農業相続人が身体障害者福祉法第15条第4項の規定により身体障害者手帳に身体上の障害の程度が一級又は二級である者として記載されているものの交付を受けていること。

ハ　農業相続人が介護保険法第19条第1項の規定により同項に規定する要介護認定において、要介護状態区分が要介護五の区分の認定を受けていること。

ニ　農業相続人が申告書の提出期限後に農業に従事することを不可能にさせる故障として農林水産大臣が財務大臣と協議して定めるものを有するに至ったことにつき市町村長又は特別区の区長の認定を受けていること。

(3) 営農困難時貸付けの貸付方法

営農困難時貸付けの適用を受けようとする農地等の貸付方法は、その農地についての地上権、永小作権、使用貸借による権利又は賃借権の設定（民法第269条の2第1項の地上権の設定は除かれます。）によるものです（措法70の6㉘）。

この権利設定に基づく貸付けは、農地法上の許可を受けた貸付けをいい、いわゆるやみ小作のように農地法の許可を受けることなく当事者の契約のみにより貸し付けたものは含まれません。また、営農困難時貸付けは、特定貸付け（⓭参照）ができない場合のみ適用することができるとされています。

(4) 届出書の提出

営農困難時貸付けの特例を適用するには、農地等を貸し付けた日以後2か月を経過する日までに受贈者の所轄税務署長に営農困難時貸付けを行った旨の届出書を提出しなければなりません（措法70の6㉘、70の4㉒）。

ただし、営農困難時貸付けを行っている旨の届出書が期限内に提出されなかった場合におい

て、所轄税務署長が期限内にその提出がなかったことについてやむを得ない事情があると認める場合には、当該届出書を期限までに提出することができなかった事情の詳細を記載し、かつ、当該届出書が提出されたときは、当該届出書は期限内に提出されたものとみなされます（措法70の6㉘、70の4㉔）。

(5) 営農困難時貸付農地等と担保

特例適用農地等について営農困難時貸付けをした場合には、賃借権等の設定により農地の担保価値が低下することも考えられますが、その場合であっても、受贈者は増担保を提供する必要はありません（措通70の6－85、70の4－87）。

(6) 営農困難な状態が解消した場合

営農困難時貸付けの適用を受けている受贈者について、営農困難時貸付農地等につき耕作の放棄又は権利消滅の前に、その営農困難時貸付農地等を農業の用に供することが困難な事由が解消し、受贈者自らが農業の用に供した場合には、納税猶予期限は確定しませんが、解消された後にその特例適用農地等について耕作の放棄又は権利の消滅があった場合には、納税猶予の期限が確定することとなります（措通70の6－89、70の4－90）。

(7) 営農困難時貸付農地等につき耕作の放棄又は権利消滅があった場合

営農困難時貸付けを行っている農地等（以下「営農困難時貸付農地等」といいます。）について耕作の放棄又は地上権、永小作権、使用貸借による権利若しくは賃借権の消滅（以下「権利消滅」といいます。）があった場合の当該営農困難時貸付農地等（耕作の放棄又は権利消滅があった部分に限ります。）に係る納税猶予の確定事由の取扱いについては、次のとおりとなります（措法70の6㉘、70の4㉓㉔）。

① 権利消滅があった時において、営農困難時貸付農地等についての権利設定があったものとみなされます。

② 耕作の放棄又は権利消滅があった営農困難時貸付農地等について、新たな営農困難時貸付けを行った場合又は農業相続人の農業の用に供した場合には、耕作の放棄又は権利消滅があった日から2か月以内に、新たな営農困難時貸付けを行っている旨又は農業相続人の農業の用に供している旨の届出書を所轄税務署長に提出したときに限り、当該営農困難時貸付農地等のうち、新たな営農困難時貸付けを行った部分又は受贈者の農業の用に供した部分については、耕作の放棄又は上記①の権利設定及び新たな営農困難時貸付けに係る権利設定はなかったものと、又は農業経営は廃止していないものとみなされます。

③ 耕作の放棄又は権利消滅があった営農困難時貸付農地等について、耕作の放棄又は権利消滅があった日から2か月以内に、新たな営農困難時貸付けを行っていない場合又は農業相続人の農業の用に供していない場合において、耕作の放棄又は権利消滅があった日の翌日から1年を経過する日（以下(7)において「延長期日」という。）までに、新たな営農困

難時貸付けを行う見込みであることにつき、耕作の放棄又は権利消滅があった日から2か月以内に、所轄税務署長に承認の申請をして、当該税務署長の承認を受けたときに限り、承認に係る営農困難時貸付農地等については、耕作の放棄及び権利設定はなかったものと、又は農業経営は廃止していないものとみなされます。

④　上記③の承認を受けた農業相続人が、承認に係る営農困難時貸付農地等について、新たな営農困難時貸付けを行った場合又は農業相続人の農業の用に供した場合には、これらの場合に該当することとなった日から2か月以内に、新たな営農困難時貸付けを行っている旨又は農業相続人の農業の用に供している旨の届出書を所轄税務署長に提出しなければなりません。この場合において、営農困難時貸付農地等のうち、新たな営農困難時貸付けを行った部分については、新たな営農困難時貸付けに係る権利設定はなかったものと、農業経営は廃止していないものとみなされます。

⑤　上記③の承認に係る営農困難時貸付農地等のうち、上記④の届出書に係る部分以外の部分にあっては当該承認に係る延長期日において、延長期日前に受贈者の農業の用に供した部分のうち上記④の届出書の提出がなかった部分にあっては受贈者の農業の用に供した日において、それぞれ権利設定があったものとみなされます（措法70の4㉓五）。

⑥　上記②の届出書、上記③の承認の申請に係る書類（(7)において「承認申請書」といいます。）及び上記④の届出書がそれぞれの期限内に提出されなかった場合においても、所轄税務署長が期限内にその提出がなかったことについてやむを得ない事情があると認める場合には、当該届出書又は承認申請書を期限までに提出することができなかった事情の詳細を記載し、かつ、当該届出書又は承認申請書が提出されたときは、当該届出書又は承認申請書は期限内に提出されたものとみなされます（措法70の4㉔）。

13　相続税の納税猶予を適用している場合の特定貸付けの特例

(1)　制度の概要

　農地等についての相続税の納税猶予の適用を受ける農業相続人のうち一定の者（以下「猶予適用者」といいます。）が、特例農地等のうち農地又は採草放牧地の全部又は一部について次の①及び②に掲げる貸付け（以下13において「特定貸付け」といいます。）を行った場合において、その特定貸付けを行った日から2か月以内に、特定貸付けを行っている旨の届出書を納税地の所轄税務署長に提出したときは、その特定貸付けを行った農地又は採草放牧地の全部又は一部（13において「特定貸付農地等」といいます。）に係る地上権、永小作権、使用貸借による権利又は賃借権（以下13において「賃借権等」といいます。）の設定はなかったものと、農業経営は廃止していないものとみなされ、特定貸付農地等について引き続き相続税の納税猶予が適用されることとなります（措法70の6の2①）。

①	賃借権等の設定による貸付けであって、農地中間管理事業の推進に関する法律第2条第3項に指定する農地中間管理事業のために行われるもの
②	賃借権等の設定による貸付けであって、農業経営基盤強化促進法第20条に規定する農用地利用集積等促進計画の定めるところにより行われるもの

(2) 特定貸付農地等の貸付期限が到来した場合

　特定貸付農地等の貸付けに係る期限(その期限の到来前に中途解約などにより特定貸付けに係る賃借権等の消滅があった場合には、その消滅の日。以下「貸付期限」といいます。)が到来した場合において、猶予適用者は、その貸付期限から2か月以内に、その貸付期限が到来した特定貸付農地等について、新たな特定貸付けを行うか又は自らの農業の用に供し、新たな特定貸付けを行っている旨又は猶予適用者の農業の用に供している旨等の事項を記載した届出書を納税地の所轄税務署長に提出しなければならないこととされ、その提出があった場合には、貸付期限が到来した特定貸付農地等のうち新たな特定貸付けを行った部分については、新たな特定貸付けに係る賃借権等の設定はなかったものと、又は農業経営は廃止していないものとみなされ、引き続き納税猶予の適用を受けることができることとされます(措法70の6の2③)。

　なお、契約更新により貸付期間を延長する場合は、貸付期限の到来には該当しません。

(3) 貸付期限から2か月以内に新たな特定貸付けを行うことができない場合

① 税務署長の承認

　猶予適用者が、貸付期限が到来した特定貸付農地等について、新たな特定貸付けを行っていない場合又は猶予適用者の農業の用に供していない場合には、貸付期限の翌日から1年を経過する日(以下「貸付猶予期日」といいます。)までに新たな特定貸付けを行う見込みであることにつき、貸付期限から2か月以内に納税地の所轄税務署長に承認の申請を行うことができ、税務署長から承認を受けたときは、貸付猶予期日まで納税猶予の期限は確定せず、引き続き納税猶予の適用を受けることができることとされています(措法70の6の2③)。

② 承認後の手続き

　上記①の承認を受けた猶予適用者は、承認を受けた特定貸付農地等について新たな特定貸付けを行った日から2か月以内に新たな特定貸付けを行っている旨等を記載した届出書を納税地の所轄税務署長に提出しなければならず、その提出があった場合には、承認を受けた特定貸付農地等のうち新たな特定貸付けを行った部分については、新たな特定貸付けに係る賃借権等の設定はなかったものと、又は農業経営は廃止していないものとみなされ、引き続き納税猶予の適用を受けることができることとされています(措法70の6の2③)。

　なお、新たな特定貸付けを行う予定で期限を延長したものの、特定貸付けの借り手が見つからない場合には、貸付猶予期日までに自らの農業の用に供し、農業の用に供した日から2か月

以内にその旨の届出書を納税地の所轄税務署長に提出したときは、引き続き納税猶予の適用を受けることができることとされています（措法70の6の2③）。

(4) 納税猶予期限の確定

猶予適用者が次の①から④までに掲げる場合のいずれかに該当することとなった場合には、特定貸付農地等に対応する納税猶予分の相続税額については、その特定貸付農地等に係る貸付期限においてその特定貸付農地等（特定貸付農地等のうち、①又は③に該当する場合にあっては新たな特定貸付けを行っている部分又は猶予適用者の農業の用に供している部分以外の部分に限り、④に該当する場合にあっては④の届出書に係る部分に限ります。）について賃借権等の設定があったものとみなされ、これらの日から2か月を経過する日に納税猶予の期限が確定し、その賃借権等の設定があったものとみなされた特定貸付農地等に対応する納税猶予分の相続税額を猶予期間中の利子税と併せて納付しなければなりません（措法70の6の2③）。

① 貸付期限から2か月を経過する日において、貸付期限が到来した特定貸付農地等の全部又は一部について、新たな特定貸付けを行っていない場合又は猶予適用者の農業の用に供していない場合（②に掲げる場合を除きます。）

② 貸付期限から2か月を経過する日までに上記(2)の届出書を提出しない場合

③ 貸付猶予期日において、貸付猶予期日が到来した特定貸付農地等の全部又は一部について、新たな特定貸付けを行っていない場合又は猶予適用者の農業の用に供していない場合（④に掲げる場合を除きます。）

④ 貸付猶予期日から2か月を経過する日までに(3)②の届出書を提出しない場合

(5) 特定貸付農地等について耕作の放棄があった場合

特定貸付農地等について、借り受けた者がその特定貸付農地等の耕作をしなかったことにより耕作の放棄となった場合には、租税特別措置法第70条の6第1項又は第7項の規定により、相続税の納税猶予税額の全部又は一部については、原則として、猶予期限が確定することとなります。

しかし、この耕作の放棄は、猶予適用者が耕作をしなかったことに基因するものではないことから、この耕作の放棄があった日から2か月以内に特定貸付けに係る契約を解約し、新たな特定貸付けを行うか、又は猶予適用者自らが農業を行う場合には、その旨の届出書を耕作の放棄があった日から2か月以内に納税地の所轄税務署長に提出したときに限り、耕作の放棄はなかったものとみなし、引き続き納税猶予の適用を受けることができることとされています（措法70の6の2③）。

相続税の納税猶予を適用している場合の都市農地の貸付けの特例

(1) 制度の概要

　相続税の納税猶予制度の適用を受ける農業相続人（以下「猶予適用者」といいます。）が、納税猶予制度の適用を受ける特例農地等（生産緑地地区内の農地に限るものとし、生産緑地法の規定による買取りの申出がされたもの及び特定生産緑地の指定の解除がされたものを除きます。）の全部又は一部について次の①又は②の貸付けを行った場合において、その貸付けを行った日から2か月以内にその貸付けを行った旨の届出書を納税地の所轄税務署長に提出したときは、その貸付けを行った特例農地等（以下「貸付都市農地等」といいます。）については、その貸付けに係る地上権、永小作権、使用貸借による権利又は賃借権（以下「賃借権等」といいます。）の設定はなかったものと、農業経営は廃止していないものとみなして、引き続き相続税の納税猶予及び免除の特例の適用を受けることができることとされています（措法70の6の4①）。

　なお、貸付けを行った旨の届出書は、認定都市農地貸付けごと又は農園用地貸付けごとに提出しなければなりません（措令40の7の4①）。

① 賃借権又は使用貸借による権利の設定による貸付けであって、都市農地の貸借の円滑化に関する法律第7条第1項第1号に規定する認定事業計画（以下「認定事業計画」といいます。）の定めるところにより行われるもの（以下「認定都市農地貸付け」といいます。）

　具体的には、猶予適用者が市町村長の認定を受けた認定事業計画に基づき他の農業者に直接農地を貸し付ける場合がこれに該当します。

② 次に掲げる貸付け（以下「農園用地貸付け」といいます。）

　イ　特定農地貸付けに関する農地法等の特例に関する法律（以下「特定農地貸付法」といいます。）第3条第3項の承認（市民農園整備促進法第11条第1項の規定により承認を受けたものとみなされる場合におけるその承認を含みます。）を受けた地方公共団体又は農業協同組合がその承認に係る特定農地貸付法第2条第2項に規定する特定農地貸付けの用に供するために猶予適用者との間で締結する賃借権その他の使用及び収益を目的とする権利の設定に関する契約に基づく貸付け

　　具体的には、地方公共団体や農業協同組合が農業委員会の承認を受けて開設する市民農園の用に供するために、これらの開設者に農地を貸し付ける場合がこれに該当します。

　ロ　特定農地貸付法第3条第3項の承認（その承認の申請書に適正な貸付けを確保するために必要な事項として一定の事項が記載された特定農地貸付法第2条第2項第5号イに規定する貸付協定が添付されたものに限られます。）を受けた地方公共団体及び農業協同組合以外の者が行う特定農地貸付法第2条第2項に規定する特定農地貸付けのうち、

猶予適用者が特定農地貸付法第3条第1項の貸付規程に基づき行う貸付け
　　　　具体的には、農地の所有者が農業委員会の承認を受けて市民農園を開設し、利用者に直接農地を貸し付ける場合が、これに該当します。
　ハ　都市農地の貸借の円滑化に関する法律第11条において準用する特定農地貸付法第3条第3項の承認を受けた地方公共団体及び農業協同組合以外の者が都市農地の貸借の円滑化に関する法律第10条に規定する特定都市農地貸付の用に供するために猶予適用者との間で締結する賃借権又は使用貸借による権利の設定に関する契約に基づく貸付け
　　　　具体的には、地方公共団体や農業協同組合以外の者（株式会社等）が農業委員会の承認を受けて開設する市民農園の用に供するために、開設者に農地を貸し付ける場合がこれに該当します。

(2) 認定都市農地貸付けに係る手続き

　認定都市農地貸付けを行った後、貸付期限が到来した場合に引き続き納税猶予の適用を受けるための手続き等（貸付期限から2か月以内に新たな認定都市農地貸付け等（認定都市農地貸付け及び農園用地貸付けをいいます。）を行った場合及び1年以内に新たな認定都市農地貸付け等ができる見込みである場合の手続き、1年以内に新たな認定都市農地貸付け等ができなかった場合の納税猶予期限の確定など）については、租税特別措置法第70条の4の2（贈与税の納税猶予を適用している場合の特定貸付けの特例》の場合と同様です（措法70の6の4③）。

　また、貸付け都市農地等について耕作の放棄があった場合及び認定都市農地貸付けに係る認定事業計画の認定の取消しがあった場合についても同様です（措法70の6の4③）。

(3) 農園用地貸付けに係る手続き

① 貸付期限が到来した場合

　農園用地貸付けを行っている貸付都市農地等の貸付期限（上記(1)②ロの貸付けにあっては、その貸付都市農地等に係る貸付規程に基づく最後の貸付けが終了した日。以下同じです。）が到来した場合の手続き等（貸付期限から2か月以内にその貸付都市農地等について新たな認定都市農地貸付け等を行った場合及び1年以内に新たな認定都市農地貸付け等ができる見込みである場合の手続き、1年以内に新たな認定都市農地貸付け等ができなかった場合の納税猶予期限の確定など）については、租税特別措置法第70条の4の2（贈与税の納税猶予を適用している場合の特定貸付けの特例）と同様です（措法70の6の4④、措令40の7の4④）。

② 賃借権その他の使用及び収益を目的とする権利の設定に関する契約の解除等があった場合

　次に掲げる場合のいずれかに該当することとなった場合には、次に定める日において農園用地貸付けに係る貸付都市農地等について、賃借権等の設定があったものとみなして、相続税の納税猶予税額の全部又は一部についてその猶予期限が確定します（措法70の6の4⑤）。

　①　上記(1)②イ又はハの貸付けについて、猶予適用者が締結する賃借権等の設定に関する契

約が解除された場合

その解除された日

② 上記(1)②イからハまでの貸付けについて、特定農地貸付法第3条第3項の承認（都市農地の貸借の円滑化に関する法律第11条において準用する場合を含みます。）の取消し又は市民農園整備促進法第10条の規定による認定の取消しがあった場合

これらの取消しがあった日

③ 上記(1)②ロの貸付けについて、その貸付けに係る協定の廃止等があった場合

その廃止等があった日

これらの事実に該当した場合において、猶予適用者が、これらの事実が生じた日から2か月以内にその貸付都市農地等について新たな認定都市農地貸付け等を行うか、又は自らの農業の用に供し、その旨の届出書をこれらの事実が生じた日から2か月以内に納税地の所轄税務署長に提出したときは、新たに認定都市農地貸付け等を行った部分については、これらの事実は生じなかったものと、新たな認定都市農地貸付け等に係る賃借権の設定はなかったものと、農業経営は廃止していないものとみなして、納税猶予は継続することとなります（措法70の6の4⑥、措令40の7の4⑥）。

また、これらの事実が生じた日から2か月以内にその貸付都市農地等について新たな認定都市農地貸付け等を行った場合及び1年以内に新たな認定都市農地貸付けができる見込みである場合の手続き、1年以内に新たな認定都市農地貸付け等ができなかった場合の納税猶予期限の確定等については、上記①と同様です（措法70の6の4⑥、措令40の7の4⑥）。

(4) 認定都市農地貸付け又は農園用地貸付けを行った農地についての相続税の課税の特例

猶予適用者は、納税猶予の適用を受けている農地について都市農地の貸付けの特例の適用を受けることができることとされていますが、被相続人から相続又は遺贈（死因贈与を含みます。以下同じです。）により取得した農地等についても次のとおりその相続又は遺贈に係る相続税の申告時点で都市農地の貸付けの特例の適用を受けることができることとされています。

① 認定都市農地貸付け又は農園用地貸付けを行っていた被相続人が死亡した場合には、これらの貸付けを行っていた農地は、その被相続人がその死亡の日まで農業の用に供していたものとみなされ、その被相続人の相続人は、期限内申告書の提出など所定の要件を満たせば、その農地について相続税の納税猶予の特例を適用することができます（措法70の6の5①）。

② 被相続人が納税猶予の適用を受けていなかった場合又は適用を受けていたが認定都市農地貸付け又は農園用地貸付けを行っていなかった場合であっても、相続人が相続又は遺贈により取得した農地について申告期限までに新たにこれらの貸付けを行った場合には、その貸し付けた農地についても、相続人の農業の用に供する農地に該当するものとみなして、相続税の納税猶予を適用することができることとされています（措法70の6の5②）。

③　贈与税の納税猶予の適用を受けている受贈者に係る贈与者が死亡したときは、受贈者が贈与税の納税猶予の適用を受けている農地等については、租税特別措置法第70条の５の規定により、贈与者から相続により取得したものとみなして、相続税の課税対象とされますが、受贈者は、その贈与者の死亡に係る相続税の申告期限までに贈与税の納税猶予の適用を受けていた農地について新たに認定都市農地貸付け又は農園用地貸付けを行った場合には、その農地はその受贈者の農業の用に供しているものとみなして、相続税の納税猶予を適用することができることとされています（措法70の６の５③）。

④　認定都市農地貸付け又は農園用地貸付けの範囲等は上記(1)のとおりですが、この場合のこれらの貸付けを行った旨の届出書は、これらの貸付けを行った日から２か月を経過する日と相続税の申告期限のいずれか遅い日までに提出すればよいこととされています（措法70の６の５④、措令40の７の５②）。

第4章 山林についての相続税の納税猶予及び免除の特例

 制度の概要

　山林についての相続税の納税猶予の特例制度は、特定森林経営計画が定められている区域内に存する山林（立木又は土地をいいます。）を有していた一定の被相続人から相続又は遺贈により特例施業対象山林を取得した林業経営相続人が、その相続に係る相続税の期限内申告により納付すべき相続税額のうち、特例山林に係る納税猶予分の相続税額に相当する相続税額については、その相続税額に相当する担保を提供した場合に限り、その林業経営相続人の死亡の日まで、その納税が猶予される制度です（措法70の6の6①）。

■ 特定森林経営計画
　特定森林経営計画とは、市町村長等の認定を受けた森林法第11条第1項に規定する森林経営計画であって、一定の要件を満たすものをいいます（措法70の6の6②二）。

 被相続人の要件

　被相続人は、次の①から③までのいずれにも該当する個人です（措法70の6の6①、措令40の7の6①、措規23の8の6①②）。

①	相続の開始の直前において、特定森林経営計画が定められている区域内に存する山林（森林の保健機能の増進に関する特別措置法第2条第2項第2号に規定する森林保健施設の整備に係る地区内に存するものを除きます。）であって作業路網の整備を行う部分の面積の合計が100ha以上である山林を所有していた人
②	次の(1)から(3)の事項についてその死亡の前に農林水産大臣の確認を受けていた人 (1) 特定森林経営計画の達成のため必要な機械その他の設備を利用できること (2) 特定森林経営計画が定められている区域内に存する山林のすべてについて、特定森林経営計画に従って適正かつ確実に経営及び作業路網の整備を行うものと認められること

	(3) 特定森林経営計画に従って山林の経営の規模拡大を行うものと認められること
③	特定森林経営計画に従って当初認定起算日から死亡の直前（その者が所有する山林の全部の経営をその者の推定相続人に委託をしているときは、その委託をした時の直前）まで継続してその有する租税特別措置法施行令第40条の7の4第1項第3号に規定する山林のすべての経営を適正かつ確実に行ってきた者として農林水産大臣の確認を受けてきた人

林業経営相続人の要件

　林業経営相続人は、被相続人から相続又は遺贈によりその被相続人がその相続開始の直前に有していたすべての山林（特定森林経営計画が定められている区域内に存するものに限ります。）を取得した個人であって、次のすべての要件を満たす者です（措法70の6の6②四）。

①	相続開始の直前において、被相続人の推定相続人であること
②	相続開始の時から申告期限（申告期限までに林業経営相続人が死亡した場合は、その死亡の日）まで引き続き相続又は遺贈により取得した山林（特定森林経営計画が定められている区域内に存するものに限ります。）のすべてを有し、かつ、特定森林経営計画に従ってその経営を行っていること
③	特定森林経営計画に従って山林のすべての経営を適切かつ確実に行うものと認められる要件として租税特別措置法施行規則第23条の8の6第8項に規定する一定の要件を満たしていること

◆ 特例施業対象山林及び特例山林

(1) 特例施業対象山林

　特例施業対象山林とは、被相続人がその相続の開始の直前に有していた山林のうち当該相続の開始の前に特定森林経営計画が定められている区域内に存するもの（森林の保健機能の増進に関する特別措置法第2条第2項第2号に規定する森林保健施設の整備に係る地区内に存するものを除きます。）で、次の要件のすべてを満たすものをいいます（措法70の6の6②三、措令40の7の6④）。

①	その被相続人によりその相続開始の直前まで引き続きその特定森林計画に従って適正かつ確実に経営が行われてきた山林であること
②	その特定森林経営計画に記載されている山林のうち作業路網の整備を行う部分が、同一の者により一体として効率的な施業を行うことができるものとして次のいずれの要件をも満たしていること。 　イ　その特定森林経営計画が定められている区域内に存する山林であって、その面積の合計が100ha以上であること

	自然的条件及び作業路網の整備の状況に照らして、同一の者により、造林・保育・伐採・木材の搬出を一体として効率的に行うことができると認められる山林であること

(2) 特例山林

特例山林とは、特例施業対象山林で、相続税の期限内申告書にこの特例の適用を受ける旨の記載があり、林業経営相続人が自ら経営を行うものであって、次の①、②及び③のすべての要件を満たすものをいいます（措法70の6の6①）。

①	その特定森林経営計画において、作業路網の整備を行う山林として記載されているものであること
②	都市計画法第7条第1項に規定する市街化区域内に所在するものではないこと
③	立木にあっては、相続開始の日からその立木が森林法第10条の5第1項に規定する市町村森林整備計画に定める標準伐期齢に達する日までの期間が林業経営相続人の相続開始の時における平均余命と30年のうちいずれか短い期間を超えること

5 分割要件

山林についての相続税の納税猶予の特例制度は、相続税の申告書の提出期限までに、その相続又は遺贈により取得した山林の全部又は一部が共同相続人又は包括受遺者によって分割されていない場合には適用されません（措法70の6の6⑧）。

6 納税猶予税額

山林についての相続税の納税猶予の特例制度における納税猶予税額は次の①に掲げる金額から②に掲げる金額を控除した残額となります（措法70の6の6②五）。
① 特例山林の価額（相続税法第13条の規定により控除すべき債務がある場合には、控除すべきその林業経営相続人の負担に属する部分の金額を控除した残額（②において「特定価額」といいます。））を林業経営相続人に係る相続税の課税価格とみなして相続税法第13条から第19条まで、第21条の15第1項及び第2項並びに21条の16第1項及び第2項の規定を適用して計算した林業経営相続人等の相続税の額
② 特定価額に100分の20を乗じて計算した金額を林業経営相続人に係る相続税の課税価格とみなして、相続税法第13条から第19条まで、第21条の15第1項及び第2項並びに21条の16第1項及び第2項の規定を適用して計算した林業経営相続人等の相続税の額

⑦ 申告手続

　山林についての相続税の納税猶予の特例を受けるためには、相続税の申告書を申告期限内に提出し、その申告書に特例施業対象山林の全部につきこの制度の適用を受けようとする旨を記載し、一定の書類を添付する必要があります（措法70の6の6⑩、措規23の8の6㉑～㉔）。

⑧ 継続届出書の提出

　引き続き山林についての相続税の納税猶予の特例を受けるためには、その旨及び特例山林の経営に関する事項を記載した継続届出書を一定の書類ともに、施業整備期間※にあっては当初認定起算日から1年ごとに、施業整備期間の末日の翌日から猶予中相続税額に相当する相続税の全部につき納税の猶予に係る期限が確定するまでの期間にあってはその末日の翌日から3年を経過するごとに税務署に提出する必要があります（措法70の6の6⑪）。
　なお、継続届出書の提出がない場合には、原則として、この特例の適用が打ち切られ、猶予されている相続税と利子税を納付しなければなりません（措法70の6の6⑬）。

　　※　「施業整備期間」とは、当初認定起算日からその当初認定起算日以後10年を経過する日までの間にこの特例適用に係る被相続人について相続が開始した場合おける、その10年を経過する日又はその相続に係る林業経営相続人の死亡日のいずれか早い日まで期間をいいます（措法70の6の6②六）。

⑨ 納税猶予期限の確定

　相続税の申告後において、次に掲げる場合などに該当することとなったときは、納税が猶予されている相続税の全部又は一部を利子税とともに納付しなければなりません（措法70の6の6③④⑲）。

①	林業経営相続人による特定森林経営計画に従った特例山林の経営が適正かつ確実に行われていない場合として、一定の場合に該当する場合において、農林水産大臣、都道府県知事又は市町村長から税務署長にその旨の通知があったとき
②	特例山林について、譲渡等又は路網未整備等があった場合
③	特例山林に係る山林の経営を廃止した場合
④	所得税法第32条第1項に規定する山林所得に係る収入金額が0となった場合
⑤	この特例の適用を受けることをやめる旨を記載した届出書を提出した場合

納税猶予税額の免除

　林業経営相続人が死亡した場合には、その死亡した日から同日以後6か月を経過する日までに、免除届出書及び一定の書類を提出することにより、納税が猶予されている相続税の納付が免除されます（措法70の6の6⑰）。

第5章 特定の美術品についての相続税の納税猶予及び免除の特例

制度の概要

　特定の美術品についての相続税の納税猶予及び免除の特例制度は、寄託先美術館の設置者と特定美術品の寄託契約を締結し、認定保存活用計画に基づきその特定美術品をその寄託先美術館の設置者に寄託していた者（以下「被相続人」といいます。）から相続又は遺贈によりその特定美術品を取得した一定の相続人（以下「寄託相続人」といいます。）が、その特定美術品の設置者への寄託を継続する場合には、その寄託相続人が納付すべき相続税の額のうち、その特定美術品に係る課税価格の80％に対応する相続税額については、その相続税額に相当する担保を提供した場合に限り、納税が猶予され、寄託相続人の死亡等により納税が猶予されている相続税の納付が免除される制度です（措法70の6の7①）。

■ **特定美術品**
　特定美術品とは、認定保存活用計画に記載された次に掲げる美術品をいいます（措法70の6の7②一）。
　① 重要文化財として指定された絵画、彫刻、工芸品その他の有形の文化的所産である動産
　② 登録有形文化財（建造物を除きます。）のうち世界文化の見地から歴史上、芸術上又は学術上特に優れた価値を有するもの

■ **寄託先美術館**
　寄託先美術館とは、博物館法に規定する博物館又は同法の規定に基づき博物館に相当する施設として指定された施設のうち、特定美術品の公開及び保管を行うものをいいます（措法70の6の7②一・五）。

■ **寄託契約**
　この特例における寄託契約とは、特定美術品の所有者と寄託先美術館との間で締結された特定美術品の寄託に関する契約で、契約期間、特定美術品を適切に公開する旨、所有者からの解約の申入れ（一定のものを除きます。）をすることができない旨の記載のあるものをいいます

(措法70の６の７②二、措規23の８の７②、重要文化財保存活用計画等の認定等に関する省令４③一・三、12②一・三)。

■ 認定保存活用計画

認定保存活用計画とは、文化財保護法に規定する認定重要文化財保存活用計画又は認定登録有形文化財保存活用計画をいいます。

被相続人の要件

被相続人は、次の要件を満たしている必要があります（措法70の６の７①）。
①　特定美術品について、寄託先美術館の設置者と寄託契約を締結し寄託していること。
②　文化財の規定に基づき保存活用計画に係る文化庁長官の認定を受けていること

３ 寄託相続人の要件

寄託相続人は、相続又は遺贈により特定美術品を取得した個人で、その特定美術品の寄託先美術館の設置者への寄託を継続する者です（措法70の６の７①、②四）。

４ 分割要件

相続税の申告期限までに相続又は遺贈により取得した特定美術品の全部又は一部が共同相続人又は包括受遺者によって分割されていない場合には、その分割されていない特定美術品については、この相続税の納税猶予の特例の適用を受けることはできません（措法70の６の７⑦）。

５ 納税猶予税額

納税が猶予される税額は、次の①の金額から②の金額を控除した金額です（措法70の６の７②六、措令40の７の７④～⑥）。

①　特定美術品の価額（相続税法第13条の規定により控除すべき債務がある場合において控除未済債務額があるときは、その特定美術品の価額から控除未済債務額を控除した残額をいい、この残額を②において「特定価額」といいます。）を寄託相続人に係る相続税の課税価格とみなして、相続税法第13条から第19条まで、第21条の15第１項及び第２項並びに21条の16第１項及び第２項の規定を適用して計算したその寄託相続人の相続税の額

（注）「控除未済債務額」とは、次のイに掲げる金額からロに掲げる金額を控除した金額をいいます（この金額が負数になる場合には、０となります。）
　　イ　相続税法第13条の規定により控除すべき寄託相続人の負担に属する部分の金額
　　ロ　寄託相続人が相続又は遺贈により取得した財産の価額から特定美術品の価額を控除した残額

②　特定価額に100分の20を乗じて計算した金額を寄託相続人に係る相続税の課税価格とみなして、相続税法第13条から第19条まで、第21条の15第1項及び第2項並びに21条の16第1項及び第2項の規定を適用して計算したその寄託相続人の相続税の額

6 申告手続

　この納税猶予の特例を適用しようとする寄託相続人は、相続税の申告期限までに、この特例の適用を受ける旨を記載した相続税の申告書及び一定の書類を税務署に提出するとともに、納税が猶予される相続税額及び利子税額に見合う担保を提供する必要があります（措法70の6の7⑧）。

7 納税猶予税額の免除

　次の場合には、納税が猶予されている相続税が免除されます。免除を受ける場合には、免除届出書及び一定の書類を所轄税務署長に提出しなければなりません（措法70の6の7⑭、措令40の7の7㉔）。

①	寄託相続人が死亡した場合
②	特定美術品を寄託先美術館の設置者に贈与した場合
③	特定美術品が一定の災害により滅失した場合

8 納税猶予期限の確定

　次の場合には、納税猶予期限が確定し、納税猶予期限の確定事由に該当することとなった日から2か月を経過する日までに猶予税額と利子税を納付する必要があります（措法70の6の7③、措令40の7の7⑮）。

①	寄託相続人が特定美術品を譲渡した場合（特定美術品をその寄託先美術館の設置者に贈与した場合を除きます。）
②	特定美術品が滅失（一定の災害による滅失を除きます。）をし、又は寄託先美術館において亡失し、若しくは盗み取られた場合
③	特定美術品に係る寄託契約の契約期間が終了した場合
④	特定美術品に係る認定保存活用計画の認定が取り消された場合 ただし、登録有形文化財の登録が抹消されたことに伴い認定登録有形文化財保存活用計画の認定が取り消される前に重要文化財保存活用計画の認定を受けている場合を除きます。

⑤	特定美術品に係る認定保存活用計画の計画期間が満了した日から4か月を経過する日において認定保存活用計画に記載された特定美術品について新たな認定を受けていない場合
⑥	特定美術品について、重要文化財の指定が解除された場合又は登録有形文化財の登録が抹消された場合（一定の災害による滅失に基因する場合を除きます。）
⑦	寄託先美術館について、登録の取消し等がされた場合

9 継続届出書の提出

　寄託相続人は、相続税の申告書の提出期限の翌日から納税の猶予に係る期限が確定するまでの間、相続税の申告書の提出期限の翌日から起算して3年を経過するごとの日までに、引き続きこの納税猶予制度の適用を受けたい旨を記載した届出書に、一定の書類を添付して、納税地の所轄税務署長に提出しなければなりません（措法70の6の7⑨）。

第6章 医療法人の持分に係る贈与税及び相続税の納税猶予等

第1節 医療法人の持分に係る経済的利益に対する贈与税の納税猶予及び免除（措法70の7の9）

制度の概要

　認定医療法人（令和8年12月31日までに厚生労働大臣の認定を受けた医療法人に限られます。第6章において同じです。）の持分を有する個人（第1節において「贈与者」といいます。）が、その持分の全部又は一部を放棄したことにより、その認定医療法人の持分を有する他の個人（第1節において「受贈者」といいます。）が、当該持分の価額の増加する経済的利益を受けたことについて贈与税が課される場合に、その放棄があった日の属する年分の贈与税のうちその放棄により受けた経済的利益の価額で贈与税の申告書の提出にこの特例の適用を受けようとする旨の記載があるものに係る納税猶予分の贈与税額に相当する贈与税については、贈与税の申告書の提出期限までにその納税猶予分の贈与税額に相当する担保を提供した場合に限り、認定移行計画に記載された移行期限まで、納税が猶予されます（措法70の7の9①）。

■ 認定医療法人

　認定医療法人とは、地域における医療及び介護の総合的な確保を推進するための関係法律の整備等に関する法律附則第1条第2号に掲げる規定の施行日から令和8年12月31日までの間に、持分なし医療法人に移行する計画を作成し、その計画について厚生労働大臣の認定を受けた医療法人をいいます。

■ 認定移行計画

　持分のない医療法人に移行するための取組の内容などが記載された計画で厚生労働大臣の認定を受けたものをいいます。この認定移行計画に記載された持分のない医療法人に移行する期限を「移行期限」といいます。

❷ 受贈者の要件

　贈与者による放棄の時から贈与税の申告期限までの間に認定医療法人の持分に基づき出資額に応じた払戻しを受けた者、及びその持分を譲渡した者は、医療法人の持分に係る経済的利益に対する贈与税の納税猶予及び免除の特例を適用することができません。

❸ 納税猶予税額

　贈与者の持分の放棄に伴い受けた経済的利益の価額をその年分の贈与税の課税価格とみなして、相続税法第21条の5及び第21条の7並びに租税特別措置法第70条の2の4及び70条の2の5の規定を適用して計算した金額が納税猶予分の贈与税額になります（措法70の7の9①）。

　なお、贈与者の持分の放棄に伴い受けた経済的利益及びそれ以外の受贈財産について通常の計算をして求めた贈与税額から、納税猶予分の贈与税額を控除した金額が、受贈者が贈与税の申告期限までに納付すべき贈与税額になります。

❹ 申告手続

　この納税猶予制度を適用しようとする受贈者は、贈与者の持分の放棄に伴い受けた経済的利益に係る贈与税の期限内申告書に、その経済的利益についてこの納税猶予制度の適用を受けようとする旨を記載し、その経済的利益に係る持分の明細及び納税猶予分の贈与税額の計算に関する明細その他一定の書類を添付する必要があります（措法70の7の9⑧、措規23の12の6④）。

❺ 納税猶予税額の免除

(1) 免除事由

　移行期限までに次のいずれかに該当することとなった場合には、各欄に掲げる贈与税額が免除されます（措法70の7の9⑪）

	免除される場合	免除される贈与税額
①	受贈者が有している認定医療法人の持分のすべてを放棄した場合	納税猶予分の贈与税額の全額
②	認定医療法人が基金拠出型医療法人に移行する場合において、受贈者が有しているその認定医療法人の持分の一部を放棄し、その残余の部分をその基金拠出型医療法人の基金として拠出したとき	納税猶予分の贈与税額から❻(2)の算式により求めた納付が必要となる金額を控除した残額

■ 基金拠出型医療法人

　基金拠出型医療法人とは、良質な医療を提供する体制の確立を図るための医療法等の一部を改正する法律附則第10条の3第2項第1号ハに規定する医療法人をいいます。持分のない医療法人で基金（医療法人に拠出された金銭等であって、当該医療法人が拠出者に対して返還義務を負うものをいいます。）を引き受ける者の募集をすることができる旨を定款に定めたものが該当します。

(2) 免除の手続き

　納税猶予分の贈与税額の免除を受けようとする受贈者は、一定の事項を記載した届出書に、一定の書類を添付して、免除事由に該当した日後遅滞なく、納税地の所轄税務署長に提出しなければなりません（措令40の8の9⑪、措規23の12の6⑤）。

納税猶予期限の確定

(1) 贈与税額の全部の期限が確定する場合

　医療法人の持分に係る経済的利益に対する贈与税の納税猶予の特例制度の適用を受けた場合において、受贈者又は認定医療法人について、次に掲げる場合のいずれかに該当することとなったときは、その猶予を受けていた贈与税額の納税猶予の期限が確定し、それぞれに掲げる日の翌日から2か月を経過する日（⑦の場合には、表に掲げる日）までに、その猶予税額を利子税とともに納付しなければなりません（措法70の7の9⑤⑨⑫）。

	確定事由	2か月の起算日
①	受贈者が贈与税の申告期限から移行期限までの間に認定医療法人の持分に基づき出資額に応じた払戻しを受けた場合	その払戻しの日
②	受贈者が贈与税の申告期限から移行期限までの間に認定医療法人の持分を譲渡した場合	その譲渡の日
③	移行期限までに持分のない医療法人に移行しなかった場合	その移行期限
④	認定移行計画が取り消された場合	その取消の日
⑤	認定医療法人が解散した場合（合併により消滅する場合を除きます。）	その解散の日
⑥	認定医療法人が合併により消滅した場合 ただし、次の場合を除きます（措令40の8の4⑧） 　イ　合併により医療法人を設立する場合において受贈者が持分に代わる金銭その他の財産の交付を受けないとき 　ロ　合併後存続する医療法人がその合併により持分のない医療法人となる場合において受贈者が持分に代わる金銭その他の財産の交付を受けないとき	その消滅の日

⑦	担保価値が減少したことなどにより、増担保又は担保の変更を命ぜられたが、その命令に応じず、納税猶予に係る期限が繰り上げられた場合	繰り上げられた期限

(2) 贈与税額の一部の期限が確定する場合

　認定医療法人が基金拠出型医療法人に移行する場合において、受贈者が有するその認定医療法人の持分の一部を放棄し、その残余の部分をその基金拠出型医療法人の基金として拠出したときは、納税猶予分の贈与税額のうち基金として拠出した金額に対応する部分の税額に相当する贈与税については、基金拠出型医療法人への移行に関する都道府県知事の認可があった日から2か月を経過する日が納税猶予に係る猶予期限となり、次の算式で求めた納税猶予分の贈与税額のうち基金として拠出した金額に対応する部分の税額を利子税とともに納付しなければなりません（措法70の7の9⑥⑫）。

〈算式〉

基金として拠出した金額に対応する部分の税額

$$= 納税猶予分の贈与税額 \times \frac{基金拠出額 - 拠出時の持分の価額 \times (1 - 納税猶予割合)}{拠出時の持分の価額 \times 納税猶予割合}$$

（注）「納税猶予割合」とは、贈与者による放棄により受けた経済的利益の価額がその経済的利益の価額と贈与者による放棄の直前において受贈者が有していた認定医療法人の持分の価額との合計額に占める割合をいいます（措令40の8の9⑩）。

その他

(1) 納付義務の承継

　移行期限までに受贈者が死亡した場合には、その受贈者に係る納税猶予分の贈与税額に係る納付の義務は、その受贈者の相続人及び包括受遺者に承継されます（措法70の7の9⑬）。

(2) 生前贈与加算の不適用

　贈与者が贈与者による認定医療法人の持分の放棄の時から7年以内に死亡した場合には、この納税猶予制度の適用を受ける経済的利益の価額については相続税法第19条第1項に規定するいわゆる生前贈与加算の規定は適用されません（措令40の8の9⑮）。

(3) 相続時精算課税の不適用

　この納税猶予制度の適用を受ける経済的利益については、相続時精算課税制度は適用できません（措法70の7の9③）。

第2節 医療法人の持分に係る経済的利益に対する贈与税の税額控除（措法70の7の10）

制度の概要

　医療法人の持分に係る経済的利益に対する贈与税の税額控除の制度は、認定医療法人の持分を有する個人（第2節において「贈与者」といいます。）がその持分の全部又は一部を放棄したことにより、その持分がその認定医療法人の持分を有する他の個人（第2節において「受贈者」といいます。）に帰属することとなり、その持ち分の増加額である経済的利益について受贈者に対して贈与税が課される場合において、受贈者が贈与者による持分の放棄の時から当該経済的利益に係る贈与税の申告期限までの間に、その認定医療法人の持分の全部又は一部を放棄した時は、通常の計算による贈与税額（当該経済的利益及びそれ以外の受贈財産について相続税法第21条の5から第21条の8まで及び租税特別措置法第70条の2の3及び第70条の2の4の規定を適用して計算した金額）から放棄相当贈与税額を控除した残額を申告期限までに納付すべき贈与税額とする制度です（措法70の7の10①）。

2 受贈者の要件

　贈与者による放棄の時から贈与税の申告期限までの間に認定医療法人の持分に基づき出資額に応じた払戻しを受けた者、及びその持分を譲渡した者は、この特例を適用することができません（措法70の7の10④）。

放棄相当贈与税額

(1) 受贈者が有している認定医療法人の持分のすべてを放棄した場合

　受贈者が有している認定医療法人の持分のすべてを放棄した場合には、経済的利益の価額を受贈者に係るその年分の贈与税の課税価格とみなして、相続税法第21条の5から第21条の8まで及び租税特別措置法第70条の2の4及び第70条の2の5の規定を適用して計算した金額が放棄相当贈与税額となります（措令40の8の10②一）。

(2) 受贈者が有しているその認定医療法人の持分の一部を放棄し、その残余の部分を基金拠出型医療法人の基金として拠出したとき

　認定医療法人が基金拠出型医療法人へ移行する場合において、受贈者が有しているその認定医療法人の持分の一部を放棄し、その残余の部分をその基金拠出型医療法人の基金として拠出

したときには、上記(1)により計算した金額のうち、認定医療法人の持分の放棄がされた部分に相当する金額として次の算式により計算した金額が放棄相当贈与税額となります（措令40の8の10②二）。

〈算式〉

認定医療法人の持分の放棄がされた部分に相当する金額

＝上記(1)により計算した金額 × $\dfrac{A}{B}$

「A」＝認定医療法人の持分のうち受贈者が放棄した部分に対応する部分の放棄直前の金額

「B」＝受贈者による放棄の直前においてその受贈者が有していた認定医療法人の持分の価額に相当する金額にⅰに掲げる価額がⅰとⅱの合計額に占める割合を乗じて計算した金額

　ⅰ　贈与者による放棄により受けた経済的利益の価額

　ⅱ　贈与者による放棄の直前において受贈者が有していた認定医療法人の持分の価額

4 申告手続

この税額控除の特例の適用を受けようとする受贈者は、経済的利益に係る贈与税の期限内申告書に、その経済的利益につきこの税額控除の特例の適用を受ける旨を記載し、その経済的利益に係る持分の明細及び放棄相当贈与税額の計算に関する明細その他の一定の書類を添付しなければなりません（措法70の7の10⑤、措規23の12の7②）。

5 その他

(1) 生前贈与加算の不適用

贈与者が贈与者による認定医療法人の持分の放棄の時から7年以内に死亡した場合には、この税額控除の適用を受ける経済的利益の価額については相続税法第19条第1項に規定するいわゆる生前贈与加算の規定は適用されません（措令40の8の10③）。

(2) 相続時精算課税の不適用

この納税猶予制度の適用を受ける経済的利益については、相続時精算課税制度は適用できません（措法70の7の10③、70の7の9③）。

第3節　個人の死亡に伴い贈与又は遺贈があったものとみなされる場合の特例（措法70の7の11）

 制度の概要

　経過措置医療法人（贈与税の申告期限において認定医療法人である法人に限ります。）の持分を有する個人の死亡に伴い他の個人の持分の価額が増加した場合には、その持分の価額の増加による経済的利益に係る相続税法第9条本文の規定の適用については、同条本文中「贈与（当該行為が遺言によりなされた場合には、遺贈）」とあるのは「贈与」と読み替えられ、遺言により経済的利益を受けた場合であっても贈与税が課税され、その経済的利益については相続税法第19条第1項の規定は適用されないこととされています（措法70の7の11①）。

　この規定により、第1節及び第2節の特例の適用が可能になります。なお、第1節及び第2節の特例の適用を受けない場合には、従来どおりの課税関係となることに留意する必要があります（措法70の7の11③）。

■ **経過措置医療法人**

　良質な医療を提供する体制の確立を図るための医療法等の一部を改正する法律（平成18年法律第84号）附則第10条の2に規定する経過措置医療法人をいい、持分のある医療法人がこれに該当します（措法70の7の12②）。

 申告手続

　この特例を適用しようとする受贈者は、第1節又は第2節の特例の適用を受ける旨をこれらの規定の適用に係る贈与税の申告書に記載しなければなりません（措令40の8の11③）。

第4節　医療法人の持分についての相続税の納税猶予及び免除（措法70の7の12）

 制度の概要

　個人が経過措置医療法人の持分を有していた他の個人（第4節において「被相続人」といいます。）から相続又は遺贈によりその経過措置医療法人の持分を取得した場合において、その経過措置医療法人が相続税の申告期限において認定医療法人であるときは、その持分を取得した個人（第4節において「相続人等」といいます。）が相続税の申告書の提出により納付すべき相続税の額のうち、その持分の価額で相続税の申告書に医療法人の持分についての相続税の

納税猶予の特例の適用を受けようとする旨の記載があるものに係る納税猶予分の相続税額に相当する相続税については、相続税の申告期限までにその納税猶予分の相続税額に相当する担保を提供した場合に限り、認定移行計画に記載された移行期限まで、その納税が猶予されます（措法70の7の12①）。

相続人等の要件

　被相続人の死亡の時から相続税の申告期限までの間に経過措置医療法人の持分に基づき出資額に応じた払戻しを受けた者、及びその持分を譲渡した者は、この特例を適用することができません（措法70の7の12③）。

納税猶予税額

　医療法人の持分を取得した相続人等以外の者の取得財産は不変とした上で、その相続人等がその医療法人の持分のみを相続したものとして、相続税法第13条から第19条まで並びに第21条の15第1項及び第2項の規定を適用して相続税額の計算を行い、その相続人等の相続税額を計算します。その金額が、その相続人等に係る納税猶予分の相続税額となります（措法70の7の12②）。

　なお、相続人等が相続又は遺贈により取得した医療法人の持分と当該持分以外の財産について、通常の相続税額の計算を行って算出したその相続人の相続税額から、納税猶予分の相続税額を控除した金額が、その相続人等が相続税の申告期限までに納付すべき相続税額となります。

④ 分割要件

　相続税の申告期限までに相続又は遺贈により取得した経過措置医療法人の持分の全部又は一部が共同相続人又は包括受遺者によって分割されていない場合には、その分割されていない持分については、医療法人の持分についての相続税の納税猶予の特例の適用を受けることはできません（措法70の7の12④）。

申告手続

　この納税猶予制度を適用しようとする相続人等は、被相続人から相続又は遺贈により取得した認定医療法人の持分に係る相続税の申告書に、当該持分についてこの納税猶予制度の適用を受けようとする旨を記載し、当該持分の明細及び納税猶予分の相続税額の計算に関する明細その他一定の書類を添付する必要があります（措法70の7の12⑧、措規23の12の8④）。

納税猶予税額の免除

　医療法人の持分に係る経済的利益に対する贈与税の納税猶予制度における猶予税額の免除の規定を準用します（第１節❺参照）（措法70の７の12⑪）。

 納税猶予期限の確定

　医療法人の持分に係る経済的利益に対する贈与税の納税猶予制度における納税猶予期限の確定の規定を準用します（第１節❻参照）（措法70の７の12⑤⑥⑫）。

 その他

　移行期限までに納税猶予の適用を受けている相続人等が死亡した場合には、その相続人等に係る納税猶予分の相続税額に係る納付の義務は、その相続人等の相続人及び包括受遺者に承継されます（措法70の７の12⑬）。

第５節　医療法人の持分についての相続税の税額控除（措法70の７の13）

 制度の概要

　医療法人の持分についての相続税の税額控除の特例は、個人（第５節において「相続人等」といいます。）が経過措置医療法人の持分を有していた他の個人（第５節において「被相続人」といいます。）から相続又は遺贈によりその経過措置医療法人の持分を取得した場合において、その経過措置医療法人が被相続人の相続の開始の時において認定医療法人（相続税の申告期限又は令和８年12月31日のいずれか早い日までに厚生労働大臣の認定を受けた経過措置医療法人を含みます。）であり、かつ、その持分を取得した相続人等が相続の開始の時から相続税の申告期限までの間に厚生労働大臣の認定を受けた経過措置医療法人の持分の全部又は一部を放棄したときは、その相続人等については、通常の計算による相続税額（持分及び持分以外の財産について相続税法第15条から第20条の２まで及び第21条の15第３項の規定により計算した金額）から、放棄相当相続税額を控除した残額が、相続税の申告期限までに納付すべき相続税額となる制度です（措法70の７の13①）。

❷ 相続人等の要件

相続開始の時から相続税の申告期限までの間に認定医療法人の持分に基づき出資額に応じた払戻しを受けた者、又はその持分を譲渡した者は、この特例を適用することができません（措法70の7の13③）。

❸ 放棄相当相続税額

(1) 相続人等が有している認定医療法人の持分のすべてを放棄した場合

相続人等が有している認定医療法人の持分の全てを放棄した場合には、医療法人の持分を取得した相続人等以外の者の取得財産は不変とした上で、その相続人等がその医療法人の持分のみを相続したものとして、相続税法第13条から第19条まで並びに第21条の15第1項及び第2項の規定を適用して相続税額の計算を行い、その相続人等の相続税額を計算します。その金額が、放棄相当相続税額となります（措法70の7の13②、措令40の8の13①②）。

(2) 相続人等が有している認定医療法人の持分の一部を放棄し、その残余の部分をその基金拠出型医療法人の基金として拠出したとき

認定医療法人が基金拠出型医療法人へ移行する場合において、相続人等が有しているその認定医療法人の持分の一部を放棄し、その残余の部分をその基金拠出型医療法人の基金として拠出したときには、上記(1)により計算した金額のうち、認定医療法人の持分の放棄がされた部分に相当する金額として次の算式により計算した金額が放棄相当相続税額となります。

〈算式〉

認定医療法人の持分の放棄がされた部分に相当する金額

$$= 上記(1)により計算した金額 \times \frac{A}{B}$$

「A」＝認定医療法人の持分のうち相続人等が放棄した部分に対応する部分の放棄直前の金額

「B」＝相続人等による放棄の直前においてその相続人等が有していた認定医療法人の持分の価額に相当する金額にiに掲げる価額がiとiiの合計額に占める割合を乗じて計算した金額

　i　相続又は遺贈により取得した持分の価額

　ii　相続人等が相続又は遺贈の直前において有していた認定医療法人の持分の価額

4 申告手続

　この税額控除の特例の適用を受けようとする相続人等は、経済的利益に係る相続税の期限内申告書に、その経済的利益につきこの税額控除の特例の適用を受ける旨を記載し、その経済的利益に係る持分の明細及び放棄相当相続税額の計算に関する明細その他の一定の書類を添付しなければなりません（措法70の7の13④、措規23の12の9②）。

第6節　医療法人の持分の放棄があった場合の贈与税の課税の特例（措法70の7の14）

1 制度の概要

　この特例は、認定医療法人の持分を有する個人がその持分の全部又は一部の放棄（その認定医療法人がその移行期限までに持分なし医療法人への移行をする場合におけるその移行の基因となる放棄に限られ、その個人の遺言による放棄は除かれます。）をしたことによりその認定医療法人が経済的利益を受けた場合であっても、その認定医療法人が受けたその経済的利益については贈与税は課税されないとする特例です（措法70の7の14①）。

2 申告手続

　この特例を適用するためには、その認定医療法人の贈与税の申告書に、この特例を受けようとする旨を記載し、その認定医療法人がその放棄により受けた経済的利益についての明細その他一定の書類の添付をしなければなりません（措法70の7の14⑤、措規23の12の10②）。

第IV部
財産評価

第1章 評価の原則

第1節 時価

相続税法における時価

　相続税や贈与税の課税価格を計算するためには、相続、遺贈（死因贈与を含みます。）又は贈与（死因贈与を除きます。）により取得した財産の価額を評価しなければなりません。相続税法は、同法で評価方法を定めている一部の財産を除き、「相続、遺贈又は贈与により取得した財産の価額は、当該財産の取得の時における時価によ」ると定めています（相法22）。

　この時価については、客観的交換価値、すなわち、評価対象財産の現況に応じ、不特定多数の当事者間において自由な取引が行われる場合に通常成立すると認められる価額をいうものと解されています。そして、財産評価基本通達は、不特定多数の当事者間で自由な取引が行われる場合に通常成立すると認められる価額は、同通達の定めによって評価した価額によるとしていることから、実務上は、財産評価基本通達の定めに従って、各財産の価額を評価することとなります。

> **裁判例**　贈与等により取得した財産の価額の評価
>
> **最高裁平成22年7月16日判決（破棄自判）（確定）**
> 　相続税法22条は、贈与等により取得した財産の価額を当該財産の取得の時における時価によるとするが、ここにいう時価とは当該財産の客観的な交換価値をいうものと解され、本件法人の出資についても、この観点からその価額が評価されるべきである。

> **裁判例**　財産評価の一般的基準として財産評価通達を適用する件

東京高裁平成7年12月13日判決（棄却）（上告取下げ）

　相続税法22条は、相続、遺贈又は贈与に因り取得した財産の価額は、特別に定める場合を除き、当該財産の取得の時における時価による旨を規定している。ところで、同条に規定される時価とは、課税時期において、それぞれの財産の現況に応じ、不特定多数の当事者間で自由な取引が行われた場合に通常成立する価額をいうものと解するのが相当であるが、対象財産の客観的交換価格は必ずしも一義的に確定されるものではなく、これを個別に評価するとすれば、評価方法等により異なる評価額が生じたり、課税庁の事務負担が重くなり、課税事務の迅速な処理が困難となるおそれがあるため、課税実務上は、財産評価の一般的基準が財産評価通達により定められ、これに定められた評価方法によって画一的に財産の評価が行われているところである。右のように財産評価通達によりあらかじめ定められた評価方法によって、画一的な評価を行う課税実務上の取扱いは、納税者間の公平、納税者の便宜、徴税費用の節減という見地からみて合理的であり、一般的には、これを形式的にすべての納税者に適用して財産の評価を行うことは、租税負担の実質的公平をも実現することができ、租税平等主義にかなうものであるというべきである。

② 評価時点

(1) 原則

　財産の評価は、その財産の取得の時における時価によることとされています。したがって、その財産を取得した後、申告時又は課税処分が行われる時までに、その価額が下落又は上昇したとしても、その下落又は上昇は相続税又は贈与税の課税価格の計算に影響しません。

(2) 特殊な場合

　次の財産については、その財産の取得時の価額によらずに相続税又は贈与税の課税価格を計算することができます。

① 特定非常災害に係る特定土地等及び特定株式等

　特定非常災害に係る特定非常災害発生日前に相続又は遺贈により財産を取得した者があり、かつ、相続税の申告書の提出期限がこの特定非常災害発生日以後である場合において、相続又は遺贈により取得した財産のうち一定の土地等（特定土地等）及び一定の株式等（特定株式等）については、特定非常災害発生直後の価額により相続税の課税価格を計算することができます（措法69の6①）。

　また、特定非常災害発生日の属する年の1月1日から特定非常災害発生日までの間に贈与に

より取得した財産で、特定非常災害発生日に所有していた一定の土地等（特定土地等）及び一定の株式等（特定株式等）については、特定非常災害発生直後の価額により贈与税の課税価格を計算することができます（措法69の7①）。

詳しくは、第Ⅰ部第5章第3節を参照してください。

② 災害減免法

相続税の納税義務者で災害により相続又は遺贈に因り取得した財産について相続税の申告書の提出期限前に甚大な被害を受けたものの納付すべき相続税については、その財産の価額は、被害を受けた部分の価額を控除した金額によって計算することができます（災免法6①）。

また、贈与税の納税義務者で災害により贈与に因り取得した財産について贈与税の申告書の提出期限前に甚大な被害を受けたものの納付すべき贈与税についても、その財産の価額は、被害を受けた部分の価額を控除した金額によって計算することができます（災免法6②）。

裁判例 上場株式を相続した後に株式の取引価格が下落した場合の評価時点

大阪地裁昭和59年4月25日判決（棄却）（控訴・上告棄却）

原告は、現在の証券市場における株式の取引価格は、極めて不安定であるから、上場株式であるからといつて、相続開始時の証券取引所の取引価格のみを唯一の基準として株式の評価額を定めることは合理的でなく、少なくとも相続開始前2年と相続開始後申告書提出期限まで2年半の相続開始前後にまたがる期間のなかの最低価格によるべきであるとし、殊に本件では、原告の相続した本件各株式は、いずれも輾々流通の可能性のないいわゆる支配株で、しかもその多くは、非上場株式であり、かつ、相続開始後の不況により、その株価は、現実に大幅に下落したから、前記通達の基準により、原告の相続した株式の株価を評価することは、違法不当であると主張する。しかしながら、相続は被相続人の死亡と同時に開始すると共に、相続税の納税義務が発生するし、また、相続財産を取得したものは、相続開始のあつたことを知つた日の翌日から6月以内に相続税の申告をすべく、右申告と同時にその納付期限が到来するから、そもそも、相続人は、相続の開始を知つたときから遅滞なく相続税の申告をしてこれを納付すべきものである。したがつて、相続開始時から右相続税の申告までの間に相続財産の価格が下落した場合には、これによる損害は、相続人においてこれを負担すべきものであると解するのが相当であつて、右損害を回避するためには、相続人において遅滞なく相続税の申告をしてこれを納付すべきであり、またもし、相続の開始後相続税の申告までの間に、相続財産の価格が下落したために、現実に相続財産を相続することにより損害を被ることが予測される場合には、相続の放棄又は限定承認をもつて、これに対処すべきである。もし右のように解さずに、相続財産の評価を、相続開始後相続税の申告までの間に相続財産の価格が下落したときは、その下落した価格によるものと解することは、相続財産の価格を、当該財産の取得の時（相続開始の時）における時価とした相続税法22条の明文の規定に反するばかりでなく、株式のような変動の激しい相続財産については、相続開始後、これを大量に売り出すなどして、一時的に相続財産の価格を下落させる操作を容認する

ことになる上、さらに右価格の下落前に相続税の申告をしてこれを納付したものとの間に税額の不均衡が生じて不合理な結果を招くことになるのである。

第 2 節 財産評価基本通達等による評価

 法定評価と通達等による評価

相続税法は、地上権及び永小作権（相法23）、配偶者居住権等（相法23の２）、定期金に関する権利（相法24、25）並びに立木（相法26）の評価方法について規定しています。ただし、これらの規定により、地上権及び永小作権（相法23）、配偶者居住権等並びに立木の評価をするに当たってその基となる土地等、建物及び立木の価額については、財産評価基本通達の定めに従って、評価した価額となります。すなわち、相続税及び贈与税の課税対象となるほとんどの財産の評価方法は、財産評価基本通達に定められているといえます。

財産の評価に当たっては、その財産の価額に影響を及ぼすべきすべての事情を考慮しなければなりませんが（評基通１(3)）、さまざまな個性を有している財産のすべてについて妥当する評価方法を財産評価基本通達において定めることは不可能です。そこで、実務的には、多くの個別通達や国税庁が公表する質疑応答事例や文書回答事例などで補われています。

なお、時価を超えた価額による相続税及び贈与税の課税は相続税法第22条に反した違法な課税となることから、財産評価基本通達等においては、評価の安全性に配慮しています（例えば、土地等の評価における路線価等は、１月１日を評価時点として、１年間の地価変動などを考慮し、地価公示価格等を基にした価格の80％程度を目途に定められています。）が、それでもなおかつ、財産評価基本通達等の定めによって評価することが著しく不適当と認められる財産の価額は、不動産鑑定評価額によるなど個別に評価する必要があります。また、財産評価基本通達の定めにより評価することが著しく不適当と認められる財産の価額については、❷の(5)で述べるように、国税庁長官の指示を受けて評価することとされています（評基通６）。

 財産評価基本通達における通則規定

(1) 基準年利率

第２章以下に定める財産の評価において適用する年利率は、別に定めるものを除き、年数又は期間に応じ、日本証券業協会において売買参考統計値が公表される利付国債に係る複利利回りを基に計算した年利率（以下「基準年利率」といいます。）によることとされています。その基準年利率は、短期（３年未満）、中期（３年以上７年未満）及び長期（７年以上）に区分

し、各月ごとに国税庁から公表されます（評基通4-4）。

なお、相続税法にその評価方法が定められている配偶者居住権等の評価（相法23の2）及び定期金に関する権利の評価（相法24、25）において使用する利率は、法定利率又は予定利率はであり基準年利率ではありません。

◆基準年利率を適用して評価する主な資産◆

	評価対象資産等	根拠規定
①	定期借地権等の評価	評基通27-2
②	定期借地権等の設定の時における借地権者に帰属する経済的利益の総額の計算	評基通27-3
③	特許権の評価	評基通140
④	特許権の評価の算式	評基通141
⑤	著作権の評価	評基通148
⑥	鉱業権の評価	評基通156
⑦	営業権の評価	評基通165
⑧	清算中の会社の株式の評価	評基通189-6
⑨	信託受益権の評価	評基通202
⑩	ゴルフ会員権の評価	評基通211
⑪	一般的借地権の目的となっている宅地の評価	平成10年8月25日付課評2-8「一般的借地権の目的となっている宅地の評価に関する取扱いについて」

(2) 外貨建てによる財産及び国外にある財産の邦貨換算

外貨建てによる財産及び国外にある財産の邦貨換算は、原則として、納税義務者の取引金融機関（外貨預金等、取引金融機関が特定されている場合は、その取引金融機関）が公表する課税時期における最終の為替相場によります。この為替相場は、邦貨換算を行う場合の外国為替の売買相場のうち、いわゆる対顧客直物電信買相場（TTB）又はこれに準ずる相場をいいます。また、課税時期に当該相場がない場合には、課税時期前の当該相場のうち、課税時期に最も近い日の当該相場とします（評基通4-3）。

なお、先物外国為替契約（課税時期において選択権を行使していない選択権付為替予約を除きます。）を締結していることによりその財産についての為替相場が確定している場合には、その先物外国為替契約により確定している為替相場によります（評基通4-3なお書き）。

■ 外貨建てによる債務を邦貨換算する場合

外貨建てによる債務を邦貨換算する場合には、いわゆる対顧客直物電信売相場（TTS）又はこれに準ずる相場によります（評基通4-3（注））。

(3) 国外財産の評価

　国外にある財産の価額についても、第2章以下に述べる評価方法により評価することとなりますが、第2章以下に述べる評価方法によって評価することができない財産については、それらの評価方法に準じて、又は売買実例価額、精通者意見価格等を参酌して評価します（評基通5-2）。

　なお、第2章以下に述べる評価方法によって評価することができない財産については、課税上の弊害がない限り、その財産の取得価額を基にその財産が所在する地域若しくは国におけるその財産と同一種類の財産の一般的な価格動向に基づき時点修正して求めた価額又は課税時期後にその財産を譲渡した場合における譲渡価額を基に課税時期現在の価額として算出した価額により評価することができることとされています（評基通5-2（注））。

■ 取得価額又は譲渡価額を基に評価することにつき、課税上の弊害があると認められる場合

　取得価額又は譲渡価額を基に評価することにつき、課税上の弊害があると認められる場合とは、例えば、次に掲げる場合が該当します。

①	その財産を親族から低額で譲り受けた場合、債務の返済のために売り急ぎがあった場合など、その価額がその取引が行われた時におけるの適正な時価を表しているとは認められない場合
②	国外財産の取得時又は譲渡時の価額について、課税時期の価額に時点修正するための合理的な価格変動率が存しない場合

(4) 評価方法の定めのない財産の評価

　財産評価基本通達その他の通達等に評価方法の定めのない財産の価額は、財産評価基本通達その他の通達等に定める評価方法に準じて評価します（評基通5）。

(5) 評価通達の定めにより難い場合の評価

　財産評価基本通達等の定めによって評価することが著しく不適当と認められる財産の価額は、国税庁長官の指示を受けて評価することとされています（評基通6）。

　しかしながら、納税者が、直接、国税庁長官の指示を受ける手続きが設けられているわけではありません。通達が上級官庁が下級官庁に対して行う指示命令であることから、この取扱いが適用される場面は、一般的に、税務調査等の段階で、納税者が相続、遺贈又は贈与により取得した財産の価額を財産評価基本通達等の定めによって評価することが著しく不適当と税務署長又は国税局長が認めた場合ということになります。

　なお、納税者は、財産評価基本通達等に何ら拘束されるものではありませんので、財産評価基本通達等の定めによって評価することが著しく不適当と認める財産の価額は、例えば、その財産土地等であるならば不動産鑑定士による不動産鑑定評価額によるなど、客観的な時価を求

めてその価額により申告等を行うこととなります。

■ 不動産鑑定評価による評価

　不動産鑑定評価基準に準拠して行われた不動産鑑定は、一般的には客観的な根拠を有するものとして扱われ、その結果が通達評価額を下回るときは、不動産鑑定評価額が「時価」に当たるといえます。

　ただし、現実には、複数の不動産鑑定士によって、同一の土地について異なる鑑定評価額が算出されることがあり得ることから、評価対象地について複数の異なる評価額の不動産鑑定が存在する場合は、まずそれらの合理性を比較検討した上で、より合理性が高いと判断できる鑑定の評価額を採用すべきであり、その上で通達による評価額と比較する必要があります。

裁判例　不動産鑑定評価基準による評価の妥当性

名古屋地裁平成16年8月30日判決（棄却）（確定）

　不動産鑑定評価基準の内容は、不動産価格の形成に関する理論を科学的に検討し、不動産評価に関する実務の最新の研究成果をも取り入れたものであって、「進歩の集積に応じて今後さらにその充実と改善を期すべきもの」ではあるが、現状においては、「不動産鑑定士等が不動産の鑑定評価を行うに当たって、その拠り所となる実質的で統一的な行為規範」として機能するものである。このような不動産鑑定評価基準の性格や精度に照らすと、これに準拠して行われた不動産鑑定は、一般的には客観的な根拠を有するものとして扱われるべきであり、その結果が上記の通達評価額を下回るときは、前者が「時価」に当たると判断すべきことは当然である。

　もっとも、不動産鑑定評価基準に従った客観的な交換価値の評価といっても、自然科学における解答のような一義的なものではあり得ず、現実には鑑定人の想定価格としての性格を免れるものではないので、どのような要素をどの程度しんしゃくするかによって、同一の土地についても異なる評価額が算出され得ることは避けられない。したがって、ある土地について複数の異なる評価額の不動産鑑定が存在する場合は、まずそれらの合理性を比較検討した上で、より合理性が高いと判断できる鑑定の評価額をもって時価と評価すべきであり（仮に合理性について優劣の判断が全くなし得ない場合には、その平均値をもって時価と評価すべきである。）、その上で通達評価額とを比較して、当該課税処分の適法性を判断すべきである。

裁判例　租税負担の公平を著しく害する「特別な事情」がある場合

東京地裁令和元年8月27日判決（棄却）（控訴）

　相続税法22条は、同法第3章において特別の定めがあるものを除くほか、相続等により取得した財産の価額は、当該財産の取得の時における時価による旨を定めているところ、ここにいう時価とは、

当該財産の客観的な交換価値をいうものと解される。

　ところで、相続税法は、地上権及び永小作権の評価、定期金に関する権利の評価及び立木の評価を除き、財産の評価方法について定めを置いていないところ、課税実務においては、評価通達において財産の価額の評価に関する一般的な基準を定めて、画一的な評価方法によって相続等により取得した財産の価額を評価することとされている。このような方法が採られているのは、相続税等の課税対象である財産には多種多様なものがあり、その客観的な交換価値が必ずしも一義的に確定されるものではないため、相続等により取得した財産の価額を上記のような画一的な評価方法によることなく個別事案ごとに評価することにすると、その評価方法、基礎資料の選択の仕方等により異なった金額が時価として導かれる結果が生ずることを避け難く、また、課税庁の事務負担が過重なものとなり、課税事務の効率的な処理が困難となるおそれもあることから、相続等により取得した財産の価額をあらかじめ定められた評価方法によって画一的に評価することとするのが相当であるとの理由に基づくものと解される。このような課税実務は、評価通達の定める評価方法が相続等により取得した財産の取得の時における適正な時価を算定する方法として合理的なものであると認められる限り、納税者間の公平、納税者の便宜、効率的な徴税といった租税法律関係の確定に際して求められる種々の要請を満たし、国民の納税義務の適正な履行の確保に資するものとして、相続税法22条の規定の許容するところであると解される。

　そして、評価対象の財産に適用される評価通達の定める評価方法が適正な時価を算定する方法として一般的な合理性を有する場合においては、評価通達の定める評価方法が形式的に全ての納税者に係る全ての財産の価額の評価において用いられることによって、基本的には、租税負担の実質的な公平を実現することができるものと解されるのであって、相続税法22条の規定もいわゆる租税法の基本原則の一つである租税平等主義を当然の前提としているものと考えられることに照らせば、特定の納税者あるいは特定の財産についてのみ、評価通達の定める評価方法以外の評価方法によってその価額を評価することは、原則として許されないものというべきである。

　しかし、他方、評価通達の定める評価方法によっては適正な時価を適切に算定することができないなど、評価通達の定める評価方法を形式的に全ての納税者に係る全ての財産の価額の評価において用いるという形式的な平等を貫くことによって、かえって租税負担の実質的な公平を著しく害することが明らかである特別の事情（評価通達6参照）がある場合には、他の合理的な方法によって評価することが許されるものと解すべきである。

（令和元年8月27日東京地裁判決・税務訴訟資料269号13304順号）

裁判例　不動産鑑定評価額が通達評価額を上回る場合

最高裁第三小法廷令和4年4月19日判決（上告棄却）

　相続税法22条は、相続等により取得した財産の価額を当該財産の取得の時における時価によるとするが、ここにいう時価とは当該財産の客観的な交換価値をいうものと解される。そして、評価通達は、上記の意味における時価の評価方法を定めたものであるが、上級行政機関が下級行政機関の職務権限の行使を指揮するために発した通達にすぎず、これが国民に対し直接の法的効力を有するというべき

根拠は見当たらない。そうすると、相続税の課税価格に算入される財産の価額は、当該財産の取得の時における客観的な交換価値としての時価を上回らない限り、同条に違反するものではなく、このことは、当該価額が評価通達の定める方法により評価した価額を上回るか否かによって左右されないというべきである。

そうであるところ、本件各更正処分に係る課税価格に算入された本件各鑑定評価額は、本件各不動産の客観的な交換価値としての時価であると認められるというのであるから、これが本件各通達評価額を上回るからといって、相続税法22条に違反するものということはできない。

裁判例　実質的な租税負担の公平に反するというべき事情

最高裁第三小法廷令和4年4月19日判決（上告棄却）

租税法上の一般原則としての平等原則は、租税法の適用に関し、同様の状況にあるものは同様に取り扱われることを要求するものと解される。そして、評価通達は相続財産の価額の評価の一般的な方法を定めたものであり、課税庁がこれに従って画一的に評価を行っていることは公知の事実であるから、課税庁が、特定の者の相続財産の価額についてのみ評価通達の定める方法により評価した価額を上回る価額によるものとすることは、たとえ当該価額が客観的な交換価値としての時価を上回らないとしても、合理的な理由がない限り、上記の平等原則に違反するものとして違法というべきである。もっとも、上記に述べたところに照らせば、相続税の課税価格に算入される財産の価額について、評価通達の定める方法による画一的な評価を行うことが実質的な租税負担の公平に反するというべき事情がある場合には、合理的な理由があると認められるから、当該財産の価額を評価通達の定める方法により評価した価額を上回る価額によるものとすることが上記の平等原則に違反するものではないと解するのが相当である。

これを本件各不動産についてみると、本件各通達評価額と本件各鑑定評価額との間には大きなかい離があるということができるものの、このことをもって上記事情があるということはできない。

もっとも、本件購入・借入れが行われなければ本件相続に係る課税価格の合計額は6億円を超えるものであったにもかかわらず、これが行われたことにより、本件各不動産の価額を評価通達の定める方法により評価すると、課税価格の合計額は2826万1000円にとどまり、基礎控除の結果、相続税の総額が0円になるというのであるから、上告人らの相続税の負担は著しく軽減されることになるというべきである。そして、被相続人及び上告人らは、本件購入・借入れが近い将来発生することが予想される被相続人からの相続において上告人らの相続税の負担を減じ又は免れさせるものであることを知り、かつ、これを期待して、あえて本件購入・借入れを企画して実行したというのであるから、租税負担の軽減をも意図してこれを行ったものといえる。そうすると、本件各不動産の価額について評価通達の定める方法による画一的な評価を行うことは、本件購入・借入れのような行為をせず、又はすることのできない他の納税者と上告人らとの間に看過し難い不均衡を生じさせ、実質的な租税負担の公平に反するというべきであるから、上記事情があるものということができる。

したがって、本件各不動産の価額を評価通達の定める方法により評価した価額を上回る価額によるものとすることが上記の平等原則に違反するということはできない。

第2章 土地及び土地の上に存する権利の評価

第1節 土地評価の通則

　土地（土地の上に存する権利を含みます。以下同じです。）の価額は、被相続人又は贈与者の保有状況を基に評価するのではなく、相続、遺贈又は贈与によりその土地を取得した者の取得直後の状況を基に評価します。

　例えば、1筆の土地を2筆に分筆して、2人の相続人がそれぞれを取得した場合には、それぞれの土地ごとに評価します。これは、現行の相続税法が、相続、遺贈又は贈与により財産を取得した者を納税義務者とする取得者課税制度を採用していることによるものです。

土地の評価上の区分

　土地の価額は、原則として評価対象地の地目が異なるごとに評価します。地目の区分は次表により、課税時期における現況によって判定します（評基通7）。

①	宅地
②	田
③	畑
④	山林
⑤	原野
⑥	牧場
⑦	池沼
⑧	鉱泉地
⑨	雑種地

　地目の判定に当たっては、次の点に留意します。

(1) 一体として利用されている一団の土地が2以上の地目からなる場合には、その一団の土地は、そのうちの主たる地目からなるものとして、その一団の土地ごとに評価します（評基通7ただし書き）。

(2) 市街化調整区域（都市計画法第7条《区域区分》第3項に規定する「市街化調整区域」をいいます。以下同じ。）以外の都市計画区域（同法第4条《定義》第2項に規定する「都市計画区域」をいいます。以下同じ。）で市街地的形態を形成する地域において、財産評価基本通達40《市街地農地の評価》の本文の定めにより評価する市街地農地（同40-3《生産緑地の評価》に定める生産緑地を除きます。）、同49《市街地山林の評価》の本文の定めにより評価する市街地山林、同58-3《市街地原野の評価》の本文の定めにより評価する市街地原野又は同82《雑種地の評価》の本文の定めにより評価する宅地と状況が類似する雑種地のいずれか2以上の地目の土地が隣接しており、その形状、地積の大小、位置等からみてこれらを一団として評価することが合理的と認められる場合には、その一団の土地ごとに評価します（評基通7なお書き）。

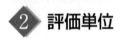
評価単位

土地の価額は、次に掲げる評価単位ごとに評価します（評基通7-2）。

	地目	評価単位
①	宅地	宅地は、1画地の宅地（利用の単位となっている1区画の宅地をいいます。）を評価単位とします。この場合の「1画地の宅地」は、必ずしも1筆の宅地からなるとは限らず、2筆以上の宅地からなる場合もあり、1筆の宅地が2画地以上の宅地として利用されている場合もありますので注意が必要です。
②	田及び畑	田及び畑（以下「農地」といいます。）は、1枚の農地（耕作の単位となっている1区画の農地をいいます。）を評価単位とします。この場合の「1枚の農地」は、必ずしも1筆の農地からなるとは限らず、2筆以上の農地からなる場合もあり、また、1筆の農地が2枚以上の農地として利用されている場合もありますので、注意が必要です。 ただし、財産評価基本通達36-3《市街地周辺農地の範囲》に定める市街地周辺農地、同40《市街地農地の評価》の本文の定めにより評価する市街地農地及び同40-3《生産緑地の評価》に定める生産緑地は、それぞれを利用の単位となっている一団の農地を評価単位とします。
③	山林	山林は、1筆（地方税法第341条《固定資産税に関する用語の意義》第10号に規定する土地課税台帳又は同条第11号に規定する土地補充課税台帳に登録された1筆をいいます。）の山林を評価単位とします。 ただし、49《市街地山林の評価》の本文の定めにより評価する市街地山林は、利用の単位となっている一団の山林を評価単位とします。

④	原野	原野は、1筆の原野を評価単位とします。 ただし、財産評価基本通達58-3《市街地原野の評価》の本文の定めにより評価する市街地原野は、利用の単位となっている一団の原野を評価単位とします。
⑤	牧場 池沼	牧場及び池沼は、原野の評価単位に準じます。
⑥	鉱泉地	鉱泉地は、原則として、1筆の鉱泉地を評価単位とします。
⑦	雑種地	雑種地は、利用の単位となっている一団の雑種地（同一の目的に供されている雑種地をいいます。）を評価単位とします。 ただし、市街化調整区域以外の都市計画区域で市街地的形態を形成する地域において、財産評価基本通達82《雑種地の評価》の本文の定めにより評価する宅地と状況が類似する雑種地が2以上の評価単位により一団となっており、その形状、地積の大小、位置等からみてこれらを一団として評価することが合理的と認められる場合には、その一団の雑種地ごとに評価します。 （注）いずれの用にも供されていない一団の雑種地については、その全体が「利用の単位となっている一団の雑種地」となります。

■ 不合理分割

　贈与、遺産分割等による宅地の分割が親族間等で行われた場合において、例えば、分割後の画地が宅地として通常の用途に供することができないなど、その分割が著しく不合理であると認められるとき（このような分割を「不合理分割」といいます。）は、その分割前の画地を「1画地の宅地」として評価します（評基通7-2(1)（注））。

　利用の単位となっている一団の農地を評価単位とすると市街地周辺農地、市街地農地及び生産緑地、利用の単位となっている一団の山林を評価単位とする市街地山林又は利用の単位となっている一団の原野を評価単位とすると市街地原野についても、不合理分割が行われたと認められる場合には、その分割前の画地を一団の農地、一団の山林又は一団の原野として評価します（評基通7-2(2)、(3)、(4)）。

3 地積

　地積は、課税時期における実際の面積によります（評基通8）。

　土地の地積を「実際の地積」によることとしているのは、台帳地積と実際地積とが異なるものについて、実際地積によることとする基本的な考え方を示したものです。したがって、相続税や贈与税の申告に際して、すべての土地について、実測が要求されているわけではありません。実務上の取扱いとしては、特に縄延びの多い山林等について、立木に関する実地調査の実施、航空写真による地積の測定、その地域における平均的な縄延割合の適用等の方法によって、実際地積を把握することとし、それらの方法によってもその把握ができないもので、台帳地積

によることが他の土地との評価の均衡を著しく失すると認められるものについては、実測を行うこととなります（国税庁HP 質疑応答事例「『実際の地積』によることの意義」）。

棚卸資産に該当する土地

棚卸資産に該当する土地の価額は、第6章第2節の棚卸商品等の評価方法に準じて評価します（評基通4-2）。棚卸資産に該当する家屋その他の不動産についても同様です（評基通4-2）。

第2節 宅地及び宅地の上に存する権利の評価

宅地の評価方式

宅地は、原則として、市街地的形態を形成する地域にある宅地については路線価方式、それ以外の地域にある宅地については倍率方式により評価します（評基通11）。

なお、土地等の評価額の基準となる路線価及び評価倍率は、その年の1月1日を評価時点として、1年間の地価変動などを考慮し、地価公示価格等を基にした価格の80％程度を目途に定められており、毎年、7月初めに公表されます。この路線価及び評価倍率は、国税庁ホームページで確認することができます。

(1) 路線価方式

路線価方式とは、その宅地の面する路線に付された路線価を基とし、財産評価基本通達15《奥行価格補正》から同20-7《容積率の異なる2以上の地域にわたる宅地の評価》までの定めにより画地調整計算した金額によって評価する方式をいいます（評基通13）。

路線価は、宅地の価額がおおむね同一と認められる一連の宅地が面している路線（不特定多数の者の通行の用に供されている道路をいいます。）ごとに設定されます。具体的には、路線価は、路線に接する宅地で次に掲げるすべての事項に該当するものについて、売買実例価額、公示価格（地価公示法第6条《標準地の価格等の公示》の規定により公示された標準地の価格をいいます。）、不動産鑑定士等による鑑定評価額（不動産鑑定士又は不動産鑑定士補が国税局長の委嘱により鑑定評価した価額をいいます。）、精通者意見価格等を基として国税局長が、毎年、その路線ごとに評定した1平方メートル当たりの価額とされています。

① その路線のほぼ中央部にあること。
② その一連の宅地に共通している地勢にあること。
③ その路線だけに接していること。
④ その路線に面している宅地の標準的な間口距離及び奥行距離を有するく形又は正方形のものであること。

(2) 倍率方式

　倍率方式とは、固定資産税評価額（地方税法第381条《固定資産課税台帳の登録事項》の規定により土地課税台帳若しくは土地補充課税台帳（同条第8項の規定により土地補充課税台帳とみなされるものを含みます。）に登録された基準年度の価格又は比準価格をいいます。）に国税局長が、毎年、一定の地域ごとにその地域の実情に即するように定める倍率を乗じて計算した金額によって評価する方式をいいます（評基通21）。

路線価方式による評価

　路線価方式における宅地の価額は、その宅地の面する路線のうち、正面路線の価額を基として、奥行距離に応じる補正及び路線の数に応じる補正を行って算出します。
　なお、評価対象地が不整形地であるなど評価対象地固有の事情がある場合には、その事情に応じた補正を行います。

(1) 一般的な宅地の評価

① 一路線に面する宅地
　一つの路線のみに面する宅地の価額は、次により評価します。

> 路線価×奥行価格補正率×地積

　奥行価格補正率は、地区区分別に定められたその宅地の奥行距離に応じた補正率をいいます。この場合の奥行距離は、原則として路線に対して垂線となる線により測定するものとし、奥行きが一様でない不整形地については平均的な奥行距離によります。

② 正面路線及び側方路線に面する場合

> （正面路線価×奥行価格補正率＋側方路線価×奥行価格補正率×側方路線影響加算率）×地積

　この場合の「正面路線価」とは、原則として、各路線価について上記①によりにその路線に係る奥行距離に応じた奥行価格補正率を乗じて求めた価額の高い方の路線をいいます（③において同じ。）。また、側方路線とは正面路線以外の路線をいいます。

③ 正面路線及び裏面路線に面する場合

> （正面路線価×奥行価格補正率＋裏面路線価×奥行価格補正率×二方路線影響加算率）×地積

　裏面路線とは正面路線以外の路線をいいます。

④ 三方の路線に面する宅地

> （正面路線価×奥行価格補正率＋側方路線価×奥行価格補正率×側方路線影響加算率＋側方（又は裏面）路線価×奥行価格補正率×側方（二方）路線影響加算率）×地積

⑤ 四方の路線に面する宅地

上記④に準じます。

■ 奥行価格補正率、側方路線影響加算率及び二方路線影響加算率

上記①から⑤における奥行価格補正率、側方路線影響加算率及び二方路線影響加算率は次のとおり地区区分別に定められています。

◆奥行価格補正率（評基通付表1）◆

地区区分 奥行距離 （メートル）	ビル街地区	高度商業地区	繁華街地区	普通商業・併用住宅地区	普通住宅地区	中小工場地区	大工場地区
4未満	0.80	0.90	0.90	0.90	0.90	0.85	0.85
4以上6未満		0.92	0.92	0.92	0.92	0.90	0.90
6 〃 8 〃	0.84	0.94	0.95	0.95	0.95	0.93	0.93
8 〃 10 〃	0.88	0.96	0.97	0.97	0.97	0.95	0.95
10 〃 12 〃	0.90	0.98	0.99	0.99	1.00	0.96	0.96
12 〃 14 〃	0.91	0.99	1.00	1.00		0.97	0.97
14 〃 16 〃	0.92	1.00				0.98	0.98
16 〃 20 〃	0.93					0.99	0.99
20 〃 24 〃	0.94					1.00	1.00
24 〃 28 〃	0.95				0.97		
28 〃 32 〃	0.96		0.98		0.95		
32 〃 36 〃	0.97		0.96	0.97	0.93		
36 〃 40 〃	0.98		0.94	0.95	0.92		
40 〃 44 〃	0.99		0.92	0.93	0.91		
44 〃 48 〃	1.00		0.90	0.91	0.90		
48 〃 52 〃		0.99	0.88	0.89	0.89		
52 〃 56 〃		0.98	0.87	0.88	0.88		
56 〃 60 〃		0.97	0.86	0.87	0.87		
60 〃 64 〃		0.96	0.85	0.86	0.86	0.99	
64 〃 68 〃		0.95	0.84	0.85	0.85	0.98	
68 〃 72 〃		0.94	0.83	0.84	0.84	0.97	
72 〃 76 〃		0.93	0.82	0.83	0.83	0.96	
76 〃 80 〃		0.92	0.81	0.82			

80 〃 84 〃		0.90	0.80	0.81	0.82	0.93
84 〃 88 〃		0.88		0.80		
88 〃 92 〃		0.86			0.81	0.90
92 〃 96 〃	0.99	0.84				
96 〃 100 〃	0.97	0.82				
100 〃	0.95	0.80			0.80	

◆側方路線影響加算率表（評基通付表２）◆

地区区分	加算率	
	角地の場合	準角地の場合
ビル街地区	0.07	0.03
高度商業地区 繁華街地区	0.10	0.05
普通商業・併用住宅地区	0.08	0.04
普通住宅地区 中小工場地区	0.03	0.02
大工場地区	0.02	0.01

（注）　準角地とは、次図のように一系統の路線の屈折部の内側に位置するものをいいます。

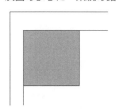

◆二方路線影響加算率表（評基通付表３）◆

地区区分	加算率
ビル街地区	0.03
高度商業地区 繁華街地区	0.07
普通商業・併用住宅地区	0.05
普通住宅地区 中小工場地区 大工場地区	0.02

■ 地区区分

奥行価格補正率、側方路線影響加算率及び二方路線影響加算率並びに路線価評価方式におけるその他の調整率は、評価対象地の存する地区区分に応じた率を適用します。

路線価方式においては次の7種類の地区区分が定められており、路線価図の表示により評価対象地の属する地区区分を確認することができます。

①	ビル街地区
②	高度商業地区
③	繁華街地区
④	普通商業・併用住宅地区
⑤	普通住宅地区
⑥	中小工場地区
⑦	大工場地区

誤りやすい事例　正面路線の判定

下の図のように2の路線に面している宅地の価額を評価する場合には、a、bどちらの路線を正面路線として評価するのでしょうか。

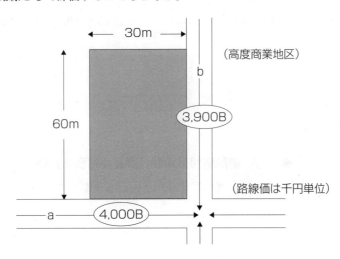

解説

原則として、その宅地の接する各路線の路線価に奥行価格補正率を乗じて計算した金額の高い方の路線を正面路線とします。したがって、図の場合には、bの路線を正面路線として評価します。

〈a路線〉 (路線価) 4,000,000円 × (奥行価格補正率) 0.96 = 3,840,000円

〈b路線〉 (路線価) 3,900,000円 × (奥行価格補正率) 1.00 = 3,900,000円

なお、地区の異なる2以上の路線に接する宅地の場合には、正面路線は、それぞれの路線の路線価に各路線の地区に適用される奥行価格補正率を乗じて計算した金額を基に判定します。この場合、路線価に奥行価格補正率を乗じて計算した金額が同額となる場合には、原則として、路線に接する距離の長い方の路線を正面路線とすることとなります（国税庁HP 質疑応答事例「正面路線の判定(1)」）。

誤りやすい事例　地区の異なる2以上の路線に接する宅地の評価

下の図のように、地区の異なる2の路線に接する宅地の価額は、高度商業地区、普通商業・併用住宅地区のいずれの地区の奥行価格補正率を適用して評価するのでしょうか。

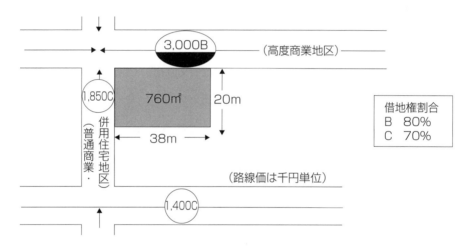

解説

正面路線の地区である高度商業地区の奥行価格補正率を適用して評価します。また、側方路線影響加算額についても正面路線の地区、すなわち高度商業地区の奥行価格補正率及び側方路線影響加算率を適用して計算します。

〈計算例〉

(正面路線価) (高度商業地区の奥行価格補正率) (側方路線価) (高度商業地区の奥行価格補正率) (高度商業地区の側方路線影響加算率) (地積)
(3,000,000円 × 1.00 ＋ 1,850,000円 × 1.00 × 0.10) × 760㎡
　　　　　　　　　　　　　　　　　　　　　　　　　　＝2,420,600,000円

なお、借地権の価額を評価する場合において、接する各路線の借地権割合が異なるときには、原則として、正面路線の借地権割合を適用して評価します。したがって、図の場合の借地権割合は80％となります（国税庁HP 質疑応答事例「地区の異なる2以上の路線に接する宅

三 地の評価」)。

(2) 不整形地の評価

不整形地とは、正方形又はく形以外の計上の宅地をいいます。

不整形地の価額は、次の手順で評価します。

(1) 次の①から④までのいずれかの方法により財産評価基本通達15《奥行価格補正》から同18《三方又は四方路線影響加算》までの定めにより価額を算定します。

① 次図のように不整形地を区分して求めた整形地を基として計算する方法

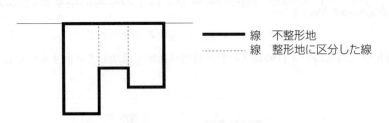

② 次図のように不整形地の地積を間口距離で除して算出した計算上の奥行距離を基として求めた整形地により計算する方法

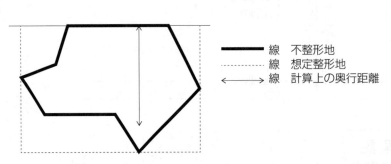

(注) ただし、計算上の奥行距離は、不整形地の全域を囲む、正面路線に面するく形又は正方形の土地(以下「想定整形地」といいます。)の奥行距離を限度とします。

③ 次図のように不整形地に近似する整形地(以下「近似整形地」といいます。)を求め、その設定した近似整形地を基として計算する方法

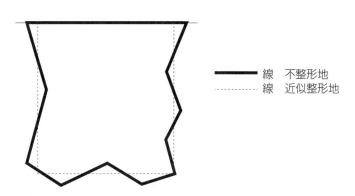

（注） 近似整形地は、近似整形地からはみ出す不整形地の部分の地積と近似整形地に含まれる不整形地以外の部分の地積がおおむね等しく、かつ、その合計地積ができるだけ小さくなるように求めます（④において同じです。）。

④ 次図のように近似整形地イを求め、隣接する整形地ロと合わせて全体の整形地の価額の計算をしてから、隣接する整形地ロの価額を差し引いた価額を基として計算する方法

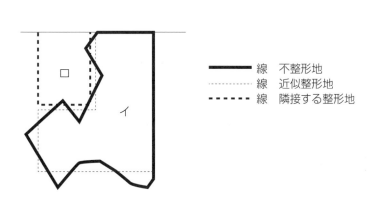

(2) (1)で求めた価額に、不整形の程度、位置及び地積の大小に応じ、「地積区分表」に掲げる地区区分及び地積区分に応じた「不整形地補正率表」に定める補正率（以下「不整形地補正率」といいます。）を乗じます。

◆地積区分表◆

地区区分＼地積区分	A	B	C
高度商業地区	1,000㎡未満	1,000㎡以上 1,500㎡未満	1,500㎡以上
繁華街地区	450㎡未満	450㎡以上 700㎡未満	700㎡以上

普通商業・併用住宅地区	650㎡未満	650㎡以上 1,000㎡未満	1,000㎡以上
普通住宅地区	500㎡未満	500㎡以上 750㎡未満	750㎡以上
中小工場地区	3,500㎡未満	3,500㎡以上 5,000㎡未満	5,000㎡以上

◆不整形地補正率表◆

地区区分 かげ地割合 \ 地積区分	高度商業地区、繁華街地区、普通商業・併用住宅地区、中小工場地区			普通住宅地区		
	A	B	C	A	B	C
10%以上	0.99	0.99	1.00	0.98	0.99	0.99
15% 〃	0.98	0.99	0.99	0.96	0.98	0.99
20% 〃	0.97	0.98	0.99	0.94	0.97	0.98
25% 〃	0.96	0.98	0.99	0.92	0.95	0.97
30% 〃	0.94	0.97	0.98	0.90	0.93	0.96
35% 〃	0.92	0.95	0.98	0.88	0.91	0.94
40% 〃	0.90	0.93	0.97	0.85	0.88	0.92
45% 〃	0.87	0.91	0.95	0.82	0.85	0.90
50% 〃	0.84	0.89	0.93	0.79	0.82	0.87
55% 〃	0.80	0.87	0.90	0.75	0.78	0.83
60% 〃	0.76	0.84	0.86	0.70	0.73	0.78
65% 〃	0.70	0.75	0.80	0.60	0.65	0.70

（注１）不整形地の地区区分に応ずる地積区分は、「地積区分表」によります。
（注２）かげ地割合は次の算式により計算した割合によります。

$$「かげ地割合」 = \frac{想定整形地の地積 - 不整形地の地積}{想定整形地の地積}$$

(3) 間口狭小補正率の適用がある場合においては、この表により求めた不整形地補正率に間口狭小補正率を乗じて得た数値を不整形地補正率とします。ただし、その最小値はこの表に定める不整形地補正率の最小値（0.60）とします。

また、奥行長大補正率の適用がある場合においては、選択により、不整形地補正率を適用

せず、間口狭小補正率に奥行長大補正率を乗じて得た数値によって差し支えありません。
(4) 大工場地区にある不整形地については、原則として不整形地補正を行いませんが、地積がおおむね9,000平方メートル程度までのものについては、「地積区分表」及びこの表に掲げる中小工場地区の区分により不整形地としての補正を行って差し支えありません。

【設例1】区分した整形地を基に不整形地を評価する場合

次の図のような不整形地はどのように評価するのでしょうか。

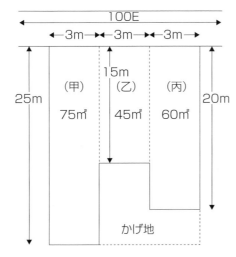

【普通住宅地区】
（路線価は千円単位）
不整形地　180㎡
想定整形地　225㎡

〈回答〉
不整形地を区分して求めた整形地を基として計算した価額の合計額に、不整形地補正率を乗じて評価します。

1．不整形地を整形地に区分して個々に奥行価格補正を行った価額の合計額

　　　　　（路線価）　（奥行距離25mの場合の奥行価格補正率）　（地積）
甲土地　100,000円 × 0.97 × 75㎡ = 7,275,000円

　　　　　（路線価）　（奥行距離15mの場合の奥行価格補正率）　（地積）
乙土地　100,000円 × 1.00 × 45㎡ = 4,500,000円

　　　　　（路線価）　（奥行距離20mの場合の奥行価格補正率）　（地積）
丙土地　100,000円 × 1.00 × 60㎡ = 6,000,000円

　　（甲土地）　　　（乙土地）　　　（丙土地）
　7,275,000円 + 4,500,000円 + 6,000,000円 = 17,775,000円

2．不整形地補正率

不整形地補正率0.94（普通住宅地区　地積区分A　かげ地割合20%）

$$\text{かげ地割合} = \frac{\text{（想定整形地の地積）225㎡} - \text{（不整形地の地積）180㎡}}{225㎡} = 20\%$$

想定整形地の地積　9m × 25m = 225㎡

3．評価額
　　　（甲＋乙＋丙）　　　（不整形地補正率）
　　　17,775,000円　　×　　　0.94　　＝　16,708,500円

（国税庁HP　質疑応答事例「不整形地の評価―区分した整形地を基として評価する場合」）

【設例２】計算上の奥行距離を基に不整形地を評価する場合

次の図のような不整形地はどのように評価するのでしょうか。

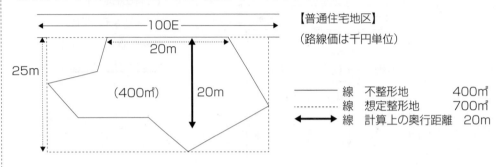

〈回答〉
　不整形地の地積を間口距離で除して算出した計算上の奥行距離を基として求めた整形地としての価額に、不整形地補正率を乗じて評価します。

〈計算例〉
1．不整形地の計算上の奥行距離による奥行価格補正
　　（地積）　　（間口距離）　（計算上の奥行距離）（想定整形地の奥行距離）
　　400㎡　÷　　20m　　＝　　20m　　　（　＜　25m　）

　　（路線価）　（奥行距離20mの場合の奥行価格補正率）（1㎡当たりの価額）
　　100,000円　×　　1.00　　＝　　100,000円

2．不整形地補正率
　　不整形地補正率0.85（普通住宅地区　地積区分Ａ　かげ地割合42.88％）

$$\text{かげ地割合} = \frac{\overset{(想定整形地の地積)}{700㎡} - \overset{(不整形地の地積)}{400㎡}}{\underset{(想定整形地の地積)}{700㎡}} ≒ 42.8\%$$

3．評価額
　　（整形地とした場合の
　　　1㎡当たりの価額）　　（地積）　（不整形地補正率）
　　　100,000円　×　400㎡　×　0.85　＝　34,000,000円

（国税庁HP　質疑応答事例「不整形地の評価―計算上の奥行距離を基として評価する場合」）

【設例3】近似整形地を基に不整形地を評価する場合

次の図のような不整形地はどのように評価するのでしょうか。

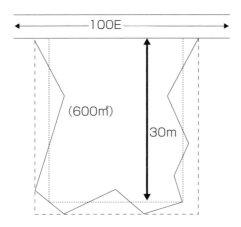

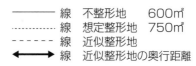

【普通住宅地区】
（路線価は千円単位）

――――― 線　不整形地　　　600㎡
・・・・・・・ 線　想定整形地　　750㎡
- - - - - - 線　近似整形地
←――→ 線　近似整形地の奥行距離

〈回答〉

不整形地に近似する整形地を求め、その近似整形地を基として求めた価額に不整形地補正率を乗じて評価します。この場合、次の点に注意が必要です。

① 近似整形地は、近似整形地からはみ出す不整形地の部分の地積と近似整形地に含まれる不整形地以外の部分の地積がおおむね等しく、かつ、その合計地積ができるだけ小さくなるように求めます。
② 近似整形地の屈折角は90度とします。
③ 近似整形地と想定整形地の地積は必ずしも同一ではありません。

1．近似整形地の奥行価格補正後の1平方メートル当たりの価額（不整形地の奥行価格補正後の1平方メートル当たりの価額）

　　（路線価）　　　（奥行距離30mの場合の奥行価格補正率）
　　100,000円　×　　0.95　　＝　95,000円

2．不整形地補正率

不整形地補正率0.97（普通住宅地区　地積区分B　かげ地割合20%）

$$\text{かげ地割合} = \frac{750㎡ - 600㎡}{750㎡} = 20\%$$

　　　　　　　　　　　（想定整形地の地積）（不整形地の地積）
　　　　　　　　　　　　　　　（想定整形地の地積）

3．評価額

　　（近似整形地の単価）　（不整形地の地積）　（不整形地補正率）
　　　95,000円　×　600㎡　×　0.97　＝　55,290,000円

（注）　この計算例では、財産評価基本通達20-2の「地積規模の大きな宅地の評価」については、考慮していません。

（国税庁HP　質疑応答事例「不整形地の評価―近似整形地を基として評価する場合」）

【設例4】差引き計算により不整形地を評価する場合

次の図のような不整形地はどのように評価するのでしょうか。

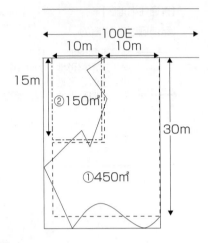

【普通住宅地区】
（路線価は千円単位）

──── 線	不整形地	450㎡
---- 線	近似整形地	450㎡
─·─·─ 線	隣接する整形地	150㎡
──── 線	想定整形地	700㎡

〈回答〉

近似整形地（①）を求め、隣接する整形地（②）と合わせて全体の整形地の価額の計算をしてから隣接する整形地（②）の価額を差し引いた価額を基として計算した価額に、不整形地補正率を乗じて評価します。

この場合、次の点に注意が必要です。
① 近似整形地を設定する場合、その屈折角は90度とします。
② 想定整形地の地積は、近似整形地の地積と隣接する整形地の地積との合計と必ずしも一致しません。
③ 全体の整形地の価額から差し引く隣接する整形地の価額の計算に当たって、奥行距離が短いため奥行価格補正率が1.00未満となる場合においては、当該奥行価格補正率は1.00とします。ただし、全体の整形地の奥行距離が短いため奥行価格補正率が1.00未満の数値となる場合には、隣接する整形地の奥行価格補正率もその数値とします。

1．近似整形地（①）と隣接する整形地（②）を合わせた全体の整形地の奥行価格補正後の価額

（路線価）　（奥行距離30mの場合の奥行価格補正率）　（①+②の地積）
100,000円 × 0.95 × 600㎡ ＝ 57,000,000円

2．隣接する整形地（②）の奥行価格補正後の価額

（路線価）　（奥行距離35mの場合の奥行価格補正率）　（②の地積）
100,000円 × 1.00 × 150㎡ ＝ 15,000,000円

3．1の価額から2の価額を控除して求めた近似整形地（①）の奥行価格補正後の価額

（①+②）　　　（②）　　（近似整形地（①）の価額）
57,000,000円 － 15,000,000円 ＝ 42,000,000円

4．近似整形地の奥行価格補正後の1平方メートル当たりの価額（不整形地の奥行価格補正後の1平方メートル当たりの価額）

（近似整形地（①）の価額）　（①の地積）
42,000,000円 ÷ 450㎡ ＝ 93,333円

5．不整形地補正率
　　不整形地補正率0.88（普通住宅地区　地積区分Ａ　かげ地割合35.71%）

$$
かげ地割合 = \frac{(想定整形地の地積)700㎡ - (不整形地の地積)450㎡}{(想定整形地の地積)700㎡} ≒ 35.71\%
$$

6．評価額

　　（近似整形地の単価）　（不整形地の地積）　（不整形地補正率）
　　　　93,333円　　×　　450㎡　　×　　0.88　　＝　　36,959,868円

（国税庁HP　質疑応答事例「不整形地の評価―差引き計算により評価する場合」）

(3) 地積規模の大きな宅地の評価

　地積規模の大きな宅地で、普通商業・併用住宅地区及び普通住宅地区として定められた地域に所在するものの価額は、上記(1)及び(2)により計算した価額に、その宅地の地積の規模に応じ、次の算式により求めた規模格差補正率を乗じて計算した価額によって評価します（評基通20-2）。

　地積規模の大きな宅地とは、三大都市圏においては500平方メートル以上の地積の宅地、それ以外の地域においては1,000平方メートル以上の地積の宅地をいい、次の①から③までのいずれかに該当するものは除かれます。

① 市街化調整区域（都市計画法第34条第10号又は第11号の規定に基づき宅地分譲に係る同法第4条《定義》第12項に規定する開発行為を行うことができる区域を除きます。）に所在する宅地

② 都市計画法第8条《地域地区》第1項第1号に規定する工業専用地域に所在する宅地

③ 容積率（建築基準法第52条《容積率》第1項に規定する建築物の延べ面積の敷地面積に対する割合をいいます。）が10分の40（東京都の特別区においては10分の30）以上の地域に所在する宅地

〈計算式〉

$$
規模格差補正率 = \frac{Ⓐ \times Ⓑ \times Ⓒ}{地積規模の大きな宅地の面積（Ⓐ）} \times 0.8
$$

　上の算式中の「Ⓑ」及び「Ⓒ」は、地積規模の大きな宅地が所在する地域に応じ、それぞれ次に掲げる表のとおりとされています。

　イ　三大都市圏に所在する宅地

地区区分	普通商業・併用住宅地区、普通住宅地区	普通商業・併用住宅地区、普通住宅地区
記号　　　　地積	Ⓑ	Ⓒ
500㎡以上 1,000㎡未満	0.95	25

1,000㎡以上 3,000㎡未満	0.90	75
3,000㎡以上 5,000㎡未満	0.852	25
5,000㎡以上	0.80	475

ロ　三大都市圏以外の地域に所在する宅地

地区区分	普通商業・併用住宅地区、普通住宅地区	普通商業・併用住宅地区、普通住宅地区
記号　　地積	Ⓑ	Ⓒ
1,000㎡以上 3,000㎡未満	0.90	100
3,000㎡以上 5,000㎡未満	0.85	250
5,000㎡以上	0.80	500

(注1)　上記算式により計算した規模格差補正率は、小数点以下第2位未満を切り捨てます。
(注2)　「三大都市圏」とは、次の地域をいいます。
　　　イ　首都圏整備法（昭和31年法律第83号）第2条《定義》第3項に規定する既成市街地又は同条第4項に規定する近郊整備地帯
　　　ロ　近畿圏整備法（昭和38年法律第129号）第2条《定義》第3項に規定する既成都市区域又は同条第4項に規定する近郊整備区域
　　　ハ　中部圏開発整備法（昭和41年法律第102号）第2条《定義》第3項に規定する都市整備区域

【設例】地籍規模の大きな宅地を評価する場合（一般的な宅地）

　次の図のような宅地（地積750㎡、三大都市圏に所在）の価額はどのように評価するのでしょうか（地積規模の大きな宅地の評価における要件は満たしています。）。

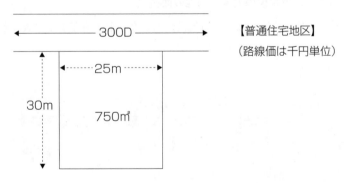

第2章　土地及び土地の上に存する権利の評価

〈回答〉
1. 規模格差補正率の計算（小数点以下第2位未満切捨て）

$$\frac{750㎡ \times 0.95 + 25}{750㎡} \times 0.8 = 0.78$$

2. 評価額

（路線価）		（奥行価格補正率）		（規模格差補正率）		（地積）		
300,000円	×	0.95	×	0.78	×	750㎡	＝	166,725,000円

（国税庁HP　質疑応答事例「地積規模の大きな宅地の評価―計算例①（一般的な宅地の場合）」）

誤りやすい事例　共有地の場合の地積規模の判定

複数の者に共有されている宅地の場合、地積規模の要件を満たすかどうかは、共有者の持分に応じてあん分した後の地積により判定するのでしょうか。

解説

複数の者に共有されている宅地については、共有者の持分に応じてあん分する前の共有地全体の地積により地積規模を判定します。

例えば、AとBに持分2分の1ずつで共有されている三大都市圏に所在する地積800平方メートルの宅地については、AとBの持分に応じてあん分した地積はそれぞれ400平方メートルずつとなりますが、持分に応じてあん分する前の共有地全体の地積は800平方メートルであることから、三大都市圏における500平方メートル以上という地積規模の要件を満たす宅地に該当します。

誤りやすい事例　基準容積率が指定容積率を下回る場合の容積率の判定

評価対象となる宅地は、指定容積率が400％以上の地域に所在しますが、前面道路の幅員に基づく容積率（基準容積率）は400％未満となります。このような場合には容積率の要件を満たすこととなりますか。

解説

容積率が400％（東京都の特別区においては300％）以上の地域に所在する宅地は、地積規模の大きな宅地には該当しません。この場合の容積率は、指定容積率（建築基準法第52条第1項）により判定します。したがって、指定容積率が400％以上（東京都の特別区においては300％以上）である場合には、前面道路の幅員に基づく容積率（基準容積率（建築基準法第52条第2項））が400％未満（東京都の特別区においては300％未満）であったとしても、地積規模の大きな宅地の容積率の要件を満たしません。

■ 倍率地域に所在する地積規模の大きな宅地の評価方法

倍率地域に所在する「地積規模の大きな宅地」については、次のうちいずれか低い方の価額により評価します。

① 倍率方式により評価した価額
② その宅地が標準的な間口距離及び奥行距離を有する宅地であるとした場合の1平方メートル当たりの価額を路線価とし、かつ、その宅地が普通住宅地区に所在するものとして「(3) 地積規模の大きな宅地の評価」に準じて計算した価額

なお、「その宅地が標準的な間口距離及び奥行距離を有する宅地であるとした場合の1平方メートル当たりの価額」は、付近にある標準的な画地規模を有する宅地の価額との均衡を考慮して算定する必要があります。

具体的には、評価対象となる宅地の近傍の固定資産税評価に係る標準宅地の1平方メートル当たりの価額を基に計算することが考えられますが、当該標準宅地が固定資産税評価に係る各種補正の適用を受ける場合には、その適用がないものとしたときの1平方メートル当たりの価額に基づき計算します。

【設例】地籍規模の大きな宅地を評価する場合（倍率地域に所在する宅地）

次の図のような倍率地域に所在する宅地（地積3,000平方メートル、三大都市圏以外の地域に所在）の価額はどのように評価するのでしょうか（地積規模の大きな宅地の評価における要件は満たしています。）。

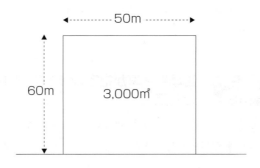

① 宅地の固定資産税評価額：105,000,000円
② 近傍の固定資産税評価に係る標準宅地の1平方メートル当たりの価額：50,000円
③ 倍率：1.1倍

〈回答〉
1．標準的な1平方メートル当たりの価額の計算

　　　　　　　　　　（倍率）
　　50,000円 × 1.1 ＝ 55,000円

2．規模格差補正率（小数点以下第2位未満切捨て）
$$\frac{3,000㎡ \times 0.85 + 250}{3,000㎡} \times 0.8 = 0.74$$

3．評価額

（普通住宅地区の奥行価格補正率）（規模格差補正率）（地積）
55,000円 × 0.86 × 0.74 × 3,000㎡ ＝ 105,006,000円
（＜105,000,000円×1.1＝115,500,000円）

（国税庁HP 質疑応答事例「地積規模の大きな宅地の評価―計算例⑤（倍率地域に所在する宅地の場合）」）

裁決例　都市計画法34条12号区域に所在する雑種地は地積規模の大きな宅地の評価に準じて評価することはできないとされた事例

令和6年3月6日裁決（棄却）

　請求人らは、相続により取得した各土地（本件各土地）は、市街化調整区域のうち都市計画法第34条第12号の規定に基づき宅地分譲に係る開発行為を行うことができる区域（12号区域）に所在しており、宅地の分割分譲が可能であって、分割分譲に伴う減価が発生する土地であるため、財産評価基本通達20-2《地積規模の大きな宅地の評価》（本件通達）に定める「地積規模の大きな宅地」に準じて評価することができる旨主張する。

　しかしながら、本件通達に定める「地積規模の大きな宅地」は、「戸建住宅用地としての分割分譲が法的に可能であり、かつ、戸建住宅用地として利用されるのが標準的である地域に所在する宅地」の範囲をもって定められているところ、都市計画法第34条第12号に相当する開発行為としては、分家に伴う住宅、収用対象事業の施行による移転等による建築物、社寺仏閣、研究施設等の建築物の用に供するものが予定されているのであるから、同号の規定に基づく開発行為の対象となる宅地は、仮に宅地分譲に係る開発行為が可能な区域に所在していたとしても、本件通達が適用対象とする当該範囲に含むべきものではないとしたものと解するのが相当である。したがって、当該範囲に含まれるとする市街化調整区域のうち都市計画法第34条第10号及び第11号の各規定に基づき宅地分譲に係る開発行為を行うことができる区域に所在する宅地と当該範囲に含まれないとする12号区域に所在する宅地とで本件通達上異なる取扱いを定めていることは合理的なものであって、本件各土地を「地積規模の大きな宅地」に準じて評価することはできない。

(4) 無道路地の評価

　無道路地とは、道路に接しない宅地及び接道義務、すなわち、建築基準法その他の法令において規定されている建築物を建築するために必要な道路に接すべき最小限の間口距離の要件を満たしていない宅地をいいます。

　無道路地の価額は、実際に利用している路線の路線価に基づき上記(2)又は(3)によって計算し

た価額から、接道義務に基づき最小限度の通路を開設する場合のその通路に相当する部分の価額（路線価に地積を乗じた価額）を控除した価額によって評価します（評基通20-3）。上記(2)により、付表5「不整形地補正率表」の（注）3の計算をするに当たっては、無道路地が接道義務に基づく最小限度の間口距離を有するものとして間口狭小補正率を適用します。

なお、無道路地について接道義務に基づき最小限度の通路を開設する場合のその通路に相当する部分の価額は、無道路地について、実際に利用している路線の路線価に基づき上記(2)又は(3)によって計算した価額の40％が上限となります（評基通20-3）。

【設例1】無道路地の評価

次の図のような無道路地はどのように評価するのでしょうか。

〈通路開設後想定図〉

【普通住宅地区】
（路線価は千円単位）

（図：左側に100E路線、奥行20mの前面宅地②（かげ地 400㎡）、その奥に20mの無道路地①（400㎡）。右側は通路開設後想定図で、間口2m、通路部分の地積40㎡）

〈回答〉
次のとおり評価します。
1．無道路地（①）の奥行価格補正後の価額
　(1) 無道路地（①）と前面宅地（②）を合わせた土地の奥行価格補正後の価額

　　　（路線価）　（奥行距離40mの場合の奥行価格補正率）　（①＋②の地積の合計）
　　　100,000円　×　　0.91　　×　　800㎡　＝　72,800,000円

　(2) 前面宅地（②）の奥行価格補正後の価額

　　　（路線価）　（奥行距離20mの場合の奥行価格補正率）　（前面宅地（②）の地積）
　　　100,000円　×　　1.00　　×　　400㎡　＝　40,000,000円

　(3) (1)の価額から(2)の価額を控除して求めた無道路地（①）の奥行価格補正後の価額

　　　（①＋②の価額）　（②の価額）　（①の奥行価格補正率の価額）
　　　72,800,000円　－　40,000,000円　＝　32,800,000円（A）

第2章 土地及び土地の上に存する権利の評価

2．不整形地補正（又は間口狭小・奥行長大補正）

不整形地補正率0.79（普通住宅地区　地積区分A　かげ地割合50％）

$$\text{かげ地割合} = \frac{\overset{(想定整形地の地積)}{800㎡} - \overset{(無道路地の地積)}{400㎡}}{\underset{(想定整形地の地積)}{800㎡}} = 50\%$$

間口狭小補正率0.90（間口距離2m）

奥行長大補正率0.90（間口距離2m・奥行距離40m）

(不整形地補正率)		(間口狭小補正率)		(小数点第2位未満切捨て)		(間口狭小補正率)		(奥行最大補正率)	
0.79	×	0.90	=	0.71	<	0.90	×	0.90	= 0.81

(奥行価格補正後の価額)　(不整形地補正率)　(不整形地補正後の①の価額)
　32,800,000円（A）　×　　0.71　　＝　23,288,000円（B）

3．通路部分の価額

　　(路線価)　　(通路部分の地積)　　　　　　　　(限度額)
　　100,000円　×　　40㎡　＝　4,000,000円（C）＜23,288,000円（B）×0.4

4．評価額

(不整形地補正後の①の価額)　(通路部分の価額)　(無道路地①の評価額)
　23,288,000円（B）　－　4,000,000円（C）　＝　19,288,000円

（国税庁HP　質疑応答事例「無道路地の評価」）

【設例2】接道義務を果たしていない宅地の評価

次の図のように間口距離が短く接道義務を満たしていない宅地はどのように評価するのでしょうか。

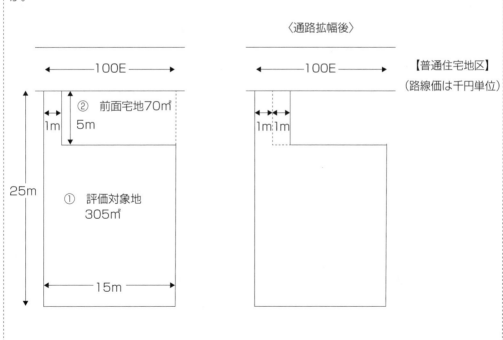

【普通住宅地区】
（路線価は千円単位）

〈回答〉
　通路部分を拡幅しなければ、建物の建築に対して著しい制限のある宅地なので、無道路地に準じた評価を行います。なお、無道路地として評価する際に控除する通路に相当する部分の価額は、通路拡幅のための費用相当額（正面路線価に通路拡幅地積を乗じた価額）とします。

1．評価対象地（①）の奥行価格補正後の価額
　(1) 評価対象地（①）と前面宅地（②）を合わせた土地の奥行価格補正後の価額
　　　　（路線価）　（奥行距離25mの場合の奥行価格補正率）　（①+②の地積）
　　　　100,000円　×　0.97　×　375㎡　＝　36,375,000円

　(2) 前面宅地（②）の奥行価格補正後の価額
　　　　（路線価）　（奥行距離5mの場合の奥行価格補正率）　（前面宅地（②）の地積）
　　　　100,000円　×　1.00（※）　×　70㎡　＝　7,000,000円

　　※　奥行距離が5mの場合の奥行価格補正率は「0.92」ですが、「0.92」とすると前記(1)の評価対象地（①）と前面宅地（②）を合わせた整形地の奥行価格補正後の単価より、道路に接する部分が欠落している不整形地の奥行価格補正後の単価が高くなり不合理なので、このように前面宅地の奥行距離が短いため奥行価格補正率が1.00未満となる場合においては、当該奥行価格補正率は1.00とします。
　　　　ただし、前記(1)の評価対象地（①）と前面宅地（②）を合わせて評価する場合において奥行距離が短いため奥行価格補正率が1.00未満の数値となる場合には、前面宅地の奥行価格補正率もその数値とします。

　(3) (1)の価額から(2)の価額を控除して求めた評価対象地（①）の奥行価格補正後の価額
　　　　（①+②の価額）　（②の価額）　（①の奥行価格補正率の価額）
　　　　36,375,000円　－　7,000,000円　＝　29,375,000円（A）

2．不整形地補正（又は間口狭小・奥行長大補正）後の価額
　不整形地補正率0.96（普通住宅地区　地積区分A　かげ地割合18.67%）
　　　　　　　　　　　　（想定整形地の地積）　（評価対象地の地積）
　　［かげ地割合　＝　$\dfrac{375㎡ － 305㎡}{375㎡}$　≒　18.67%］
　　　　　　　　　　　　（想定整形地の地積）

　間口狭小補正率0.90（通路拡幅後の間口距離2mに対するもの）
　奥行長大補正率0.90（通路拡幅後の間口距離2m・奥行距離25mに対するもの）
　　（不整形地補正率）　（間口狭小補正率）　（小数点第2位未満切捨て）　（間口狭小補正率）　（奥行長大補正率）
　　0.96　×　0.90　＝　0.86　＞　0.90　×　0.90　＝　0.81

　　（奥行価格補正後の価額）　（間口狭小・奥行長大補正率）
　　29,375,000円（A）　×　0.81　＝　23,793,750円（B）

3．通路拡幅部分の価額
　　（路線価）　（通路部分の地積）　　　　　　（限度額）
　　100,000円　×　5㎡　＝　500,000円（C）＜23,793,750円（B）×0.4

4．評価額
　　（不整形地補正後の①の価額）　（通路拡幅部分の価額）　（評価対象地①の評価額）
　　23,793,750円（B）　－　500,000円（C）　＝　23,293,750円

（国税庁HP　質疑応答事例「接道義務を満たしていない宅地の評価」）

裁決例　実際に利用している路線が二つある場合の無道路地の評価

平成18年5月8日裁決（一部取消し）

　財産評価基本通達20−2は、通路開設費用は接道義務に基づき最小限度の通路を開設する場合のその通路に相当する部分の価額とする旨定めていることから、無道路地において実際に利用している路線が二つある場合は、開設通路の価額の低い方の路線が利用路線であると解するのが相当である。

裁決例　無道路地に該当しない場合

平成23年12月6日裁決（一部取消し）

　請求人は、本件B土地は、財産評価基本通達（評価通達）20−2《無道路地の評価》に定める無道路地に該当する旨主張する。しかしながら、評価通達20−2にいう無道路地とは、「道路」に面しない土地をいうところ、位置指定道路は、道路交通法上、一般の交通の用に供するその他の場所に該当し、他の道路と等しく同法の適用を受け、各種の規制を受けるとともに、道路法の規定に準じて道路敷である土地について、一般の交通を阻害する方法で私権を行使することができないというべきであることからすると、同通達20−2にいう「道路」に含まれると解される。したがって、本件B土地は、位置指定道路に接面する土地であると認められるから、同通達20−2に定める無道路地には該当しない。

(5) 間口が狭小な宅地等の評価

　間口が狭小な宅地及び奥行が長大な宅地（不整形地及び無道路地を除きます。）の価額は、奥行価格補正、側方路線影響加算、二方路線影響加算、三方又は四方路線影響加算を適用して計算した1平方メートル当たりの価額に、それぞれ次に掲げる補正率表に定める補正率を乗じて求めた価額にこれらの宅地の地積を乗じて計算した価額によって評価します（評基通20-4）。

① 間口が狭小な宅地：間口狭小補正率表
② 奥行が長大な宅地：奥行長大補正率表

　評価対象地の地積が大きいもの等である場合には、上記①又は②の補正率表の適用に当たって、近傍の宅地の価額との均衡を考慮し、それぞれの補正率表に定める補正率を適宜修正することができます。

　なお、上記(3)の「地積規模の大きな宅地の評価」の適用がある場合には、上記により評価した価額に、規模格差補正率を乗じて計算した価額によって評価します（評基通20-4なお書き）。

◆間口狭小補正率表◆

地区区分 間口距離 （メートル）	ビル街地区	高度商業地区	繁華街地区	普通商業・併用住宅地区	普通住宅地区	中小工場地区	大工場地区
4未満	-	0.85	0.90	0.90	0.90	0.80	0.80
4以上6未満	-	0.94	1.00	0.97	0.94	0.85	0.85
6 〃 8 〃	-	0.97		1.00	0.97	0.90	0.90
8 〃 10 〃	0.95	1.00			1.00	0.95	0.95
10 〃 16 〃	0.97					1.00	0.97
16 〃 22 〃	0.98						0.98
22 〃 28 〃	0.99						0.99
28 〃	1.00						1.00

◆奥行長大補正率表◆

地区区分 奥行距離 間口距離	ビル街地区	高度商業地区 繁華街地区 普通商業・ 併用住宅地区	普通住宅地区	中小工場地区	大工場地区
2以上3未満	1.00	1.00	0.98	1.00	1.00
3 〃 4 〃		0.99	0.96	0.99	
4 〃 5 〃		0.98	0.94	0.98	
5 〃 6 〃		0.96	0.92	0.96	
6 〃 7 〃		0.94	0.90	0.94	
7 〃 8 〃		0.92		0.92	
8 〃		0.90		0.90	

(6) がけ地等を有する宅地の評価

　がけ地等を有する宅地、すなわち、がけ地等で通常の用途に供することができないと認められる部分を有する宅地（「土砂災害特別警戒区域内にある宅地」に該当するものを除きます。）の価額は、その宅地のうちに存するがけ地等が、がけ地等でないとした場合の価額に、その宅地の総地積に対するがけ地部分等通常の用途に供することができないと認められる部分の地積の割合に応じて「がけ地補正率表」に定める補正率を乗じて計算した価額によって評価します（評基通20-5）。

　なお、がけ地等補正率が適用されるがけ地等を有する宅地とは、例えば、ヒナ段式に造成さ

れた住宅団地に見られるような、擁壁部分(人工擁壁か自然擁壁かを問いません。)を有する宅地など平坦部分とがけ地等の部分が一体となっている宅地をいいますから、平坦部分である宅地とそれ以外の部分(山林や雑種地)を別の評価単位として評価すべき場合には、がけ地補正率の適用はできません(山林や雑種地として評価する土地については、状況に応じて、宅地造成費を控除して評価します。)。

◆がけ地補正率表◆

がけ地地積／総地積＼がけ地の方位	南	東	西	北
0.10以上	0.96	0.95	0.94	0.93
0.20 〃	0.92	0.91	0.90	0.88
0.30 〃	0.88	0.87	0.86	0.83
0.40 〃	0.85	0.84	0.82	0.78
0.50 〃	0.82	0.81	0.78	0.73
0.60 〃	0.79	0.77	0.74	0.68
0.70 〃	0.76	0.74	0.70	0.63
0.80 〃	0.73	0.70	0.66	0.58
0.90 〃	0.70	0.65	0.60	0.53

(注) がけ地の方位については、次により判定します。
 1．がけ地の方位は、斜面の向きによります。
 2．2方位以上のがけ地がある場合は、次の算式により計算した割合をがけ地補正率とします。

$$\frac{\begin{pmatrix}総地積に対するがけ\\地部分の全地積の\\割合に応ずるA方位\\のがけ地補正率\end{pmatrix} \times A方位のがけ地の地積 + \begin{pmatrix}総地積に対するがけ\\地部分の全地積の\\割合に応ずるB方位\\のがけ地補正率\end{pmatrix} \times B方位のがけ地の地積 + \cdots\cdots}{がけ地部分の全地積}$$

 3．この表に定められた方位に該当しない「東南斜面」などについては、がけ地の方位の東と南に応ずるがけ地補正率を平均して求めることができます。

【設例】がけ地を有する宅地の評価

次の宅地はどのように評価しますか。

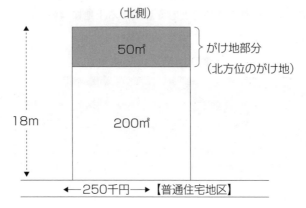

〈回答〉
1. がけ地の割合
   がけ地割合＝ $\dfrac{50㎡}{200㎡＋50㎡}$ ＝ 0.20
2. がけ地補正率
   がけ地割合0.20に応じる北方位のがけ地補正率　0.88
3. 評価額
   　　　　　　　　　（奥行価格補正率）　（がけ地補正率）
   250,000円　×　　1.0　　×　　0.88　　×　（200㎡＋50㎡）　＝　55,000,000円

(7) 土砂災害特別警戒区域内にある宅地の評価

土砂災害特別警戒区域内とは、土砂災害警戒区域等における土砂災害防止対策の推進に関する法律第9条《土砂災害特別警戒区域》第1項に規定する土砂災害特別警戒区域の区域内をいいます。

土砂災害特別警戒区域内となる部分を有する宅地の価額は、その宅地のうちの土砂災害特別警戒区域内となる部分が土砂災害特別警戒区域内となる部分でないものとした場合の価額に、その宅地の総地積に対する土砂災害特別警戒区域内となる部分の地積の割合に「特別警戒区域補正率表」に定める補正率を乗じて計算した価額によって評価します（評基通20-6）。

◆特別警戒区域補正率表◆

$\dfrac{特別警戒区域の地積}{総地積}$	補正率
0.10以上	0.90
0.40 〃	0.80
0.70 〃	0.70

（注）がけ地補正率の適用がある場合においては、この表により求めた補正率にがけ地補正率を乗じて得た数値を特別警戒区域補正率とします。ただし、その最小値は0.50とします。

第2章 土地及び土地の上に存する権利の評価

【設例1】土砂災害特別警戒区域内にある宅地

① 総地積：400㎡
② 特別警戒区域内となる部分の地積：100㎡

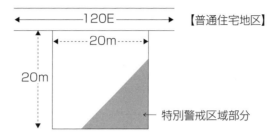

〈計算例〉
1．総地積に対する特別警戒区域となる部分の地積の割合
$$\frac{100㎡}{400㎡} = 0.25$$
2．評価額

(路線価)	(奥行価格補正率)	(特別警戒区域補正率)	(地積)	
120,000円	× 1.00	× 0.90	× 400㎡	= 43,200,000円

【設例2】土砂災害特別警戒区域内にある宅地でがけ地等を有する場合

① 総地積：400㎡
② 特別警戒区域内となる部分の地積：300㎡
③ がけ地（南方位）の地積：200㎡

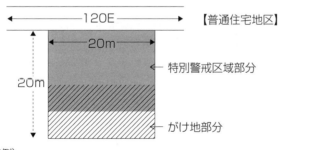

〈計算例〉
1．総地積に対する特別警戒区域となる部分の地積の割合
$$\frac{300㎡}{400㎡} = 0.75$$
2．総地積に対するがけ地部分の地積の割合
$$\frac{200㎡}{400㎡} = 0.5$$
3．特別警戒区域補正率

(特別警戒区域補正率表の補正率)	(南方位のがけ地補正率)	(特別警戒区域補正率)	
0.70	× 0.82	= 0.57 (※)	（小数点以下2位未満を切捨て）

531

　　　　※　0.50未満の場合は、0.50となる。
４．評価額
　　　（路線価）　（奥行価格補正率）　（特別警戒区域補正率）　（地積）
　　　120,000円　×　1.00　×　0.57　×　400㎡　＝　27,360,000円

(8) 容積率の異なる２以上の地域にわたる宅地の評価

　容積率（建築基準法第52条に規定する建築物の延べ面積の敷地面積に対する割合をいいます。）の異なる２以上の地域にわたる宅地の価額は、上記(1)から(7)までにより評価した価額から、その価額に次の算式により計算した割合を乗じて計算した金額を控除した価額によって評価します（評基通20-7）。

$$\left[1 - \frac{\text{容積率の異なる部分の各部分に適用される容積率にその各部分の地積を乗じて計算した数値の合計}}{\text{正面路線に接する部分の容積率×宅地の総地積}}\right] \times \begin{array}{l}\text{容積率が価額に}\\\text{及ぼす影響度}\end{array}$$

　上記の算式において適用する「容積率が価額に及ぼす影響度」は、下表のとおりです。

◆容積率が価額に及ぼす影響度◆

地区区分	影響度
高度商業地区、繁華街地区	0.8
普通商業・併用住宅地区	0.5
普通住宅地区	0.1

（注１）上記算式により計算した割合は、小数点以下第３位未満を四捨五入して求めます。
（注２）正面路線に接する部分の容積率が他の部分の容積率よりも低い宅地など、この算式により計算した割合が負数となるときは、この評価方法は適用しません。
（注３）２以上の路線に接する宅地について正面路線の路線価に奥行価格補正率を乗じて計算した価額からその価額に上記算式により計算した割合を乗じて計算した金額を控除した価額が、正面路線以外の路線の路線価に奥行価格補正率を乗じて計算した価額を下回る場合におけるその宅地の価額は、それらのうち最も高い価額となる路線を正面路線とみなして上記(1)から(7)により計算した価額によって評価します。この場合、上記(1)から(7)までの適用については、正面路線とみなした路線の地区区分によります。

【設例】容積率の異なる地域にわたる宅地の評価

　次の図の宅地はどのように評価しますか。

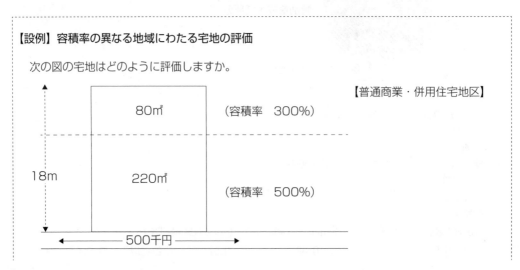

〈回答〉
1. 減額割合の計算

$$\left[1-\frac{500\times220㎡\ +\ 300\times80㎡}{500\times300㎡}\right]\times\underset{(影響度)}{0.5}≒0.05333\rightarrow0.053$$

2. 評価額

500,000円 × $\underset{(奥行価格補正率)}{1.0}$ ×（1－0.053）×300㎡＝142,050,000円

誤りやすい事例　指定容積率と基準容積率

容積率の異なる2以上の地域にわたる宅地の評価に当たり、減額割合の計算を行う場合に適用する容積率は、指定容積率と基準容積率とのいずれによるのでしょうか。

解　説

建築基準法は、道路、公園、上下水道等の公共施設と建築物の規模との均衡を図り、その地域全体の環境を守るために、建築物の延べ面積の敷地面積に対する割合の最高限度を定めており、この割合を「容積率」といいます。

容積率には、都市計画にあわせて指定されるもの（指定容積率）と建築基準法独自のもの（基準容積率）とがあり、実際に適用される容積率は、これらのうちいずれか小さい方です。容積率の異なる2以上の地域にわたる宅地の評価において適用する容積率も指定容積率と基準容積率のうちいずれか小さいほうとなります。

なお、この取扱いは、減額調整方法としての統一基準を定めたものであることから、減額割合の計算上は、容積率の制限を緩和する特例を定めた建築基準法に規定する基準容積率（①特定道路との関係による容積率の制限の緩和、②都市計画道路がある場合の特例、③壁面線の指定がある場合の特例、④一定の条件を備えた建築物の場合の特例）は関係ありません。

(9) 特定路線価

路線価地域において路線価の設定されていない道路のみに接する宅地を評価するために、その道路を路線とみなしてその宅地を評価するための路線価の設定を申し出ることができます（評基通14-3）。この路線価を特定路線価といいます。

この特定路線価は、その特定路線価を設定しようとする道路に接続する路線及びその道路の付近の路線に設定されている路線価を基に、その道路の状況、地区の別等を考慮して税務署長が設定することとなります。

> **裁決例** 特定路線価を設定して評価する趣旨

平成24年11月13日裁決（棄却）

　特定路線価を設定して評価する趣旨は、評価対象地が路線価の設定されていない道路のみに接している場合であっても、評価対象地の価額をその道路と状況が類似する付近の路線価の付された路線に接する宅地とのバランスを失することのないように評価しようとするものであって、このような趣旨からすると、特定路線価は、路線価の設定されていない道路に接続する路線及び当該道路の付近の路線に設定されている路線価を基にその道路の状況、評価しようとする宅地の所在する地区の別等を考慮して評定されるものであるから、その評定において不合理と認められる特段の事情がない限り、当該特定路線価に基づく評価方法は、路線価の設定されていない道路のみに接続する路線に設定された路線価を基に画地調整を行って評価する方法より合理的であると認められる。

> **裁決例** 路線価が設定されていない土地で特定路線価により評価すべき場合

令和2年8月21日裁決（棄却）

　請求人らは、路線価の設定されていない道路のみに接する土地（本件土地）の評価に当たり、当該道路に接続する路線（本件接続路線）に設定された路線価（本件接続路線価）を基に評価するべきであり、そのように評価することが実情に即さない場合に当該道路に設定された特定路線価を基に評価すべきである旨主張する。しかしながら、路線価の設定されていない道路のみに接する宅地の価額は、当該道路に特定路線価が設定されている場合は、その特定路線価の評定について不合理と認められる特段の事情がない限り、特定路線価を基に評価することが合理的であるところ、原処分庁の申出により当該道路に設定された特定路線価（本件特定路線価）は、その評定において不合理と認められる特段の事情があるとは認められないから、本件土地の価額は、本件特定路線価を基に評価すべきである。

３ 倍率方式による評価

　倍率方式により評価する宅地の価額は、その宅地の固定資産税評価額に地価事情の類似する地域ごとに、その地域にある宅地の売買実例価額、公示価格、不動産鑑定士等による鑑定評価額、精通者意見価格等を基として国税局長の定める倍率を乗じて計算した金額によって評価します（評基通21-2）。

　ただし、倍率方式により評価する地域（以下「倍率地域」といいます。）に所在する財産評価基本通達20-2《地積規模の大きな宅地の評価》に定める地積規模の大きな宅地（同22-2

《大規模工場用地》に定める大規模工場用地を除く。）の価額については、本項本文の定めにより評価した価額が、その宅地が標準的な間口距離及び奥行距離を有する宅地であるとした場合の１平方メートル当たりの価額を同14《路線価》に定める路線価とし、かつ、その宅地が同14-2《地区》に定める普通住宅地区に所在するものとして同20-2の定めに準じて計算した価額を上回る場合には、同20-2の定めに準じて計算した価額により評価します（評基通21-2ただし書き）。

【設例】倍率地域に所在する宅地の評価

次の図のような倍率地域に所在する宅地（地積3,000平方メートル、三大都市圏以外の地域に所在）の価額はどのように評価するのでしょうか（地積規模の大きな宅地の評価における要件は満たしています。）。

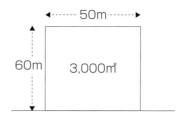

1．宅地の固定資産税評価額：105,000,000円
2．近傍の固定資産税評価に係る標準住宅の１平方メートル当たりの価額：50,000円
3．倍率：1.1倍

〈回答〉
1．標準的な１平方メートル当たりの価額の計算
　　　　　　　　　　（倍率）
　　50,000円　×　1.1　＝　55,000円
2．規模格差補正率（小数点以下第２位未満切捨て）
$$\frac{3,000㎡ \times 0.85 + 250}{3,000㎡} \times 0.8 = 0.74$$
3．評価額
　　　　　　　　（普通住宅地区の
　　　　　　　　　奥行価格補正率）　（規模格差補正率）　　（地積）
　　55,000円　×　　0.86　　×　　0.74　　×　3,000㎡　＝　105,006,000円
　　　　　　　　　　　　　　　　　　　　　　　（＜105,000,000×1.1＝115,500,000円）

(注１) 倍率地域に所在する宅地は、普通住宅地区に所在するものとして計算します。
(注２) その宅地の固定資産税評価額に倍率を乗じて計算した価額が「地積規模の大きな宅地の評価」（財産評価基本通達20-2）に準じて計算した価額を上回る場合には、「地積規模の大きな宅地の評価」に準じて計算した価額により評価します。

（国税庁HP 質疑応答事例「地積規模の大きな宅地の評価－計算例⑤（倍率地域に所在する宅地の場合）」

■ 固定資産税評価額が付されていない土地の評価

倍率方式により評価する土地について、課税時期において、固定資産税評価額が付されていない場合及び地目の変更等により現況に応じた固定資産税評価額が付されていない場合には、その土地の現況に応じ、状況が類似する付近の土地の固定資産税評価額を基とし、付近の土地とその土地との位置、形状等の条件差を考慮して、その土地の固定資産税評価額に相当する額を算出し、その額に評価倍率を乗じて評価します。

ただし、相続税等の申告書の提出期限までに、その土地に新たに固定資産税評価額が付された場合には、その付された価額を基として評価します（国税庁HP 質疑応答事例「固定資産税評価額が付されていない土地の評価」）。

> **誤りやすい事例** 倍率方式によって評価する土地の実際の面積が台帳地積と異なる場合の取扱い

固定資産課税台帳に登録されている地積が実際の面積と異なる土地を倍率方式で評価する場合には、具体的にはどのように計算するのでしょうか。

> **解 説**

固定資産課税台帳に登録されている地積は、原則として、登記簿地積とされていますから、実際の面積と異なる場合があります。このような場合、土地の価額は、課税時期における実際の面積に基づいて評価します。

倍率方式によって評価する土地の実際の面積が台帳地積と異なるときには、その土地の実際の面積に対応する固定資産税評価額を求め、その金額に倍率を乗じて計算した価額で評価します。その土地の実際の面積に対応する固定資産税評価額は、特に支障のない限り次の算式で計算して差し支えありません。

$$\text{その土地の固定資産税額評価額} \times \frac{\text{実際の面積}}{\text{固定資産課税台帳に登録されている地積}}$$

特殊な宅地の評価

(1) 大規模工場用地の評価

大規模工場用地の評価方法は、次のとおりです。ただし、その地積が20万平方メートル以上のものの価額は、次により計算した価額の100分の95に相当する価額によって評価します（評基通22）。

① 路線価地域に所在する大規模工場用地の価額は、正面路線の路線価にその大規模工場用地の地積を乗じて計算した価額によって評価します。

② 倍率地域に所在する大規模工場用地の価額は、その大規模工場用地の固定資産税評価額

に倍率を乗じて計算した金額によって評価します。なお、大規模工場用地用の評価倍率は、財産評価基準書において、一般の土地等用の評価倍率とは別に定められています。

■ 大規模工場用地

大規模工場用地とは、一団の工場用地の地積が5万平方メートル以上のものをいいます（評基通22-2）。ただし、路線価地域においては、大工場地区として定められた地域に所在するものに限られます（評基通22-2ただし書き）。この場合の「一団の工場用地」とは、工場、研究開発施設等の敷地の用に供されている宅地及びこれらの宅地に隣接する駐車場、福利厚生施設等の用に供されている一団の土地をいいます（評基通22-2（注））。

なお、その土地が、不特定多数の者の通行の用に供されている道路、河川等により物理的に分離されている場合には、その分離されている一団の工場用地ごとに評価することになります。

(2) 余剰容積率の移転がある場合の宅地の評価

① 余剰容積率を移転している宅地の評価

「余剰容積率を移転している宅地」とは、容積率の制限に満たない延べ面積の建築物が存する宅地（以下(2)において「余剰容積率を有する宅地」といいます。）で、その宅地以外の宅地に容積率の制限を超える延べ面積の建築物を建築することを目的とし、区分地上権、地役権、賃借権等の建築物の建築に関する制限が存する宅地をいます（評基通23-2(1)）。

余剰容積率を移転している宅地の価額は、余剰容積率の移転がないとした場合のその宅地の価額を基に、設定されている権利の内容、建築物の建築制限の内容等を勘案して評価します。

ただし、次の算式により計算した金額によって評価することができることとされています（評基通23(1)）。

$$A \times \left[1 - \frac{B}{C} \right]$$

上の算式中の「A」、「B」及び「C」は、それぞれ次のとおりです。

「A」＝余剰容積率を移転している宅地について、余剰容積率の移転がないものとして財産評価基本通達の定めに従って評価した場合のその宅地の価額

「B」＝区分地上権の設定等に当たり収受した対価の額

「C」＝区分地上権の設定等の直前における余剰容積率を移転している宅地の通常の取引価額に相当する金額

② 余剰容積率の移転を受けている宅地の評価

「余剰容積率の移転を受けている宅地」とは、余剰容積率を有する宅地に区分地上権、地役権、賃借権の設定を行う等の方法により建築物の建築に関する制限をすることによって容積率の制限を超える延べ面積の建築物を建築している宅地をいいます（評基通23-2(2)）。

余剰容積率の移転を受けている宅地の価額は、原則として、余剰容積率の移転を受けていないとした場合のその宅地の価額を基に、容積率の制限を超える延べ面積の建築物を建築するために設定している権利の内容、建築物の建築状況等を勘案して評価します。

ただし、次の算式により計算した金額によって評価することができることとされています（評基通23(2)）。

$$D \times \left[1 + \frac{E}{F}\right]$$

上の算式中の「D」、「E」及び「F」は、それぞれ次のとおりです。
「D」＝余剰容積率の移転を受けている宅地について、余剰容積率の移転を受けていないものとして財産評価基本通達の定めに従って評価した場合のその宅地の価額
「E」＝区分地上権の設定等に当たり支払った対価の額
「F」＝区分地上権の設定等の直前における余剰容積率の移転を受けている宅地の通常の取引価額に相当する金額

なお、余剰容積率を有する宅地に設定された区分地上権等は、独立した財産として評価しないこととし、余剰容積率の移転を受けている宅地の価額に含めて評価することとされています（評基通23(2)（注））。

(3) 私道の用に供されている宅地の評価

① 原則

私道の用に供されている宅地の価額は、その宅地が私道の用に供されているものではないとして評価した価額の100分の30に相当する価額によって評価します（評基通24前段）。

路線価地域における私道の評価方法を計算式で示すと次のとおりとなりますが、その私道に設定された特定路線価を基に評価（特定路線価×0.3）することもできます（国税庁HP タックスアンサー「No.4622　私道の評価」）。

〈算式〉
　　　正面路線価×奥行価格補正率×間口狭小補正率×奥行長大補正率×0.3×地積

なお、倍率地域において、私道の固定資産税評価額が私道であることを考慮して付されている場合には、その宅地が私道でないものとした場合の固定資産税評価額に倍率を乗じて評価した価額の30％相当額で評価します（国税庁HP 質疑応答事例「私道の用に供されている宅地の評価」(1)）。

② 不特定多数の者の通行の用に供されている私道

その私道が不特定多数の者の通行の用に供されているときは、その私道の価額は評価しません（評基通24後段）。

不特定多数の者の通行の用に供されている私道とは、例えば、次のようなものが挙げられます（国税庁HP 質疑応答事例「不特定多数の者の通行の用に供されている私道」）。

①	公道から公道へ通り抜けできる私道
②	行き止まりの私道であるが、その私道を通行して不特定多数の者が地域等の集会所、地域センター及び公園などの公共施設や商店街等に出入りしている場合などにおけるその私道
③	私道の一部に公共バスの転回場や停留所が設けられており、不特定多数の者が利用している場合などのその私道

なお、不特定多数の者の通行の用に供されている私道とは、上記のようにある程度の公共性が認められるものであることが必要ですが、道路の幅員の大小によって区別するものではありません。

誤りやすい事例　宅地への通路として利用している路地状敷地

次の図のAの部分のように、宅地Bへの通路として専用利用している路地状敷地については、どのように評価するのでしょうか。

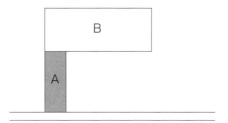

解説

Aの部分のように、宅地Bへの通路として専用利用している路地状敷地については、私道として評価することはせず、隣接する宅地Bとともに1画地の宅地として評価します（国税庁HP 質疑応答事例「私道の用に供されている宅地の評価」(2)）。

■ 歩道状空地の評価

下の図のような「歩道状空地」の用に供されている宅地については、法令上の制約の有無のみならず、その宅地の位置関係、形状等や道路としての利用状況、これらを踏まえた道路以外の用途への転用の難易等に照らし、客観的交換価値に低下が認められる場合には、その宅地を財産評価基本通達24に基づき評価します。

具体的には、①都市計画法所定の開発行為の許可を受けるために、地方公共団体の指導要綱等を踏まえた行政指導によって整備され、②道路に沿って、歩道としてインターロッキングなどの舗装が施されたものであり、③居住者等以外の第三者による自由な通行の用に供されている「歩道状空地」は、財産評価基本通達24に基づき評価することとなります。

なお、その歩道状空地が、不特定多数の者の通行の用に供されている場合には、その価額は評価しません。

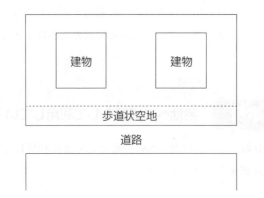

> **裁判例** 歩道状空地について減額評価が認められる場合

最高裁第三小法廷平成29年2月28日判決（破棄差戻し）

　私道の用に供されている宅地につき客観的交換価値が低下するものとして減額されるべき場合を、建築基準法等の法令によって建築制限や私道の変更等の制限などの制約が課されている場合に限定する理由はなく、そのような宅地の相続税に係る財産の評価における減額の要否及び程度は、私道としての利用に関する建築基準法等の法令上の制約の有無のみならず、当該宅地の位置関係、形状等や道路としての利用状況、これらを踏まえた道路以外の用途への転用の難易等に照らし、当該宅地の客観的交換価値に低下が認められるか否か、また、その低下がどの程度かを考慮して決定する必要があるというべきである。

　これを本件についてみると、本件各歩道状空地は、車道に沿って幅員2mの歩道としてインターロッキング舗装が施されたもので、いずれも相応の面積がある上に、本件各共同住宅の居住者等以外の第三者による自由な通行の用に供されていることがうかがわれる。また、本件各歩道状空地は、いずれも本件各共同住宅を建築する際、都市計画法所定の開発行為の許可を受けるために、市の指導要綱等を踏まえた行政指導によって私道の用に供されるに至ったものであり、本件各共同住宅が存在する限りにおいて、上告人らが道路以外の用途へ転用することが容易であるとは認め難い。そして、これらの事情に照らせば、本件各共同住宅の建築のための開発行為が被相続人による選択の結果であるとしても、このことから直ちに本件各歩道状空地について減額して評価をする必要がないということはできない。

> **裁決例** 不動産鑑定書における私道部分の事実評価の誤り

平成23年6月7日裁決（棄却）

　本件鑑定書においては、本件土地が不特定多数の者の通行の用に供されている私道であることを前

提に鑑定評価が行われているが、本件土地の大部分は一方が行き止まりのいわゆる袋小路であり、専ら本件土地に隣接する土上の居宅及びアパートの居住者という特定の者の通行の用に供されているものと認められることからすると、本件鑑定書は本件土地を評価する上で前提となる事実の評価を誤ったものであり、その内容に合理性があると認めることはできず、本件鑑定評価額が本件土地の客観的な交換価値を示しているということはできない。

裁決例 不特定多数の者の通行の用に供されている私道とは認められないとされた事例

平成28年12月7日裁決（棄却）

　請求人らは、相続財産である私道（本件土地）が近隣住民の生活用道路として利用されていることから、不特定多数の者の通行の用に供されている私道であり、財産評価基本通達24《私道の用に供されている宅地の評価》後段の定めにより零円と評価すべきである旨主張する。しかしながら、本件土地は、いわゆる行き止まり道路で、本件土地を利用する者は、本件土地が隣接する宅地上に存する戸建住宅の居住者又はその関係者など、当該住宅に出入りする者に限られると認められることからすれば、不特定多数の者の通行の用に供されている私道であるとは認められない。

---

(4) 土地区画整理事業施行中の宅地の評価

① 仮換地の価額に相当する価額で評価する場合

　土地区画整理事業（土地区画整理法第2条《定義》第1項又は第2項に規定する土地区画整理事業をいいます。）の施行地区内にある宅地について同法第98条《仮換地の指定》の規定に基づき仮換地が指定されている場合におけるその宅地の価額は、上記❷、❸及び❹(3)により計算したその仮換地の価額に相当する価額によって評価します（評基通24-2本文）。

　ただし、その仮換地の造成工事が施工中で、当該工事が完了するまでの期間が1年を超えると見込まれる場合の仮換地の価額に相当する価額は、その仮換地について造成工事が完了したものとして、本文の定めにより評価した価額の100分の95に相当する金額によって評価します（評基通24-2ただし書き）。

② 従前の宅地の価額で評価する場合

　仮換地が指定されている場合であっても、次のいずれにも該当するときには、従前の宅地の価額により評価します（評基通24-2（注））。

①	土地区画整理法第99条《仮換地の指定の効果》第2項の規定により、仮換地について使用又は収益を開始する日を別に定めるとされているため、当該仮換地について使用又は収益を開始することができないこと
②	仮換地の造成工事が行われていないこと

■ 路線価図に「個別評価」と表示されている地区内にある土地の評価

　土地区画整理事業や都市再開発事業が施行されている地区については、１年間のうちに状況が変わることがあるため、年間を通じて一つの路線価を適用することが相当ではない場合があります。そのような地区については財産評価基準書に「個別評価」と表示されています。相続税又は贈与税の申告に際し、課税の対象となる土地等について、財産評価基準書に「個別評価」と表示されているために路線価等を基に評価することができない場合には、税務署長にその土地の評価をするための個別評価の申出をします。

　　（注）「個別評価申出書」の様式は各国税局で独自に定めており、各国税局のホームページで確認することができます。

誤りやすい事例　換地処分の公告前に課税時期が到来した場合の清算金

　換地処分の公告によって徴収されること又は交付されることが確定した清算金は、債権又は債務となり、土地の評価に影響することはありませんが、換地処分の公告前において、換地処分により徴収又は交付されることとなる清算金で、課税時期において確実と見込まれるものがあるときには、その金額をその土地の評価上考慮して、徴収されるものは仮換地の価額から減算し、交付されるものは加算して評価します（国税庁HP　質疑応答事例「土地区画整理事業施行中の宅地の評価」）。

(5)　造成中の宅地の評価

　造成中の宅地の価額は、その土地の造成工事着手直前の地目により評価した課税時期における価額に、その宅地の造成に係る費用現価の100分の80に相当する金額を加算した金額によって評価します（評基通24-3）。

　この場合の費用現価とは、課税時期までに投下した造成費用（例えば、埋立て費、土盛り費、土止め費、地ならし費等）の額を課税時期の価額に引き直した額の合計額をいいます。

(6)　農業用施設用地の評価

　「農業用施設用地」とは、農業用施設（畜舎、蚕室、温室、農産物集出荷施設、農機具収納施設など、農業振興地域の整備に関する法律第３条第３号及び第４号に規定する施設をいいます。）の用に供されている宅地をいいます。

　農業振興地域の整備に関する法律第８条第２項第１号に規定する農用地区域（以下「農用地区域」といいます。）内又は市街化調整区域内に存する農業用施設用地の価額は、その宅地が農地であるとした場合の１平方メートル当たりの価額に、その農地を課税時期において当該農業用施設の用に供されている宅地とする場合に通常必要と認められる１平方メートル当たりの造成費に相当する金額として、整地、土盛り又は土止めに要する費用の額がおおむね同一と認

められる地域ごとに国税局長の定める金額を加算した金額に、その宅地の地積を乗じて計算した金額によって評価します（評基通24-5本文）。

その宅地が農地であるとした場合の1平方メートル当たりの価額は、その付近にある農地について財産評価基本通達37《純農地の評価》又は同38《中間農地の評価》に定める方式によって評価した1平方メートル当たりの価額を基として評価します（評基通24-5（注）1）。

$$\begin{matrix}農業用施設\\用地の価額\end{matrix} = \left[\begin{matrix}農地であるとした場合\\の1㎡当たりの価額\end{matrix} + \begin{matrix}1㎡当たりの\\造成費相当額\end{matrix}\right] × 地積$$

ただし、農業用施設用地であっても、いわゆる条例指定区域内（都市計画法第34条第11号の規定に基づき都道府県等が条例で定めた区域）に存するため用途変更に制限のない農業用施設用地など、その農業用施設用地の位置、都市計画法の規定による建築物の建築に関する制限の内容等により、その付近にある農業用施設用地以外の宅地の価額に類似する価額で取引されると認められることから、上記の方法によって評価することが不適当であると認められる農業用施設用地（農用地区域内に存するものを除きます。）については、その付近にある農業用施設用地以外の宅地の価額に比準して評価します（評基通24-5ただし書き）。

誤りやすい事例　農用地区域内等以外の地域に存する農業用施設の用に供されている土地の評価

農用地区域内等以外の地域に存する農業用施設の用に供されている土地については、どのように評価するのですか。

解説

農業振興地域の整備に関する法律第8条第2項第1号に規定する農用地区域内又は市街化調整区域内に存する農業用施設の用に供されている土地については、開発行為や建築物の建築等の土地の利用が制限されており、その用途が農業用に限定されていることから、その土地が農地であるとした場合の価額に、その農地を当該農業用施設の用に供されている土地とする場合に通常必要と認められる造成費相当額を加算した金額によって評価することとしています。

一方、農用地区域内又は市街化調整区域内以外の地域に存する土地、すなわち、都市計画区域内の市街化調整区域外の土地（農用地区域内を除きます。）及び都市計画区域外の土地（農用地区域内を除きます。）は、開発行為、建築物の建築等の土地利用に関して農用地区域内等のような制限がないので、これらの地域に存する農業用施設の用に供されている土地の価額の水準はその付近に存する通常の宅地や雑種地と同程度の価格水準になっていると考えられます。

したがって、これらの地域に存する農業用施設の用に供されている土地については、その地目に従い、通常の宅地又は雑種地の評価方法により評価することになります（国税庁HP 質疑応答事例「土地区画整理事業施行中の宅地の評価」、「農用地区域内等以外の地域に存する農業用施設の用に供されている土地の評価」）。

(7) セットバックを必要とする宅地等の評価

① セットバックを必要とする宅地の評価

　都市計画区域内に編入された時において既に建物が存在していた宅地であって、将来、建築物の建替え等を行う場合に、道路の中心線から水平距離で2mずつ後退した線まで後退して建築し、後退した部分については、道路用地として提供することとされています。

　建築基準法第42条《道路の定義》第2項に規定する道路に面しており、将来、建物の建替え時等に同法の規定に基づき道路敷きとして提供しなければならない部分（セットバック部分）を有する宅地の価額は、その宅地について道路敷きとして提供する必要がないものとした場合の価額から、その価額に次の算式により計算した割合を乗じて計算した金額を控除した価額によって評価します（評基通24-6）。

$$\frac{\text{将来、建物の建替え時等に道路敷きとして提供しなければならない部分の地積}}{\text{宅地の総地積}} \times 0.7$$

② セットバックが完了している宅地の評価

　セットバックが完了している場合におけるセットバック部分については、建築基準法上の道路であり、その部分には建物等を建築することはできないことから、上記(3)の私道として評価します。なお、その部分が不特定多数の者の通行の用に供されている場合には、評価しません。

(8) 都市計画道路予定地の区域内にある宅地の評価

　都市計画道路予定地の区域内となる部分を有する宅地の価額は、その宅地のうちの都市計画道路予定地の区域内となる部分が都市計画道路予定地の区域内となる部分でないものとした場合の価額に、次表の地区区分、容積率、地積割合の別に応じて定める補正率を乗じて計算した価額によって評価します。

　この場合の「都市計画道路予定地の区域内」とは、都市計画法第4条第6項に規定する都市計画施設のうちの道路の予定地の区域内をいいます（評基通24-7）。

地区区分　　　容積率　　地積割合	ビル街地区、高度商業地区		繁華街地区、普通商業・併用住宅地区				普通住宅地区、中小工場地区、大工場地区		
	700%未満	700%以上	300%未満	300%以上400%未満	400%以上500%未満	500%以上	200%未満	200%以上300%未満	300%以上
30%未満	0.88	0.85	0.97	0.94	0.91	0.88	0.99	0.97	0.94
30%以上60%未満	0.76	0.70	0.94	0.88	0.82	0.76	0.98	0.94	0.88
60%以上	0.60	0.50	0.90	0.80	0.70	0.60	0.97	0.90	0.80

（注１） 地積割合とは、その宅地の総地積に対する都市計画道路予定地の部分の地積の割合をいいます。
（注２） 容積率とは、都市計画に合わせて指定されるもの（指定容積率）と建築基準法独自のもの（基準容積率）とがありますが、建築基準法第52条第１項において準用する容積率はいずれか厳しいものとなることから、上表の容積率もこれによることとなります。
（注３） 都市計画道路予定地の区域内にある宅地が倍率地域にあるときは、「普通住宅地区」内にあるものとした場合の容積率、地積割合の別に応じた補正率を適用します。ただし、都市計画道路予定地であることを考慮して固定資産税評価額が定められ、又は評価倍率が定められている場合には、⑻の適用はできません。

⑼ 文化財建造物である家屋の敷地の用に供されている宅地の評価

文化財保護法第27条第１項に規定する重要文化財に指定された建造物、同法第58条第１項に規定する登録有形文化財である建造物及び文化財保護法施行令第４条第３項第１号に規定する伝統的建造物（これらを「文化財建造物」といいます。）である家屋の敷地の用に供されている宅地の価額は、それが文化財建造物である家屋の敷地でないものとした場合の価額から、その価額に次表の文化財建造物の種類に応じて定める割合を乗じて計算した金額を控除した金額によって評価します（評基通24-8本文）。

なお、文化財建造物である家屋の敷地の用に供されている宅地（財産評価基本通達21《倍率方式》に定める倍率方式により評価すべきものに限ります。）に固定資産税評価額が付されていない場合には、文化財建造物である家屋の敷地でないものとした場合の価額は、その宅地と状況が類似する付近の宅地の固定資産税評価額を基とし、付近の宅地とその宅地との位置、形状等の条件差を考慮して、その宅地の固定資産税評価額に相当する額を算出し、その額に倍率を乗じて計算した金額とします（評基通24-8なお書き）。

文化財建造物の種類	控除割合
重要文化財	0.7
登録有形文化財	0.3
伝統的建造物	0.3

（注） 文化財建造物である家屋の敷地とともに、その文化財建造物である家屋と一体をなして価値を形成している土地がある場合には、その土地の価額も同様に評価します。したがって、例えば、その文化財建造物である家屋と一体をなして価値を形成している山林がある場合には、この通達の定めにより評価した山林の価額から、その価額に本項の文化財建造物の種類に応じて定める割合を乗じて計算した金額を控除した金額によって評価することとなります（評基通24-8（注））。

⑽ 土壌汚染地の評価

土壌汚染地として評価することができる土地は、課税時期において、特定有害物質による汚染状態が環境省令で定める基準に適合しないと認められる土地（土壌汚染対策法6①一）をいいますが、以下の点に留意する必要があります。

① 土壌汚染の可能性があるなどの潜在的な段階では、土壌汚染地として評価することはで

きません。
② 土壌汚染地は、土壌汚染の調査・対策が義務付けられているか否かにかかわらず、特定有害物質による汚染状態が環境省令で定める基準に適合しないと認められる土地をいいます。
③ 土壌汚染対策法に規定する要措置地域の指定がされている場合又は同法に規定する形質変更時要届出区域の指定がされている場合には、特定有害物質による汚染状態が環境省令で定める基準に適合しないことが明らかであるため、いずれの場合も「土壌汚染地」に該当します。

なお、ダイオキシン類対策特別措置法、地方公共団体の条例等に定める有害物質による汚染状態が所定の基準に適合しないと認められる土地についても、土壌汚染対策法と同様の制約に服することに鑑みて、土壌汚染地の評価に準じて評価して差し支えないこととされています。

このような土壌汚染地の価額は、次の算式により評価します（令和6年6月21日資産評価企画官情報第3号）。

土壌汚染地の評価額＝汚染がないものとした場合の評価額－浄化・改善費用に相当する金額
　　　　　　　　　－使用収益制限による減価に相当する金額－心理的要因による減価に
　　　　　　　　　相当する金額

上記算式中の「汚染がないものとした場合の評価額」は、汚染がないものとして路線価等に基づき評価した価額をいいます。また、上記の算式中、「浄化・改善費用」とは、土壌汚染対策として、土壌汚染の除去措置又は封込め等の措置を実施するための費用をいいます。汚染がないものとした場合の評価額が地価公示価格レベルの80％相当額で評価されることとのバランスから、控除する浄化・改善費用についても、見積額の80％相当額とします。「使用収益制限による減価」とは、封込め等の土壌汚染の除去以外の措置を実施した場合に、その措置の機能を維持するための利用制限に伴い生じる減価をいいます。さらに、「心理的要因による減価」とは、土壌汚染の存在する土地であること、又は過去に土壌汚染が存在した土地であることに起因する心理的な嫌悪感から生じる減価要因をいいますが、心理的要因による減価については、一般に数値化ないし標準化することは困難であり、措置の内容や措置の前後、措置後の経過期間等によって減価の程度が異なるなど、一定の減額割合（減価に相当する金額）を定めることができないため、個別に検討せざるを得ませんが、基本的には考慮しないものとされています。

また、課税時期において、①評価対象地について都道府県知事から汚染の除去等の命令が出され、それに要する費用の額が確定している場合や、②浄化・改善の措置中の土地ですでに浄化・改善費用の額が確定している場合には、その浄化・改善費用の額（課税時期において未払いになっている場合に限ります。）は、その土地の評価額から控除するのではなく、相続税法第14条に規定する「確実な債務」として、課税価格から控除すべき債務となり、評価対象地は浄化・改善措置を了したものとして評価することとなります。

■ 土地所有者以外の者が汚染原因者である場合
土地所有者以外の者が汚染原因者である場合において、土地所有者がその汚染の除去等の措

置を行ったときには、その汚染の除去等の措置に要した費用を汚染原因者に請求することができることとされています（土壌汚染対策法 8 ①）。このため、被相続人が土壌汚染地の浄化・改善措置を行い、汚染原因者に除去費用等の立替金相当額を請求している場合には、その土地は浄化・改善措置後の土地として評価し、他方、その求償権は相続財産として計上することとなります。

> **裁決例** 土壌汚染の浄化・改善費用相当額として80％を控除する場合①

令和 3 年12月 1 日裁決（全部取消し）

　原処分庁は、評価対象地は法令等により土壌汚染の除去等の措置を講ずる義務が生じておらず、本件各土地の価格形成に影響を及ぼすような土壌汚染は認められないから、その評価に当たり、土壌汚染がないものとした場合の評価額から浄化・改善費用相当額を控除する必要はない旨主張するが、評価対象地は、相続開始日において、土壌汚染対策法所定の基準を超える特定有害物質を地中に含有していたことが認められ、土壌汚染のある土地と認めるのが相当であることから、その評価に当たり、浄化・改善費用相当額を控除すべきであり、本件各土地及びその周辺の状況や土壌汚染の状況から、評価対象地について最有効使用ができる最も合理的な土壌汚染の除去等の措置は掘削除去であると認められるところ、請求人が主張する土壌汚染対策工事の各見積額（本件各見積額）の算定過程に特段不合理な点は見当たらず、浄化・改善費用の金額として相当であると認められるので、評価対象地の評価に当たり、土壌汚染がないものとした場合の評価額から、浄化・改善費用相当額として本件各見積額の80％相当額を控除して評価するのが相当である。

> **裁決例** 土壌汚染の浄化・改善費用相当額として80％を控除する場合②

令和 3 年12月 1 日裁決（全部取消し）

　本件各土地は、相続開始日において、土壌汚染対策法所定の基準を超える特定有害物質を地中に含有していたことが認められ、土壌汚染のある土地と認めるのが相当であることから、本件各土地の評価に当たり、浄化・改善費用相当額を控除すべきである。そして、本件各土地及びその周辺の状況や土壌汚染の状況から、本件各土地について最有効使用ができる最も合理的な土壌汚染の除去等の措置は掘削除去であると認められるところ、請求人が主張する土壌汚染対策工事の各見積額（本件各見積額）は、掘削除去を前提としたものであり、その前提となる浄化・改善方法の選定及び各見積額の算定過程に特段不合理な点は見当たらず、浄化・改善費用の金額として相当であると認められるので、本件各土地の評価に当たり、土壌汚染がないものとした場合の評価額から、浄化・改善費用相当額として本件各見積額の80％相当額を控除して評価するのが相当である。

(11) 周知の埋蔵文化財包蔵地の評価

「周知の埋蔵文化財包蔵地」とは、埋蔵文化財（例えば、石器・土器などの遺物や、貝塚・古墳・住居跡などの遺跡であって、土中に埋もれているもの）を包蔵する土地として周知されている土地をいいます（文化財保護法第93条第１項）。

このような周知の埋蔵文化財包蔵地については、その土地が周知の埋蔵文化財包蔵地ではないものとして評価した価額から、埋蔵文化財の発掘調査費用の見積額の80％に相当する額を控除した価額により評価することとなります（令和６年６月21日資産評価企画官情報第３号）。

> **裁決例** 埋蔵文化財包蔵地として発掘調査費用の80％を控除する場合
>
> 平成20年９月25日裁決（取消し）
>
> 本件各土地は、周知の埋蔵文化財包蔵地に該当すると認められるＪ貝塚の区域内に所在し、実際にその一部に貝塚が存在していることから、宅地開発に係る土木工事等を行う場合には、文化財保護法第93条の規定に基づき、埋蔵文化財の発掘調査を行わなければならないことが明らかである。しかも、その発掘調査費用は、その所有者（事業者）が負担することになることから、本件各土地の評価上、当該事情について、所要の検討をするのが相当である。そして、周知の埋蔵文化財包蔵地についての発掘調査費用の負担は、土壌汚染地について、有害物質の除去、拡散の防止その他の汚染の除去等の措置に要する費用負担が法令によって義務づけられる状況に類似するものと認められる。土壌汚染地の評価方法については、課税実務上、その土壌汚染がないものとして評価した価額から、浄化・改善費用に相当する金額等を控除した価額による旨の国税庁資産評価企画官情報に基づく取扱いをしているところ、この取扱いは当審判所においても相当と認められる。そこで、本件各土地に存する固有の事情の考慮は、類似する状況における土地評価方法についての取扱いを明らかにした本件情報に準じて行うものとし、本件各土地は、本件各土地が周知の埋蔵文化財包蔵地ではないものとして評価した価額から、埋蔵文化財の発掘調査費用の見積額の80％に相当する額を控除した価額により評価することが相当と認められる。

(12) 利用価値が著しく低下している宅地の評価

次に掲げる宅地のようにその利用価値が付近にある他の宅地の利用状況からみて、著しく低下していると認められるものの価額は、その宅地について利用価値が低下していないものとして評価した場合の価額から、利用価値が低下していると認められる部分の面積に対応する価額に10％を乗じて計算した金額を控除した価額によって評価することができます（国税庁HP タックスアンサー「No.4617 利用価値が著しく低下している宅地の評価」）。

① 道路より高い位置にある宅地又は低い位置にある宅地で、その付近にある宅地に比べて

著しく高低差のあるもの
② 地盤に甚だしい凹凸のある宅地
③ 震動の甚だしい宅地
④ ①から③までの宅地以外の宅地で、騒音、日照阻害（建築基準法第56条の2に定める日影時間を超える時間の日照阻害のあるものとします。）、臭気、忌み等により、その取引金額に影響を受けると認められるもの

また、宅地比準方式によって評価する農地又は山林について、その農地又は山林を宅地に転用する場合において、造成費用を投下してもなお宅地としての利用価値が付近にある他の宅地の利用状況からみて著しく低下していると認められる部分を有するものについても同様の控除をすることができます。

ただし、路線価、固定資産税評価額又は倍率が、利用価値の著しく低下している状況を考慮して付されている場合にはこの控除を行うことはできません（国税庁HP タックスアンサー「No.4617 利用価値が著しく低下している宅地の評価」）。

裁決例　騒音により利用価値が著しく低下している土地とされた事例

平成2年6月2日裁決（全部取消し）

本件土地の評価上適用すべき路線価には騒音要因がしんしゃくされていないこと、本件土地において列車通過時に実際に騒音が生じていること、本件土地の所在する自治体は、本件土地の固定資産税評価額の算定上、鉄道騒音補正を適用したことが認められることから、本件土地は、騒音により取引金額に影響を受ける宅地に該当すると認められる。したがって、これらを併せて判断すると、本件土地においては相当程度の騒音が日常的に発生し、騒音により取引金額に影響を受けていたと認めるのが相当であるから、本件土地は、騒音により利用価値が著しく低下している土地に該当するとして、国税庁ホームページのタックスアンサー「No.4617 利用価値が著しく低下している宅地の評価」において示された10％の減額を適用して評価すべきである。

裁決例　騒音等により利用価値が著しく低下している土地とは認められないとされた事例

平成22年3月25日裁決（一部取消し）

路線価は、売買実例価額、公示価格、不動産鑑定士等による鑑定評価額、精通者意見価格等を基として国税局長がその路線ごとに評定した価額であるから、土地の取引価額に影響を与えると認められる鉄道騒音、震動、日照阻害等の環境要因については、基本的には、評定の基となる上記各価格等に反映されており、路線価は、価額に影響を与える環境要因を加味した結果となる。したがって、普通住宅地区にある宅地で、騒音等により利用価値が低下している場合に10％の減額をしても差し支えな

いとする課税実務上の取扱いは、騒音等によって、その土地の利用価値を低下させる程度が付近の宅地に比べて著しい場合で、取引価額に影響を与えていることが明らかなときに限り適用が認められるべきである。この点について、本件各土地の路線価が鉄道騒音等を加味して付されたもので、更にしんしゃくをする必要があるか否かを、売買実例を基に検討したところ、本件各土地の路線価は、鉄道騒音等の環境要因を加味して付されており、更にしんしゃくしなければならないほど本件各土地の利用価値が落ちているとは認められないことから、本件各土地の評価額から更に10％の減額をする必要はなく、請求人の主張は採用できない。

裁決例　高低差があるものの利用価値が著しく低下している土地とは認められないとされた事例

平成29年9月5日裁決（棄却）

　国税庁ホームページのタックスアンサー「No.4617 利用価値が著しく低下している宅地の評価」の取扱いは、同一の路線に接する一連の宅地に共通した地勢の宅地の地盤面と道路の路面との高低差と、評価する宅地の地盤面と道路の路面との高低差を比較検討しても、なお、後者に利用価値を著しく低下させるような道路の路面からの高低差のある場合に限り適用することが相当であるところ、本件各土地には、いずれも地盤面と正面路線との間に高低差があるものの、その高低差は、各路線価設定区間に接する一連の宅地に共通している地勢の範囲内にあることから、本件各土地と道路の路面との高低差は、本件各土地の利用価値を著しく低下させるようなものであるとは認められず、本件取扱いを適用することはできない。

裁決例　忌みにより利用価値が著しく低下している土地と認められるとされた事例

平成18年5月8日裁決（一部取消し）

　普通住宅地区にある宅地で、忌みによりその取引金額に影響を受けると認められるもののように、その利用価値が付近にある他の宅地の利用状況からみて著しく低下していると認められるものの価額は、その宅地について利用価値が低下していないものとして評価した場合の価額から、利用価値が低下していると認められる部分の面積に対応する価額に10％を乗じて計算した金額を控除した価額によって評価して差し支えない旨取り扱われており、また、宅地比準方式によって評価する農地についても同様に取り扱うこととされており、これらの取扱いは相当と認められるところ、評価対象地は造成後においても三方が墓地に囲まれており、当該取扱いに該当すると認められる。

第2章 土地及び土地の上に存する権利の評価

借地権及び借地権の目的となっている宅地の評価

(1) 借地権の評価

　相続税及び贈与税における財産評価において借地権とは、建物の所有を目的とする地上権又は土地の賃借権をいいます（借地借家法2一、旧借地法1）。したがって、構築物など建物以外の所有を目的とする地上権又は土地の賃借権は借地権には該当しません。

　借地権の価額は、その借地権の目的となっている宅地の自用地としての価額に、当該価額に対する借地権の売買実例価額、精通者意見価格、地代の額等を基として評定した借地権の価額の割合（以下「借地権割合」といいます。）がおおむね同一と認められる地域ごとに国税局長の定める割合を乗じて計算した金額によって評価します。この場合の自用地としての価額は、財産評価基本通達11《評価の方式》から同22-3《大規模工場用地の路線価及び倍率》まで、同24《私道の用に供されている宅地の評価》、同24-2《土地区画整理事業施行中の宅地の評価》及び同24-6《セットバックを必要とする宅地の評価》から同24-8《文化財建造物である家屋の敷地の用に供されている宅地の評価》までの定めにより評価したその宅地の価額をいいます。

　ただし、借地権の設定に際しその設定の対価として通常権利金その他の一時金を支払うなど借地権の取引慣行があると認められる地域以外の地域にある借地権の価額は評価しません。

　借地権割合は、路線価地域においては路線価図にA（借地権割合90％）からG（借地権割合30％）の符号で表示されており、また、倍率地域では、倍率表の「借地権割合」欄に記載されています。

■ (1)の借地権の評価方法によらずに評価する場合

　次に掲げる権利については、(1)の評価方法によらずに、それぞれの「評価方法」欄に定める方法によって評価します。

	権利の種類	評価方法
①	構築物の所有を目的とする地上権又は土地の賃借権	雑種地の賃借権の評価方法（評基通87）又は地上権の評価方法（相法23）によります。
②	相当の地代、相当の地代に満たない地代を支払っている場合又は無償返還の届出書が提出されている場合	「相当地代通達」により評価します（❻参照）。
③	定期借地権	❼参照
④	使用貸借により宅地を借りている場合の権利	「使用貸借通達」により評価します（❾参照）。

551

> **誤りやすい事例**　借地権の及ぶ範囲

　郊外にあるレストランやパチンコ店のように、賃借した広い土地を建物の敷地と駐車場用地とに一体として利用している場合には、その土地全体に借地権が及ぶものとして評価してよいのでしょうか。

> **解説**

　借地権の及ぶ範囲については、必ずしも建物敷地に限られるものではなく、一律に借地権の及ぶ範囲を定めることは実情に沿いません。借地権の及ぶ範囲は、借地契約の内容、例えば、権利金や地代の算定根拠、土地利用の制限等に基づいて判定することが合理的であると考えられます。

　なお、建物の敷地と駐車場用地とが、不特定多数の者の通行の用に供されている道路等により物理的に分離されている場合には、それぞれの土地に存する権利を別個に判定することとなります（国税庁HP 質疑応答事例「借地権の及ぶ範囲」）。

> **裁決例**　借地権の取引慣行の有無

平成25年4月24日裁決（棄却）

　請求人は、母親が所有する各土地（本件各土地）を権利金等を支払わずに賃貸借により借り受け、本件各土地上に建物を建築したが、本件各土地が所在する地域には借地権の取引慣行がないため、財産評価基本通達27《借地権の評価》のただし書により借地権は評価しないことから、相続税法第9条に規定する利益は受けていない旨主張する。しかしながら、本件各土地の所在する地域は、財産評価基準書において借地権割合が定められているところ、この借地権割合は、不動産鑑定士等の精通者による借地権の取引慣行がある地域であるとの意見を基に評定されていると認められ、さらに、本件各土地の所在する市内においては、借地権の設定された土地は、借地権相当額を控除した価額で売買されていることからすると、本件各土地の所在する地域は借地権の取引慣行のある地域、すなわち、借地権の設定に際し権利金の授受の取引慣行がある地域と認められる。請求人の場合、上記賃貸借により本件各土地上の借地権（本件各借地権）を取得したと認められ、本件各借地権は、権利金の支払をせずに取得しているものであるから、請求人は、本件各土地の所有者である母親から借地権の価額に相当する利益を受けたと認められる。

(2) 借地権の目的となっている宅地の評価

　借地権の目的となっている宅地（貸宅地）の価額は、自用地としての価額から上記(1)により評価したその借地権の価額を控除した金額によって評価します（評基通25(1)）。

ただし、借地権の設定に際しその設定の対価として通常権利金その他の一時金を支払うなど借地権の取引慣行があると認められる地域以外の地域にあることから、上記(1)において評価しないとされた借地権の目的となっている宅地については、借地権割合を100分の20として計算した借地権の価額を自用地としての価額から控除して評価します（評基通25(1)かっこ書き）。

裁決例　借地権価額控除方式による貸宅地の評価の合理性

平成18年3月15日裁決（棄却）

　請求人は、借地権の目的となっている宅地（以下「本件貸宅地」という。）の時価について、財産評価基本通達25に定める方式（以下「借地権価額控除方式」という。）による貸宅地の評価額は相続税法第22条に規定する時価を適正に反映しないことから、請求人鑑定評価による鑑定評価額である旨主張する。しかしながら、請求人鑑定評価額の内容を検討したところ、底地価格の算定に当たり、還元利回りと割引率とは異なる性質のものであり、その利率も異なるものと考えられるところ、同一の率を採用して還元利回り及び割引率を算出しているなど合理性を欠いていることから、請求人鑑定評価額が時価であるとは認められない。さらに、借地権の取引慣行のある地域では、底地価格は単なる地代徴収権にとどまらず、むしろ将来借地権を併合して完全所有権とする潜在的価値に着目して価額形成されているのが一般的であると認められるところ、このような場合には底地価格を借地権価額控除方式により評価するのが相当であると解されている。本件貸宅地の地主と借地人の契約関係及び請求人が既に本件貸宅地と賃貸借関係が類似している借地権を借地人から買取り完全所有権としていることからすれば、本件貸宅地には、将来底地と借地権を併合して完全所有権となることを妨げる特別な事情がないことから借地権価額控除方式により難い特別な事情は認められず、請求人の主張には理由がない。

■ 貸宅地割合

　借地権の目的となっている宅地の売買実例価額、精通者意見価格、地代の額等を基として評定した価額の宅地の自用地としての価額に対する割合（以下「貸宅地割合」といいます。）がおおむね同一と認められる地域ごとに国税局長が貸宅地割合を定めている地域においては、その宅地の自用地としての価額にその貸宅地割合を乗じて計算した金額によって評価します（評基通25(1)ただし書き）。

　現在、沖縄県の一部地域において、貸宅地割合が定められています。貸宅地割合が定められている地域は、倍率表及び路線価図で確認することができ、貸宅地割合は、倍率表の「貸宅地割合」欄で確認することができます。

相当の地代の授受が行われている場合等における評価

　借地権の設定された土地について権利金の支払いに代えて相当の地代を支払うなどの特殊な場合の相続税及び贈与税の取扱いは次のとおりです（次の(1)及び(2)は、相続税法第9条に定めるみなし贈与（遺贈）課税における経済的利益の有無及びその算定に関するものであって、評価方法そのものを定めたものではありませんが、併せて説明した方が理解が進むと考えられるため、ここで説明します。）。

　したがって、借地権の設定に際し通常権利金を支払う取引上の慣行のある地域において、通常の地代（その地域において通常の賃貸借契約に基づいて通常支払われる地代をいいます。）を支払うことにより借地権の設定があった場合又は通常の地代が授受されている借地権若しくは貸宅地の相続、遺贈又は贈与があった場合には、以下の取扱いによることなく上記❺の取扱いによることとなります。

(1) 相当の地代を支払って土地の借受けがあった場合

　借地権（建物の所有を目的とする地上権又は賃借権をいいます。）の設定に際しその設定の対価として通常権利金その他の一時金（以下「権利金」といいます。）を支払う取引上の慣行のある地域において、個人間で当該権利金を支払うことなく借地権が設定された場合には、相続税法第9条の規定に基づき、借地権を有する者（以下「借地権者」といいます。）は、土地の所有者から当該権利金相当額の贈与があったものとみなされ、贈与税が課されます。

　しかしながら、当該権利金の支払いに代え、当該土地の自用地としての価額に対しておおむね年6％程度の地代（以下「相当の地代」といいます。）を支払っている場合は、借地権者については当該借地権の設定による利益はないものとして取り扱われます（相当地代通達1）。

　この場合において、「自用地としての価額」とは、財産評価基本通達25《貸宅地の評価》の(1)に定める自用地としての価額をいいますが、相当の地代の額を計算する場合に限り、「自用地としての価額」は、同25《貸宅地の評価》の(1)に定める自用地としての価額の過去3年間（借地権を設定し、又は借地権若しくは貸宅地について相続若しくは遺贈又は贈与があった年以前3年間をいいます。）における平均額によります。

　ただし、通常支払われる権利金に満たない金額を権利金として支払っている場合又は借地権の設定に伴い通常の場合の金銭の貸付けの条件に比し特に有利な条件による金銭の貸付けその他特別の経済的な利益（以下「特別の経済的利益」といいます。）を与えている場合は、当該土地の自用地としての価額から権利金の額及び供与した特別の経済的利益の額を控除した金額を相当の地代の計算の基礎となる当該土地の自用地としての価額として相当の地代の額を計算します。

　この場合、「特別な経済的利益の額」とは、所得税法施行令第80条《特別の経済的な利益で借地権の設定等による対価とされるもの》第2項及び所得税基本通達33-14（複利方法で計算

した現在価値に相当する金額の計算）の定めによります。また、当該土地の自用地としての価額から控除する権利金の額及び供与した特別の経済的利益の額は、次の算式により計算した金額となります。

〈算式〉

$$\text{その権利金又は特別の経済的な権利の額} \times \frac{\text{当該土地の自用地としての価額}}{\text{借地権の設定時における当該土地の通常の取引価額}}$$

【設例】相当の地代の年額の計算

1．権利金の支払い及び特別の経済的利益の供与がない場合
　① 土地の自用地としての価額
　　イ　借地権を設定した年　　　　　6,500万円
　　ロ　借地権を設定した年の前年　　6,000万円
　　ハ　借地権を設定した年の前々年　5,500万円
　　　その土地の自用地としての価額は、過去3年間の平均となります。

$$\frac{6,500万円＋6,000万円＋5,500万円}{3} ＝ 6,000万円$$

　② 相当の地代の年額
　　6,000万円　×　6％　＝　360万円

2．権利金の支払い又は特別の経済的利益の供与がある場合
　① 土地の自用地としての価額
　　イ　借地権を設定した年　　　　　6,500万円
　　ロ　借地権を設定した年の前年　　6,000万円
　　ハ　借地権を設定した年の前々年　5,500万円
　　　その土地の自用地としての価額は、過去3年間の平均となります。

$$\frac{6,500万円＋6,000万円＋5,500万円}{3} ＝ 6,000万円$$

　② 借地権設定時におけるその土地の通常の取引価額　8,125万円
　③ 通常支払うべき権利金の額　　　　　　　　　　　4,550万円
　③ 支払った権利金の額　　　　　　　　　　　　　　3,250万円
　④ 権利金の額の修正計算

$$3,250万円 \times \frac{6,000万円}{8,125万円} ＝ 2,400万円$$

　⑤ 相当の地代の年額
　　（　6,000万円　－　2,400万円　）　×　6％　＝　216万円

---

(2) 相当の地代に満たない地代を支払って土地の借受けがあった場合の借地権者の利益

借地権の設定に際しその設定の対価として通常権利金を支払う取引上の慣行のある地域において、当該借地権の設定により支払う地代の額が相当の地代の額に満たない場合、借地権者は、

当該借地権の設定時において、次の算式により計算した金額から、実際に支払っている権利金の額及び供与した特別の経済的利益の額を控除した金額に相当する利益を土地の所有者から贈与により取得したものとして取り扱われます（相当地代通達2）。

〈算式〉

$$\text{自用地としての価額} \times \left\{ \text{借地権割合} \times \left(1 - \frac{\text{実際に支払っている地代の年額} - \text{通常の地代の年額}}{\text{相当の地代の年額} - \text{通常の地代の年額}} \right) \right\}$$

① 「自用地としての価額」は、実際に支払っている権利金の額又は供与した特別の経済的利益の額がある場合に限り、上記(1)にかかわらず、借地権の設定時における当該土地の通常の取引価額によります。

② 「借地権割合」は、路線価図又は評価倍率表に定められた借地権割合です。

③ 「相当の地代の年額」は、実際に支払っている権利金の額又は供与した特別の経済的利益の額がある場合であっても、これらの金額がないものとして計算した金額によります。

【設例】相当の地代に満たない地代を支払って土地の借受けがあった場合の借地権者の利益

相当の地代に満たない地代を支払っている場合の利益の額は、次のように計算します。

1．権利金の支払い及び特別の経済的利益の供与がない場合

① 土地の自用地としての価額
   イ　借地権を設定した年　　　　8,000万円
   ロ　借地権を設定した年の前年　7,500万円
   ハ　借地権を設定した年の前々年　7,000万円

   その土地の自用地としての価額は、過去3年間の平均となります。

   $$\frac{8,000万円 + 7,500万円 + 7,000万円}{3} = 7,500万円$$

② 借地権割合　70%

③ 相当の地代の年額
   7,500万円 × 6% = 450万円

④ 実際に支払っている地代の年額　180万円

⑤ 通常の地代の年額　　　　　　　135万円

⑥ 贈与とみなされる利益の額

   $$8,000万円 \times \left\{ 0.7 \times \left(1 - \frac{180万円 - 135万円}{450万円 - 135万円} \right) \right\} = 4,800万円$$

2．権利金の授受はあるが通常の権利金の額に満たない場合

① 土地の自用地としての価額
   イ　借地権を設定した年　　　　8,000万円
       ただし、通常の取引価額は、1億円
   ロ　借地権を設定した年の前年　7,500万円
   ハ　借地権を設定した年の前々年　7,000万円

   その土地の自用地としての価額は、過去3年間の平均となります。

$$\frac{8{,}000万円+7{,}500万円+7{,}000万円}{3} = 7{,}500万円$$

② 借地権割合　70%
③ 通常支払うべき権利金の額　7,000万円
④ 支払った権利金の額　　　　1,600万円
⑤ 相当の地代の年額
　　7,500万円　×　6％　＝　450万円
⑥ 実際に支払っている地代の年額　261万円
⑦ 通常の地代の年額　　　　　　　135万円
⑧ 借地権の価額

$$1億円 \times \left\{ 0.7 \times \left(1 - \frac{261万円-135万円}{450万円-135万円} \right) \right\} = 4{,}200万円$$

⑨ 贈与とみなされる利益の額
　　4,200万円　－　1,600万円　＝　2,600万円

■ 通常支払われる地代を支払うことにより借地権の設定があった場合の利益の額

通常権利金を支払う取引上の慣行のある地域において、通常の賃貸借契約に基づいて通常支払われる地代を支払うことにより借地権の設定があった場合の利益の額は、次に掲げる場合に応じ、それぞれ次に掲げる金額によることとなります。

① 実際に支払っている権利金の額又は供与した特別の経済的利益の額がない場合
　　財産評価基本通達27《借地権の評価》により計算した金額
② 実際に支払っている権利金の額又は供与した特別の経済的利益の額がある場合
　　通常支払われる権利金の額から実際に支払っている権利金の額及び供与した特別の経済的利益の額を控除した金額

(3) 相当の地代の授受が行われている場合等における借地権の価額

① 相当の地代の授受が行われている場合

借地権が設定されている土地について、相当の地代を支払っている場合の当該土地に係る借地権の価額は、零となります（相当地代通達3⑴）。

ただし、借地権の設定の際に権利金の支払いがある場合や特別の経済的利益の供与がある場合には、次の算式により計算した金額によって評価します（相当地代通達3⑵）。

$$\text{自用地としての価額} \times \left\{ \text{借地権割合} \times \left(1 - \frac{\text{実際に支払っている地代の年額}-\text{通常の地代の年額}}{\text{相当の地代の年額}-\text{通常の地代の年額}} \right) \right\}$$

② 相当の地代に満たない額の地代の授受が行われている場合の借地権の価額

借地権が設定されている土地について、支払っている地代の額が相当の地代の額に満たないが通常の地代の額を超える場合の当該土地に係る借地権の価額は、原則として次の算式により計算した金額によって評価します（相当地代通達4）。

$$\text{自用地としての価額} \times \left\{ \text{借地権割合} \times \left(1 - \frac{\text{実際に支払っている地代の年額} - \text{通常の地代の年額}}{\text{相当の地代の年額} - \text{通常の地代の年額}} \right) \right\}$$

【設例】相当の地代に満たない額の地代の授受が行われている場合の借地権の価額

① 土地の自用地としての価額
　イ　課税時期の属する年　　　　6,500万円
　ロ　課税時期の属する年の前年　6,000万円
　ハ　課税時期の属する年の前々年　5,500万円

　その土地の自用地としての価額は、過去3年間の平均となります。

$$\frac{6,500万円 + 6,000万円 + 5,500万円}{3} = 6,000万円$$

② 借地権割合　70%
③ 相当の地代の年額
　　6,000万円 × 6% = 360万円
④ 実際に支払っている地代の年額　234万円
⑤ 通常の地代の年額　　　　　　108万円
⑥ 借地権の価額

$$6,500万円 \times \left\{ 0.7 \times \left(1 - \frac{234万円 - 108万円}{360万円 - 108万円} \right) \right\} = 2,275万円$$

③ 無償返還の届出書が提出されている場合

　借地権が設定されている土地について、「土地の無償返還に関する届出書」が提出されている場合の当該土地に係る借地権の価額は、零として取り扱われます（相当地代通達5）。

　「土地の無償返還に関する届出書」とは、平成13年7月5日付課法3-57ほか11課共同「法人課税関係の申請、届出等の様式の制定について」（法令解釈通達）に定める「土地の無償返還に関する届出書」をいいます。

(4) 相当の地代の授受が行われている場合等における借地権の目的となっている宅地の評価

① 相当の地代の授受が行われている場合

(1) 借地権の設定に際し権利金の収受をしていない場合又は特別の経済的利益を受けていない場合

　相当の地代の授受が行われている場合には、その土地の自用地としての価額の100分の80に相当する金額で評価します（相当地代通達6(1)）。

　なお、被相続人が同族関係者となっている同族会社に対し土地を貸し付けている場合においては、昭和43年10月28日付直資3-22ほか2課共同「相当の地代を収受している貸宅地の評価について」通達（以下「43年直資3-22通達」といいます。）が適用されます。すなわち、上記により、相当地代の授受が行われている場合における借地権の目的となっている宅地の価額を

その土地の自用地としての価額の100分の80に相当する金額で評価した場合には、被相続人が同族関係者となっている同族会社の株式を純資産価額方式で評価するときには、その土地の自用地としての価額の100分の20に相当する金額を借地権の価額として計上しなければなりません（相当地代通達6（注））。

(2) (1)以外の場合

その土地の自用地としての価額から、上記(3)の①のただし書きにより求めた借地権の価額を控除した金額（以下この項において「相当の地代調整貸宅地価額」といいます。）によって評価します。ただし、その金額がその土地の自用地としての価額の100分の80に相当する金額を超えるときには、その土地の自用地としての価額の100分の80に相当する金額によって評価します（相当地代通達6(2)）。

なお、被相続人が同族関係者となっている同族会社に対し土地を貸し付けている場合には、43年直資3-22通達の適用が適用されます。すなわち、被相続人が同族関係者となっている同族会社の株式を純資産価額方式で評価するときには、上記(3)の①のただし書きにより求めた借地権の価額に、相当の地代調整貸宅地価額から当該土地の自用地としての価額の100分の80に相当する金額を控除して求めた金額を加えた金額を借地権の価額とします（相当地代通達6（注））。

【設例】相当の地代の授受が行われている場合の貸宅地の評価

① 土地の自用地としての価額
　イ　課税時期の属する年　　　　　6,200万円
　ロ　課税時期の属する年の前年　　6,000万円
　ハ　課税時期の属する年の前々年　5,800万円
　その土地の自用地としての価額は、過去3年間の平均となります。

$$\frac{6,200万円 + 6,000万円 + 5,800万円}{3} = 6,000万円$$

② 借地権割合　70％
③ 相当の地代の年額
　　6,000万円 × 6％ ＝ 360万円
④ 実際に収受している地代の年額　360万円
⑤ 通常の地代の年額　　　　　　　108万円
⑥ 貸宅地の価額
　　6,200万円×80％ ＝ 4,960万円

（注）被相続人が相続関係者となっている同族会社にその土地を貸し付けている場合において、その同族会社の株式を純資産価額方式で評価するときに、純資産価額に算入する金額
　　6,200万円 × （1－0.8） ＝ 1,240万円

---

② 相当の地代に満たない額の地代の授受が行われている場合

借地権が設定されている土地について、収受している地代の額が相当の地代の額に満たない場合の当該土地に係る貸宅地の価額は、当該土地の自用地としての価額から上記(3)の②により

求めた借地権の価額を控除した金額（以下この項において「地代調整貸宅地価額」といいます。）によって評価します（相当地代通達7本文）。

ただし、その金額が当該土地の自用地としての価額の100分の80に相当する金額を超える場合は、当該土地の自用地としての価額の100分の80に相当する金額によって評価します（相当地代通達7ただし書き）。

なお、被相続人が同族関係者となっている同族会社に対し土地を貸し付けている場合には、43年直資3-22通達の適用が適用されます。すなわち、被相続人が同族関係者となっている同族会社の株式を純資産価額方式で評価するときには、上記(3)の②により求めた借地権の価額に、「地代調整貸宅地価額」から当該土地の自用地としての価額の100分の80に相当する金額を控除して求めた金額を加えた金額を借地権の価額とします（相当地代通達7なお書き）。

【設例】相当の地代に満たない額の地代の授受が行われている場合の貸宅地の評価

1．算式による貸宅地の価額がその土地の自用地としての価額の80％を下回る場合
　① 土地の自用地としての価額
　　　イ　課税時期の属する年　　　　　6,200万円
　　　ロ　課税時期の属する年の前年　　6,000万円
　　　ハ　課税時期の属する年の前々年　5,800万円
　　　その土地の自用地としての価額は、過去3年間の平均となります。
$$\frac{6,200万円+6,000万円+5,800万円}{3} = 6,000万円$$
　② 借地権割合　70％
　③ 相当の地代の年額
　　　6,000万円 × 6％ ＝ 360万円
　④ 実際に収受している地代の年額　234万円
　⑤ 通常の地代の年額　　　　　　　108万円
　⑥ 借地権の価額
$$6,200万円 \times \left\{ 0.7 \times \left(1 - \frac{234万円-108万円}{360万円-108万円} \right) \right\} = 2,170万円$$
　⑦ 貸宅地の価額
　　　6,200万円 － 2,170万円 ＝ 4,030万円
　　　6,200万円×0.8＝4,960万円
　　　4,960万円＞4,030万円
　したがって、貸宅地の価額は、4,030万円となります。

2．算式による貸宅地の価額がその土地の自用地としての価額の80％を上回る場合
　① 土地の自用地としての価額
　　　イ　課税時期の属する年　　　　　6,200万円
　　　ロ　課税時期の属する年の前年　　6,000万円
　　　ハ　課税時期の属する年の前々年　5,800万円
　　　その土地の自用地としての価額は、過去3年間の平均となります。

$$\frac{6,200万円+6,000万円+5,800万円}{3} = 6,000万円$$

② 借地権割合　70%
③ 相当の地代の年額
　　6,000万円 × 6％ = 360万円
④ 実際に収受している地代の年額　297万円
⑤ 通常の地代の年額　　　　　　　108万円
⑥ 借地権の価額

$$6,200万円 × \left\{ 0.7 × \left(1 - \frac{297万円-108万円}{360万円-108万円}\right)\right\} = 1,085万円$$

⑦ 貸宅地の価額
　　6,200万円 － 1,085万円 = 5,115万円
　　6,200万円×0.8＝4,960万円
　　4,960万円＜5,115万円

したがって、貸宅地の価額は、4,960万円となります。

(注)　被相続人が相続関係者となっている同族会社にその土地を貸し付けている場合において、同族関係者の株式を純資産価額方式で評価するときに、純資産価額に算入する金額

借地権の価額1,085万円に、155万円（5,115万円－4,960万円）を加算した金額となります。

③　無償返還の届出書が提出されている場合

　借地権が設定されている土地について、土地の無償返還に関する届出書が提出されている場合の当該土地に係る貸宅地の価額は、当該土地の自用地としての価額の100分の80に相当する金額によって評価します（相当地代通達8）。

　上記により、土地の無償返還に関する届出書が提出されている場合における借地権の目的となっている宅地の価額をその土地の自用地としての価額の100分の80に相当する金額で評価した場合には、被相続人が同族関係者となっている同族会社の株式を純資産価額方式で評価するときには、その土地の自用地としての価額の100分の20に相当する金額を借地権の価額として計上しなければなりません（相当地代通達8なお書き）。

　なお、使用貸借に係る土地について土地の無償返還に関する届出書が提出されている場合の当該土地に係る貸宅地の価額は、当該土地の自用地としての価額によって評価します（相当地代通達8（注））。

【参考】相当の地代が支払われている場合などの借地権と貸宅地の評価

〈相当の地代の授受がされている場合〉

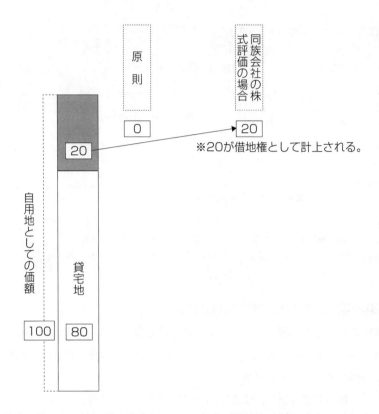

〈相当の地代に満たない地代が授受がされている場合（借地権の価額が30と評価された場合）〉

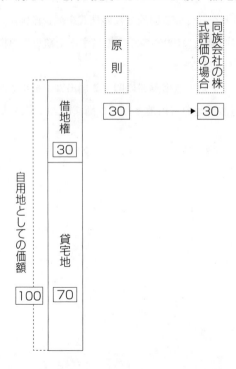

〈相当の地代に満たない地代が授受がされている場合（借地権の価額が10と評価された場合）〉

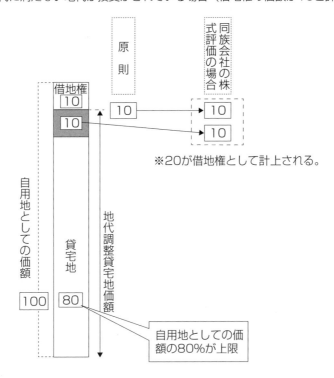

〈無償返還届出書が提出されている場合〉

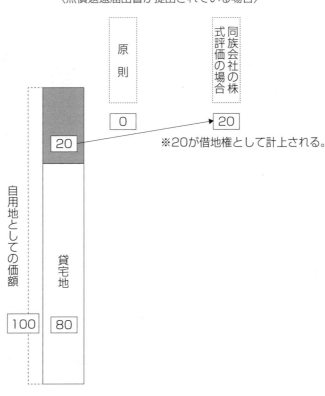

(5) 相当の地代を支払っている場合の貸家建付借地権等の価額

(1) 相当地代通達3《相当の地代を支払っている場合の借地権の評価》から同5《「土地の無償返還に関する届出書」が提出されている場合の借地権の価額》までに定める借地権（以下「相当の地代を支払っている場合の借地権等」といいます。）が設定されている土地について、貸家の目的に供された場合又は相当の地代の支払い、相当の地代に満たない地代の支払い若しくは無償返還届出書の提出により借地権の転貸があった場合の財産評価基本通達28《貸家建付借地権の評価》から同31《借家人の有する宅地等に対する権利の評価》までに定める貸家建付借地権、転貸借地権、転借権又は借家人の有する権利の価額は、相当の地代を支払っている場合の借地権等の価額を基として相当地代通達1《相当の地代を支払って土地の借受けがあった場合》から同9《相当の地代を引き下げた場合》までの定めによるものとされています。

(2) 借地権（(1)に該当する借地権を除きます。）が設定されている土地について、相当の地代の支払い、相当の地代に満たない地代の支払い又は無償返還届出書の提出により借地権の転貸があった場合の財産評価基本通達29《転貸借地権の評価》から同31《借家人の有する宅地等に対する権利の評価》までに定める転貸借地権、転借権又は借家人の有する権利の価額は、同27《借地権の評価》の定めにより評価したその借地権の価額を基として相当地代通達1《相当の地代を支払って土地の借受けがあった場合》から同9《相当の地代を引き下げた場合》までの定めによるものとされています。

◆相当の地代を支払っている場合等の借地権等の評価の概要◆

実際の地代		設定時の課税関係	借地権の評価		貸宅地の評価	株式評価上の資産計上額
相当の地代と同額	借主	(1) 無	権利金の授受	(3)(1) 無 零	(6)(1) 自用地価額×0.8	(6)(注) 自用地価額×0.2
	地主	権利金の授受がある場合 譲渡所得又は不動産所得税（所法33、所令79）		(3)(2) 有 零	(6)(2) いずれか低い方 ●自用地価額×0.8 ●自用地価額－算式	(6)(注) いずれか高い方 ●自用地価額×0.2 ●算式
相当の地代未満通常の地代超	借主	(2) 有 算式－支払った権利金	(4) 算式		(7) いずれか低い方 ●自用地価額×0.8 ●自用地価額－算式	(7) いずれか高い方 ●自用地価額×0.2 ●算式
	地主	権利金の授受がある場合 譲渡所得又は不動産所得税（所法33、所令79）				

無償返還の届出がある場合		(5) 零	賃貸借	(8) 自用地価額 ×0.8	(8) 自用地価額×0.2
			使用貸借	（8（注）） 自用地価額	零

（注1）　（　）の数字等は、相当地代通達の項目の番号である。
（注2）　表中の「算式」とは、次の算式である。

$$自用地としての価額 \times \left\{ 借地権割合 \times \left(1 - \frac{実際に支払っている地代の年額 - 通常の地代の年額}{相当の地代の年額 - 通常の地代の年額} \right) \right\}$$

❼ 定期借地権及び定期借地権の設定されている宅地の評価

　定期借地権とは、従来の強固な借地権の権利関係を見直すとともに、遊休土地の利用促進や土地の供給を容易にするために平成4年8月1日に施行された借地借家法により新たに設けられた制度で、その内容により一般定期借地権（条文見出しでは「定期借地権」とされていますが、広義の定期借地権と区別するため、本書では「一般定期借地権」と表記します。）（借地借家法22）、事業用定期借地権（借地借家法23①②）及び建物譲渡特約付借地権（借地借家法24）の3種類が認められています。その概要は、次表のとおりです。

区分	定期借地権			普通借地権	旧借地法による借地権
	一般定期借地権	事業用定期借地権	建物譲渡特約付		
存続期間	50年以上	①30年以上50年未満 ②10年以上30年未満	30年以上	30年以上	堅固な建物：60年以上 その他の建物：30年以上
利用目的	限定なし	事業用	限定なし	限定なし	限定なし
更新制度	なし	なし	なし	法定更新	法定更新
終了事由	期間満了	期間満了	建物の譲渡	正当事由	正当事由

　また、一時使用の借地権（借地借家法25）についても、定期借地権と同様に法定更新の制度等に関する規定が適用されないことから、財産評価上、定期借地権に含めて評価方法が定められています。財産評価基本通達においては、3種類の定期借地権と一時使用の借地権を併せて「定期借地権等」と定義しています（評基通9(5)(6)）。

(1) 定期借地権等の評価方法

① 評価方法

　定期借地権等の価額は、原則として、課税時期において借地権者に帰属する経済的利益及びその存続期間を基として評定した価額によって評価します（評基通27-2本文）。

　ただし、課税上弊害がない限り、簡便法、すなわち、その定期借地権等の目的となっている宅地の課税時期における自用地としての価額に、次の算式の分数を連乗して計算した金額によって評価することとされています（評基通27-2ただし書き）。

$$\text{課税時期における自用地としての価額} \times \frac{\text{定期借地権等の設定の時における借地権者に帰属する経済的利益の総額}}{\text{定期借地権等の設定の時におけるその宅地の通常の取引価額}} \times \frac{\text{課税時期におけるその定期借地権等の残存期間年数に応ずる基準年利率による複利年金現価率}}{\text{定期借地権等の設定期間年数に応ずる基準年利率による複利年金現価率}}$$

【設例】簡便法による評価

① 定期借地権等の設定契約の内容
　イ　定期借地権等の種類　一般定期借地権
　ロ　設定期間　50年
　ハ　その土地の自用地としての価額（相続税評価額）　　　　　6,400万円
　ニ　その土地の自用地としての価額（通常の取引価額）　　　　8,000万円
　ホ　一般定期借地権の設定時に借地人に帰属する経済的な利益の総額　1,000万円

② 課税時期の状況
　イ　課税時期は、一般定期借地権の設定の10年後（残存期間　40年）
　ロ　課税時期におけるその土地の自用地としての価額（相続税評価額）　6,500万円

③ 基準年利率　0.25％
　イ　残存期間40年に応ずる複利年金現価率　38.020
　ロ　設定期間50年に応じる複利年金現価率　46.946

④ 一般定期借地権の価額

（自用地価額）　　（設定時の定期借地権割合）　（定期借地権の逓減率）

$$6{,}500\text{万円} \times \frac{1{,}000\text{万円}}{8{,}000\text{万円}} \times \frac{38.020}{46.946} = 658.016\text{万円}$$

---

② 経済的利益の総額の算定方法

　上記①の算式における「定期借地権等の設定時における借地権者に帰属する経済的利益の総額」は、次のイからハの金額の合計額となります（評基通27-3）。

　イ　定期借地権等の設定に際し、借地権者から借地権設定者に対し、権利金、協力金、礼金などその名称のいかんを問わず借地契約の終了の時に返還を要しないものとされる金銭の支払い又は財産の供与がある場合

課税時期において支払われるべき金額又は供与すべき財産の価額に相当する金額

ロ　定期借地権等の設定に際し、借地権者から借地権設定者に対し、保証金、敷金などその名称のいかんを問わず借地契約の終了の時に返還を要するものとされる金銭等（以下「保証金等」といいます。）の預託があった場合において、その保証金等につき基準年利率未満の約定利率による利息の支払いがあるとき又は無利息のとき

次の算式により計算した金額

$$\begin{pmatrix}\text{保証金等の額に}\\\text{相当する金額}\end{pmatrix} - \begin{bmatrix}\text{保証金等の額に}\\\text{相当する金額}\end{bmatrix} \times \begin{bmatrix}\text{定期借地権等の設定期間年数に応じ}\\\text{る基準年利率による複利現価率}\end{bmatrix}$$

$$- \begin{bmatrix}\text{保証金等の額に}\\\text{相当する金額}\end{bmatrix} \times \begin{bmatrix}\text{基準年利率未}\\\text{満の約定利率}\end{bmatrix} \times \begin{bmatrix}\text{定期借地権等の設定期間年数に応じ}\\\text{る基準年利率による複利年金現価率}\end{bmatrix}$$

【設例】借地人に帰属する経済的利益の総額

① 定期借地権等の種類　一般定期借地権
② 設定期間　50年
③ 授受される一時金等　保証金（1,000万円）
　　　　　　　　　　　無利息
　　　　　　　　　　　定期借地契約終了時に返還
④ 基準年利率　0.25％
⑤ 設定期間50年に応じる複利現価率　0.883
⑥ 保証金返済の原資に相当する金額
　　1,000万円　×　0.883　＝　883万円
⑦ 定期借地契約時に借地人に帰属する経済的利益の総額
　　1,000万円　－　883万円　＝117万円

ハ　定期借地権等の設定に際し、実質的に贈与を受けたと認められる差額地代の額がある場合

次の算式により計算した金額

$$\text{差額地代の額} \times \begin{matrix}\text{定期借地権等の設定期間年数に応じる}\\\text{基準年利率による複利年金現価率}\end{matrix}$$

実質的に贈与を受けたと認められる差額地代の額がある場合に該当するかどうかは、個々の取引において取引の事情、取引当事者間の関係等を総合勘案して判定します（評基通27-3（注）1）。

なお、算式の「差額地代の額」とは、同種同等の他の定期借地権等における地代の額とその定期借地権等の設定契約において定められた地代の額（上記イ又はロに掲げる金額がある場合には、その金額に定期借地権等の設定期間年数に応ずる基準年利率による年賦償還率を乗じて得た額を地代の前払いに相当する金額として毎年の地代の額に加算した後の額）との差額をいいます（評基通27-3（注）2）。

■ 定期借地権等の設定に際し保証金等の授受がある場合における債権又は債務の額

定期借地権等の設定に際し、借地権者と土地所有者との間で保証金等の授受が行われている場合において、借地人又は土地所有者に相続が開始したときの借地人の保証金返還請求権（債権）の額又は土地所有者の保証金返還債務（債務）の額は、次の算式により計算します。

$$\left[\begin{array}{c}\text{保証金等の}\\\text{額に相当す}\\\text{る金額}\end{array}\right] \times \left[\begin{array}{c}\text{課税時期における定期}\\\text{借地権等の設定期間年}\\\text{数に応ずる基準年利率}\\\text{による複利年金現価率}\end{array}\right] + \left[\begin{array}{c}\text{保証金等の}\\\text{額に相当す}\\\text{る金額}\end{array}\right] \times \left[\begin{array}{c}\text{基準年利}\\\text{率未満の}\\\text{約定利率}\end{array}\right] \times \left[\begin{array}{c}\text{課税時期における定期借地}\\\text{権等の残存期間年数に応ず}\\\text{る基準年利率による複利年}\\\text{金現価率}\end{array}\right]$$

(2) 定期借地権等の目的となっている宅地の評価方法

イ 財産評価基本通達の定めによる評価方法

定期借地権等の目的となっている宅地の価額は、原則として、その宅地の自用地としての価額から、上記(1)により評価したその定期借地権等の価額を控除した金額によって評価します（評基通25(2)本文）。

ただし、上記(1)により定期借地権等の価額が、その宅地の自用地としての価額に次に掲げる定期借地権等の残存期間に応じる割合を乗じて計算した金額を下回る場合には、その宅地の自用地としての価額からその価額に次に掲げる割合を乗じて計算した金額を控除した金額によって評価します（評基通25(2)ただし書き）。

課税時期における残存期間	割　合
5年以下のもの	100分の5
5年を超え10年以下のもの	100分の10
10年を超え15年以下のもの	100分の15
15年を超えるもの	100分の20

ロ 個別通達の定めによる評価方法

(イ) 借地権割合の地域区分のうち、下の表に定める地域区分に存する一般定期借地権の目的となっている宅地の価額は、課税時期における財産評価基本通達25《貸宅地の評価》の(1)に定める自用地としての価額（以下「自用地としての価額」といいます。）から「一般定期借地権の価額に相当する金額」を控除した金額によって評価します。

この場合の「一般定期借地権の価額に相当する金額」とは、課税時期における自用地としての価額に、次の算式により計算した数値を乗じて計算した金額です。

$$(1 - \text{底地割合}) \times \frac{\text{課税時期におけるその一般定期借地権の残存期間年数に応ずる基準年利率による複利年金現価率}}{\text{一般定期借地権の設定期間年数に応ずる基準年利率による複利年金現価率}}$$

算式中の「底地割合」は、一般定期借地権の目的となっている宅地のその設定の時における価額が、その宅地の自用地としての価額に占める割合をいい、借地権割合の地域区分に応じ、次に定める割合となります。

	借地権割合		底地割合
地域区分	路線価図	評価倍率表	
	C	70%	55%
	D	60%	60%
	E	50%	65%
	F	40%	70%
	G	30%	75%

(注1) 借地権割合及びその地域区分は、各国税局長が定める「財産評価基準書」において、各路線価図についてはAからGの表示により、評価倍率表については数値により表示されています。

(注2) 借地権割合の地域区分がA地域、B地域及び「借地権の設定に際しその設定の対価として通常権利金その他の一時金を支払うなど借地権の取引慣行があると認められる地域以外の地域」に存する一般定期借地権の目的となっている宅地の価額は、この個別通達の定めによる評価方法を適用して評価することはできませんので、上記イの評価方法により評価することとなります。

(ロ) 個別通達による評価方法を採用できない場合

個別通達による評価方法は、課税上の弊害がない場合に限って適用することができます。「課税上弊害がない」場合とは、一般定期借地権の設定等の行為が専ら税負担回避を目的としたものでない場合のほか、この個別通達の定めによって評価することが著しく不適当と認められることのない場合をいい、個々の設定等についての事情、取引当事者間の関係等を総合勘案してその有無を判定することとなります。

なお、一般定期借地権の借地権者が次に掲げる者に該当する場合には、「課税上弊害がある」ものとして取り扱われます。

①	一般定期借地権の借地権設定者の親族（以下、この表において、一般的借地権の借地権設定者を「借地権設定者」といいます。）
②	借地権設定者とまだ婚姻の届出をしないが事実上婚姻関係と同様の事情にある者及びその親族でその者と生計を一にしているもの
③	借地権設定者の使用人及び使用人以外の者で借地権設定者から受ける金銭その他の財産によって生計を維持しているもの並びにこれらの者の親族でこれらの者と生計を一にしているもの
④	借地権設定者が法人税法第2条第15号《定義》に規定する役員（以下、この表において「会社役員」といいます。）となっている会社
⑤	借地権設定者、その親族、上記②及び③に掲げる者並びにこれらの者と法人税法第2条第10号《定義》に規定する政令で定める特殊の関係にある法人を判定の基礎とした場合に同号に規定する同族会社に該当する法人
⑥	上記④又は⑤に掲げる法人の会社役員又は使用人

⑦	借地権設定者が、借地借家法第15条《自己借地権》の規定により、自ら一般定期借地権を有することとなる場合の借地権設定者

【設例】一般定期借地権の設定されている宅地の評価額（個別通達による評価）

① 定期借地権等の種類　一般定期借地権
② 設定期間　50年
③ 設定時におけるその土地の設定時の通常の取引価額　8,000万円
④ 支払われた権利金の額（返還不要）　1,000万円
⑤ 課税時期　一般定期借地権設定の10年後
⑥ 課税時期におけるその土地の自用地価額（相続税評価額）　6,500万円
⑦ 普通借地権の割合　60％（路線価図における借地権割合の表示Dの地区）
⑧ 基準年利率　0.25％
　イ　残存期間40年に応ずる複利年金現価率　38.020
　ロ　設定期間50年に応じる複利年金現価率　46.946
⑨ 一般定期借地権の設定されている宅地の評価額
　　6,500万円 − 6,500万円 × （1−0.60） × $\dfrac{38.020}{46.946}$ ＝ 4,394.347万円

【参考】個別通達がないとした場合の一般定期借地権の設定されている宅地の評価額
　上記計算例の①から⑧の条件は同じとします。
1．原則（評基通25⑵本文）
　① 定期借地権の価額
　　6,500万円 × $\dfrac{1,000万円}{8,000万円}$ × $\dfrac{38.020}{46.946}$ ＝ 658.016万円
　② 一般定期借地権の設定されている宅地の評価額
　　6,500万円 − 658.016万円 ＝ 5,841.984万円
2．財産評価基本通達25（2）ただし書きの計算
　① 課税時期における定期借地権の残存期間に応じた割合　100分の20
　② 一般定期借地権の設定されている宅地の評価額
　　6,500万円 × （1−0.2） ＝ 5,200万円
（注）個別通達が適用される場合には、【参考】の評価方法は適用できません。

8 貸家の敷地の用に供されている宅地等の評価

(1) 貸家の敷地の用に供されている宅地の評価

　貸家建付地とは、貸家（借家権の目的となっている家屋をいいます。）の敷地の用に供されている宅地をいい、その価額は、次の算式により計算した価額によって評価します（評基通26）。

その宅地の自用地としての価額（A） − A × 借地権割合 × 借地権割合 × 賃貸割合

この算式における「借地権割合」は、上記❺の(1)の借地権割合によります。ただし、借地権の設定に際しその設定の対価として通常権利金その他の一時金を支払うなど借地権の取引慣行があると認められる地域以外の地域にある宅地については100分の20とします。

また、この算式における「賃貸割合」は、その貸家に係る各独立部分（構造上区分された数個の部分の各部分をいいます。）がある場合に、その各独立部分の賃貸の状況に基づいて、次の算式により計算した割合によります。

$$\frac{\text{Aのうち課税時期において賃貸されている各独立部分の床面積の合計}}{\text{当該家屋の各独立部分の床面積の合計（A）}}$$

「各独立部分」とは、建物の構成部分である隔壁、扉、階層（天井及び床）等によって他の部分と完全に遮断されている部分で、独立した出入口を有するなど独立して賃貸その他の用に供することができるものをいいます。

したがって、例えば、ふすま、障子又はベニヤ板等の堅固でないものによって仕切られている部分及び階層で区分されていても、独立した出入口を有しない部分は「各独立部分」には該当しません。なお、外部に接する出入口を有しない部分であっても、共同で使用すべき廊下、階段、エレベーター等の共用部分のみを通って外部と出入りすることができる構造となっているものは、上記の「独立した出入口を有するもの」に該当します。

■ 一時的空室部分がある場合

借家権の目的となっている家屋は貸家として、その貸家の敷地の用に供されている宅地は貸家建付地として評価することとなり、それらの価額は、上記(1)の算式により評価します。この算式における「賃貸割合」は、その貸家が構造上区分された数個の部分（各独立部分）からなっている場合において、「課税時期において賃貸されている各独立部分の床面積の合計」の「当該家屋の各独立部分の床面積の合計」に占める割合によります。この「賃貸されている各独立部分」には、継続的に賃貸されていた各独立部分で、課税時期において、一時的に賃貸されていなかったと認められるものを含むこととして差し支えないこととされています（評基通26（注）2）。

アパート等の一部に空室がある場合の一時的な空室部分が、「継続的に賃貸されてきたもので、課税時期において、一時的に賃貸されていなかったと認められる」部分に該当するかどうかは、次の事実関係などから総合的に判断することとなります。

① 各独立部分が課税時期前に継続的に賃貸されてきたものかどうか。
② 賃借人の退去後速やかに新たな賃借人の募集が行われたかどうか。
③ 空室の期間、他の用途に供されていないかどうか。
④ 空室の期間が課税時期の前後の例えば1か月程度であるなど一時的な期間であったかどうか。
⑤ 課税時期後の賃貸が一時的なものではないかどうか。

(国税庁HP 質疑応答事例「貸家建付地等の評価における一時的な空室の範囲」)

> **誤りやすい事例** 賃貸の用に供する目的で建築された建物の敷地の評価

賃貸の用に供する目的で建築された建物の敷地は、貸家建付地として評価することができますか。

> **解 説**

家屋の借家人は家屋に対する権利を有するほか、その家屋の敷地についても、家屋の賃借権に基づいて、家屋の利用の範囲内で、ある程度支配権を有していると認められ、逆にその範囲において地主は、利用についての受忍義務を負うこととなっています。そこで、貸家の敷地である貸家建付地の価額は、その宅地の自用地としての価額から、その価額にその宅地に係る借地権割合とその貸家に係る借家権割合との相乗積を乗じて計算した価額を控除した価額によって評価することとしています。

しかし、たとえその家屋がもっぱら賃貸用として建築されたものであっても、課税時期において現実に貸し付けられていない家屋の敷地、すなわち借家権の目的となっていない家屋の敷地については、土地に対する制約がなく、したがって、貸家建付地としての減価を考慮する必要がないことから、自用地としての価額で評価します。

また、その貸家が独立して賃貸の用に供することのできるアパート等でない場合には、上記の「一時的空室部分がある場合」の取扱いは適用できません。

> **裁判例** 一時的空室部分に該当しないとされた事例

大阪地裁平成28年10月26日判決（棄却）（控訴）（大阪高裁平成29年5月11日判決（控訴棄却））

継続的に賃貸の用に供されている独立部分が課税時期にたまたま賃貸されていなかったような場合にまで当該独立部分を賃貸されていないものとして賃貸割合を算出することは、不動産の取引実態等に照らして必ずしも実情に即したものとはいえない。そこで、評価通達26（注）2は、構造上区分された複数の独立部分からなる家屋の一部が継続的に賃貸されていたにもかかわらず課税時期において一時的に賃貸されていなかったと認められる場合には、例外的に当該独立部分を賃貸されている独立部分と同様に取り扱うこととしたものと解される。

このような評価通達の趣旨に照らせば、構造上区分された複数の独立部分からなる家屋の一部が課税時期に賃貸されていない場合において、当該独立部分が評価通達26（注）2の一時的空室部分といえるためには、当該独立部分の賃貸借契約が課税時期前に終了したものの引き続き賃貸される具体的な見込みが客観的に存在し、現に賃貸借契約終了から近接した時期に新たな賃貸借契約が締結されたなど、課税時期前後の賃貸状況等に照らし実質的にみて課税時期に賃貸されていたと同視し得ることを要するというべきである。

本件各空室部分についてみると、本件各空室部分の本件相続開始時前後の賃貸状況は、別表1記載

のとおりであるところ、本件各空室部分が賃貸されていない期間は最も短い場合でも5か月であり、本件各空室部分について、本件相続開始前に賃貸借契約が終了した後も引き続き賃貸される具体的な見込みが客観的に存在したにもかかわらず上記の期間新たな賃貸借契約が締結されなかったことについて合理的な理由が存在したなどの事情は認められず、むしろ、本件各係争家屋の賃借人を継続的に募集していたという原告の主張を前提とすれば、そのような募集状況にあったにもかかわらず5か月以上も賃貸されていないことから、上記のような事情はなかったものと推認される。したがって、本件各空室部分は、本件相続税の課税時期に賃貸されていたと同視することはできず、一時的空室部分に該当しない。

(2) 貸家の敷地の用に供されている借地権等の評価

貸家の敷地の用に供されている借地権の価額又は定期借地権等の価額は、次の算式により計算した価額によって評価します（評基通28）。

借地権又は定期借地権等の価額（B） － B ×借地権割合 × 賃貸割合

❾ 使用貸借により土地の貸借が行われている場合の評価

個人間で建物又は構築物（以下「建物等」といいます。）の所有を目的として、土地又は土地の上に存する権利について使用貸借による貸借が行われた場合の当該土地等の評価方法は次のとおりです。

この使用貸借とは、契約当事者の一方がある物を引き渡し、相手方がその受け取った物について無償で使用及び収益をし、契約の終了時にその物を返還することを約することによって効力を生じる契約です（民法593）。なお、この場合においても借用物についての通常の必要経費は借主の負担とされています（民法595①）。

(1) 使用貸借による土地の借受けがあった場合

建物等の所有を目的として使用貸借による土地の借受けがあった場合においては、借地権（建物等の所有を目的とする地上権又は賃借権をいいます。以下❾において同じです。）の設定に際し、その設定の対価として通常権利金その他の一時金（以下❾において「権利金」といいます。）を支払う取引上の慣行がある地域（以下❾において「借地権の慣行のある地域」といいます。）においても、当該土地の使用貸借に係る使用権の価額は、零として取り扱われます（使用貸借通達1）。

この場合において、使用貸借とは、民法第593条に規定する契約をいいますので、例えば、土地の借受者と所有者との間に当該借受けに係る土地の固定資産税など公租公課に相当する金額以下の金額の授受があるにすぎないものはこれに該当し、当該土地の借受けについて地代の

授受がないものであっても権利金その他地代に代わるべき経済的利益の授受のあるものはこれに該当しません。

(2) 使用貸借による借地権の転借があった場合

借地権を有する者（以下❾において「借地権者」といいます。）からその借地権の目的となっている土地の全部又は一部を使用貸借により借り受けて、その土地の上に建物等を建築した場合又は借地権の目的となっている土地の上に存する建物等を取得し、その借地権者からその建物等の敷地を使用貸借により借り受けることとなった場合においては、借地権の慣行のある地域においても、当該借地権の使用貸借に係る使用権の価額は、零として取り扱われます（使用貸借通達2）。

この場合において、その貸借が使用貸借に該当するものであることについては、「借地権の使用貸借に関する確認書」により当該使用貸借に係る借受者、当該借地権者及び当該土地の所有者についてその事実を確認することとされています（使用貸借通達2（注）1）。

なお、その貸借が使用貸借に該当しないものであると確認された場合は、その実態に応じ、借地権又は転借権の贈与として贈与税の課税関係を生ずる場合があります（使用貸借通達2（注）2）。

(3) 使用貸借に係る土地等を相続又は贈与により取得した場合

使用貸借に係る土地又は借地権を相続（遺贈及び死因贈与を含みます。）又は贈与（死因贈与を除きます。）により取得した場合における相続税又は贈与税の課税価格に算入すべき価額は、当該土地等の上に存する建物等又は当該借地権の目的となっている土地の上に存する建物等が自用のものであるか貸し付けられているものであるかにかかわらず、当該土地又は借地権が自用のものであるとした場合の価額とされます（使用貸借通達3）。

(4) 使用貸借に係る土地等の上に存する建物等を相続又は贈与により取得した場合

使用貸借に係る土地の上に存する建物等又は使用貸借に係る借地権の目的となっている土地の上に存する建物等を相続又は贈与により取得した場合における相続税又は贈与税の課税価格に算入すべき価額は、当該建物等が自用のものであるか又は貸し付けられているものであるかの区分に応じ、それぞれ当該建物等が自用又は貸付けのものであるとした場合の価額とされ、土地の上に存する権利の価額として相続税又は贈与税の課税価格に算入されるものはありません（使用貸借通達4）。

(5) 借地権の目的となっている土地を当該借地権者以外の者が取得し地代の授受が行われないこととなった場合

借地権の目的となっている土地を当該借地権者以外の者が取得し、その土地の取得者と当該

借地権者との間に当該土地の使用の対価としての地代の授受が行われないこととなった場合においては、その土地の取得者は、当該借地権者から当該土地に係る借地権の贈与を受けたものとして取り扱われます（使用貸借通達5）。なお、例えば、土地の公租公課に相当する金額以下の金額の授受がある場合は「土地の使用の対価としての地代の授受が行われないこととなった場合」に該当しますが、権利金その他地代に代わるべき経済的利益の授受のあるときはこれには該当しません（以下(7)において同じです。）。

ただし、当該土地の使用の対価としての地代の授受が行われないこととなった理由が使用貸借に基づくものでないとしてその土地の取得者からその者の住所地の所轄税務署長に対し、当該借地権者との連署による「当該借地権者は従前の土地の所有者との間の土地の賃貸借契約に基づく借地権者としての地位を放棄していない」旨の申出書（借地権者の地位に変更がない旨の申出書）が提出されたときは、当該借地権者から当該土地に係る借地権の贈与を受けたものとして取り扱われません（使用貸借通達5ただし書き）。

(6) 経過的取扱い――土地の無償借受け時に借地権相当額の課税が行われている場合

従前の取扱いにより、建物等の所有を目的として無償で土地の借受けがあった時に当該土地の借受者が当該土地の所有者から当該土地に係る借地権の価額に相当する利益を受けたものとして当該借受者に贈与税が課税されているもの、又は無償で借り受けている土地の上に存する建物等を相続若しくは贈与により取得した時に当該建物等を相続若しくは贈与により取得した者が当該土地に係る借地権に相当する使用権を取得したものとして当該建物等の取得者に相続税若しくは贈与税が課税されているものについて、次に掲げる場合に該当することとなったときにおける当該建物等又は当該土地の相続税又は贈与税の課税価格に算入すべき価額は、次に掲げる場合に応じ、それぞれ次のとおり取り扱われます（使用貸借通達6）。

① 当該建物等を相続又は贈与により取得した場合

当該建物等が自用か又は貸付けの区分に応じ、それぞれ当該建物等が自用又は貸付けのものであるとした場合の価額とし、当該建物等の存する土地に係る借地権の価額に相当する金額を含まないものとされます。

② 当該土地を相続又は贈与により取得した場合

イ 当該土地を相続又は贈与により取得する前に、当該土地の上に存する当該建物等の所有者が異動している場合で、その時に当該建物等の存する土地に係る借地権の価額に相当する金額について相続税又は贈与税の課税が行われていないときは、当該土地が自用のものであるとした場合の価額とされます。

ロ (イ)当該土地を相続又は贈与により取得する前に当該建物等の所有者が異動していない場合及び(ロ)当該建物等の所有者が異動している場合で、その時に当該建物等の存する土地に係る借地権の価額に相当する金額について、相続税又は贈与税の課税が行われているときは、当該土地が借地権の目的となっているものとした場合の価額とされます。

【参考1】 土地の無償借受け時に借地権相当額の課税が行われている場合の取扱い

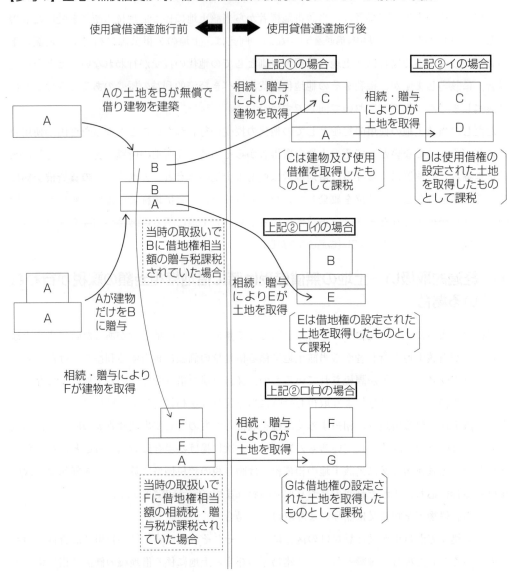

(7) 経過的取扱い―借地権の目的となっている土地をこの通達の施行前に当該借地権者以外の者が取得している場合

　使用貸借通達の施行（昭和48年11月1日）前に、借地権の目的となっている土地を当該借地権者以外の者が取得し、その者と当該借地権者との間に当該土地の使用の対価としての地代の授受が行われないこととなったものについて、次に掲げる場合に該当することとなったときにおける当該土地の上に存する建物等又は当該土地の相続税又は贈与税の課税価格に算入すべき価額は、次に掲げる場合に応じ、それぞれ次のとおり取り扱われます（使用貸借通達7）。

① 当該建物等を相続又は贈与により取得した場合

当該建物等の自用又は貸付けの区分に応じ、それぞれ当該建物等が自用又は貸付けのものであるとした場合の価額とし、当該建物等の存する土地に係る借地権の価額に相当する金額を含みません。

② 当該土地を相続又は贈与により取得した場合

イ　当該土地を相続又は贈与により取得する前に、当該土地の上に存する当該建物等の所有者が異動している場合でその時に当該建物等の存する土地に係る借地権の価額に相当する金額について相続税又は贈与税の課税が行われていないときは、当該土地が自用のものであるとした場合の価額とされます。

ロ　(イ)当該土地を相続又は贈与により取得する前に当該建物等の所有者が異動していない場合及び(ロ)当該建物等の所有者が異動している場合でその時に当該建物等の存する土地に係る借地権の価額に相当する金額について相続税又は贈与税の課税が行われているときは、当該土地が借地権の目的となっているものとした場合の価額とされます。

【参考２】借地権の目的となっている土地をこの通達の施行前に当該借地権者以外の者が取得している場合

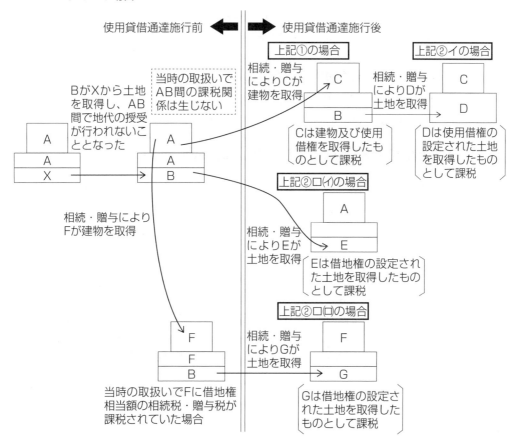

■ 土地の使用貸借契約の当事者の一方が法人の場合

上記(1)から(7)の取扱いは、土地の使用貸借契約の両当事者が個人である場合の取扱いであり、当事者の一方が法人である場合には、適用されず、法人税の取扱いに準拠して取り扱われることとなります。

区分地上権が設定されている場合の評価

(1) 区分地上権の評価

イ 原則

区分地上権の価額は、その区分地上権の目的となっている宅地の自用地としての価額に、その区分地上権の設定契約の内容に応じた土地利用制限率を基とした割合（以下「区分地上権の割合」といいます。）を乗じて計算した金額によって評価します（評基通27-4前段）。

なお、区分地上権が1画地の宅地の一部分に設定されているときは、「その区分地上権の目的となっている宅地の自用地としての価額」は、1画地の宅地の自用地としての価額のうち、その区分地上権が設定されている部分の地積に対応する価額となります（評基通27-4（注）2）。

（注）「土地利用制限率」とは、公共用地の取得に伴う損失補償基準細則（昭和38年3月7日用地対策連絡協議会理事会決定）別記2《土地利用制限率算定要領》に定める土地利用制限率をいいます（評基通27-4（注）1）。

ロ 地下鉄等の隧道の所有を目的として設定した区分地上権の評価

地下鉄等のずい道（トンネル）の所有を目的として設定した区分地上権を評価するときにおける区分地上権の割合は、100分の30とすることができます（評基通27-4後段）。

(2) 区分地上権の目的となっている宅地の評価

区分地上権の目的となっている宅地の価額は、その宅地の自用地としての価額から上記(1)のイ又はロにより評価したその区分地上権の価額を控除した金額によって評価します（評基通25(4)）。

【設例】地上区分権が設定されている宅地の評価

評価対象地の地下には、地下鉄トンネルの所有を目的とする区分地上権が設定されています。そのため、本来、地上8階地下2階のビルを建築することができる宅地ですが、地上6階地下1階のビルしか建築することができません。この土地の自用地としての評価額は、30億円ですが、区分地上権の目的となっていることを考慮した場合、どのように評価すればよいのでしょうか。

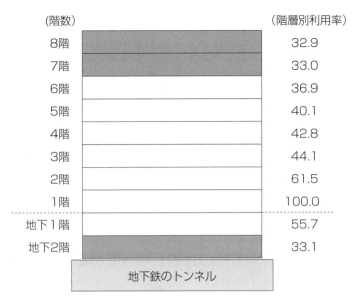

1. 区分地上権の割合（土地利用制限率）の計算

$$\frac{32.9+33.0+33.1}{32.9+33.0+36.9+40.1+42.8+44.1+61.5+100.0+55.7+33.1} ≒ 0.206$$

（注）　土地利用制限率は、土地の利用が妨げられる程度に応じて定められた割合であり、公共用地の取得に伴う損失補償基準細則別記2で定められています。なお、正確には、最有効階層の上空又は地下の利用価値をも考慮に入れる必要がありますが、本設例では省略しています。

2. 区分地上権の価額

　　30億円　×　0.206　＝　6億1,800万円

3. 区分地上権の設定されている土地の価額（原則）

　　30億円　－　6億1,800万円　＝　23億8,200万円

4. 区分地上権の設定されている土地の価額（地下鉄等の隧道の所有を目的とする区分地上権が設定されている場合）

　　30億円　－　30億円×30／100　＝　21億円

（注）　地下鉄等の隧道の所有を目的とする区分地上権が設定されている場合には、区分地上権の割合を30／100とすることができます。したがって、本設例の場合の土地の価額は、21億円となります。

11　区分地上権に準ずる地役権が設定されている場合の評価

　区分地上権に準ずる地役権とは、特別高圧架空電線の架設、高圧のガスを通ずる導管の敷設、飛行場の設置、建築物の建築その他の目的のため地下又は空間について上下の範囲を定めて設定された地役権で、建造物の設置を制限するものをいいます（評基通9⑷、地価令2①）。

(1)　区分地上権に準ずる地役権の評価

　区分地上権に準ずる地役権の価額は、その区分地上権に準ずる地役権の目的となっている承役地である宅地の自用地としての価額に、その区分地上権に準ずる地役権の設定契約の内容に

応じた土地利用制限率を基とした割合（以下「区分地上権に準ずる地役権の割合」といいます。）を乗じて計算した金額によって評価します（評基通27-5前段）。

この場合において、区分地上権に準ずる地役権の割合は、次に掲げるその承役地に係る制限の内容の区分に従い、それぞれ次に掲げる割合とすることができることとされています（評基通27-5後段）。

① 家屋の建築が全くできない場合

100分の50又はその区分地上権に準ずる地役権が借地権であるとした場合にその承役地に適用される借地権割合のいずれか高い割合

② 家屋の構造、用途等に制限を受ける場合

100分の30

(2) 区分地上権に準ずる地役権の目的となっている宅地の評価

区分地上権の目的となっている宅地の価額は、その宅地の自用地としての価額から上記(1)により評価したその区分地上権の価額を控除した金額によって評価します（評基通25(5)）。

第3節 農地及び農地の上に存する権利の評価

 財産評価における農地の区分

財産評価基本通達においては、農地を次の4種類に区分し、それぞれの評価方法が定められています（評基通34）。

	種類	説　明
①	純農地 （評基通36）	次に掲げる農地のうち、そのいずれかに該当するものをいいます。ただし、④に該当する農地を除きます。 (1) 農用地区域内にある農地 (2) 市街化調整区域内にある農地のうち、第1種農地又は甲種農地に該当するもの (3) 上記(1)及び(2)に該当する農地以外の農地のうち、第1種農地に該当するもの。ただし、近傍農地の売買実例価額、精通者意見価格等に照らし、第2種農地又は第3種農地に準ずる農地と認められるものを除きます。
②	中間農地 （評基通36-2）	次に掲げる農地のうち、そのいずれかに該当するものをいいます。ただし、④に該当する農地を除きます。 (1) 第2種農地に該当するもの (2) 上記(1)に該当する農地以外の農地のうち、近傍農地の売買実例価額、精通者意見価格等に照らし、第2種農地に準ずる農地と認められるもの

③	市街地周辺農地 （評基通36－3）	次に掲げる農地のうち、そのいずれかに該当するものをいいます。ただし、④に該当する農地を除きます。 (1) 第3種農地に該当するもの (2) 上記(1)に該当する農地以外の農地のうち、近傍農地の売買実例価額、精通者意見価格等に照らし、第3種農地に準ずる農地と認められるもの
④	市街地農地 （評基通36－4）	次に掲げる農地のうち、そのいずれかに該当するものをいいます。 (1) 農地法第4条《農地の転用の制限》又は第5条《農地又は採草放牧地の転用のための権利移動の制限》に規定する許可（以下「転用許可」といいます。）を受けた農地 (2) 市街化区域内にある農地 (3) 農地法等の一部を改正する法律附則第2条第5項の規定によりなお従前の例によるものとされる改正前の農地法第7条第1項第4号の規定により、転用許可を要しない農地として、都道府県知事の指定を受けたもの

【参考】農地の区分

　評価上の農地の種類と①農地法、②農業振興地域の整備に関する法律、③都市計画法との関係は、およそ次のとおりとなります。

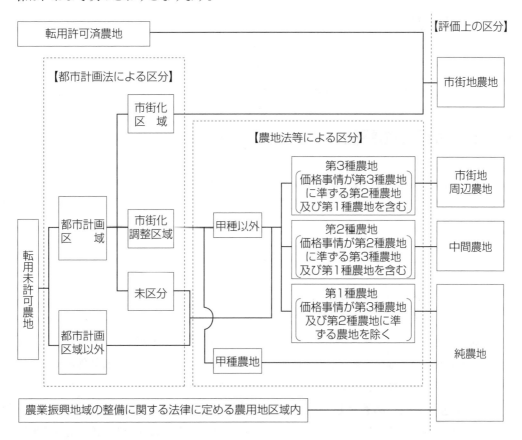

（国税庁HP　質疑応答事例「農地の評価上の分類」）

② 純農地の評価

　純農地の価額は、その農地の固定資産税評価額に、田又は畑の別に、地勢、土性、水利等の状況の類似する地域ごとに、その地域にある農地の売買実例価額、精通者意見価格等を基として国税局長の定める倍率を乗じて計算した金額によって評価します（評基通37）。

　評価倍率は、国税庁ホームページに掲載された各年分の財産評価基準書によって確認することができます。

③ 中間農地の評価

　中間農地の価額は、その農地の固定資産税評価額に、田又は畑の別に、地価事情の類似する地域ごとに、その地域にある農地の売買実例価額、精通者意見価格等を基として国税局長の定める倍率を乗じて計算した金額によって評価します（評基通38）。

　評価倍率は、国税庁ホームページに掲載された各年分の財産評価基準書によって確認することができます。

④ 市街地周辺農地の評価

　市街地周辺農地の価額は、「❺市街地農地の評価」の定めにより評価したその農地が市街地農地であるとした場合の価額の100分の80に相当する金額によって評価します（評基通39）。

⑤ 市街地農地の評価

　市街地農地の価額は、その農地が宅地であるとした場合の１平方メートル当たりの価額からその農地を宅地に転用する場合において通常必要と認められる１平方メートル当たりの造成費に相当する金額として、整地、土盛り又は土止めに要する費用の額がおおむね同一と認められる地域ごとに国税局長の定める金額を控除した金額に、その農地の地積を乗じて計算した金額によって評価します（評基通40本文）。

　ただし、市街化区域内に存する市街地農地については、その農地の固定資産税評価額に地価事情の類似する地域ごとに、その地域にある農地の売買実例価額、精通者意見価格等を基として国税局長の定める倍率を乗じて計算した金額によって評価することができるものとし、その倍率が定められている地域にある市街地農地の価額は、その農地の固定資産税評価額にその倍率を乗じて計算した金額によって評価します（評基通40ただし書き）。

■ その農地が宅地であるとした場合の１平方メートル当たりの価額

　その農地が宅地であるとした場合の１平方メートル当たりの価額は、その付近にある宅地に

ついて路線価方式又は倍率方式によって評価した１平方メートル当たりの価額を基とし、その宅地とその農地との位置、形状等の条件の差を考慮して評価します（評基通40（注））。

■ 宅地造成費

評価対象の農地を宅地に転用する場合において通常必要と認められる１平方メートル当たりの造成費に相当する金額については、国税庁ホームページに掲載された各年分の財産評価基準書によって確認することができます。

財産評価基準書においては、平坦地又は傾斜地の別に１単位当たりの宅地造成費の額が定められています。

(1) 平坦地

工事費目		説　明	造成費の定め方
整地費	整地費	①凹凸がある土地の地面を地ならしするための工事費又は②土盛工事を要する土地について、土盛工事をした後の地面を地ならしするための工事費	整地を必要とする面積１平方メートル当たりの金額
	伐採・抜根費	樹木が生育している土地について、樹木を伐採し、根等を除去するための工事費（整地工事によって樹木を除去できる場合には、造成費に本工事費を含めない）	伐採・抜根を必要とする面積１平方メートル当たりの金額
	地盤改良費	湿田など軟弱な表土で覆われた土地の宅地造成に当たり、地盤を安定させるための工事費	地盤改良を必要とする面積１平方メートル当たりの金額
土盛費		道路よりも低い位置にある土地について、宅地として利用できる高さ（原則として道路面）まで搬入した土砂で埋め立て、地上げする場合の工事費	他から土砂を搬入して土盛りを必要とする場合の土盛り体積１立方メートル当たりの金額
土止費		道路よりも低い位置にある土地について、宅地として利用できる高さ（原則として道路面）まで地上げする場合に、土盛りした土砂の流出や崩壊を防止するために構築する擁壁工事費	土止めを必要とする場合の擁壁の面積１平方メートル当たりの金額

(2) 傾斜地

傾斜地については、傾斜度の区分ごとに、整地費、土盛費、土止費の宅地造成に要するすべての費用を含めた算定した１平方メートル当たりの造成費の金額が定められています。ただし、この金額には、伐採・抜根費は含まれていないことから、傾斜地で伐採・抜根を要する土地については、「平坦地の宅地造成費」の「伐採・抜根費」の金額を基に算出した金額を加算します。

> **誤りやすい事例**　三大都市圏に所在する地積規模の大きな農地の評価
>
> 　市街地農地である評価対象地は、三大都市圏に所在する地積1,500㎡の畑です。評価対象地が宅地であるとした場合には、地積規模の大きな宅地として評価することができますが、農地である評価対象地の評価においても、同様の減額評価をすることができますか。
>
> **解　説**
>
> 　その農地が宅地であるとした場合の1平方メートル当たりの価額については、その農地が宅地であるとした場合において財産評価基本通達20-2《地積規模の大きな宅地の評価》の定めの適用対象となるときには、同項の定めを適用して計算することができます（評基通40（注）なお書き）。

6　生産緑地の評価

　生産緑地（生産緑地法第2条《定義》第3号に規定する生産緑地のうち、課税時期において同法第10条《生産緑地の買取りの申出》の規定（同法第10条の5《特定生産緑地の買取りの申出》の規定により読み替えて適用される場合を含みます。）により市町村長に対し生産緑地を時価で買い取るべき旨の申出（以下「買取りの申出」といいます。）を行った日から起算して3月を経過しているもの以外のものをいいます。）の価額は、その生産緑地が生産緑地でないものとして評価した価額から、その価額に次に掲げる生産緑地の別にそれぞれ次に掲げる割合を乗じて計算した金額を控除した金額によって評価します（評基通40-3）。

(1)　課税時期において市町村長に対し買取りの申出をすることができない生産緑地

課税時期から買取りの申出をすることができることとなる日までの期間	割合
5年以下のもの	100分の10
5年を超え10年以下のもの	100分の15
10年を超え15年以下のもの	100分の20
15年を超え20年以下のもの	100分の25
20年を超え25年以下のもの	100分の30
25年を超え30年以下のもの	100分の35

(2) 課税時期において市町村長に対し買取りの申出が行われていた生産緑地又は買取りの申出をすることができる生産緑地

100分の5

〈参考〉生産緑地の概要

対象地区	① 市街化区域内の農地等であること ② 公害等の防止、農林漁業と調和した都市環境の保全の効用を有し、公共施設等の用地に適したものであること ③ 用排水等の営農継続可能条件を備えていること
地区面積	500平方メートル以上（市町村が条例により300平方メートルまで引下げ可能）
建築等の制限	宅地造成・建物等の建築等には市町村長の許可が必要（農林漁業を営むために必要である一定の施設及び市民農園に係る施設等以外の場合は原則不許可）
買取の申出	生産緑地の指定から30年経過する日（申出基準日）等以後又は生産緑地に係る主たる農林漁業従事者又はそれに準ずる者の死亡等のとき、市町村長へ時価での買取り申出が可能（不成立の場合は、3か月後制限解除） （注）　特定生産緑地の指定がされた場合には、買取りの申出ができる日が申出基準日から10年延期されます。さらに、特定生産緑地の指定期限の延長がされた場合には、買取りの申出ができる日が10年延長されます（生産緑地法10の5）。
特定生産緑地の指定	申出基準日までに生産緑地を特定生産緑地として指定が可能
特定生産緑地の指定期限の延長	申出基準日から10年経過する日までに指定期限の延長が可能（以後、繰り返し10年の延長が可能）

（国税庁HP 質疑応答事例「生産緑地の評価」）

裁判例 被相続人が生産緑地における農業の主たる従事者であったと認定され控除割合が5％とされた事例

名古屋高裁平成15年5月21日判決（棄却）（確定）

　相続財産である本件生産緑地について市町村長に対する買取りの申出をすることができるのは相続開始後25年以上経過した後であるから、財産評価基本通達に基づき本件生産緑地の価額を評価する場合の控除割合は35パーセントとなると納税者は主張するが、労働力の提供の面、営農の基本方針の決定等の経営的側面、資金や納税等の資本面を総合勘案すると本件生産緑地に係る農業の主たる従事者は被相続人であったと認められ、相続人は生産緑地法第10条の規定に基づき直ちに買取りの申出をすることができるから、本件生産緑地の評価上控除される割合は5パーセントとなる。

> **誤りやすい事例** 特定生産緑地の指定を受けた農地の評価

被相続人は、評価対象地である特定生産緑地において農業を営んでいました。この特定生産緑地の指定を受けてから1年しか経過しておらず、買取りの申出基準日まで9年あります。

> **解　説**

特定生産緑地については、原則として、指定から10年間は、建築物の建築、宅地の造成等はできないといういわゆる行為制限が付されることから、このような生産緑地の価額は、行為制限の解除の前提となっている買取りの申出のできる日までの期間に応じて定めた一定の割合を減額して評価することとしています。

この買取りの申出は、特定生産緑地については、原則として、申出基準日から延長された10年が経過しなければ行うことができませんが、その生産緑地に係る農林漁業の主たる従事者が死亡したときには行うことができることとされています（生産緑地法10）。したがって、被相続人が評価対象地である特定生産緑地のついて主たる従事者であるならば、その特定生産緑地の価額は、生産緑地でないものとして評価した価額の95％相当額で評価します。

7 耕作権等が設定されている場合の評価

(1) 耕作権の評価

耕作権の評価は、次に掲げる区分に従い、それぞれ次のとおり評価します。

① 純農地又は中間農地に係る耕作権の価額は、上記❷又は❸により評価したその農地の価額に、100分の30の耕作権割合（耕作権が設定されていないとした場合の農地の価額に対するその農地に係る耕作権の価額の割合をいいます。）を乗じて計算した金額によって評価します（評基通42(1)）。

② 市街地周辺農地、市街地農地に係る耕作権の価額は、その農地が転用される場合に通常支払われるべき離作料の額、その農地の付近にある宅地に係る借地権の価額等を参酌して求めた金額によって評価します（評基通42(2)）。

農地が転用される場合に通常支払われるべき離作料の額、その農地の付近にある宅地に係る借地権の価額等については、その農地の所在する地域の取引慣行や耕作権者と土地所

有者の間の契約内容等により異なることとなりますが、一部の国税局管内においては、財産評価基準書において耕作権割合を示し、その耕作権割合によって評価しても差し支えないとしています。

(2) 永小作権の評価

永小作権の価額は、その残存期間に応じ、その目的となっている土地のこれらの権利を取得した時におけるこれらの権利が設定されていない場合の評価額に、次に定める割合を乗じて算出します（相法23）。

残存期間が10年以下のもの	100分の5
残存期間が10年を超え15年以下のもの	100分の10
残存期間が15年を超え20年以下のもの	100分の20
残存期間が20年を超え25年以下のもの	100分の30
残存期間が25年を超え30年以下のもの	100分の40
残存期間が30年を超え35年以下のもの	100分の50
残存期間が35年を超え40年以下のもの	100分の60
残存期間が40年を超え45年以下のもの	100分の70
残存期間が45年を超え50年以下のもの	100分の80
残存期間が50年を超えるもの	100分の90

（注）　存続期間の定めのない永小作権の価額は、別段の慣習があるときを除き、存続期間を30年とみなして評価します（評基通43）。

(3) 耕作権又は永小作権の目的となっている農地の評価

耕作権又は永小作権の目的となっている農地の価額は、上記❷から❺により評価したその農地の価額（自用地としての価額）から、上記(1)により評価した耕作権の価額又は上記(2)により評価した永小作権の価額を控除した金額によって評価します（評基通41(1)(2)）。

第4節　山林及び山林の上に存する権利の評価

　財産評価における山林の区分

財産評価基本通達では、山林を純山林、中間山林及び市街地山林の3種類に区分し、それぞれの評価方法が定められています（評基通45）。

中間山林は、市街地付近又は別荘地帯にある山林で、純山林とは状況が異なるため、純山林として評価することが適当ではないと認められる山林です。また、市街地山林は、宅地のうちに介在する山林、市街化区域にある山林などで、付近の宅地の価額に類似する価額で取引されると認められる山林です。

評価対象地である山林がこれらの山林のいずれに該当するかは、財産評価基準書により確認することができます。

2 純山林の評価

純山林の価額は、その山林の固定資産税評価額に、地勢、土層、林産物の搬出の便等の状況の類似する地域ごとに、その地域にある山林の売買実例価額、精通者意見価格等を基として国税局長の定める倍率を乗じて計算した金額によって評価します（評基通47）。

3 中間山林の評価

中間山林の価額は、その山林の固定資産税評価額に、地価事情の類似する地域ごとに、その地域にある山林の売買実例価額、精通者意見価格等を基として国税局長の定める倍率を乗じて計算した金額によって評価します。

4 市街地山林の評価

(1) 市街地山林の価額は、その山林が宅地であるとした場合の1平方メートル当たりの価額から、その山林を宅地に転用する場合において通常必要と認められる1平方メートル当たりの造成費に相当する金額として、整地、土盛り又は土止めに要する費用の額がおおむね同一と認められる地域ごとに国税局長の定める金額を控除した金額に、その山林の地積を乗じて計算した金額によって評価します。なお、通常必要と認められる1平方メートル当たりの造成費に相当する金額として国税局長の定める金額は国税庁ホームページに掲載された各年分の財産評価基準書によって確認することができます。

その山林が宅地であるとした場合の1平方メートル当たりの価額は、その付近にある宅地について路線価方式又は倍率方式によって評価した1平方メートル当たりの価額を基とし、その宅地とその山林との位置、形状等の条件の差を考慮して評価します。この場合、その山林が宅地であるとした場合において地積規模の大きな宅地として評価する宅地である場合には、地積規模の大きな宅地として評価します。

(2) その市街地山林の固定資産税評価額に地価事情の類似する地域ごとに、その地域にある山林の売買実例価額、精通者意見価格等を基として国税局長の定める倍率を乗じて計算した金額によって評価することができるものとし、その倍率が定められている地域にある市街地山

林の価額は、上記(1)にかかわらず、その山林の固定資産税評価額にその倍率を乗じて計算した金額によって評価します。

■ 宅地への転用が見込めない市街地山林の評価

その市街地山林について宅地であるとした場合の価額から宅地造成費に相当する金額を控除して評価した価額が、近隣の純山林に比準して評価した価額を下回る場合には、経済合理性の観点から宅地への転用が見込めません。また、その山林が急傾斜地等であるために宅地造成ができないと認められる場合もあります。このような宅地への転用が見込めないと認められる市街地山林の価額は、近隣の純山林の価額に比準して評価することとされています（評基通49なお書き、（注）2）。

この場合、比準元となる具体的な純山林は、評価対象地の近隣の純山林、すなわち、評価対象地からみて距離的に最も近い場所に所在する純山林となります。

なお、宅地比準方式により評価する市街地農地、市街地周辺農地及び市街地原野等についても、市街地山林と同様、経済合理性の観点から宅地への転用が見込めない場合には、宅地への転用が見込めない市街地山林の評価方法に準じて、その価額は、純農地又は純原野の価額により評価することになります。

5 保安林の評価

森林法その他の法令の規定に基づき土地の利用又は立木の伐採について制限を受けている山林（特別緑地保全地区内にある山林を除きます。）の価額は、上記❶から❹までの定めにより評価した価額（その山林が森林法第25条《指定》の規定により保安林として指定されており、かつ、倍率方式により評価すべきものに該当するときは、その山林の付近にある山林につき上記❶から❹までの定めにより評価した価額に比準して評価した価額）から、その価額にその山林の上に存する立木について次の割合を乗じて計算した金額を控除した金額によって評価します（評基通50、123）。

法令に基づき定められた伐採関係の区分	控除割合
一部皆伐	0.3
択伐	0.5
単木選伐	0.7
禁伐	0.8

6 特別緑地保全地区内にある山林の評価

都市緑地法第12条に規定する特別緑地保全地区（首都圏近郊緑地保全法第4条第2項第3号

に規定する近郊緑地特別保全地区及び近畿圏の保全区域の整備に関する法律第6条第2項に規定する近郊緑地特別保全地区を含みます。）内にある山林（林業を営むために立木の伐採が認められる山林で、かつ、純山林に該当するものを除きます。）の価額は、上記❷から❺までの定めにより評価した価額から、その価額に100分の80を乗じて計算した金額を控除した金額によって評価します（評基通50-2）。

山林に権利が設定されている場合の評価

(1) 地上権の評価

　山林に地上権が設定されている場合のその地上権の価額は、上記❻までにより評価した山林の価額（以下❼においてこの価額を「自用地としての価額」といいます。）に、相続税法第23条に定める地上権の割合を乗じて算出します。

　なお、立木一代限りとして設定された地上権などのように残存期間の不確定な地上権の価額は、課税時期の現況により、立木の伐採に至るまでの期間をその残存期間として相続税法第23条の規定により評価します（評基通53）。

(2) 区分地上権の評価

　山林に係る区分地上権の価額は、上記第2節❿の「(1) 区分地上権の評価」に準じて評価します（評基通53-2）。

(3) 区分地上権に準ずる地役権の評価

　山林に係る区分地上権に準ずる地役権の価額は、その区分地上権に準ずる地役権の目的となっている承役地である山林の自用地としての価額を基に、上記第2節⓫の「(1) 区分地上権に準ずる地役権の評価」に準じて評価します（評基通53-3）。

(4) 賃借権の評価

　山林の賃借権の評価は、次に掲げる区分に従い、それぞれ次により評価します（評基通54）。
① 純山林に係る賃借権の価額は、その賃借権の残存期間に応じ、相続税法第23条の規定を準用して評価します。この場合において、契約に係る賃借権の残存期間がその権利の目的となっている山林の上に存する立木の現況に照らし更新されることが明らかであると認める場合においては、その契約に係る賃借権の残存期間に更新によって延長されると認められる期間を加算した期間をもってその賃借権の残存期間とします。
② 中間山林に係る賃借権の価額は、賃貸借契約の内容、利用状況等に応じ、①又は③の定めにより求めた価額によって評価します。
③ 市街地山林に係る賃借権の価額は、その山林の付近にある宅地に係る借地権の価額等を

参酌して求めた価額によって評価します。

(5) 貸し付けられている山林の評価

賃借権の目的となっている山林の価額、地上権の目的となっている山林の価額、区分地上権の目的となっている山林の価額及び区分地上権に準ずる地役権の目的となっている承役地である山林の価額は、それぞれその山林の自用地としての価額から、上記(1)から(4)により評価した賃借権の価額、地上権の価額、区分地上権の価額又は区分地上権に準ずる地役権の価額を控除した金額により評価します（評基通51）。

■ 分収林契約に係る山林の評価

立木の伐採又は譲渡による収益を一定の割合により分収することを目的として締結された分収林契約（所得税法施行令第78条に規定する「分収造林契約」又は「分収育林契約」をいいます。）に基づいて設定された地上権又は賃借権の目的となっている山林の価額は、その分収林契約により定められた山林の所有者に係る分収割合に相当する部分の山林の自用地としての価額と、その他の部分の山林について上記(5)により評価した価額との合計額によって評価します（評基通52）。

この評価方法を算式によって示すと、次のとおりとなります。

```
分収林契約に係る山林の価額
 ＝（その山林の自用地としての価額（A）×山林所有者の分収割合（B））
  ＋（（A）－地上権又は賃借権の価額）×（1－（B））
```

また、分収林契約に基づき設定された地上権又は賃借権の価額は、上記(1)又は(4)により評価したその地上権又は賃借権の価額にその分収林契約に基づき定められた造林又は育林を行う者に係る分収割合を乗じて計算した価額によって評価します（評基通55）。

第5節 原野及び原野の上に存する権利の評価

財産評価における原野の区分

財産評価基本通達においては、原野を純原野、中間原野及び市街地原野の3種類に区分し、それぞれの評価方法が定められています（評基通57）。

評価対象地である原野がこれらの原野のいずれに該当するかは、財産評価基準書により確認することができます。

2 純原野の評価

純原野の価額は、その原野の固定資産税評価額に、状況の類似する地域ごとに、その地域にある原野の売買実例価額、精通者意見価格等を基として国税局長の定める倍率を乗じて計算した金額によって評価します（評基通58）。

3 中間原野の評価

中間原野の価額は、その原野の固定資産税評価額に、地価事情の類似する地域ごとに、その地域にある原野の売買実例価額、精通者意見価格等を基として国税局長の定める倍率を乗じて計算した金額によって評価します（評基通58-2）。

4 市街地原野の評価

市街地原野の価額は、その原野が宅地であるとした場合の1平方メートル当たりの価額から、その原野を宅地に転用する場合において通常必要と認められる1平方メートル当たりの造成費に相当する金額として、整地、土盛り又は土止めに要する費用の額がおおむね同一と認められる地域ごとに国税局長の定める金額を控除した金額に、その原野の地積を乗じて計算した金額によって評価します（評基通58-3）。

その原野が宅地であるとした場合の1平方メートル当たりの価額は、その付近にある宅地について財産評価基本通達11《評価の方式》に定める方式によって評価した1平方メートル当たりの価額を基とし、その宅地とその原野との位置、形状等の条件の差を考慮して評価します。その原野が宅地であるとした場合の1平方メートル当たりの価額については、その原野が宅地であるとした場合において地積規模の大きな宅地として評価することとなるときには、地積規模の大きな宅地の評価方法により計算します。

ただし、その市街地原野の固定資産税評価額に地価事情の類似する地域ごとに、その地域にある原野の売買実例価額、精通者意見価格等を基として国税局長の定める倍率を乗じて計算した金額によって評価することができるものとし、その倍率が定められている地域にある市街地原野の価額は、その原野の固定資産税評価額にその倍率を乗じて計算した金額によって評価します（評基通58-3ただし書き）。

5 特別緑地保全地区内にある原野の評価

特別緑地保全地区内にある原野の価額は、上記1から4までにより評価した価額から、その価額に100分の80を乗じて計算した金額を控除した金額によって評価します（評基通58-5）。

原野に権利が設定されている場合の評価

(1) 地上権の評価

　原野に地上権が設定されている場合のその地上権の価額は、上記❺までにより評価した原野の価額（以下❻において「自用地としての価額」といいます。）に、相続税法第23条に定める地上権の割合を乗じて算出します。

(2) 区分地上権の評価

　原野に係る区分地上権の価額は、上記第2節の❿の(1)に準じて評価します（評基通60-2）。

(3) 区分地上権に準ずる地役権の評価

原野に係る区分地上権に準ずる地役権の価額は、その区分地上権に準ずる地役権の目的となっている承役地である原野の自用地としての価額を基に、上記第2節の⓫の(1)に準じて評価します（評基通60-3）。

(4) 賃借権の評価

　原野の賃借権の評価は、耕作権の評価（第3節の❼の(1)）に準じて評価します（評基通60）。

(5) 貸し付けられている原野の評価

　賃借権の目的となっている原野の価額、地上権の目的となっている原野の価額、区分地上権の目的となっている原野の価額及び区分地上権に準ずる地役権の目的となっている承役地である原野の価額は、それぞれその原野の自用地としての価額から、上記(1)から(4)により評価した地上権の価額、区分地上権の価額、区分地上権に準ずる地役権の価額又は賃借権の価額を控除した金額により評価します（評基通59）。

第6節　牧場及び牧場の上に存する権利の評価

　牧場及び牧場の上に存する権利の価額は、第5節の「原野及び原野の上に存する権利」の評価方法に準じて評価します（評基通61）。

第7節　池沼及び池沼の上に存する権利の評価

　池沼及び池沼の上に存する権利の価額は、第5節の「原野及び原野の上に存する権利」の評価方法に準じて評価します（評基通62）。

第8節 鉱泉地及び鉱泉地の上に存する権利の評価

 鉱泉地の評価

　鉱泉地の価額は、次のイ又はロの区分に従い、それぞれに示すところにより評価します（評基通69）。

　イ　状況が類似する温泉地又は地域ごとに、その温泉地又はその地域に存する鉱泉地の売買実例価額、精通者意見価格、その鉱泉地の鉱泉を利用する温泉地の地価事情、その鉱泉地と状況が類似する鉱泉地の価額等を基として国税局長が鉱泉地の固定資産税評価額に乗ずべき一定の倍率を定めている場合

　　その鉱泉地の固定資産税評価額にその倍率を乗じて計算した金額によって評価します。

　ロ　イ以外の場合

　　その鉱泉地の固定資産税評価額に、次の割合を乗じて計算した金額によって評価します。

$$\frac{その鉱泉地の鉱泉を利用する宅地の課税時期における価額}{その鉱泉地の鉱泉を利用する宅地のその鉱泉地の固定資産税評価額の評定の基準となった日における価額}$$

（注）　固定資産税評価額の評定の基準となった日とは、通常、各基準年度（地方税法第341条第6号に規定する年度をいいます。）の初日の属する年の前年1月1日となります。

　ただし、湯温、ゆう出量等に急激な変化が生じたこと等から、①又は②により評価することが適当でないと認められる鉱泉地については、その鉱泉地と状況の類似する鉱泉地の価額若しくは売買実例価額又は精通者意見価格等を参酌して求めた金額によって評価します（評基通69ただし書き）。

■ 住宅、別荘等の鉱泉地の評価

　鉱泉地からゆう出する温泉の利用者が、旅館、料理店等の営業者以外の者である場合におけるその鉱泉地の価額は、上記によって求めた価額を基とし、その価額からその価額の100分の30の範囲内において相当と認める金額を控除した価額によって評価します（評基通75）。

 鉱泉地に権利が設定されている場合の評価

(1)　温泉権の評価

　温泉権とは、鉱泉地から湧出する温泉を利用する権利をいいます。

　温泉権の価額は、その温泉権の設定の条件に応じ、温泉権の売買実例価額、精通者意見価格等を参酌して評価します（評基通78）。

(2) 引湯権の評価

引湯権とは、鉱泉地又は温泉権を有する者から分湯を受ける者のその引湯する権利をいいます。

引湯権の価額は、上記❶又は上記(1)により評価した鉱泉地の価額又は温泉権の価額に、その鉱泉地のゆう出量に対するその引湯権に係る分湯量の割合を乗じて求めた価額を基とし、その価額から、引湯の条件に応じ、その価額の100分の30の範囲内において相当と認める金額を控除した価額によって評価します（評基通80）。

■ 別荘、リゾートマンション等に係る引湯権の評価

別荘、リゾートマンション等に係る引湯権で通常取引される価額が明らかなものについては、納税義務者の選択により課税時期における当該価額に相当する金額によって評価することができます（評基通80ただし書き）。

(3) 温泉権が設定されている鉱泉地の価額

温泉権が設定されている鉱泉地の価額は、その鉱泉地につい上記❶により評価した価額から上記(1)により評価した温泉権の価額を控除した価額によって評価します（評基通77）。

(4) 引湯権の設定されている鉱泉地又は温泉権の価額

引湯権の設定されている鉱泉地又は温泉権の価額は、上記❶又は上記(1)により評価した鉱泉地の価額又は温泉権の価額から、上記(2)により評価した引湯権の価額を控除した価額によって評価します（評基通79）。

第9節 雑種地及び雑種地の上に存する権利の評価

 雑種地の評価

雑種地の価額は、原則として、その雑種地と状況が類似する付近の土地についてこの通達の定めるところにより評価した1平方メートル当たりの価額を基とし、その土地とその雑種地との位置、形状等の条件の差を考慮して評定した価額に、その雑種地の地積を乗じて計算した金額によって評価します（評基通82）。

ただし、その雑種地の固定資産税評価額に、状況の類似する地域ごとに、その地域にある雑種地の売買実例価額、精通者意見価格等を基として国税局長の定める倍率を乗じて計算した金額によって評価することができるものとし、その倍率が定められている地域にある雑種地の価額は、その雑種地の固定資産税評価額にその倍率を乗じて計算した金額によって評価します（評基通82ただし書き）。

■ 市街化調整区域内にある雑種地の評価

　雑種地（ゴルフ場用地、遊園地等用地、鉄軌道用地を除きます。）の価額は、原則として、その雑種地の現況に応じ、評価対象地と状況が類似する付近の土地について評価した1平方メートル当たりの価額を基とし、その土地と評価対象地である雑種地との位置、形状等の条件の差を考慮して評定した価額に、その雑種地の地積を乗じて評価することとしています。

　ところで、市街化調整区域内にある雑種地を評価する場合に、状況が類似する土地（地目）の判定をするときには、評価対象地の周囲の状況に応じて、下表により判定することになります。

　また、付近の宅地の価額を基として評価する場合（宅地比準）における法的規制等（開発行為の可否、建築制限、位置等）に係るしんしゃく割合（減価率）は、市街化の影響度と雑種地の利用状況によって個別に判定することになりますが、下表のしんしゃく割合によっても差し支えないこととされています。

市街化の影響度	周囲（地域）の状況	比準地目	しんしゃく割合
弱 ↑	① 純農地、純山林、純原野	農地比準、山林比準、原野比準（※1）	
｜	② ①と③の地域の中間（周囲の状況により判定）	宅地比準	50%
↓ 強	③ 店舗等の建築が可能な幹線道路沿いや市街化区域との境界付近（※2）		30%
		宅地価格と同等の取引実態が認められる地域（郊外型店舗が建ち並ぶ地域等）	0%

（※1）農地等の価額を基として評価する場合で、評価対象地が資材置場、駐車場等として利用されているときは、その土地の価額は、原則として、財産評価基本通達24-5（農業用施設用地の評価）に準じて農地等の価額に造成費相当額を加算した価額により評価します。ただし、その価額は宅地の価額を基として評価した価額を上回ることはありません。

（※2）③の地域は、線引き後に沿道サービス施設が建設される可能性のある土地（都市計画法第34条第9号、第43条第2項）や、線引き後に日常生活に必要な物品の小売業等の店舗として開発又は建築される可能性のある土地（都市計画法第34条第1号、第43条第2項）の存する地域をいいます。

（※3）都市計画法第34条第11号に規定する区域内については、上記の表によらず、個別に判定します。

（国税庁HP 質疑応答事例「市街化調整区域内にある雑種地の評価」）

■ ゴルフ場用地の評価

　ゴルフ場の用に供されている土地（ゴルフ場用地）の価額は、次の(1)又は(2)により評価します（評基通83）。

(1) 市街化区域及びそれに近接する地域にあるゴルフ場用地の価額は、そのゴルフ場用地が宅地であるとした場合の1平方メートル当たりの価額にそのゴルフ場用地の地積を乗じて計算した金額の100分の60に相当する金額から、そのゴルフ場用地を宅地に造成する場合におい

て通常必要と認められる１平方メートル当たりの造成費に相当する金額として国税局長の定める金額にそのゴルフ場用地の地積を乗じて計算した金額を控除した価額によって評価します。

(注) そのゴルフ場用地が宅地であるとした場合の１平方メートル当たりの価額は、そのゴルフ場用地が路線価地域にある場合には、そのゴルフ場用地の周囲に付されている路線価をそのゴルフ場用地に接する距離によって加重平均した金額によることができるものとし、倍率地域にある場合には、そのゴルフ場用地の１平方メートル当たりの固定資産税評価額（固定資産税評価額を土地課税台帳又は土地補充課税台帳に登録された地積で除して求めた額）にゴルフ場用地ごとに不動産鑑定士等による鑑定評価額、精通者意見価格等を基として国税局長の定める倍率を乗じて計算した金額によることができることとされています。

(2) (1)以外の地域にあるゴルフ場用地の価額は、そのゴルフ場用地の固定資産税評価額に、一定の地域ごとに不動産鑑定士等による鑑定評価額、精通者意見価格等を基として国税局長の定める倍率を乗じて計算した金額によって評価します。

■ 遊園地等の用に供されている雑種地の評価

遊園地、運動場、競馬場その他これらに類似する施設（遊園地等）の用に供されている土地の価額は、原則として、上記❶の雑種地の評価方法を準用して評価します（評基通83-2）。

ただし、その規模等の状況から前項に定めるゴルフ場用地と同様に評価することが相当と認められる遊園地等の用に供されている土地の価額は、ゴルフ場用地の評価方法を準用して評価します。この場合において、造成費に相当する金額については、第４節の❹（市街地山林の評価）の(1)の国税局長が定める金額とします。

■ 農用地区域内又は市街化調整区域内に存する農業用施設の用に供されている雑種地の評価

農用地区域内又は市街化調整区域内に存する農業用施設の用に供されている雑種地の価額については、農業用施設の用に供されている宅地の評価方法に準じて評価します（評基通24-5(注) 2）。

■ 文化財建造物である構築物の敷地の用に供されている雑種地の評価

文化財建造物である構築物の敷地の用に供されている土地の価額は、上記❶の雑種地の評価方法により評価した価額から、その価額に、第２節の❹の「(9) 文化財建造物である家屋の敷地の用に供されている宅地の評価」に掲げた割合を乗じて計算した金額を控除した金額によって評価します（評基通83-3）。

■ 鉄軌道用地の評価

鉄道又は軌道の用に供する土地（鉄軌道用地）の価額は、その鉄軌道用地に沿接する土地の価額の３分の１に相当する金額によって評価します。この場合における「その鉄軌道用地に沿接する土地の価額」は、その鉄軌道用地をその沿接する土地の地目、価額の相違等に基づいて区分し、その区分した鉄軌道用地に沿接するそれぞれの土地の価額を考慮して評定した価額の合計額によります（評基通84）。

❷ 雑種地に権利が設定されている場合の評価

(1) 賃借権の評価

　雑種地に係る賃借権の価額は、原則として、その賃貸借契約の内容、利用の状況等を勘案して評定した価額によって評価します（評基通87）。
　ただし、①又は②により評価することができます（評基通87ただし書）。
　①　地上権に準ずる賃借権
　　賃借権の登記がされているもの、設定の対価として権利金その他の一時金の授受のあるもの、堅固な構築物の所有を目的とするものなど地上権に準ずる権利として評価することが相当と認められる賃借権の価額は、その雑種地の自用地としての価額に、その賃借権の残存期間に応じその賃借権が地上権であるとした場合に適用される相続税法第23条に規定する割合（法定地上権割合）又はその賃借権が借地権であるとした場合に適用される借地権割合のいずれか低い割合を乗じて計算した金額によって評価します。
　②　①以外の賃借権
　　上記①の賃借権以外の賃借権の価額は、その雑種地の自用地としての価額に、その賃借権の残存期間に応じその賃借権が地上権であるとした場合に適用される法定地上権割合の2分の1に相当する割合を乗じて計算した金額によって評価します。

(2) 地上権の評価

　雑種地に係る地上権の価額は、その雑種地の自用地としての価額に、相続税法第23条に定める法定地上権割合を乗じて計算した金額により評価します。

(3) 区分地上権の評価

　雑種地に係る区分地上権の価額は、第2節の❿の「(1) 区分地上権の評価」に準じて評価します（評基通87-2）。

(4) 区分地上権に準ずる地役権の評価

　雑種地に係る区分地上権に準ずる地役権の価額は、その区分地上権に準ずる地役権の目的となっている承役地である雑種地の自用地としての価額を基に、第2節の⓫の「(1) 区分地上権に準ずる地役権の評価」に準じて評価します（評基通87-3）。

(5) 貸し付けられている雑種地の評価

　①　賃借権の目的となっている雑種地
　　賃借権の目的となっている雑種地の価額は、原則として、上記❶により評価した雑種地の

価額（自用地としての価額）から、上記(1)により評価したその賃借権の価額を控除した金額によって評価します（評基通86(1)）。

ただし、その賃借権の価額が、次に掲げる賃借権の区分に従いそれぞれ次に掲げる金額を下回る場合には、その雑種地の自用地としての価額から次の(1)又は(2)の金額を控除した金額によって評価します（評基通86(1)ただし書き）。

(1) 賃借権の登記がされているもの、設定の対価として権利金その他の一時金の授受のあるもの、堅固な構築物の所有を目的とするものなど地上権に準ずる権利として評価することが相当と認められる賃借権については、その雑種地の自用地としての価額に、その賃借権の残存期間に応じ次に掲げる割合を乗じて計算した金額

①	残存期間が5年以下のもの	100分の5
②	残存期間が5年を超え10年以下のもの	100分の10
③	残存期間が10年を超え15年以下のもの	100分の15
④	残存期間が15年を超えるもの	100分の20

(2) (1)に該当する賃借権以外の賃借権については、その雑種地の自用地としての価額に、その賃借権の残存期間に応じ(1)に掲げる割合の2分の1に相当する割合を乗じて計算した金額

② **地上権の目的となっている雑種地の価額等**

地上権の目的となっている雑種地の価額、区分地上権の目的となっている雑種地の価額及び区分地上権に準ずる地役権の目的となっている承役地である雑種地の価額は、それぞれその雑種地の自用地としての価額から、上記(2)から(4)により評価した地上権の価額、区分地上権の価額又は区分地上権に準ずる地役権の価額を控除した金額により評価します（評基通86(2)(3)(4)）。

■ **賃借人等が雑種地の造成を行っている場合**

賃借権の目的となっている雑種地又は地上権の目的となっている雑種地の価額を評価する場合において、賃借人又は地上権者がその雑種地の造成を行っているときには、その造成が行われていないものとして上記❶により評価した雑種地の価額から、その価額を基として上記(1)に準じて評価したその賃借権の価額又は相続税法第23条の規定により評価した地上権の価額を控除した金額によって評価します（評基通86（注））。

第10節 占用権及び占用権の目的となっている土地の評価

❶ 占用権の意義

財産評価基本通達において評価方法を定める占用権とは、次の権利をいいます（評基通9(10)、地価令2②）。

①　河川法第24条《土地の占用の許可》（同法第100条第1項において準用する場合を含みます。）の規定による同法第24条に規定する河川区域内の土地の占用の許可に基づく権利で、ゴルフ場、自動車練習所、運動場その他の工作物（対価を得て他人の利用に供するもの又は専ら特定の者の用に供するものに限ります。）の設置を目的とするもの

②　道路法第32条第1項の規定による道路の占用の許可又は都市公園法第6条第1項の規定による都市公園の占用の許可に基づく経済的利益を生ずる権利で、駐車場、建物その他の工作物（対価を得て他人の利用に供するもの又は専ら特定の者の用に供するものに限ります。）の設置を目的とするもの

上記①の代表的な例として河川敷ゴルフ場、②の代表的な例として地下街が挙げられます。

なお、占用権の価額は、上記のような施設の完成後評価することとしていますので、占用許可を得ていても施設の建築中である場合には評価しないこととして差し支えないこととされています（国税庁HP 質疑応答事例「占用権の意義」）。

２　占用権の評価

占用権の価額は、次の②により評価したその占用権の目的となっている土地の価額に、次の①、②又は③に掲げる割合を乗じて計算した金額によって評価します（評基通87-5）。

①　取引事例のある占用権

売買実例価額、精通者意見価格等を基として占用権の目的となっている土地の価額に対する割合として国税局長が定める割合

②　①以外の占用権で、地下街又は家屋の所有を目的とする占用権

その占用権が借地権であるとした場合に適用される借地権割合の3分の1に相当する割合

③　①及び②以外の占用権

その占用権の残存期間に応じその占用権が地上権であるとした場合に適用される法定地上権割合の3分の1に相当する割合

この場合の「占用権の残存期間」は、占用の許可に係る占用の期間が、占用の許可に基づき所有する工作物、過去における占用の許可の状況、河川等の工事予定の有無等に照らし実質的に更新されることが明らかであると認められるときには、その占用の許可に係る占用権の残存期間に実質的な更新によって延長されると認められる期間を加算した期間をもってその占用権の残存期間とします（評基通87-5（注））。

３　占用権の目的となっている土地の評価

占用権の目的となっている土地の価額は、その占用権の目的となっている土地の付近にある土地について、この財産評価基本通達の定めるところにより評価した1平方メートル当たりの価額を基とし、その土地とその占用権の目的となっている土地との位置、形状等の条件差及び

占用の許可の内容を勘案した価額に、その占用の許可に係る土地の面積を乗じて計算した金額によって評価します（評基通87-6）。

 占用の許可に基づき所有する家屋を貸家とした場合の占用権の評価

占用の許可に基づき所有する家屋が貸家に該当する場合の占用権の価額は、次の算式により計算した価額によって評価します（評基通87-7）。

財産評価基本通達87-5《占用権の評価》の定めにより評価したその占用権の価額（A） － A × 同94《借地権の評価》に定める借家権割合 × 同26《貸家建付地の評価》の(2)の定めによるその家屋に係る賃貸割合

第11節 売買契約中の土地

　土地等又は建物等の売買契約の締結後、当該土地等又は建物等の売主から買主への引渡しの日前に当該売主又は買主に相続が開始した場合には、当該相続に係る相続税の課税上、当該売主又は買主たる被相続人の相続人その他の者が、当該売買契約に関し当該被相続人から相続又は遺贈（贈与者の死亡により効力が生ずる贈与を含みます。）により取得した財産及び当該被相続人から承継した債務は、それぞれ次のとおりとなります（国税庁HP 質疑応答事例「相続開始時点で売買契約中であった不動産に係る相続税の課税」）。

　なお、土地等が、売買について農地法第3条第1項若しくは第5条第1項本文の規定による許可又は同項第7号の規定による届出を要する農地若しくは採草放牧地又はこれらの土地の上に存する権利である場合には、当該許可の日又は当該届出の効力が生じた日後に当該土地等の所有権その他の権利が売主から買主へ移転したと認められる場合を除き、当該許可の日又は届出の効力が生じた日が「引渡しの日」となります。

 売買契約中に売主に相続が開始した場合

　相続又は遺贈により取得した財産は、当該売買契約に基づく相続開始時における残代金請求権（未収入金）となります。この残代金請求権（未収入金）の評価は、財産評価基本通達204に定める貸付金債権の評価により評価することとなります。

　なお、相続開始前に被相続人が受け取った手付金等については、現金・預貯金等の財産に混入されていますので、別途財産に計上する必要はありません。

2 売買契約中に買主に相続が開始した場合

　相続又は遺贈により取得した財産は、当該売買契約に係る土地等又は建物等の引渡請求権等となり、当該被相続人から承継した債務は、相続開始時における残代金支払債務となります。この引渡請求権等の価額は、原則として当該売買契約に基づく土地等又は建物等の取得価額の金額によりますが、当該売買契約の日から相続開始の日までの期間が通常の売買の例に比較して長期間であるなど当該取得価額の金額が当該相続開始の日における当該土地等又は建物等の引渡請求権等の価額として適当でない場合には、当該相続開始の日における状況に基づき別途個別に評価した価額によります。

　なお、買主に相続が開始した場合において、当該土地等又は建物等を相続財産とする申告をしても差し支えないこととされています。この場合における当該土地等又は建物等の価額は、財産評価基本通達により評価した価額によることとなります。

裁判例　売買契約締結後に売主に相続が開始した場合の相続財産

最高裁昭和61年12月5日判決（第一審原告の上告棄却）（確定）

　たとえ本件土地の所有権が売主に残つているとしても、もはやその実質は売買代金債権を確保するための機能を有するにすぎないものであり、上告人らの相続した本件土地の所有権は、独立して相続税の課税財産を構成しないというべきであつて、本件において相続税の課税財産となるのは、売買残代金債権であると解するのが相当である。

裁判例　売買契約締結後に買主に相続が開始した場合の相続財産

東京地裁昭和61年12月5日判決（第一審原告の上告棄却）（確定）

　原審の適法に確定した事実関係のもとにおいて、本件相続税の課税財産は本件農地の売買契約に基づき買主たる被相続人が売主に対して取得した当該農地の所有権移転請求権等の債権的権利と解すべきであり、その価額は右売買契約による当該農地の取得価額に相当する金額と評価すべきであるとした原審の判断は、正当として是認することができる。

第12節 負担付贈与等により取得した土地等

1 負担付贈与等により取得した土地等の価額

　土地及び土地の上に存する権利（以下この節において「土地等」といいます。）並びに家屋及びその附属設備又は構築物（以下この節において「家屋等」といいます。）のうち、負担付贈与又は個人間の対価を伴う取引により取得したものの価額は、当該取得時における通常の取引価額に相当する金額によって評価します（負担付贈与通達1）。

　ただし、贈与者又は譲渡者が取得又は新築した当該土地等又は当該家屋等に係る取得価額が当該課税時期における通常の取引価額に相当すると認められる場合には、当該取得価額に相当する金額によって評価することができます（負担付贈与通達1ただし書き）。この場合の「取得価額」とは、当該財産の取得に要した金額並びに改良費及び設備費の額の合計額をいい、家屋等については、当該合計金額から、財産評価基本通達130の定めによって計算した当該取得の時から課税時期までの期間の償却費の額の合計額又は減価の額を控除した金額をいいます（負担付贈与通達1（注））。

2 負担付贈与による土地等の取得が相続税法第7条又は同法第9条に該当するかどうかの判定

　上記❶の対価を伴う取引による土地等又は家屋等の取得が相続税法第7条に規定する「著しく低い価額の対価で財産の譲渡を受けた場合」又は相続税法第9条に規定する「著しく低い価額の対価で利益を受けた場合」に当たるかどうかは、個々の取引について取引の事情、取引当事者間の関係等を総合勘案し、実質的に贈与を受けたと認められる金額があるかどうかにより判定することとされています（負担付贈与通達2）。

　なお、負担付贈与通達においては、その取引における対価の額が当該取引に係る土地等又は家屋等の取得価額を下回る場合には、当該土地等又は家屋等の価額が下落したことなど合理的な理由があると認められるときを除き、「著しく低い価額の対価で財産の譲渡を受けた場合」又は「著しく低い価額の対価で利益を受けた場合」に当たるものとされています（負担付贈与通達2（注））。

裁判例　「著しく低い価額」の判定基準

東京地裁平成19年8月23日判決（認容）（確定）

　負担附贈与通達2は、相続税法7条にいう「著しく低い価額」の対価による譲渡に当たるかどうか

は、個々の取引について取引の事情、取引当事者間の関係等を総合勘案し、実質的に贈与を受けたと認められる金額があるかどうかにより判定するものとしている。ここにいう「実質的に贈与を受けたと認められる金額があるかどうか」という判定基準は、同条の趣旨にそったものとはいい難いし、基準としても不明確であるといわざるを得ないほか、「著しく低い」という語からかけ離れた解釈を許すものとなっており、その意味で妥当なものということはできない。しかし、同通達2は、結局のところ、個々の事案に応じた判定を求めているのであるから、上記のような問題があるからといってそれだけで直ちにこれを違法あるいは不当であるとまではいえないというべきである。もっとも、個々の事案に対してこの基準をそのまま硬直的に適用するならば、結果として違法な課税処分をもたらすことは十分考えられるのであり、本件はまさにそのような事例であると位置付けることができる。

誤りやすい事例　賃貸アパートの贈与に係る負担付贈与通達の適用関係

甲は、乙に対して賃貸アパート（建物）の贈与をしましたが、本件贈与に当たって、賃借人から預かった敷金に相当する現金180万円の贈与も同時に行っています。この場合、負担付贈与通達の適用を受けることとなりますか。

解説

敷金とは、不動産の賃借人が、賃料その他の債務を担保するために契約成立の際、あらかじめ賃貸人に交付する金銭（権利金と異なり、賃貸借契約が終了すれば賃借人に債務の未払いがない限り返還されます。）であり、その法的性格は、停止条件付返還債務である（判例・通説）とされています。

また、賃貸中の建物の所有権の移転があった場合には、旧所有者に差し入れた敷金が現存する限り、たとえ新旧所有者間に敷金の引継ぎがなくても、賃貸中の建物の新所有者は当然に敷金を引き継ぐ（判例・通説）とされています。

ところで、照会のように、旧所有者（甲）が賃借人に対して敷金返還義務を負っている状態で、新所有者（乙）に対し賃貸アパートを贈与した場合には、法形式上は、負担付贈与に該当しますが、当該敷金返還義務に相当する現金の贈与を同時に行っている場合には、一般的に当該敷金返還債務を承継させ（す）る意図が贈与者・受贈者間においてなく、実質的な負担はないと認定することができます。

したがって、上記の場合については、実質的に負担付贈与に当たらないと解するのが相当ですから、負担付贈与通達は適用されません（国税庁HP 質疑応答事例「賃貸アパートの贈与に係る負担付贈与通達の適用関係」）。

第3章 家屋及び構築物の評価

第1節 家屋及び家屋の上に存する権利の評価

家屋の評価

　家屋の価額は、その家屋の固定資産税評価額（家屋課税台帳若しくは家屋補充課税台帳に登録された基準年度の価格又は比準価格をいいます。）に倍率（1.0）を乗じて計算した金額によって評価します（評基通89、別表1②）。

■ **文化財建造物である家屋の評価**

　文化財建造物である家屋の価額は、それが文化財建造物でないものとした場合の価額から、次に掲げる控除割合を乗じて計算した金額を控除した金額によって評価します（評基通89-2）。

文化財建造物の種類	控除割合
重要文化財	0.7
登録有形文化財	0.3
伝統的建造物	0.3

　なお、文化財建造物でないものとした場合の価額は、次に掲げる場合の区分に応じ、それぞれ次に掲げる金額によります（評基通89-2なお書き）。

①	文化財建造物である家屋に固定資産税評価額が付されている場合	その文化財建造物の固定資産税評価額に1.0を乗じて計算した金額
②	文化財建造物である家屋に固定資産税評価額が付されていない場合	その文化財建造物の再建築価額（課税時期においてその財産を新たに建築又は設備するために要する費用の額の合計額をいいます。）から、経過年数に応ずる減価の額※を控除した価額の100分の70に相当する金額

※ 「経過年数に応ずる減価の額」は、再建築価額から当該価額に0.1を乗じて計算した金額を控除した価額に、その文化財建造物の残存年数（建築の時から朽廃の時までの期間に相当する年数）のうちに占める経過年数（建築の時から課税時期までの期間に相当する年数（その期間に1年未満の端数があるときは、その端数は1年とします。））の割合を乗じて計算します。

■ 家屋と構造上一体となっている設備の評価

家屋の所有者が有する電気設備（ネオンサイン、投光器、スポットライト、電話機、電話交換機およびタイムレコーダー等を除きます。）、ガス設備、衛生設備、給排水設備、温湿度調整設備、消火設備、避雷針設備、昇降設備、じんかい処理設備等で、その家屋に取り付けられ、その家屋と構造上一体となっているものについては、その家屋の価額に含めて評価することとされていますので、これらの設備を区分して評価する必要はありません（評基通92(1)）。

■ 門、塀等の評価

門、塀、外井戸、屋外じんかい処理設備等の家屋に附属する設備については、構築物として評価をします（評基通92(2)）。

■ 負担付贈与等により取得した建物等

第2章第12節を参照してください。

建築中の家屋の評価

課税時期において現に建築中の家屋の価額は、その家屋の費用現価の100分の70に相当する金額によって評価します（評基通91）。この場合の「費用現価の額」とは、課税時期（相続又は遺贈の場合は被相続人の死亡の日、贈与の場合は贈与により財産を取得した日）までにその家屋に投下された建築費用の額を、課税時期の価額に引き直した額の合計額をいいます。

■ 増改築等に係る家屋の状況に応じた固定資産税評価額が付されていない家屋の評価

課税時期において、増改築等に係る家屋の状況に応じた固定資産税評価額が付されていない家屋の価額については、改築等に係る部分以外の部分に対応する固定資産税評価額に、当該増改築等に係る部分の価額として、当該増改築等に係る家屋と状況の類似した付近の家屋の固定資産税評価額を基として、その付近の家屋との構造、経過年数、用途等の差を考慮して評定した価額（ただし、状況の類似した付近の家屋がない場合には、その増改築等に係る部分の再建築価額から償却費相当額を控除した価額の100分の70に相当する金額）を加算した価額（課税時期から申告期限までの間に、その家屋の課税時期の状況に応じた固定資産税評価額が付された場合には、その固定資産税評価額）に基づき財産評価基本通達89《家屋の評価》又は同93《貸家の評価》の定めにより評価します。

なお、償却費相当額は、再建築価額から当該価額に0.1を乗じて計算した金額を控除した価額に、その建物の耐用年数のうちに占める経過年数（増改築等の時から課税時期までの期間に相当する年数（その期間に1年未満の端数があるときは、その端数は、1年とします。））の割

合を乗じて計算します（国税庁HP 質疑応答事例「増改築等に係る家屋の状況に応じた固定資産税評価額が付されていない家屋の評価」）。

３ 貸家の評価

貸家の価額は、次の算式により計算した価額により評価します（評基通93）。

財産評価基本通達89《家屋の評価》、同89-2《文化財建造物である家屋の評価》又は前項の定めにより評価したその家屋の価額（A） － A × 同94《借地権の評価》に定める借家権割合 × 同26《貸家建付地の評価》の(2)の定めによるその家屋に係る賃貸割合

算式中の「借家権割合」については、「❹借家権の評価」の(1)を参照してください。

また、「賃貸割合」は、その貸家に係る各独立部分（構造上区分された数個の部分の各部分をいいます。以下同じ。）がある場合に、その各独立部分の賃貸の状況に基づいて、次の算式により計算した割合によります。

$$\frac{Aのうち課税時期において賃貸されている各独立部分の床面積の合計}{当該家屋の各独立部分の床面積の合計（A）}$$

この場合の「各独立部分」とは、建物の構成部分である隔壁、扉、階層（天井及び床）等によって他の部分と完全に遮断されている部分で、独立した出入口を有するなど独立して賃貸その他の用に供することができるものをいいます。外部に接する出入口を有しない部分であっても、共同で使用すべき廊下、階段、エレベーター等の共用部分のみを通って外部と出入りすることができる構造となっているものは、上記の「独立した出入口を有するもの」に該当します。

また、上記算式の「賃貸されている各独立部分」には、継続的に賃貸されていた各独立部分で、課税時期において、一時的に賃貸されていなかったと認められるものを含むこととして差し支えないこととされています。この点については、第２章の「第２節　宅地及び宅地の上に存する権利の評価」の「❽貸家の敷地の用に供されている宅地等の評価」を参照してください。

４ 借家権の評価

借家権の価額は、次の算式により計算した価額によって評価します（評基通94）。

財産評価基本通達89《家屋の評価》、同89-2《文化財建造物である家屋の評価》又は同92《附属設備等の評価》の定めにより評価したその借地権の目的となっている家屋の価額 × 借家権割合 × 賃貸割合

ただし、この権利が権利金等の名称をもって取引される慣行のない地域にあるものについては、評価する必要はありません（評基通94ただし書）。

(1)　上記算式における「借家権割合」は、国税局長の定める割合によります。なお、令和６年分については、全国一律で100分の30となっています。

(2) 上記算式における「賃借割合」は、次の算式により計算した割合によります。

$$\frac{\text{Aのうち賃借している各独立部分の床面積の合計}}{\text{当該家屋の各独立部分の床面積の合計（A）}}$$

第2節 居住用の区分所有財産（マンション）の評価

　分譲マンションにおける相続税評価額が市場価格に比べて著しく低くなるケースがみられることから、一定のマンションの評価額は、財産評価基本通達の定めにより評価した価額に一定の率（区分所有補正率）を乗じて評価することとされました（令和5年9月28日付課評2-74ほか「居住用の区分所有財産の評価について（法令解釈通達）」（以下「居住用マンション通達」といいます。））。

　なお、この取扱いは、令和6年1月1日以後に相続、遺贈又は贈与により取得した一定のマンションについて適用されます。

 対象となる区分所有財産

　居住用マンション通達により評価することとなるのは、一棟の区分所有建物に存する居住の用に供する専有部分一室に係る区分所有権（建物の区分所有等に関する法律（以下「区分所有法」といいます。）第2条第1項に規定する区分所有権をいい、当該専有部分に係る同条第4項に規定する共用部分の共有持分を含みます。）及び敷地利用権です（この区分所有権及び敷地利用権を一室の区分所有権等といいます。）。

（注）　一室の区分所有権等には、財産評価基本通達第6章第2節に定めるたな卸商品等に該当するものは含まれません。

　この場合の「一棟の区分所有建物」とは、区分所有法第2条第2項に規定する区分所有者が存する家屋で、居住の用に供する専有部分のあるものをいいます。ただし、地階を除く階数が2以下のもの及び居住の用に供する区分所有法第2条第3項に規定する専有部分一室の数が3以下であって、そのすべてを当該区分所有者又はその親族の居住の用に供するものは除かれます。

 一室の区分所有権等に係る敷地利用権の価額

　次に掲げる場合のいずれかに該当するときの一室の区分所有権等に係る敷地利用権の価額は、「自用地としての価額」に、次の算式による区分所有補正率を乗じて計算した価額を当該「自用地としての価額」とみなして財産評価基本通達（財産評価基本通達25並びに同項により評価する場合における財産評価基本通達27《借地権の評価》及び27-2《定期借地権等の評価》を除きます。）を適用して計算した価額によって評価します。

　ただし、評価乖離率が零又は負数のものについては、評価しないこととされていますが、財

産評価基本通達6項が適用される可能性があります。

〈算式〉

① 評価水準が1を超える場合

　　区分所有補正率＝評価乖離率

② 評価水準が0.6未満の場合

　　区分所有補正率＝評価乖離率×0.6

（注）区分所有者が次のいずれも単独で所有している場合には、「区分所有補正率」は1を下限とします。

　イ　一棟の区分所有建物に存するすべての専有部分
　ロ　一棟の区分所有建物の敷地

3 一室の区分所有権等に係る区分所有権（建物）の価額

一室の区分所有権等に係る区分所有権（建物）の価額は、「自用家屋としての価額」に、上記(2)に掲げる算式（(注)を除きます。）による区分所有補正率を乗じて計算した価額を当該「自用家屋としての価額」とみなして財産評価基本通達を適用して計算した価額によって評価します。

ただし、評価乖離率が零又は負数のものについては、評価しないこととされていますが、財産評価基本通達6項が適用される可能性があります。

■ 評価水準

評価水準とは、1を評価乖離率で除した値をいいます。

■ 評価乖離率

次の算式により求めた値をいいます。

〈算式〉　評価乖離率＝A＋B＋C＋D＋3.220

上記算式中の「A」、「B」、「C」及び「D」は、それぞれ次のとおりです。

「A」＝評価対象の一棟の区分所有建物の築年数×△0.033

　　　　この場合の「築年数」は、当該一棟の区分所有建物の建築の時から課税時期までの期間とし、その期間に1年未満の端数があるときは、その端数は1年とします。

「B」＝評価対象の一棟の区分所有建物の総階数指数×0.239（小数点以下第4位を切り捨てます。）

　　　　この場合の「総階数指数」は、その一棟の区分所有建物の総階数を33で除した値（小数点以下第4位を切り捨て、1を超える場合は1とします。）とします。なお、総階数には地階を含みません。

「C」＝評価対象の一室の区分所有権等に係る専有部分の所在階×0.018

　　　　この場合、評価対象の一室の区分所有権等に係る専有部分が一棟の区分所有建物の複数階にまたがる場合には、階数が低い方の階を「当該一室の区分所有権等に係

る専有部分の所在階」とします。また、評価対象の一室の区分所有権等に係る専有部分が地階である場合には、「当該一室の区分所有権等に係る専有部分の所在階」は、零階とし、Cの値は零とします。

「D」＝評価対象の一室の区分所有権等に係る敷地持分狭小度×△1.195（小数点以下第4位を切り上げます。）

「当該一室の区分所有権等に係る敷地持分狭小度」は、当該一室の区分所有権等に係る敷地利用権の面積を当該一室の区分所有権等に係る専有部分の面積で除した値（小数点以下第4位を切り上げます。）とします。

【設例】「居住用マンション通達」による評価額の計算例

次のマンションの評価額はどのように計算すればよいでしょうか。
建築年月日：平成31年2月1日
課税時期：令和6年8月1日
築年数：6年（1年未満の端数は1年とします。）
総階数：10階
所在階数：5階
一室の区分所有権等に係る敷地利用権の面積：30㎡
一室の区分所有権等に係る専有部分の面積：70㎡
利用区分：自用
建物の相続税評価額（自用家屋としての価額）：2,500,000円
土地の相続税評価額（自用地としての価額）：1,500,000円

〈回答〉
1．算式のAの値
　　　（築年数）
　　　6年　×　△0.033　＝　△0.198
2．算式のBの値
　・総階数指数
　　　（総階数）
　　　10／33　＝　0.303（小数点以下第4位を切り捨てます。）
　・Bの値
　　　（総階数指数）
　　　0.303　×　0.239　＝　0.072
3．算式のCの値
　　　（所在階）
　　　5　×　0.018　＝　0.090
4．算式のDの値
　・敷地持分狭小度
　（敷地利用権の面積）（専有部分の面積）
　　　30㎡　／　70㎡　＝　0.429（小数点以下第4位を切り上げます。）
　・Dの値
　　　（敷地持分狭小度）
　　　0.429　×　△1.195　＝　△0.513（小数点以下第4位を切り上げます。）

5．評価乖離率
　　　△0.198 ＋ 0.072 ＋ 0.090 ＋ △0.513 ＋ 3.220 ＝ 2.671
6．評価水準
　　　1／2.671 ＝ 0.37439…… ＜ 0.6
7．区分所有補正率
　　　（評価乖離率）
　　　2.671 × 0.6 ＝ 1.6026
8．区分所有建物の評価額
　　（評価通達による自用家屋としての評価額）（区分所有補正率）
　　　　2,500,000円　　　　　　×　　1.6026　＝　4,006,500円
9．敷地の評価額
　　（評価通達による自用地としての評価額）（区分所有補正率）
　　　　1,500,000円　　　　　　×　　1.6026　＝　2,403,900円

第3節 構築物の評価

　構築物（土地又は家屋と一括して評価するものを除きます。）の価額は、原則として、1個の構築物ごとに評価します。ただし、2個以上の構築物でそれらを分離した場合においては、それぞれの利用価値を著しく低下させると認められるものにあっては、それらを一括して評価します（評基通96）。

　構築物の価額は、その構築物の再建築価額から、建築の時から課税時期までの期間（その期間に1年未満の端数があるときは、その端数は1年とします。）の償却費の額の合計額又は減価の額を控除した金額の100分の70に相当する金額によって評価します。この場合における償却方法は、定率法（所得税法施行令第120条の2第1項第1号イ(2)又は法人税法施行令第48条の2第1項第1号イ(2)に規定する定率法をいいます。）によるものとし、その耐用年数は「減価償却資産の耐用年数等に関する省令」に規定する耐用年数によります（評基通97）。

■ 文化財建造物である構築物の評価

　文化財建造物である構築物の価額は、上記により評価した価額から、次に掲げる控除割合を乗じて計算した金額を控除した金額によって評価します（評基通97-2）。

文化財建造物の種類	控除割合
重要文化財	0.7
登録有形文化財	0.3
伝統的建造物	0.3

■ 庭園設備の評価

　庭園設備（庭木、庭石、あずまや、庭池等をいいます。）の価額は、その庭園設備の調達価額（課税時期においてその財産をその財産の現況により取得する場合の価額をいいます。）の100分の70に相当する価額によって評価します（評基通92(3)）。

第4章 配偶者居住権等の評価

第1節 配偶者居住権及び配偶者居住権の目的となっている建物の価額

　配偶者居住権は、被相続人の配偶者が相続開始の時に居住していた被相続人の所有建物を対象として、終身又は一定期間、配偶者にその使用及び収益を認めることを内容とする民法に定められた権利です。遺産の分割における選択肢の一つとして、配偶者に配偶者居住権を取得させることができますが、被相続人が遺贈によって配偶者に配偶者居住権を取得させることも可能です。

配偶者居住権の評価

　配偶者居住権の価額は、次の算式により評価します。

$$\begin{pmatrix}居住建物\\の相続税\\評価額\end{pmatrix} - \begin{pmatrix}居住建物\\の相続税\\評価額\end{pmatrix} \times \frac{耐用年数 - 経過年数 - 存続年数}{耐用年数 - 経過年数} \times 存続年数に応じた法定利率による複利現価率$$

（注1）居住用建物の相続税評価額は、第3章第1節「家屋及び家屋の上に存する権利の評価」の「❶家屋の評価」によります。ただし、居住建物の一部が賃貸の用に供されている場合又は被相続人が相続開始の直前において居住建物をその配偶者と共有していた場合には、上記算式の「居住建物の相続税評価額」は次の算式により計算した金額となります。

$$\begin{pmatrix}居住建物が賃貸の用に供されて\\おらず、かつ、共用でないもの\\とした場合の相続税評価額\end{pmatrix} \times \frac{賃貸の用に供されている部分以外の部分の床面積}{居住建物の床面積} \times \begin{pmatrix}被相続人が有し\\ていた持分割合\end{pmatrix}$$

（注2）耐用年数は、配偶者居住権の目的となっている建物の全部が住宅用であるものとした場合における当該建物に係る「減価償却資産の耐用年数等に関する省令」に定める耐用年数に1.5を乗じて計算した年数（6か月以上の端数は1年とし、6か月に満たない端数は切り捨てます。）となります（相令5の7②、相規12の2）。

（注3）経過年数については、6か月以上の端数は1年とし、6か月に満たない端数は切り捨てます（相法23の2①二イ）。

（注4）存続年数は、次の①又は②の区分に応じそれぞれに定める年数（6か月以上の端数は1年とし、6か月

に満たない端数は切り捨てます。)となります(相令5の7③)。なお、「配偶者居住権が設定された時」とは、配偶者居住権の設定が遺産分割の場合には遺産分割の行われた時、遺贈により設定された場合には相続開始の時となります(相基通23の2-2)。

① 配偶者居住権の存続期間が配偶者の終身の間とされている場合

　配偶者居住権が設定された時におけるその配偶者の平均余命

　この場合の平均余命は、厚生労働省の作成に係る完全生命表に掲げる年齢及び性別に応じた平均余命とされています(相規12の3)。なお、完全生命表は、厚生労働省のホームページに掲載されています。

② 前号に掲げる場合以外の場合

　遺産の分割の協議若しくは審判又は遺言により定められた配偶者居住権の存続期間の年数(当該年数が当該配偶者居住権が設定された時における配偶者の平均余命を超える場合には、当該平均余命)

(注5) 法定利率とは、民法第404条の規定に基づく利率をいいます(相基通23の2-4)。令和8年3月31日までの法定利率は年3%となっています(令和8年4月1日以降の法定利率は未定です。)。

　法定利率に乗ずる複利現価率は、法定利率に1を加えた数を配偶者居住権の存続年数で累乗して得た数をもって1を除して得た割合(当該割合に小数点以下3位未満の端数があるときは、これを四捨五入します。)となります。

〈複利現価率の算式〉

$$\frac{1}{(1+r)^n}$$

r:民法の規定による法定利率　　n:配偶者居住権の存続年数

　配偶者居住権の目的となっている建物の評価

居住建物の相続税評価額　－　配偶者居住権の価額

第2節 配偶者居住権の目的となっている建物の敷地等の評価

　配偶者居住権の目的となっている建物の敷地の利用権の評価

居住建物の敷地の用に供される土地の相続税評価額	－	居住建物の敷地の用に供される土地の相続税評価額	×	存続年数に応じた法定利率による複利現価率

なお、「居住建物の敷地の用に供される土地の相続税評価額」は、居住建物の一部が賃貸の用に供されている場合又は被相続人が相続開始の直前において居住建物の敷地を他の者と共有し、もしくは居住建物をその配偶者と共有していた場合には、次の算式により計算した金額となります。

| 居住建物が賃貸の用に供されておらず、かつ、土地が共有でないものとした場合の相続税評価額 | × | 居住建物の賃貸の用に供されている部分以外の部分の床面積 / 居住建物の床面積 | × | 被相続人が有していた居住建物の敷地の持分割合と当該建物の持分割合のうちいずれか低い割合 |

❷ 配偶者居住権の目的となっている建物の敷地の評価

居住建物の敷地の用に供される土地の相続税評価額 － 敷地利用権の価額

〈参考図〉

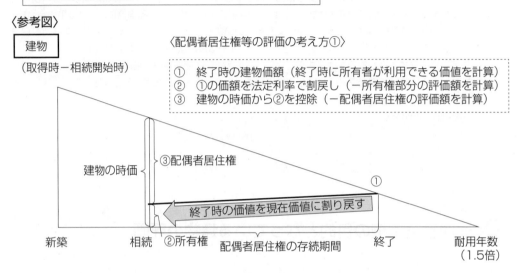

〈配偶者居住権等の評価の考え方①〉
① 終了時の建物価額（終了時に所有者が利用できる価値を計算）
② ①の価額を法定利率で割戻し（－所有権部分の評価額を計算）
③ 建物の時価から②を控除（－配偶者居住権の評価額を計算）

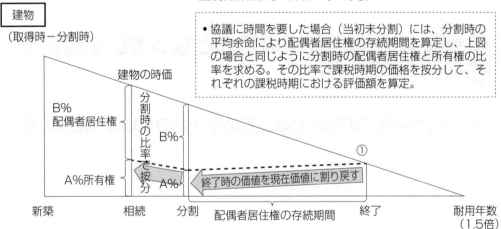

〈配偶者居住権等の評価の考え方②〉
・協議に時間を要した場合（当初未分割）には、分割時の平均余命により配偶者居住権の存続期間を算定し、上図の場合と同じように分割時の配偶者居住権と所有権の比率を求める。その比率で課税時期の価格を按分して、それぞれの課税時期における評価額を算定。

第4章 配偶者居住権等の評価

土地
（取得時＝分割時）

〈敷地利用権等の評価の考え方〉

- 協議に時間を要した場合（当初未分割）には、分割時の平均余命により配偶者居住権の存続期間を算定し、分割時の配偶者居住権と所有権の比率を求める。その比率で課税時期の価格を按分して、それぞれの課税時期における評価額を算定。

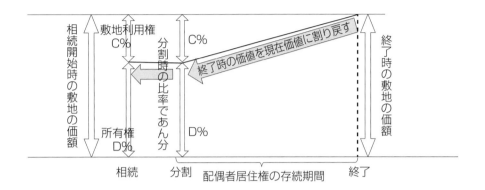

【設例】配偶者居住権等の価額の計算例

次の場合の配偶者居住権等の価額はどのように計算したらよいでしょうか。

相続開始日：2024年11月1日
遺産分割が行われた日：2025年5月1日
分割時の生存配偶者の年齢：80歳
分割時における生存配偶者の平均余命：12年
配偶者居住権の存続期間：終身
法定利率：3％
土地の相続税評価額：7,000万円
建物の相続税評価額：2,000万円
建物の建築日：2015年4月1日
建物の構造：木造
相続開始前の建物及び土地の所有者：被相続人
建物及び土地を取得した者：長男

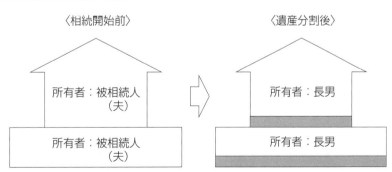

※ ▬▬ 部分は、配偶者居住権又は敷地利用権の評価をする部分のイメージです。

1. 配偶者居住権の価額
    耐用年数：33年（22年×1.5）
    （減価償却資産の耐用年数等に関する省令に定める木造住宅用建物の耐用年数を1.5倍する。）。
    経過年数：10年（2015年4月1日から2025年5月1日：10年1か月）
    存続年数：12年（第23回生命表に基づく平均余命12.25年）
    複利現価率：0.701（端数処理前0.7014）

$$\underset{\text{(建物の相続税評価額)}}{20,000千円} - \underset{\text{(建物の相続税評価額)}}{20,000千円} \times \frac{\underset{\text{(耐用年数)}}{33年} - \underset{\text{(経過年数)}}{10年} - \underset{\text{(存続期間)}}{12年}}{\underset{\text{(耐用年数)}}{33年} - \underset{\text{(経過年数)}}{10年}} \times \underset{\text{(複利現価率)}}{0.701} = \underset{\text{(配偶者居住権の価額)}}{13,294,783円}$$

2. 居住用建物の価額
   （建物の相続税評価額）　（配偶者居住権の価額）　（居住建物の価額）
    20,000千円　－　13,294,783円　＝　6,705,217円
3. 敷地利用権の価額
   （土地の相続税評価額）（土地の相続税評価額）（複利現価率）（敷地利用権の価額）
    70,000千円　－　70,000千円　×　0.701　＝　20,930,000円
4. 居住建物の敷地の用に供される土地の価額
   （土地の相続税評価額）（敷地利用権の価額）（居住建物の敷地の用に供される土地の価額）
    70,000千円　－　20,930千円　＝　49,070,000円

第3節　配偶者短期居住権

　配偶者短期居住権は、被相続人の建物に相続開始の時にその配偶者が無償で居住していた場合に、一定期間、その居住していた建物を無償で使用することのできる権利です（民法1037）。
　配偶者短期居住権については、収益をすることができず、財産性が認められない権利とされていることから、相続税の課税対象には馴染まないと考えられます（『令和元年版 改正税法のすべて』大蔵財務協会、495頁）。そのため評価をする必要はありません。

〈参考〉法定利率3％の場合の複利現価表

存続年数	端数処理後の複利現価率	存続年数	端数処理後の複利現価率
1	0.971	36	0.345
2	0.943	37	0.335
3	0.915	38	0.325
4	0.888	39	0.316
5	0.863	40	0.307
6	0.837	41	0.298
7	0.813	42	0.289
8	0.789	43	0.281
9	0.766	44	0.272
10	0.744	45	0.264
11	0.722	46	0.257
12	0.701	47	0.249
13	0.681	48	0.242
14	0.661	49	0.235
15	0.642	50	0.228
16	0.623	51	0.221
17	0.605	52	0.215
18	0.587	53	0.209
19	0.570	54	0.203
20	0.554	55	0.197
21	0.538	56	0.191
22	0.522	57	0.185
23	0.507	58	0.180
24	0.492	59	0.175
25	0.478	60	0.170
26	0.464	61	0.165
27	0.450	62	0.160
28	0.437	63	0.155
29	0.424	64	0.151
30	0.412	65	0.146
31	0.400	66	0.142
32	0.388	67	0.138
33	0.377	68	0.134
34	0.366	69	0.130
35	0.355	70	0.126

第5章 果樹等及び立竹木の評価

第1節 果樹等の評価

　果樹その他これに類するもの（果樹等）の価額は、樹種ごとに、幼齢樹（成熟樹に達しない樹齢のもの）及び成熟樹（その収穫物による収支が均衡する程度の樹齢に達したもの）に区分し、それらの区分に応ずる樹齢ごとに評価することとされています（評基通98）。

1 幼齢樹の評価

　幼齢樹の価額は、植樹の時から課税時期までの期間に要した苗木代、肥料代、薬剤費等の現価の合計額の100分の70に相当する金額によって評価します（評基通99(1)）。

2 成熟樹の評価

　成熟樹の価額は、植樹の時から成熟の時までの期間に要した苗木代、肥料代、薬剤費等の現価の合計額から、成熟の時から課税時期までの期間（その期間に1年未満の端数があるときは、その端数は1年とします。）の償却費の額の合計額を控除した金額の100分の70に相当する金額により評価します（評基通99(2)）。

　この場合における償却方法は、所得税法施行令第120条の2第1項第1号に規定する定額法によるものとし、その耐用年数は「減価償却資産の耐用年数等に関する省令」に規定する耐用年数によります。

■ 屋敷内にある果樹等の評価

　屋敷内にある果樹等及び畑の境界にある果樹等でその数量が少なく、かつ、収益を目的として所有するものでないものについては、評価する必要はありません（評基通110）。

第 2 節 立竹木の評価

立木及び立竹の価額は、次の区分に掲げる単位ごとに評価します。

①	森林の立木	樹種及び樹齢を同じくする一団地の立木
②	①及び③以外の立木	1本の立木
③	庭園にある立竹木	その庭園にある立木の全部
④	立竹（③に該当するものを除きます。）	一団地にある立竹

1 森林の主要樹種の立木の評価

森林の主要樹種とは、杉及びひのきをいいます。

これら森林の主要樹種の立木の価額は、その樹齢ごとに財産評価基本通達に定められた標準価額（次の(1)の価額。主要樹種のうち財産評価基本通達に定めるもの以外のものにあっては国税局長の定める価額）に、その森林について地味級（地味の肥せき）、立木度（立木の密度）及び地利級（立木の搬出の便否）に応じてそれぞれ(2)に定める割合を連乗して求めた金額に、その森林の地積を乗じて計算した金額によって評価します（評基通113前段）。

この場合において、岩石、がけ崩れ等による不利用地があるときは、その不利用地の地積を除外した地積をもってその森林の地積とします（評基通113後段）。

(1) 標準価額

① 樹齢1年以下の立木の標準価額

① 杉　49千円

② ひのき　60千円

② 樹齢1年を超え切替樹齢未満の立木の標準価額

切替樹齢とは木材市場に出すと有価となり始める立木の樹齢をいい、杉は37年生、ひのきは33年生とされています（以下、切替樹齢をm年と表記します。）。

樹齢1年を超えm年未満の立木の標準価額は、次の算式により評価します。

$$Ai = C \times 1.001^{i-1} + 補助金相当額 \times \frac{m年の標準価額}{標準伐期の標準価額} \times \frac{(i-1)^2}{(m-1)^2}$$

（注）「Ai」＝樹齢i年（1年を超えm年未満）における立木の標準価額
　　　「C」＝杉については51千円、ひのきについては64千円
　　　「補助金相当額」＝杉については205千円、ひのきについては258千円
　　　「m年の標準価額」＝③の金額
　　　「標準伐期の標準価額」＝杉については489千円、ひのきについては819千円

③ m年の立木の標準価額

① 杉　98千円

② ひのき　119千円

④ m年を超え標準伐期に達するまでの立木の評価

切替樹齢を超え標準伐期に達するまでの立木の価額は、次の算式により評価します。

$$Ai = (An-Am) \times \frac{(i-m)^2}{(n-m)^2} + Am$$

(注)「Ai」＝樹齢i年（m年を超え標準伐期まで）における立木の標準価額
　　「An」＝④の標準価額
　　「Am」＝③の標準価額
　　「n」＝標準伐期

⑤ 標準伐期の立木の評価

標準伐期とは、その地帯における標準的な伐期をいいます。

標準伐期における立木の価額は、標準状態にある森林の立木（小出し距離が約300メートル、小運搬距離が約30キロメートルの地点にあって、地味級が中級、立木度が密である森林の立木をいいます。）の売買実例価額を基とし、精通者意見価格、最寄りの原木市場又は製材工場等における素材価額等を参酌して定められます。令和6年1月1日以降における標準伐期にある森林の立木の標準価額は次のとおりです（評基通別表2・6）。

国税局名	都道府県名	林業地帯名	標準価額	
			杉	ひのき
			千円	千円
仙台	宮城	宮城北部	670	－
	福島	磐城	－	590
関東信越	栃木	渡良瀬川	910	1,190
東京	東京	多摩	360	870
金沢	福井	越前	530	－
名古屋	静岡	天竜	730	1,260
大阪	奈良	吉野	460	800
広島	島根	斐伊川	590	850
高松	愛媛	今治松山	620	900
福岡	福岡	筑後・矢部川	490	980
熊本	熊本	球磨川	650	1,360

⑥ 標準伐期を超える樹齢の立木

(1) 標準伐期を超え標準伐期の2倍の樹齢までの立木

上記⑤により定めた標準価額を基とし、その樹齢に応ずる年1.5％の利率による複利終価の額を基として定める価額

(2) 標準伐期の2倍を超える樹齢の立木

事情精通者の意見を参酌して定める価額

◆主要林業地帯の杉及びひのきの標準伐期（評基通116）◆

国税局名	都道府県名	林業地帯名	標準伐期	
			杉	ひのき
東　京	東京	多摩	65	70
	神奈川	神奈川	65	70
	千葉	千葉北部	65	70
	山梨	富士川上流	65	75
関東信越	埼玉	埼玉	70	75
	茨城	八溝多賀	70	75
	栃木	渡良瀬川	70	75
	群馬	西毛	70	75
	長野	伊那谷	70	75
	新潟	下越	70	75
大　阪	大阪	大阪	70	75
	京都	由良川	70	75
	兵庫	揖保川	70	75
	奈良	吉野	70	75
	和歌山	紀南	70	70
	滋賀	湖南	70	75
札　幌	北海道	網走東部	－	－
仙　台	宮城	宮城北部	70	75
	岩手	北上川中流	70	75
	福島	阿武隈川	70	－
		磐城	－	75
	青森	三八上北	70	－
	秋田	子吉川	70	－
	山形	最上村上	70	－
名古屋	愛知	東三河	70	75
	静岡	天竜	70	75
	三重	北伊勢	70	75
	岐阜	飛騨川	70	75
金　沢	石川	能登	70	－
	福井	越前	70	－
	富山	庄川	70	－

広 島	広島	江の川上流	70	75
	山口	岩徳	70	75
	岡山	旭川	70	75
	鳥取	千代川	70	75
	島根	斐伊川	70	75
高 松	香川	香川	65	75
	愛媛	今治松山	65	75
	徳島	那賀・海部川	65	75
	高知	高知	65	70
福 岡	福岡	筑後・矢部川	60	70
	佐賀	佐賀東部	60	70
	長崎	長崎北部	60	70
熊 本	熊本	球磨川	60	70
	大分	大分西部	60	70
		大分北部	—	—
	鹿児島	北薩	60	70
	宮崎	大淀川	60	70

■ **森林の立木の標準価額表**

　森林の主要樹種の標準価額は、上記(1)のとおりですが、実務上、森林の立木の価額を評価する場合における1ヘクタール当たりの標準価額は、財産評価基準表に掲載されている「森林の立木の標準価額表」によります。

〈令和6年分の愛知県の例〉

森林の立木の標準価額表

（1ヘクタール当たり）

樹齢 \ 樹種	杉	ひのき	樹齢 \ 樹種	杉	ひのき
年	千円	千円	年	千円	千円
1	49	60	41	104	149
2	51	64	42	107	157
3	51	64	43	111	166
4	51	64	44	116	176
5	51	64	45	122	187
6	52	65	46	128	199
7	52	65	47	135	212
8	52	66	48	143	226
9	53	66	49	152	241
10	54	67	50	161	256
11	54	68	51	172	273
12	55	69	52	183	291
13	56	70	53	194	309
14	57	71	54	207	329
15	57	72	55	220	349
16	58	73	56	234	371
17	59	74	57	249	393
18	61	75	58	264	416
19	62	77	59	281	441
20	63	78	60	298	466
21	64	79	61	315	492
22	66	81	62	334	519
23	67	83	63	353	548
24	68	84	64	373	577
25	70	86	65	394	607
26	72	88	66	416	638
27	73	90	67	438	670
28	75	92	68	461	703
29	77	94	69	485	736
30	79	96	70 ◎	510	771
31	81	98	71	517	807
32	83	101	72	525	844
33	85	119	73	533	881
34	87	119	74	541	920
35	89	120	75	549 ◎	960
36	91	123	76	557	974
37	98	126	77	566	989
38	98	130	78	574	1,003
39	99	136	79	583	1,018
40	101	142	80	591	1,034

（注） ◎印の価額は、各樹種の標準伐期における標準価額である。

森林の立木の標準価額表

（1ヘクタール当たり）

樹種 / 樹齢	杉	ひのき	樹種 / 樹齢	杉	ひのき
年	千円	千円	年	千円	千円
81	600	1,049	116	1,011	1,767
82	609	1,065	117	1,026	1,794
83	618	1,081	118	1,042	1,821
84	628	1,097	119	1,057	1,848
85	637	1,114	120	1,073	1,876
86	647	1,130	121	1,089	1,904
87	656	1,147	122	1,106	1,932
88	666	1,165	123	1,122	1,961
89	676	1,182	124	1,139	1,991
90	686	1,200	125	1,156	2,021
91	697	1,218	126	1,174	2,051
92	707	1,236	127	1,191	2,082
93	718	1,255	128	1,209	2,113
94	729	1,273	129	1,227	2,145
95	739	1,292	130	1,246	2,177
96	751	1,312	131	1,264	2,209
97	762	1,332	132	1,283	2,243
98	773	1,352	133	1,302	2,276
99	785	1,372	134	1,322	2,310
100	797	1,392	135	1,342	2,345
101	809	1,413	136	1,362	2,380
102	821	1,435	137	1,382	2,416
103	833	1,456	138	1,403	2,452
104	846	1,478	139	1,424	2,489
105	858	1,500	140	1,446	2,526
106	871	1,523	141	—	2,564
107	884	1,545	142	—	2,603
108	898	1,569	143	—	2,642
109	911	1,592	144	—	2,681
110	925	1,616	145	—	2,722
111	939	1,640	146	—	2,762
112	953	1,665	147	—	2,804
113	967	1,690	148	—	2,846
114	981	1,715	149	—	2,889
115	996	1,741	150	—	2,932

（注）　◎印の価額は、各樹種の標準伐期における標準価額である。

(2) 標準価額を基とした評価対象の森林の立木の評価

　森林の主要樹種の立木の価額は、標準価額にその森林について地味級、立木度及び地利級に応じてそれぞれ別に定める割合を連乗して求めた金額に、その森林の地積を乗じて計算した金額によって評価します（評基通113前段）。

　この場合において、岩石、がけ崩れ等による不利用地があるときは、その不利用地の地積を除外した地積をもってその森林の地積とします（評基通113後段）。

① 地味級

　地味級とは、評価対象の立木の存する山林の地味の肥せきの度合です。

　地味の割合は、原則として、樹種に応じ、それぞれ次に掲げる地味級判定表に掲げる割合（次に掲げる地味級判定表に定めていない樹種又は樹齢の立木については、原則として、1.0）となります（評基通118）。

　ただし、植栽本数、間伐回数等を著しく異にする林業地帯又は立木の生育度合を異にする林業地帯にある立木で次に掲げる地味級判定表に掲げる地味級の割合によることが不適当であるものについては、国税局長の定める割合（必要に応じて作成する地味級判定表を含みます。）によることができることとされています（評基通118ただし書き）。

① 杉の平均1本当たりの立木材積による地味級判定表

樹齢　　　地味級	上級	中級		下級
年	m³超	m³以下	m³以上	m³未満
15（14〜17）	0.07	0.07〜0.05		0.05
20（18〜22）	0.13	0.13〜0.09		0.09
25（23〜27）	0.20	0.20〜0.14		0.14
30（28〜32）	0.27	0.27〜0.19		0.19
35（33〜37）	0.34	0.34〜0.24		0.24
40（38〜42）	0.41	0.41〜0.29		0.29
45（43〜47）	0.48	0.48〜0.34		0.34
50（48〜52）	0.54	0.54〜0.38		0.38
55（53〜57）	0.60	0.60〜0.42		0.42
60（58〜62）	0.65	0.65〜0.46		0.46
65（63〜67）	0.70	0.70〜0.49		0.49
70（68〜70）	0.74	0.74〜0.52		0.52
地味級の割合	1.3	1.0		0.6

② ひのきの平均1本当たりの立木材積による地味級判定表

樹齢 \ 地味級	上級	中級		下級
年	m³超	m³以下	m³以上	m³未満
15（14〜17）	0.05	0.05〜0.03		0.03
20（18〜22）	0.10	0.10〜0.07		0.07
25（23〜27）	0.16	0.16〜0.11		0.11
30（28〜32）	0.22	0.22〜0.15		0.15
35（33〜37）	0.27	0.27〜0.19		0.19
40（38〜42）	0.32	0.32〜0.22		0.22
45（43〜47）	0.37	0.37〜0.26		0.26
50（48〜52）	0.41	0.41〜0.29		0.29
55（53〜57）	0.45	0.45〜0.31		0.31
60（58〜62）	0.48	0.48〜0.33		0.33
65（63〜67）	0.51	0.51〜0.36		0.36
70（68〜70）	0.54	0.54〜0.38		0.38
地味級の割合	1.3	1.0		0.6

② 立木度

立木度とは、森林における立木の密度です。

立木の評価を行う場合における立木度の判定は、次によります（評基通119）。

なお、次に掲げるところにより判定した森林に係る立木度の割合は、密に該当するものにあっては1.0、中庸に該当するものにあっては0.8、疎に該当するものにあっては0.6とします（評基通119なお書き）。

① 植林した森林については、森林の立木の間隔の大小にかかわらず、おおむねその立木度を密とし、自然林についてはおおむねその立木度を中庸とします。

② 岩石、がけ崩れ等による不利用地が散在している森林で、その不利用地の地積をその森林の地積から除外することのできない森林については、植林した森林はおおむねその立木度を中庸とし、自然林はおおむねその立木度を疎とします。

■ 立木材積が明らかな森林の地味級及び立木度

樹齢15年以上の森林の立木で、立木材積が明らかなものについては、上記の地味級及び立木度にかかわらず、その森林の1ヘクタール当たりの立木材積を次に掲げる標準立木材積表のうち該当する標準立木材積で除して得た数値（その数値は0.05刻みとし、0.05未満の端数は切り捨てます。）をもって、その森林の地味級の割合に立木度の割合を乗じて計算した数値（割合）とします（評基通120）。

標準立木材積表

樹齢＼樹種・標準伐期	杉 60年	杉 65年	杉 70年	ひのき 70年	ひのき 75年
年	m³	m³	m³	m³	m³
15	73	57	34	22	20
16	90	72	47	32	29
17	106	86	60	42	38
18	121	100	72	52	46
19	136	113	84	62	54
20	151	126	96	71	62
21	165	139	108	80	70
22	179	151	120	89	78
23	193	153	131	98	86
24	206	175	142	107	94
25	219	187	153	116	102
26	232	198	164	125	110
27	245	209	175	134	118
28	257	220	185	143	126
29	269	231	195	152	133
30	281	242	205	160	140
31	293	252	215	168	147
32	304	262	225	176	154
33	315	272	235	184	161
34	326	282	244	192	168
35	337	292	253	200	175
36	346	301	262	208	182
37	355	310	271	216	189
38	364	319	280	224	196
39	373	328	289	232	203
40	382	337	297	240	210
41	391	345	305	248	217
42	400	353	313	256	224
43	409	361	321	264	231
44	418	369	329	272	238
45	427	377	337	280	245
46	436	385	344	286	252
47	445	393	351	292	259
48	454	401	358	298	266
49	463	409	365	304	273
50	472	417	372	310	280

樹種	杉			ひのき	
標準伐期 樹齢	60年	65年	70年	70年	75年
年	㎥	㎥	㎥	㎥	㎥
51	481	424	379	316	285
52	490	431	386	322	290
53	499	438	393	328	295
54	508	445	400	334	300
55	517	452	407	340	305
56	525	459	414	346	310
57	533	466	421	352	315
58	541	473	428	358	320
59	549	480	435	364	325
60	557	487	442	370	330
61	564	493	448	376	335
62	571	499	454	382	340
63	578	505	460	388	345
64	585	511	465	394	350
65	592	517	472	400	355
66	599	523	478	406	360
67	606	529	484	412	355
68	613	535	490	418	370
69	620	541	496	424	375
70	627	547	502	430	380
71	633	553	508	436	385
72	639	559	514	442	390
73	645	565	520	448	395
74	651	571	526	454	400
75	657	577	532	460	405
76	662	583	537	466	410
77	667	588	542	472	415
78	672	593	547	478	420
79	677	598	552	484	425
80	682	603	557	490	430
81	687	608	562	496	435
82	692	613	567	502	440
83	697	618	572	508	445
84	702	623	577	514	450
85	707	628	582	519	455
86	712	633	587	524	460
87	717	638	592	529	465
88	722	643	597	534	470
89	727	648	602	539	475
90	731	652	606	544	480

第5章 果樹等及び立竹木の評価

樹種	杉			ひのき	
樹齢＼標準伐期	60年	65年	70年	70年	75年
年	m³	m³	m³	m³	m³
91	735	656	610	549	485
92	739	660	614	554	490
93	743	664	618	559	494
94	747	668	622	564	498
95	751	672	626	569	502
96	755	676	630	574	506
97	759	680	634	579	510
98	763	684	638	584	514
99	767	688	642	589	518
100	771	692	646	594	522
101	775	695	650	599	526
102	779	698	653	603	530
103	782	701	656	607	534
104	786	704	659	611	538
105	789	707	662	615	542
106	793	710	665	619	546
107	796	712	668	623	550
108	799	714	671	627	554
109	803	716	674	631	558
110	806	718	677	635	562
111	809	721	680	639	566
112	812	724	683	643	570
113	815	727	686	647	574
114	818	730	689	651	578
115	821	733	692	655	582
116	824	736	695	658	586
117	827	739	698	661	590
118	829	742	701	664	594
119	832	744	704	667	598
120	835	747	707	670	602
121		750	709	673	605
122		752	712	677	608
123		755	715	681	611
124		757	717	684	614
125		760	720	688	617
126		762	722	691	621
127		764	725	695	624
128		767	727	699	627
129		769	729	702	630
130		771	732	705	633

樹齢＼樹種 標準伐期	杉			ひのき	
	60年	65年	70年	70年	75年
年	㎥	㎥	㎥	㎥	㎥
131			734	709	636
132			736	712	639
133			739	716	643
134			741	719	646
135			743	722	649
136			745	725	652
137			747	729	655
138			750	732	658
139			752	735	661
140			754	738	664
141					667
142					670
143					673
144					675
145					678
146					681
147					684
148					687
149					689
150					692

③ 地利級

　地利級とは立木の搬出の便否の度合いをいい、地利級の判定の要素である小出し距離とは、立木を伐倒し、ケーブルを架設して搬出することを想定した場合におけるケーブルの起点から終点（ケーブルの終点を以下「集材場所」という。）までの距離をいい、小運搬距離とは、集材場所から最寄りの原木市場又は製材工場等までの距離をいいます。

　森林の主要樹種の立木又は森林の主要樹種以外の立木の評価を行う場合における地利級の判定は、原則として、次に掲げる地利級判定表によって行います（評基通121）。

第5章 果樹等及び立竹木の評価

◆地利級判定表◆

小出し距離＼小運搬距離	10以内	20以内	30以内	40以内	50以内	60以内	70以内	80以内	90以内	100以内	100超
01以内	1級(1.2)					3級(1.0)					
02以内	2級(1.1)								5級(0.8)		
03以内	3級(1.0)				4級(0.9)					6級(0.7)	
04以内	5級(0.8)			6級(0.7)					8級(0.5)		
05以内	6級(0.7)			7級(0.6)			8級(0.5)		9級(0.4)		
06以内	7級(0.6)						9級(0.4)				
07以内	8級(0.5)				9級(0.4)		10級(0.3)			11級(0.2)	
08以内	9級(0.4)			10級(0.3)			11級(0.2)				
08超				12級(0.1)							

（注）距離単位は、キロメートルです。

〈参考〉総合等級（地味級、立木度及び地利級の各割合を連乗した数値）表

地利級＼立木度＼地味級	密 上	密 中	密 下	庸 上	庸 中	庸 下	疎 上	疎 中	疎 下
1	1.56	1.20	0.72	1.24	0.96	0.57	0.93	0.72	0.43
2	1.43	1.10	0.66	1.14	0.88	0.52	0.85	0.66	0.39
3	1.30	1.00	0.60	1.04	0.80	0.48	0.78	0.60	0.36
4	1.17	0.90	0.54	0.93	0.72	0.43	0.70	0.54	0.32
5	1.04	0.80	0.48	0.83	0.64	0.38	0.62	0.48	0.28
6	0.91	0.70	0.42	0.72	0.56	0.33	0.54	0.42	0.25
7	0.78	0.60	0.36	0.62	0.48	0.28	0.46	0.36	0.21
8	0.65	0.50	0.30	0.52	0.40	0.24	0.39	0.30	0.18
9	0.52	0.40	0.24	0.41	0.32	0.19	0.31	0.24	0.14
10	0.39	0.30	0.18	0.31	0.24	0.14	0.23	0.18	0.10
11	0.26	0.20	0.12	0.20	0.16	0.09	0.15	0.12	0.07
12	0.13	0.10	0.06	0.10	0.08	0.04	0.07	0.06	0.03

（注）　財産評価基本通達120《立木材積が明らかな森林の地味級及び立木度》の定めを適用する場合には、上の表によらず、次の算式により計算した総合指数が総合等級となります。

（実地調査による１ヘクタール当たりの立木材積÷１ヘクタール当たりの標準立木材積）×地利級
＝総合指数

森林の主要樹種以外の立木の評価

　森林の主要樹種以外の立木の価額は、原則として、売買実例価額、精通者意見価格等を参酌して評価します（評基通117）。

　ただし、森林の主要樹種の立木の標準価額を基として国税局長が標準価額を定めている樹種に係る立木の価額は、国税局長の定める標準価額に、その森林について地味級、立木度及び地利級に応じて定められた割合を連乗して求めた金額にその森林の地積を乗じて計算した金額によって評価します（評基通117ただし書き）。

　この場合において、岩石、がけ崩れ等による不利用地があるときは、その不利用地の地積を除外した地積をもってその森林の地積とします。

 森林の立木以外の立木の評価

　森林の立木以外の立木（庭園にある立木を除きます。）の価額は、売買実例価額、精通者意見価格等を参酌して評価します（評基通122）。

 保安林の評価

　森林法その他の法令に基づき伐採の禁止又は制限を受ける立木（特別緑地保全地区内にある立木を除きます。）の価額は、上記❶、❷又は❸により評価した価額から、その価額に、それらの法令に基づき定められた伐採関係の区分に従い、それぞれ次に掲げる割合を乗じて計算した金額を控除した価額によって評価します（評基通123）。

法令に基づき定められた伐採関係の区分	控除割合
一部皆伐	0.3
択伐	0.5
単木選伐	0.7
禁伐	0.8

■ **特別緑地保全地区内にある立木の評価**

　特別緑地保全地区内にある立木（林業を営むために伐採が認められる立木を除きます。）の価額は、上記❶、❷又は❸により評価した価額から、その価額に100分の80を乗じて計算した金額を控除した金額によって評価します（評基通123-2）。

5 立竹の評価

立竹(庭園にある立竹を除きます。)の価額は、売買実例価額、精通者意見価格等を参酌して評価します。

■ 庭園にある立木等の評価

庭園にある立木及び立竹の価額は、「第3章 家屋及び構築物の評価」の「第3節 構築物の評価」の「庭園設備の評価」により評価します(評基通125)。

6 分収育林契約がある場合の評価

(1) 分収林契約に係る造林者の有する立木の評価

分収林契約でその造林に係る立木の全部を造林を行った者(その者が2人以上ある場合には、それらのすべての者)が所有する旨の約されているものに係る立木の価額は、上記「❶森林の主要樹種の立木の評価」又は「❹保安林の評価」により評価したその立木の価額に、その造林を行った者の分収割合を乗じて計算した価額によって評価します(評基通126)。

(2) 分収林契約に係る費用負担者及び土地所有者の分収期待権の評価

分収林契約に係る費用負担者及び土地所有者が有する分収期待権(分収林契約に基づき、造林に係る立木を伐採し、又は譲渡した場合において、費用負担者又は土地の所有者が取得するものとされているその伐採又は譲渡による利益を受けるべき権利をいいます。)の価額は、上記「❶森林の主要樹種の立木の評価」又は「❹保安林の評価」により評価したその立木の価額に、それぞれ、これらの者の分収割合を乗じて計算した金額によって評価します(評基通127)。

なお、費用負担者及び土地所有者の有する分収期待権の価額の評価の基となる立木の価額の評価については、相続税法第26条《立木の評価》の規定を適用することができます(評基通127注書き)。

第6章 動産の評価

第1節 一般動産の評価

　動産のうち暖房装置、冷房装置、昇降装置、昇降設備、電気設備、給排水設備、消火設備、浴そう設備等で家屋の価額に含めて評価するもの、庭園設備を構成するもの、たな卸資産、牛馬等、書画骨董品及び船舶を除いたものを、本章においては一般動産といいます。

　一般動産の価額は、原則として、1個又は1組ごとに評価します（評基通128）。ただし、家庭用動産、農耕用動産、旅館用動産等で1個又は1組の価額が5万円以下のものについては、それぞれ一括して一世帯、一農家、一旅館等ごとに評価することができます（評基通128ただし書き）。

　一般動産の価額は、原則として、売買実例価額、精通者意見価格等を参酌して評価します（評基通129）。ただし、売買実例価額、精通者意見価格等が明らかでない動産については、その動産と同種及び同規格の新品の課税時期における小売価額から、その動産の製造の時から課税時期までの期間（その期間に1年未満の端数があるときは、その端数は1年とします。）の償却費の額の合計額又は減価の額を控除した金額によって評価します（評基通129ただし書き）。

　この場合の耐用年数は、「減価償却資産の耐用年数等に関する省令」に規定する耐用年数により、また、償却方法は、定率法（所得税法施行令第120条の2第1項第1号イ(2)又は法人税法施行令第48条の2第1項第1号イ(2)に規定する定率法をいいます。）によることとされています（評基通130）。

■ 電話加入権の扱い

　相続税等の申告に当たっては、財産評価基本通達128《評価単位》の定めに基づき一括して評価する家庭用動産等に電話加入権を含めることとして差し支えないこととされています（令和3年6月24日付資産評価企画官情報・第1号「2　電話加入権の評価」）。

第2節　棚卸商品等の評価

　棚卸商品等（商品、原材料、半製品、仕掛品、製品、生産品その他これらに準ずる動産をいいます。）の価額は、次の❶から❹までの区分に従い、かつ、それぞれの区分に掲げる動産のうち種類及び品質等がおおむね同一のものごとに評価します（評基通132、133）。

　ただし、個々の価額を算定し難いたな卸商品等の評価は、所得税法施行令第99条《棚卸資産の評価の方法》又は法人税法施行令第28条《棚卸資産の評価の方法》に定める方法のうちその企業が所得の金額の計算上選定している方法によることができることとされています（評基通133ただし書き）。

 商品の評価

　商品の価額は、その商品の販売業者が課税時期において販売する場合の価額から、その価額のうちに含まれる販売業者に帰属すべき適正利潤の額、予定経費（課税時期後販売までにその販売業者が負担すると認められる経費）の額及びその販売業者がその商品につき納付すべき消費税額（地方消費税額を含みます。）を控除した金額によって評価します。

❷ **原材料の評価**

　原材料の価額は、その原材料を使用する製造業者が課税時期においてこれを購入する場合の仕入価額に、その原材料の引取り等に要する運賃その他の経費の額を加算した金額によって評価します。

 半製品及び仕掛品の評価

　半製品及び仕掛品の価額は、製造業者がその半製品又は仕掛品の原材料を課税時期において購入する場合における仕入価額に、その原材料の引取り、加工等に要する運賃、加工費その他の経費の額を加算した金額によって評価します。

 製品及び生産品の評価

　製品及び生産品の価額は、製造業者又は生産業者が課税時期においてこれを販売する場合における販売価額から、その販売価額のうちに含まれる適正利潤の額、予定経費（課税時期後販売までにその販売業者が負担すると認められる経費）の額及びその製造業者がその製品につき納付すべき消費税額を控除した金額によって評価します。

第3節 牛馬等の評価

牛、馬、犬、鳥、魚等（以下「牛馬等」といいます。）の評価は、次に掲げる区分に従い、それぞれ次に掲げるところによります（評基通134）。

① 牛馬等の販売業者が販売の目的をもって有するものの価額は、上記の「第2節 棚卸商品等の評価」によって評価します。

② ①に掲げるもの以外のものの価額は、売買実例価額、精通者意見価格等を参酌して評価します。

第4節 書画骨とう品の評価

書画骨とう品の評価は、次のとおりです（評基通135）。

(1) 書画骨とう品で書画骨とう品の販売業者が有するものの価額は、上記の「第2節 棚卸商品等の評価」によって評価します。

(2) (1)に掲げる書画骨とう品以外の書画骨とう品の価額は、売買実例価額、精通者意見価格等を参酌して評価すします。

第5節 船舶の評価

船舶の価額は、原則として、売買実例価額、精通者意見価格等を参酌して評価します（評基通136）。

ただし、売買実例価額、精通者意見価格等が明らかでない船舶については、その船舶と同種同型の船舶（同種同型の船舶がない場合においては、その評価する船舶に最も類似する船舶）を課税時期において新造する場合の価額から、その船舶の建造の時から課税時期までの期間（その期間に1年未満の端数があるときは、その端数は1年とします。）の償却費の額の合計額又は減価の額を控除した価額によって評価します（評基通136ただし書き）。

この場合における償却方法は、定率法（所得税法施行令第120条の2第1項第1号イ(2)又は法人税法施行令第48条の2第1項第1号イ(2)に規定する定率法をいいます。）によるものとし、その耐用年数は「減価償却資産の耐用年数等に関する省令」に規定する耐用年数によります。

裁判例 **評価通達における船舶の評価方法は合理性を有するとされた事例**

東京地裁令和2年10月1日判決（認容）（確定）

　評価通達は、船舶の価額については、原則として売買実例価額又は精通者意見価格等を参酌して評価するものとしているが、これは、平成20年の評価通達改正時までに中古船舶の取引市場が形成され

てきたことなどを踏まえたものであるとともに、評価時の市況や評価対象船舶の内容等によっては適切な売買実例が抽出できない場合があることも考慮して、船価鑑定を行い船舶取引の実情に通じた精通者による価格評価（精通者意見価格）を参酌するとしたものと解され、このような考え方は合理性を有するものである。

裁決例 精通者意見価格等を基に船舶の評価をするのが相当とされた事例

平成24年7月24日裁決（棄却）

　請求人は、本件船舶の価額については、売買実例価額、精通者意見価格が明らかでないことから、財産評価基本通達136《船舶の評価》（本件定め）のただし書に基づき、原価法により評価すべきである旨主張する。しかしながら、本件定めによれば、船舶の価額は、原則として売買実例価額、精通者意見価格等を参酌して評価することとし、これらの価額等が明らかでない場合には、原価法により評価することを定めていることから、①売買実例価額及び精通者意見価格等が明らかな場合にはこれらを参酌して、②売買実例価額又は精通者意見価格等のいずれかが明らかな場合にはいずれか明らかな価額又は価格等を基として、③売買実例価額及び精通者意見価格等が明らかでない場合には本件定めのただし書による原価法により評価するのが相当であるところ、本件船舶については、売買実例価額は明らかでないが、合理性のある精通者意見価格が明らかであることから、当該精通者意見価格を基に評価するのが相当である。

第7章 無体財産権の評価

第1節 特許権等の評価

特許権及びその実施権の評価

　特許権の価額は、その権利に基づき将来受ける補償金の額の基準年利率による複利現価の額の合計額によって評価します（評基通140）。
具体的には、次の算式によって計算した金額によって評価します。

　①　第1年目の補償金年額×1年後の基準年利率による複利現価率＝A
　　　第2年目の補償金年額×2年後の基準年利率による複利現価率＝B
　　　　　　　　　　　　　　⋮
　　　第n年目の補償金年額×n年後の基準年利率による複利現価率＝N

　（注）「第1年目」及び「1年後」とは、それぞれ、課税時期の翌日から1年を経過する日まで及びその1年を経過した日の翌日をいいます。

　②　A＋B＋…………＋N＝特許権の価額

　なお、将来受ける補償金の額が確定していないものについては、課税時期前の相当の期間内に取得した補償金の額のうち、その特許権の内容等に照らし、その特許権に係る経常的な収入と認められる部分の金額を基とし、その特許権の需要及び持続性等を参酌して推算した金額をもってその将来受ける補償金の額とします（評基通142）。
　また、「その権利に基づき将来受ける」期間は、課税時期から特許法第67条《存続期間》に規定する特許権の存続期間が終了する時期までの年数（その年数に1年未満の端数があるときは、その端数は、切り捨てます。）の範囲内において推算した年数とします（評基通143）。

■ 補償金が少額である場合の特許権の評価

　課税時期後において取得すると見込まれる補償金の額の合計額が50万円に満たないと認めら

れる特許権については、評価しません（評基通144）。

■ 権利者が自ら特許発明を実施している場合

　特許権又はその実施権の取得者が自らその特許発明を実施している場合におけるその特許権又はその実施権の価額は、その者の営業権の価額に含めて評価します（評基通145）。

 実用新案権、意匠権及びそれらの実施権

　実用新案権、意匠権及びそれらの実施権の価額は、上記「❶特許権及びその実施権の評価」を準用して評価します（評基通146）。

 商標権及びその使用権

商標権及びその使用権の価額は、上記「❶特許権及びその実施権の評価」を準用して評価します（評基通147）。

第 2 節　著作権等の評価

 著作権の評価

　著作権の価額は、著作者の別に一括して次の算式によって計算した金額によって評価します（評基通148）。ただし、個々の著作物に係る著作権について評価する場合には、その著作権ごとに次の算式によって計算した金額によって評価します（評基通148ただし書）。

〈算式〉
　　　　年平均印税収入の額×0.5×評価倍率

① 年平均印税収入の額

　上記算式中の「年平均印税収入の額」は、課税時期の属する年の前年以前3年間の印税収入の額の年平均額とします。ただし、個々の著作物に係る著作権について評価する場合には、その著作物に係る課税時期の属する年の前年以前3年間の印税収入の額の年平均額とします。

② 評価倍率

　上記算式中の「評価倍率」は、課税時期後における各年の印税収入の額が「年平均印税収入の額」であるものとして、著作物に関し精通している者の意見等を基として推算したその印税収入期間に応ずる基準年利率による複利年金現価率とします。

2 著作隣接権の評価

著作隣接権の価額は、「❶著作権の評価」①を準用して評価します（評基通154-2）。

■ 出版権の評価

出版権の価額は、出版業を営んでいる者の有するものにあっては、営業権の価額に含めて評価し、その他の者の有するものにあっては、評価する必要はありません（評基通154）。

第3節 営業権の評価

営業権の価額は、次の算式によって計算した金額によって評価します（評基通165）。

① 平均利益金額×0.5－標準企業者報酬額－総資産価額 × 0.05 ＝超過利益金額
② 超過利益金額×営業権の持続年数（原則として、10年）に応ずる基準年利率による複利年金現価率＝営業権の価額

1 平均利益金額

上記算式中の「平均利益金額」は、課税時期の属する年の前年以前3年間（法人にあっては、課税時期の直前期末以前3年間）における所得の金額の合計額の3分の1に相当する金額（その金額が、課税時期の属する年の前年（法人にあっては、課税時期の直前期末以前1年間）の所得の金額を超える場合には、課税時期の属する年の前年の所得の金額とします。）とします。

この場合における所得の金額は、所得税法第27条《事業所得》第2項に規定する事業所得の金額（法人にあっては、法人税法第22条第1項に規定する所得の金額に損金に算入された繰越欠損金の控除額を加算した金額）とし、その所得の金額の計算の基礎に次に掲げる金額が含まれているときは、これらの金額は、いずれもなかったものとみなして計算した場合の所得の金額とします（評基通166(1)）。

① 非経常的な損益の額
② 借入金等に対する支払利子の額及び社債発行差金の償却費の額
③ 青色事業専従者給与額又は事業専従者控除額（法人にあっては、損金に算入された役員給与の額）

2 標準企業者報酬額

上記算式中の「標準企業者報酬額」は、次に掲げる平均利益金額の区分に応じ、次に掲げる算式により計算した金額とします（評基通166(2)）。

平均利益金額の区分	標準企業者報酬額
1億円以下	平均利益金額 × 0.3 ＋ 1,000万円
1億円超　3億円以下	平均利益金額 × 0.2 ＋ 2,000万円
3億円超　5億円以下	平均利益金額 × 0.1 ＋ 5,000万円
5億円超	平均利益金額 × 0.05 ＋ 7,500万円

（注）平均利益金額が5,000万円以下の場合は、標準企業者報酬額が平均利益金額の2分の1以上の金額となるので、上記算式によると、営業権の価額は算出されないこととなります。

 総資産価額

　上記算式中の「総資産価額」は、財産評価基本通達に定めるところにより評価した課税時期（法人にあっては、課税時期直前に終了した事業年度の末日）における企業の総資産の価額とします（評基通166(3)）。

■ 医師、弁護士等の営業権

　医師、弁護士等のようにその者の技術、手腕又は才能等を主とする事業に係る営業権で、その事業者の死亡と共に消滅するものについては評価しません（評基通165（注））。

裁決例　財産評価基本通達による営業権の評価方法の合理性

平成20年10月23日裁決（裁事集 No.76‐336頁）（棄却）

　財産評価基本通達に定める営業権の評価方法の合理性について検討すると、まず、平均利益金額の算定に当たって、所得税法及び法人税法の定めに従って算出した「所得の金額」を基としているのは、各企業の主観に基づく会計処理基準によって算出された利益によることなく、各企業について統一的に所得金額の計算基準を定めている所得税法及び法人税法によって計算された所得によることとし、算定方法の客観性を確保するためと解される。次に、平均利益金額から一律50％減じることは、過去の収益に基づく平均利益金額から将来の収益を推算する方法を採用していることから、将来における競争相手の出現、需給の変化等の企業がもつ将来における危険率を見込んだ評価の安全性に対する配慮であると認められる。さらに、企業者報酬を減ずることは、企業の規模に応じて適当と認められる企業者報酬を控除することで、客観的に見て企業者の労力によってもたらされる収益を除外するものと解され、総資産価額に基準年利率を乗じた金額を控除することは、投下資本の働きによる収益を除外するためのものであるから、これによって算出された超過利益金額は、将来の超過収益力を示すものと認められる。したがって、この超過利益金額を、財産評価一般に採用される一般的な利回りである基準年利率を基に資本還元した価額は、営業権の価額を示すものと認められる。さらに、課税時期を含む年の前年の所得の金額が低い場合には営業権の価額をこの金額により評価することとされており、評価の安全性に配慮していることが認められ、当審判所もこの通達に定める方法を相当と認める。

第 4 節　電話加入権の評価

　電話加入権の価額は、売買実例価額、精通者意見価格等を参酌して評価することとされています（評基通161）。

　なお、相続税等の申告に当たっては、家庭用動産等に、含めることとして差し支えないとされています（令和3年6月24日付資産評価企画官情報・第1号「2　電話加入権の評価」）。

第8章 株式等の評価

第1節 上場株式の評価

1 上場株式の原則的評価

上場株式の価額は、その株式が上場されている金融商品取引所（国内の2以上の金融商品取引所に上場されている株式については、納税義務者が選択した金融商品取引所）の公表する次の課税時期の最終価格等のうち最も低い価額によって評価します（評基通169）。

①	金融商品取引所の公表する課税時期の最終価格
②	課税時期の属する月の毎日の最終価格の月平均額
③	課税時期の属する月の前月の毎日の最終価格の月平均額
④	課税時期の属する月の前々月の毎日の最終価格の月平均額

■ **負担付贈与又は個人間の対価を伴う取引により取得した上場株式の価額**

負担付贈与又は個人間の対価を伴う取引により取得した上場株式の価額は、その株式が上場されている金融商品取引所の公表する課税時期の最終価格によって評価します（評基通169(2)）。

2 課税時期の最終価格の例外

(1) 課税時期が権利落等の日から株式の割当て等の基準日までの間にある場合

課税時期が権利落又は配当落（以下「権利落等」といいます。）の日から株式の割当て、株式の無償交付又は配当金交付（以下「株式の割当て等」といいます。）の基準日までの間にあるときは、その権利落等の日の前日以前の最終価格のうち、課税時期に最も近い日の最終価格

をもって課税時期の最終価格とします（評基通170）。

［例］

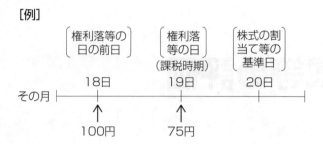

「課税時期の最終価格」は、100円となります。課税時期における最終価格75円は、権利落等の後の最終価格なので採用しません。

(2) 課税時期に最終価格がない場合

課税時期に最終価格がないものについては、上記(1)に該当するものを除き、次に掲げる場合に応じ、それぞれ次に掲げる最終価格をもって「課税時期の最終価格」とします（評基通171）。

① ②又は③に掲げる場合以外の場合

課税時期の前日以前の最終価格又は翌日以後の最終価格のうち、課税時期に最も近い日の最終価格（その最終価格が2ある場合には、その平均額）によります。

［例］

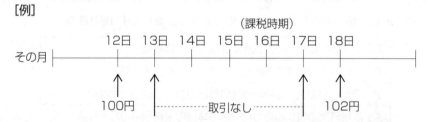

「課税時期の最終価格」は、102円となります。12日の100円又は18日の102円のうち課税時期に近い日のは18日であることから、同日の最終価格を採用します。

② 課税時期が権利落等の日の前日以前で、上記①による最終価格が、権利落等の日以後のもののみである場合又は権利落等の日の前日以前のものと権利落等の日以後のものとの2ある場合

課税時期が権利落等の日の前日以前で、上記①による最終価格が、権利落等の日以後のもののみである場合又は権利落等の日の前日以前のものと権利落等の日以後のものとの2ある場合には、課税時期の前日以前の最終価格のうち、課税時期に最も近い日の最終価格によります。

第8章 株式等の評価

[例]

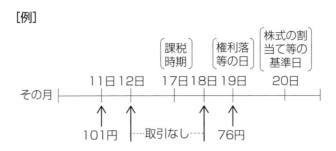

「課税時期の最終価格」は101円となります。19日の76円の方が11日の101円より課税時期に近いものの、76円は権利落等の日以後の最終価格なので採用しません。なお、この事例の場合の最終価格の月平均額については、「❸最終価格の月平均額の特例」に注意してください。

③ 課税時期が株式の割当て等の基準日の翌日以後で、上記①の定めによる最終価格が、その基準日に係る権利落等の日の前日以前のもののみである場合又は権利落等の日の前日以前のものと権利落等の日以後のものとの2ある場合

　課税時期が株式の割当て等の基準日の翌日以後で、上記①の定めによる最終価格が、その基準日に係る権利落等の日の前日以前のもののみである場合又は権利落等の日の前日以前のものと権利落等の日以後のものとの2ある場合には、課税時期の翌日以後の最終価格のうち、課税時期に最も近い日の最終価格によります。

[例]

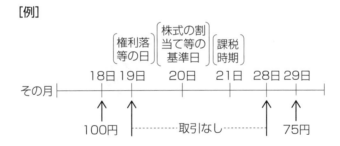

「課税時期の最終価格」は75円になります。18日の100円の方が75円より課税時期に近いものの、100円は権利落等の日以前の最終価格なので採用しません。なお、この事例の場合の最終価格の月平均額については、「❸最終価格の月平均額の特例」に注意してください。

❸ 最終価格の月平均額の特例

　上場株式の価額を評価する場合において、課税時期の属する月以前3か月間に権利落等がある場合における最終価格の月平均額は次によります（評基通172）。

① 課税時期が株式の割当て等の基準日以前である場合のその権利落等の日が属する月の最終価格の月平均額

　課税時期が株式の割当て等の基準日以前である場合におけるその権利落等の日が属する月の最終価格の月平均額は、次の②に該当するものを除き、その月の初日からその権利落等の日の

前日（配当落の場合にあっては、その月の末日）までの毎日の最終価格の平均額とします。

[例]

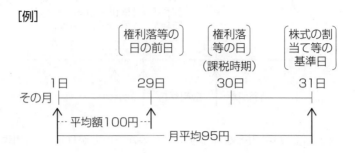

「最終価格の月平均額」は、権利落の場合は100円、配当落の場合は95円となります。

② 課税時期が株式の割当て等の基準日以前で、その権利落等の日が課税時期の属する月の初日以前である場合の課税時期の属する月の最終価格の月平均額

課税時期が株式の割当て等の基準日以前で、その権利落等の日が課税時期の属する月の初日以前である場合における課税時期の属する月の最終価格の月平均額は、次の算式によって計算した金額（配当落の場合にあっては、課税時期の属する月の初日から末日までの毎日の最終価格の平均額）とします。

$$\begin{pmatrix}課税時期の属す\\る月の最終価格\\の月平均額\end{pmatrix} \times \begin{bmatrix}1 + \begin{pmatrix}株式1株に対す\\る割当株式数又\\は交付株式数\end{pmatrix}\end{bmatrix} - \begin{pmatrix}割当てを受けた株\\式1株につき払い\\込むべき金額\end{pmatrix} \times \begin{pmatrix}株式1株に対す\\る割当株式数\end{pmatrix}$$

[例]

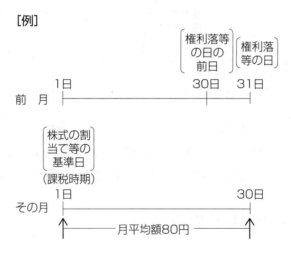

〈株式の割当条件〉
 1．株式の割当数：株式1株に対し0.5株を割当て
 2．株式1株につき払い込むべき金額：40円

最終価格の月平均額は、権利落の場合は100円（80円×（1＋0.5）－40円×0.5）、配当落の場合は80円となります。

第8章 株式等の評価

③ **課税時期が株式の割当て等の基準日の翌日以後である場合のその権利落等の日が属する月の最終価格の月平均額**

課税時期が株式の割当て等の基準日の翌日以後である場合におけるその権利落等の日が属する月の最終価格の月平均額は、その権利落等の日（配当落の場合にあってはその月の初日）からその月の末日までの毎日の最終価格の平均額とします。

[例]

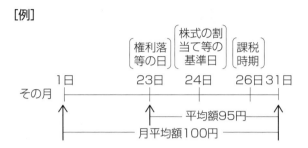

最終価格の月平均額は、権利落の場合は95円、配当落の場合は100円となります。

④ **課税時期が株式の割当て等の基準日の翌日以後である場合のその権利落等の日が属する月の前月以前の各月の最終価格の月平均額**

課税時期が株式の割当て等の基準日の翌日以後である場合におけるその権利落等の日が属する月の前月以前の各月の最終価格の月平均額は、次の算式によって計算した金額（配当落の場合にあっては、その月の初日から末日までの毎日の最終価格の平均額）とします。

[例]

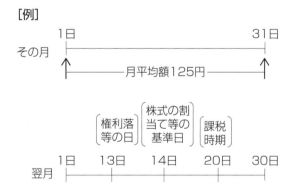

〈株式の割当条件〉

1．株式の割当数：株式1株に対し0.5株を割当て
2．株式1株につき払い込むべき金額：50円

最終価格の月平均額は、権利落の場合は、100円（(125円＋50円×0.5)÷(1＋0.5)）、配当落の場合は125円となります。

647

第2節 気配相場のある株式の評価

 登録銘柄及び店頭管理銘柄

(1) 登録銘柄及び店頭管理銘柄の原則的評価

　登録銘柄及び店頭管理銘柄の価額は、日本証券業協会の公表する課税時期の取引価格（その取引価格が高値と安値の双方について公表されている場合には、その平均額）によって評価します（評基通174(1)）。

　ただし、その取引価格が課税時期の属する月以前3か月間の毎日の取引価格の各月ごとの平均額（取引価格の月平均額）のうち最も低い価額を超える場合には、その最も低い価額によって評価します（評基通174(1)ただし書き）。

■ 負担付贈与又は個人間の対価を伴う取引により取得した登録銘柄及び店頭管理銘柄の価額

　負担付贈与又は個人間の対価を伴う取引により取得した登録銘柄及び店頭管理銘柄の価額は、日本証券業協会の公表する課税時期の取引価格によって評価します（評基通174(2)）。

(2) 登録銘柄及び店頭管理銘柄の評価における課税時期の取引価格の特例

イ　上記(1)により登録銘柄及び店頭管理銘柄の価額を評価する場合において、課税時期が権利落等の日から株式の割当て等の基準日までの間にあるときは、その権利落等の日の前日以前の取引価格（課税時期の属する月以前3か月以内のものに限ります。）のうち、課税時期に最も近い日の取引価格をもって課税時期の取引価格とします（評基通175）。

ロ　上記(1)により登録銘柄及び店頭管理銘柄の価額を評価する場合において、課税時期に取引価格がないものについては、上記(1)の適用があるものを除き、次に掲げる場合に応じ、それぞれ次に掲げる取引価格又は修正した価格をもって課税時期の取引価格とします（評基通176）。

　① 次の②に該当する場合以外の場合

　　課税時期の前日以前の取引価格のうち、課税時期に最も近い日の取引価格（課税時期の属する月以前3か月以内のものに限ります。）

　② 課税時期が株式の割当て等の基準日の翌日以後で、かつ、課税時期の前日以前の取引価格のうち、課税時期に最も近い日の取引価格（課税時期の属する月以前3か月以内のものに限ります。）がその基準日に係る権利落等の日の前日以前のものである場合

　　課税時期に最も近い日の取引価格を次のⅰ又はⅱの算式によって修正した価格

　　ⅰ　課税時期に最も近い日の取引価格が権利落の日の前日以前のものである場合

（課税時期に最も近い日の取引価格＋割当てを受けた株式1株につき払い込むべき金額×株式1株に対する割当株式数）÷（1＋株式1株に対する割当株式数又は交付株式数）

ⅱ　課税時期に最も近い日の取引価格が配当落の日の前日以前のものである場合

課税時期に最も近い日の取引価格−株式1株に対する予想配当の金額

(3) 登録銘柄及び店頭管理銘柄の評価における取引価格の月平均額の特例

課税時期の属する月以前3か月間に権利落等がある場合における取引価格の月平均額については、第1節の「❸最終価格の月平均額の特例」に準じて評価します。

公開途上にある株式

(1) 株式の上場又は登録に際して公募等が行われる場合

株式の上場又は登録に際して、株式の公募又は売出し（公募等）が行われる場合における公開途上にある株式の価額は、その株式の公開価格（金融商品取引所又は日本証券業協会の内規によって行われるブックビルディング方式又は競争入札方式のいずれかの方式により決定される公募等の価格をいいます。）によって評価します（評基通174(2)イ）。

(2) 株式の上場又は登録に際して公募等が行われない場合

株式の上場又は登録に際して、公募等が行われない場合における公開途上にある株式の価額は、課税時期以前の取引価格等を勘案して評価します（評基通174(2)ロ）。

第3節　取引相場のない株式

適用される評価方法の判定

取引相場のない株式は、相続、遺贈又は贈与により取得した者の評価会社に対する支配力の程度により評価方法が異なります。

(1) 同族株主がいる会社の場合

次のいずれかに該当する株主が取得した株式の価額は、特例的評価方法（配当還元方式）により評価し、いずれにも該当しない株主が取得した株式の価額は、原則的評価方法（類似業種比準方式、純資産価額方式又はこれらの方式の折衷方式）により評価します（評基通188(1)(2)）。

① 同族株主のいる会社の株式のうち、同族株主以外の株主の取得した株式
② 中心的な同族株主のいる会社の株主のうち中心的な同族株主以外の同族株主で、その者の株式取得後の議決権の数がその会社の議決権総数の5％未満であるもの（課税時期において評価会社の役員である者及び課税時期の翌日から法定申告期限までの間に役員となる者を除きます。）の取得した株式

■ 同族株主

「同族株主」とは、課税時期における評価会社の株主のうち、株主の1人及びその同族関係者（法人税法施行令第4条《同族関係者の範囲》に規定する特殊の関係のある個人又は法人をいいます。）の有する議決権の合計数がその会社の議決権総数の30％以上である場合におけるその株主及びその同族関係者をいいます。

ただし、その評価会社の株主のうち、株主の1人及びその同族関係者の有する議決権の合計数が最も多いグループの有する議決権の合計数が、その会社の議決権総数の50％超である会社にあっては、50％超である場合におけるその株主及びその同族関係者をいいます。

■ 同族関係者

同族株主の判定における同族関係者とは次の個人及び法人をいいます。

(1) 個人たる同族関係者（法令4①）
  ① 株主等の親族（親族とは、配偶者、6親等内の血族及び3親等内の姻族をいいます。）
  ② 株主等と婚姻の届出をしていないが事実上婚姻関係と同様の事情にある者
  ③ 個人である株主等の使用人
  ④ 上記に掲げる者以外の者で個人である株主等から受ける金銭その他の資産によって生計を維持しているもの
  ⑤ 上記②、③及び④に掲げる者と生計を一にするこれらの者の親族

(2) 法人たる同族関係者（同族関係会社）（法令4②③④⑥）
  ① 株主等の1人が他の会社（同族会社かどうかを判定しようとする会社以外の会社。以下同じ。）を支配している場合における当該他の会社
    ただし、同族関係会社であるかどうかの判定の基準となる株主等が個人の場合は、その者及び上記(1)の同族関係者が他の会社を支配している場合における当該他の会社（以下、②及び③において同じです。）
  ② 株主等の1人及びこれと特殊の関係のある①の会社が他の会社を支配している場合における当該他の会社
  ③ 株主等の1人並びにこれと特殊の関係のある①及び②の会社が他の会社を支配している場合における当該他の会社

(注1) 上記①から③に規定する「他の会社を支配している場合」とは、次に掲げる場合のいずれかに該当する場合をいいます。
  イ 他の会社の発行済株式又は出資（自己の株式又は出資を除きます。）の総数又は総額の50％超の数又は金額の株式又は出資を有する場合
  ロ 他の会社の次に掲げる議決権のいずれかにつき、その総数（当該議決権を行使することができな

い株主等が有する当該議決権の数を除きます。）の50％超の数を有する場合
- (イ) 事業の全部若しくは重要な部分の譲渡、解散、継続、合併、分割、株式交換、株式移転又は現物出資に関する決議に係る議決権
- (ロ) 役員の選任及び解任に関する決議に係る議決権
- (ハ) 役員の報酬、賞与その他の職務執行の対価として会社が供与する財産上の利益に関する事項についての決議に係る議決権
- (ニ) 剰余金の配当又は利益の配当に関する決議に係る議決権

八　他の会社の株主等（合名会社、合資会社又は合同会社の社員（当該他の会社が業務を執行する社員を定めた場合にあっては、業務を執行する社員）に限ります。）の総数の半数を超える数を占める場合

(注２) 個人又は法人との間で当該個人又は法人の意思と同一の内容の議決権を行使することに同意している者がある場合には、当該者が有する議決権は当該個人又は法人が有するものとみなし、かつ、当該個人又は法人（当該議決権に係る会社の株主等であるものを除きます。）は当該議決権に係る会社の株主等であるものとみなして、他の会社を支配しているかどうかを判定します。

④ 上記①から③の場合に、同一の個人又は法人の同族関係者である２以上の会社が判定しようとする会社の株主等（社員を含みます。）である場合には、その同族関係者である２以上の会社は、相互に同族関係者であるものとみなされます。

■ **中心的な同族株主**

「中心的な同族株主」とは、課税時期において同族株主の１人並びにその株主の配偶者、直系血族、兄弟姉妹及び１親等の姻族（これらの者の同族関係者である会社のうち、これらの者が有する議決権の合計数がその会社の議決権総数の25％以上である会社を含みます。）の有する議決権の合計数がその会社の議決権総数の25％以上である場合におけるその株主をいいます。

■ **評価会社の役員**

上記(1)②の「評価会社の役員」には、次の者が該当します（(2)の②についても同じです。）。
① 社長
② 理事長
③ 代表取締役、代表執行役、代表理事及び清算人
④ 副社長、専務、常務その他これらに準ずる職制上の地位を有する役員
⑤ 取締役（指名委員会等設置会社の取締役及び監査等委員である取締役に限ります。）、会計参与及び監査役並びに監事

(2)　同族株主がいない会社の場合

次のいずれかに該当する株主が取得した株式の価額は、特例的評価方法（配当還元方式）により評価し、いずれにも該当しない株主が取得した株式の価額は、原則的評価方法（類似業種比準方式、純資産価額方式又はこれらの方式の折衷方式）により評価します（評基通188(3)(4)）。

① 同族株主のいない会社の株主のうち、課税時期において株主の１人及びその同族関係者の有する議決権の合計数が、その会社の議決権総数の15％未満である場合におけるその株主の取得した株式

② 中心的な株主がおり、かつ、同族株主のいない会社の株主のうち、課税時期において株

主の１人及びその同族関係者の有する議決権の合計数がその会社の議決権総数の15％以上である場合におけるその株主で、その者の株式取得後の議決権の数がその会社の議決権総数の５％未満であるもの（課税時期において評価会社の役員である者及び課税時期の翌日から法定申告期限までの間に役員となる者を除きます。）の取得した株式

■ 中心的な株主

「中心的な株主」とは、課税時期において株主の１人及びその同族関係者の有する議決権の合計数がその会社の議決権総数の15％以上である株主グループのうち、いずれかのグループに単独でその会社の議決権総数の10％以上の議決権を有している株主がいる場合におけるその株主をいいます。

〈参考〉
(1) 同族株主のいる会社の株主及び評価方式の判定

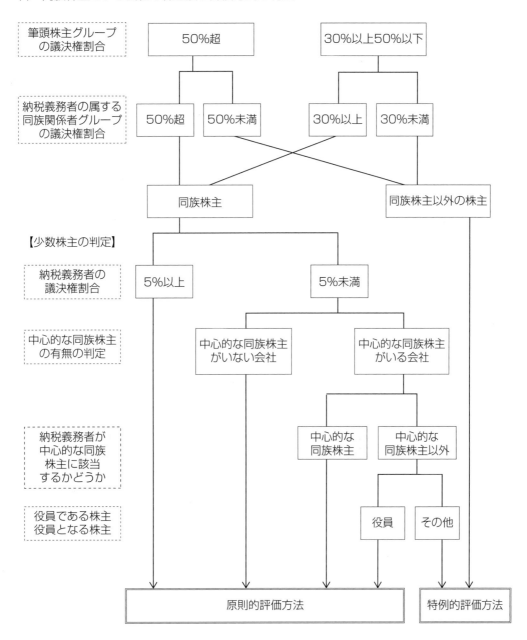

(2) 同族株主のいない会社の株主及び評価方式の判定

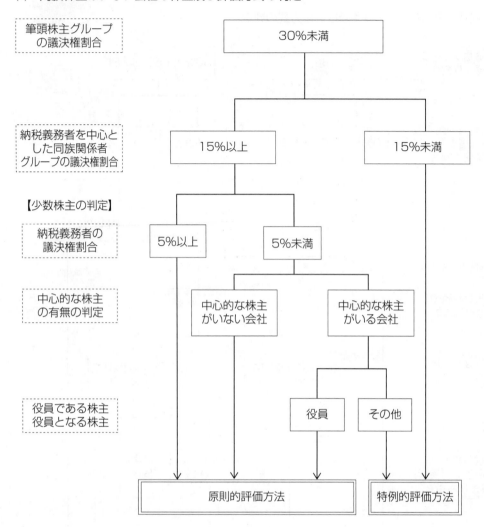

評価方法の判定における議決権割合

上記❶の評価方法の判定においては、評価会社の株式の取得者、同族関係者等の有する議決権の数がその会社の議決権総数に占める割合（議決権割合）が重要となります。

(1) 自己株式を有する場合

評価会社が自己株式を有する場合には、その自己株式に係る議決権の数は０として計算した議決権の数が評価会社の議決権総数となります（評基通188－3）。

(2) 議決権を有しないこととされる株式がある場合

評価会社の株主のうちに会社法第308条第１項の規定により評価会社の株式について議決権を有しないこととされる会社がある場合には、当該会社の有する評価会社の議決権の数は０として計算した議決権の数が評価会社の議決権総数となります（評基通188－4）。

(3) 種類株式がある場合

評価会社が会社法第108条第１項に掲げる事項について内容の異なる種類の株式（種類株式）を発行している場合における議決権の数又は議決権総数の判定に当たっては、種類株式のうち株主総会の一部の事項について議決権を行使できない株式に係る議決権の数を含めます（評基通188－5）。

(4) 投資育成会社が株主である場合

評価会社の株主のうちに投資育成会社があるときは、同族株主等の判定は次によります（評基通188－6）。

① 当該投資育成会社が同族株主に該当し、かつ、当該投資育成会社以外に同族株主に該当する株主がいない場合には、当該投資育成会社は同族株主に該当しないものとして判定します。

② 当該投資育成会社が、中心的な同族株主又は中心的な株主に該当し、かつ、当該投資育成会社以外に中心的な同族株主又は中心的な株主に該当する株主がいない場合には、当該投資育成会社は中心的な同族株主又は中心的な株主に該当しないものとして判定します。

③ 上記①及び②において、評価会社の議決権総数からその投資育成会社の有する評価会社の議決権の数を控除した数をその評価会社の議決権総数とした場合に同族株主に該当することとなる者があるときは、その同族株主に該当することとなる者以外の株主が取得した株式については、上記①及び②にかかわらず「同族株主以外の株主等が取得した株式」に該当するものとします。

なお、この場合の「議決権総数」及び「議決権の数」については、株主総会の一部の事項に

ついて議決権を行使できない株式に係る議決権の数を含めることとされています（評基通188-6（注））。

評価会社の規模区分の判定

取引相場のない株式の原則的な評価方法は、評価しようとする株式の発行会社（以下第3節において「評価会社」といいます。）の規模に応じて、「❹取引相場のない株式の原則的評価方法」のとおり定められていますが、その評価会社の規模は、次の表により判定します（評基通178）。

規模区分	区分の内容		総資産価額（帳簿価額によって計算した金額）及び従業員数	直前期末以前1年間における取引金額
大会社	従業員数が70人以上の会社又は右のいずれかに該当する会社	卸売業	20億円以上（従業員数が35人以下の会社を除く。）	30億円以上
		小売・サービス業	15億円以上（従業員数が35人以下の会社を除く。）	20億円以上
		卸売業、小売・サービス業以外	15億円以上（従業員数が35人以下の会社を除く。）	15億円以上
中会社	従業員数が70人未満の会社で右のいずれかに該当する会社（大会社に該当する場合を除く。）	卸売業	7,000万円以上（従業員数が5人以下の会社を除く。）	2億円以上30億円未満
		小売・サービス業	4,000万円以上（従業員数が5人以下の会社を除く。）	6,000万円以上20億円未満
		卸売業、小売・サービス業以外	5,000万円以上（従業員数が5人以下の会社を除く。）	8,000万円以上15億円未満
小会社	従業員数が70人未満の会社で右のいずれにも該当する会社	卸売業	7,000万円未満又は従業員数が5人以下	2億円未満
		小売・サービス業	4,000万円未満又は従業員数が5人以下	6,000万円未満
		卸売業、小売・サービス業以外	5,000万円未満又は従業員数が5人以下	8,000万円未満

(1) 総資産価額（帳簿価額によって計算した金額）

上の表の「総資産価額（帳簿価額によって計算した金額）」は、課税時期の直前に終了した事業年度の末日（以下「直前期末」といいます。）における評価会社の各資産の帳簿価額の合計額とします。

(2) 従業員数

上の表の「従業員数」は、直前期末以前1年間においてその期間継続して評価会社に勤務していた従業員（就業規則等で定められた1週間当たりの労働時間が30時間以上であるもの（以下「継続勤務従業員」といいます。）の数に、直前期末以前1年間において評価会社に勤務していた従業員（継続勤務従業員を除きます。）のその1年間における労働時間の合計時間数を従業員1人当たり年間平均労働時間数（1,800時間）で除して求めた数を加算した数とします。なお、この従業員には、社長、理事長並びに法人税法施行令第71条《使用人兼務役員とされない役員》第1項第1号、第2号及び第4号に掲げる役員は含まれません。

(3) 直前期末以前1年間における取引金額

上の表の「直前期末以前1年間における取引金額」は、その期間における評価会社の目的とする事業に係る収入金額（金融業・証券業については収入利息及び収入手数料）とします。

(4) 評価会社の業種目

評価会社の業種目が上の表の「卸売業」、「小売・サービス業」又は「卸売業、小売・サービス業以外」のいずれの業種に該当するかは、上記(3)の直前期末以前1年間における取引金額（以下「取引金額」といいます。）に基づいて判定し、当該取引金額のうちに2以上の業種に係る取引金額が含まれている場合には、それらの取引金額のうち最も多い取引金額に係る業種によって判定します。

取引相場のない株式の原則的評価方法

取引相場のない株式の価額は、❸で判定した評価会社の規模に応じ、次の方法により評価します（評基通179）。

(1) 大会社

大会社の株式の価額は、類似業種比準方式によって求めた類似業種比準価額により評価します。ただし、納税義務者の選択により、純資産価額方式によって求めた1株当たりの純資産価額（相続税評価額によって計算した金額）により評価することもできます。

(2) 中会社

中会社の株式の価額は、次の算式により計算した金額によって評価します。ただし、納税義務者の選択により、算式中の類似業種比準価額を1株当たりの純資産価額（相続税評価額によって計算した金額）によって計算することもできます。

類似業種比準価額×L＋1株当たりの純資産価額（相続税評価額によって計算した金額）

× (1 −L)

　上の算式中の「L」の値は、評価会社の規模に応じて、0.90、0.75又は0.60となります。具体的には、「L」の値は、次の①の表「評価会社の総資産価額（帳簿価額によって計算した金額）及び従業員数に応ずる割合」又は②の表「直前期末以前1年間における取引金額に応ずる割合」のそれぞれによって判定された割合のうちいずれか大きい方の割合となります。

① 総資産価額（帳簿価額によって計算した金額）及び従業員数に応ずる割合

卸売業	小売・サービス業	卸売業、小売・サービス業以外	割合
4億円以上（従業員数が35人以下の会社を除く。）	5億円以上（従業員数が35人以下の会社を除く。）	5億円以上（従業員数が35人以下の会社を除く。）	0.90
2億円以上（従業員数が20人以下の会社を除く。）	2億5,000万円以上（従業員数が20人以下の会社を除く。）	2億5,000万円以上（従業員数が20人以下の会社を除く。）	0.75
7,000万円以上（従業員数が5人以下の会社を除く。）	4,000万円以上（従業員数が5人以下の会社を除く。）	5,000万円以上（従業員数が5人以下の会社を除く。）	0.60

（注）複数の区分に該当する場合には、上位の区分に該当するものとなります。

② 直前期末以前1年間における取引金額に応ずる割合

卸売業	小売・サービス業	卸売業、小売・サービス業以外	割合
7億円以上30億円未満	5億円以上20億円未満	4億円以上15億円未満	0.90
3億5,000万円以上7億円未満	2億5,000万円以上5億円未満	2億円以上4億円未満	0.75
2億円以上3億5,000万円未満	6,000万円以上2億5,000万円未満	8,000万円以上2億円未満	0.60

(3) 小会社

　小会社の株式の価額は、純資産価額方式により求めた1株当たりの純資産価額（相続税評価額によって計算した金額）によって評価します。ただし、納税義務者の選択により、Lを0.50として上記(2)の算式により計算した金額によって評価することもできます。

〈参考〉会社規模及び中会社におけるLの割合の判定表
　前記❸の会社の規模区分と上記(2)の中会社におけるLの割合の判定をまとめると次表のとおりとなります。

判定基準	Ⓐ 直前期末以前1年間における従業員数に応ずる区分							
	70人以上の会社は、大会社（Ⓑ及びⒸは不要）							
	70人未満の会社は、Ⓑ及びⒸにより判定							
	Ⓑ 直前期末の総資産価額（帳簿価額）及び直前期末以前1年間における従業員数に応ずる区分				Ⓒ 直前期末以前1年間の取引金額に応ずる区分			会社規模とLの割合（中会社）の区分
	総資産価額（帳簿価額）			従業員数	取引金額			
	卸売業	小売・サービス業	卸売業、小売・サービス業以外		卸売業	小売・サービス業	卸売業、小売・サービス業以外	
	20億円以上	15億円以上	15億円以上	35人超	30億円以上	20億円以上	15億円以上	大会社
	4億円以上20億円未満	5億円以上15億円未満	5億円以上15億円未満	35人超	7億円以上30億円未満	5億円以上20億円未満	4億円以上15億円未満	0.90 中会社
	2億円以上4億円未満	2億5,000万円以上5億円未満	2億5,000万円以上5億円未満	20人超35人以下	3億5,000万円以上7億円未満	2億5,000万円以上5億円未満	2億円以上4億円未満	0.75 中会社
	7,000万円以上2億円未満	4,000万円以上2億5,000万円未満	5,000万円以上2億5,000万円未満	5人超20人以下	2億円以上3億5,000万円未満	6,000万円以上2億5,000万円未満	8,000万円以上2億円未満	0.60 中会社
	7,000万円未満	4,000万円未満	5,000万円未満	5人以下	2億円未満	6,000万円未満	8,000万円未満	小会社

・「会社規模とLの割合（中会社）の区分」欄は、Ⓑ欄の区分（「総資産価額（帳簿価額）」と「従業員数」とのいずれか下位の区分）とⒸ欄（取引金額）の区分とのいずれか上位の区分により判定します。

5 類似業種比準方式

(1) 類似業種比準価額の計算

　類似業種比準方式により求める類似業種比準価額は、類似業種の株価並びに1株当たりの配当金額、年利益金額及び純資産価額（帳簿価額によって計算した金額）を基とし、次の算式によって算出された1株当たりの金額です（評基通180）。

　この場合において、評価会社の直前期末における資本金等の額（法人税法第2条《定義》第16号に規定する資本金等の額をいいます。）を直前期末における発行済株式数（会社法第113条第4項に規定する自己株式を有する場合には、当該自己株式の数を控除した株式数。）で除した金額（以下「1株当たりの資本金等の額」といいます。）が50円以外の金額であるときは、その計算した金額に、1株当たりの資本金等の額の50円に対する倍数を乗じて計算した金額と

なります。

$$A \times \left[\frac{\frac{Ⓑ}{B} + \frac{Ⓒ}{C} + \frac{Ⓓ}{D}}{3} \right] \times 0.7$$

(注1) 上記算式中の「0.7」は、中会社の株式を評価する場合には「0.6」、小会社の株式を評価する場合には「0.5」となります。

(注2) 上記算式中の「A」、「B」、「C」、「D」、「Ⓑ」、「Ⓒ」及び「Ⓓ」は、それぞれ次のとおりです。
「A」＝類似業種の株価
「Ⓑ」＝評価会社の1株当たりの配当金額
「Ⓒ」＝評価会社の1株当たりの利益金額
「Ⓓ」＝評価会社の1株当たりの純資産価額（帳簿価額によって計算した金額）
（Ⓑ、Ⓒ及びⒹの金額は、1株当たりの資本金等の額を50円とした場合の金額として計算します。）
「B」＝課税時期の属する年の類似業種の1株当たりの配当金額
「C」＝課税時期の属する年の類似業種の1株当たりの年利益金額
「D」＝課税時期の属する年の類似業種の1株当たりの純資産価額（帳簿価額によって計算した金額）

(2) 類似業種

① 評価会社の類似業種

　類似業種比準方式における類似業種は、各年ごとに国税庁長官が「令和〇年分の類似業種比準価額計算上の業種目及び業種目別株価等について（法令解釈通達）」において大分類、中分類及び小分類に区分して定める業種（以下「業種目」という。）のうち、評価会社の事業が該当する業種目とし、その業種目が小分類に区分されているものにあっては小分類による業種目、小分類に区分されていない中分類のものにあっては中分類の業種目によります（評基通181）。

　ただし、納税義務者の選択により、類似業種が小分類による業種目にあってはその業種目の属する中分類の業種目、類似業種が中分類による業種目にあってはその業種目の属する大分類の業種目を、それぞれ類似業種とすることができます（評基通181ただし書き）。

　なお、類似業種比準価額計算上の業種目の判定に当たっては、まず、日本標準産業分類により評価会社の業種目を確認した上で、「日本標準産業分類の分類項目と類似業種比準価額計算上の業種目との対比表」（平成29年6月13日・国税庁資産評価企画官情報第4号「類似業種比準価額計算上の業種目及び類似業種の株価等の計算方法等について（情報）」に掲載）により判定することができます。

② 評価会社の類似業種の判定

　上記①の評価会社の事業が該当する業種目は、直前期末以前1年間における取引金額に基づいて判定します（評基通181-2）。

　すなわち、当該取引金額のうちに2以上の業種目に係る取引金額が含まれている場合の当該評価会社の事業が該当する業種目は、取引金額全体のうちに占める業種目別の取引金額の割合（業種目別の割合）が50％を超える業種目とします。

　また、業種目別の割合が50％を超える業種目がない場合は、次のイからホにより判定します（評基通181-2なお書き）。

イ 評価会社の事業が一つの中分類の業種目中の2以上の類似する小分類の業種目に属し、それらの業種目別の割合の合計が50％を超える場合

　その中分類の中にある類似する小分類の「その他の○○業」

　　［例］

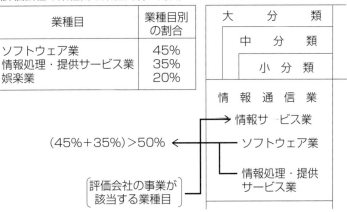

ロ 評価会社の事業が一つの中分類の業種目中の2以上の類似しない小分類の業種目に属し、それらの業種目別の割合の合計が50％を超える場合（イに該当する場合を除きます。）

　　その中分類の業種目

　　［例］

ハ 評価会社の事業が一つの大分類の業種目中の2以上の類似する中分類の業種目に属し、それらの業種目別の割合の合計が50％を超える場合

　その大分類の中にある類似する中分類の「その他の○○業」

［例］

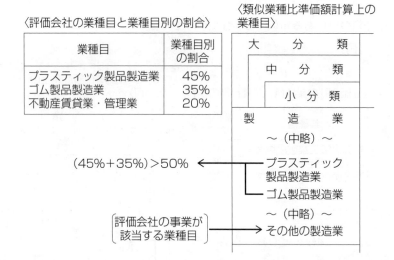

ニ　評価会社の事業が一つの大分類の業種目中の2以上の類似しない中分類の業種目に属し、それらの業種目別の割合の合計が50％を超える場合（ハに該当する場合を除きます。）

　　その大分類の業種目

［例］

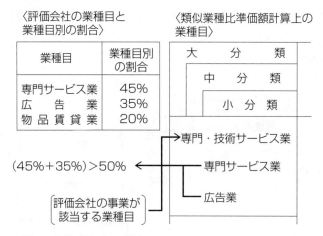

ホ　イからニのいずれにも該当しない場合

　　大分類の業種目の中の「その他の産業」

(3) 類似業種の株価

類似業種の株価（前記(1)の計算式のAの値）は、次の評価会社の類似業種の株価のうち最も低いものを採用します（評基通182）。

①	課税時期の属する月の毎日の終値の平均額
②	課税時期の属する月の前月の毎日の終値の平均額
③	課税時期の属する月の前々月の毎日の終値の平均額
④	課税時期の前年の平均株価
⑤	課税時期の属する月以前2年間の平均株価

　表の各株価は、毎年、国税庁長官の「令和〇年分の類似業種比準価額計算上の業種目及び業種目別株価等について（法令解釈通達）」で公表されています。
　なお、類似業種の株価は、1株当たりの資本金の額等（資本金の額及び資本剰余金の額の合計額から自己株式の額を控除した金額をいいます。）を50円として計算されています。

(4) 評価会社の配当金額 (評基通183(1))

　評価会社の1株当たりの配当金額（前記(1)の算式のⒷの金額）は、課税時期の直前期末以前2年間におけるその会社の剰余金の配当金額の合計額の2分の1に相当する金額を、直前期末における発行済株式数で除して計算した金額となります。
　この「剰余金の配当金額」は、各事業年度中に配当金交付の効力が発生した剰余金の配当金額（資本金等の額の減少によるものを除きます。）を基として計算します。また、剰余金の配当金額からは、特別配当、記念配当等の名称による配当金額のうち、将来毎期継続することが予想できない金額は除きます。
　なお、評価会社の1株当たりの資本金等の額が50円以外の金額である場合には、直前期末における発行済株式数は、直前期末における資本金等の額を50円で除して計算した数によります。(5)の「1株当たりの利益金額」及び(6)の「1株当たりの純資産価額」の計算における発行済み株式数についても同様です。

(5) 評価会社の利益金額 (評基通183(2))

　評価会社の1株当たりの利益金額（前記(1)の算式のⒸの金額）は、直前期末以前1年間における法人税の課税所得金額に、その所得の計算上益金に算入されなかった剰余金の配当（資本金等の額の減少によるものを除きます。）等の金額（所得税額に相当する金額を除きます。）及び損金に算入された繰越欠損金の控除額を加算した金額（その金額が負数のときは、0となります。）を、直前期末における発行済株式数で除して計算した金額となります。
　ただし、直前期末以前2年間の各事業年度について、それぞれ法人税の課税所得金額を基とし上記に準じて計算した金額を算出し、その合計額（その合計額が負数のときは、0となります。）の2分の1に相当する金額を直前期末における発行済株式数で除して計算した金額を選択することもできます。
　なお、法人税の課税所得金額からは、固定資産売却益、保険差益等の非経常的な利益の金額を除きます。

(6) 評価会社の純資産価額（評基通183(3)）

　評価会社の１株当たりの純資産価額（前記(1)の算式の⒟の金額）は、直前期末における資本金等の額及び法人税法第２条《定義》第18号に規定する利益積立金額に相当する金額（法人税申告書別表五（一）「利益積立金額及び資本金等の額の計算に関する明細書」の差引翌期首現在利益積立金額の差引合計額）の合計額を直前期末における発行済株式数で除して計算した金額とします。

　なお、利益積立金額に相当する金額が負数である場合には、その負数に相当する金額を資本金等の額から控除するものとし、その控除後の金額が負数となる場合には、その控除後の金額を０とします。

(7) 類似業種の配当金額等

　類似業種の「１株当たりの配当金額」（前記(1)の算式のBの金額）、「１株当たりの年利益金額」（前記(1)の算式のCの金額）、及び「１株当たりの純資産価額（帳簿価額によって計算した金額）」（前記(1)の算式のDの金額）は、財務諸表（連結財務諸表を作成している標本会社にあっては、連結財務諸表）に基づき、各標本会社について、前記(4)、(5)及び(6)の定めに準じて計算され、毎年、）国税庁長官が「令和○年分の類似業種比準価額計算上の業種目及び業種目別株価等について（法令解釈通達）」により公表しています。

(8) 類似業種比準価額の修正

　評価会社の株式が次に該当するときは、前記(1)から(7)までにより計算した価額をそれぞれ次の算式により修正した金額が類似業種比準価額となります（評基通184）。
① 直前期末の翌日から課税時期までの間に配当金交付の効力が発生した場合
　　前記(1)から(7)までにより計算した価額－株式１株に対して受けた配当の金額
② 直前期末の翌日から課税時期までの間に株式の割当て等の効力が発生した場合
　　（前記(1)から(7)までにより計算した価額＋割当てを受けた株式１株につき払い込んだ金額×株式１株に対する割当株式数）÷（１＋株式１株に対する割当株式数又は交付株式数）

> **裁判例**　非経常的な利益（固定資産の売却益）

東京地裁令和元年５月17日判決（棄却）（確定）

　ある利益が評価会社の「１株当たりの利益金額」の計算に際して除外される非経常的な利益に当たるか否かは、その利益が固定資産売却益又は保険差益に該当するか否かのみによって判断すべきものではなく、評価会社の事業の内容、当該利益の発生原因、その発生原因たる行為の反復継続性又は臨

時偶発性等を考慮した上で、実質的に判断するのが相当であると解される。

　評価会社が本件クレーン事業に使用していたクレーン車を売却することによって得た利益は、各事業年度において同社が行っていた事業の収益の相当程度を占めるものであったということができる。そして、本件クレーン事業は、同社が不動産賃貸業や運送業と並んで営んでいたものであるところ、この事業は、クレーン車を毎期継続的に売却することによって初めて利益を生じる仕組みとなっていたものである。このように、クレーン車の売却益が、評価会社１の重要な収益源であり、かつ、毎期継続的に行われ本件クレーン事業から収益を生じさせる源泉となっていたことに加え、同社においても、金融機関等に提出する損益計算書においてクレーン車の売却益を特別損益としての固定資産売却益ではなく収入高（営業利益）として計上していたことを併せ考慮すると、本件売却益は、評価会社１の経常的収益力を構成するものと認められ、評価通達183(2)において１株当たりの利益金額の計算に際し法人税の課税所得金額から除くこととされている「非経常的な利益」に該当しないというべきである。

裁決例　非経常的な利益（匿名組合契約に係る分配金）

平成20年６月26日裁決（棄却）

　類似業種比準方式における、匿名組合員である評価会社の「１株当たりの年利益金額」については、①評価通達が、「１株当たりの年利益金額」の計算を法人税の課税所得金額を基礎としていることについては合理性があること、②法人税の取扱いでは、匿名組合員が分配を受ける匿名組合営業について生じた利益の額又は損失の額は、匿名組合の営業者の計算期間の末日の属する匿名組合員の各事業年度の益金の額又は損金の額に算入されること、③匿名組合から分配を受ける損益は、匿名組合契約が継続する限り毎期発生することが予定されており、臨時偶発的に発生するものではないことからすると、「１株当たりの年利益金額」を計算する上で、匿名組合契約に係る損益の額を非経常的な損益として除外すべき理由は認められない。

　そして、本件事業は航空機リース事業であって、本件A匿名組合契約に係る損益が、最終計算期間以外の計算期間については航空機の賃貸による損益であり、最終計算期間における分配金については、賃貸物件である航空機の売却による収益を含むというように、計算期間によって損益の発生の源泉が異なるという性質を持っているとしても、このようなリース事業は、リース物件の売却によってはじめて契約期間を通した収支が確定するものであり、そもそもリース物件の所有、賃貸及び売却が一体となった事業である。つまり航空機の売却は、K社をその優先的売却先として本件A匿名組合契約の締結時に予定されていたものであるから、一般的な固定資産の売却とは異なり、当該航空機の売却が臨時偶発的なものとは言い難い。また、本件A匿名組合契約に係る最終分配金額は、航空機の賃貸による収益と航空機の売却による収益という収益の発生の源泉が異なる部分により構成されているとしても、本件会社にとって匿名組合契約に係る出資に対する利益の分配という性格が異なるわけではないから、その利益の一部を取り出して非経常的な利益と判断すべき理由は認められない。

> **裁判例** 1株当たりの配当金額及び利益金額

広島地裁平成19年8月10日判決（控訴棄却）（確定）

　相続税法22条は、相続財産の価額はその取得の時における時価と定めているのであるから、取引相場のない株式の相続時の時価を評価するに当たり、当該株式の発行会社の経営状態、利益等の業績についてあまり長期間を対象とすることは相当ではなく、また、あまりに短期間を対象とするときは特別の事情により一時的に騰貴又は暴落した配当金額又は利益金額を考慮することとなるから、相当とはいえず、このような事情に照らすと、直前期末以前2年間の年配当金額及び年利益金額を比準要素とすることには合理性があるというべきであり、本件会社の株式の価額を相続開始の直前期末以前5年間の年配当金額及び年利益金額を比準要素とし、その他の部分は基本通達に定める類似業種比準方式によって評価すべきであるとの納税者の主張は採用できない。

6 純資産価額方式

(1) 純資産価額の計算

イ 1株当たりの純資産価額

　原則的評価方法である純資産価額方式は、課税時期に評価会社が有する各資産を財産評価基本通達の定めに従って評価した価額の合計額（課税時期における総資産価額）から課税時期における評価会社の各負債の金額の合計額及び評価差額に対する法人税額等に相当する金額を控除した金額を課税時期における発行済株式数で除して1株当たりの純資産価額を計算する評価方法です（評基通185）。

〈算式〉

$$1株当たりの純資産価額 = \frac{課税時期の総資産額（相続税評価額） - 課税時期の負債金額の合計額 - 評価差額に対する法人税額等相当額}{課税時期における発行済株式数}$$

ロ 取得者が議決権割合50%以下の同族グループに属する場合の1株当たりの純資産価額

　株式の取得者とその同族関係者の有する議決権の合計数が評価会社の議決権総数の50%以下である場合には、上記イにより計算した1株当たりの純資産価額（相続税評価額によって計算した金額）に100分の80を乗じて計算した金額とします（評基通185ただし書）。

　この場合の「議決権の合計数」及び「議決権総数」には、「株主総会の一部の事項について議決権を行使できない株式に係る議決権の数」を含めます（評基通185（注）2）。

(2) 課税時期における総資産価額

前記(1)の**イ**の「課税時期における総資産価額」は、評価会社が有する各資産を財産評価基本通達の定めに従って評価した価額の合計額となりますが、次の点に注意する必要があります。
(1) 評価会社が課税時期前3年以内に取得又は新築した土地及び土地の上に存する権利（以下「土地等」といいます。）並びに家屋及びその附属設備又は構築物（以下「家屋等」といいます。）の価額は、相続税評価額ではなく、課税時期における通常の取引価額に相当する金額によって評価します（評基通185かっこ書き）。

　なお、当該土地等又は当該家屋等に係る帳簿価額が課税時期における通常の取引価額に相当すると認められる場合には、当該帳簿価額に相当する金額によって評価することができます（評基通185かっこ書き）。
(2) 評価会社が有している取引相場のない株式、出資又は転換社債（転換社債型新株予約権付社債）の価額を純資産価額（相続税評価額）で評価する場合には、評価差額に対する法人税額等相当額の控除を行いません（評基通186-3）。
(3) 評価の対象となる資産について、帳簿価額がないもの（例えば、借地権、営業権等）であっても相続税評価額が算出される場合には、その評価額を総資産価額に含めなければなりません（株式評価様式通達「取引相場のない株式（出資）の評価明細書の記載方法等／第5表　1株当たりの純資産価額（相続税評価額）の計算明細書2(1)ハ」）。
(4) 評価の対象となる資産で帳簿価額のあるもの（例えば、借家権、営業権等）であっても、その課税価格に算入すべき相続税評価額が算出されない場合には、当該資産の価額は総資産価額に含めません（同2(1)ニ）。

(3) 課税時期における負債金額の合計額

課税時期における評価会社の各負債金額の合計額については、次の点に注意する必要があります。
(1) 貸倒引当金、退職給与引当金、納税引当金及びその他の引当金、準備金並びに繰延税金負債に相当する金額は、負債に該当しないものとされています（株式評価様式通達「取引相場のない株式（出資）の評価明細書の記載方法等／第5表　1株当たりの純資産価額（相続税評価額）の計算明細書2(3)」）。
(2) 次に掲げるの金額は、帳簿に負債としての記載がない場合であっても、課税時期において未払いとなっているものは負債とされます（同(3)なお書き）。
　① 未納公租公課、未払利息等の金額
　② 課税時期以前に賦課期日のあった固定資産税及び都市計画税の税額
　③ 被相続人の死亡により、相続人その他の者に支給することが確定した退職手当金、功労金その他これらに準ずる給与の金額
　④ 課税時期の属する事業年度に係る法人税額（地方法人税額を含みます。）、消費税額（地

方消費税額を含みます。)、事業税額（特別法人事業税額を含みます。)、道府県民税額及び市町村民税額のうち、その事業年度開始の日から課税時期までの期間に対応する金額

(4) 評価差額に対する法人税等相当額

上記(1)のイの「評価差額に対する法人税額等に相当する金額」は、次の①の金額から②の金額を控除した残額がある場合におけるその残額に37％を乗じて計算した金額となります（評基通186-2）。

この「37％」の率は、法人税（地方法人税を含みます。)、事業税（特別法人事業税を含みます。)、道府県民税及び市町村民税の税率の合計に相当する割合であり、これらの税の税率に変動があれば、37％の率も見直されることとなります。

① 課税時期における各資産を財産評価基本通達に定めるところにより評価した価額の合計額（課税時期における相続税評価額による総資産価額）から課税時期における各負債の金額の合計額を控除した金額

② 課税時期における相続税評価額による総資産価額の計算の基とした各資産の帳簿価額の合計額から課税時期における各負債の金額の合計額を控除した金額

■ 現物出資等受入差額

各資産の中に、現物出資若しくは合併により著しく低い価額で受け入れた資産又は会社法第2条第31号の規定による株式交換、会社法第2条第32号の規定による株式移転若しくは会社法第2条第32号の2の規定による株式交付により著しく低い価額で受け入れた株式（これらの資産又は株式を「現物出資等受入れ資産」といいます。）がある場合には、上記②の「各資産の帳簿価額の合計額」は、当該各資産の帳簿価額の合計額に、現物出資、合併、株式交換、株式移転又は株式交付の時において当該現物出資等受入れ資産を財産評価基本通達に定めるところにより評価した価額から当該現物出資等受入れ資産の帳簿価額を控除した金額（現物出資等受入れ差額）を加算した価額とします（評基通186-2(2)かっこ書き）。

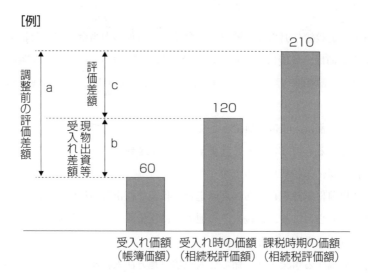

(注1) 現物出資等受入れ資産が合併により著しく低い価額で受け入れた資産（合併受入れ資産）である場合において、「財産評価基本通達に定めるところにより評価した価額」は、当該価額が合併受入れ資産に係る被合併会社の帳簿価額を超えるときには、当該帳簿価額とします。

[例]

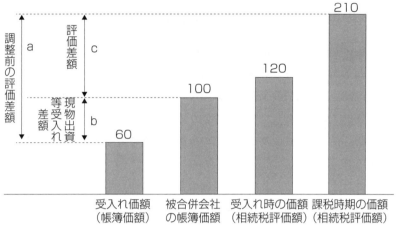

(注2) 「現物出資等受入れ差額」は、現物出資、合併、株式交換、株式移転又は株式交付の時において現物出資等受入れ資産を財産評価基本通達に定めるところにより評価した価額が課税時期において当該現物出資等受入れ資産を同通達に定めるところにより評価した価額を上回る場合には、課税時期において当該現物出資等受入れ資産を同通達に定めるところにより評価した価額から当該現物出資等受入れ資産の帳簿価額を控除した金額とします。

[例]

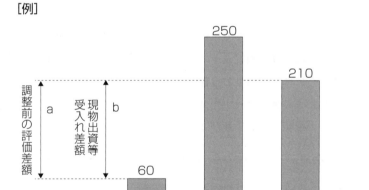

(注3) 上記の「現物出資等受入れ差額」の加算は、課税時期における相続税評価額による総資産価額に占める現物出資等受入れ資産の価額（課税時期において財産評価基本通達に定めるところにより評価した価額）の合計額の割合が20％以下である場合には、適用しません。

(5) 課税時期における発行済株式数

　1株当たりの純資産価額（相続税評価額によって計算した金額）の計算を行う場合の「発行済株式数」は、直前期末ではなく、課税時期における発行済株式数によります。

(6) 直前期末の資産負債に基づく純資産価額の計算

　1株当たりの純資産価額（相続税評価額）の計算は、課税時期における各資産及び各負債の金額によることとされていますが、評価会社が課税時期において仮決算を行っていないため、課税時期における資産及び負債の金額が明確でない場合において、直前期末から課税時期までの間に資産及び負債について著しく増減がないため評価額の計算に影響が少ないと認められるときは、課税時期における各資産及び各負債の金額は、次により計算しても差し支えないこととされています。

① 課税時期における資産総額及び負債金額の合計額については、直前期末の資産及び負債の課税時期の相続税評価額によります。

② 評価差額を計算する場合の帳簿価額については、直前期末の資産及び負債の帳簿価額によります。

③ 上記①及び②の場合において、帳簿に負債としての記載がない場合であっても、次の金額は、負債として取り扱うこととなります。

　イ　未納公租公課、未払利息等の金額

　ロ　直前期末日以前に賦課期日のあった固定資産税及び都市計画税の税額のうち、未払いとなっている金額

　ハ　直前期末日後から課税時期までに確定した剰余金の配当等の金額

　ニ　被相続人の死亡により、相続人その他の者に支給することが確定した退職手当金、功労金その他これらに準ずる給与の金額

④ 被相続人の死亡により評価会社が生命保険金を取得する場合には、その生命保険金請求権（未収保険金）の金額を上記①及び②のいずれにも計上します。

裁判例　純資産価額方式における営業権の資産への計上

東京地裁昭和63年1月27日判決（棄却）（控訴）

　株式の評価において純資産価額方式を採用した場合におけるその算式中にある総資産価額とは、課税時期における企業の各資産を評価した価額の合計額をいうものと解すべきところ、総資産価額を構成すべき企業の各資産は、貸借対照表上に資産として計上されているか否とにかかわらず、経済的価値を有する有形無形の財産のすべてを含むものというべきである。

　ところで、一般に営業権とは、企業が有する長年にわたる伝統と社会的信用、名声、立地条件、営

業上の秘訣、特殊の技術、特別の取引関係の存在等を総合した、将来にわたり他の企業を上回る企業収益を稼得することができる無形の財産価値を有する事実関係と解すべきであるから、これは、将来におけるその超過収益力を資本化した価値として、原則として課税時期においてこれを評価し、総資産価額の中に含めるべきものである。

　原告らは、営業権の評価を変動激しい経済情勢の下で不安定な超過利潤から算定するのは適切でないと主張するが、営業権自体が前記のとおり将来にわたり他の企業を上回る収益を稼得できる財産価値としてとらえられ、その評価が必要とされる課税時期において、当該営業権に右の財産価値が認められる以上、その価額を課税時期において算出される超過利益金額を基本として算定することも許されるものというべきであり、また、評価通産による営業権の評価方法は、後記のとおり、課税時期から過去3年間の収益状況を考慮の上、更に50％の危険率を見込んで算定するというものであるから、これをもって不適切、不合理なものであるということができない。また、原告らは、高利潤をもたらす要因は貸借対照表に計上ずみであるから、更に営業権を評価することは資産の二重計上になると主張するが、前述のとおり、営業権の価額は、将来の超過収益力を期待したところの財産価値であるところ、企業が自己に潜在する将来の予想収益等を貸借対照表に計上することは、一般に公正妥当と認められる会計処理の基準では認められていないのであるから、営業権価額が貸借対照表に計上されることはあり得ず、したがって、資産の二重計上ということも起こり得ないのである。原告らの主張は、当期における利潤を源泉とする資産価額と、将来の超過収益力の現在価値を求める営業権価額とを混同するものというべきである。

株式の割当てを受ける権利等の発生している株式の価額の修正

　類似業種比準方式、純資産価額方式又はこれらの方式の併用方式により取引相場のない株式を評価した場合において、その株式が次に掲げる場合に該当するものであるときは、その価額を、それぞれ次の算式により修正した金額によって評価します。

　① 課税時期が配当金交付の基準日の翌日から、配当金交付の効力が発生する日までの間にある場合

　〈算式〉

　　類似業種比準方式、純資産価額方式又はこれらの方式の併用方式により評価した価額 － 株式1株に対して受ける予想配当の金額

　② 課税時期が株式の割当ての基準日、株式の割当てのあった日又は株式無償交付の基準日のそれぞれ翌日からこれらの株式の効力が発生する日までの間にある場合

　〈算式〉

$$\frac{\text{類似業種比準方式、純資産価額方式又はこれらの方式の併用方式により評価した価額} + \text{割当てを受けた株式1株につき払い込むべき金額} \times \text{株式1株に対する割当株式数}}{1 + \text{株式1株に対する割当株式数又は交付株式数}}$$

8 配当還元方式

　上記❶により原則的評価方法が適用されないとされた者、つまり特例的評価方法が適用される非支配株主（少数株主）が取得した株式の価額は、配当還元方式により評価します。
　財産評価基本通達に定める配当還元方式とは、その株式に係る年配当金額を基として、次の算式により計算した金額によって評価する方法です。

$$\frac{その株式に係る年配当金額}{10\%} \times \frac{その株式の1株当たりの資本金等の額}{50円}$$

　算式中の「その株式に係る年配当金額」は、1株当たりの資本金等の額を50円とした場合の金額であり、「❺類似業種比準方式」の(4)の「1株当たりの配当金額」をいいますが、その金額が2円50銭未満のもの及び無配のものにあっては2円50銭として計算します。
　なお、非支配株主（少数株主）が取得した株式であっても、配当還元方式により評価した金額が、その株式を「❻純資産価額方式」により計算した純資産価額を超える場合には、純資産価額方式により計算した金額によって評価します。

9 特定の評価会社の株式の評価

　評価会社の中には、その経営状態、営業活動の状況、資産の構成等において一般の会社と異なる会社もあり、類似業種比準方式若しくは純資産価額方式又は配当還元方式によってはその株式の適正な評価を行うことができないものもあります。
　そこで、財産評価基本通達は次の会社を特定の評価会社とし、一般の会社の株式の評価方法とは別にその評価方法を定めています。

①	比準要素数1の会社
②	株式等保有特定会社
③	土地保有特定会社
④	開業後3年未満の会社
⑤	比準要素数0の会社
⑥	開業前の会社、休業中の会社
⑦	清算中の会社

(1) 比準要素数1の会社の株式

イ　比準要素数1の会社

　比準要素数1の会社とは、「1株当たりの配当金額」、「1株当たりの利益金額」及び「1株当たりの純資産価額（帳簿価額によって計算した金額）」のそれぞれの金額のうち、いずれか

2つが0であり、かつ、直前々期末を基準にして「1株当たりの配当金額」、「1株当たりの利益金額」及び「1株当たりの純資産価額（帳簿価額によって計算した金額）」のそれぞれの金額を計算した場合に、いずれか2つ以上が0である評価会社をいいます。

ただし、次の(2)から(6)に該当する会社は除かれます。

□ 比準要素数1の会社の株式の評価

㈱ 比準要素数1の会社の株式の原則的評価方法

「比準要素数1の会社の株式」の価額は、1株当たりの純資産価額（相続税評価額によって計算した金額）によって評価します。ただし、当該株式の取得者とその同族関係者の有する当該株式に係る議決権の合計数が評価会社の議決権総数の50％以下であるときには、1株当たりの純資産価額（相続税評価額によって計算した金額）の100分の80に相当する金額により評価します。

㈹ 比準要素数1の会社の株式の選択可能な評価方法

比準要素数1の会社の株式の価額は、納税義務者の選択により、Lを0.25として、いわゆる併用方式により評価することができます（この場合における当該算式中の1株当たりの純資産価額（相続税評価額によって計算した金額）は、当該株式の取得者とその同族関係者の有する当該株式に係る議決権の合計数が評価会社の議決権総数の50％以下であるときには、1株当たりの純資産価額（相続税評価額によって計算した金額）の100分の80に相当する金額によります。）。

㈥ 同族株主以外の株主等が取得した比準要素数1の会社の株式の評価

比準要素数1の会社の株式の取得者が、「❶適用される評価方法の判定」の「(1) 同族株主がいる会社の場合」又は「(2) 同族株主がいない会社の場合」において特例的評価方法が適用される株主とされた者である場合には、その株式の価額は、配当還元方式より計算した金額（この金額が上記㈱又は㈹の金額を超える場合には、上記㈱又は㈹により計算した金額）によって評価します。

(2) 株式等保有特定会社の株式

イ 株式等保有特定会社

株式等保有特定会社とは、課税時期において評価会社の有する各資産を財産評価基本通達の定めにより評価した価額の合計額のうちに占める株式、出資及び新株予約権付社債（会社法第2条第22号に規定する新株予約権付社債をいいます。）（以下(2)において「株式等」といいます。）の価額の合計額（以下(2)において「株式等の価額の合計額（相続税評価額によって計算した金額）」といいます。）の割合が50％以上である評価会社をいいます。

ただし、次の(3)から(7)に該当する会社は株式等保有特定会社には該当しないこととされています。

ロ 株式等保有特定会社の株式の評価

㈱ 株式等保有特定会社の株式の原則的評価方法

株式等保有特定会社の株式の価額は、「❻純資産価額方式」の⑴のイ又はロにより計算した1株当たりの純資産価額（相続税評価額によって計算した金額）によって評価します。

㈦　株式等保有特定会社の株式の選択可能な評価方法

株式等保有特定会社の株式の価額は、納税義務者の選択により、次の算式に従って評価することができます。

〈算式〉

株式等保有特定会社の株式の評価額　＝　$S_1 + S_2$

算式中のS_1及びS_2は次によります。

イ　S_1の金額

S_1の金額は、株式等保有特定会社の株式の価額を、会社規模区分に応じ、類似業種比準方式、純資産価額方式又はこれらの方式の併用方式に準じて、次により求めた金額となります。

ただし、評価会社の株式が「比準要素数1の会社の株式」の要件にも該当する場合には、比準要素数1の会社の株式の評価方法に準じて計算した金額とします。

⑴　類似業種比準方式の算式は、次の算式とします。

$$A \times \left[\frac{\frac{Ⓑ - ⓑ}{B} + \frac{Ⓒ - ⓒ}{C} + \frac{Ⓓ - ⓓ}{D}}{3} \right] \times 0.7$$

①　上記算式中「A」、「Ⓑ」、「Ⓒ」、「Ⓓ」、「B」、「C」及び「D」は、財産評価基本通達180《類似業種比準価額》の定めにより、「ⓑ」、「ⓒ」及び「ⓓ」は、それぞれ次によります。

「ⓑ」＝「❺類似業種比準方式」の「⑷　評価会社の配当金額（評基通183⑴）」の評価会社の「1株当たりの配当金額」に、受取配当金等収受割合を乗じて計算した金額

受取配当金等収受割合（1を超える場合には1）	＝	直前期末以前2年間の受取配当金等の額の合計額(※1) / （直前期末以前2年間の受取配当金等の額の合計額(※1) ＋ 直前期末以前2年間の営業利益の金額の合計額(※2)）

（※1）受取配当金額等の額とは、法人から受ける剰余金の配当（株式又は出資に係るものに限るものとし、資本金等の額の減少によるものを除きます。）、利益の配当、剰余金の分配（出資に係るものに限ります。）及び新株予約権付社債に係る利息の額をいいます。
（※2）営業利益の金額の合計額に受取配当金等の額が含まれている場合には、当該受取配当金等の額の合計額を控除した金額

「ⓒ」＝「❺類似業種比準方式」の「⑸　評価会社の利益金額（評基通183⑵）」の評価会社の「1株当たりの利益金額」に、受取配当金等収受割合を乗じて計算した金額

「ⓓ」＝次の1．及び2．に掲げる金額の合計額（ただし、上記算式中の「Ⓓ」の金額を限度とします。）

1．「❺類似業種比準方式」の「⑹　評価会社の純資産価額（帳簿価額によっ

第8章 株式等の評価

て計算した金額）」の評価会社の「1株当たりの純資産価額（帳簿価額によって計算した金額）」に、「❸評価会社の規模区分の判定」の「(1) 総資産価額（帳簿価額によって計算した金額）」による評価会社の総資産価額（帳簿価額によって計算した金額）」のうちに占める株式等の帳簿価額の合計額の割合を乗じて計算した金額

2．直前期末における法人税法第2条《定義》第18号に規定する利益積立金額に相当する金額を直前期末における発行済株式数（1株当たりの資本金等の額が50円以外の金額である場合には、直前期末における資本金等の額を50円で除して計算した数によるものとする。）で除して求めた金額に受取配当金等収受割合を乗じて計算した金額（利益積立金額に相当する金額が負数である場合には、0とします。）

② 上記算式中のしんしゃく割合「0.7」は、評価会社が中会社の場合には「0.6」、小会社の場合には「0.5」とします。

(ロ) 1株当たりの純資産価額（相続税評価額によって計算した金額）は、「❻純資産価額方式」の「(1) 純資産価額の計算」及び「(4) 評価差額に対する法人税等相当額」の「各資産」を「各資産から株式等を除いた各資産」と読み替えて計算した金額とします。

ロ S_2の金額

S_2の金額は、株式等の価額の合計額（相続税評価額によって計算した金額）からその計算の基とした株式等の帳簿価額の合計額を控除した場合において残額があるときは、当該株式等の価額の合計額（相続税評価額によって計算した金額）から当該残額に評価差額に対する法人税等に相当する金額を控除し、当該控除後の金額を課税時期における株式等保有特定会社の発行済株式数で除して計算した金額とします。

また、当該残額がないときは、当該株式等の価額の合計額（相続税評価額によって計算した金額）を課税時期における株式等保有特定会社の発行済株式数で除して計算した金額とします。

(ハ) 同族株主以外の株主等が取得した株式等保有特定会社の株式の評価

株式等保有特定会社の株式の取得者が、「❶適用される評価方法の判定」の「(1) 同族株主がいる会社の場合」又は「(2) 同族株主がいない会社の場合」において特例的評価方法が適用される株主とされた者である場合には、その株式の価額は、配当還元方式より計算した金額（この金額が上記(イ)又は(ロ)の金額を超える場合には、上記(イ)又は(ロ)により計算した金額）によって評価します。

(3) 土地保有特定会社の株式

イ 土地保有特定会社

土地保有特定会社とは、課税時期において、次のいずれかに該当する会社（次の(4)から(7)までのいずれかに該当するものを除きます。）をいいます。

675

㈣ ①大会社に区分される会社及び②小会社に区分される会社のうち総資産価額（帳簿価額によって計算した金額）が、評価会社の事業が卸売業に該当する場合には20億円以上、卸売業以外に該当する場合には15億円以上のもので、その有する各資産を財産評価基本通達の定めにより評価した価額の合計額のうちに占める土地等の価額の合計額の割合（「土地保有割合」といいます。）が70％以上である会社

㈺ ①中会社に区分される会社及び②小会社に区分される会社のうち総資産価額（帳簿価額によって計算した金額）が、評価会社の事業が卸売業に該当する場合には7,000万円以上、小売・サービス業に該当する場合には4,000万円以上、卸売業、小売・サービス業以外に該当する場合には5,000万円以上でのもの（上記㈣に該当するものを除きます。）で、土地保有割合が90％以上である会社

□ 土地保有特定会社の株式の評価

㈣ 土地保有特定会社の株式の原則的評価方法

土地保有特定会社に該当する会社の株式は、「❻純資産価額方式」の⑴のイ又は□により評価します。

㈺ 同族株主以外の株主等が取得した土地保有特定会社の株式の評価

土地保有特定会社の株式の取得者が、「❹適用される評価方法の判定」の「⑴ 同族株主がいる会社の場合」又は「⑵ 同族株主がいない会社の場合」において特例的評価方法が適用される株主とされた者である場合には、その株式の価額は、配当還元方式より計算した金額（この金額が上記㈣の金額を超える場合には、上記㈣により計算した金額）によって評価します。

⑷ 開業後3年未満の会社の株式

イ 開業後3年未満の会社

⑹又は⑺に該当する会社は、開業後3年未満であっても開業後3年未満の会社には該当しません。

□ 開業後3年未満の会社の株式の評価

㈣ 開業後3年未満の会社の株式の原則的評価方法

開業後3年未満の会社に該当する会社の株式は、「❻純資産価額方式」の⑴のイ又は□により評価します。

㈺ 同族株主以外の株主等が取得した開業後3年未満の会社の株式の評価

開業後3年未満の会社の株式の取得者が、「❹適用される評価方法の判定」の「⑴ 同族株主がいる会社の場合」又は「⑵ 同族株主がいない会社の場合」において特例的評価方法が適用される株主とされた者である場合には、その株式の価額は、配当還元方式より計算した金額（この金額が上記㈣の金額を超える場合には、上記㈣により計算した金額）によって評価します。

(5) 比準要素数0の会社の株式

イ 比準要素数0の会社

比準要素数0の会社とは、「❺類似業種比準方式」の「(4) 評価会社の配当金額（評基通183(1)）」の「1株当たりの配当金額」、「(5) 評価会社の利益金額（評基通183(3)）」の「1株当たりの利益金額」及び「(6) 評価会社の純資産価額（評基通183(3)）」の「1株当たりの純資産価額（帳簿価額によって計算した金額）」のそれぞれの金額が、いずれも0である会社をいいます。配当金額及び利益金額については、直前期末以前2年間の実績を反映して判定することになりますので注意が必要です。

なお、(6)又は(7)に該当する会社は、比準要素数0の会社には該当しません。

ロ 比準要素数0の会社の株式の評価

(イ) 比準要素数0の会社の株式の原則的評価方法

比準要素数0の会社に該当する会社の株式は、「❻純資産価額方式」の(1)のイ又はロにより評価します。

(ロ) 同族株主以外の株主等が取得した比準要素数0の会社の株式の評価

比準要素数0の会社の株式の取得者が、「❶適用される評価方法の判定」の「(1) 同族株主がいる会社の場合」又は「(2) 同族株主がいない会社の場合」において特例的評価方法が適用される株主とされた者である場合には、その株式の価額は、配当還元方式より計算した金額（この金額が上記(イ)の金額を超える場合には、上記(イ)により計算した金額）によって評価します。

(6) 開業前又は休業中の会社の株式

開業前又は休業中の会社の株式の価額は、比準要素数0の会社に該当する会社の株式は、「❻純資産価額方式」の(1)のイにより評価します。

なお、その株式の取得者が同族株主以外の株主等が取得した場合であっても「❻純資産価額方式」の(1)のイにより評価しますので注意が必要です。

(7) 清算中の会社の株式

清算中の会社の株式の価額は、清算の結果分配を受ける見込みの金額（2回以上にわたり分配を受ける見込みの場合には、そのそれぞれの金額）の課税時期から分配を受けると見込まれる日までの期間（その期間が1年未満であるとき又はその期間に1年未満の端数があるときは、これを1年とします。）に応ずる基準年利率による複利現価の額（2回以上にわたり分配を受ける見込みの場合には、その合計額）によって評価します（評基通189-6）。

〈算式〉

n年後に分配を受ける見込みの金額 × n年に応ずる基準年利率による複利現価率

なお、その株式の取得者が同族株主以外の株主等が取得した場合であっても上記により評価

しますので注意が必要です。

■ **長期清算中の会社の株式**

　分配を行わず長期にわたり清算中のままになっているような会社については、清算の結果分配を受ける見込みの金額や分配を受けると見込まれる日までの期間の算定が困難であると認められることから、1株当たりの純資産価額（相続税評価額によって計算した金額）によって評価します。

10 種類株式の評価

　平成18年5月に施行された会社法により多種多様な種類株式の発行が認められることとなりました。それらのうち次の(1)、(2)及び(3)に掲げる3類型の種類株式については、平成19年2月26日付国税庁課税部長から中小企業庁事業環境部長への文書回答「相続等により取得した種類株式の評価について」により、その評価方法が明らかにされていますが、その他の類型の種類株式については評価方法が明らかにされていないことから、相続等により取得した場合には個別に評価することとなります。

(1) 配当優先の無議決権株式（第一類型）

イ　配当優先の株式の評価

　同族株主が相続等により取得した配当優先の株式の価額については次により評価します。なお、資本金等の額の減少に伴うものは「配当」からは除かれます（以下**⑩**において同じです。）。

　(イ)　類似業種比準方式により評価する場合

　　類似業種比準方式における「1株当たりの配当金額」については、株式の種類ごとに計算して評価します。

　(ロ)　純資産価額方式により評価する場合

　　純資産価額方式においては、配当優先の有無を区別することなく評価します。

ロ　無議決権株式の評価

　(イ)　無議決権株式の原則的評価方法

　　無議決権株式については、原則として、議決権の有無を考慮せずに評価します。

　(ロ)　無議決権株式を相続又は遺贈により取得した場合の選択的評価方法

　　同族株主が無議決権株式（次の(2)に掲げる社債類似株式を除きます。）を相続又は遺贈により取得した場合には、(a)の条件のすべてを満たす場合に限り、上記**イ**又は原則的評価方式により評価した価額から、その価額に5％を乗じて計算した金額を控除した金額により評価するとともに、当該控除した金額を当該相続又は遺贈により同族株主が取得した当該会社の議決権のある株式の価額に加算して申告することを選択することができます（この方式による計算を「調整計算」といいます。）。なお、無議決権株式を相続又は遺贈により取得した同

族株主間及び議決権のある株式を相続又は遺贈により取得した同族株主間では、それぞれの株式の1株当たりの評価額は同一となります。

調整計算による場合の具体的な計算は(b)の算式のとおりとなります。

(a) 条件

(i) 当該会社の株式について、相続税の法定申告期限までに遺産分割協議が確定していること。

(ii) 当該相続又は遺贈により、当該会社の株式を取得したすべての同族株主から、相続税の法定申告期限までに、当該相続又は遺贈により同族株主が取得した無議決権株式の価額について、調整計算前のその株式の評価額からその価額に5％を乗じて計算した金額を控除した金額により評価するとともに、当該控除した金額を当該相続又は遺贈により同族株主が取得した当該会社の議決権のある株式の価額に加算して申告することについて「無議決権株式の評価の取扱いに係る選択届出書」が所轄税務署長に提出されていること。

(iii) 相続税の申告に当たり、「取引相場のない株式（出資）の評価明細書」に、次の算式に基づく無議決権株式及び議決権のある株式の評価額の算定根拠を適宜の様式に記載し、添付していること。

(b) 算式

無議決権株式の評価額（単価）＝ A × 0.95

議決権のある株式への加算額 ＝ 〔 A × 無議決権株式の株式総数（注1） × 0.05 〕＝ X

議決権のある株式の評価額（単価）＝ 〔 B × 議決権のある株式の株式総数（注1） ＋ X 〕÷ 議決権のある株式の株式総数（注1）

「A」＝調整計算前の無議決権株式の1株当たりの評価額

「B」＝調整計算前の議決権のある株式の1株当たりの評価額

(注1)「株式総数」は、同族株主が当該相続又は遺贈により取得した当該株式の総数をいいます（配当還元方式により評価する株式及び下記(2)により評価する社債類似株式を除きます。）。

(注2)「A」及び「B」の計算において、当該会社が社債類似株式を発行している場合は、下記(2)のなお書きにより、議決権のある株式及び無議決権株式を評価した後の評価額となります。

(2) 社債類似株式（第二類型）

次の①から⑤の条件を満たす株式（社債類似株式）については、その経済的実質が社債に類似していると認められることから、財産評価基本通達197-2《利付公社債の評価》の(3)に準じて、発行価額により評価しますが、株式であることから、既経過利息に相当する配当金の加算は行いません。

なお、社債類似株式を発行している会社の社債類似株式以外の株式の評価に当たっては、社債類似株式を社債として計算します。

① 配当金については優先して分配する。また、ある事業年度の配当金が優先配当金に達し

ないときは、その不足額は翌事業年度以降に累積することとするが、優先配当金を超えて配当しない。
② 残余財産の分配については、発行価額を超えて分配は行わない。
③ 一定期日において、発行会社は本件株式の全部を発行価額で償還する。
④ 議決権を有しない。
⑤ 他の株式を対価とする取得請求権を有しない。

(3) 拒否権付株式（第三類型）

拒否権付株式（会社法第108条第1項第8号に掲げる株式）については、拒否権を考慮せずに評価します。

第4節 株式に関する権利の評価

1 配当期待権

配当期待権とは、配当金交付の基準日の翌日から配当金交付の効力が発生する日までの間における配当金を受け取ることができる権利をいいます（評基通168(7)）。

配当期待権の価額は、課税時期後に受けると見込まれる予想配当の金額から当該金額について源泉徴収されるべき所得税の額（復興特別所得税の額を含みます。）に相当する金額を控除した金額により評価します（評基通193）。

なお、源泉徴収されるべき所得税の額は、相続人等が選択した配当金に係る課税方法によりますが、相続人等が選択した方法が明らかでない場合には、被相続人が選択していた方法によることとし、それも明らかではない場合には、総合課税を選択したものとして計算します。

2 株式の割当てを受ける権利

株式の割当てを受ける権利とは、株式の割当基準日の翌日から株式の割当ての日までの間における株式の割当てを受ける権利をいいます（評基通168(4)）。

株式の割当てを受ける権利の価額は、その権利の発生している株式について、株式の区分ごとにそれぞれに定められている評価方式により評価した価額に相当する金額から、株式1株について払い込むべき金額を控除した金額によって評価します（評基通190）。

3 株主となる権利

株主となる権利とは、株式の申込みに対して割当てがあった日の翌日（会社の設立に際し発

起人が引受けをする株式にあっては、その引受けの日）から、会社の設立登記の日の前日（会社設立後の株式の割当ての場合にあっては、払込期日（払込期間の定めがある場合には払込みの日）までの間における株式の引受けに係る権利をいいます（評基通168(5)）。

株主となる権利の価額は、次により評価します。

(1) 会社設立の場合

会社設立の場合の株主となる権利の価額は、課税時期以前にその株式1株につき払い込んだ価額によって評価します（評基通191(1)）。

(2) (1)以外の場合

上記(1)に該当しない株主となる権利の価額は、その株主となる権利の発生している株式について、株式の区分ごとにそれぞれに定められている評価方式により評価した価額に相当する金額によって評価します（評基通191(2)）。ただし、課税時期の翌日以後その株主となる権利につき払い込むべき金額がある場合には、株式の区分ごとにそれぞれに定められている評価方式により評価した価額に相当する金額からその割当てを受けた株式1株につき払い込むべき金額を控除した金額によって評価します（評基通191(2)かっこ書き）。

この場合の「株式の区分ごとにそれぞれに定められている評価方式により評価した価額」とは、財産評価基本通達169《上場株式の評価》、同174《気配相場等のある株式の評価》、同177《気配相場等のある株式の評価の特例》、同187《株式の割当てを受ける権利等の発生している株式の価額の修正》、同188-2《同族株主以外の株主等が取得した株式の評価》若しくは同189-7《株式の割当てを受ける権利等の発生している特定の評価会社の株式の価額の修正》の定めにより評価した価額又は同189《特定の評価会社の株式》に定める特定の評価会社の株式を同188-2《同族株主以外の株主等が取得した株式の評価》の本文の定めにより評価した価額に相当する金額をいいます（次の❹においても同じです。）。

❹ 株式無償交付期待権

株式無償交付期待権とは、株式無償交付の基準日の翌日から株式無償交付の効力が発生する日までの間における株式の無償交付を受けることができる権利をいいます（評基通168(6)）。

株式無償交付期待権の価額は、その無償交付期待権の発生している株式について、株式の区分ごとにそれぞれに定められている評価方式により評価した価額に相当する金額によって評価します（評基通192）。

❺ ストックオプション

ストックオプションとは、会社法第2条第21号に規定する新株予約権が無償で付与されたも

ののうち、「**❻上場新株予約権**」に該当するものを除いたものをいいます（評基通168⑻）。

ストックオプションの価額は、次の①又は②により評価します。

① **その目的たる株式が上場株式又は気配相場等のある株式であり、かつ、課税時期が権利行使可能期間内にあるストックオプションの価額**

その目的たる株式が上場株式又は気配相場等のある株式であり、かつ、課税時期が権利行使可能期間内にあるストックオプションの価額は、課税時期におけるその株式の価額から権利行使価額を控除した金額に、ストックオプション1個の行使により取得することができる株式数を乗じて計算した金額（その金額が負数のときは、0とします。）によって評価します（評基通193-2前段）。

この場合の「課税時期におけるその株式の価額」は、財産評価基本通達169《上場株式の評価》から同172《上場株式についての最終価格の月平均額の特例》まで又は同174《気配相場等のある株式の評価》から同177-2《登録銘柄及び店頭管理銘柄の取引価格の月平均額の特例》までの定めによって評価します（評基通193-2後段）。

② **①以外のストックオプションの価額**

個別に評価します。

❻ 上場新株予約権

上場新株予約権とは、会社法第277条の規定により無償で割り当てられた新株予約権のうち、金融商品取引所に上場されているもの及び上場廃止後権利行使可能期間内にあるものをいいます（評基通168⑼）。

上場新株予約権の評価は、次の⑴又は⑵の区分に従い、それぞれに掲げるところにより評価します（評基通193-3）。

⑴ 新株予約権が上場期間内にある場合

イ 上場期間内にある新株予約権の原則的評価方法

次のロに該当しない上場新株予約権の価額は、その新株予約権が上場されている金融商品取引所の公表する課税時期の最終価格（課税時期に金融商品取引所の公表する最終価格がない場合には、課税時期前の最終価格のうち、課税時期に最も近い日の最終価格とします。）と上場期間中の新株予約権の毎日の最終価格の平均額のいずれか低い価額によって評価します。

ロ 負担付贈与又は個人間の対価を伴う取引により取得した上場新株予約権の価額

負担付贈与又は個人間の対価を伴う取引により取得した上場新株予約権の価額は、その新株予約権が上場されている金融商品取引所の公表する課税時期の最終価格によって評価します。

⑵ 上場廃止された新株予約権が権利行使可能期間内にある場合

課税時期におけるその目的たる株式の価額から権利行使価額を控除した金額に、新株予約権

1個の行使により取得することができる株式数を乗じて計算した金額（その金額が負数のときは、0とします。）によって評価します。

この場合の「課税時期におけるその目的たる株式の価額」は、財産評価基本通達169《上場株式の評価》から同172《上場株式についての最終価格の月平均額の特例》までの定めによって評価します。

ただし、新株予約権の発行法人による取得条項が付されている場合には、課税時期におけるその目的たる株式の価額から権利行使価額を控除した金額に、新株予約権1個の行使により取得することができる株式数を乗じて計算した金額と取得条項に基づく取得価格のいずれか低い金額によって評価します。

第5節 持分会社の出資の評価

会社法第575条第1項に規定する持分会社、すなわち合名会社、合資会社又は合同会社に対する出資の価額は、第1節から第4節までの評価方法に準じて計算した価額によって評価します（評基通194）。

■ 持分会社の退社時の出資の評価

持分会社の社員は、死亡によって退社（会社法607①三）することとされていますが、その持分について払戻しを受ける場合の出資については、持分の払戻しについては、「退社した社員と持分会社との間の計算は、退社の時における持分会社の財産の状況に従ってしなければならない。」（会社法611②）とされていることから、持分の払戻請求権として評価し、その価額は、評価すべき持分会社の課税時期における各資産を財産評価基本通達の定めにより評価した価額の合計額から課税時期における各負債の合計額を控除した金額に、持分を乗じて計算した金額となります（国税庁HP 質疑応答事例「持分会社の退社時の出資の評価」）。

なお、出資持分の相続について定款に別段の定めがあり、その持分を承継する場合には、取引相場のない株式の評価方法に準じて出資の価額を評価することとなります。

第6節 医療法人の出資の評価

医療法人に対する出資の価額は、財産評価基本通達178《取引相場のない株式の評価上の区分》の本文、同179《取引相場のない株式の評価の原則》から同181《類似業種》本文まで、同182《類似業種の株価》から同183-2《類似業種の1株当たりの配当金額等の計算》まで、同184《類似業種比準価額の修正》の(2)、同185《純資産価額》の本文、同186《純資産価額計算上の負債》から同186-3《評価会社が有する株式等の純資産価額の計算》まで、同187《株式の割当てを受ける権利等の発生している株式の価額の修正》の(2)、同189《特定の評価会社の株式》、同189-2《比準要素数1の会社の株式の評価》から同189-4《土地保有特定会社の株式又は開業後3年未満の会社等の株式の評価》（同185《純資産価額》のただし書きの定め及び

同188-2《同族株主以外の株主等が取得した株式の評価》の定めを適用する部分を除く。）まで及び同189-5《開業前又は休業中の会社の株式の評価》から同192《株式無償交付期待権の評価》までの定めに準じて計算した価額によって評価します（評基通194-2）。

この場合において、類似業種比準方式における「評価会社の事業が該当する業種目」は各年の「令和〇年分の類似業種比準価額計算上の業種目及び業種目別株価等について（法令解釈通達）」通達に定める業種目のうちの「その他の産業」とします。

また、特定の評価会社の株式のうち「比準要素数1の会社の株式」に相当する医療法人に対する出資は、「1株当たりの利益金額」又は「1株当たりの純資産価額（帳簿価額によって計算した金額）」のそれぞれ金額のうち、いずれかが0であり、かつ、直前々期末を基準にして同項の定めに準じそれぞれの金額を計算した場合に、それぞれの金額のうち、いずれか1以上が0である評価対象の医療法人の出資をいいます。さらに、類似業種比準方式における算式及び株式等保有特定会社の株式の評価における類似業種比準方式の算式それぞれ次の算式によります。

① 類似業種比準方式における算式

$$A \times \left[\frac{\frac{Ⓒ}{C} + \frac{Ⓓ}{D}}{2}\right] \times 0.7$$

ただし、上記算式中の「0.7」は、中会社に相当する医療法人に対する出資を評価する場合には「0.6」、小会社に相当する医療法人に対する出資を評価する場合には「0.5」とします。

② 株式等保有特定会社の株式の類似業種比準方式の算式

$$A \times \left[\frac{\frac{Ⓒ-ⓒ}{C} + \frac{Ⓓ-ⓓ}{D}}{2}\right] \times 0.7$$

ただし、上記算式中の「0.7」は、中会社に相当する医療法人に対する出資を評価する場合には「0.6」、小会社に相当する医療法人に対する出資を評価する場合には「0.5」とします。

第7節 その他の出資の評価

1 農業協同組合等の出資の評価

農業協同組合や漁業協同組合等、「企業組合等の出資の評価」により評価する組合等以外の組合等に対する出資の価額は、原則として、払込済出資金額によって評価します（評基通195）。

上記の組合のほか、信用金庫の出資、信用組合の出資、消費生活協同組合の出資についても払込済出資金額によって評価します。

企業組合等の出資の評価

　企業組合、漁業生産組合、農事組合法人その他これに類似する組合等で、組合員に対するサービスの提供だけでなく、その団体自体が1個の企業体として営利を目的として商工業、農業・漁業などの事業そのものを行うものに対する出資の価額は、課税時期におけるこれらの組合等の実情によりこれらの組合等の純資産価額方式による評価方法を準用して計算した純資産価額（相続税評価額によって計算した金額）を基とし、出資の持分に応ずる価額によって評価します（評基通196）。

第9章 その他の財産の評価

第1節 公社債の評価

　公社債の価額は、銘柄の異なるごとに次表に掲げる区分に従い求めた券面額100円当たりの価額に、評価対象の公社債の券面額を100で除した数を乗じて計算した金額によって評価します（評基通197）。

①	利付公社債
②	割引発行の公社債
③	元利均等償還が行われる公社債
④	転換社債型新株予約権付社債

1 利付公社債の評価

　利付公社債の評価は、(1)から(3)に掲げる区分に従い評価します。

(1) 金融商品取引所に上場されている利付公社債

　金融商品取引所に上場されている利付公社債の価額は、その公社債が上場されている金融商品取引所（国内の2以上の金融商品取引所に上場されている場合には、原則として、東京証券取引所としますが、納税義務者の選択により納税地の最寄りの金融商品取引所とすることができます。以下「第1節　公社債の評価」において同じです。）の公表する課税時期の最終価格と課税時期において利払期が到来していない利息のうち、課税時期現在の既経過分に相当する金額から当該金額につき源泉徴収されるべき所得税の額に相当する金額を控除した金額（以下「第1節　公社債の評価」において「源泉所得税相当額控除後の既経過利息の額」といいます。）との合計額によって評価します（評基通197-2(1)）。

　なお、日本証券業協会において売買参考統計値が公表される銘柄として選定された公社債で

ある場合には、日本証券業協会の公表する課税時期の平均値と上記の最終価格のうちいずれか低い金額とします。また、課税時期に最終価格及び平均値のいずれもない場合には、課税時期前の最終価格又は平均値のうち、課税時期に最も近い日の最終価格又は平均値とし、その日に最終価格又は平均値のいずれもある場合には、いずれか低い金額とします（評基通197-2(1)かっこ書き）。

(2) 日本証券業協会において売買参考統計値が公表される銘柄として選定された利付公社債

日本証券業協会において売買参考統計値が公表される銘柄として選定された利付公社債（金融商品取引所に上場されている利付公社債を除きます。）の価額は、その公社債について日本証券業協会から公表された課税時期の平均値と源泉所得税相当額控除後の既経過利息の額との合計額によって評価します（評基通197-2(2)）。

なお、課税時期に日本証券業協会から公表された平均値がない場合には、課税時期前の平均値のうち、課税時期に最も近い日の平均値とします（評基通197-2(2)かっこ書き）。

(3) (1)又は(2)に掲げる利付公社債以外の利付公社債

上記(1)又は(2)に掲げる利付公社債以外の利付公社債の価額は、その公社債の発行価額と源泉所得税相当額控除後の既経過利息の額との合計額によって評価します（評基通197-2(3)）。

割引発行の公社債の評価

割引発行の公社債の評価は、(1)から(3)に掲げる区分に従い評価します。

なお、課税時期において割引発行の公社債の差益金額につき源泉徴収されるべき所得税の額に相当する金額がある場合には、上記の区分に従って評価した金額からその差益金額につき源泉徴収されるべき所得税の額に相当する金額を控除した金額によって評価します（評基通197-3(注)）。

(1) 金融商品取引所に上場されている割引発行の公社債

金融商品取引所に上場されている割引発行の公社債の価額は、その公社債が上場されている金融商品取引所の公表する課税時期の最終価格によって評価します（評基通197-3(1)）。

なお、日本証券業協会において売買参考統計値が公表される銘柄として選定された公社債である場合には、日本証券業協会の公表する課税時期の平均値と上記の最終価格のうちいずれか低い金額とします。また、課税時期に最終価格及び平均値のいずれもない場合には、課税時期前の最終価格又は平均値のうち、課税時期に最も近い日の最終価格又は平均値とし、その日に最終価格又は平均値のいずれもある場合には、いずれか低い金額とします（評基通197-2(1)かっこ書き）。

(2) 日本証券業協会において売買参考統計値が公表される銘柄として選定された割引発行の公社債

日本証券業協会において売買参考統計値が公表される銘柄として選定された割引発行の公社債（金融商品取引所に上場されている割引発行の公社債及び割引金融債を除きます。）の価額は、その公社債の課税時期の平均値によって評価します（評基通197-3(2)）。

(3) (1)又は(2)に掲げる割引発行の公社債以外の割引発行の公社債

上記(1)又は(2)に掲げる割引発行の公社債以外の割引発行の公社債の価額は、その公社債の発行価額に、券面額と発行価額との差額に相当する金額に発行日から償還期限までの日数に対する発行日から課税時期までの日数の割合を乗じて計算した金額を加算した金額によって評価します（評基通197-3(3)）。

3 元利均等償還が行われる公社債の評価

元利均等償還が行われる公社債とは、元本と利息が毎年金等に償還される公社債で、「遺族国庫債券」や「引揚者国庫債券」がこれに該当します。

元利均等償還が行われる公社債の価額は、有期定期金の評価方法を定めた相続税法第24条第1項第1号の規定を準用して計算した金額によって評価します（評基通197-4）。

4 転換社債型新株予約権付社債の評価

転換社債型新株予約権付社債（平成14年3月31日以前に発行された転換社債を含み、以下「転換社債」といいます。）の評価は、次により評価します（評基通197-5）。

(1) 金融商品取引所に上場されている転換社債

金融商品取引所に上場されている転換社債の価額は、その転換社債が上場されている金融商品取引所の公表する課税時期の最終価格と源泉所得税相当額控除後の既経過利息の額との合計額によって評価します（評基通197-5(1)）。

なお、課税時期に金融商品取引所の公表する最終価格がない場合には、課税時期前の最終価格のうち、課税時期に最も近い日の最終価格とします（評基通197-5(1)かっこ書き）。

(2) 日本証券業協会において店頭転換社債として登録された転換社債

日本証券業協会において店頭転換社債として登録された転換社債の価額は、その転換社債について日本証券業協会の公表する課税時期の最終価格と源泉所得税相当額控除後の既経過利息の額との合計額によって評価します（評基通197-5(2)）。

(3) (1)又は(2)に掲げる転換社債以外の転換社債

上記(1)又は(2)に掲げる転換社債以外の転換社債の価額は、次の①又は②により評価します(評基通197-5(3))。

① 転換社債の発行会社の株式の価額がその転換社債の転換価格以下である場合

転換社債の発行会社の株式の価額が、その転換社債の転換価格(転換比率によって定められているものについては、その転換比率を基として計算した転換価格に相当する金額をいいます。以下(3)において同じです。) 以下である場合の転換社債の価額は、その転換社債の発行価額と源泉所得税相当額控除後の既経過利息の額との合計額によって評価します。

② 転換社債の発行会社の株式の価額がその転換社債の転換価格を超える場合

転換社債の発行会社の株式の価額が、その転換社債の転換価格を超える場合の転換社債の価額は、次の算式により計算した金額によって評価します。

$$転換社債の発行会社の株式の価額 \times \frac{100円}{その転換社債の転換価格}$$

なお、上の算式中の転換社債の発行会社の株式の価額は、その株式が上場株式又は気配相場のある株式である場合には、その株式について、財産評価基本通達の定めにより評価した課税時期における株式1株当たりの価額をいい、その株式が取引相場のない株式である場合には、その株式について財産評価基本通達の定めにより評価した課税時期における株式1株当たりの価額を基として、次の算式によって修正した金額とします。

$$\frac{N + P \times Q}{1 + Q}$$

「N」= 財産評価基本通達の定めによって評価したその転換社債の発行会社の課税時期における株式1株当たりの価額です。

「P」= 評価対象の転換社債の転換価格です。

「Q」= 次の算式によって計算した未転換社債のすべてが株式に転換されたものとした場合の増資割合です。

$$\frac{\dfrac{転換社債のうち課税時期において株式に転換されていないものの券面総額}{その転換社債の転換価格}}{課税時期における発行済株式数}$$

【設例】転換社債の価額の計算例

次の転換社債(発行会社の株式は取引相場のない株式)の価額はどのように評価したらよいでしょうか。

課税時期の発行済株式数：500,000株
転換社債の発行総額：18,000,000円
転換価格：150円
課税時期までに株式に転換した転換社債の券面総額：3,000,000円
財産評価基本通達の定めにより評価した課税時期における株式1株当たりの価額：186円

〈回答〉
1．株式の価額が転換価格を超えるかどうかの判定
　(1) 増資割合（上記算式のQの値）の計算

$$\frac{\frac{18,000,000円-3,000,000円}{150円}}{500,000株} = 0.2$$

　(2) 株式の価額

$$\frac{186円+150円\times0.2}{1+0.2} = 180円$$

　(3) 判定
　　株式の価額180円が転換価格150円を超えることとなる。
2．転換社債の価額

$$180円 \times \frac{100円}{150円} = \underline{120円}$$

以上のとおり、転換社債の価額（券面額100円当たりの価額）は、120円となります。

5 貸付信託受益証券の評価

貸付信託の受益証券の価額は、次の(1)又は(2)により評価します（評基通198）。

(注) 貸付信託は、平成21（2009）年以降すべての信託銀行で新規取扱いを終了し、平成26（2014）年までにすべての契約が満期償還されています。

(1) 課税時期において貸付信託設定日から1年以上を経過している貸付信託の受益証券

課税時期において貸付信託設定日（その貸付信託の信託契約取扱期間終了の日をいいます。）から1年以上を経過している貸付信託の受益証券の価額は、その証券の受託者が課税時期においてその証券を買い取るとした場合における次の算式により計算した金額により評価します。

元本の額 ＋ 既経過収益の額 － [既経過収益の額につき源泉徴収されるべき所得税の額に相当する金額] － 買取割引料

(2) (1)に掲げる貸付信託の受益証券以外の貸付信託の受益証券

(1)に掲げる貸付信託の受益証券以外の貸付信託の受益証券の価額は、(1)の算式に準じて計算した金額により評価します。

6 証券投資信託受益証券の評価

証券投資信託の受益証券の評価は、次により評価します（評基通199）。

(1) 日々決算型の証券投資信託の受益証券

中期国債ファンド、MMF（マネー・マネージメント・ファンド）等の日々決算型の証券投資信託の受益証券の場合には、課税時期において解約請求又は買取請求（以下❻において「解約請求等」といいます。）により、証券会社等から支払いを受けることができる価額として、次の算式により計算した金額によって評価します。

$$\begin{array}{c}1口当たりの\\基準価額\end{array} \times 口数 + \begin{array}{c}再投資されて\\いない未収分\\配金（A）\end{array} - \begin{array}{c}Aにつき源泉徴収\\されるべき所得税\\の額に相当する金額\end{array} - \begin{array}{c}信託財産留保額及\\び解約手数料（消\\費税額に相当する\\額を含む。）\end{array}$$

(2) (1)以外の証券投資信託の受益証券

上記(1)以外の証券投資信託の受益証券の場合には、課税時期において解約請求等により、証券会社等から支払いを受けることができる価額として、次の算式により計算した金額によって評価します。

$$\begin{array}{c}課税時期の\\1口当たり\\の基準価額\end{array} \times 口数 - \begin{array}{c}課税時期において解約請求等\\した場合に源泉徴収されるべ\\き所得税の額に相当する金額\end{array} - \begin{array}{c}信託財産留保額及び解\\約手数料（消費税額に\\相当する額を含む。）\end{array}$$

上記の算式において、例えば、1万口当たりの基準価額が公表されているものについては、次の算式の「課税時期の1口当たりの基準価額」を「課税時期の1万口当たりの基準価額」と、「口数」を「口数を1万で除して求めた数」と読み替えて計算した金額とします。

なお、課税時期の基準価額がない場合には、課税時期前の基準価額のうち、課税時期に最も近い日の基準価額を課税時期の基準価額として計算します。

(3) 金融商品取引所に上場されている証券投資信託の受益証券

金融商品取引所に上場されている証券投資信託の受益証券については、上場株式の評価方法に準じて評価します。

■ 証券投資信託証券に係る金銭分配期待権の価額

証券投資信託証券に係る金銭分配期待権の価額は、配当期待権の評価方法に準じて評価します。

第2節 定期金の評価

定期金給付事由が発生している定期金給付契約の評価

定期金給付契約で当該契約に関する権利を取得した時において定期金給付事由が発生しているものに関する権利の価額は、次により評価します。

(1) 有期定期金

有期定期金に関する権利の価額は、次の①、②又は③に掲げる金額のうちいずれか多い金額により評価します（相法24①一）。

① その定期金給付契約に関する権利を取得した時においてその契約を解約するとしたならば支払われるべき解約返戻金の金額

② 定期金に代えて一時金の給付を受けることができる定期金給付契約の場合には、その有期定期金給付契約に関する権利を取得した時において一時金の給付を受けるとしたならば給付されるべき一時金の金額

③ その定期金給付契約に関する権利を取得した時において、その有期定期金給付当該契約に基づき定期金の給付を受けるべき残りの期間に応じたその契約に基づき給付を受けるべき金額の1年当たりの平均額に、その契約に係る予定利率による複利年金現価率を乗じて得た金額

■ 給付を受けるべき金額の1年当たりの平均額

上記③の「給付を受けるべき金額の1年当たりの平均額」は、定期金給付契約に基づき1年間に給付を受けるべき定期金の金額によりますが、有期定期金に係る定期金給付契約のうち、年金により給付を受ける契約（年1回一定の金額が給付されるものに限ります。）以外の契約の場合には、その定期金給付契約に係る給付期間（定期金給付契約に関する権利を取得した時における当該契約に基づき定期金の給付を受けるべき残りの期間をいいます。）に給付を受けるべき金額の合計額を、当該給付期間の年数（その年数に1年未満の端数があるときは、その端数は、切り上げます。）で除して計算した金額となります（評基通200(1)）。

■ 予定利率

予定利率は、保険会社が保険料の運用につき約束する利率のことで、各保険会社が設定しています。定期金給付契約の評価における「予定利率」は、評価対象の定期金給付契約に関する権利を取得した時におけるその契約に係る「予定利率」をいいます（評基通200-6）。なお、「予定利率」については、端数処理は行いません（評基通200-6（注））。(2)及び(3)並びに❷の「予定利率」も同じです。

(2) 無期定期金

　無期定期金に関する権利の価額は、次の①、②又は③に掲げる金額のうちいずれか多い金額により評価します（相法24①二）。

① その無期定期金給付契約に関する権利を取得した時においてその契約を解約するとしたならば支払われるべき解約返戻金の金額

② 定期金に代えて一時金の給付を受けることができる場合には、その無期定期金給付契約に関する権利を取得した時において一時金の給付を受けるとしたならば給付されるべき一時金の金額

③ その無期定期金給付契約に関する権利を取得した時において、その無期定期金給付契約に基づき給付を受けるべき金額の1年当たりの平均額を、その契約に係る予定利率で除して得た金額

(3) 終身定期金

　終身定期金に関する権利の価額は、次の①、②又は③に掲げる金額のうちいずれか多い金額により評価します（相法24①三）。

① その終身定期金給付契約に関する権利を取得した時においてその契約を解約するとしたならば支払われるべき解約返戻金の金額

② 定期金に代えて一時金の給付を受けることができる場合には、その終身定期金給付契約に関する権利を取得した時において一時金の給付を受けるとしたならば給付されるべき一時金の金額

③ その終身定期金給付契約契約に関する権利を取得した時におけるその目的とされた者に係る余命年数に応じたその契約に基づき給付を受けるべき金額の1年当たりの平均額に、その契約に係る予定利率による複利年金現価率を乗じて得た金額

■ 余命年数

　上記③の平均余命は、厚生労働省の作成に係る完全生命表に掲げる年齢及び性別に応じた平均余命（1年未満の端数があるときは、これを切り捨てた年数）とします（相令5の8、相規12の6）。なお、「完全生命表」は、定期金給付契約に関する権利を取得した時の属する年の1月1日現在において公表されている最新のものによります（評基通200-3）。

■ 給付を受けるべき金額の1年当たりの平均額

　上記③の「給付を受けるべき金額の1年当たりの平均額」は、定期金給付契約に基づき1年間に給付を受けるべき定期金の金額によりますが、終身定期金に係る定期金給付契約のうち、1年間に給付を受けるべき定期金の金額が毎年異なる契約の場合には、その定期金給付契約に関する権利を取得した時後当該契約の目的とされた者に係る上記③の余命年数の間に給付を受けるべき金額の合計額を当該余命年数で除して計算した金額となります（評基通200(2)）。

■ 終身定期金給付契約に関する権利を取得した者が申告期限前に死亡した場合

　終身定期金給付契約に関する権利を取得した者が、相続税法第27条第1項に規定する相続税の申告期限又は同法第28条第1項に規定する贈与税の申告期限までに死亡し、その死亡によりその給付が終了した場合には、その定期金給付契約に関する権利の価額は、上記(3)にかかわらず、その権利者が当該契約に関する権利を取得した時後給付を受け、又は受けるべき金額（その権利者の遺族その他の第三者が当該権利者の死亡により給付を受ける場合には、その給付を受け、又は受けるべき金額を含みます。）により評価します（相法24②）。

(4) 相続税法第3条第1項第5号に規定する一時金

　定期金給付契約で定期金受取人に対しその生存中又は一定期間にわたり定期金を給付し、かつ、その者が死亡したときはその死亡後遺族その他の者に対して定期金又は一時金を給付するものに基づいて定期金受取人たる相続人その他の者が一時金受取人となった場合には、その給付金額により評価します（相法24①四）。

(5) 特殊な場合の評価

① 給付事由が発生した定期金給付契約に関する権利で、その権利者に対して一定期間、かつ、その目的とされた者の生存中、定期金を給付する契約の場合
　　上記(1)の有期定期金として算出した金額又は上記(3)の終身定期金として算出した金額のいずれか少ない金額により評価します（相法24③）。
② 給付事由が発生した定期金給付契約に関する権利で、その目的とされた者の生存中定期金を給付し、かつ、一定期間内にその者が死亡したときは、その権利者又はその遺族その他の第三者に対してその期間中継続して定期金を給付する契約に基づくものの場合
　　上記(1)の有期定期金として算出した金額又は上記(3)の終身定期金として算出した金額のいずれか多い金額により評価します（相法24④）。

■ 契約に基づかない定期金に関する権利の評価

　相続税法第3条第1項第6号に規定する定期金に関する権利で契約に基づくもの以外のものの価額については、上記(1)から(5)までに準じて評価します（相法24⑤）。

❷ 定期金給付事由が発生していない定期金給付契約の評価

　定期金給付契約でその契約に関する権利を取得した時において定期金給付事由が発生していないものに関する権利の価額は、次により評価します。

(1) 契約に解約返戻金を支払う旨の定めがない場合

　その契約に解約返戻金を支払う旨の定めがない場合には、次の区分に応じ、それぞれの金額に、100分の90を乗じて得た金額

① その契約に係る掛金又は保険料が一時に払い込まれた場合

その掛金又は保険料の払込開始の時からその契約に関する権利を取得した時までの期間につき、その掛金又は保険料の払込金額に対し、その契約に係る予定利率の複利による計算をして得た元利合計額

② ①に掲げる場合以外の場合

その掛金又は保険料の払込開始の時からその契約に関する権利を取得した時までの期間に払い込まれた掛金又は保険料の金額の1年当たりの平均額に、その契約に係る予定利率による複利年金終価率を乗じて得た金額

(2) 契約に解約返戻金を支払う旨の定めがある場合

その契約に解約返戻金を支払う旨の定めがある場合には、その契約に関する権利を取得した時においてその契約を解約するとしたならば支払われるべき解約返戻金の金額

第3節 信託受益権の評価

信託の利益を受ける権利（信託受益権）の価額は、次の❶から❸により評価します（評基通202）。

❶ 元本と収益との受益者が同一人である場合

元本と収益との受益者が同一人である場合においては、財産評価基本通達の定めに従って評価した課税時期における信託財産の価額によって評価します。

❷ 元本と収益との受益者が元本及び収益の一部を受ける場合

元本と収益との受益者が元本及び収益の一部を受ける場合おいては、財産評価基本通達の定めに従って評価した課税時期における信託財産の価額に、その受益割合を乗じて計算した価額によって評価します。

❸ 元本の受益者と収益の受益者とが異なる場合

元本の受益者と収益の受益者とが異なる場合においては、次に掲げる価額によって評価します。

イ　元本受益権

元本を受益する場合は、財産評価基本通達の定めにより評価した課税時期における信託財産の価額から、ロにより評価した収益受益者に帰属する信託の利益を受ける権利の価額を控

除した価額
ロ　収益受益権
　収益を受益する場合は、課税時期の現況において推算した受益者が将来受けるべき利益の価額ごとに課税時期からそれぞれの受益の時期までの期間に応ずる基準年利率による複利現価率を乗じて計算した金額の合計額

第4節　預貯金の評価

　預貯金の価額は、課税時期における預入高と同時期現在において解約するとした場合に既経過利子の額として支払いを受けることができる金額（既経過利子の額）からその既経過利子の額につき源泉徴収されるべき所得税の額に相当する金額を控除した金額との合計額によって評価します（評基通203）。

　ただし、定期預金、定期郵便貯金及び定額郵便貯金以外の預貯金については、課税時期現在の既経過利子の額が少額なものに限り、同時期現在の預入高によって評価します（評基通203ただし書き）。

裁決例　定期預金の評価上、既経過利子の額の算出については、解約利率により算出した額から、源泉徴収所得税相当額を控除すべきであるとした事例

昭和55年12月12日裁決（棄却）

　定期預金は、一般の貸付金債権のように契約期間を通ずる約定利率が定められているのであるが、預入者が預入期間中に払戻しを受ける場合には、その預入期間に応じた所定の期限前解約利率による利子が付されることになっている。このような定期預金契約を全体としてみると、預入期間に応じて預入期間を通ずる利率が段階的に漸増していき一定期間経過時に一定利率に達する定額郵便貯金契約と、経済的実質的に同質のものと認めるのが相当である。

　したがって、定期預金の既経過利子の額については、相続人が定期預金を期限前に解約したか契約期間満了の時まで契約を継続したかにかかわりなく、相続開始の時における期限前解約利率によりこれを計算すべきである。

　また、法定果実である利子を実際に取得する際に、その取得者が当該既経過利子を含む利子の全額を対象とする源泉徴収に係る所得税を徴収されるという現行税制を踏まえて、一般的に、当該既経過利子の額に対応する源泉徴収に係る所得税の額に相当する額が取引価額に係る価格形成要因として認識され、当事者間の所得税の負担が調整されていることが認められる。

　定期預金に係る既経過利子の額においても、この理は妥当すると認められるから、相続税における定期預金の評価に当たっては、その既経過利子の額に対応する源泉徴収に係る所得税の額に相当する額を価格形成要因として考慮すべきである。

　したがって、定期預金の評価上、その預入金額に加えるべき既経過利子の額の評価については、期

限前解約利率により算出し、これに対する源泉徴収所得税の額に相当する金額を控除すべきである。

第5節 貸付金債権などの評価

貸付金債権等の評価

貸付金、売掛金、未収入金、預貯金以外の預け金、仮払金、その他これらに類するもの（貸付金債権等）の価額は、元本の価額と利息の価額との合計額によって評価します（評基通204）。

(1) 貸付金債権等の元本の価額

貸付金債権等の元本の価額は、その返済されるべき金額となります。

(2) 貸付金債権等に係る利息の価額

貸付金債権等に係る利息の価額は、課税時期現在の既経過利息として支払いを受けるべき金額とします。

なお、課税時期において既に収入すべき期限が到来しているもので同時期においてまだ収入していない貸付金の利息等の法定果実の価額は、「❸未収果実の評価」により貸付金債権等の評価とは切り離して、その収入すべき法定果実の金額によって評価します（評基通208）。

■ 貸付金債権等の元本価額の範囲

上記により貸付金債権等の評価を行う場合において、その債権金額の全部又は一部が、課税時期において次に掲げる金額に該当するときその他その回収が不可能又は著しく困難であると見込まれるときには、それらの金額は元本の価額に算入しません（評基通205）。

① 債務者について次に掲げる事実が発生している場合におけるその債務者に対して有する貸付金債権等の金額（その金額のうち、質権及び抵当権によって担保されている部分の金額を除きます。）

　イ　手形交換所（これに準ずる機関を含みます。）において取引停止処分を受けたとき
　ロ　会社更生法の規定による更生手続開始の決定があったとき
　ハ　民事再生法の規定による再生手続開始の決定があったとき
　ニ　会社法の規定による特別清算開始の命令があったとき
　ホ　破産法の規定による破産手続開始の決定があったとき
　ヘ　業況不振のため又はその営む事業について重大な損失を受けたため、その事業を廃止し又は6か月以上休業しているとき

② 更生計画認可の決定、再生計画認可の決定、特別清算に係る協定の認可の決定又は法律の定める整理手続によらないいわゆる債権者集会の協議により、債権の切捨て、棚上げ、

年賦償還等の決定があった場合において、これらの決定のあった日現在におけるその債務者に対して有する債権のうち、その決定により切り捨てられる部分の債権の金額及び次に掲げる金額
　　イ　弁済までの据置期間が決定後５年を超える場合におけるその債権の金額
　　ロ　年賦償還等の決定により割賦弁済されることとなった債権の金額のうち、課税時期後５年を経過した日後に弁済されることとなる部分の金額
　③　当事者間の契約により債権の切捨て、棚上げ、年賦償還等が行われた場合において、それが金融機関のあっせんに基づくものであるなど真正に成立したものと認めるものであるときにおけるその債権の金額のうち②に掲げる金額に準ずる金額

❷ 受取手形等の評価

受取手形又はこれに類するもの（受取手形等）の価額は、次のように評価します（評基通206）。なお、上記❶の「貸付金債権等の元本価額の範囲」の取扱いは、受取手形等の評価において準用されます。

(1) 支払期限の到来している受取手形等

支払期限の到来している受取手形等又は課税時期から６か月を経過する日までの間に支払期限の到来する受取手形等の価額は、その券面額によって評価します。

(2) (1)以外の受取手形等

上記(1)以外の受取手形等については、課税時期において銀行等の金融機関において割引を行った場合に回収し得ると認める金額によって評価します。

❸ 未収果実の評価

(1) 未収法定果実の評価

課税時期においてすでに収入すべき期限が到来しているもので同時期においてまだ収入していない地代、家賃その他の賃貸料、貸付金の利息等の法定果実の価額は、その収入すべき法定果実の金額によって評価します（評基通208）。

(2) 未収天然果実の評価

課税時期において、その後３か月以内に収穫することが予想される果実、立毛等の天然果実は、その天然果実の発生の基因となった財産とは別に評価するものとし、その価額は、課税時期における現況に応じ、収穫時において予想されるその天然果実の販売価額の100分の70に相

当する金額の範囲内で相当と認める価額によって評価します（評基通209）。

4 訴訟中の権利の評価

訴訟中の権利の価額は、課税時期の現況により係争関係の真相を調査し、訴訟進行の状況をも参酌して原告と被告との主張を公平に判断して適正に評価します（評基通210）。

第6節 ゴルフ会員権等の評価

ゴルフ会員権の価額は、次により評価します（評基通211）。
なお、株式の所有を必要とせず、かつ、譲渡できない会員権で、返還を受けることができる預託金等がなく、ゴルフ場施設を利用して、単にプレーができるだけのものについては評価しません。

取引相場のある会員権

取引相場のあるゴルフ会員権の価額は、課税時期における通常の取引価格の70％に相当する金額によって評価します（評基通211(1)）。
この場合において、取引価格に含まれない預託金等があるときは、次に掲げる金額との合計額によって評価します。
① 課税時期において直ちに返還を受けることができる預託金等
　ゴルフクラブの規約等に基づいて課税時期において返還を受けることができる金額
② 課税時期から一定の期間を経過した後に返還を受けることができる預託金等
　ゴルフクラブの規約等に基づいて返還を受けることができる金額の課税時期から返還を受けることができる日までの期間（その期間が1年未満であるとき又はその期間に1年未満の端数があるときは、これを1年とします。）に応ずる基準年利率による複利現価の額

取引相場のない会員権

取引相場のないゴルフ会員権の価額は、次により評価します（評基通211(2)）。
(1) 株主でなければゴルフクラブの会員となれない会員権
　株主でなければゴルフクラブの会員となれない会員権に係る株式について、財産評価基本通達の定めにより評価した課税時期における株式の価額に相当する金額によって評価します。
(2) 株主であり、かつ、預託金等を預託しなければ会員となれない会員権
　株主であり、かつ、預託金等を預託しなければゴルフクラブの会員となれない会員権の価額は、その会員権について、株式と預託金等に区分し、それぞれ次により求めた金額の合計

額によって評価します。

　イ　株式の価額

　　上記(1)の方法を適用して計算した金額

　ロ　預託金等

　　上記❶の①又は②の方法を適用して計算した金額

(3)　預託金等を預託しなければ会員となれない会員権

上記❶の①又は②の方法を適用して計算した金額によって評価します。

第7節　抵当証券の評価

抵当証券の価額は、次により評価します（評基通212）。

(1)　金融商品取引業者の販売する抵当証券又は金融商品仲介業者が媒介等を行う抵当証券

金融商品取引法第2条第9項に規定する金融商品取引業者の販売する抵当証券又は同条第12項に規定する金融商品仲介業者が媒介等を行う抵当証券の価額は、金融商品取引業者又は金融商品仲介業者が課税時期においてその抵当証券を買い戻すとした場合における次の算式により計算した金額によって評価します。

なお、金融商品取引業者又は金融商品仲介業者による買戻しが履行されないと見込まれるものは、次の(2)により評価します。

〈算式〉

元本の額（金融商品取引業者又は金融商品仲介業者が課税時期において買い戻す価額を別に定めている場合はその金額）＋既経過利息の額－既経過利息の額につき源泉徴収されるべき所得税の額に相当する金額－解約手数料

(2)　(1)に掲げる抵当証券以外の抵当証券

上記(1)に掲げる抵当証券以外の抵当証券の価額は、貸付金債権の評価に準じて評価した金額により評価します。

第8節　不動産投資信託証券等の評価

不動産投資法人の投資証券及び不動産投資信託の受益証券（「不動産投資信託証券」といいます。）のうち、上場されているものの価額は、1口ごとに評価するものとし、上場株式の評価方法に準じて評価します（評基通213前段）。

また、不動産投資信託証券に係る投資口の分割等に伴う無償交付期待権の価額は、株式無償交付期待権の評価方法に準じて評価し、不動産投資信託証券に係る金銭分配期待権の価額（利

益超過分配金の額を含みます。）は、配当期待権の評価方法に準じて評価します（評基通213後段）。

第 9 節 受益証券発行信託証券等の評価

　受益証券発行信託の受益証券（「受益証券発行信託証券」といいます。）のうち、上場されているものの価額は、１口ごとに評価するものとし、上場株式の評価方法に準じて評価します（評基通213-2前段）。

　また、受益証券発行信託証券に係る金銭分配期待権の価額は、配当期待権の評価方法に準じて評価します（評基通213-2後段）。

第10節 暗号資産等の評価

1 暗号資産の評価

　活発な市場が存在する暗号資産は、相続人等の納税義務者が取引を行っている暗号資産交換業者が公表する課税時期における取引価格によって評価します。

　なお、活発な市場が存在しない暗号資産の場合には、その暗号資産の内容や性質、取引実態等を勘案し個別に評価します（令和４年12月22日課税総括課情報第10号「暗号資産に関する税務上の取扱いについて（情報）」４-２）。

2 NFTの評価

　NFT（Non-Fungible Token）とは、ブロックチェーン上で、デジタルデータに唯一の性質を付与して真贋性を担保する機能や、取引履歴を追跡できる機能をもつトークンをいいます。

　個人から経済的価値のあるNFTを贈与又は相続若しくは遺贈により取得した場合には、その内容や性質、取引実態等を勘案し、その価額を個別に評価することとなります。

　すなわち、NFTの評価方法については、評価通達に定めがないことから、評価通達５《評価方法の定めのない財産の評価》の定めに基づき、評価通達に定める評価方法に準じて評価することとなります。例えば、評価通達135《書画骨とう品の評価》に準じ、その内容や性質、取引実態等を勘案し、売買実例価額、精通者意見価格等を参酌して評価します。

　なお、課税時期における市場取引価格が存在するNFTについては、当該市場取引価格により評価することができます（令和５年１月13日課税総括課情報第１号「NFTに関する税務上の取扱いについて（情報）」問９）。

第11節 生命保険契約の評価

　相続開始の時において、まだ保険事故（共済事故を含みます。）が発生していない生命保険契約（相続税法第3条第1項第1号に規定する生命保険契約をいい、当該生命保険契約には一定期間内に保険事故が発生しなかった場合において返還金その他これに準ずるものの支払いがない生命保険契約は含みません。）に関する権利の価額は、相続開始の時において当該契約を解約するとした場合に支払われることとなる解約返戻金の額によって評価します（評基通214）。

　なお、解約返戻金のほかに支払われることとなる前納保険料の金額、剰余金の分配額等がある場合にはこれらの金額を解約返戻金の額に加算し、解約返戻金の額につき源泉徴収されるべき所得税の額に相当する金額がある場合にはその金額を解約返戻金の額から減算した金額とします（評基通214かっこ書き）。

■ 生命保険契約者である被相続人に対する貸付金等がある場合

　被相続人が生命保険契約の契約者である場合において、当該生命保険契約の契約者に対する貸付金若しくは保険料の振替貸付けに係る貸付金又は未払込保険料の額（いずれもその元利合計金額とします。）があるときは、当該契約者貸付金等の額について相続税法第13条に規定する債務控除が適用されます（評基通214（注）2）。

索引

あ行

【あ】

青色申告　410、421
暗号資産　701

【い】

遺産に係る基礎控除額　139
遺産の再分割　163
意匠権　639
一時居住者　13、256
一時的空室部分　571
一時的道路用地等　443、461
著しく低い価額　264
一身専属権　28
一般障害者　168
一般税率　314
一般贈与財産　314
一般定期借地権　565、568
一般動産　634
遺留分侵害額請求　81
医療法人の出資　683
引湯権　595
隠蔽仮装行為　155

【う】

受取手形等　698

【え】

営業権　640
永小作権　587
営農困難時貸付け　444、463
NFT　701
円滑化法　351
延滞税の特則　206
延納　211、340
延納許可限度額　212、340

【お】

奥行価格補正率　508
奥行長大補正率　527
温泉権　594

か行

【か】

外貨建てによる財産　498
外貨建てによる債務　498
開業後3年未満の会社　676
開業前又は休業中の会社　677
外国人贈与者　256
外国人被相続人　13
がけ地等補正率　528
がけ地等を有する宅地　528
かげ地割合　514
貸宅地　552
貸宅地割合　553
貸付金債権等　697
貸付事業用宅地等　117
貸付信託受益証券　690
貸付都市農地等　469
貸付特例適用農地等　441、459
貸家　607
貸家建付地　570
果樹　618
合併等があった場合の行為又は計算の否認　240、344
株式等保有特定会社　673
株式の割当てを受ける権利　680
株式無償交付期待権　681
株主となる権利　680
借受代替農地等　441、459
完全生命表　613

元利均等償還が行われる公社債　688
管理処分不適格財産　219

【き】

基金拠出型医療法人　484
議決権割合　655
期限後申告書　195
基準年利率　497
基準容積率　521、533
基礎控除　314、324
寄託契約　478
寄託先美術館　478
寄託相続人　478
規模格差補正率　519
求償権の放棄　267
牛馬等　636
教育資金　294
　　――の一括贈与　292
教育資金管理契約　293
教育費　281
業務上の死亡　42
居住制限納税義務者　13、256
居住無制限納税義務者　12、255
居住用宅地等　109
居住用不動産　305
拒否権付株式　680

【く】

国の事業の用に供されている宅地等　124
区分地上権　578、590、598
　　――に準ずる地役権　579

【け】

経営承継期間　390
経営承継受贈者　348、350
経営承継相続人等　382、383
経営相続承継受贈者　400
経営贈与承継期間　358
経営贈与報告基準日　357
経営報告基準日　389

計画伐採に係る相続税の延納等の特例　214
継続届出書　357、389、418、426、476
契約に基づかない定期金に関する権利　51
結婚・子育て資金　301
　　――の一括贈与　300
結婚・子育て資金管理契約　300
建築中の家屋　606
限度面積要件　125
現物出資等受入差額　668
権利落等　643

【こ】

合意解除　253
耕作権　586
合資会社　683
更正の請求　198
鉱泉地　594
公租公課　92
合同会社　683
合名会社　683
国外財産の評価　499
国外転出時課税　19、258
個人事業承継計画　411
個別評価　542
雇用確保要件　376
ゴルフ会員権　699
ゴルフ場用地　596
婚姻期間　308

さ行

【さ】

災害減免法　496
在外財産に対する相続税額の控除　174
在外財産に対する贈与税額の控除　316
再計算対象猶予税額　379
債務控除　88
債務の引受け　267
債務の免除　267

雑種地　595

三大都市圏　520

３年以内貸付宅地等　118

３年以内事業供用宅地等　114

【し】

死因贈与　6

市街化調整区域内にある雑種地　596

市街地山林　588

市街地周辺農地　582

市街地農地　582

施業整備期間　476

事業用宅地等　106

死後認知　200

資産運用型会社　353、386

資産運用型事業　410、421

資産保有型会社　352、385

資産保有型事業　410、421

失踪宣告　2

実用新案権　639

指定容積率　521、533

私道　538

借地権　551

借地権割合　551

借家権割合　607

社債類似株式　679

住所　20

終身定期金　693

修正申告書　196

従前採草放牧地　430

従前準農地　430

住宅資金非課税限度額　285

住宅取得等資金　284

周知の埋蔵文化財包蔵地　548

受益者等が存しない信託　279

受益者連続型信託　278

受益証券発行信託証券　701

出版権　640

種類株式　678

純山林　588

準事業　106

純資産価額　666

純資産価額方式　666

準農地　430

純農地　582

省エネ等住宅　286

障害者控除　168

小規模宅地等の特例　104

証券投資信託受益証券　691

上場株式　643

上場新株予約権　682

使用貸借　439、573

使用貸借権　439

譲渡担保　28

商標権　639

消滅時効の完成した債務　90

正面路線価　507

書画骨とう品　636

書面によらない贈与　246

書面による贈与　246

人格のない社団等　22、230、259、343

申告期限　382

心身障害者共済制度　61

信託　277

信託財産　277

信託受益権　695

森林の主要樹種　619

【す】

ストックオプション　681

【せ】

生活費　281

制限納税義務者　13、256、311

清算中の会社　677

生産緑地　584

性風俗関連特殊営業　410、421

生命保険金等　28、261

生命保険契約　29、702

　　──に関する権利　46

接道義務　523

セットバックが完了している宅地　544

セットバックを必要とする宅地　544

選択特例対象宅地等　104

船舶　636

占用権　599

【そ】

葬式費用　95

相次相続控除　172

造成中の宅地　542

相続権を失った者　4

相続財産管理人　6

相続時精算課税　83、327

相続時精算課税制度　318

相続時精算課税選択届出書　319

相続時精算課税適用者　83、176、318

　　──の還付申告　194

相続税の借換特例　459

相続税の申告義務の承継　192

相続税の申告書　189

相続税の納税に係る権利又は義務の再承継　188

相続税の納税に係る権利又は義務の承継　183

相続税額の2割加算　150

相続人の数　140

相続の開始があったことを知った日　190

相続を放棄した者　4

相当の地代　554

贈与税額控除　152

贈与税の借換特例　441

贈与税の配偶者控除　305

側方路線　507

側方路線影響加算率　508

訴訟中の権利　699

損害保険契約　30

た行

【た】

大規模工場用地　537

第三者のためにする債務の弁済　267

胎児　83

代償財産　80

代償債務　80

対象受贈非上場株式等　355

代償分割　80

退職手当金等　36

宅地造成費　583

棚卸商品等　635

【ち】

地区区分　510

地上権　590、598

地積　505

地積規模の大きな宅地　519

地味級　625

中間山林　588

中間農地　582

中心的な株主　652

中心的な同族株主　651

弔慰金　42

長期清算中の会社　678

著作権　639

著作隣接権　640

地利級　630

賃借権　590、598

賃貸割合　571

【て】

低額譲受けによる経済的利益　264

定期金給付契約に関する権利　263

定期金に関する権利　48

定期借地権　565

停止条件付遺贈　83

停止条件付の贈与　246
抵当証券　700
鉄軌道用地　597
転換社債型新株予約権付社債　688
店頭管理銘柄　648
電話加入権　642

【と】

動産　634
投資育成会社　655
同族会社等の行為又は計算の否認　240、344
同族株主　650
同族関係者　650
登録銘柄　648
特定遺贈　5
特定一般社団法人等　23、238
特定貸付け　447、466
特定貸付事業　119
特定貸付農地等　447、466
特定株式等　136、495
特定居住用宅地等　121
特定計画山林　131
特定公益信託　68
特定市街化区域農地等　431
特定事業用資産　411、422
特定事業用宅地等　113
特定資産　353、386、410
特定障害者扶養信託契約　283
特定申告期限　415
特定森林経営計画　473
特定森林経営計画対象山林　131
特定生産緑地　431
特定贈与財産　101
特定贈与者　319
特定地域　135
特定土地等　135、495
特定同族会社事業用宅地等　115
特定特別関係会社　353

特定納税義務者　13
特定非営利活動法人　74
特定非常災害　134、495
特定非常災害発生日　135
特定美術品　478
特定物納制度　227
特定路線価　533
特別縁故者　6、53
特別寄与者　8
特別寄与料　8、54、95
特別警戒区域補正率　530
特別控除　325
特別子会社　353
特別障害者　169
特別の関係がある者　349
特別緑地保全地区　589
特例円滑化法認定　373
特例経営承継期間　407
特例経営承継受贈者　373
特例経営承継相続人等　405
特例経営贈与承継期間　375
特例再計算贈与税額　381
特例山林　475
特例事業受贈者　409
特例事業相続人等　421
特例施業対象山林　474
特例事業用資産　423
特例受贈事業用資産　412
特例承継計画　373
特例税率　314
特例贈与財産　315
特例対象宅地等　104
特例対象農地等　429
特例認定承継会社　405
特例認定贈与承継会社　373
特例農地等　430
特例付加年金　439

都市営農農地等　431
都市計画道路予定地の区域内にある宅地　544
土砂災害特別警戒区域　530
土壌汚染地　545
土地区画整理事業施行中の宅地　541
土地の無償返還に関する届出書　558
土地保有特定会社　675
土地利用制限率　578
特許権　638

な行

【に】

日米相続税条約　167、171
二方路線影響加算率　508
認定移行計画　482
認定医療法人　482
認定経営革新等支援機関　373、411
認定事業計画　469
認定死亡　2
認定承継会社　382、384
認定相続承継会社　400
認定贈与承継会社　348、351
認定都市農地貸付け　469
認定保存活用計画　479

【の】

農園用地貸付け　469
農業相続人　451
農業投資価格　451
農業用施設用地　542
農地　430

は行

【は】

配偶者居住権　612
　　——の目的となっている建物　613
　　——の目的となっている建物の敷地　614
　　——の目的となっている建物の敷地の利用権　613
配偶者短期居住権　616
配偶者に対する相続税額の軽減　154
配当還元方式　672
配当期待権　680
配当優先の株式　678
売買契約中の土地　601
倍率方式　507

【ひ】

非居住制限納税義務者　13、256
非居住贈与者　256
非居住被相続人　13
非居住無制限納税義務者　12、255
非経常的な利益　663
比準要素数1の会社　672
比準要素数0の会社　677
非上場株式贈与税納税猶予（一般措置）　348
被相続人　382
被相続人等　104
必要経費不算入対価等　416
評価差額に対する法人税等相当額　668
評価時点　495
評価単位　504
標準企業者報酬額　640
標準伐期　620

【ふ】

不合理分割　505
不整形地　512
不整形地補正率　513
負担付遺贈　82
負担付贈与　264、312、603
物納　217
　　——の撤回　226
物納不適格財産　219
物納劣後財産　223
不当減少　231
不動産鑑定評価による評価　500

不動産投資信託証券　700
不動産等に係る相続税の延納等の特例　215
文化財建造物　545
分収林契約　591、633

【へ】

平均余命　613

【ほ】

保安林　589、632
邦貨換算　498
包括遺贈　5
法定解除権　253
法定取消権　253
法定評価　497
保証期間付定期金に関する権利　49
保証債務　90
歩道状空地　539
本来の相続財産　27
本来の贈与財産　260

ま行

【ま】

間口狭小補正率　527

【み】

未収天然果実　698
未収法定果実　698
未成年者控除　165
みなし相続財産　28
みなし贈与財産　260
民法上の組合　311

【む】

無議決権株式　678
無期定期金　693
無制限納税義務者　12、255、310
無道路地　523

【も】

持分会社　683
持分の定めのない法人　22、229、259、344

や行

【や】

役員　651
やむを得ない事情　157

【ゆ】

遊園地等の用に供されている雑種地　597
有期定期金　692
郵便局の敷地の用に供されている宅地等　124
猶予中相続税額　389
猶予中贈与税額　357

【よ】

容積率　532
　　──の異なる2以上の地域にわたる宅地　532
余剰容積率の移転を受けている宅地　537
余剰容積率を移転している宅地　537
預貯金　696
予定利率　692

ら行

【り】

利付公社債　686
立木度　626
利用価値が著しく低下している宅地　548
林業経営相続人　474

【る】

類似業種　660
類似業種比準価額　659
類似業種比準方式　659

【れ】

暦年贈与制度　314
連帯債務　90
連帯納付責任　207

【ろ】

路地状敷地　539
路線価方式　506

わ行

【わ】

割引発行の公社債　687

著者／梶野 研二（かじの・けんじ）

国税庁資産評価企画官室企画専門官、同資産課税課課長補佐（相続税・贈与税担当）、東京地方裁判所調査官、国税不服審判所本部国税審判官、東京国税局資産評価官、都内税務署長などを務めた後、平成25年に税理士登録、梶野研二税理士事務所を開設。現在、資産税及び財産評価を中心とした業務を行っている。

［主な著書］
『非公開株式評価実務マニュアル』『判例・裁決例にみる 非公開株式評価の実務』（以上、新日本法規）
『財産評価質疑応答集』（法令出版）
『Q＆A 資産税重要実務事例詳解』（大蔵財務協会） 他多数

令和7年2月改訂
プロフェッショナル 相続税・贈与税・財産評価の実務

2025年3月10日 発行

著 者　梶野 研二 ©

発行者　小泉 定裕

発行所　株式会社 清文社
東京都文京区小石川1丁目3－25（小石川大国ビル）
〒112－0002　電話 03（4332）1375　FAX 03（4332）1376
大阪市北区天神橋2丁目北2－6（大和南森町ビル）
〒530－0041　電話 06（6135）4050　FAX 06（6135）4059
URL https://www.skattsei.co.jp/

印刷：亜細亜印刷㈱

■著作権法により無断複写複製は禁止されています。落丁本・乱丁本はお取り替えします。
■本書の内容に関するお問い合わせは編集部までFAX（03-4332-1378）又はメール（edit-e@skattsei.co.jp）でお願いします。
■本書の追録情報等は、当社ホームページ（https://www.skattsei.co.jp）をご覧ください。

ISBN978-4-433-72965-3